“十一五”国家重点图书出版规划项目

开拓与创建

陶行知与中国现代文化

周洪宇／著

教育史学研究新视野丛书
周洪宇 主编

山东教育出版社

图书在版编目（CIP）数据

开拓与创建:陶行知与中国现代文化 / 周洪宇著. —济南:山东教育出版社,2011
ISBN 978 - 7 - 5328 - 6009 - 8

Ⅰ.①开… Ⅱ.①周… Ⅲ.①陶行知(1891 ~ 1946)—教育思想—研究 Ⅳ.①G40—092.6

中国版本图书馆 CIP 数据核字(2011)第 020113 号

开拓与创建

——陶行知与中国现代文化

周洪宇 著

主　管: 山东出版集团
出版者: 山东教育出版社
(济南市纬一路 321 号　邮编: 250001)
电　话: (0531) 82092663　**传真:** (0531)82092661
网　址: http://www.sjs.com.cn
发行者: 山东教育出版社
印　刷: 山东临沂新华印刷物流集团有限责任公司
版　次: 2010 年 12 月第 1 版第 1 次印刷
印　数: 1—3000
规　格: 787mm × 1092mm　16 开本
印　张: 33.5 印张
字　数: 491 千字
书　号: ISBN 978 - 7 - 5328 - 6009 - 8
定　价: 55.00 元

(如有印装质量问题，请与印刷单位联系调换)
电话:0539—2925659

溪涧岂能留得住　终归大海作波涛

——“教育史学研究新视野丛书”总序

周洪宇

唐代大诗人孟浩然有诗云：“人事有代谢，往来成古今；江山留胜迹，我辈复登临；水落鱼梁浅，天寒梦泽深；羊公碑尚在，读罢泪沾襟。”时间流逝，人事无常。历史尽管过去千万年，但是过去、现在与未来，总是前后连续、割舍不断。

面对已逝的“人事代谢”和“往来古今”，今天的历史学家，包括教育史学研究者应当如何去记载和叙述？这是留给研究者永久的课题。教育史学要真实生动地记述成为过去的教育往事，探究历史真相，进而增强学科魅力，就必须不断地进行学科反思，不断地开拓新的研究领域，适时地转换研究范式，通过借鉴新的理论和方法，开阔新的视野，使教育史学真正走出研究困境，步入新的天地，从而推动学科的整体发展。

一

教育史学是历史学与教育学的交叉学科，与历史学和教育学有着密切的关系。但从其发生的源头来看，教育史学是从历史学的大本营中分化出来，之后又在各国教师教育的发展过程中不断成长壮大的。因此，教育史学理论与方法直接受到历史学理论和方法的影响，尤其是西方现当代史学理论的发展趋势，明显左右着世界教育史学研究发展的基本走向。教育史学作为历史学的子学科之一，在漫长的发展历程中总是像母子一样与历史学相随相伴，史学理论的每一次革命都牵动和影响着教育史学的发展与进步。因此，欲理清教育史学的发展脉络，必然要关注与追溯历史学的发展轨迹。

教育史研究最早始于西欧，萌生于文艺复兴时期的意大利，滥觞于16世纪上半叶的法国。最初有代表性的成果是1517年出版的由戈莱（R.

Goulet)撰写的探讨巴黎大学起源与发展的专著,这是法国教育史研究的最早尝试,也是世界教育史学研究的开山作品之一。到了17世纪后半叶法国神父兼宫廷教师费洛尔在专门研究教会史之余,也研究法国的大学发展史,特别是他于1686年完成的《论学习的选择和方法》,从教育原理、教育方法论和课程论等方面,对古代全球范围内的文化教育发展情况作了概要性的介绍,不仅介绍欧洲古希腊、罗马的教育,而且介绍了阿拉伯、法兰克教育,以及早期基督教教育和中世纪大学的发展情况,被当代美国教育史专家布里克曼(W. W. Brickman)称作是"最早的一部教育史"①。尽管这些研究成果还只是对教育事件与现象的一般性描述,但毕竟在世界教育史研究方面迈出了第一步,为后来系统、深入、全面地研究世界范围的教育史奠定了基础。

19世纪被誉为"历史学的世纪",历史学研究人员不仅注重具体史学研究,而且开始史学理论的建构,真正使史学成为一门独立自主的学科,并跃居人文科学之首位。众所周知,德国是一个非常重视教育的国家,而且还是一个具有悠久史学传统的国家。德国教育史研究的一个显著特点是受历史学研究的影响比较明显。到18世纪末和19世纪前半叶,德国成为欧洲历史研究的中心,以著名史学家利奥波德·冯·兰克(Leopold von Ranke,1795—1886)为代表的客观主义、实证主义史学方法成为世界各国所公认与效仿的史学研究方法。兰克认为真正的研究必须要有可靠的史料,历史研究不能仅依靠引用几个权威人物的话语来得出相应的结论。他主张历史要说明事情的真实情况,这就要凭借原始档案和文献资料来研究。他倡导的史学研究方法是采用"外证"与"内证"相结合的方法,"外证"法就是通过史料表现的形式,如语法、体例等是否合乎史料生成年代的规范来确定史料的真伪,通过不同著作、不同版本的互相校勘,使史料真伪得以明确展示;"内证"法通过对那些不同人所著内容相同的史料进行参照分析,结合对撰述人的身世、性格、心理等各方面的考察,确定史料的可信度。同时兰克在柏林大学创办了历史研究班,先后培养了上百名知名历史学家,如魏茨、施密特、布克哈特等,所以汤普森说:"德国大部分伟大的史学家除少数例外,都是由他这位导师办的柏林大学研究班培养出来的。把兰克的弟子列一张表读起来就像一部史学界名人

① W. W. Brickman, Early development of research and writing of educational history in the United States, in (edu.), Educational Historiography: Tradition, Theory and Technique, 1982, p. 300.

录。"①因此之故，兰克被誉为近代史学之父。此后，特奥多尔·蒙森(Theodor Mommsen，1817—1903)再次将兰克学派的客观主义史学推向新的高潮，这样，兰克学派的史学观不仅独霸德国史坛，而且统治了整个欧洲的史学界。

在19世纪，德国的教育史研究也不例外，直接受兰克学派的影响，采用的研究方法是通过鉴别史料的真伪和考察史料记录者的动机来确认历史事实。这一时期教育史研究的代表性成果有劳默尔(K. von Raumer，1783—1865)从1842至1854年间陆续完成的《教育学史》四卷本，对从蒙田到裴斯泰洛齐等教育家的教育思想、教育学科发展历程、技术教育、女子教育、中等教育、高等教育以及德国大学的发展状况等一系列的内容均作了较为深入的研究与挖掘。作者在占有充分史料的前提下，对欧洲乃至世界的教育学发展史和教育学家的思想进行了深入细致的研究与梳理。这部著作以史料翔实、内容丰富而展示了德国该时期的史学研究风格与特征，当时在欧洲产生了较大影响，1863年英国的菲奇(L. W. Fitch)和帕金斯(F. B. Perkins)将其译为英文出版。在19世纪教育史研究领域，另一部影响较大的教育史巨著是《教育通史》(四卷本)，这套教育通史是由德国教育史专家施密特(K. A. Schmidt)组织编写的一部大部头著作。他站在全球的高度去思考与审视教育的发展与演变历程，以教育制度、教育思想以及影响教育发展的社会因素为线索，纵论世界教育的发展脉络，既体现了该时期德国实证史学研究的风格，以丰富的史料展示教育史的本来面目，又显示出19世纪末20世纪初教育史研究的新趋向，由注重史料批判向分析解释史学过渡。还有1885年鲍尔生(F. Paulson)撰写的《德国学校和大学的学术课程史》，运用翔实的史料叙述了德国中等学校与高等学校的研究性课程发展与演变情况，一方面从教育学角度凸显了德国传统学术课程的重要价值，以此与巴西多的新教育运动与泛爱教育思潮相颉颃，另一方面从历史研究方法角度体现了德国客观主义与实证主义史学的研究特色。

以兰克学派为代表的"科学的历史学"风行一时，成为19世纪西方史学发展的主流。由德国大学开始的历史学专业化趋势在西方各国得到普遍发展。19世纪美国教育史学在借鉴与学习德国史学的基础上逐渐兴起，在此过程中，H. 巴纳德起了非常重要的作用，因而被誉为美国教育史学先驱。他对美国教育史学发展的重要贡献是编辑出版《美国教育杂

① [德]汤普森著，谢德风译：《历史著作史》下，商务印书馆1998年版，第255页。

志》,提出向欧洲学习并创造独立于欧洲的美国文化的主张。《美国教育杂志》定位为研究世界各国及美国的教育制度和教学方法的历史与现状,因而巴纳德被誉为美国教育史的开山鼻祖。到 19 世纪末,美国史学出现了两个重要的发展趋势。一是非专业史学家让位于专业史学家,历史学成为独立的学术研究领域;二是欧洲一些新的学术思想影响着这一时期的历史学家。浪漫主义和实证主义思潮的蔓延,英国赫伯特·斯宾塞的学说在美国得到广泛的传播,社会达尔文主义颇受美国学者的重视。尤其是德国兰克学派的治史理论与方法对美国史学产生了重大影响。这些历史学家不再把历史学作为文学的分支来看待,而是将其视为一门"科学",提出要用科学的方法分析历史,而不是单纯描述历史的设想。至 19 世纪 70 年代,随着高等教育的变革,尤其是从德国引入的研究生院制度在美国建立,第一批由大学培养的专业史家开始在史坛崭露头角,其中包括一大批从德国取得博士学位的年轻学者。他们主要供职于各个新兴的高等研究院和大学,以研究历史和培养专业史学人才为专职。1884 年,"美国历史学会"从"美国社会科学学会"中独立出来。1895 年,《美国历史评论》创刊。1907 年,专业的实证主义史家杰姆森当选为历史学会主席,标志着专业史家在美国历史学会中取得了优势地位,历史学终于由非专业史家让位于专业史家。

美国历史学的专业化对教育史学的专业化发展有着重要影响。随着在历史、教育和社会科学方面有组织的学问的增长,不可避免地影响了那些撰写教育史的人的思想以及他们的史作的性质。1899 年,哥伦比亚大学教育学院出现了最早的教育史博士论文。19 世纪末至 20 世纪前 30 年教育史教科书及相关读本的陆续出版,正是与上述师范教育发展需要相联系的。第一本美国教育史教科书是布恩撰写的《美国教育》,旨在使美国教师了解美国教育史。第二本教科书是德克斯特(Edwin Grant Dexter)撰写的《美国教育史》。后来,孟禄(P. Monroe,1869—1947)又于 1905 年撰写了《教育史教科书》,这些成为美国传统教育史学的典范。

当以兰克学派为代表的实证主义史学垄断德国史坛之际,到 19 世纪末出现了以卡尔·兰普勒特(K. Lamprecht, 1856—1915)为首的新史学派与兰克学派的抗争,这场争论使德国传统史学在德国的统治板块开始松动。1891 年卡尔·兰普勒特以灵活的思维和善辩的口才与兰克学派的后继者展开了激烈的争论。卡尔·兰普勒特极力批判兰克史学只专注于政治史研究、精英人物研究,而忽视了对社会、文化的综合研究;只注重用史料来叙述历史,而忽略了对历史的分析与阐释。所以有人将这场论争确认为“揭开了现代德国史发展的序幕，更是西方新史学与传统史学之间全面抗衡的前奏”①。从此，德国教育史学像历史学一样进入了由叙述式研究向解释性研究和由只注重教育内部研究向跨学科研究的过渡时期。

最早在这方面尝试的是1906出版的《德国教育的历史发展》，该书由鲍尔生撰写，他努力对一定时期内的社会思潮与文化精神对教育发展的影响进行深入分析与研究，有意突破过去单一就教育而论教育的研究模式，力求拓宽教育史研究的视野，追求新的研究方法。1919年，现代德国文化教育学派的创始人斯普朗格（F. E. E. Spranger）撰写的《文化与教育》（Kultur und Erziehung）出版，书中通过对历史上重要人物思想的研究，深刻提示了文化与教育之间的血肉联系。斯普朗格力图打破德国传统的实证史学的研究方法，运用新史学的宽阔视野去审视历史上文化与教育的关系，并且运用分析与解释的研究方法去阐释教育史。如果说斯普朗格是从文化视角去研究教育史的话，那么赖希魏因（A. Reichwein）则是从社会学角度去探讨教育史的发展动因。赖希魏因具有广泛的研究视野，他一生对前苏联与东亚的历史与教育史具有浓厚的兴趣，1921年他以全新的视角对前苏联的教育进行了深入研究，出版了《苏联教育制度》一书，运用新史学方法对国外教育制度史作了比较全面的研究与探讨，并作了理论分析与阐释。同年，福利特纳（W. Flitner）出版了《世俗教育》，两年后又出版了《成人教育问题》，他另辟蹊径运用哲学的研究方法来研究教育史问题，使教育史研究克服了以往只注重简单叙述的缺陷，使之走上了理论解释的新轨道。1924年他又出版了《人民夜大学》，1941年出版了《大众学校思想的四个来源》，1947年出版了《西方教育的楷模与目标》，他在研究这些问题的过程中也论述了他对于教育史研究方法的思考。他认为德国过去流行的实证主义研究方法会造成理论与实践脱节，人们只是为研究而研究，只是鼓励一种无益的博学，在故纸堆中玩弄文字游戏，却忘了自己的研究使命。他强调研究教育史的目的就是为了指导我们当今的教育实践，使过去与现在成为一个连续的有机体。②

在欧洲新史学派的影响和带动下，英国的布郎宁于1914年出版了《教育理论史入门》，为这一时期的世界教育史研究又添了亮点。在这一史学思潮的影响下，美国教育史学已基本形成了具有本土特色的美国公

① [德]伊格尔斯：《欧洲史学新方向》，华夏出版社1989年版，第30页。

② 吴式颖、任钟印主编：《外国教育思想通史》第9卷，湖南教育出版社2002年版，第565页。

立教育史诗模式。克伯雷(E. P. Cubberley, 1868—1941)的《教育史》(1920)是当时世界上享有盛誉的著作。它阐明教育史发展与人类文明发展史其他方面的紧密联系,着重论述教育发展的总趋势,重视并阐明教育史上理论与实践的密切关系,成为20世纪早期世界教育史的代表性著作。他的《美国公立教育》的出版,更是美国教育史学体系形成的标志。

从20世纪50年代开始,德国史学研究方法开始发生转向,标志性的事件是"菲舍尔大辩论"。第二次世界大战后,德国史学界开始反思与检讨传统史学研究的缺失,出现了激进的史学流派,如汉堡学派和马尔堡学派,代表人物是菲舍尔(F. Fischer)。他向德国传统的保守主义史学发起进攻,提出要同过去的史学全面决裂,倡导运用分析的方式去研究历史。此外,同时期在德国又兴起了一种新的史学研究思潮,那就是斯宾格勒(O. Spengler)所首倡的文化形态史观,主张打破"欧洲中心"论,从多种视角去研究世界历史,学会用文化的眼光去审视整个历史,实现史学研究从一元向多元的转化。这样就引发了20世纪六七十年代欧美史学研究方法的变革与转向,众多史学家开始探索新的研究方法与研究视角。这些史学新思潮对教育史研究产生了深刻影响,教育史研究也开始寻求新的研究思路与方法,并且走出了仅凭史料来论证史实的传统史学研究窠臼,逐步迈向采用分析、批判、阐释与跨学科研究方法为主的新领域。

在这种教育史研究方法的指导下,1953年出版了西奥多·李特(Theodor Litt)撰写的《德国古典陶冶思想与现代劳动市场》。通过分析与研究德国陶冶思想的历史变迁,从中汲取可以为现实服务的精华,特别是能够将陶冶思想与现代劳动市场联系起来去研究,体现了教育史研究走向跨学科、为现实服务的发展趋势。这就为教育史的发展走向标示了新的方向,也为教育史研究提供了新的视角,从而使该学科从聚焦欧洲转向放眼世界、从理论圣坛回到服务现实。自20世纪50年代中期以来,与国际历史学研究的转向相一致,美国教育史学发生了根本性的转变。随着史学观念和教育观念的更新,美国教育史研究领域不断拓宽,研究视角从一元到多元,研究方法借鉴了社会科学的各种方法,打破了与历史学以及其他学科之间的樊篱。美国教育史作为一个研究领域已经历了实质性的转变。

20世纪六七十年代,英国史学界受德国斯宾格勒倡导的西方文化形态史观的影响,以汤因比(Arnold Toynbee)为代表的历史学家提出从文化角度去研究历史,他完成了12卷的《历史研究》(1934—1961),鼓励重新评价英国以外的文化,如西欧文化和北美文化等。主张从宏观方面去整体把握历史，试图从人类学、社会学、政治学、经济学、教育学、哲学等角度去理解与阐释世界历史。受这一史学潮流的影响，一方面，出现了历史学家研究教育史的现象，历史学研究人员开始从教育史入手去解读历史；另一方面，教育史界也主动引入历史学的研究方法，试图从整体角度去研究教育史，突破以往仅就专题或国别去研究教育史的思维禁锢。这个期间最有代表性的教育史学家就是布莱恩·西蒙(Brian Simon)。他将研究视野转向教育与社会的关系、教育与政治的关系等方面，首次从其他领域去探究教育问题。开始探讨教育发展的外部环境，即“我们所要了解的问题是影响教育形势发展的环境”①。他于 1974 年出版了《教育史研究：教育改革的政治策略(1920—1940)》，1991 年又完成了专著《教育史研究：教育与社会秩序(1940—1990)》，还发表了一系列教育史研究论文，如 1973 年的《教育史研究》，1977 年的《过去与现在的教育史》，1982 年的《20 世纪 80 年代教育史》等，并运用马克思主义的观点去研究教育史，西蒙开拓了英国教育史的新领域。由于西蒙在该时期不仅教育史研究成果颇丰，而且观点新颖、思路开阔，所以他的研究成果被誉为“改变并重塑了英国教育史”②。

20 世纪 20 年代末，以法国历史学家马克·布洛克(Mare Bloch)和吕西安·费弗尔(Lucien Febvre)为代表，在批判以往实证史学视野不宽、只注重史料等不足的基础上，创立了年鉴学派，力求研究范型转换，主动打破历史学与经济学、社会学、政治学、人类学、心理学、哲学、地理学、人口学等之间的学科壁垒，主张从整体入手、在理解的基础上去研究历史，倡导从史料整理的误区中走出来，在理解的基础上去解读历史事实，并且将历史看做是人的历史③，重点应研究影响人行为的心理、心态、社会因素等内容，强调历史研究应突破以往就精英人物思想进行研究的狭隘思维，而应将研究的视线转向群体、转向民众，并应善于从世界文化史的角度去体认历史发展的规律。年鉴学派的治史思想直接影响着这一时期法国教育史的研究方法，教育史研究领域也出现了关注整体、注重基层、重视阐释等研究倾向。在这种史学方法论的影响下，出现了从宏观角度去研究法

---

① [俄]卡特林娅·萨里莫娃、[美]欧文·V. 约翰宁迈耶主编，方晓东等译：《当代教育史研究与教学的主要趋势》，教育科学出版社 2001 年版，第 3 页。

② R. Aldrich, The Real Simon Pure: Brian Simon's Four－Volume History of Education in England, History of Education Quarterly, Spring, 1994.

③ 何兆武、陈啟能主编：《当代西方史学理论》，上海社会科学院出版社 2003 年版，第 393 页。

国教育史的著作，1922 年出版了《中世纪法国和近代法国》一书，将教育史置于整个法国历史发展的大背景下去研究，试图将教育史与历史研究融为一体。1948 年，马洛(H. I. Marrou)按照这种思路，又对古代教育作了追溯性的研究，出版了《古代教育史》。

在这种教育思潮的影响下，教育史研究人员将研究的视线向下转移到了中等教育的研究，因为欧美一些国家普遍认为培养科技杰出人才的关键是中等教育，要打好基础，所以在 20 世纪 30 年代出现了一批研究中等教育史的研究成果，如 1936 年出版了韦伊(G. Weill)的《法国中等教育史》，重点研究了法国中等教育的发展历程，以期从中总结出一些可资借鉴的经验与教训。同年，又出版了维亚尔(F. Vial)的《中等教育百年史》，通过运用比较方法研究了欧洲各国的中等教育发展概况，从宏观角度审视了中等教育百年发展史上的利弊得失。

到 20 世纪 60 年代，法国的年鉴学派正处于繁荣与流行时期，费弗尔提出了历史研究中政治史研究不容忽视，而且重心要下移，将研究精英人物转向民众与基层。受这一史学研究方法的影响，教育史研究领域也出现了研究工人教育、普及教育与技术教育的热潮，相继出现了不少研究成果。曼德罗(R. Mandrou)、马奇布莱德(R. Muchemdled)、梅特龙(J. Maitron)等人对法国的工人文化与教育、民众的普及教育、通俗文化教育等作了深入的研究，将研究的视线下移到向来都不被人们重视的社会最下层。曼德罗强调要重视人民创作的作品和工人所接受的教育，多了解贫困徒工的学习与文化状况；①梅特龙强调应重视成人讲习班、学徒班的教学、组织，要注重阅览室、图书馆的管理，以期人们对下层民众的生活与学习有更多的了解。② 勒古(Y. Legoux)在《狄德罗职业培训学校》一书中指出，像狄德罗学校这样的培训场所，尽管不是培养专家的学校，然而它对体力劳动工人的子女寻找职业具有重要的现实意义。③ 英国布莱恩·西蒙(Brian Simon)于 1960 年出版了《教育史研究：1780—1870》，倡导运用阶级分析的方法去研究与思考教育史问题，将研究的重心放在了中下层民众，而且运用一定的理论来指导教育史研究，从而增强了教育史

① R. Mandrou, De la culture populaire aux XVIII e et XVIII e siécles. Paris, Stock, 1965, p. 224.

② J. Maitron, Dictionaire biographique du moucemenl ourier francais, Paris, les Editions orvreéres, 1964.

③ Y. Legoux, Du compagnon au technicien: l'Ecole Diderol et l'évolution des qualifications. Paris, Technique et Vulgarisation, 1972.

研究的主体意识。此外，这一时期尽管法国教育史在教师培训中的地位不像英国那样突出，只是一般的教学课程，而且以往总是没有教材，只是借助翻译德国编写的教育史作为教学用书，到1968年，安托万·普罗斯特(Antoine Prost)完成了亲自编写的《法国教育史》(1800—1967)教材。这部教材由于构思精到，叙述得体，论述严密，所以至今一直重印，仍作为教师培训的教材。① 这个时期的研究成果，尽管不太多，但是展示了教育史研究取向的转变，打破过去单一的就教育而论教育的思维模式，出现了与历史学对话与沟通，并从史学界吸取有益的研究方法的良好势头。教育史研究出现了向外延伸与向下扩展的态势，出现了一些从研究上层下降到民众的研究成果，从研究精英扩展到群体的教育史著作。这是教育史研究受当时流行的年鉴学派史学观影响的结果，同时也为下个时期出现更丰硕的研究成果奠定了基础。

从20世纪70年代开始，法国"年鉴学派"这一名称已逐渐无法概括和涵盖所有的史学新潮流，人们逐渐使用"新史学"一词来作更大的综合。② 以第二代年鉴学派核心布罗代尔(F. Braudel)为转折，到第三代的核心勒高夫(J. Le Goff)、孚雷(F. Furet)，年鉴学派已演变成了新史学流派。"新史学"是一个十分宽泛的概念，包含了许多新的史学研究方法，力图拓宽过去狭隘的研究视野，不断创造新的研究方法、开辟新的研究领域。这一研究思路也影响到了教育史研究。正像当时法国有的教育史学家所说："毋庸置疑，这些趋势必然会影响到教育史学者的工作。"③按照夏蒂埃(R. Chartier)的说法，法国教育"新历史学"的出现表明，学术性、思想性或专题性的史学正在向寻求史学家和社会学家共同努力的新途径方面过渡。④ 在新教育史学理念的指导下，20世纪70年代之后的教育史研究进入了辉煌时期，成果纷呈，论著颇丰，法国教育史研究进入了繁荣时期。

受历史学研究风格的影响，法国教育史研究也倡导在完全理解史料

---

① [法]玛丽·玛德琳·康比尔：《当前欧洲采用的教育史教科书》，载[俄]卡特林娅·萨里莫娃、[美]欧文·V.约翰宁迈耶主编，方晓东等译《当代教育史研究与教学的主要趋势》，教育科学出版社2001年版，第208页。

② 何兆武、陈啟能：《当代西方史学理论》，上海社会科学院出版社2003年版，第406页。

③ A. Léon, Introduction *à* l'historire des faits éducatifs. Paris, Presses universitaires de France. 1980. p. 248.

④ R. Chartier, Education, In: Le Goff, J., ed, La nouvelle histoire, Paris, Retz. 1978, p. 156—158.

的基础上进行阐释历史,充分体现教育史编撰者的主体意识,在这方面表现比较突出的是1975年由雷莫·福尔纳卡(Remo Fonaca)撰写的《教育史研究》,还有1980年出版的由安托尼·莱昂(Antonine Leon)所撰写的《教育史导论》,这两部书均由来自同一职业团体的作者所撰写,通过认真的分析、流畅的阐述,以使更多的学生从中受益,目的是按新史学的写史方法去编写适合于教育专业的最理想的教材。"他们的目的是通过从他们自己的研究领域所选用的例子,论证历史与历史认识论的一致性和对未来教师的实用性,从而证明历史在其他教育学科中的地位是正确的。"① 这两部教材是该时期法国最有代表性的教育史教材,在法国教师培训中起到了较大的作用。此外,还有1979年出版的《教育的社会历史》,是由安东尼奥·圣托尼·鲁古伊(Antinio Santini Rugui)撰写,该书将教育置于社会发展的大背景中来理解与阐释,在理论和实践上他们一直强调所有教育的社会影响和阶级性,运用马克思主义历史观来分析自古代奴隶社会以来的各种被压迫阶级的教育发展情况。佩里奥特(J. Perriault)于1981年撰写了关于教具研究方面的专著,追溯了幻灯机、留声机在教学中的发展历程及其所起的作用。1982年出版了诺埃尔·泰罗(N. Terrot)编写的《法国成人教育史》,作为成人教育与培训的教材。1984年又出版了拉波雷沃特(G. Laprévote)写的《1879—1979年法国的师范学校》作为教师培训的教材。

同时,新教育史学研究在研究方式上也有新的发展,即一改以往仅靠个人单打独斗的研究格局,要求研究者联合起来形成群体,方能适应新形势下对教育史研究的需求。为此,自从对传统史学研究提出质疑,力求探寻教育史学研究的新理论与新方法之后,世界各国相继成立了用来组织团体研究力量的教育史学术团体。如:1967年英国教育史学会在利物浦成立,学会的成立更有利于组织和团结一批有志研究教育史的力量,便于在该领域整体作战,多出成果。1973年德国教育史研究协会成立,从此德国教育史研究人员在协会的协调与统领下,通过经常性的学术交流可以朝着协会导引的方向去努力,避免了研究课题的重复劳动,可以有效地集中人力搞大部头的史学著作,同时,在研究方法方面也便于集中大家的智慧去尝试新的研究方法,这就有利于德国教育史研究走上高效的研究快

① [法]玛丽·玛德琳·康比尔:《当前欧洲采用的教育史教科书》,载[俄]卡特林娅·萨里莫娃、[美]欧文·V.约翰宁迈耶主编,方晓东等译《当代教育史研究与教学的主要趋势》,教育科学出版社2001年版,第210页。

车道。协会成立之后，教育史研究领域不断出现探索新的研究方法与理念，代表性的著作有 1978 年出版的由布雷岑卡撰写的《元教育理论：教育科学、教育哲学和实践教育学基础导论》，将教育史学理论纳入元教育理论之中去思考与探究，显示了作者欲将教育史学科中的教育特色体现出来的研究本旨，倡导运用多种学科的研究方法来反补教育史研究的缺失。

教育史界以新的研究方法，从新的视角做了不少新的尝试与探索，如 1982 年赫威西·布伦克茨(Herwig Blankertz)主编了《从启蒙时期到现代的教学法》，试图从了解教学法、学校、文化和社会结构之间关系的目的出发，去追溯德国教学发展的演变历程，分四个时期对德国教学史进行了研究，包括启蒙运动时期、德国古典时期、工业化时期和从魏玛至波恩时期，运用分析与阐释的研究方法对德国的教学发展史进行了研究。同期出版的《教育史最新发展的基本特征》，作者海因·艾尔玛·特诺思(Heinz·Elmar Tenorth)则本着体现教育史的学科特色、力求教育史与历史学相区别的宗旨，突显教育史作为一门独立学科的研究风格与特色，同时也展示了教育史未来发展的趋势与走向，是一部研究教育史学理论方面的重要著作。

值得强调的是，由米亚拉雷和维亚尔(J. Bial)主编的四卷本《世界教育史》于 1981 年出版。这套书是该时期最具魅力的一部教育史巨著，共有 40 多名教育史研究人员参加了编撰，而且得到了联合国教科文组织的支持。它横跨世界各地、纵贯数千年，尽管研究的重心在近现代教育的回顾与剖析，但也不乏对古代教育传统的追溯与钩沉，可以说是当时最完整的一套教育史著作。该书打破了以往研究教育史以欧洲为中心的固有模式，不仅研究欧洲的教育发展情况，而且探讨东亚、中亚、西亚、南美等地区的教育演变历程，真正从全球的范围内对教育史进行研究。这是受到了法国新史学思潮中的整体史学观和西方文化形态史观中多中心史观的影响，力图从多角度、多层面、多中心去研究世界教育史，以形成宏观、立体、多维的世界教育史格局。为了实现这样的治史目的，作者改变了过去教育史只重研究教育思想史、机构史、教育理论发展史的传统模式，将研究的视线移向了教学内容、教学手段、教学管理、教学实践等领域，使教育史研究实现宏观与微观的统一。还在研究学校教育史的同时，关注了社会教育史与家庭教育史。这就不仅使教育史的研究视野大大开阔，而且实现了教育史研究与历史研究的有效沟通。

从 20 世纪 80 年代中后期开始，教育史研究领域进入了学科反思阶段，一方面思考教育史学科的性质、学科的研究范围，另一方面反思教育史研究的方法、与历史学科的关系，因而出现了几部有影响的著作。1985年作为国际教育局编著的“教育科学丛书”之一、由法国教育史学家安多旺·莱昂编著的《当代教育史》英文版出版，就是这方面研究的代表作。首先，对当代教育史学科的研究范式、研究范围、研究方向、学科整合等进行了深入思考；其次，对教育变革中教育观念的变革、大众教育、技术教育等作了认真分析；再次，对教育史研究的功能、意义与价值作了新的思考。莱昂引用了大量的文献资料，同时吸收了法国史学界关于年鉴学派与新史学运动的一些新观点，将之精华部分巧妙地运用到了教育史研究之中，体现了教育史学与历史学的沟通与合作。1981年，由普罗斯特(A. Prost)主编的《法国教育通史》出版，这是一部大部头的教育史学著作，为法国教育史作出了巨大贡献。1983年出版了由雷翁(A. Léon)撰写的《法国民众教育史》，将教育史研究的重心由精英下移到民众。他于1986年又出版了《法国教育史》，运用新教育史学的研究方法重新编写了法国教育史，使之有一种全新的感觉。还有1988年阿历伽德罗·提阿那·费列尔(Alejandri Tiana Ferrer)撰写的《当代历史教育的调查：焦点与方法》，重点论述了教育史在教育学科体系中的重要地位，突出教育史在丰富学生知识、开拓视野方面的重要作用；还对教育史的研究方法进行了深刻反思；运用比较的方法将欧洲的教育史与美国作了对比研究，以期从中感悟教育史研究的得失，旨在为以后的教育史研究提供有益的借鉴。另外，在探索德国教育史教材建设方面也作出不少成绩，1987年伊格尔·比茨(Egle Bechi)撰写的《教育史》，就是一部有别于其他教材的专著，他首次将编撰教材的重点放在让学生了解教育实践的演变历程上，力求实现教育史教材由教育思想向教育实践的转变，同时也介绍了教育体制的演变情况，这部教育史教材就是在新史学背景下所撰写的教育史著作，明显突破了以往研究的传统模式。在高等教育研究方面，1997年出版了由米茨尔(G. Mitchell)撰写的《德国大学：过去与未来》，对德国研究型大学作了深入细致的研究与分析，为现代世界各国高等教育改革提供了有益的经验与借鉴。

20世纪八九十年代以后，美国教育史学家克雷明全神贯注，构建了自己的教育史学理论体系，并根据自己的理论体系开始了重新阐释美国教育经验的尝试，这种努力主要反映在他的专著《公共教育》和《美国教育传统》之中。在去世前的25年里，他把主要精力放在《美国教育：殖民时期的经验(1607—1783)》、《美国教育：建国时期的经验(1783—1876)》和《美国教育：都市时期的经验(1876—1980)》三部著作上。在克雷明看来，应该将“教育”视为通过周密的、系统的和持久的努力来传播或激发知识、态度、价值、技术和情感的过程。这个定义强调重视个性与教育机构的多样性。从个人受教育的多样化来看，除学校教育以外，还包括来自父母、同辈、兄弟姐妹、朋友的影响；而从教育机构的多样化来看，除学校教育以外，还包括家庭、教堂、图书馆、博物馆、夏令营、慈善团体、农村集市、住宅区、工厂、电台以及电视网络等。克雷明从教育生态学视角来看教育，重视对于教育的多元综合分析，尤其重视教育的社会环境，看到了家庭环境、学校环境、校外教育机构和渠道的教育作用。克雷明倡导的大教育观首先使美国教育史研究领域得到大大的拓展。以往的美国教育史将重点放在学校教育尤其是公立学校教育的历史研究上，而现在学校教育不再处于教育史研究的中心，家庭、教会、学校、学院、大学、图书馆、博物馆、工作场所（如工厂）、军队、童子军、报刊、讲读社、展览会、济贫院、大众识字教育等等，都一起被纳入了美国教育史的研究领域。

美国的另一位教育史学家乔尔·斯普林（Joel Spring）的主要研究兴趣是多元文化教育、土著美国文化、全球教育、人权教育和教育政策，其教育史方面的代表作是《美国学校：1642—2000》。斯普林强调他写作《美国学校》的目的是在广泛观察的基础上阐述教育史，以便为教育史教学提供一种新的综合的途径。他从政治学、经济学、社会学和多元文化等多种视角来阐释美国学校史，并主张把各种阐释都摆在学生面前，使他们得以根据自己的价值判断来评判教育史。他明确指出：“在历史阐释中无所谓正确与公正”。“在历史阐释中没有公正的答案，而只有对于哪些历史阐释是正确的这个问题的不同观点。你必须根据你自己的社会的和政治的价值观作出决定。”①虽然这种说法有着浓厚的历史相对主义色彩，却是当代美国历史学发展趋势的一种真实写照。

20 世纪 90 年代以来，英国的理查德·奥尔德里奇也将研究的重心下移到了民众教育、扫盲教育、初等教育、教师教育、教学活动和课程设置等具体的教育活动史，1990 年发表了《19 世纪中叶的初等教育、识字和童工》，论述了在国际捐助初等学校的教学与课程中的识字、教育和童工问题。② 为了向缺乏教育史知识的人普及历史知识，他还编写了浅显易懂的

---

① Joel Spring, American School：1642－2000, Fifth Edition, Boston: McGraw－Hill, 2000, p. 2.

② Richard Aldrich, Elementary Education, Literacy and Child Employment in Mid Nineteenth Century: A Statistical Study, in: G. Genovesietal, History of Elementary School Teaching and Curriculum, Hanover, 1990.

教育史读物《教育史入门》,以英国的英格兰和威尔士教育为主线,介绍了英国的初等教育、中等教育和高等教育的发展情况。后来又着手研究英国的教师教育发展史,1990 年发表了《教师教育的演进》和《英格兰和威尔士的教师教育史》;接着他又对课程史进行了专门研究,撰写了《国家课程的历史展望》,使英国教育史研究向纵深方向发展。

面对近年来世界教育史学界所面临的危机和挑战,各国教育史研究人员都在积极地寻找应对策略,不断地进行研究思路调整和学科反思。为此于 1992 年英国教育史学会又回到最早创建学会的城市利物浦,召开教育史学会成立 25 周年大会,英国教育史学界的同人共话教育史学科的发展历程、教育史的学科地位、教育史的学科特色以及所面临的危机,同时大家共同谋求教育史学科的发展出路,从此真正进入了英国教育史研究的学科反思阶段。由伦敦大学教育学院教授戴维·克鲁克和理查德·奥尔德里奇合著的《面向 21 世纪的教育史》于 2000 年由伦敦大学出版,在反思的基础上展望了英国教育史学科的美好未来。

以上简要回顾了世界教育史学研究的发展过程及其趋势,从中可以清楚地看出,教育史学研究是在历史学的影响下成长、发展起来的。它经历了早期的历史学一统天下、社会科学多学科理论和方法的借鉴以及学科自身的反思与建构三个阶段,逐步形成其理论和方法,开拓其领域,不断取得进步。研究教育史学的发展过程与趋势,不能不密切注意历史学的发展与趋势。

二

“溪涧岂能留得住,终归大海作波涛。”作为中国学术的一部分,中国教育史学经过近百年的发展演进,终于走过其学科的萌芽和幼稚阶段,步入一个成长壮大的阶段,汇入当代世界学术发展的大海,并努力在世界学术的海洋中寻觅自己前行的方向。

我认为,从未来历史学和教育学的发展趋势来看,今后一个时期中国教育史学的发展将逐步实现“三个转向”,即逐步转向加强自身学科理论建设,转向研究教育历史的日常问题,转向发掘本土的学术传统。

(一)转向加强学科自身理论建设

以往教育史学研究总是将注意力放在具体的教育思想与制度的研究,而且研究方法与思路往往依赖于历史学和教育学,缺乏体现自身学科特色的自觉性,教育史学界很少对自身学科进行理论和方法的反思与建构,这就制约了研究者的思维水平和理论提升,因而在理论方面显得有点先天不足。学术研究包括历史研究的重要目的之一是为了帮助人们提高理论思维水平，如果所有的教育史学研究成果只是简单的史料累加和肤浅的史实介绍，那么，教育史学科将永远不会走向成熟。尽管目前教育史学研究成果不少，队伍也日益壮大，但在我看来，这基本上还只是量的增长而不是质的提高，只是"学科增长"而不是"学术增长"。学科研究成果较多，但学术发展不够，理论水平不高，或许可以说是"繁荣中的贫困"。当新世纪其他众多人文学科面对新的挑战纷纷进行学科反思与重构之际，教育史学科尤其应该注重加强学科理论建设，因为长期以来教育史学科一直缺乏属于本学科的理论体系。

面对教育史学所存在的危机，教育史学界有必要清醒地认识学科自身存在理论贫乏、体系不整的弊端，着力构建本学科的理论体系。具体来说，就是要全面系统地研究教育史学科的基本理论问题，加强探讨教育史学科的概念范畴、研究方法和学科体系，特别是要探讨和反思教育史学科的性质、对象、范围、功能及其与相关学科的关系，并通过总结教育史研究本身的历史，为教育史学科进行科学的定位，建立和完善教育史学科的理论范式、研究方法及学科体系，以求加强教育史学科的自身理论建设，提高教育史研究者的理论水平。

教育史学建构自身的理论体系，当然不是凭空而来，不能忽视借鉴与吸收历史学与教育学的相关理论。由于教育史学是由历史学与教育学交叉形成而来的，与历史学和教育学有着天然的血缘关系，具有历史学和教育学的双重特征，教育史研究者更应该首先积极并且善于从历史学和教育学中吸取营养，吸收历史学和教育学的最新理论成果。除了向历史学和教育学借鉴和学习以外，还需要向其他社会科学取经索宝，将理论借鉴的目光投向政治学、经济学、社会学、人类学、哲学、伦理学、心理学等学科，力求最大限度地吸收和融合众多社会科学的理论，以加强教育史学的理论建构和学科建设。

加强教育史学科自身建设，还体现在应当提升具体教育史研究过程中的理论品位，增加具体研究成果中的理论含量，提高未来教育史学的研究层次和水平。这不仅是由教育史学的教育性质所决定的，而且是由教育史学的史学性质所决定的。就像意大利著名史学家克罗齐(B. Croce)所说："史实只有通过史学家本人心灵或思想的冶炼才能成为史学。"而这个由史学家用心灵进行冶炼的过程就是一个运用理论思考史实的过程，也是一个理论提升的过程。因为任何历史不仅是人的历史，而且是人写的历史，因此，教育史学家的理论素养、主观经验、认识水准等因素不可避免地会渗透到教育史学研究过程与成果之中。研究者在研究教育史过程中，更多面对的是史料——前人意识化的产物，而不是历史事实本身，况且史料不等于史学，搜集史料、运用史料的工作完全是由教育史学研究者来完成的。在处理史料的过程中，需要研究者的理论思维；在创作教育史成果时，更需要通过理论去架构研究框架，有序排列和组合史料，并通过研究者的理论思辨能力从中提炼出新的思想观点。教育史学研究者要努力克服过去片面重视和简单拼凑史料的做法，进一步加大教育史学研究的理论力度，这是教育史学科的一个重要发展趋势。这不仅是教育史学的发展趋势，也是其他社会科学学科所追寻的一个目标。教育史学研究者的研究应关注研究者在研究过程中主体意识和理论素养的参与，并通过研究范式的转换，使教育史学研究视野更加开阔，品位得以提升，为学界展示更多的研究精品，将教育史学科推向一个更高的学术层次。

（二）转向研究教育历史的日常问题

以往教育史研究的重点主要集中于人物思想与制度变迁的研究，人物思想研究也仅只是就教育史上著名的精英人物进行研究，很少涉及基层人物的生活、学习与活动的具体问题与情境；教育制度研究也只是重视国家教育机构的形成及其演变，将重心放在了描述制度的内容及因袭过程，而缺乏对决策的生成过程、在基层的实施情况及其对学校教育的影响等问题的深入研究。未来教育史学研究应当将研究的视线逐步向下移动和对外扩散，实现教育史学研究视野从精英向民众、从高层向基层、从中心向边缘、从经典向世俗的过渡。通过转向研究历史当中的具体教育问题，来真正展示出生动鲜活的教育史学科特色。具体而言，需要加强如下工作：

一是研究历史的教育问题要具体化。教育史学研究会遇到各种问题，有宏观问题与微观问题，有大问题与小问题，有冷问题与热问题，有具体问题与抽象问题等等，由于以往教育史学研究的关注焦点集中在上层人物研究和宏观制度研究，因而导致微观的细节的日常的问题很少有人问津，成为研究的空白。因此，今后应当将研究的重心转向教育、教学的具体问题、微观问题和日常问题。

二是研究历史的教育问题要民间化。20 世纪中叶，法国年鉴学派就将研究的重心从少数精英人物转向了广大民众。法国年鉴学派的创始人之一布洛克曾这样说："一个杰出的历史学家就像童话中的巨人，他知道哪里有人肉的气味，哪里就是他的猎物所在。"这里所指的人，已不再是上层精英，而是人民大众。之后，法国年鉴学派第二代核心布罗代尔在对 15

至18世纪的资本主义发迹史进行总结之前,先对前工业化时期的社会图景从最基层开始作了深入探究。20世纪70年以来的美国新史学就对传统史学只注重精英文化的研究取向进行了深入的批判,极力倡导以社会大众和大众文化为主体的研究取向,极大开拓了新史学的研究视野。新史学的这一研究导向,直接影响到教育史学的未来走向。法国当代教育史学家安多旺·莱昂指出:"对于某一教育问题的历史研究看起来印证了布罗代尔的断言:'历史……是人类科学中最富有文学色彩的和有趣易读的学科,总之它最为大众化。'"教育史学走向民间,已成为全世界各国教育史学家的共同心声。研究重心移向民众,是未来教育史学科发展的基本方向和趋势之一。

同时,还要注意研究成果要适合于民众的阅读口味,以此来满足大众的读史需求。如果所撰写的教育史论著,尽管研究的内容和所使用的材料均是民众的教育历史,然而写史的方法仍然使用深奥、晦涩的表达方式,社会大众看不懂,这样的教育史仍然不能成为真正意义上的民众化的教育史,违背了教育史学研究的初衷和本意。英国当代著名教育史专家理查德·奥尔德里奇(Richard Aldrich)曾将教育史学研究和教学的宗旨定位在要适合大众的需要、成为普及的内容。他说:"教育史是更普及的、大众教育领域的课程。"教育史学研究视线的下移是多方面的,不仅要求研究对象由精英转向民众,研究史料从官方转向民间,而且应当做到研究成果符合大众的欣赏水平和阅读能力,使之避免成为贵族的教育史。当然,教育史学研究成果的大众化,并非要将教育史研究庸俗化,只是在表达方式上要力求形式生动活泼,成为民众喜闻乐见的一种新史学。

三是研究历史的教育问题要多元化。教育问题史研究也要不断扩大研究的视野和领域,实现研究问题对象的多元化。譬如:中国教育史研究,不仅要注重汉族教育历史问题的研究,而且要关注各少数民族教育历史问题的研究;不仅要研究中央政府办理教育的历史,而且要研究地方官僚或民众的办学实践;不仅要重视主流文化影响下的教育发展问题的研究,而且要注意对道教、佛教、基督教教育史问题的研究。

(三)转向发掘本土的学术传统

作为世界教育史学的一部分,中国教育史学研究当然必须借鉴与学习其他国家教育史学的研究理论与方法,但更重要的是,要善于挖掘本国传统史学的理论、方法与范畴,将研究视线转向本土的学术传统,力求从根深蒂固、博大精深的中国优秀教育传统与史学研究方法中汲取所需要的养分,从而为教育史学科的机体源源不断地注入新的营养。纵观中国本土的学术传统，我认为，至少以下几方面可供教育史学研究吸纳与借鉴：

一是中国学术传统的价值取向。学术传统是历史上形成并得以传承的稳定的具有独特风格的治学方式和叙事习惯，是一个民族优秀文化传统的重要组成部分。具有悠久历史和灿烂文化的中华民族，在自身文化记载与传承中形成了自成体系、独具特色的学术传统。然而，自从西学东渐特别是近代以来，由于先进的西方科技文化以强大的优势征服了中国思想文化界，在西方强势文化的冲击下，中国学术界开始对本民族的学术传统产生了怀疑，中国的学术规范与治学方式受到了重创。这样中国的学术传统一次次地受到破坏，致使当今史学界包括教育史学界出现学术传统的严重缺位，进而制约着教育史学科的发展。中国教育史学研究者当然要以开放的心态去接纳外来学术文化，然而，中国教育史学毕竟是研究者在中国、针对中国教育历史问题所从事研究的教育史学，我们不能将数千年来积淀和传承下来的中华优秀学术传统轻易地全盘丢弃，这样不仅不利于传统文化的传承，而且不利于教育史学科发展。从文以载道、格物致知、经世致用，到近现代的学以致用、实事求是、求真务实，我们可以明显看出中国学术传统的演变与发展轨迹。今天的教育史学研究者应该弘扬与继承这种学术传统，在研究教育史过程中，学会联系现实，结合实际，力求古今贯通，学以致用。

二是中国传统史学的思维方式。中国传统历史学一贯注重从宏观角度去思考与把握历史发展的脉络，注重整体思考与综合分析，善于从历史的全程来总结与概括发展走向与趋势，不太注重微观研究。采用宏观思维方式去研究历史，是中国古代史学家一贯采用的方法，西汉著名史学家司马迁写《史记》就以“究天人之际，通古今之变”的宏观治史思维模式完成了当时的第一部通史。当代被誉为“中国的布罗代尔”的美籍华人黄仁宇提出“大历史观”，即“将宏观及放宽视野这一概念引入到中国历史研究中去”，从而理清中国历史发展的基本脉络，使人了解中国历史发展之所以如此的因果关系。新世纪的教育史学研究，也应该批判继承中国史学研究传统，学会从整体上去思考中国教育发展的整个历程，善于从宏观视角去体认和把握教育思想、教育制度与教育活动之间的内在的必然的联系，并且学会运用归纳的思维方法，对各种细微的、日常的教育史料作概括与总结，将研究的视线从上层和精英下移到基层和民众，以期从教育活动的真正主体——社会大众去体认教育历史的实况。教育史学研究的对象应该实现群体化，要加大对群体的研究力度，以使教育史学走下圣坛步入民间。只有通过继承与借鉴“大历史观”,进而在教育史研究中创立“大教育史观”,才能实现教育史学与历史学的相互辉映。

三是中国传统史学的理论范畴。近年来,史学界和教育史学界广泛引入与借鉴西方史学理论与方法,这本来无可非议,是学术发展的必由之路,也是学术开放的具体表现。然而,在学习与借鉴西方史学理论的过程中,却出现盲目照搬、舍本求末的弊端,即为了一味追求新潮,将中国几千年来保留和积累下来的传统史学理论范畴人为地丢弃了,这是一种不理智的行为。回溯中国传统史学理论发展历程,其中不乏值得教育史学继承的东西,譬如:唐代大史学家刘知己提出的史学“三长”,即“史才”“史学”“史识”,清代大学者章学诚后来又加了“史德”,这样“史学三才”就变成了“史学四才”。到了近代,大学者梁启超对此作了次序排列:“先史德,次史学,又次史识,最后才说到史才。”这些传统史学理论范畴,很值得教育史学研究者借鉴。教育史学科在未来的学科建构中,应当借鉴中国传统教育的理论范畴,努力发掘中国传统教育中具有生命力的理论范畴,切不可将本国教育史的精华丢弃,而去追寻那些看起来貌似新鲜、但并不一定对教育史研究有多少益处的理论范畴。

四是中国传统史学的研究方法。中国历代史学家在治史的过程中,对史料的处理积累了丰富的经验,总结出了不少至今仍然很有使用价值的研究方法,诸如版本、目录、训诂、校勘、辨伪与考证、辑佚与注释等。这些传统方法对于教育史研究永远具有使用价值,因为不管在什么时候研究教育史学,都离不开史料,而且需要的是可靠的史料;而要搜集和整理史料,就必须学习与了解版本学与目录学;在史料传承过程中,同一部书因编辑、传抄、刻版、排版或装订形式的不同而产生了不同的古籍本子,都需要通过版本学的知识去鉴别与区分。

五是中国传统史学的编撰方法。中国传统史学研究的编撰体裁有编年体、纪传体、纪事本末体、学案体等多种,这些编撰方法至今对教育史学研究具有重要参考价值。编年体是按照历史事件发生的年代顺序来编写史书的一种编撰体裁;纪传体是以人物传记为中心叙述史实的编撰方法,汉代著名史学家、文学家司马迁的《史记》最早开创了此种编史方法;纪事本末体是由南宋史家袁枢创立的一种编史方法,是就历史上的某个重要事件,自始至终有系统地将其叙述完整,这样便于人们系统地了解这个历史事件的原委,在研究教育制度时最好采用这一方法,有利于系统完整地了解一种制度的缘起、内容、演变、实施及影响;学案体是为了适应编写学术史的需要而创立的一种史书体裁,对教育史学来讲,适合于研究某个著名教育家的成长环境、治学历程、师承关系、著述内容、教育活动及其影响、他人评论等。总之，中国传统史学在编撰方面形成了不少优良传统和很好的编写体例，这些都是今后中国教育史学研究者可资借鉴的宝贵财富。

三

基于以上认识，我从20世纪80年代中期起，就开始对中国教育史学进行学科反思，先后就教育史学研究的指导思想、教育史学的理论与方法、教育史学的改革创新等问题撰写并发表了数篇文章，在多次全国教育史学年会上呼吁加强学科反思，注重理论建构，转换研究范式，促进学科发展，并在华中师范大学教育学院为研究生开设"教育史学概论"课程，探讨教育史学的基本理论和方法问题。进入新世纪后，我承担了教育部全国教育科学规划"十五"重点课题"教育史学理论与方法研究"，比较系统地探讨教育史学学科的一些基本问题，主持编写了《教育史学通论》，初步形成了自己对教育史学科的若干主要观点，如教育史学的"学科性质史学论、研究对象三分论、研究重心下移论、理论方法现代论、表述形式本土论、历史分期三段论、学者素养要素论、未来发展多元论"等思想，以及以问题意识为导向、本土原创为特色、范式转换为宗旨、学术增长为目标的学术理念和追求。这套"教育史学研究新视野丛书"就是以这些认识、理念和追求为指导编写的一套新的教育史学研究丛书。

摆在读者面前的这十本论著，就是上述教育史学认识、理念、追求的反映和体现。其中，湖北大学历史文化学院副院长郭娅副教授的《反思与探索——教育史学元研究》，将教育史学本身作为反思和研究的对象，从教育史学的学科性质、学科特征、研究对象、研究内容、研究范畴、学术功能、基本理论、研究方法、史料收集、编撰形式、学者素养、发展趋势等方面，探讨了教育史学学科的基本问题，形成了一套自己的独到见解，较好地反映和体现了我和她近年来对教育史学学科的基本观点，为教育史学研究提供了一套比较新颖的理论依据，从某种程度上也可视为这套丛书的一个理论总纲，是我这篇总序的一个理论与方法上的扩展和加强。华中师范大学教育学院但昭彬副教授的《话语与权力——中国近现代教育宗旨的话语分析》，首次尝试运用话语权理论，从话语权与教育宗旨的关系、官方话语权的独占、官民话语权的互动、民间话语权的拓展、官方话语权的重掌、官民话语权的衡称等方面，研究了20世纪上半叶中国教育宗旨的发展与流变，总结提出了官民话语权演变规律，从教育宗旨流变这一个点来窥视近代中国社会变迁的规律。与但昭彬侧重于国家与民间的关系研究不同,曲阜师范大学教育学院广少奎副教授的《重振与衰变——南京国民政府教育部研究》,侧重于国家教育体系和制度研究,运用制度主义理论,分析了现代中国中央教育机构的形成、演变历程,以及中央重大教育政策的复杂生成过程及其对全国教育的影响,提出了南京国民政府时期中央教育机构和教育制度如何由有效转为失灵的假说,是制度主义理论运用于中国近现代教育史研究的初步尝试。湖北大学教育学院赵厚勰讲师的《雅礼与中国——雅礼会在华教育事业研究(1906—1951)》,对以往人们甚少关注、但在中国近现代教育史上发挥过相当作用的基督教重要教育机构——美国雅礼协会在华教育活动及其影响,作了认真挖掘与深入研究,从一所美国知名大学——耶鲁大学及其派生组织看美国特别是美国基督教教育组织是如何进入中国并对近现代中国社会和教育产生影响的。与之相类似的基督教教育组织个案研究,还有华中科技大学社科部肖会平讲师的《合作与共进——基督教高等教育合作组织对华活动研究(1922—1951)》,该书在费时五年搜集和整理大量第一手原始档案资料的基础上,首次探讨了中国共和大学中心办公室、中国基督教大学委员会、中国基督教大学联合董事会等基督教高等教育合作组织诞生的历史背景、组织职能、结构演变、服务活动及其主要社会关系,并对该组织在近现代中国高等教育特别是基督教高等教育发展进程中所扮演的特殊角色及其历史作用,作了较为客观的评价。赵厚勰和肖会平的基督教教育组织研究,拓展了中国近现代教育史的新领域——教会教育组织研究,比过去的基督教学校教育研究又深入了一步,为后人开展相关研究,在题材、资料、方法和观点等方面,提供了一个重要视野和参照物。而且,这两项研究都回应了国际上的同类研究及其看法,在一定程度上融入并参与了国际学术界的对话。华中师范大学教育学院申国昌副教授的《守本与开新——阎锡山与山西教育》,从"地方军阀办教育"这一民国时期特殊现象入手,对阎锡山这个盘踞山西三十多年的地方实力派代表人物的非主流教育理念和办学实践作了深入的挖掘,对过去人们忽视、但又确实发生重大影响的阎锡山在山西开展的培育根基的国民教育、铸就精英的人才教育、谋求生计的职业教育以及感化民众的社会教育,作了细致的分析,既概括了民国时期最为典型的"军阀办教育"现象和规律,又拓展了区域教育史与基层教育史研究,为后人研究地方军阀办教育现象提供了重要参考。我本人的《开拓与创建——陶行知与中国现代文化》,一改过去只从教育角度去研究近现代大教育家陶行知的传统做法,另辟蹊径,从文化视角研究陶行知，除了探究其在教育领域的开拓性成就外，还从语言文字、大众艺术、科学普及、新闻出版、对外影响等方面，深入探究了陶行知对中国现代文化的开拓与创建，开辟了教育家研究的新视角，并在人物研究方法论上作了新探索，形成了一套带有普适性的研究框架。蔡幸福博士的《融通与创新——陶行知与牧口常三郎教育思想比较研究》，对近现代东方教育史上两位代表性人物——中国的陶行知和日本的牧口常三郎的教育思想作了比较研究，从哲学、宗教与政治三方面分析了两人教育思想的理论基石，从教育目的观、功能观、内容观、方法观、学校观、教师观以及教育思想的性质、特点和影响等方面，对两位教育家作了比较研究，形成了中国近现代教育家与同期国外教育家比较研究的新领域。河南师范大学文学院耿红卫副教授的《革故与鼎新——科学主义视野下的中国近现代语文教育改革研究》，从科学主义视角审视了近现代语文教育科学化历程，对语文教育目标科学化、内容科学化、方法科学化、考试科学化、研究方式科学化等问题，作了深入分析，提出了自己的看法，将中国近现代教育史研究领域向更为具体的学科教育史研究分支伸展。汪楚雄博士的《启新与拓域——中国新教育运动研究(1912—1927)》，运用组织社会学等理论，从运动型态角度，对民国初期的新教育运动作了全新阐释，提出了新教育运动与新文化运动是“同源同质异构不同步”的新见解，有助于近现代教育史与文化史研究的深入开展。

总之，这套丛书力求开拓教育史学研究的新视野，体现教育史学研究的“三个转向”，以新的思路和观点，运用新的理论和方法，拓展新的研究领域，力图实现教育史学研究从上层向下层转移、从中心向边缘扩展、从中央向地方延伸、从主流向非主流开拓、从本土向域外眺望、从整体深入到个案以及从具体微观研究向宏观理论建构等研究目的，全面反映和体现我们以问题意识为导向、本土原创为特色、范式转换为宗旨、学术增长为目标的学术理念和追求。

这套丛书中的十部专著均是在每位作者的博士学位论文的基础上修改扩充而成的，大致都经历了三年至五年的艰苦笔耕才最终完稿。十位作者中，除我本人外，其余九位同志——但昭彬、广少奎、郭娅、赵厚勰、申国昌、肖会平、蔡幸福、耿红卫、汪楚雄多为我近年来指导并已毕业的博士研究生。几年来，他(她)们与我共同学习，相互切磋，教学相长，均取得了较大的进步。他(她)们潜心治学的精神、多思善问的习惯、乐于吃苦的意志和闪烁智慧的思维，也使我获益良多。

在丛书写作与出版过程中，得到了著名教育史学家、中国教育学会教育史分会顾问、北京师范大学教育学院博士生导师王炳照教授，著名教育史学家、中国教育学会教育史分会理事长、浙江大学教育学院博士生导师田正平教授等专家的关心与支持；与我同在华中师范大学教育学院教育史与比较教育研究所工作的董宝良教授、任钟印教授、余子侠教授、杨汉麟教授、喻本伐教授、方彤教授、王建梁副教授等人，以及曾在华中师范大学教育学院任教或学习、现为深圳大学师范学院教授的熊贤君先生，武汉大学教育学院院长程斯辉教授、聊城大学教育学院副教授胡志坚博士、深圳大学师范学院副教授陆克俭博士、武汉体育学院副教授陈晴博士，我现在指导的博士生张明武、陈功江、樊艳艳、朱红梅、陈竞蓉、陈光春、赵永利、刘来兵、喻永庆等人，均从不同角度为每部著作的构思与写作提出了宝贵的意见与建议，为提高丛书的学术质量作出了贡献；山东教育出版社教育理论室主任、编审蒋伟女士和编辑王慧小姐，为丛书出版倾注了大量的心血。值此丛书出版之际，谨对以上各位同志致以最诚挚的谢意！

当然，我们十分清楚，这套冠名“教育史学研究新视野丛书”的十部专著，只是我们华中师范大学教育史这个研究群体近年来运用新的理论和方法，从新的研究视角，对中国近现代教育史学有关问题所做的初步尝试，尚有许多不成熟与不完善之处，尚祈学界同人予以雅正。

最后，借用我国宋代大思想家、教育家朱熹的一首诗与学界同人共勉：“半亩方塘一鉴开，天光云影共徘徊，问渠哪得清如许，为有源头活水来。”我深信，只要教育史学界同人携手并进，共同努力，加强学科反思与建构，更新理论和方法，转换研究范式，调整研究视角，拓展研究领域，就一定能找到教育史学发展的“源头活水”！

2008 年 7 月 17 日于武昌桂子山

华中师范大学教育史与比较教育研究所

第八章　现代科学的传播/402

第九章　现代新闻出版的推动/420

第十章　陶行知教育思想在海外及港台地区的传播/444

导论
从文化的视角研究陶行知

文化，是一个古老而又年轻的范畴，亦是一个世界各国共同关注的话题。20 世纪以来，文化研究就成为现代人文社会科学研究的一股世界性的文化浪潮，文化学在这股潮流中便应运而生。我国从 20 世纪七八十年代开始掀起了文化研究热，而学界尚未从文化视角去研究陶行知。陶行知不仅是在近代中西文化冲突与融合中成长起来的著名教育家，而且充当了中西文化交流与发展的使者。他的教育思想、教育实践以及教育贡献无不深深扎根于厚重的文化沃土之中，同时，他又借助教育载体来推动现代中国文化事业的发展。因此，从文化视角研究陶行知不仅具有必要性而且具有可能性，况且教育本来属于文化系统的组成部分之一，从文化的广阔视角研究教育家将大大拓展中国教育史的研究空间。

一、为什么要从文化视角研究陶行知

文化是人类在社会历史实践过程中以一定的方式所创造的全部成果，是一个内涵广博、意蕴丰富的范畴。从系统论角度来看，文化可视为一个包括诸多子系统的大系统，其基本构成成分为物质文化、制度文化、精神文化三大子系统。这三大子系统下面还有更小的子系统，各自又包含着诸多复杂的要素及其功能。其中精神文化子系统包括：(1) 各种文化设施和文化活动，如教育、科学、哲学、历史、语言、文字、医疗、卫生、体育、宗教和文学、艺术等；(2) 人们在一定的社会条件下满足生活需要的方式——生活方式，包括劳动生活方式、消费生活方式、闲暇生活方式和家庭生活方式等；(3) 人们的价值观念、思维方式和心理状态等。文化具有多重功能：满足功能、认识功能、改造功能、组织功能、整合功能、教化功能、选择功能、向心功能等。① 而文化又分广义与狭义两种，由以上三大子系统构成的就是广义的文化；狭义的文化则仅指精神文化这一子系统。根据研究目的的不同，可以将文化学研究划分为理论文化学和应用文化学。在文化学研究中，侧重于对文化系统整体进行理论研究的，称之为宏观文化学，而侧重于研究具体文化现象的，称为微观文化学。宏观文化学主要探究人类社会各个时期的文化子系统之间的相互关系，以期掌握文化发展的一般规律，包括文化学基本理论、文化思想史、文化学史等；微观文化学主要研究社会文化生活的具体、微观领域，主要有政治文化学、经济文化学、教育文化学、艺术文化学、宗教文化学等。文化系统的存在是以结构为前提和形式的，而文化系统的结构具有层次性，可分为表层结构、中层结构和深层结构三类。其中物质文化子系统属于前者，制度文化子系统属于中者，精神文化子系统可归入后者。同时，文化研究还分为共时性研究和历时性研究，其中历时性研究就是从文化的发展过程对其进行动态的分析，把握其运动规律。

文化与教育犹如孪生兄弟，相互依存，相互制约，相互促进。文化的传承与进步离不开教育的作用，教育的变革与发展也有赖于文化的支撑。文化与教育总是在不断适应与耦合中实现共生共荣的目标，因为一个社会的文化扩散于社会的各个领域，渗透于人们生活的方方面面，明显地制约着教育方式与教育内容的选定和教育目标的实现；同时，特定的教育理念与教育方式，又能有效地保证文化的传承与创新。具体来讲，首先，文化对教育的影响与制约作用主要表现为：一是文化直接影响着教育思想

① 周洪宇等：《关于文化学研究的几个问题》，载人大复印报刊资料《文化研究》1988 年第 1 期，第 9 页。

的生成、教育内容的选择和教育方法的采用。不同文化背景下生长起来的教育家，自然而然地会产生不同的教育思想和办学主张。具有不同文化传统的民族，在选定教育内容和使用教育方法时就会出现不同的风格和特征。二是作为文化内核的价值观念会直接或间接地影响到教育者和受教育者对教育目的、价值、功能、作用、内涵、方式、效果等的看法，一个时期人们的教育价值取向很大程度上受到文化因素的影响与制约。其次，教育对文化的影响与促进功能体现在：一是教育具有保存与传承文化传统的功能。文化之所以能够得以保存与传递，很大程度上依赖于教育的横向传播和纵向传递，在此过程中教育成为文化的重要载体。二是教育对文化具有整理、选择、积淀、创新的功能。教育者对文化的传承不是照搬、抄袭，而是有选择地进行讲授和传承，并且在传授中对零散的文化内容进行整理，使之系统化、规范化。有时教育者会带领受教育者对文化进行创造性研究，从而实现对文化的再生与创新。

陶行知作为中国近现代伟大的人民教育家，他首先是教育领域中教育者的杰出代表，由于其受过不同文化背景下的各种教育，因而不同时期不同民族的文化直接影响到他的教育思想的形成；同时，他在之后从事教育研究和实践中，凭借自己睿智的眼光和判断力，对各种文化进行了批判吸收。可以说，陶行知既是在不同文化的冲撞和交融中成长起来的教育家，又充当了东西文化交流与融通的使者。其教育思想的形成离不开东西方文化的影响，正是在多元的文化摇篮中不断形成其教育思想的；随着其教育思想的成熟和丰富，他又对不同文化进行了认真的审视与评判，在冲突的文化中进行抉择和汲取，并且在批判的基础上采取积极输入先进的西方文化和扬弃传统文化的态度，来完成教育家传承和创新文化的任务。他在教育实践中时刻都不忘自己所肩负的文化创新使命，在从事教育主业的同时，他十分注重在语言文学、大众艺术、大众戏剧、现代科学、新闻出版等方面进行文化传承和创造，可以说，陶行知是20世纪综合性的文化伟人。因此，从文化视角去研究陶行知不仅十分必要，而且至关重要。

任何一门学科(或学问)都有它自己的方法论。所谓方法论，即关于方法的原则和理论。它与具体的研究方法不同，是研究工作的指导思想和根本方法。每个研究者都受一定的方法论指导。也许有些研究者在研究时并未明确意识到自己所采取的方法论，但由此而说他没有方法论的指导，则是荒唐可笑的。正确的方法论对于研究工作来说尤为重要。恩格斯说得好，没有正确的方法论作指导，"往往当真理碰到鼻尖上的时候还是没有得到真理"[①]。陶行知研究也不例外。研究陶行知应当注重方法论研究，善于借鉴和吸收其他研究领域的研究理论和方法。只要研究方法有新的突破，也可使人物研究焕发出新的生机和活力。正确的方法论是什么？这就是马克思、恩格斯创立的唯物辩证法和唯物史观。离开了这个正确的方法论作指导，陶行知研究必然会走弯路。当然，有了正确的方法论，并不意味着研究者已稳操胜券，可以坐等收获。由于每个研究者的具体情况千差万别，他们所面临的问题又各不相同，因此，正确的方法论并不是必定成功的保票，仅仅是研究工作顺利开展的前提。

然而，从陶行知研究的现状来看，还不能说每位研究者已经很好地采用了正确的研究方法。如果我们不是回避问题而是正视现实，就应该承认，在研究过程中，不少研究者常常产生偏离甚至背离正确方法论的倾向，出现种种偏差与失误。这里面最为突出的，大概要算庸俗社会学方法论倾向，它已对陶行知研究产生了明显的消极影响。如果再不解决这个问题，陶行知研究很可能走进一条死胡同。

庸俗社会学方法论在陶行知研究中究竟有何表现？依我浅见，似有如下数端：

一曰"分割研究"。时下不少研究者热衷于像切豆腐块似的对陶行知搞"分割研究"。你写陶行知论乡村教育，我就写陶行知论城市教育；张三论陶行知的美学思想，李四就论陶行知的艺术实践；A 介绍陶行知在南京，B 就介绍陶行知在北京；甲谈陶行知与小孩子，乙就论陶行知与老妈子。如此这般，不胜枚举。随便翻开有关刊物，那里面十有八九是这类大作，而且从标题形成、文章结构乃至语言风格，都大同小异，了无新意，仿佛是一个模子倒出来的。这类问题，有些颇有价值，应该而且必须作深入研究；有些则价值不大，没必要花偌大精力呕心沥血做文章；还有些文章

① 恩格斯：《自然辩证法》，《马克思恩格斯选集》第 3 卷，人民出版社 1972 年版，第 555 页。

连题目本身都无法成立，纯系迎合潮流的拼凑之作。像这样无限分割下去，陶行知研究将会有无穷无尽个题目以供“研究”！当然，我并不反对专题研究，只是不赞同那种人为的“分割研究”。在我看来，陶行知的学说是一个有其内在逻辑联系的有机整体。即使专题研究，也自应依循这种内在逻辑联系，通过整体来观照局部，又从局部来把握整体。只有这样的专题研究，才有真正的价值。这样的专题研究越多，陶行知研究才越深入，而那种人为的“分割研究”，只能把一个好端端的、严密完整的思想体系弄得支离破碎！

二曰“注经疏义”。有些研究者虽然口口声声以马克思主义的立场、观点和方法来研究陶行知，但在实际上却把陶行知视为一贯正确、能够解答一切现实问题的“先知先觉”。他们对于陶行知的学说，犹如古代学者整理儒学经典，孜孜矻矻，专事注疏，不敢越雷池一步。名为学术研究，实为现代注经。在他们看来，陶行知的学说已尽善尽美，完全适合于当前的社会主义教育建设。人们只需很好地理解和运用它就万事大吉了。他们认为，陶行知的学说没有什么局限性。可以直接用来指导今天的教育改革。其实，任何人和任何学说都有其局限性，陶行知也不例外。马克思早就指出：“人们自己创造自己的历史，但是他们并不是随心所欲地创造，并不是在他们自己选定的条件下创造，而是在直接碰到的、既定的、从过去承继下来的条件下创造。”[①]这里所说的条件性就是局限性。陶行知生活的时代已与今天有天壤之别，历史条件也大不一样。对于陶行知的学说，我们应该区分三种情况：一要分清哪些是陶行知学说的基本原理，是普遍适用的；二要分清哪些原理和观点在当时当地是正确的，但在今天已不正确、不适用了；三要分清个别观点在当时看来就是有失偏颇和不确切的，或带有某些空想的因素。在运用陶行知的学说指导今天的教育改革时，应注意它的临界条件和适用范围。只有用陶行知的精神即科学的精神对待陶行知学说，才能在实践中坚持和发展陶行知的学说，永葆其理论的青春活力。

三曰“假设推理”。某些研究者总喜欢作各种假设推理，“如果……一

① 《路易·波拿巴的雾月十八日》，《马克思恩格斯选集》第1卷，人民出版社1972年版，第603页。

定……”便是最为常见的一种。比如,如果陶行知谢世不那么早,后来按中共领导人的设想当了新中国的教育部长,如果我们按他的教育主张办教育,我国的普及教育一定早就完成了,根本用不着为现有的数千万文盲或半文盲的扫盲问题而发愁。这种看法当然并非毫无根据。然而,历史毕竟是不能假设的。历史如能假设,那历史也就不是历史了,即使从逻辑学的角度来看,这种推理的结论也往往并不可靠。因为客观事物之间既有相似的一面,又有差异的一面,前者为这种推理提供了根据,而后者又对推理的可靠性起了限制作用。这就使推理的前提和结论没有必然的联系,结论是或然的。有可能这样,也有可能那样。如果认为“一定”这样,那就未免太绝对了。退一步讲,即或陶行知当了教育部长,他又能如何呢?我真怀疑,在新中国成立初年对电影《武训传》猛烈批判中,他这个曾经推崇过武训办学精神的人,能够不受牵连、逃脱厄运吗?纵然“批武”运动侥幸无事,在其后接踵而至的一个又一个政治运动中,他又如何能够顺利过关、安然无恙呢?谁能担保他在某一天不被送上政治斗争的祭坛?说实话,在阶级斗争高唱入云的年头里,陶行知的教育主张再好,也只能被束之高阁。这绝不是哪一个人的主张与能力的问题,而是当时那种政治路线的必然走向所使然。撇开了对这一段具体历史过程的考察,再好的假设推理都显得苍白无力。

四曰“添冠加冕”。一些好心的同志为了证明陶行知如何伟大,老爱把各种“桂冠”加在他的头上,似乎不这样做,就不足以证明陶行知的伟大。有的说他“在国内最早主张并招收女子入大学”,有的说他是“第一重视科学教育的人”,有的说他是我国的教育经济学、教育社会学、教育统计学这些新兴教育学科的“创始人”、“奠基者”,等等。应该承认,作为一个伟大的人民教育家,陶行知的改革精神和创造意识确实是他同一时代众多教育家所难比肩的。他在教育领域许多方面的革故鼎新,都开一时风气之先。对于他的这些劳绩,后人自应予以尊重和充分肯定。问题在于:有些改革的首倡者,并不是陶行知。就拿素为某些同志所津津乐道的陶行知首招女子入大学一事来说吧,远在陶行知所在的南京高师和蔡元培所在的北京大学相约试行男女同学之前,广州岭南大学和上海大同学院已经招收女生,实行男女同校。大同学院是 1915 年开始提倡男女同学的，而南高和北大五年之后才有此举。陶行知在其《为反对中学男女同学的进言》一文中，对此曾有明确说明："其实大学男女同学，在中国早已试行。岭南大学、大同学院当国立大学未行男女同学之先，早已办过了，结果都很圆满。"[①]不知是这些同志没读过这篇文章，还是有意视若不见？如果是前者的话，倒还情有可原。倘若是后者，这种心态就很值得研究了。在我看来，是则是，非则非。陶行知的伟人形象本来就已光彩照人，何必还要多此一举？难道不戴上这些"桂冠"，陶行知就不伟大了吗？

五曰"循环论证"。在陶行知研究中，我们时常看到这样一种现象：在研究过程中形成了一种循环论证，导致了研究工作的起点与研究结论的归宿之间的同义反复。试举一例，周恩来在 1946 年陶行知去世后给中共中央打电报时说："十年来，陶先生一直跟着毛泽东同志为代表的党的正确路线走，是一个无保留追随党的党外布尔什维克。"[②]周恩来的这一段话，言简意赅，评价允当。但在陶行知政治思想分期的问题上，也只是一家之言。研究者完全可以通过自己的独立研究，或赞同这种观点，或提出与之不同的看法。可是情况并不是这样。有些同志看到中央领导已有结论，那就不必再去劳神了。于是乎，他们不是把精力放在深入探讨陶行知政治思想的具体发展过程上，而是专在这段话的"十年来"三个字上做文章。既然周恩来是说"十年来"，那么，陶行知的政治思想毫无疑问是从"十年前"(即 1935 年)起开始发生质变的，由一个民主主义者逐步成长为一个共产主义者。还有的同志思路更为奇特，既然中国共产党也是在"十年前"(1935)的遵义会议上才结束了王明的"左"倾错误统治，确立了毛泽东同志在全党的领导地位，使党中央的路线转到马克思主义的正确轨道上来，那么陶行知从"十年前"开始一直跟着毛泽东同志为代表的党的正确路线走，完全合乎情理。如果在此之前就跟着当时的"左"倾错误路线走，那反倒糟了。言下之意，似乎陶行知颇有些先见之明。在这里，周恩来的这段话被他们作为研究工作的起点，开始了其论证过程，忙活了半天，又回到了原先的起点上。其实，毛泽东、周恩来等人对陶行知的评价，

① 《为反对中学男女同学的进言》，《陶行知全集》第 1 卷，湖南教育出版社 1984 年版，第 300 页。

② 《人物》丛刊，1980 年第 4 辑。

基本上是一种结论性意见,没有作具体的论证。即使他们的结论是正确的,也并未穷尽对陶行知的认识,还有许多具体的研究工作需要去做。从他们对陶行知的论述中,我们仅仅了解和熟悉一些结论是不够的,更重要的是,应学习和掌握他们所持的马克思主义的立场、观点和方法,以改进现有的陶行知研究。

人们在对庸俗社会学方法论在陶行知研究中的种种表现有了初步认识之后,不禁会思索这样一个问题:为什么庸俗社会学方法论能在陶行知研究中如此作祟呢?这里面的情况比较复杂,不是三言两语说得清楚的。我想,是不是至少有以下四点:

首先,它与适合于庸俗社会学方法论产生和滋长的政治气候有关。一切从实际出发是马克思主义认识论的基本观点,但由于种种原因,主观主义和教条主义并未被彻底地扫地出门,在某些人的思想深层留有残余,犹如"百足之虫,死而不僵"。一遇到合适的政治气候,就很容易滋长和蔓延。

其次,它与整个陶行知研究的队伍素质有关。让我们来透视一下这支队伍的基本成分:(1) 陶行知的生前友好、历届门生和亲属。他们是这支队伍的核心力量,没有他们的组织与宣传,不会有今天如此规模的陶行知研究事业。(2) 中央和地方有关部门(主要是教育部门)的各级行政领导,他们是陶行知研究的坚强后盾,没有他们在政治上、经济上所给予的大力支持,陶行知研究难以顺利展开。(3) 各地陶行知研究会的成员,这一部分人数量最多,多为对陶行知怀有敬慕之情的普通教育工作者。他们是陶行知研究雄厚的群众基础。(4) 部分高等院校(主要是师范院校)、科研机构的理论工作者。他们人数虽少,但具有较好的理论水平和科研能力,是陶行知学说理论研究的实际承担者。由此可见,这支队伍与"鲁学"、"红学"的学者型队伍不一样,来源不一,层次不同。这虽有其利于扩大声势、推广实验的一面,但也毋庸讳言,其中一部分同志的情感色彩较重、理论水平不高、知识结构陈旧、研究能力较弱,这为庸俗社会学方法论的盛行提供了易于生长的土壤。

又次,它与某些同志的研究态度不纯有关。有些同志从事陶行知研究,不是为了创造性地发展和运用陶行知的学说,以推动我国的教育改革，而是为了赶时髦，出风头，发文章，对陶行知抱着“生意眼”的实用主义态度。“形势”需要什么，就“研究”什么；哪类文章易发，就写什么。以这种态度从事陶行知研究，怎会不跌入庸俗社会学方法论的泥淖？

最后，也是极为重要的一点，它与我们这个古老民族的文化心理和学术传统有关。从远古时代起，人们开始形成了偶像崇拜的观念。进入封建社会之后，特别是自高度中央集权的秦汉时期始，一元的偶像（“圣人”）取代了原先多元的偶像。从此，谁被统治者钦定为“圣人”，谁就能享受独尊至上的地位和荣誉，并不断被神化，他的著作被奉为经典，具有权威性。人们在“圣人”面前，五体投地，心悦诚服。久而久之，积淀而成为“圣人崇拜”的民族文化心理。它体现在学术研究中，便是“唯经”、“唯上”、“述而不作”。以圣人的头脑代替自己的头脑，非圣人之言不敢言。即或有所作为，也要说是古有明训，拼命到经书中找依据。

上述若干分析，未必都很准确。其中，某些现象不仅仅是方法论问题，某些原因也不能完全归结到研究者身上。之所以提出这些看法，目的在于与大家共同总结经验教训，清除庸俗社会学方法论的影响，使陶行知研究得到健康发展。

二、怎样从文化的视角研究陶行知

陶行知研究是我国人物研究中的一个重要课题，具有不可忽视的理论意义和实践价值。自从1927年陶行知创办蜚声中外的南京晓庄学校和次年他的第一部重要论著《中国教育改造》出版之后，研究他的文章和著作就接连不断地见诸世间。大半个世纪以来，特别是近三十年来，经过广大陶行知研究者的共同努力，陶行知研究在理论上和实验上都取得了蔚为可观的成绩，正逐渐发展成一门系统的专门学问——陶行知学。但是，我们也要清醒地看到，目前的陶行知研究并不尽如人意，在思想观念、思维方式、理论视野、研究领域、研究内容以及队伍素质等方面尚存在着不少亟待解决的问题。其中，方法论问题尤为突出。从某种意义上说，不解决陶行知研究的方法论问题，陶行知研究很难指望有新的突破。因方法论问题事关陶行知研究的全局，需要广大陶行知研究者来共同研讨。

摒弃了庸俗社会学方法论之后，应该如何研究陶行知呢？这是我们必须回答的一个问题。为了开拓陶行知研究的广度和深度，当务之急是建立起陶行知研究的方法论体系。这个方法论体系是以唯物辩证法和唯物史观作指导的，由多角度、多层次、相互联系并互为补充的立体网络结构。大致说来，它由下面三个层次组成：(1) 方法论，居最高层次；(2) 具体方法，属中间层次；(3) 研究程序，为最低层次。这三者相互独立又相互依存，相互渗透又相互制约，有机地构成一个方法论体系。方法论离不开具体方法和研究程序的运用，而具体方法和研究程序又有赖于方法论的指导。三者相辅相成，不可或缺。

先说第一层次。陶行知研究的方法论，即唯物辩证法和唯物史观，这是陶行知研究的指导思想和根本方法。这一方法论的基本观点是：(1) 从事实出发，把问题放在一定的历史条件和社会环境中加以考察，对具体问题作具体分析；(2) 全面地综合看待认识对象，把握和探讨事物的各个方面、各种联系的各个"中介"；(3) 在事物的发生和发展过程中进行观察和研究；(4) 把实践作为检验真理的唯一标准。概括而言，即历史的观点、全面的观点、发展的观点和实践的观点。这一方法论对具体方法和研究程序起指导、定向的作用。

次说第二个层次。陶行知研究的具体方法是不少的。应该注意的是，正确处理原有方法与新增方法之间的关系。文献分析方法和比较分析方法是我们过去常用的具体方法。这些具体方法迄今并未过时，仍然大有用武之地。运用得当，将对陶行知研究作出新的贡献。且以比较分析方法为例，以往我们对之理解和运用都有不少问题。就陶行知与中国教育家的比较而言，只重视了陶行知与王阳明、胡适的比较研究，却忽略了陶行知与孔子、墨子、颜元、蔡元培、晏阳初、陈鹤琴等人的比较研究；就陶行知与外国教育家的比较而言，只重视了陶行知与杜威的比较研究，却忽略了陶行知与裴斯泰洛齐、孟禄、克伯屈等人的比较研究。如果今后我们注意运用比较分析方法，对此多作一点研究，一定可以加深我们对陶行知与中外文化关系的认识。

话又说回来，仅仅凭借原有方法研究陶行知，仍是远远不够的，我们还必须根据研究的需要，大胆地借鉴其他人文、社会科学的研究方法，如发生学分析方法、系统分析方法、结构分析方法、文化分析方法、心理分析方法等，以弥补原有方法之不足。比如，在研究陶行知生活教育理论发生过程时，不妨尝试一下发生学方法。发生学分析方法主张从多方面、多角度对研究对象的生长点进行动态的、实验的综合研究。据此，我们可从社会土壤、时代环境、文化背景和理论来源诸方面，对生活教育理论的生长点作动态考察，以弄清其起源和发展的具体过程。又如，我们可以借鉴系统分析方法对生活教育理论作新的认识。这里所说的系统分析方法，是从系统观点出发，把对象放在系统的形式中，从系统与要素、要素与要素、系统与环境之间相互联系和相互作用的关系中，综合地考察对象、处理问题的一种方法。① 依据这一方法，我们可从以下五方面对生活教育理论展开分析：(1) 以生活教育理论的整体性作为研究工作的基本出发点。(2) 对构成生活教育理论的诸要素（或子系统）作具体分析。从现代系统论的观点来看生活教育理论可被视为一个包括诸多要素（或子系统）的大系统。它由“生活即教育”（本体论）“社会即学校”（领域论）和“教学做合一”（方法论）这三大要素（或子系统）构成。这三者各具其结构和功能。在这三者之下还有更多、更小的要素（或子系统）。(3) 探讨生活教育理论（系统）与现代中国社会（环境）之间的关系，认识前者对后者的适应性。(4) 弄清楚生活教育理论与中国传统教育以及与西方教育理论的关系，揭示其发展变化的趋势。(5) 在对上述方面的具体分析的基础上，进行综合考察，达到对生活教育理论的总体把握。采用系统分析方法研究生活教育理论，有助于我们克服以往只重部分研究、忽视整体考察的倾向，摒弃“分割研究”的做法，使我们更好地从整体上把握生活教育理论的性质、特征、内容、结构和功能，认识其理论意义和实践价值。再如，既然生活教育理论是一种具有某种结构的理论系统，那么我们不妨用结构分析方法对之进行分析。结构方法有一个基本思想，即“关系在方法上要比因素占首要地位”，强调“关系”在系统中起决定作用。这一点提醒我们，在生活教育理论中，占首要地位的，并非“生活即教育”、“社会即学校”、“教学做合一”这三个单独存在的“因素”，而是这三者之间的“关系”。我们不能把三者孤立地分开来认识，而应将之有机地联系在一起，它才具有三者孤立分

① 张卓民、康荣平：《系统方法》，辽宁人民出版社 1987 年版，第 20 页。

开时所没有的整体意义。这三大“因素”应如此，其他更小的“因素”，如具体教育思想（包括幼儿教育、师范教育、职业教育、社会教育等）和具体教育做法（包括小先生制、工学团等）也应如此。只有将它们放到生活教育理论的系统中，考察它们与生活教育理论的“关系”，我们才能真正把握其各自的独特内涵和整体上的全新意义。此外，我们还可借鉴文化分析方法，从世界文化发展的总潮流、总趋势中，从中西文化大撞击、大融合中，考察陶行知出现和思想形成的社会土壤、时代环境和文化背景，弄清这些方面对他及其思想的影响，探讨陶行知及其思想中的文化心理内涵，揭示他的本质特征、精神内涵及其对于现代中国文化教育的深刻影响。过去我们极少从文化的角度去研究陶行知，主要是从政治的角度去分析陶行知。从这一角度分析陶行知是必要的，但又是不够的。长期以来，陶行知研究的基本“范式”是一种政治泛化的“范式”。其特点是：一是把政治参考系作为唯一的参考系，二是把政治标准作为评判教育的主要标准甚至是唯一的标准，三是以政治史的分期来代替教育史的分期。在这种“范式”的指导下，我们往往侧重从政治角度对陶行知道路作政治定性的分析，即说明陶行知从进化论者向阶级论者的转变，从非马克思主义者向马克思主义者的转变，从民主主义者向共产主义者的转变。这种分析是符合陶行知思想发展的实际的，但仅仅停留在政治分析，甚至以此代替文化分析，就容易出现一些问题。例如，把陶行知早期的思想判定为非马克思主义性质，就难以真正认识这个时期陶行知反封建的民主、科学思想的巨大意义。如果今后我们更加自觉地从文化的角度去认识、去思考，将陶行知研究的重心转移到陶行知的教育理论与实践上去，我们一定会有许多新收获。当然，像人格心理分析方法、符号学方法、解释学方法和接受学方法等其他学科的研究方法，也都可以根据需要，灵活地运用到陶行知研究中去，以开阔眼界，活跃思想，提高陶行知研究的水平。

最后谈第三个层次——陶行知研究的程序。这个问题表面上看起来没有什么，实际上却很重要。过去不少研究者因忽略了这一点而屡屡失足。陶行知研究的程序应如何才比较科学？我考虑是否可分这样三个步骤：首先是事实认识，其次是因果分析，最后为价值评价。所谓事实认识，即弄清陶行知教育理论与实践的基本历史事实，尽可能恢复其本来面目。

它所要解决的，乃“是什么”的问题。所谓因果分析，即对陶行知教育理论与实践形成与发展的原因进行分析，它所要解决的乃“为什么”的问题。所谓价值评价，即运用马克思主义的价值标准，对陶行知教育理论和实践在现代中国历史（特别是文化教育史）上的地位和作用，作出符合事实的评价。它所要解决的，乃“应如何（看）”的问题。上述三个步骤，既有区别也有联系，具有某种内在的逻辑顺序。离开了事实认识，我们无法作因果分析；而离开了这二者，我们又不能作出正确的价值评价。由此观之，这三个步骤实际上正是遵循了马克思主义唯物辩证法的认识论原理，由表象到本质，由具体到抽象，由低级到高级。结合陶行知研究的现状来看，至今我们不少同志因忽略了这一点而常常漏洞百出。这些同志由于尚未弄清楚陶行知教育理论和实践的基本事实及其因果关系，就轻率地对之作出价值评价，结果不是过分地抬高了陶行知，就是过分地贬低了陶行知。究其根源，除了方法论和具体方法上的失误之外，也与忽略了研究程序中的这三个步骤有关。

在过去的陶行知研究中，研究者主要是从政治和教育的角度去考察陶行知其人其说的。从这两个角度去分析陶行知其人其说是必要的，但又是不够的。说它是“必要的”，是因为这两者确实是陶行知一生活动的主要领域。缺少这两个角度的考察，陶行知一生活动的主要方面就无法反映出来。说它是“不够的”，是因为从这两个角度去认识陶行知，存在着一定的局限性，很难使人整个把握陶行知其人其说的全部历史内涵。只有从文化的角度，把陶行知作为近现代中国的一位文化巨人来认识，才有可能真正揭示出这一点。为此，我们可以也必须转换研究视角，从文化的角度来考察陶行知。这种研究视角的转换，将使陶行知及其学说的研究另辟蹊径，充满新的活力。

本书着重从文化背景、文化经历、文化实践、文化思想、文化贡献和文化影响等方面研究陶行知：文化背景主要从中国传统文化的熏陶、西方现代文化的洗礼以及马克思主义的影响等方面，追溯与探寻影响陶行知思想的深层次文化根源。从家族崇尚文化的风尚与传统来寻找家学对陶行知的影响，以及探寻家世良好文化习俗对其不断接纳中西文化和创造教育理念的内在动因；从陶行知在求学历程中所接触到的中国传统文化、西方现代民主科学思想、基督教文化等以及对其教育理念形成的影响，追溯文化环境对一个教育家成长的深层次影响；从陶行知参与和主持的各种文化教育实践，诸如文学创作、语言文字改革、戏剧表演、科学普及、新闻出版的亲身实践，探讨陶行知对文化所作的开拓与创新；还从陶行知对文化的看法，来反映其具有独特风格的文化思想体系，同时通过纵向追踪来研究陶行知对文化的贡献以及对后来新中国文化建设所产生的积极影响，来体现陶行知作为20世纪综合的文化伟人对中国乃至世界文化教育所作出的巨大贡献和所产生的积极影响。

第一章

中西文化撞击与交融的产物

在人类文明发展史上，某些时期常常以其猝然而至的一连串巨大事变而成为历史的重要转折点。对于世界各民族特别是中华民族来说，20世纪正是这样一个不寻常的时期。在这个世纪里，中华民族经历了她有史以来最痛苦然而也是最伟大的变革：专制独裁的君主政体让位于人民民主的共和政体，自给自足的小农经济转变为以大工业生产为基础的商品经济，古老的传统文化受到了现代西方文化的强有力挑战。在一次次历史性的大地震之后，现代文明的宏伟大厦终于在旧世界的废墟上逐步建造起来。

这是一个需要巨人而又产生巨人的时代。陶行知便是诞生在这一伟大时代的颇具代表性的文化巨人。他在半个多世纪的战斗生涯中不断追求真理，追求进步，为谋求中华民族的彻底解放，为追求人民大众的自由幸福，为发展现代中国的教育和文化，英勇奋斗，开拓创造，为祖国和人民作出了不朽贡献，在中国近现代史（尤其是近现代文化教育史）上占有极为重要的地位。早在半个多世纪前陶行知刚刚辞别人世时，人们就对他的光辉一生给予了高度评价，纷纷称他是“伟大的人民教育家”（毛泽东）、“万世师表”（宋庆龄）、“反洋化教育、反传统教育的旗手”（林伯渠）、“中国新教育——人民教育的奠基人"（钱俊瑞），"三个有独创性的伟人——一个政治家、一个教育家和一个文学家"（胡乔木），与鲁迅、邹韬奋同为"我国近三十年文化战线上最有创造力、最有成绩，因而在人民中影响最大的三个人"（张仲实），"中国近百年来伟大的思想家"（千家驹）、"新中国思想界的圣人"（陈家康）、"开创时代的哲人"（郭沫若）。历史是最公正的裁判，它已经证明并且还将继续证明：陶行知正是这样一位无愧于时代、无愧于民族的20世纪中国的文化巨人。

第一节　陶行知的人生三部曲

陶行知是20世纪中西文化撞击与交融的产儿。诞生于19世纪末的陶行知，其所处的时代，正是古老的中国与新兴的西方在军事冲突、外交纠纷、经济竞争之外，代表着两种不同社会制度、历史传统的人类两雄的中西文化体系也在相互撞击与交融的时代。中西文化的撞击与交融，给生活在这个时代的人们的身上留下了深深的印记。如果对"五四"时代的杰出人物作些文化背景上的考察，不难发现他们每一个人都是典型的文化复合体——中西文化撞击与交融的产儿，既饱经了传统文化的熏陶，又接受了西方文化的洗礼，旧学问与新知识兼备，传统性与现代性并存。在某种意义上，陶行知正为我们提供了一个中西文化撞击与交融的"人"的范本。

一、传统文化的熏陶

文化是人类创造的，人类又受文化的制约与影响。人与文化是一对矛盾的统一体。从某种意义上说，任何个人或群体是无法选择自己所生存的自然生态环境和社会文化环境的。当一个婴儿呱呱落地的时候，甚至还在他的母腹中的时候，他就被一种文化所选择、所规范。他所生活的地理空间，以及与地理空间密切联系的生产方式、生活方式，既存的社会文化系统，都在有形或无形中制约、影响着他的成长。

陶行知的祖籍故地是浙江省绍兴县陶家堰，关于这一点，近年在南京博物馆发现的陶行知家族的《陶氏族谱》有如下记载：

始祖明子公……系浙江绍兴府会稽县陶家堰于大明正德五年分

支始迁新安新 桥……①

大明正德五年浙江绍兴府会稽县陶家堰分支迁居江南徽歙之西日古溪后移下黄潭源。②

拾一世舜廷公迁移黄潭源居往。③

由浙迁皖的陶氏家族繁衍的情况,《陶氏族谱》也记载十分清楚:

始祖:明子公,父国宁公,娶谢氏,生二子:长子永良,次子永仓。

第二世:永良公,系明子公之长子,娶何氏,又张氏,生子文理、文瓒、文珠。

第三世:文理公,系永良公之长子,娶汪氏,未生育。

第四世:尚云公,系文瓒公之长子。

第五世:观护公,系尚仁公次子。

第六世:应坤公,系观护公长子,娶吴氏,生子:名曰承运公、承武公。

第七世:承运公,系应坤公长子,娶吴氏,生四子:初阳、初学、初成、初文。

第八世:国璋公,即初阳,系承运公长子,娶汪氏,生子伯昭。

第九世:伯昭公,系国璋公之子,娶方氏,生二子:长子为瑛,次子为高。

第十世:为高公,系伯昭公之次子,娶胡、戴氏,生二子:长子幼亡,次子名曰舜廷。

第十一世:舜廷公,系为高公次子,娶渔梁叶氏,生四子:士华、士伟、士顺、士焕,一女出嫁虬村黄宅。

第十二世:士华公,系舜廷公长子,娶妻程氏,生四子:长曰富,幼殇。次曰发,三曰祝,四曰细,幼殇。

第十三世:兆发公,系士华公次子,未娶妻。

第十四世:允禄公,即兆元之长子名福寿,娶鲍氏、李氏。鲍氏生三子:长曰德生,次曰厚生,幼殇,三曰盛生。李氏生一子:名长生。

---

①《陶氏族谱》,第 10 页。

②《陶氏族谱》,第 24 页。

③《陶氏族谱》,第17页。

第十五世：位朝（即长生），娶曹氏，生一子名文濬，生二女：长名宝珠，幼殇。次名美珠。

第十六世：世昌（即文濬）。

由上可知，陶行知的祖籍故地系浙江省绍兴县陶家堰，他本人的籍贯为安徽歙县。陶行知的始祖，后人尊称为“明子公”。陶氏祖上由浙迁皖的时间，为明代皇帝朱厚照在位的第五年，即公元 1510 年。陶氏祖上最初由浙江省绍兴县陶家堰迁往新安新桥处（即徽歙之西古溪），到第十一世舜廷公时，才又迁至歙县西乡黄潭源。入皖后的陶氏家族自始祖“明子公”起，至陶行知这一世止，共十六世。

陶行知原名陶文濬，字世昌，1891 年 10 月出生于安徽省歙县西乡黄潭源村的一个贫寒家庭。[①]他有一姊一妹，姊名宝珠，幼殇。妹名美珠，又名文渼。[②]

---

① 陶行知的生年是个有争议的问题。流行的说法是陶行知生于 1891 年 10 月，长期以来，人们在介绍有关史实时，或党和政府在举行纪念活动时都是将这一时间作为陶行知的生年来采用。但根据近年来新发现的重要史料，笔者认为，陶行知真正的出生年月日实为 1893 年 11 月 10 日。

② 陶行知共有兄弟姐妹几人？他们的名字是什么？过去的各种中外有关出版物几乎众口一词道：陶行知共有兄弟姐妹四人：一个哥哥，一个姐姐，一个妹妹，再就是陶本人。哥哥姐姐名字不详，均因病夭折。妹妹名文渼。据现有材料看来，这种说法是不够准确的。在族谱第 45 页“十五世位朝”一栏内，关于陶行知兄弟姐妹的记载是这样的：“……曹氏生于同治六年丁卯月十一日时生一子名文濬生二女长名宝珠幼殇次名美珠。”这条记载明确说明了三个问题：第一，陶行知有一因病夭折的哥哥的说法是错误的。陶行知只有一个姐姐和一个妹妹，并没有一个哥哥，他是家庭里唯一的男性后裔：姐姐因病夭折。故后来成人者，只有他和妹妹两人。倘若陶行知确有一因病夭折的哥哥的话，族谱里肯定会有明确记载，至少也应有所反映，就像他那因病夭折的姐姐一样，更何况他哥哥还是家庭里第一个诞生的男性后裔呢？然而奇怪的是，族谱里竟然对此毫无片言只语，既没有提到陶行知上面除了一个姐姐外，还有一个哥哥，更没有提到他是“因病夭折”，还是死于它因。那么，这会不会因撰（抄）者不熟悉具体情况而未写陶行知这个“哥哥”呢？看来不会。从族谱的记载看来，撰（抄）者对各家情况相当熟悉，对陶行知这一辈尤其是陶行知上辈的情况可说是了如指掌。各谱主名什么，字什么，生于何年，卒于何时，葬于何处，娶何氏为妻，生有几男几女，其名字为何，几乎无一不知，无一不晓。更值得注意的是，族谱在介绍陶行知祖父情况时，花了相当篇幅，占去了整整一面，记载甚为详尽，是整个族谱中介绍得最多的，如果不是极为熟悉陶行知家庭情祝的人，是不能做到这样的。所以，这种因不熟悉具体情况而未写的可能性是应该排除的。那么，会不会是因撰（抄）者疏忽大意而漏写陶行知的这个“哥哥”呢？看来也不会，从族谱的记载来看，撰（抄）者是一个相当细心的人。即使初抄时有所遗漏，复核时均已补抄在族谱的天头和地脚处。如关于陶行知祖父母合葬的情况，初抄时没有写上去，后来就补抄在陶行知祖父一栏正文上方。何况陶行知真有“哥哥”，作为一个家庭成员，是应在有关记载里正式出现的。如系抄漏，也会很容

陶行知的父亲名长生，字位朝，号筱山①，粗通文墨，为人厚道，原在休宁县万安镇经营亨达官酱园。鸦片战争之后，由于帝国主义列强的入侵和洋

易地发现出来，补抄上去。可是撰(抄)者也没有这样做。所以，这种因疏忽大意而漏抄的可能性也是应该排除的。那么，还会不会是因陶行知的"哥哥"出生不久便去世，而撰(抄)者认为没有必要写进族谱里？看来更不会。陶行知的姐姐便是因病夭折，未长成人的。但她的情况在族谱里是有明确记载的，不仅交代了她的名"宝珠"，也指出她"幼殇"。倘若陶行知真有一个"因病夭折"的哥哥，无论如何他的情况也会有所说明的，至少会有"幼殇"二字的出现。所以，这种因出生不久便去世而认为无必要写明的可能性更是应该排除的。既然撰(抄)者并非有意或无意未写上陶行知这个"哥哥"的情况，那结论就只有一个，陶行知并没有一个因病夭折的哥哥。陶行知是家庭里唯一的男性后裔。第二，陶行知姐姐的名是可稽核的。这就是族谱上所记载的"宝珠"。这可能是幼名。因"宝珠"幼殇，其他无所稽考。第三，陶行知妹妹的名不止一个，而是两个。"文渼"是后来取的学名，因同其兄"文濬"排行，故名为"文渼"。幼年还曾叫做"美珠"。从族谱世系体例来看，以"珠"字为幼名，这是第十六世女姓后裔的通例。比如，她的姐姐叫"宝珠"，堂姐妹叫"素珠"，就最为清楚不过地说明了这一点。

① 在陶行知父亲的名、字、号问题上，过去有两种不同的说法。一种说法是，陶行知父亲名槐卿，号任潮；另一种说法是，任潮不是陶行知父亲的号，而是他的名。尤其是前说，流传多年，中外已经出版的有关书籍，几乎都作如是说。根据对两本《陶氏族谱》的研究，笔者认为，以上二说均缺乏根据。正确的说法应是，陶行知父亲名长生，字位朝，号筱山("笑山")。为什么这样说呢？理由有下面四条：(一)两本《陶氏族谱》的原始记载证明了这一点。有关陶行知父亲的原始记载，族谱内共三处。第一处是在第41页"十四世允禄公"一栏内谈到的。允禄公是陶行知的祖父，娶鲍氏、李氏。"鲍氏生三子长曰德生次曰厚生幼殇三曰盛生李氏生一子名长生继与允裕公"。这里的"李氏"是陶行知的亲祖母，她殁于同治十二年五月廿七日，陶行知祖父生前和她感情甚洽，去世后与她合葬于黄潭源。"长生"是陶行知父亲的名。第二处是在第43页"十五世位朝"一栏内作了交代："生于同治六年丁卯六月初四寅时娶绩北曹氏生于同治六年丁卯九月十一日时生一子名文濬生二女长名宝珠幼殇次名美珠"。这里的"曹氏"即指陶行知的母亲曹翠仂。而"位朝"就是指陶行知父亲，也就是第一处记载里李氏所生之子"长生"。陶行知父亲是他那一辈陶家诸子中最早出世者，又因其生于寅时，即次日三点至五点，出生时间很早，故又称"位朝"。"位朝"的"朝"字有"早"之意。它与第一处记载里的"名长生"，在意义上互相关合。可知"位朝"就是"长生"。第三处是在第45页"位农公"一栏内提及："位农公即允禄公鲍氏所生次子名厚，生临殇之日位朝商工同奉父命日后无论何房子嗣多者着一子承嗣宗祧。"从上述原始记载看来，我们至少可以明确这样两点：第一，过去关于陶行知父亲号"任潮"或名"任潮"的说法是完全不对的。族谱里只有"位朝"的记载而无"任潮"的记载："任"字显然是"位"字的草写误识，"潮"字显然为"朝"字的同音误写。而"任潮"，则显然系"位朝"的误传。族谱里的"位朝"有位列朝廷之意，同其诸弟"位商"、位农"、"位工"等按顺序排列，正反映出陶家一门要培养出士、商、农、工各种人才的愿望，是证"位朝"为真，"任潮"为伪。第二，"位朝"不是陶行知父亲的名。既然族谱上已有"名长生"的明确记载，那么，"位朝"不可能再是陶行知父亲的名，只能是别的什么称谓。(二)《陶氏族谱》的世系体例证明了这一点。从族谱世系体例来看，该谱"名"与"字"的区别还是比较明显的。除个别

货倾销，农村的自给自足经济每况愈下，营业萧条，家境困难，只得将酱园出顶给曹氏亲戚，回故乡黄潭源村种田务农，卖柴卖菜。陶行知的母亲曹

例外，一般各世谱主俱取其字而不取其号或名。各世谱主的名，凡是撰（抄）写者知道的，均在各世谱主栏内特别注明出来，以免后人混淆。例如，第13页"四世尚玄公"，栏内注明"即玄保"。查"玄保"在第11页"三世文弥公"栏内已有交代：文弥公系永良公第三子过继永仓公，娶程氏生三子，长子尚相，次子玄保三郎合葬岩镇。这里的"玄保"即是文弥公第二个儿子的名，"尚玄"为其字。同样，第16页"八世国璋公"栏下，也注明"初杨"。又查"初杨"在第15页"七世承运公"栏内也有交代："承运公系应坤公长子娶吴氏生四子初杨初学初成初文。"这里的"初杨"便是承运公第一个儿子的名，"国璋"为其字。这种名与字的区别愈到族谱后面愈加明显。到第十三世、十四世，即陶行知的曾祖父、祖父辈时，这种区别简直可以说是泾渭分明、绝难混淆了。在有关第十三世各谱主的记载中，撰（抄）者均直接书出其名，使人一目了然。譬如，"兆基公"栏下注明"系士华公三子名祝"，"兆荣公"栏下注明"系士伟继子名喜财"，"兆泰公"栏下注明"系士顺公之子名冬祝"，"兆元公"栏下注明"系士焕公长子名春祝"，"兆禧公"栏下注明"系士焕公次子名喜"，第十四世各谱主的记载也是如此。"允佩公"栏下注明"即兆基公之子名和"，"允恒公"栏下注明"即兆荣公之子名继昌"，"允禄公"栏下注明"即兆元长子名福寿"，"允裕公"栏下注明"即兆元次子名双全"。由此可见，各世谱主的名，只要撰（抄）者了解的，俱已一一注出。族谱除个别例外，一般称各世谱主为"××公"者，均取其字。"××"便是该谱主的字。正因族谱世系体例如此，作为第十五世谱主之一的"位朝"不是号或名，而只能是字。如果"位朝"是号，那将与整个族谱世系体例严重不符；如果"位朝"是名，那将与原有的"名长生"的记载发生冲突；如果"位朝"是别名，那首先一点就必须注明"别名位朝"或者"又名位朝"等字，而事实上并没有这种记载。退一步说，就算是别名，那以别名称先辈不仅有违于整个族谱世系体例，而且也显得大悖情理，不够尊敬。简言之，《陶氏族谱》世系体例说明："位朝"是陶行知父亲的字，而非他的号、名或别名。（三）古人行文的惯例证明了这一点。在中国封建社会里，对先辈的称谓，有着很多讲究。一般来说，称先辈以字先行，不许直道其名。如称某先辈，须取其字而称"××公"，否则，往往触犯忌讳，甚至被先辈斥为"大不敬"、"犯上之人"。古人行文的这个惯例在当时的许多这类族谱、家谱里有着明显反映。以元末明初著名大文学家、《水浒传》作者施耐庵的研究资料《施氏家簿谱》作例，来看看这种惯例的表现。《施氏家簿谱》的基本内容也是世系，共十七世。为说明问题，现除第一世施彦端（施耐庵）外，自二世起，略举数世，摘录如下：第二世：讳让，字以谦。彦端公子。元配顾氏、陈氏。生文昱、文颢，文晔、文日至、文晖、文升、文鉴。第三世：讳文昱，字景胧。以谦公长子。元配陆氏。生芸曙、芸士。非常明显，这里的各世谱主凡是知其名者，均已注明"讳××"。如第二世：讳让；第三世讳文昱等。而"××公"中的"××"则皆为谱主的字。如"以谦公"中的"以谦"便是施让的字，"景胧公"中的"景胧"便是施文景的字。《施氏家簿谱》的这种情况也说明《陶氏族谱》中"××公"的"××"便是谱主的字，"位朝"就是陶行知父亲的字。（四）中国封建社会里男子取名的惯例，证明了这一点。在我国封建社会，从一般情况来看，男子取名存在着这样一个惯例：在男子出世后，他的长辈要为他取一个正式的学名；当他进入成年时，他的长辈又要为他取一个与学名在意义上有某种联系的表字，此外，他以后还往往为自己取一个或几个表明个人志趣的号。如中国古代大文学家、唐代著名诗人李白，字太白，号青莲居

翠仂，除种田务农、操持家务外，还替人缝补浆洗做佣人。陶母艰苦朴素，治家节俭，家中丈夫、儿子，后来又有孙子的理发，全由她一人包办，数十年如一日。她这种热爱劳动、艰苦朴素的精神，对陶行知一生影响很大。陶行知把母亲使过的剃刀视为最可纪念的传家宝。母亲逝世后，他曾做

士。又如中国近代改良派领袖康有为，原名祖诒，字广厦，号长素，又号更生。他们的名、字、号在意义上是互相关联的。陶行知父亲的情况也不例外。据《陶氏族谱》所载，陶行知父亲这一辈共有兄弟四人，即"长生"、"德生"、"厚生"、"盛生"。这在第十五世谱主上分别记载为"位朝公"、"位商公"、"位农公"、"位工公"。如果以前者为名，后者为字，那完全符合于中国封建社会里男子取名的世俗习惯。陶行知父亲"生于同治六年丁卯六月初四日寅时"（《陶氏族谱》第 43 页），比"生于同治六年丁卯十二月廿四日时"（《陶氏族谱》第 44 页）的同父异母兄弟德生要早出世半年，故名"长生"。"长生"一名与"位朝"一字在意义上有何联系？考"长生"者，其义有二：一为最早出世者，二为寿命久长者；又考"位朝"者，其义也有二：一是"朝"与"早"相通，不仅可释为"最早出世者"，也可释为第十五世"第一人"，二是"朝"有"官府的大堂"之义。《后汉书·刘宠传》："山谷鄙生，未尝识郡朝。""位朝"即日后仕运亨通，为官作相，这表明了陶氏先辈对后代的殷切期冀。十分清楚，"长生"一名与"位朝"一字在意义上不正是互相有所关合，有所对应吗？再谈二第"厚生"与"位农"两者之间的关系。考"厚生"者，意为充裕人民的生活。《书·大禹谟》："正德、利用、厚生、惟和。"孔颖达疏："厚生，谓薄征徭，轻赋税，不夺农时，令民生计温厚，衣食丰足。"又考"位农"者，即守农时，勤农作，以农养生之义。可知这两者在意义上有密切联系，相辅相成，互相关合。陶行知祖父将自己的四个儿子"长生"、"德生"、"厚生"、"盛生"分别取字为"位朝"、"位商"、"位农"、"位工"，其寓意便是：四子成人后，长子去为官，次子去经商，三子去务农，四子去做工，一房之中，官商农工，四者皆全，这最为鲜明不过地反映了当时一个普通劳动者的希望和追求。最后，再看陶行知父亲的号。过去，在陶行知父亲号任潮说占统治地位的情况下，有的同志曾提出来这样一种说法：陶行知父亲的号应为"筱山"。在笔者看来，如果结合陶家居住环境和"筱山"二字字义进行仔细分析，就可发现这种说法并非毫无道理。陶家居住在安徽歙县西乡黄潭源村。该村位于新安江支流练江上源丰乐河畔。村前正对着景色宜人的屏风山。水秀山清，修竹茂林。远眺黄山，云蒸雾腾，奇峰怪岩，若隐若现。近处的秀美，远处的壮美，俱熔铸于一炉，构成一幅斑斓多彩、瑰丽无比的图景。取号"筱山"统摄此绝妙意境，可说是正合陶行知父亲之意。黄潭源四周，山峦起伏；翠竹乃杆，微风轻拂，疏影摇曳。故"筱山"一号，实有所指。取此为号，不正是陶行知父亲志向和情趣的自然流露么？不正是与陶氏先辈师承陶渊明建"五柳堂"淡泊功名的处世精神一脉相承么？所以，陶行知父亲的号，不是"位朝"（当然也不会是"任潮"）而是"筱山"。这里需要说明一下，含有日后为官之意的"位朝"一字，原是陶行知父亲的先辈所起，但陶行知父亲本人却不以为然，他蔑视功名富贵，自号"筱山"。"筱山"有时又写成"笑山"，一是谐音；二有笑看山林之意。陶行知推行平民教育时，给他家办的读书处命名为"笑山平民读书处"，可能正是为了缅怀他的父亲，是证陶父号为"笑山"（即筱山）。无可置疑，以往陶行知父亲号"任潮"或名"任潮"的种种说法均是完全错误的。符合历史真实的说法是：陶行知父亲名长生，字位朝，号筱山（"笑山"）。

诗一首："这把刀！曾剃三代头。细数省下钱，换得两担油。"①

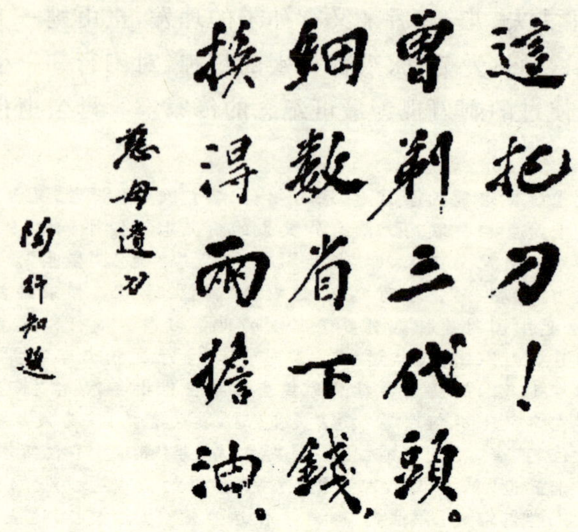

陶行知的手迹

由于家境贫寒，陶行知自幼便饱经世故沧桑，深知农家疾苦。十一二岁时，他就成为家中的半个劳动力，每天随祖母一起绩麻，跟母亲一起种菜，随父亲一起砍柴、卖柴和卖菜。他平日接触的大多是贫民，一直生活在贫民社会环境中，对劳苦大众无比挚爱，对有钱有势者则极为鄙视，自幼便形成了亲民、爱民、为民、救民的思想。当时，歙县西干十寺有两个当家和尚勾结官府，鱼肉人民，利用宗教，作威作福，强奸妇女，并以宣扬佛教为名，沿西干山坡修建 18 座佛龛，强捐恶索，惹起众怒。陶行知激于义愤，与同学朱家治等人，把西干沿河的木雕菩萨全部摔入河里，为民伸张正义，人心大快。亲民、爱民、为民、救民的思想，成为贯穿他一生道路与事业的主线，推动着他奋力开拓"中国性、平民性"的以人民为本位的文化思想路线。

陶行知的故乡歙县，旧属徽州府，在安徽省南部。徽州全境多为山区，虽风景秀美，但山多地少，土瘠民贫，全年的粮食仅够当地居民三月之需。因此，为了生存，徽州人大多离乡撇井，外出经商。他们多以小生意

① 《吾母所需剃刀》，《陶行知全集》第 4 卷，湖南教育出版社 1985 年版，第 216 页。

起家，刻苦耐劳，积累资金，逐渐扩大势力。有的竟成为富商大贾。徽州人以善于经商闻名全国，甚至有“无徽不成镇”的说法，意指一个地方只要徽州人进来，就开始设店经商，把小村落变成小市镇。徽州人特别能够吃苦耐劳，富于开拓创业精神，人称“徽骆驼”、“绩溪牛”。陶行知自幼便深受这种精神的感染，萌生了艰苦奋斗、开辟进取的意识。[①]

徽州商人为了在激烈的商业竞争中始终立于不败之地，他们十分注重自身文化素养的提高。因此，徽州地区的学习气氛格外浓厚。孩子们从小就要进各类塾馆读书，接触儒家经典。许多徽商是或“先儒后贾”，或“儒而兼贾”，或“亦儒亦贾”，或“先贾后儒”。由于徽商具有这个特点，因而他们在商业竞争中，具有“权低昂，时取予”的洞察能力，容易发财致富，并易于与政界官场建立密切联系，为进一步扩大势力创造条件。与此相关，徽州人非常重视发展教育事业，兴建各级各类学校。自明初起，各乡创办社学，徽州六县共有社学 394 所。[②] 及至清朝康熙年间，发展到 512 所。[③] 嘉庆以后，社学渐衰，私塾又起。“远山深谷，居民之处，莫不有学有师”。“十户之村，不废诵读”[④]。徽州的书院也有相当发展。从北宋到清末，徽州六县共建书院 70 所，其中宋建 8 所，元建 6 所，明建 34 所，清建 12 所。明清时期，徽州宗族还普遍实行资助学员的宗规家法。《重修古歙东门许氏宗谱》卷八《许氏家规》规定：“凡逼族人子弟肄习举业，其聪明俊伟而迫于贫者，厚加作兴，始于五服之亲，以至于人之殷富者，每月给以灯油、笔札之类，量力而助之。”[⑤]

徽商拥有的雄厚经济实力与徽州甚为发达的教育事业，导致徽州地区的文化学术在明清时期出现了空前繁荣的景象。地域性哲学、经学、医学、绘画、戏剧、建筑、雕刻、盆景等专业性文化得到了长足发展，相继衍化

---

① 1923 年春，陶行知曾在《游牛首山》这首诗的题注中，对“绩溪牛”的精神予以称赞：“吉乡你绩溪人为绩溪牛，人以为侮辱，我以为是尊敬，因为牛是农家之友，没有牛，我们哪里来的饭吃呀！”综观陶行知的一生他不正是这样一头“绩溪牛”或“徽骆驼”吗？

② 弘治《徽州府志》卷五《学校》。

③ 康熙《徽州府习》。

④ 赵谤：《商山学院学田记》，见道光《休宁县志》卷，《风俗》，嘉靖《黎源县志》卷四《风俗》。

⑤《徽州的书院(附书屋)》，《徽学通讯》1989 年第 1 期增卷。

为自成一体、具有鲜明地方特色的派别。新安理学、徽派朴学、新安医学、新安画派、徽班徽调、徽派建筑、徽派雕刻、徽派篆刻、徽派盆景等，无不享有盛名，著称全国。尤其是徽派朴学，在清代学术史上力压群芳，影响深远。徽派朴学的创始人为婺源江永。他一生从事教育与著述、学问渊博。江永的高足戴震是徽派朴学的集大成者，其治学"长于分析条理，而裁断严密，每护(获)一义，及参互考之：往往确不可易"。继戴震之后，黟县俞正燮、歙县洪榜、凌廷堪、汪莱、程恩泽，绩溪胡匡衷、胡培翚、胡春乔等，都是清代学术界出类拔萃的著名学者。徽派朴学代表了清代学术的最高成就，其学风集中体现了清代学术尚实、笃实的特点。诞生在这种文化地理背景中的陶行知，自然要受到地域文化的影响。其实事求是、大胆怀疑、敢于批判的精神，无疑是徽派朴学基本治学精神的继承与弘扬。

从孩子时代起，陶行知就在这样一个学风朴实、名人辈出的文化之乡，饱受传统文化的熏陶。源远流长的徽州文化，给他以耳濡目染、潜移默化的影响。他从 6 岁起开始启蒙，接受儒家教育。此后虽因家庭原因时有中辍，但好学精神未减。即便是风雪之日，他也从不停止向先生问学。他曾先后拜教县、休宁的几位名儒为师，研习"四书""五经"，在传统文化方面奠定了比较厚实的根基。这为他后来事业的发展打下了良好的基础。①

少年时代，陶行知对唐代诗歌产生了浓厚的兴趣，其中尤其酷爱白居易、杜甫两人的作品。他因家贫无钱买书，就向同学汪采白的父亲汪纪修借唐诗来抄写。他边抄边吟，抄写十分认真。还书时，汪先生问他："唐朝诗人中，你最推重谁？"陶不假思索地答道："白居易、杜甫。"汪先生又问，"为什么？"陶说："白诗通俗，杜诗沉郁。他两人诗的风格虽不同，但多感时之作，喊出了人民的呼声。"②杜甫和白居易都是有强烈的人民性和爱国主义精神的诗人，他们的作品充满了对人民的爱和对敌人的恨，对祖国的赤诚和忧虑。从这些祖国的优秀文化遗产中，陶行知吸取了丰富的人民性的思想力量和爱国主义的精神。不仅如此，他还学习了白居易用大众语言写大众诗的艺术风格。陶行知后来写了近 700 首诗歌，成为现代中

① 张国良：《再记我所知道的陶行知》，《行知研究》1984 年 5 月第 11 期。

② 同上。

国著名的大众诗人。他的诗作感时忧国，反映民生疾苦，对反动派的祸国殃民，屈膝投降，口诛笔伐，沉雄有力，而且明白晓畅，老妪可解，这显然是师承白、杜的结果。

二、西方文化的洗礼

1906 年，陶行知进入隶属于基督教内地会的“徽州府崇一私立中学堂”学习，开始接触西方近代科学文化知识，经受西方文化的洗礼。陶行知跨入崇一学堂，这并非历史的偶然，实与当时的时代环境、他的家庭以及本人际遇均有密切关系。[①] 鸦片战争以后的中国，西方列强在政治、经济侵略的同时，逐步加强了文化侵略。他们以强大的武力作后盾，迫使清政府签订了一系列不平等条约，并向西方传教士敞开了国门，允许西方传教士在各省租买田地，开设教堂，传播基督教。从此，西方传教士蜂拥而入，很快便深入到中国的穷乡僻壤。当时在安徽地区活动的教会组织，主要有内地会、来复会、浸信会、北长者会、信义会、圣公会等。其中，内地会的势力最大。内地会是英、美等国基督教新教对中国派遣传教士的差会组织，由英国人戴汝生于 1065 年创立，总会设在伦敦。所派传教士来自各个不同的宗派，以英、美、加拿大、澳大利亚和新西兰人为主，亦有少数德、奥、瑞士和北欧人。在安徽打头炮的是密多士(Wr. Meadows)和卫良(Wr. Williamson)两人。经过一番惨淡经营，终于 1869 年在安庆奠定了传教事业的基础。此后几年中，内地会是安徽唯一的教会组织。在 1869—1885 年期间，先后创立差会总堂四处：安庆(1869)、宁国(1874)、池州(1874)和歙县(1875)。[②] 钦县崇一学堂就是由他们于 1900 年为传播基督教义和西方文化科学知识、扩大教会影响而创办的。校长由歙县内地会教堂的英籍牧师吉布斯(C. W. Cibbs)兼任。此人汉名唐进贤。

陶行知 13 岁时，一度重返休宁万安工作的父亲被解除册书一职，再次回家务农。他也随父离开万安回到歙县。当时教堂通事(翻译)章觉萧与陶位朝是朋友，看见老友落魄潦倒，全家生活困难，便介绍陶行知的母

① 周洪宇：《近代知识分子与教会教育——项以陶行知为观照基点的历史透视》，章开沅、林蔚主编：《中西文化与教会大学》，湖北教育出版社 1991 年版。

② 王鹤鸣著：《安徽近代经济探讨》，中国展望出版社 1907 年版，第 230～231 页。

亲到歙县内地会教堂当帮佣，除炊事外，兼做勤杂工。小小年纪的陶行知，颇懂体贴父母，常随父母挑瓜挑柴进城出售。卖完菜、柴后，总是去教堂帮助母亲做一些洗菜、挑水等杂活。崇一学堂校长唐进贤，爱好中国经史文学，见陶行知举止大方，手脚伶俐，又喜其聪明好学，遂嘱陶母送他入学，并免收学费，于是，在 15 岁这一年，陶行知进了崇一学堂这所教会学校求学。①

入崇一学堂学习，是决定陶行知一生命运的关键性的一步。崇一学堂为他从旧式知识分子转变为现代文化人架设了第一块跳板。崇一学堂学制三年，开设的课程有德行、修身、经学、国文、英文、中西历史、算学、代数、格致、地理、音乐、体操等 12 门，唐进贤一人兼授英文等 7 门。② 这些课程的设置，体现了教会学校把基督教文化同儒家思想中有利于教会的东西结合起来的意图，表明教会教育是一种中西混合式的教育。

在崇一学堂，陶行知珍惜时间，发愤攻读，如饥似渴地学习西方文化科学知识，学业上突飞猛进，并滋生了爱国意识。尽管在此所接融到的西方文化还极为有限，崇一虽名为中学堂，实际程度似仅与高小相齐，③但无论如何，它毕竟给幼小的陶行知打开了一扇眺望新世界的窗口。从这扇窗口，他看到了发达的西方，看到了四书五经、子曰诗云所无法告诉他的新世界。他的视野也从一个小小的歙县扩大到全中国甚至全世界。一股强烈的历史使命感由此而开始萌发，他用毛笔在宿舍的墙壁上题写了两行座右铭："我是一个中国人，要为中国作出一些贡献"，并朝夕以此自勉。正是以崇一学堂为起点，他开始了对救国救民真理的艰难探索。

在崇一学习两年后，因唐进贤临时有事返回英国，学校便关了门。当时，陶行知目睹旧中国贫穷落后，科学医疗很不发达，庸医误人，自己的姐姐因病夭折，遂在好友章文美等人的影响下，像早期的孙中山、鲁迅和郭沫若那样，一度萌生了行医济世、医学救国的念头，为此，他于 1909 年春投考杭州的一所教会学校——广济医学堂。由于该校对于非基督徒学生

---

① 朱泽甫：《陶行知年谱》，安徽教育出版社 1985 年版，第 5 页。

② 根据"安徽省徽州府崇，私立中学堂毕业文凭"。

③ 关于崇一学堂性质与程度的评估，参见董宝良、喻本伐、周洪宇《陶行知生平求是》，《教育史研究通讯》1985 年第 2 期。

在课程学习等方面有歧视性规定，他只呆了三天便愤而退学。①

离开杭州后，陶行知一度流落苏州。不久又回家专攻了一年英语。1909年秋，巧遇办完事后回到中国的唐进贤，经其介绍，考入南京美国美以美会办的汇文书院。1919年春，汇文书院与基督会和长老会合办的宏育书院合并为金陵大学堂，他直接开入金大学习。金大初创时，仅设文科及若干数理学程。文科分预科、本科两部。预科两年，本科三年。② 因他此前已有汇文的半年成绩，故预科只读了一年半，便于1911年升入文科本科。至1914年夏完成学业，他在金大生活和学习了五年。如果说跨入崇一，是他在人生道路上迈出的关键性的第一步，那么，求学金陵，无疑是更为坚实有力的又一脚。

在金陵大学求学时的陶行知

金陵求学的这五年，正是民族、民主革命浪潮汹涌澎湃之时。陶行知一面勤奋学习，一面踊跃投身于辛亥革命的洪流之中。他曾发起组织大学运动会，以门票收入充作“爱国捐”，帮助黄兴领导的南京留守机关解决财政困难。并倡设金大学报《金陵光》中文报，任中文主笔，撰文宣传民主

① Tao wen Tsing：To J. E. Russell，Februar，16. 1916.

②《〈金陵光〉出版之宣言》，《陶行知全集》第1卷，湖南教育出版社1984年版，第3页。

共和思想。

在此期间，陶行知在学习上非常勤奋，不但各门专业课程成绩优异，为全校师生所瞩目，而且还利用课余时间，广泛涉猎了近代西方各种哲学、社会政治学说和大量的中国古代文化典籍，西方的达尔文、赫胥黎、斯宾塞、林肯等人，与中国的孔子、孟子、墨子、庄子、荀子、朱熹、王阳明、王畿等人的著作和学说，均在其博览之列，而近人严复、梁启超、孙中山等人的思想尤为他所熟悉。其中，他对严复介绍的进化论、西方资产阶级民约论和孙中山所宣传的资产阶级民主共和思想，以及明代王阳明的"知行合一"学说，所下苦功更非常人所及。这一番中西文化交融并摄的功夫，使其哲学思想和政治思想迅速迈入新境，极大地改变了他的世界观和人生观。

此时，陶行知通过阅读严复译述的《天演论》，开始接触并信奉达尔文的进化论。他认为，人类社会一切现象，都是"天演"（即进化）的结果。没有"天演"，就没有一切。他在为《金陵光》中文报创刊所写的发刊词《〈金陵光〉出版之宣言》中指出："《金陵光》随学生天演之进步自然发生。"[①]又在毕业论文《共和精义》里说："共和者，人文进化必然之产物也。使宇宙万物无进化，则共和可以无现；使进化论放诸邦国社会而不准，则共和犹可以无现，无如进化非人力所能御也。进化非人力所能御，即共和非人力所能避。"小至一种具体的刊物，大至一种影响深广的政治学说和体制，莫一不是人类进化之结果。他还认为，物竞天择是人类社会进化的公理，适者生存，不适者灭亡，"处此物竞之世界，与器间有竞争，与物诱有竞争，即下至饮食起居之细，亦莫不合有竞争之义。于是筹备竞争，宜任劳，实行竞争也，宜百苦。竞争而不能胜，则难生矣"！与此同时，陶行知在对清末民初社会现实冷静观察和思考的基础上，通过对近代中西各种社会政治思想的广采博纳和抉择改铸，初步形成了资产阶级共和主义的政治思想。

在自由平等观上，他把共和主义的根本精神概括为自由、平等、民胞（即博爱）三大信条。依据近代西方学者的某些观点，他对自由、平等、民胞作了新的阐释。在他看来，自由可分为法律之内的和道德之内的两种。

---

① 《〈金陵光〉出版之宣言》，《陶行知全集》第1卷，湖南教育出版社1984年版，第3页。

它们可视为"负面的自由"与"真自由"。前者"人民久已不惜蹈汤赴火以争之,其成绩已大有可观。然人民脱离强暴之羁绊,未必即能自由也"。为什么?"盖天下乏至不可超脱者,有自奴焉!故真自由贵自克。天下之至不可侵越者,有他人焉!故真自由贵自制。天下之至不可忽略者,有公福焉!故真自由贵个人鞠躬尽瘁,以谋社会进化"。显而易见,其"真自由"的含义是自克、自制、个人鞠躬尽瘁以谋社会进化。关于平等,他指出:"天之生人,智愚贤不肖不齐。实为无可韪之事实。平等主义亦不截长补短,以强其齐。在政治上、生计上、教育上,立平等之机会,俾各人得以自然发展其能力而为群用"。他所主张的,不是天赋的平等,而是机会的平等。值得注意的是,他把民胞(博爱)视为比自由平等更为重要的东西,只有"民胞主义昌,而后有共同目的、共同责任,共同义务;而后贵贱可除,平等可现;而后苛暴可蠲,自由可出。苛无民胞主义以植共和之基,则希望共和,犹之水中捞月耳"!民胞实为"共和之大本",这反映出他对民胞的极端重视,并成为他日后提出的"爱满天下"主张的滥觞。

在对个人与社会的看法上,他认为,共和主义"重视个人之价值"、"唤醒个人之责任"、"予个人以平等机会",人虽贵贱贫富不同,但价值则一,都是"社会邦国之主人翁也",都"对社会有天职之当尽耳","俱予以自由发展智仁勇之机会,俾得各尽其能"。他明确指出,"共和主义,视人民为社会主权。群之良窳,唯民是视。民苟愚劣,社会绝对不能兴盛。社会欲求兴盛,必负改良个人之责"。所以,共和主义"以博爱为社会组织之大本,而以兄弟视其分子"。"个人为社会而生,社会为个人而立,实共和主义之两元也。"表明了他试图以社会为基点,将个人与社会两方面协调起来,不致有所偏废。

在政治观上,他赞同美国总统林肯著名的"三民"原则:"政府者,人民之政府,人民自治以谋人民之福利",称之为"实共和政治之圭臬焉",并进一步将其具体化为三点内容:其一,"共和政治图谋国民全体之福利",给予人民以言论、著述、集会的自由。对于人民的各种建议,"择良而要者施行之"。其二,"共和政治重视共和目的、共同责任"。所以,"共和政治不特有透达既往目的之能力,且有发生将来目的为进步之母"。其三,"共和政治能得最良之领袖"。共和主义承认人民为主权,不是主张无首领,而是主张好首领。“共和首领由民举，必其人能亲民，新民，恤民，然后民乃推戴之。即有大奸巨猾，以媚民手段，占窃神器，然朝违民意，夕可弹劾也。”

在实施共和主义的途径上，他反对“不问国情”，照抄西方模式，主张根据中国的具体国情，确定实施共和主义的途径。他把中国的具体国情归纳为四点，“国民程度不足”，出现“伪领袖”，“党祸”丛生，存在“多数之横暴”的可能。有鉴于此，他提出四条实施途径：发展教育，便利交通，依靠人文进化，维持一定秩序。尤其难得的是，他此时已对教育的社会功能有了深刻认识，“人民贫，非教育莫与富之；人民愚，非教育莫与智之，党见，非教育不除；精忠，非教育不出。教育良，则伪领袖不期消而消，真领袖不期出而出。而多数之横暴，亦消于无形。况自由平等，恃民胞而立，恃正名而明。同心同德，必养成于教育；真义微言，必昌大于教育”。因此，“教育实建设共和最要之手续，舍教育则共和之险不可避，共和之国不可建，即建亦必终归于劣败”①。可以说，陶行知后来献身于教育事业，就是以此时对教育功能的深刻认识为思想基础的。

哲学上开始信从王阳明“知行合一”理论，是陶行知在金大求学期间思想方面的又一重要收获。

进入金大不久，陶行知在该校 F. G. 亨克（Fredericl Goodrich Benke）教授的悉心指导下，开始研究起明代大哲学家、教育家王阳明的学说。王阳明的学说产生于 16 世纪初叶，作为理学内部与朱熹学说相对立的异军，曾在中国思想文化领域里占据中心位置达百余年时间，并对后世产生了深远影响。王学体系可以用“致良知”三字来概括，主要包括三大理论：“心即理”论、“知行合一”论和“万物一体”论。王阳明认为，天理存在于人们的心中，心中的天理就是良知，这种良知乃先天具有的是非之心，恻隐之心。格物就是正心，是一种去恶为善的修心功夫。致知是放心中固有的良知，并把这种良知推及各种事物上，使各种事物各得其理。与这种主观唯心主义的认识方法相适应，王阳明在知行关系上提出了“知行合一”论。他主张知是致心中固有之知，行是行心中固有之知，知与行在心学的

① 前述引文未特别注明出处者，均见《共和精义》，《陶行知全集》第 1 卷，湖南教育出版社 1984 年版，第 43～53 页。

基础上合而为一。王阳明指出："知是行的主意，行是知的功夫，知是行之始，行是知之成。"①"知行功夫本不可离，只为后世学者分作两截用功，失却知行本体，故有合一并进之说。"②知行合一论的实质在于把知、行结合起来，不离行以求知。王阳明希望通过倡导知行合一，注重道德践履，纠正只知不行或只行不知两种知行脱节的弊端，力促人们实现真正的道德完成，以拯救明代中叶日益衰败的封建社会危机。

王阳明的学说，注重知行统一，重视道德践履，颂扬百折不回、进取奋击的坚强意志，强调"心力"，突出自我，具有反教条、反权威的积极意义。它适应了社会转折时期人们高扬主体意识，实现自我解放，蔑视正统权威，砥砺战斗意志，完善个体人格，统一理论实践的需要，往往成为后世人们冲破思想束缚、解放思想、发展个性的有力武器。19 世纪末 20 世纪初，王学受到了新一代思想家们的普遍重视。从康有为、梁启超等改良派到宋教仁、陈天华等革命党人，直至后来的毛泽东、郭沫若等，都极为推崇王学，视之为个人道德修持的工具和改造中国社会的利器。

王阳明的学说，对于金大求学时期的青年陶行知产生了很大的吸引力。陶行知从完善个体人格与寻求救国之道的双重需要出发，认真学习和研究王阳明的学说，并为之倾倒，信仰知行合一的理论。为此，1911 年，他将自己的原名文濬③改名为"知行"。1934 年，再改为"行知"，直至 1946

① 王阳明：《传习录》上。

② 王阳明：《答顾东桥书》。

③ 陶行知更名的过程，陶行知本人和很多陶研学者作过不少的论述，但是，陶行知除了使用过这些正式用名外，是否还有自己的字？对这个问题，人们就不甚了解了。根据对两本《陶氏族谱》的分析，可以说，陶行知不仅有自己的名，还有自己的字。这个字就是"世昌"。

据《陶氏族谱》所载，在第十五世里，陶行知父亲兄弟共有四人，即长生（字位朝）、德生（字位商）、厚生（字位农）、盛生（字位工）。关于这四人的婚配及后裔的情况是这样的：长子长生（即陶行知父亲）娶曹氏，生一子二女，即文濬、宝珠、美珠。次子德生娶黄氏，生一子二女，即文澄、素珠等。三子厚生，幼殇。四子盛生，娶程氏，无子。可见，在第十六世内，共有二男（文濬、文澄）和三女（宝珠、美珠、素珠）。又据族谱第 46 页和 47 页所载，第十六世的谱主仅有"世昌"、"世明"两位。通过对上述记载的分析，我们可以初步作出两个判断：第一，"世昌"、"世明"两位显然是指第十六世的男性后裔，而不是指同世的女性后裔。这是因为：旧时人们在修撰族谱、家谱时，一般对各世谱主只列男性，不列女性。对于女性，只在父辈一栏内简单地提及一下姓名，有的甚至连年遽然去世。尽管他1927年以后不再赞同王阳明"知先行后"的主张，提出"行是知之始，知是行之成"的理论，但知行问题始终是他关心和努力解决的问题，在他一生的道路与事业中占有极为重要的位置。

金大求学经历对于陶行知的影响，除了体现在其哲学观点和政治思想方面，还体现在其知识结构、价值观念、思维方式、个性心理特征、行为模式和人格风范等方面。凡是与陶行知直接接触过、交谈过或阅读过他的作品的人都会发现他学识渊博，涵养丰厚，具有学贯中西的大家风范。而这，首先是在新式学校开其肇端的。陶行知幼年从父亲以及别的教师那里接受中国式的启蒙教育，饱经中国传统文化的熏染，特别是深受尊奉理学、注重经世的"徽州文化"的影响，因而其知识结构具有中国传统文化的厚实根底。进入崇一学堂之后，他又接受了近代新式教育，学习西方文

姓名也不作交代，只以"嫁××"等字代之。第二，进一步说，"世昌"、"世明"显然是第十六世男性后裔的字。依照族谱世系体例，本谱各世谱主均取其字，而非取其号或名。这一点在本书前面已谈得很清楚了，此处无需赘述。所以，"世昌"、"世明"既不是号，也不是名，只能是字。又由于封建社会里女子的各种地位极为卑微，一般女子都不曾由父辈给她起过一个与名在意义上有某种联系的表字。所以，"世昌"、"世明"不是女性后裔的字，只能是男性后裔的字。上面排除了"世昌"、"世明"为女性后裔的表字的可能性，明确了"世昌"、"世明"是第十六世男性后裔的表字，具体地说，是陶文濬、陶文澄两人的表字。那么，在陶文濬、陶文澄这两人中，究竟谁是"世昌"、谁是"世明"呢？这依然需要进一步考证。从中国封建社会里男子取名惯例看来，"世昌"应是陶文濬的字，"世明"应是陶文澄的字。前面已经指出，在我国封建社会里，男子的名与字在意义上是有某种联系的。陶行知的原名与字之间的关系正是如此。考"文濬"者，"濬"字除有"疏通"、"掘取"二义外，还作"渊深"解。《诗·小雅·小弁》："莫濬匪泉"。又考"世昌"者，"昌"字常作"兴盛、进步"讲。《荀子·礼论》："江河以流，乃物以昌"。结合两者之义，这就是说只有文化渊深，博学多才，才能学问进步，事业兴盛。非常清楚，"文濬"与"世昌"之间是互相有所关合，有所照应的。再考"文澄"者，"澄"有清亮、明净之义。《淮南子·说山训》："人莫鉴于沫雨，而鉴于澄水者，以其休止不荡也。"这里的"澄"就是作清澈不流动解。而"世明"者，"明"多指"洁净、明亮"。这两者之间在意义上的联系更为明显。如果上述分析是不错的话，那么，陶行知的字为"世昌"，岂不是明明白白了吗？或许有人会问道，为什么以往中外各种有关出版物在介绍陶行知的情况时都没有关于陶行知的字的交代？之所以如此，这是由于：一方面当年陶行知本人在日常生活与人们交往和发表文章时，没有正式用过这个字。后因改名，字更无需使用。二是因限于种种条件，以前人们没有发现和掌握能够说明这个问题的有关资料。正因如此，过去各种中外有关出版物没有交代陶行知的字，并不能说明陶行知原来便没有字，只不过人们一时尚未知道罢了。

化科学知识，由四书五经、子曰诗云一变而为声光化电、科学民主。尤其是在金陵大学这所中西文化汇聚一炉的教会大学里，他有意识地改造和重建自己的知识结构，既刻苦钻研生理学、心理学、医学和数学等自然科学，又努力学习文学、哲学、政治学等社会科学，既广泛涉猎近代西方各种哲学、社会政治学说和严复、梁启超、孙中山等先进中国人的论著，又遍览中国古代文化典籍，出入于经史子集之中，尤其是对王学的探讨不遗余力，颇有心得。上下数千年，纵横数万里，这种初始的飞越时间与空间的心灵历程，显示出陶行知一生的知识取向——横向采纳与纵向汲取齐头并进，两不偏废。如果说，崇一阶段，中西文化在他那里还只是一种"无意识的交融"，那么，金大时期，就是一种"有意识的融会"了。

经过这番中西文化"有意识的融会"，陶行知的知识结构呈示出鲜明的开放、综合的宏观走向；尽管中国传统文化已成为这个知识结构的重要构成部分，但由于陶行知已跨入了新的时代，进入了世界文化的大系统，获得了一种现代开放意识，因此它根本不可能仅仅局限于过去与传统，不可能不面向世界和时代而展露出开放、综合的知识取向。

正是这一在新式学校初步形成的博大的知识结构，不仅使陶行知后来进一步采撷中外文化的精华更为容易，而且也使他日后在创造性构建其思想学说时全然没有支左右绌、捉襟见肘的感觉。像这样中西文化交融并摄而形成的渊博知识，在曾经就读于教会学校的民主革命先行者孙中山身上，也同样表现得特别明显。在南华医校时，孙中山不仅博览西方自然科学和社会科学方面的书籍，还特地请了一位老师教授中国经史，对中国传统文化下了不少功夫，或许，博采中西文化之所长融为一炉，而自成体系，这正是孙中山、陶行知一类伟大人物的共性，也是他们成功的契机吧！如果说，知识结构的重建还只是陶行知主体意识结构表层的变化，那么，价值观念和思维方式的更新就属于其深层的变化。随着知识结构的重建而来的西方化参照体系的形成，广泛的世界性视野的拓展，陶行知的价值观念和思维方式也相应地发生了实质性的蜕变。

在未入新式学校之前，作为徽州乡村的一名接受传统教育的好学少年，陶行知当时的人生理想只能是传统的"修身齐家治国平天下"。是时代和社会改变了他的命运，也是新式教育促成了他的价值观念的转变。他开始由尊崇君王到服膺民主共和，由重群体轻个体到协调两者关系，由伦理道德至上到主张义利统一。他强烈抨击不合理的封建血统论和世袭制,“君主嗣统,只问血胤,鲜问才德”,王权世袭,等级森严,主张一切权力归于人民。他高扬个人的价值、个体的独立人格和个性的解放,并努力协调社会与个人的关系,认为它们“实共和主义之两元也”。他还公开宣布:“奉天命为归宿,而不敢止于独善”,表示传统的“独善其身”、“慎独”的个人修养方式业已过时,处于大变革时代的每个中国人,都有“尽天职之价值”和“担负进化之大任”,仅仅满足于“独善其身”是不行的,还必须“为全群谋福利进化”。[①] 当然,我们不能说此时陶行知已与传统的价值观念彻底决裂。思想观念(尤其是价值观念)的转变是一个长期的过程,绝非一朝一夕之事。但无论如何,他此时毕竟开始走出传统价值观念的思想樊篱。

与此同时,他的思维方式也在悄悄地发生着某种变革,开始从中国传统的偏于直觉顿悟和模糊笼统、忽视实际观察和科学实验、轻视分析和逻辑论证的思维方式,转换为注重逻辑理知、观察实验和严密推理的现代思维方式。思维方式的更新往往与自然科学的学习和实践有密切关系。在进入新式学校以前,陶行知没有接触过近代自然科学。就读崇一学堂后,他对数学产生了浓厚的兴趣。在做习题时,同学们一般都是演算老师布置的习题;别人用一种方法来解答、证明一道习题,他却喜欢从不同的角度来证明,用几种方法来解答,然后从中比较,找出最佳方法。求学金陵大学后,他对数学的兴趣更浓,经常帮助同学解决数学难题,深得师生赞誉,大学时代奠定了他坚实的数学根柢,训练了他缜密的逻辑思维能力。这对他一生事业裨益匪浅。在日后的治学、工作中,他每每佐以数学方法,收事半功倍之效。他的论文和演说的成功,也与他具有很强的逻辑思维能力分不开。[②] 还值得一提的是,在金大期间,他有一段时间热衷于生理科学的实验,曾受美国衣阿华大学西少耳教授观点的启发,发明了一种观察视神经上的血管影的方法,并专门撰写了一篇研究报告《视神经上血管影之观察法》,发表在《金陵光学报》上。根据他的研究,此法不用烛光,不用暗室。试验者熟睡透光室中,醒时向空中微开一目,到见眼前有一网形檀色物——视神经的血管影。这一方法他每天早晨醒来时曾试验多次,并请同学数人也试验多次,皆屡试不爽。这种亲自从事过科学实验的

---

① 《共和精义》,《陶行知全集》第 1 卷,湖南教育出版社 1984 年版,第 46～48 页。

② 许宗元:《陶行知》,人民出版社 1988 年版,第 8 页。

经历，使他具备了注重观察实验的科学态度和实事求是的思想方法，不仅为他后来接受杜威的实验主义教育学说完成了必要的思想铺垫，而且也导致他后来从事教育救国事业时，始终坚持先试验后推广的原则，反对空谈，强调实干。

这一时期，陶行知的个性心理特征随着其社会生活条件、教育条件的改变以及生活经验的积累，逐渐衍化定形。他开始形成一种宏伟的气魄。胸怀祖国，放眼世界。把中国的前途与世界的未来联系起来考虑。以开放的文化心态对待中西文化，既不妄自尊大，盲目排外，又不妄自菲薄，醉心西化，呈现出明显的外倾开放、豁达包容的心理特征。他的历史使命感和时代紧迫感也得到新的升华。如果说崇一时期还只有一种朦胧地为祖国作贡献的意识，那么在金大这种朦胧意识就升华为一种自觉的理念。他清醒地意识到："即欲在世界求一生存，犹当夙兴夜寐，不容稍事蹉跎。苟仍委靡不振，习于因循，则保守已无余地，大局何堪设想?"[①]为此，他大声疾呼："由感立志，由志生奋，由奋而捍国，而御侮，戮力同心，使中华放大光明于世界!"[②]为了追求救国真理，完善个体人格，他努力与自己身上的"伪我"作斗争：时时解剖自己，处处克己求真，培养顽强的意志力。他反复告诫自己"欲载岳岳千仞之气概，必先具谡谡松风之德操；欲运落落雪鹤之精神，必先养皑皑冰雪之心志"[③]，并认为能否去伪存真，做一个道德高尚、以民族利益为己任的人关键"是在及早努力，百折不回，在心中建立真主宰"。应该看到，定形于此时的上述个性心理特征，是陶行知主体意识结构中最富有个性色彩的因素，也是他日后从事救国大业、成为一位杰出的民主战士和伟大的人民教育家的重要主观条件。

伴随着上述主体意识结构诸因素的嬗变，此时陶行知的行为模式也发生某种转换。在金大期间，受民主革命风潮的影响，他发起组织各种爱国演说会、展览会、运动会，举办爱国募捐，积极参加各种社会活动。特别是当他听到武昌起义的消息后，便按捺不住激动的心情，赶回故乡参加地

---

①《因循篇》，《陶行知全集》第 1 卷，湖南教育出版社 1984 年版，第 12 页。

②《〈金陵光〉出版之宣言》，《陶行知全集》第 1 卷，湖南教育出版社 1984 年版，第 3 页。

③《为考试事敬告全国学子》，《陶行知全集》第 1 卷，湖南教育出版社 1984 年版，第 21 页。

方开明绅士余德民领导的屯溪阳湖余家庄起义，亲自投身群众反清武装斗争，担任县议会的秘书，直至次年春才返校继续学习。这种积极进取、刚毅勇猛、投身武装斗争的行为模式，已与传统士大夫温和保守、消极退让、明哲保身的行为模式有天壤之别。它意味着在金陵大学求学期间，陶行知从观念意识到行为模式，都发生了某种根本性的转变。

值得注意的是，这一时期，陶行知在各种主客观因素的影响和推动下，为了加强自己的道德修养，完善个体人格，他在借助于王学的同时，又对充满道德说教气味的基督教义产生了极大的兴趣，“入大学后，暇时辄取《新约》展阅之，冀得半言片语以益于身心而涤其伪习”[①]，把基督教义作为道德修养、完善人格的利器。不仅如此，基于救国救民的需要，他还注目于基督教义中朴素的人道主义因素，并于1913年成为一个基督教徒。

信仰基督教是陶行知早年在自己人生信仰方面所作出的重要选择。这一选择，深刻地影响到陶行知的人格风范的塑制以及他日后事业的发展。尽管他后来放弃了基督教信仰转而接受更为先进的社会政治学说，但这种影响的痕迹始终或隐或显地体现在他的身上。事实上，他后来所奉行的“爱满天下”的主张及其伟大的牺牲精神，就与基督教的博爱主张和耶稣“舍己为人”的救世精神有着某种思想渊源。

需要说明，陶行知虽然一度皈信基督教义，但他并未成为一个狂热偏执的基督徒。他对基督教有自己的认识，而且从一开始就是按照自己的理解和需要来接受基督教义的，从未盲目信仰过。他对基督教教义既有接纳，又有排拒，接纳中有排拒，排拒中有接纳，这种鲜明的主体意识和清醒的理性精神，使得基督教信仰对他的影响积极的方面远远大于消极的方面。陶行知之所以被人民所长久崇敬，原因之一是他具有伟大的人格风范，而这一人格风范的塑制又显然离不开基督教信仰所起的作用。[②]

1914年6月，陶行知以优异的学习成绩毕业于金陵大学。因1911年金大已在美国纽约州立教育局和纽约大学注册，故金大的毕业生可同时接受纽约大学的文凭和学位，并能直接赴美深造。由于陶行知一贯品学兼优，素为金大美籍校长包文(Bowen)器重，此时，包文更是鼓励和支持他赴美深造。在师友和父母的帮助下，1914年秋，陶行知终于启程赴美留学。

① 《伪君子篇》，《陶行知全集》第1卷，湖南教育出版社1984年版，第20～27页。
② 周洪宇：《陶行知与基督教》，《安徽史学》1991年第4期。

抵美后，陶行知先入伊利诺大学攻读市政学硕士学位。按照陶行知原来的设想，他是打算直接到哥伦比亚大学师范学院学习教育的。早在金大时期，他就对教育的社会功能有了明确认识，认识到"教育实建设共和最要之手续，舍教育则共和之险不可避，共和国不可建，即建亦必终归于劣败"，萌生了从事教育事业的念头。而当时的哥伦比亚大学师范学院是美国进步主义教育运动的大本营，聚集了一大批以改革传统教育为职志的新教育理论家，如杜威(John Derey)、克伯屈(Williaw A. Kilpatrick)、孟禄(Paul Honroe)等人，他们中的某些人(特别是实用主义大师杜威)的教育主张，民国初年就通过蔡元培等人介绍，为中国教育界所知晓。[①] 能进哥大师范学院学习本是陶行知的初衷。但因该校的学费高昂，陶行知的经济条件负担不起，只得进了专为学习市政学专业的外国学生免除学费并提供奖学金的伊利诺大学。[②]

1916年哥伦比亚大学师范学院孟禄教授(二排中)与中国学生会(后发展为中国教育研究会)成员蒋梦麟(四排左二)、陶行知(三排左五)、胡适(前排左一)、凌冰(三排左六)等人合影

虽然陶行知在伊利诺大学研修市政学专业，但他学习教育的渴望一直没有泯灭。他在着重学习美国的外交、贸易和欧洲的政治等课程时，还

① 参见蔡元培《对于教育方针之意见》、《1900年以来教育之进步》和《新教育与旧教育之歧点》等文，高平叔编：《蔡元培教育文选》，人民教育出版社1988年版。

② 牧野笃：《关于陶行知在美国留学期间学习与生活的若干考察》，《陶行知研究在海外》，人民教育出版社1994年版，第150～155页。

专门选修了一门教育行政学。教这门课的是杜威的信徒、哥伦比亚大学哲学博士罗托斯·台尔塔·考夫曼(Lotlls Dell Coffman)教授。[①] 考夫曼向陶行知介绍了杜威实用主义教育哲学的基本原理,这对陶行知产生了特别强烈的影响。恰好在1915年夏天,陶行知参加了在威斯康辛州基尼法湖畔召开的基督教青年会夏季会议,他受到了与会者发言的极大鼓舞,正式决定以毕生精力从事教育工作,并计划一旦从伊利诺大学研究生毕业,就转入哥伦比亚大学师范学院深造。基于这种考虑,他在1915年夏学期,便全都选修了四门教育课程(单位、尺度及标准——教育评价基础、教育研究法、中学课程和教育心理学讨论)。陶行知在伊利诺大学学习期间的学习课程见下表:[②]

学　年	课　程　名　称
1914—1915	
第一学期	政治学和公法讨论
	城市行政学
	国家论
	教育行政学
第二学期	政治学和公法讨论
	欧洲大陆的政治
	美国的外交
	美国对外贸易和殖民地贸易
1915 年夏	单位、尺度和标准(教育评价基础)
	教育研究法
	中学课程
	教育心理学讨论

1915年秋,陶行知获得了伊利诺大学的政治学硕士学位。这时他正巧取得了义和团赔款的留学生派遣制度“半费生”资格,有了维持继续深造的起码的经费,便于该年9月下旬转入哥伦比亚大学师范学院,攻读研究院教育行政学博士课程。

---

① 休伯特·O.布朗:《中国教育中的美国进步主义:陶行知个案》,许美德、巴斯蒂主编:《中外比较教育史》,上海人民出版社1990年版,第191页。

② 牧野笃:《关于陶行知在美国留学期间学习与生活的若干考察》,《陶行知研究在海外》,人民教育出版社1994年版,第150页。

根据校方的安排，斯特雷耶(G. D. strayer)教授担任陶行知的论文指导教师。斯特雷耶教授是美国著名的教育行政学专家，学问渊博，但有些学究气。杜威的专长是教育哲学，他虽然不是陶行知的论文指导教师，但陶行知选修了他所讲授的《学校与社会》这门课程。相较之下，他在思想上对陶行知的影响远比斯特雷耶要大得多。

1915 年陶行知在哥伦比亚大学与导师斯特雷耶教授的合影

杜威的教育哲学是实用主义教育哲学。这种教育哲学以其经验论的实用主义哲学观为基础，强调变迁、行动和实用，主张"教育即生长"、"教育即生活"、"教育即经验的改造和改组"、"学校即社会"，"以儿童为中心"和"从做中学"，要求教育应当与社会有广泛的联系，要反映社会对教育的要求，教育要密切联系社会生活实际；还主张教育要适应儿童身心发展的特点和规律，要着重培养学生适应生活的能力，要注意培养学生的主动精神和发展学生的个性。尽管这种教育哲学由于杜威本人在政治、哲学等方面的阶级制约性和历史的局限性，存在着不少错误的、自相矛盾的东西，但从总体上看，它适应了 19 世纪末 20 世纪初急剧变化的社会现实的需要，对于改革美国当时形式主义占统治地位的旧教育，建立现代民主、科学的新教育，是有积极意义的。

陶行知求学哥伦比亚大学期间，正是杜威实用主义教育理论成熟和影响逐渐达到高峰之时。在此前后，他的主要教育论著《我的教育信条》、

《学校与社会》、《儿童与课程》、《明日之学校》和《民主主义与教育》等，均已经相继出版。而最集中最系统地阐述其教育思想的《民主主义与教育》，正好就发表于陶行知就读该校的1916年。杜威对旧教育的抨击和对新教育的设想，他的批判精神、试验精神和创造精神，对于早就不满中国旧教育、亟欲建立一种新教育以维护和发展共和体制的陶行知来说，无疑有极大的吸引力。加之杜威教育学说的理论基础（达尔文的进化论、民主共和的政治主张和注重行动的哲学观）与陶行知在金陵大学时期就已形成的政治思想和哲学观点（达尔文的进化论、林肯的民主共和主张与王阳明"知行合一"的哲学观）在内容与形式上都有相通或相似之处，这些因素都使陶行知一跨入哥伦比亚大学师范学院的大门，就很快沉浸到杜威实用主义教育理论中去了。这一点可以从下面所附陶行知当时在该校学习的课程内容及任课教师的思想倾向看得很清楚：

学 年	课 程 名 称	任课教师
1915—1916	学校与社会（伦理学及教育问题）	杜 威
第一学期	教育史	孟 禄
	实习：美国的公共教育行政	斯特雷耶
	教育哲学	克伯屈
	财政学	塞索库曼
	进步社会的发展	斯列丁
第二学期	教育史	孟 禄
	实习：美国的公共教育行政	斯特雷耶
	教育哲学	克伯屈
	财政学	塞索库曼
	教育社会学实习	中学原理
1916—1917	实习：教育社会学	斯列丁
第一学期	各国学校制度的社会基础	康德尔
第二学期	实习：教育社会学	斯列丁
	各国学校制度的社会基础	康德尔①

以上课程有浓厚的杜威实用主义教育理论的色彩。在这些任课教师中，杜威本人自不必说，讲授《教育哲学》的克伯屈教授是杜威的学生和最

① 牧野笃：《关于陶行知在美国留学期间学习与生活的若干考察》，《陶行知研究在海外》，人民教育出版社1994年版，第150～155页。

得力的助手，讲授《教育史》、《教育行政学》、《教育社会学》和《各国学校制度的社会基础》的孟禄教授、斯特雷耶教授、斯列丁教授和康德尔教授等人，都是与杜威私交甚好、思想上不同程度受杜威实用主义教育理论影响的著名教育家。陶行知正是在这样一批实用主义教育理论大师或具有进步主义教育倾向的著名教育家们的直接教诲下，接受了杜威实用主义教育学说。

信奉杜威实用主义教育学说，这对陶行知日后的人生道路与事业产生了深刻影响。20 世纪 20 年代前后，陶行知对传统教育的批判，就是以杜威实用主义教育学说为理论武器的。他的独树一帜的生活教育理论，也与杜威实用主义教育学说有着某种思想上的联系。当然，陶行知对于杜威实用主义教育学说，也如同他早年对待其他西方文化（如达尔文的进化论、林肯的民主共和思想和基督教的宗教学说）一样，都不是盲从盲信，照搬照抄，而是按照自己的理解和需要来接受、来传播，进而根据中国的具体国情，在充分总结自己长期教育实践宝贵经验的基础上，加以扬弃和发展，形成一种与之有本质区别、为中国人民反帝反封建斗争服务的新型教育理论。

陶行知（右一）、胡适（左二）等人在哥伦比亚大学

继陶行知之后任哥伦比亚大学师范学院中国教育研究会会长的张伯苓

需要说明，留美期间，陶行知对于西方文化接受，并不限于人们常说的杜威实用主义教育学说，也不限于前文所列陶行知在伊大、哥大两校所学的有关课程的内容。事实上，他对现代西方的诸多哲学、社会政治学

说，尤其是当时在西方流行的各派教育新思潮，均有广泛的涉猎与钻研。这一点在陶行知回国不久发表的一系列文章中体现得特别明显。1917年秋，陶行知自美归国后，针对国内教育界因循守旧、不思革新的现状，连续发表《试验主义之教育方法》、《教育研究法》、《智育大纲》、《以科学之方，新教育之事》、《教学合一》、《试验主义与新教育》等文章，大力介绍和宣传欧美教育新思潮、新学说，提倡以科学的试验方法来改造中国旧教育。在这些文章中，他提到的人物及其学说不下十余种，如培根（Franois Oaoan）、笛卡尔（Descartes）等人的哲学观点，詹姆斯（Lillial Jaies）、桑戴克（Thodndike）、华莱士（Lallaoe）等人的心理学见解，约翰·费斯克（John Fiske）、华莱士（Lallaoe）等人的动物学理论，弗兰西斯·高尔顿（Francis Oalton）的遗传学思想，裴斯泰洛齐（Pestalozzi）、福禄培尔（Froetel）、赫尔巴特（Herbart）等人的教育试验，沃特（Lirt）的葛雷学校，爱莉（Aally）、沙力方夫人（Mrs. Sullifan）等人的盲童教育实践，等等。杜威及其教育学说，此时只是作为众多人物及其学说之一而被加以介绍。这些事实表明，陶行知在留美期间接受西方文化时，从来就没有局限于某人某派学说，而是从改造中国社会和文化教育的需要出发，以海纳巨川、吞吐百家的博大胸襟和恢弘气度，博采诸家外来学说之长，融会贯通地形成自己的知识结构和思想体系。

正因如此，“五四”以后，特别是20世纪30年代以后，陶行知又逐步接受了西方文化之精华的马克思主义，最终完成了他长达半个世纪的从儒学至实用主义至马克思主义的“三部曲”。

三、马克思主义的影响

马克思主义是无产阶级的宇宙观和社会革命论，是关于被压迫、被剥削群众的革命斗争的科学。十月革命以后，俄国建立了劳动人民当家做主的社会主义国家，使灾难深重的中国人民从中看到了中华民族获得解放的新希望。中国的先进分子在欢呼十月革命的同时，也很快地接受和传播了马克思主义，由效法西方资产阶级革命，转而效法俄国十月社会主义革命，从向西方资产阶级“文明”寻找出路，转向研究和宣传马克思主义。列宁曾指出，先进的中国人在辛亥革命以来群众革命情绪高涨的影响下,“从欧美吸收解放思想,但在欧美,摆在日程上的问题已经是从资产阶级下面解放出来,即实行社会主义的问题。因此必然产生中国民主派对社会主义的同情,产生他们的主观社会主义”①。“五四”期间,随着五四爱国运动的爆发,新文化运动的深入发展,马克思主义开始在中国得到了广泛的传播。

在这个巨大的时代潮流的推动下,陶行知开始接触和介绍社会主义。1919 年 3 月,他在《新教育》杂志第 1 卷第 2 期上发表《普鲁士教育之基本改革》一文,向中国教育界、思想界介绍马克思和社会主义,1921 年,在他担任《新教育》杂志编辑和主干(主编)时,该杂志还载文介绍了十月革命胜利后俄国的政治、军事、教育、宗教等各方面的情况,并刊登过列宁的照片。1922 年,他与中国共产党领袖李大钊也有过一些来往。诚然,以上言行虽然没有超出民主主义的思想范畴,但却说明了陶行知对社会主义的向往。他很希望从社会主义中汲取一些有利于改造中国社会和文化教育的思想营养。因此,他这时虽然信奉实用主义学说,但并不反对马克思主义和社会主义学说,倒是对社会主义持一种同情和理解的态度,这就为他 20 世纪 30 年代接受马克思主义,在中国共产党的指导下,积极投身于反帝反封建的革命斗争,奠定了思想基础。

20 世纪 30 年代初,尖锐复杂的阶级斗争和严重的民族危机,促使在改造中国社会和文化教育的实践过程中一次次碰壁的陶行知去寻求更有力的理论武器。现实生活告诉他,实用主义并不是科学的世界观和方法论,并不能从根本上解决中国的问题,唯有马克思主义才是引导中国人民从黑暗走向光明的伟大火炬。从此,他逐步走出了实用主义思想体系,开始了对马克思主义的系统学习和研究。陶行知曾经认为,中国农村之所以贫弱,一个重要原因是由于孩子生得太多,土地一分再分的结果。所以一再劝人节育,提倡少生、好生、贵生、厚生、共生的“五生主义”。1932 年 7 月,他在《中华教育界》发表《中华民族之出路与中国教育之出路》一文,详尽地阐发了这一主张。同年 12 月,北京大学教授尚仲衣以“子钵”的笔名在天津出版的《大公报》上发表文章,批评他的这一主张。此后,陶行知

①《中国的民主主义和民粹主义》,《列宁选集》第 2 卷,人民出版社 1960 年版,第 426 页。

为了弄清这个问题，趁尚仲衣赴沪之机，特为召集留沪文化教育界朋友开了一次座谈会，讨论中国近代社会性质和革命任务。最后，大家统一了看法，明确认识到，中国是一个半殖民地半封建的国家。中国之所以贫穷落后，是由于外有帝国主义侵略，内有封建地主、买办阶级勾结帝国主义剥削、压迫老百姓的结果。所以，文化教育界只有和人民站在一起，共同反对帝国主义和封建主义，中华民族和中国人民才有出路，中国的文化教育才有出路。经过这场争辩，陶行知在思想上感触很深，遂下决心系统学习马克思主义学说，并以此作为自己斗争实践的理论指导。

1933 年春节，陶行知借同乡友人程霖生的寓所（当时陶行知住处），请共产党方面的朋友讲解马克思主义。与严竟成、戴伯韬、王洞若等人一起听讲与讨论，系统学习了马克思、列宁的著作。3 月 4 日，不顾国民党反动派的法西斯统治，他与蔡元培、叶恭绰、李公朴、陈望道等人共同发起马克思逝世五十周年纪念会，充分表现了追求真理的大无畏气概。

陶行知对马克思非常景仰。他在出国访问期间，曾三次去伦敦海格特公墓瞻仰马克思墓。1936 年 10 月 30 日，他与全国学联代表陆璀首次瞻仰马克思墓，在墓前摄影留念，并写下《马克思墓》一诗，称赞马克思“光明照万世，宏论醒天下。二四七四八，小坟葬伟大”[①]，流露出他对马克思的无比敬仰之情。

1938 年 2 月，他与吴玉章在出席伦敦世界反侵略大会期间，一起去拜谒了马克思墓。他们惊叹这一旷世伟人之墓，竟这样平凡。“这象征着生要和大众打成一片，死也要和大众打成一片，才是真正的伟大。”1938 年 6 月回国途经伦敦时，他再次瞻仰了马克思墓。三次拜谒马克思墓，充分表达了他对马克思和马克思主义的崇敬和信仰。

为了能直接阅读马列原著，陶行知在 50 岁后又开始学习俄文。当时的苏联是世界上第一个社会主义国家，出版了大量马列著作，对马克思主义作了系统而广泛的宣传。陶行知早年留学美国，精通英文，以后又担任“国民外交使节”，为宣传中国人民抗日救国主张，游历了欧美等 98 个国家和地区，学会了几门外语。但他感到这还不够，要学习马列著作，真正

---

①《马克思墓》，《陶行知全集》第 4 卷，湖南教育出版社 1985 年版，第 414 页。

掌握马克思主义，非学会俄文不可。在学习中，他的时间抓得很紧，学习态度非常认真，遇有不懂之处，就向他人请教。

在陶行知钻研马克思主义的过程中，中国共产党人给予了直接的帮助和影响。中共中央宣传部文化工作委员会（简称“文委”）成员田汉很早就开始做他的工作。田汉曾派左翼戏剧家联盟（“剧联”）的田源到工学团工作，并介绍陶行知阅读英文版的马克思的《资本论》，陶行知有时坐在汽车上也孜孜不倦地读这本书。1934 年，钱俊瑞到上海参加“文总”领导工作后，也一直在做陶行知的工作。此外，在陶行知创办的教育社团工作的共产党人（其中不少人是他的弟子）也对他做了大量的工作。“教联”、“中青”、“左联”等组织的共产党员刘季平、丁华、徐明清、王洞若、林一心、张劲夫等人，都先后在他身边工作，给予他很大的帮助和影响。

由于其本人的刻苦学习和他人的帮助影响，陶行知逐步弄清了马克思主义的基本原理，掌握了马克思主义的基本思想方法。1934 年 1 月，陶行知在《生活教育》杂志上发表《行知行》一文，正式宣布放弃他使用了 23 年之久的名字陶知行，改为陶行知，表示他坚信辩证唯物主义思想。从知行到行知，反映了陶行知哲学思想的飞跃，标志着他的世界观的根本转变。1943 年，他在《创造年献诗》中写道：“行以求知知更行，不知直认为不知。遍览已知求未知，以知与人己愈知。以为武断靠不住，存在从来决意识。解剖内体寻条理，追踪外缘找联系。贯通证据悬断语，屡试屡验验还试。矛盾相生复相剋，数量满盈能变质。相推而进正反合，顺沿发展觅定律。”[1]说明他此时已完全接受并能娴熟地运用辩证唯物主义，是一个优秀的马克思主义者了。接受马克思主义，为陶行知迅速成长为一个伟大的共产主义战士奠定了思想基础，同时，也给他中西结合创造新文化的伟大实践提供了正确的世界观和方法论。20 世纪 30 年代以后，陶行知就是在马克思主义的理论指导下，从事中国现代文化诸多领域的开拓和创造，成为 20 世纪中国富有代表性的综合型的文化巨人。

从接受传统文化的熏陶始，中经西方文化的洗礼，到归宗马克思主义，这一番曲折深刻的人生经历，使陶行知融中西文化于一体，新旧杂糅，

---

① 《创造年献诗》，《陶行知全集》第 4 卷，湖南教育出版社 1985 年版，第 586 页。

相辅相成,既有着强烈的民族意识,又具有恢弘的世界眼光;既时时追踪着时代潮流,又处处从中国现实和国情出发,成为近代以来最民族化又最世界化、最有传统性又最有现代性的中国人之一。从他的身上,我们不难窥见在20世纪中西文化撞击与交融下近代中国知识分子所走过的人生旅程及其所经历的文化心路。

第二节　陶行知的政治文化观

19世纪中叶以来,中西文化一直处在冲突之中。就文化本体而言,由于时代的差异,一者表现为农业文明,一者表现为工业文明。在这种本源性的冲突面前,近代以来的每一个中国人尤其是知识分子,都面临着一个不可回避的文化选择。陶行知的一生,正好处在中西文化冲突的转折点上。孩提时代,他饱受了中国传统文化的熏陶。青少年时代进入教会学校学习后,逐渐接触到中西文化冲突的社会现实。从此,他开始有选择地学习中西文化,以寻找救国救民之道。他向西方学习最先获得的思想武器是达尔文的进化论学说。他运用"物竞天择,适者生存"的进化论观念对中西文化的冲突作了初步评析。与此同时,他又努力钻研王阳明的"知行合一"学说,还改原名文濬为知行,以示对传统知识观的继承和弘扬。大学毕业后,赴美留学深造,接受了杜威的实用主义学说。在五四新文化运动中,他运用实用主义方法论,批判传统的旧教育体制和理论,介绍西方的新教育理论与方法,主张有选择地吸取和更新外来文化,反对不问国情、"仪型他国"的倾向。"五四"时期,马克思主义在中国得到了广泛传播。接触马克思主义,使陶行知考察中西文化问题有了科学的方法论。20世纪30年代,他开始运用唯物史观论述文化问题,进一步提出在创造的基础上对中外优秀的文化加以继承和发展,并把这一主张贯彻其全部文化实践和理论之中。他是近代以来中国先进知识分子对文化冲突作出明智选择的光辉典范。

一、总结中西文化论争

鸦片战争以后,资本主义列强以武力打开了封建中国紧闭的国门,西方文化便以枪炮为前导，挟侵略而俱来。从此，呈现在中国人面前的，便是以欧洲资本主义时代文化为主体的西方文化和与中国封建社会相适应的传统文化。这两种文化形态有何异同，孰优孰劣，其发展趋向又是什么等问题，牵动了一代代有识之士的心，因为它关系到国家的前途与民族的命运。到了"五四"时期，随着第一次世界大战和十月革命以后国内外形势的变化，文化论战也达到了高潮，形成了东方文化派、西化派和唯物史观派三大阵营，几成鼎足之势。在这场文化论争中，陶行知站在教育岗位上，就有关问题发表了自己的看法，阐明了他的中西文化观。

梁漱溟、张君劢等人是东方文化派的头面人物。他们认识不清世界大战的本质原因，加上他们对中国传统文化的依恋，认为世界大战的爆发是"小学的破产"、西方文明的破产，幻想用东方文化来拯救西方文化。在梁漱溟看来，文化"不过是那一民族生活的样法"，而"生活就是没尽的意欲(Will)——此所谓'意欲'与叔本华所谓'意欲'略相近——和那不断的满足与不满足罢了"[1]。由于意欲的可能满足状况不同，便出现了不同的三种生活样法，西方文化"是以意欲向前要求为其根本精神的"[2]、"中国文化是以意欲自为调和持中为其根本精神的"、"印度文化是以意欲反身向后要求为其根本精神的"[3]。他认为，西方生产虽然发达，但因生产的发展带来了两极分化与道德的沦丧，"这样一来就致人类文化要有一根本变革：由第一路向改变为第二路向，亦即由西洋态度改变为中国态度"[4]。"质而言之，世界未来文化就是中国文化的复兴。"[5]与梁漱溟的观点一样，张君劢也认为西方文化的成就是在解决人与自然的关系问题上，中国文化的成就则是在解决人与人之间的关系问题上。张君劢更明确地说："自孔孟以至宋元明之理学家，侧重内生活修养，其结果为精神文明。三百年之欧洲，侧重以人支配自然界，故其结果为物质文明。"[6]他们由此认为，中国文明在根本上高于西方文明，中国缺少的是物质文明，所以西方的物质

① 梁漱溟：《东西文化及其哲学》，上海商务印馆1922年版，第24页。
② 同上。
③ 同上，第55页。
④ 同上，第166页。
⑤ 同上，第199页。
⑥ 张君劢：《人生观》，《清华周刊》第272期。

文明是应当仿效的，但在精神文明方面，中国则远远胜过西方，对于中国的精神文明，应特别去保存和发扬。这种全盘否定西方文化，全盘肯定中国传统封建文化的思潮，无疑是对新文化运动的全面反动。面对东方文化派的挑战，以胡适为代表的西化派和以瞿秋白为代表的唯物史现派都作出了有力的反击。胡适敏锐地指出了东方文化派把各民族的文化分为物质的与精神的两种类型的谬误所在，他说："文明(Cilivization)是一个民族应付他的环境的总成绩。"而"文化(Culture)是一种文明所形成的生活的方式"。又说"凡一种文明的造成，必有两个因子：一是物质的(Material)包括种种自然界的势力与质料；一是精神的(Spiritual)，包括一个民族的聪明才智，感情和理想。凡文明是人的心思智力运用自然界的质与力的作品，没有一种文明是精神的，也没有一种文明单是物质的"，既然如此，把文化分为物质的与精神的两截，进而来区分东西文化高低的说法，就站不住脚了。瞿秋白赞同胡适的论点，指出："东西文化的差异，其实不过是时间上的"，"是时间上的迟速，而非性质上的差别"。他运用历史唯物主义的基本原理，对这一论点作了新的论证。他对"文化"作广义的解释，"所谓'文化'(Culture)是人类之一切'所作'"，包括生产力、经济关系、社会政治组织以及社会心理和各种思想系统四个方面。其中，生产力是决定其他三项因素的发展的最终动力，文化的特性即根源于生产力发展的水平。中西文化由于生产力"发展程度不同，故有差异的结果"。他的结论是"西方文化，现已经资本主义而至帝国主义，而东方文化还停滞于宗法社会及封建制度之间"[①]。未来的人类文化，不同于封建宗法文化和资本主义科学文化，是一种新型的"社会主义的文明"。作为西化派和唯物史观派的同道，陶行知也撰文对东方文化派的观点给予反驳。他从胡适、瞿秋白等人的文化思想中汲取了有益成分，并结合自己文化实践的亲身体会，明确阐述了自己的中西文化观。他指出："现在有一班人，开口就说，西方的物质文明比东方好，东方的精神文明比西方高。这句话初听似乎有理，我实在是百索不得其解。"因为"精神文明与物质文明是合而为一的"，不存在单一的物质文明或单一的精神文明。举例说，由于电话

① 瞿秋白：《现代文明的问题与社会主义》，《瞿秋白选集》，人民出版社 1985 年版，第 24 页。

机的发明，第一次飞渡大西洋的飞行家林白从德国柏林通电话到美国和他的老母说话，这既“是精神交通破天荒的成功，也是物质文明破天荒的成功”，这就有力反驳了东方文化派把文化分为互不相关的物质与精神两截的谬论。

值得注意的是，陶行知在论战中提出了一个重要观点，即认为生产工具在文化中占有特别重要的地位。他说：“人的生活，必须有相当的工具，才能表现出来。工具充分，才有充分的表现，工具优美，才有优美的表现，工具伟大，才有伟大的表现。”他指出：“人的特别本领就是不专靠自己的身体为工具。人能发明非身体的工具，制造非身体的工具，应用非身体的工具，文明人与野蛮人的最大分别就是文明人能把这些非身体的工具发明得格外多，制造得格外精巧，运用得格外普遍。”他还指出，工具是物质文明与精神文明合而为一的“媒介”。“精神与物质接触必定要靠着工具。工具愈巧则精神愈能向着物质发挥。工具能达到什么地方即精神能达到什么地方。”例如，有了望远镜，人的精神就能到火星里去游览；有了显微镜，人的精神就能认识那叫人生痨病的不是痨病鬼乃是痨病虫。①

陶行知的这一见解对于探讨人类文化本质的同一性具有重要意义。确实，人类文化起源于生产工具的发明、制造和运用。人类文化的最根本的基础就是生产工具。看到了生产工具作为人类文化的基础这一点，就找到了人类文化同一性的根据。这是非常重要的。东方文化派的根本谬误就是不承认人类文化本质的同一性，把地域上不同的各民族的文化看成是完全不能相通的东西，以此作为他们拒绝西方文化的立脚点。应该肯定，陶行知的上述观点尽管还不能说完全正确，但比起东方文化派来说，确实要高明得多，与唯物史观派的观点有相同或相通之处。这就为其理论后来发展到马克思主义文化观架设了一座思想桥梁。20 世纪 30 年代，接受了马克思主义的陶行知更加自觉地运用唯物史观来分析人类文化的本质问题，他在《文化解放》一文中，对文化的本质、功用以及文化解放的对象、任务、方法和途径等一系列问题作了重要论述，进一步发展了他的文化思想。

---

①《生活工具主义之教育》，《陶行知全集》第 2 卷，湖南教育出版社 1985 年版，第 76～77 页。

首先，他认为人类文化可以作广义和狭义两种解释。从广义上看，“除了大自然之外，凡是人类所创造的一切都是文化了。凡是可以用来生产、战斗、交通、享乐、治理、思想的工具以及这些工具所引起的变化都可以当做文化看待了”。照这样看法。文化是与大自然相对起来的。世界上的一切可以分成两大类，一类是没有加上人工的，叫做自然；另一类是人工所创造的，叫做文化。他指出，这个定义虽然有其涵盖面广的优点，但是在这个广大的定义之下，研究讨论的工作是不易进行的。因此，他主张“从这广大事物里抽出一部分来，特别叫它为‘文化’”，即所谓“狭义文化”。这部分文化“便是记录思想、传达思想、发展思想、改变思想的符号、工具和行动”。依此而言，在文化里面包含了书籍、报纸、戏剧、电影、学校教育、社会教育、民众运动、高深学术研究等等。值得注意的是，他特别强调指出：“文化所要记录、传达、发展、改变的思想乃是人类生活中心的思想，即是政治经济的思想，文化脱离了政治经济便成了不可思议。”“在本质方面看，文化工作是反映着人类经济政治的思想。”

从这种文化观出发，陶行知引导人们合乎逻辑地推论出下述结论：人类文化的产生和发展是同一的，只是由于近代各民族政治经济发展的不同，才导致中西文化出现巨大差异。而帝国主义的野蛮侵略与封建主义的专制统治又进一步加剧了这种差异。因此，要从根本上解决中西文化冲突，首先必须解决中国社会最紧迫的现实问题，即民族的解放和大众的解放，并且要运用文化工作作为“民族大众解放的斗争的武器”。

为了把文化从“小众”手里解放出来，使整个文化成为大众的文化，让大众更好地运用这一斗争武器实现自身的解放和民族的解放，陶行知大声疾呼要对文化从认识、工具、方法、组织、时间和新文化创造等方面实现解放。所谓“认识上的解放”，即把文化从各种错误歪曲的观念里（如文化无用论、文化万能论、文化静止论等）解放出来，明确文化是政治经济斗争的武器，这个武器的掌握不能靠等待，靠他人的恩赐，而应靠行动，靠人民大众自己的争取。所谓“工具的解放”，即推行大众易写易认的新文字，使大众在短期内就会写信、读书、看报了解国家大事，提高思想觉悟。所谓“方法的解放”，即废除灌注的教授法，开展相互之自由讨论；打破知识封锁，把白话文解放成大众文；反对教而不做或学而不做，在行动上来推进大众文化。所谓“组织上的解放”,即把文化从“模范监牢”式的旧学校里解放出来,使它跑进大社会里去,提倡“社会即学校”,把茶馆、酒楼、戏院、破庙、茅棚、灶披、晒台,甚至于茅厕,都作为大众的课堂,整个民族解放运动都当成大众的课程。所谓“时间上的解放”,即将学生从周考、月考、学期考、毕业考、会考等各类考试中解放出来,将大众从繁忙的工作中解放出来。所谓“新文化创造的解放”,即把新文化从文化界“刽子手”剪刀的虎口里解放出来,陶行知明确指出:“大众文化是大众的文化,是大众为自己推动的文化,是大众为自己谋幸福除痛苦而推动的文化。大众文化的解放是要大众运用集体的力量来争取的。它绝不是小众可以送来的礼物,并且民族解放、大众解放、文化解放是一个分不开的运动。必得要联起来看,联起来想,联起来干,才会看得清楚,想得透彻,干得成功。”①

陶行知上述关于文化问题的主张,比较科学地界定了文化概念,正确地阐明了人类文化的本质、物质文明与精神文明的关系以及文化与政治经济的关系。尤其是他的“文化解放”的思想,充满了浓厚的战斗气息,具有鲜明的时代特色,以其独到的见解令当时的文化思想界耳目一新。

20 世纪 40 年代陶行知的文化思想随着其文化实践的深入而日趋成熟。这突出体现在他明确提出了“民主的、大众的、科学的、创造的”四大方针。② 中国文化向何处去?中国文化的发展应走什么道路?这是陶行知毕生探索不辍的大问题。早年,他一度有过困惑、彷徨,也有过失误、挫折,但他始终没有放弃自己的探索和追求。经过长期社会实践的磨炼和对各种新思潮的比较、鉴别,他逐渐认识到,无论是东方文化派的主张,还是西化派的主张,都不符合中国人民真正的愿望,都不是人民大众所需要的文化。因此,他在科学地总结中西文化论争的基础上,提出了“民主的、大众的、科学的、创造的”四大方针。这一文化主张虽然是当时政治形势的产物,虽然主要是就教育而言的,但同时也是陶行知晚期文化思想及他对中国文化发展道路独立思考的产物。它达到了当时人们所能达到的思想高度,在中国近现代思想文化史上无疑是十分杰出的。

众所周知,就在陶行知提出这一文化主张稍前的 1940 年 2 月,毛泽

① 《文化解放》,《陶行知全集》第 3 卷,湖南教育出版社 1985 年版,第 80 页。
② 《大众的艺术》,《陶行知全集》第 3 卷,湖南教育出版社 1985 年版,第 501 页。

东在他的名作《新民主主义论》(又名《新民主主义的政治与新民主主义的文化》)中提出了"民族的科学的大众的文化"主张;这一文化主张是毛泽东对近百年来文化论争特别是"五四"以来文化论争的总结及对新民主主义文化的阐述,也显然是党内外马克思主义者和其他先进分子的智慧的结晶。陶、毛两人的文化主张,尽管在文字表述上略有差异(如陶没有毛所提到的"民族的"一条,而毛也没有陶所提到的"民主的"、"创造的"两条),但两人文化主张的精神实质是完全一致的。他们的文化主张互为补充,同时达到了时代的思想高度,在中国近现代思想文化史上均占有重要位置。尤为难得的是,两人的工作岗位和性质虽然大相径庭,但他们通过各自的探索都得出了相同或相近的结论。这说明,不同的人只要从同一立场出发,向着同一方向前进,不断地追求真理、追求进步,终究有一天会殊途同归,他们的思想学说也必然不谋而合、异曲同工。

二、正确对待中西文化

如何对待中西文化,这是近代以来的一代代思想家、政治家经常面临的一个问题。在这个问题上,陶行知不像当时的东方文化派和西化派,或者固守传统文化、排斥西方文化,或者否定传统文化、全盘西化,而是以批判继承、融合创造的态度对待中西文化,力图对两者改造、消化,融铸成新的统一体。

陶行知对待中西文化的态度是与他对中西文化的基本认识与评价联系在一起的。陶行知青少年时代便在教会学校和国外著名高等学府接受了严格、正规的西方文化熏陶,形成了崭新的价值观念、知识结构和思维方式,具有强烈的历史使命感和时代紧迫感,这使他得以比同时代大多数人更高远的目光,将中国文化放到整个近现代世界文化的大参照系中判断其价值,从而得出现时中国文化在总体上落后于西方文化的结论:"中国有四千余年的历史,两千余年的文化,照理讲来应该站在时代的最前线。"

可是,"现在不但不能和欧美各国并驾齐驱,而且还处处跟人不上"①。从这一基本认识出发,他主张要积极向西方学习,大力引进和介绍西方先

①《目前中国教育的两条路线　教劳心者劳力,教劳力者劳心》,《陶行知全集》第2卷,湖南教育出版社1985年版,第597页。

进文化，变革中国传统文化，使中国“可以比骋列国，可以雄视寰球”[①]。与此相关，他提出用新的价值观念重新评判中国传统文化。他反对“沿袭陈法”、“以古进今”的泥古态度，指出：“彼泥古之人以仍旧贯为能事。行一事，措一词，必求先例。有例可援，虽害不问；无例可援，虽善不行。然今昔时势不同，问题亦异。问题既异，方法当殊。故适于昔者未必适于今。徒执古人之成规，以解决今之问题，则圆枘方凿，不能相容，何能求其进步也？”[②]又说：“有的人见古人怎样解决，我们也怎样解决，这种解决是不对的，是没进步的。因为古时现象不是与今日现象一样。所以以古进今的办法往往是错的。”[③]同时，他也反对“为了学习新的，就抛弃了一切旧的”[④]。就是说他反对为了学习西方先进的东西，而不分青红皂白将本国传统的东西一概抛弃。

他认为对“本国以前的经验，如有适用的，就保存他，如不适用，就除掉他。去与取，只问适不适，不问新和旧”[⑤]。不合现实的，虽新不取；可以借鉴的，虽旧不去。因而他主张以客观的态度，“以科学方法，揭国粹之真相”。他把中国封建儒学斥为“伪知识”，认为它是一种严重脱离实际经验的闭门造车，但又不流于彻底否定，认为“我国先秦诸子如老子、孔子、孟子、庄子、墨子、杨子、荀子等都能凭着自己的经验发表文字，故有独到的议论”。他不提倡“整理国故”，但也不反对一部分人去整理国故，认为“整理国故如同清理银行账目一样，是有他的位置”。他希望整理国故的先生们经过很缜密的工作之后，能够在被“伪知识”淹没之中理出“真知识”即传统文化的精华。[⑥] 同时，他也提醒整理者要格外谨慎，千万不可毫无保留地陶醉于其中，以至于不能自拔，成为传统文化的盲目推崇者。这就使

---

①《民国三年之希望》，《陶行知全集》第 1 卷，湖南教育出版社 1984 年版，第 34 页。

②《试验主义与新教育》，《陶行知全集》第 1 卷，湖南教育出版社 1984 年版，第 93～94 页。

③《教育与科学方法》，《陶行知全集》第 1 卷，湖南教育出版社 1984 年版，第 291 页。

④《民国十三年中国教育状况》，《陶行知全集》第 1 卷，湖南教育出版社 1984 年版，第 511 页。

⑤《我们对于新学制草案应持之态度》，《陶行知全集》第 1 卷，湖南教育出版社 1984 年版，第 191 页。

⑥《“伪知识”阶级》，《陶行知全集》第 2 卷，湖南教育出版社 1985 年版，第 85 页。

他与东方文化派或其他文化折中派划清了思想界限。

对待西方文化，他主张运用批评的态度和创新的观念，有选择地吸取和借鉴。他提倡学习西方，但反对一味抄袭、"仪型他国"，更反对西化派"全盘西化"的主张。在他看来，即使西方好的经验，也未必对我们都有用。他说，西方诸先进国家，学久的有几百年，短的也有数十年，其经验可供参考者不少，"而不能采取得益者，亦复很多"，因此，他强调要考虑"国情"，"应该明辨择善，决不可舍己从人，轻于吸收"。结合中国近代教育发展的历史，他认为在这方面我们已有深刻的教训。我国兴办新式教育以来，"最初仿效泰西，继而学日本，民国四年取法德国，近年特生美国热，都非健全的趋向。学来学去，总是三不像"[①]。这种从外国照搬来的东西，"不论它们在本国多么富有成效，经这样照搬来，是不会结出成功之果的"。他提出，对于西方的新理论、新方法，应"不再是生搬硬套，而是先存疑，考察，实验，然后才加以选择"[②]。陶行知对那些"醉心西化、动辄效颦"的人提出严厉批评，认为他们"不知宜于彼者，未必皆宜于我"[③]。胡适在香港一次演讲中说，东亚大陆只有香港才能实行强迫教育、普及教育，并举出了三点理由：一是有钱，二是治安好，三是"接近外人，可借镜的地方很多"。他竟天真地认为只有已被沦为英国殖民地、全盘西化了的香港才有资格普及教育！陶行知驳斥说，照此说来，中国要普及教育，首先必须变为殖民地的香港，才能"痛痛快快的来干它一个普及教育运动"。

他嘲笑胡适："到那时，不消说得，文学革命的巨子是一变而为英国远东殖民地普及教育之导师了"[④]。

陶行知明确指出，学习西方先进文化，应有一种"自新、常新、全新"的意识。所谓"自新"意识，即在坚持民族主体性的前提下，主动地吸收西方先进文化，从根本上实行自我改造；所谓"常新"意识，即始终保持对外开

---

①《我们对于新学制草案应持之态度》，《陶行知全集》第1卷，湖南教育出版社1984年版，第190页。

②《民国十三年中国教育状况》，《陶行知全集》第1卷，湖南教育出版社1984年版，第511页。

③《教育研究法》，《陶行知全集》第1卷，湖南教育出版社1984年版，第66页。

④《胡适的普及教育理论》，《陶行知全集》第2卷，湖南教育出版社1985年版，第772页。

放，不间断地学习西方先进文化。否则，“今日新的事，到了明日未必新；明日新的事，到了后日又未必新”。所谓“全新”意识，即不单有外表形式的新，还要有内在精神的新，“这样才算是内外一致，不偏不畸”①。

20世纪20年代以后，他开始运用唯物史观来看待中西文化问题，进一步明确提出必须继承优秀的中西文化，抛弃束缚人们思想的“老八股”和“洋八股”。他指出，反对“老八股”，“不是反对固有的优点，我们对于中国固有之美德是竭诚的拥护”；反对“洋八股”，“并不是反对外来的知识，我们对于外洋输入的真知识是竭诚的欢迎”②。他主张在创造的基础上对中外优秀文化加以融合和发展，提出：在中西文化会合的伟大交流中，“文化是作进一步创造的基础，而不是仅仅创造一次以后便停止不前的东西”③。陶行知这种批判继承、融合创造中西文化的观点，无疑是极有价值的创见。

三、博取兼收，融合中西

如何对待中西文化的问题，陶行知不仅是从理论上阐明自己的主张，而且也体现在其思想学说和文化实践中。关于陶行知的思想来源，他本人曾在与柳湜的谈话中有所论及：“大半都是从资产阶级、大地主以及老百姓的启发而来的。自然，我的思想，不是抄他们的，他们有的只启发我想到某一面。有的我把它反过来，就变成了真理。有的是不能想出的，是要群众动手才能看到。动手最重要，这个东西创造一切。”④这段话非常清楚地说明，他的思想学说（特别是他的生活教育学说）是以实践为根据、总结实践的经验而来的，同时又是博取兼收、融合中西文化的结果。

陶行知的政治思想，是他在从事改造中国社会和文化教育的伟大实践过程中，充分吸收古今中外各种有益的民主思想的产物。早年，为了寻求救国救民之道，他通过广泛地涉猎近代西方各种哲学、社会政治学说和

① 《新教育》，《陶行知全集》第1卷，湖南教育出版社1984年版，第123页。

② 《告生活教育社同志书》，《陶行知全集》第3卷，湖南教育出版社1985年版，第338页。

③ 《出访二十六国日志》，《陶行知全集》第3卷，湖南教育出版社1985年版，第183页。

④ 《与柳湜的谈话》，《陶行知全集》第3卷，湖南教育出版社1985年版，第609页。

中国古代典籍，接受了近代西方资产阶级的民约论和天赋人权说，林肯的“民治、民有、民享”的共和民主观念，孙中山的三民主义理论，并从中国传统文化中继承了儒家的“民贵君轻”、“民为邦本”思想，墨家的“兼爱”思想，初步形成了以近代西方民主共和思想为主体成分和核心内容的政治思想。“五四”以后，特别是20世纪30年代以后，通过社会实践的磨炼，并在中国共产党人的帮助、影响下，他对中国民族民主革命的对象问题，以及无产阶级及其政党在中国革命中的地位与作用，都有了明确认识，赞同和支持中国共产党的政治主张，并大力发扬中国传统文化中的重民精神，主张“民为贵”，人民第一，一切为人民，天下为公，文化为公，形成了以新民主主义和社会主义民主观为基本内容的新型政治思想，成为一个“无保留追随党的党外布尔什维克”(周恩来语)。

在哲学思想上，陶行知最先接受的是王阳明的哲学理论(特别是他的“知行合一”学说)。他把王学作为个人道德修持的工具和改造中国社会的利器，从王学中认识到真知必然具有实际效果，而知与行、理论与实践则是一致的。他还取“知行”为笔名，以示对传统知行观的继承与弘扬。以王阳明的知行合一说为“期待视野”[①]，他在留美期间。又接受了注重行动的杜威实用主义学说，从杜威那里获得了真理进化的学说？以及人类一切形式的活动都是解决问题的工具的观念。他把王阳明的“知行合一”说与杜威的实用主义行动哲学结合在一起，形成一个注重行动与思想一致的哲学观，这是他在哲学上糅合中西文化所作的最初尝试。五四新文化运动中，他就用这种中西合璧的哲学思想来指导自己改革中国社会和文化教育的实践，批判传统的旧教育体制和理论，宣传西方的新教育理论与方法。

20世纪20年代中叶，随着文化教育实践的深入开展，他受流行于当时思想界的墨学思潮的影响，对墨翟的知识论产生了浓厚兴趣，并从中吸取了思想养分。墨子强调感性认识是知识的基础。“天下之所以察知有

① 所谓“期待视野”(Erwartung Shorizont)，是当代德国美学家姚斯(H. R. Jauss)接受理论的中心概念。它指阅读一部作品(称之为“本文”)时读者的阅读经验所构成的思维定向或先在结构。此处借指陶在接受杜威实用主义学说之前，已完成了必要的思想理论准备。

与无之道者，必以众之耳目之实，知有与亡为仅者也。请之闻之见之，则必以为有；莫闻莫见，别必以为无”①。陶行知说：“《墨辨》分知识为闻、说、亲三种。……闻知是别人传授进来的，说知是自己推想出来的，亲知是自己经验出来的。依教学做合一的理论说来：亲知是一切知识的基础。没有亲知作基础，闻知和说知皆为不可能”②。他由此进一步推导出“闻知与说知须安根于亲知里面方能发生效力”的唯物主义的结论，这为他后来接受并形成辩证唯物主义哲学观打开了一条通道。

20 世纪 30 年代，经过一次次现实生活中的碰壁，陶行知愈来愈看出王阳明“知行合一”说和杜威实用主义学说的致命弱点，因而从认识论、方法论上对两者加以分析批判，并公开申明“‘即知即行’是王阳明的格言，和我现在奉行的‘即行即知，行是知之始’是不同的。‘行是知之始’和‘即行即知’是一方面说明人类与个人的知识的起源，一方面叫行动取得主导的地位。行动产生理论，行动发展理论。行动所产生发展的理论还是为着要指导行动”③，同时，又郑重指出，杜威的“思想五步法”所叙述的过程“好比是一个单极的电路，通不出电流。他没有提及那思想的母亲。这位母亲便是行动”④。从此，他就在哲学的根本问题上与王阳明、杜威分了手，并以辩证唯物主义的哲学观作为其教育学说的认识论基础。扬弃王阳明与杜威的哲学观点，并力图将墨子的知识论与马克思主义的哲学观结合在一起，形成一个新的中西合璧的哲学思想体系，这是他在哲学上糅合中西文化所作的又一次尝试。虽然这两次尝试因时代和个人的种种局限，还存在这样或那样的不足，但都是极有意义的，反映出近代中国先进知识分子博取兼收、融和中西的不懈努力与追求。

陶行知的工作岗位是教育事业。他是近现代中国最为杰出的教育家和教育思想家。在他的教育思想方面，博取兼收、融合中西的特点体现得最为鲜明。就拿他的教育思想的核心内容“生活即教育”、“社会即学校”、

---

①《墨子·明鬼下》第 2 册卷八，中国书店 1988 年影印版，第 1 页。

②《谈教学做合一——致朱端琰》，《陶行知全集》第 5 卷，湖南教育出版社 1985 年版，第 207 页。

③《答复庶谦先生》，《陶行知全集》第 3 卷，湖南教育出版社 1985 年版，第 105～106 页。

④《思想的母亲》，《陶行知全集》第 2 卷，湖南教育出版社 1985 年版，第 404 页。

"教学做合一"三大主张来说，明显可以看出是从杜威"教育即生活"、"学校即社会"、"从做中学"的教育信条蜕变而来的。杜威的教育思想是杜威根据19世纪末20世纪初美国急剧变化的社会现实的迫切需要而提出来的，对于改革美国当时形式主义占统治地位的旧教育，建立更加充满活力的现代民主、科学的新教育，曾经起过积极作用。但是，它毕竟是19世纪末20世纪初美国那个特定时代和社会的产物，是在美国文化土壤上形成和发展的。陶行知所置身的时代和社会，所面临和还待解决的问题，都与之截然不同。因此，陶行知根据中国的国情，将"教育即生活"、"学校即社会"和"从做中学"批判地改造成"生活即教育"、"社会即学校"和"教学做合一"；陶行知对此曾有明确说明："教育即生活这句话，是从杜威(John Dewey)先生那里来的，我们在过去是常常用他，但是，从来没有问过这里边有什么用意。现在，我把他翻了半个筋斗，改为'生活即教育'。……与'教育即生活'有联带关系的就是'学校即社会'。'学校即社会'也就是跟着'教育即生活'而来的，现在我也把他翻了半个筋斗，变成'社会即学校'"[①]。这很清楚地表明他与杜威的关系，是一个从学习接受到改造扬弃的过程。他选择了杜威，从杜威那里接受了启迪，又根据中国的实际和自己的实践改造了杜威。从"教育即生活"到"生活即教育"，并不只是文字上的翻新，这里面包含了陶行知整个政治思想、哲学思想的根本性转变，这是他随着对中国社会了解的加深，是他人生观、世界观产生跃进在教育观上的反映。

在教育思想的其他方面，情况也大体如此。比如，他从儒家"民为贵，社稷次之，君为轻"的思想中得到启示，将它改造成"人民第一"的洋溢时代气息的现代民主观，并以此作为一条贯穿其社会实践(尤其是教育实践)的红线，他从孟子和王阳明两人"善养浩然之气"、"善致良知"以"立真去伪"的思想实践中受到教益，提出教育的目的就是"教人求真"，"学做真人"。他借鉴中国古代教育一贯的注重觉悟的优秀传统，提出生活教育的首要任务即为"促进自觉性之启发"，并把《大学》中的"大学之道，在明明德，在新民，在止于至善"一句话重新表述为"我们的大学之道，在明民德，

① 《生活即教育》，《陶行知全集》第2卷，湖南教育出版社1985年版，第180～182页。

在亲民，在止于人民主幸福”；他把注重群体利益的传统与现代社会生活集体精神相结合，提出“集体主义的自我教育”的重要教育原则；他接受王阳明关于尊重儿童个性发展的教育思想，把王阳明“必使其趋；向鼓舞，中心喜悦”以达到“自然日长月化”的论述译成现代语言：“我们培植儿童的时候，若拘束太过，则儿童形容枯槁；如果让他跑，让他跳，让他玩耍，他就能长得活泼有精神。”[①]他还对王阳明主观唯心主义的“知行合一”论加以科学改造，提出符合辩证唯物主义观点的“实践第一”的观点，等等。

他不仅积极地改造扬弃中国传统文化，而且善于把中西文化的思想精华巧妙地糅合在一起，进行对比分析，互作阐发，使新思潮、新理论、新方法能够得到广泛的承认和推广，比如，他称赞中国古代哲学家荀子最懂得试验精神。“荀子曰：‘大天而思之，孰与物畜而制之！从天而颂之，孰与制天命而用之！望时而待之，孰与应时而使之！因物而多之，孰与聘能而化之！思物而物之，孰与理物而勿失之也。’此数语，可谓中试验精神之窍要矣。”[②]这样的介绍暗合和满足了人们圣人崇拜与“古已有之”的社会心理，为西方实验主义思潮在华的广为传播铺平了道路。又如，他在介绍西方的启发式教学论时，将它与中国古代孔子的启发式教学论做一对比分析，并运用杜威的实验主义教学论对之作了新的阐发。“孔子说‘不愤不启，不悱不发’，我更要进一步说，使他不得不愤，使他不得不悱。杜威先生也说，教学生的法子，先要使他发生疑问；查出他疑难的地方，使他想种种方法，去解决这个问题；从这些方法之中，选出顶有成效的法子，去试试看对不对。如其不对就换法子；如其对了，再去研究一下。照这方法来解释同类的问题和一切的问题。”[③]这种对比分析，既发掘了中国古代教学论的思想精华，又宣传了西方的启发式教学论。

综上所述，陶行知从改造中国社会和文化教育的需要出发，始终坚持民族主体精神，以海纳巨川、吞吐百家的博大胸襟和恢弘气度，冶中西文

---

①《学生自治问题之研究》，《陶行知全集》第1卷，湖南教育出版社1984年版，第136页。

②《试验主义之教育方法》，《陶行知全集》第1卷，湖南教育出版社1984年版，第59页。

③《新教育》，《陶行知全集》第1卷，湖南教育出版社1984年版，第125页。

化思想精华于一炉，熔铸成具有鲜明的时代性和民族性的现代文化思想学说，是近代中国先进知识分子融合中西文化的杰出典范。

第三节　陶行知的宗教信仰

综观陶行知的人生旅程和社会实践，人们不难发现一个突出的现象，即在陶行知身上，体现出鲜明的宗教色彩——像耶稣基督一样，背肩着救国救民这副沉重的十字架，摩顶放踵，赴汤蹈火，在死不辞。这就不能不涉及如下问题：陶行知是基督徒吗？他为什么皈信基督教义？基督教信仰对他产生了何种影响？弄清楚这些问题，无疑有助于我们对陶行知与基督教的关系有一个更为全面的认识。

陶行知与基督教的关系如何？由于种种历史的与现实的原因，以往人们对此大多讳莫如深，避而不论。即或偶有涉及，亦是语焉不详，一笔带过。其实，关于这个问题，陶行知曾在 1916 年 2 月 16 日致哥伦比亚大学师范学院院长 J. E. 罗素先生的一信里有所说明："在包文博士（Dr. Bowen）和亨克博士（Dr. Henke）指导下，又深受詹克教授（Prof. Jenk）的'基督教的社会意义'的影响，我于 1913 年成为一个基督徒。"① 如何理解这段话的意思，研究者之间存在着一定分歧。有的认为，陶行知是一个早年信仰基督教义而不参与实际教仪活动的"望教徒"，有的则认为，陶行知当时既信仰教义又参与洗礼祈祷等实际教仪活动，堪称标准的基督徒。这里姑且不去评论孰是孰非，至少我们可以确知陶行知已于 1913 年开始皈信基督教义。

一、陶行知皈信基督教的原因分析

陶行知为什么在 1913 年皈信基督教义？这需要进行深入的探讨。仅仅依凭陶行知本人的简短说明作出回答是不够的。必须看到，问题远比我们所料想的要复杂得多。它是主客观多种因素相互作用的结果。概

① Tao Wen-Tsing：To J. E. Russell，February 16，1916.

括起来，其因素约有如下数端：

1913年陶行知所处的特定情境，此其一。金陵大学是一所由美国基督教会开办的大学。它的办学宗旨是培养学生的"基督化人格"，亦即培养"牺牲与服务的精神"以"造就健全国民，发展博爱精神，养成职业知能的根本"，实际上就是推行基督化教育。因此，宗教气息格外浓厚，宗教仪式十分严格，宗教课为必修课。每逢礼拜，师生必须参加。[①] 早在其前身—汇文书院和宏育书院时代，宗教气氛已相当浓厚。据统计，那时由汇文书院毕业的，圣道馆占12名，博学馆17名，医学馆11名。总计40人中，只有两位未曾列名为基督徒。由宏育书院毕业的，约在30名以上。未曾加入教会的，大概也不超过十分之一。及至1910年春，汇文与宏育合并组成金陵大学后，宗教气象大为发扬。当时宗教界领袖穆德、艾迪、丁立美、诚敬一、都春圃、史比耳、布克曼、甘露得、司徒雷登、马相伯、余日章等人，以及若干教会中主教同牧师，都曾发表宗教演讲，影响颇大。包文校长、文怀恩副校长，韩穆敦、刘伯明等教授，也努力提倡和推进工作，并取得显著成效。例如，从1911年3月19日起，立志布道团干事丁立美牧师在校中布道两周，结果成立了一个金大立志布道团。参加者约有60名(包括中学生)，又如，金大青年会曾于1912年设立20个查经班，每班以5人为限，轮流主领。特别值得注意的是，1913年春，艾迪博士在南京举行演讲大会将开幕时，学校有60名学生决定承认基督为教主。其中大多数随后都领了洗。有些并担任个人布道工作。当时参加星期三晚祈祷常会的约有60～100人。[②] 艾迪的这次演讲，陶行知曾前往聆听，并在事后亲自将其演讲词翻译发表。在这篇题为《中华民国之将来》的演讲词中，艾迪多次论及道德、宗教等问题，宣扬"国家之立，不在府库，不在物产，而在人格"以及"宗教为立国之必要"[③]。以上这些因素再加上包文、亨克两博士的具体指导和詹克教授"基督教的社会意义"观点的影响，便构成陶行

① 陈裕光:《回忆金陵大学》,《金陵大学建校100周年纪念册》,南京大学出版社1988年版,第10页。

② 郭中一:《金大60年来宗教事业之概况》(1888—1948年),《金大60周年校庆纪念册》(1948年)。转引自《金陵大学史料集》,南京大学出版社1989年版,第255页。

③《中华民国之将来》,《陶行知全集》第6卷,湖南教育出版社1985年版,第705～707页。

知在 1913 年皈信基督教义的直接推动力。

基督教义本身的内容特质，此其二。基督教是奉耶稣基督为救世主之各教派的统称。公元一世纪起源于巴勒斯坦，逐渐流传于罗马帝国全境。“它最初是奴隶和被释放的奴隶、穷人和无权者、被罗马征服或驱散的人们的宗教。”①此后被罗马帝国当局加以利用，把它作为麻醉人民的精神鸦片。基督教的教义包含在它的经典著作《圣经》中，基本内容为：信仰上帝（天主）创造并主宰世界，认为人类从其始祖（亚当和夏娃）起就犯了罪，并在罪中受苦，只有信仰上帝及其儿子耶稣基督（救世主）才能获救，宣扬天堂地狱与末日审判，要求人们顺从、忍耐、守贫、安分，等等。虽然这种教义散发着浓厚的神秘气息，妄图使民众安然于统治者的淫威之下而不致起来反抗斗争，但因它毕竟是发源于下层民众的宗教，故包容有朴素的人道主义因素和拯世救民实现天下大同的思想。而这些思想因素对于下层社会出身且正在寻求救国救民真理的陶行知来说，无疑具有某种亲切感和吸引力。

陶行知当时的现实需要，此其三。如前所述，金大求学期间，陶行知受中国传统“泛道德主义”和近代“道德救国论”思潮的影响，将振兴伦理道德视为刷新政局的首要前提，极为重视自身的道德修养问题。为此，他在借助于王学的同时，又对充满了道德说教色彩的基督教义产生了极大的兴趣。“入大学后，暇时辄取《新约》展阅之，冀得半言片语以益于身心而涤其伪习。”②把基督教义作为道德修养、完善个体人格的利器。不仅如此，基于救国救民的需要，他又注目于基督教义中的朴素的人道主义因素和拯世救民实现天下大同的思想，将基督教救世、平等、博爱的教义与近代西方资产阶级“自由、平等、博爱”的原则和中国传统文化的“亲仁”、“兼爱”观念糅合在一起，形成具有鲜明政治倾向的人道主义思想。完善个体人格和救国救民的双重需要，显然是陶行知 1913 年皈信基督教义的更为重要的内在动力。显而易见，陶行知“于 1913 年成为一个基督徒”，固然是在包文、亨克和詹克等人的指导、影响下乃至他当时所处的特定情境推

① 恩格斯：《论早期基督教的历史》，《马克思恩格斯全集》第 22 卷，人民出版社出版 1965 年版，第 22 页。

②《伪君子篇》，《陶行知全集》第 1 卷，湖南教育出版社 1984 年版，第 27 页。

动下进行的，但这只是最表面、最直接的原因，而基督教义本身的内容特质和陶行知当时的现实需要，才是最深层的原因。指出这一点，有助于我们透过表面现象，深入历史的底层，揭示出历史现象背后的本质联系，从而避免把复杂的问题简单化。

信仰基督教是陶行知在自己人生信仰方面所作出的重要选择。这一选择，极大地影响到陶行知的人格风范的塑制以及他日后的事业发展。尽管他后来放弃了基督教信仰转而接受更为先进的社会政治学说，但这种影响的痕迹始终或隐或显地体现在他的身上。

二、陶行知对基督教教义的排拒

需要说明，陶行知虽然一度皈信基督教义，但他绝对不是一个狂热偏执的基督徒，他对基督教有自己的认识，而且从一开始就是按照自己的理解和需要来接受基督教义的，从未盲目信仰过。他对基督教义既有接纳，又有排拒，并且接纳中有排拒，排拒中又有接纳，这种鲜明的主体意识和清醒的理性精神，使得基督教信仰对他的影响积极的方面远远超过消极的方面。

让我们先来看看他对基督教义有哪些排拒。首先，他拒斥了基督教义中上帝、救世主、原罪、禁欲等宗教观念和意识，反对狂热的宗教情绪，抵制了舍弃或轻视现实人生的悲观主义和宗教出世观念。相反，他高扬人的至尊地位和人的主体性，赞颂个人的价值、个体的尊严和个性的解放，肯定日常世俗生活的合理性和身心需求的正当性。“不是用某种神秘的热狂而是用冷静的、现实的合理的态度来解说和对待事物和传统，不是禁欲或纵欲式地扼杀或放任情感欲望，而是用理智来引导、满足、节制情欲，不是对人对己的虚无主义或利己主义，而是在人道和人格的追求中取得某种均衡。……不需要外在的上帝的命令，不盲目服从非理性的权威。”[①]显然，这除了受到近代西方人文主义思潮的影响，也与“乐感文化”、“实用理性”这些中国文化传统有某种内在关联。

其次，他拒斥了基督教义中忍受、顺从、安分、等待的观念意识，号召人民起来进行反抗斗争。他曾在一篇文章中介绍保罗与雅各两人对待忍

① 李泽厚：《中国古代思想史论》，人民出版社 1985 年版，第 29 页。

受、顺从问题的不同看法,并借耶稣和他母亲玛利亚的评判,表明自己对此问题的基本倾向。他写道:"《罗马书》第十三章一至十三节说:'在上有权柄的,人人当顺服他。……'到如今,此为基督教的一派人的看法。若按照保罗这样说法,那么,纵使我们的头像萝卜似的被砍,也不应当响一声。再瞧基督教另一派人的看法。《雅各书》第五章第四节说:'工人给你们收割庄稼,你们亏欠他们的工钱。这工钱有声音呼叫。并且那收割之人的冤声,已经入了万军之主的耳了。'……保罗是右派,是有产阶级的绅士派;雅各是左派,是无产阶级派。现在请耶稣基督出来,看看他怎样说。《路加福音》第十八章二十二节说:'要变卖你一切所有的,分给穷人。'……在《路加福音》第一章五十一至五十三节,耶稣的母亲玛利亚说:'他用臂膀施展大能。那狂傲的人,正心里妄想,就被他赶散了。他叫有权柄的失位,叫卑贱的升高。叫饥饿的得饱美食,叫富足的空手回去。'这样看来,耶稣是赞成雅各的,就是耶稣的母亲玛丽亚也是赞成雅各的。"①其实,此处无非是借耶稣和他母亲之口,表达陶自己的观点罢了。纵观陶行知一生的言行,人们可以非常清楚地看出这一点:"他提倡全民族、全人类相尚以爱,但不同于墨子的泛爱,也不同于耶稣的无原则的爱,无原则的忍爱。他主张宽容,但反对给人打了左脸还送上右脸再给人打。他既教人爱人,又教人憎人——憎法西斯匪徒、独夫、民贼、吸血鬼、害人虫。他教人起来斗争,教人起来反抗,他教人'揭下卖国汉奸的假面具,伸出我们的手掌,左一个耳光,右一个耳光!'他身体力行,一手筑起爱的丰碑,一手高擎憎的大纛。"②

此外,他对僵化烦琐得令人生厌的教规教义从来没有什么兴趣。据其次子陶晓光先生回忆:"我们亲属自幼从未见陶先生参加过基督教的礼拜和其他基督教徒的活动。家里也没有任何信基督教的仪式。"③可见,以完善个体人格和救国救民为信教旨归的陶行知,他所更为关注的,不在于基督教的那些外在的形式,而是基督教义的某些实质性内容(如救世、平

---

①《农工教育对于社会改造的重要》,《陶行知全集》第2卷,湖南教育出版社1985年版,第626~627页。

② 许宗元:《陶行知》,人民出版社1988年版,第192页。

③ 见陶晓光先生1989年8月21日致周洪宇函。

等、博爱这些与近代西方资产阶级"自由、平等、博爱"原则有某种相通之处的观念意识),以及在耶稣身上所体现出来的那种勇于为自己的信仰和主义殉道的精神(也就是所谓的"基督人格")。社会学家费孝通先生说得好:"其实,宗教信仰并不一定要在口头上或是在仪式里表现出来的。从口头上或仪式上去判断一个人的信仰,则最虔诚的基督徒应当是我们内地那些吃教的师母们了。我们若说基督教是西洋文化中重要的一个柱石,绝不是因为他们教堂多,赞美诗唱得好听,祈祷文背得流利,主要的是他们具有一种基督所象征的精神。"①

当然,陶行知也不是绝对地否定基督教的所有活动形式。相反,他对已成为西方人社会生活中重要组成部分的圣诞节,取其形式,易之内容,来表达他对子女和普天下穷苦儿童的一种美好情感。他的长子陶宏在《我和我的父亲》这篇回忆文章中曾如此深情地写道:"过年过节,尤其是耶稣圣诞,他总要买一些玩意儿和书籍,给我们一些温暖和快乐。这个习惯一直继续到我进中学,他办了晓庄学校为止。他在我们身边时,每到圣诞节吃了晚饭后,他就出去买礼物,我就躺在床上静候圣诞老人自天而降。有时等得实在不耐烦,也就睡着了。睡到半夜一觉醒来时,一点灯光都没有了,心想'老头子'今儿大概来过了,赶紧伸手到床头和枕下一摸,可不是!硬的软的,方的圆的,心里好生欢喜。可惜看不见,唯有希望天快点亮,于是就抱着这些欢喜迷迷糊糊睡着了。他如果不在身旁时,如有一年他在上海,我们在北京,那么圣诞节前一定有一大包糖果从别处寄来,并且事先都分好,写好名字,并不是怕我们抢,而是表示他对每个孩子都尽了心意——我们四个孩子从来不为什么糖果玩具打架吵嘴。父亲一直是在教会学校里长大的,但是他不是基督徒。假如说基督教对他有什么影响的话,恐怕就是在圣诞节做做圣诞老人,给孩子们送点欢喜而已。我们家以前客房墙上挂有一张耶稣的像,那不过是表示我们大家对于耶稣舍己为人的自我牺牲精神的景仰而已。随后在上海,在重庆,他变成了更多的不幸儿童——那些终年得不到一点快乐的穷苦孩子大家所共有的圣诞老人,并且还号召更多的大人来做集体的圣诞老人。在每年的儿童

① 费孝通:《眼贴着上帝》,《美国和美国人》,三联书店 1985 年版,第 110 页。

节，尽量地捐输金钱、日用品、书籍衣物文具等等，给那些流浪在街头的、工作在田间的小孩，给他们一天的快乐，解决他们一年的学习所需的用品。”①

三、陶行知对基督教教义的接纳

排拒的情况如此，接纳的情况又如何呢？前面说过，陶行知的信教是以完善个体人格和救国救民为旨归，他对基督教所感兴趣的，主要是基督教义的某些实质性内容（如救世、平等、博爱这些与近代西方资产阶级“自由、平等、博爱”原则有某种相通之处的观念意识）和耶稣身上所体现出来的那种勇于为自己的信仰和主义殉道的精神（“基督人格”）。毫无疑问，他所感兴趣的东西也就是他所接纳的东西。不过，这种接纳不是全盘接受，不是照搬不误，而是选择、改造和发展。具体言之，这种接纳及其影响主要表现在下述方面：

一是耶稣身上所体现出来的那种勇于为自己的信仰和主义殉道的精神，那种为拯救“下层社会的不幸”而甘愿受苦受难的救世精神。耶稣说：“因为人之来，并不是要受人的服侍，乃是要服侍人，并且要舍命，作多人的赎价。”②又说：“若有人要跟从我，就当舍己，背起他的十字架，来跟从我。”③耶稣的这种殉道精神和救世精神使陶行知钦佩不已，并对他的人格风范的塑制以及他日后事业的发展产生了直接的影响。陶行知曾作有《背起四个十字架》一文，号召学习耶稣的牺牲精神，“为破坏牺牲，为建设牺牲，为水灾牺牲，为抗日牺牲”，“背起四个十字架”！④ 他信仰基督教的目的不在于为了使个人灵魂获得解脱，而是要学习基督人格，像他那样勇敢地背起十字架，为那些受苦受难的同胞，乃至为了全人类。他把耶稣这种“舍己为人”的自我牺牲精神与中国文化传统中“富贵不能淫，贫贱不能移，威武不能屈”的大丈夫气概结合起来，发扬光大成一种为了中国社会的进步和人民教育的发展而不惜献出个人生命的伟大情操。为了祖国的

① 江苏陶研会编：《纪念陶行知》，湖南教育出版社 1984 年版，第 209～210 页。

②《新约全书》中《马太》第 20 章、《马可》第 10 章。

③《新约全书》中《马太》第 16 章、《马可》第 8 章、《路加》第 10 章。

④《背起四个十字架》，《陶行知全集》第 2 卷，湖南教育出版社 1985 年版，第 367 页。

社会进步和教育发展，他舍肉体劳苦于不顾，置生死存亡于度外，坚持办学，培育人才，艰苦卓绝，百折不回，摩顶放踵以利天下，其人格闪烁着何等崇高夺目的光彩！

二是基督教义中朴素的人道主义因素（如“人皆兄弟”、“爱人如己”一类平等、博爱观念）。陶行知在他和朱经农合编的《平民千字课》中，特地向人们介绍了耶稣基督的感人事迹：“耶稣基督是西方的圣人。一千九百二十三年前（依照民国十二年，即 1923 年推算），生在犹太国。他聪明过人，热心救世，带了许多门徒到各处传教。他要世界上的人个个‘爱人如爱己’。他说：‘你想人家怎样待你，你就应该怎样待人。’他觉得人生在世，不可只顾自己，应当服侍别人。‘为人服务’是人生最重要的责任。有一回，耶稣要替他的门徒洗脚，门徒都说：‘这是万不敢当。’耶稣说：‘我今天怎样服侍你们，就是想你们将来怎样服侍别人。我来是服侍人的，不是要受人服侍的。’他觉得世界上的人，无论男女老少，富贵贫贱，都是平等的。如果能真心悔改自己的罪过，人人都可以进天堂……”[①]从中不难看出，陶行知从民主主义的立场出发，主要是吸取了基督教义中“人人平等”、“爱人如己”这类朴素的人道主义思想因素，而这种吸取，又给陶行知日后事业的发展，带来了深刻的影响。

值得注意的是，陶行知将基督教义中“人人平等”、“爱人如己”的观念与近代西方资产阶级“自由、平等、博爱”的原则以及中国传统文化的“亲仁”、“兼爱”意识熔于一炉，重新铸造成一种有着明确指向、具体内容和阶级属性的“爱满天下”的主张。他所说的“爱”，是一种对人类的爱，对中华民族的爱，特别是对中华民族最多数而最不幸的工农大众的爱。他是一位爱的大师。他曾说：“晓庄是从爱里产生出来的。没有爱便没有晓庄。因为他爱人类，所以他爱人类中最多数而最不幸之中华民族，因为他爱中华民族，所以他爱中华民族中最多数而最不幸之农人。晓庄三年来的历史，就是这颗爱心之历史——这颗爱心要求实现之历史。”[②]又说：“育才学

---

①《耶稣基督》，《陶行知全集》第 6 卷，湖南教育出版社 1985 年版，第 128～129 页。

②《晓庄三岁敬告同志书》，《陶行知全集》第 2 卷，湖南教育出版社 1985 年版，第 207 页。

校是在朋友们的博爱精神下长进着。”[①]青年时代，他就把“民胞”（博爱）列为共和三大信条的核心，称之力“共和之大本”，直至晚年，他仍然坚持认为“人生最大的目的还是博爱”[②]。他的一生，是追求救国救民真理的一生，也是为“爱满天下”而奋斗的一生。

三是《圣经》的典故、词汇和深层思维。学者朱虹曾经指出：“基督教及其《圣经》在西方国家有深广的影响，它不仅是信仰问题，而且早已成为社会文化的一部分，对于在那样的传统中教养出来的人来说，《圣经》里的辞句和节奏，也会印在他的脑海，成为他思想组成的一部分，以至引用《圣经》的辞句的时候，都不知道是出自《圣经》(《简·爱》1847 年 10 月第 1 次出版，同年 12 月再版附作者前言)。”[③]在某种意义上，这位学者所说的情形也适用于陶行知。陶行知虽然是中国人，但他长期生活、学习在教会学校这一有着浓厚的西方文化氛围的特殊环境里，每天翻阅的大多是西方文化典籍，至于《圣经》更是他时常诵读之书。他谙熟《圣经》的典故就像他谙熟中国古典作品的典故一样。许多《圣经》的典故，在他写作时常常是信手拈来，用得恰到好处。《圣经》的词汇在其作品中使用之多，更是难以计数。这些典故和词汇的运用，极大地丰富了他的作品思想的表现力。不唯如此，甚至《圣经》里的某些深层思维也为陶行知在有意或无意中所借取。

这里仅就“光”作一剖析。我们发现，陶行知的一生，似乎与“光”结下了不解之缘。他在《〈金陵光〉出版之宣言》里，开门见山说的就是“光”：“学报奚以光名乎？曰：大地之大，万物之繁，吾人所恃以别上下、高低、大小、方圆、正斜、黑白、动静、美恶者，光而已矣！无光，则虽有天地万物，奚由辨别乎?”文中还把“光”比喻为佐助人生的种种益物，最后更以“光”作结尾：“《金陵光》之第一号，即旭日东升之晓光，今出矣，吾同学曷速兴起耶！”[④]此外，他为次子取名“晓光”，在生前的最后一文《祭邹韬奋先生文》

---

① 《关于育才学校的创办》，《陶行知全集》第 5 卷，湖南教育出版社 1985 年版，第 865 页。

② 《人生最大的目的还是博爱——致陶宏》，《陶行知全集》第 5 卷，湖南教育出版社 1985 年版，第 810 页。

③ 朱虹：《基督教〈圣经〉与〈简·爱〉》，载《读书》1987 年第 2 期。

④ 《〈金陵光〉出版之宣言》，《陶行知全集》第 1 卷，湖南教育出版社 1984 年版，第 1～3 页。

里，颂扬邹韬奋、李公朴、闻一多等民主斗士"舍生取义，这，给了我们光，给了我们热，给了我们力"[①]，他所提到的"光"，意蕴深涵，引人联想，极具象征意义。

陶行知为何如此偏爱"光"？追本穷源，这明显受到《圣经》的深层思维影响。如果把《圣经》比喻为一部结构宏大、意旨深远的交响乐，那么，"以上帝之光普照万物"就是这部交响乐的主旋律。它闪现、贯穿于交响乐的全过程。翻开《圣经》，第一章"创世记"是这样记述着上帝创造天地的开始："起初，上帝创造天地。地是空虚混沌，渊面黑暗。上帝的灵运行在水面上。上帝说：'要有光'，就有了光。上帝看光是好的，就把光暗分开了。上帝称光为昼，称暗为夜。有晚上，有早晨，这是头一日。……上帝说：'天上要有光体，可以分昼夜，作记号，定节令、日子、年岁，并要发光在天空，普照在地上'，事就这样成了。于是上帝造了两个大光，大的管昼，小的管夜，又造众星。就把这些光摆列在天空，普照在地上，管理昼夜，分别明暗，上帝看着是好的，有晚上，有早晨，是第四日。……"[②]这里的"光"，不正是"上帝的灵"之象征吗？将《圣经》的这段文字与前面所引陶行知对"学报奚以光名乎"的论述仔细对照一下，我们不难看出，两者之间在深层思维上有某种惊人的一致。陶在文中不也是把"光"与人和物相联系、与人的精神相联系吗？这绝非偶然的相似或雷同。

它清楚地表明《圣经》的深层思维已深深地影响到了陶行知，《圣经》的典故和词汇已烙印在他的脑海里，成为他思想的一个组成部分，以至于他在引用和借取《圣经》的典故、词汇乃至深层思维时，都不一定明确意识到是出自《圣经》。自然，陶行知作品里的"光"与《圣经》里的"光"已截然不同，具有全新的内涵，绝不是所谓"上帝的灵"。陶行知对《圣经》的借取，如同他对待整个西方文化的态度一样，始终立足于选择和改造，而不是全盘照搬。

毋庸讳言，基督教信仰确曾给陶行知带来了某些消极影响。比如，他一度过分相信人类的理性和"爱力"的伟大。即使在他所办的晓庄学校被

---

①《祭邹韬奋先生文》，《陶行知全集》第4卷，湖南教育出版社1985年版，第746页。

②《旧约全书》中《创世记》第1章。

国民党当局查封之后，他仍然主张："我们要用和平奋斗的精神来创造自由平等的世界……我们尊重人类的理性，我们承认凡是人类都是可以教的，就是以武力来压迫我们，我们还是一样地教他们去济弱扶倾，我们奋斗的工具是爱力不是武力，爱力如同镭之第三种射线，不是任何射线，不是刀剑所能阻碍住的。"[①]这就不免流于政治上的天真，从而在一定程度上磨蚀了他的斗争锋芒。不过，就总体而言，基督教信仰对他的影响积极的方面远远超过消极的方面。陶行知之所以被人民所长久崇敬，原因之一在于他具备伟大的人格风范，而这一人格风范的塑制又显然离不开基督教信仰所起的作用。

第四节　陶行知的人格精神

人格精神是一种内在的主体素质。不同的人身上有不同的人格精神。陶行知的人格精神是他在艰难曲折的人生道路上，在几十年革命实践中锻造出来的，又反过来支撑和推动着他从事着改造中国社会和文化教育的伟大实践。

陶行知的人格，就是他一贯倡导和奉行的"大丈夫精神"。陶行知在晚年致育才学校全体师生的《最后一封信》里，对这种"大丈夫精神"作了一个全面概括，"平时要以'仁者不忧，智者不惑，勇者不惧，达者不恋'的精神培养学生和我们自己，有事则以'富贵不能淫，贫贱不能移，威武不能屈，美人不能动'相勉励"[②]。他一生自尊自立自强，正正当当做人，贫贱不移，威武不屈，私德廉洁，公德文明，严于律己，身体力行，在思想上筑起一座坚不可摧的人格长城。陶行知的人格，是中华民族优秀的人格范型，足可为后人所效仿，并将对中华民族的发展产生广泛而深刻的影响。

陶行知的精神，概括起来，主要有以下六种：

---

①《护校宣言》，《陶行知全集》第 2 卷，湖南教育出版社 1985 年版，第 221 页。

②《最后一封信——致育才学校全体师生》，《陶行知全集》第 5 卷，湖南教育出版社 1985 年版，第 965 页。

一、强烈的爱国精神

陶行知热爱我们的祖国，“我是一个中国人，要为中国作出一些贡献来”[①]，这是他少年时期立下的爱国志向：“国家是大家的。爱国是个个人的本分，顾亭林先生说得好：‘天下兴亡，匹夫有责。’我觉得凡是脚站在中国土地，嘴吃中国五谷，身穿中国衣服的，无论是男女老少，都应当爱中国。”[②]这是他对爱国主义最通俗的解释，也是最朴素的感情：“我是中国人，我爱中华国。中国现在不得了，将来一定了不得！”[③]这是他对祖国所寄予的希望和坚定的信念。爱国必然爱民，由此，他以“爱满天下”的精神，爱平民、爱农民、爱工人、爱广大劳苦大众。“他爱人类，所以他爱中华民族，所以他爱中华民族中最多数最不幸之农人”[④]，他愿为苦难的农民“烧心香”，因而他大力倡导乡村教育；他爱工人，他唱出了“光棍的锄头不中用呀！联合机器来革命呀！”[⑤]他倡导“科学下嫁”，创办各种工学团，开展工农教育；他爱天下一切劳苦大众，愿意终身为劳苦大众服务，做人民的“老妈子”。从爱国爱民出发，他爱教育，决心一辈子献身教育，立志要用教育来爱国爱民，救国救民。为此，他反对封建主义的传统教育，反对帝国主义的洋化教育和奴化教育，决心闯出一条适合中国国情的新教育之路来。因此，他矢志不渝地奋斗了一生。从爱国、爱民、爱教育出发，他爱中国共产党，热爱党所领导的革命事业，他“无保留地追随党”，

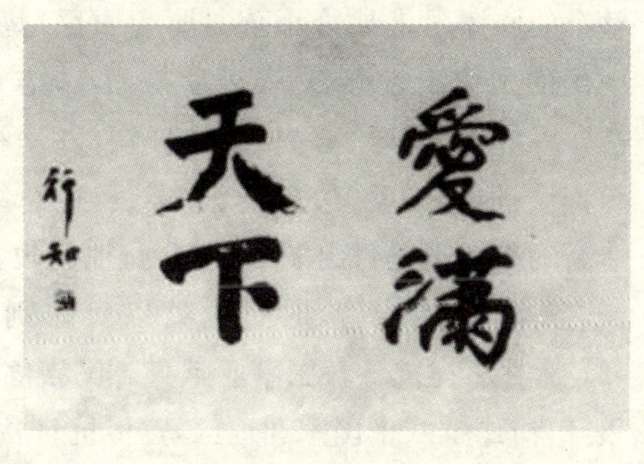

陶行知手迹

---

①《陶行知年表》,《陶行知全集》第1卷，湖南教育出版社1984年版，第672页。

②《预备钢头碰铁钉——致吴立邦》,《陶行知全集》第5卷，湖南教育出版社1985年版，第67页。

③《中国人》,《陶行知全集》第4卷，湖南教育出版社1985年版，第411页。

④ 张劲夫：《中国近代教育史上的一座宝库》,《陶行知研究》，湖南教育出版社1985年版，第30页。

⑤《新锄头舞歌》,《陶行知全集》第4卷，湖南教育出版社1985年版，第198页。

全身心地投入党所领导的抗日救亡运动，把自己的一切纳入到革命的轨道，直到生命的最后一息。

二、无私的献身精神

“捧着一颗心来，不带半根草去”是他献身精神的生动体现。陶行知的献身精神具体体现在：(1) 全心全意为人民的教育事业献身，为了中国的教育事业，他是“为了苦孩，甘为骆驼；于人有益，牛马也做”。“愿把整个的心捧出来献给小孩”，愿为农民“烧心香”；他从中国的国情出发办教育，苦心探索，矢志追求，他艰苦奋斗办教育，呼吁、募捐、动员群众，发动社会，一生劳碌奔波；他边试验，边探索，边实践，边总结，为中国创造新的教育理论付出了毕生精力；他身教重于言教，求真，务实，身体力行，时时处处以身作则，为人师表。(2) 他甘愿为抗日救国事业献身。民族危亡，国难当头，他挺身而出，不顾劳累，出访二十八个国家和地区，宣传抗日救国，揭露日本军国主义罪恶，争取国际支持，力争侨胞支持。回国后倡导国难教育、战时教育，创办育才学校，收留难童，培养人才幼苗，使教育为抗日救国服务。(3) 他献身于新民主主义革命事业，一贯同情、支持、保护和营救共产党人。从同情革命事业，到自觉追随党，服从党的领导，不但把自己的教育事业纳入到革命的轨道，而且全力以赴投入了反独裁、争民主、反内战、争和平的斗争。

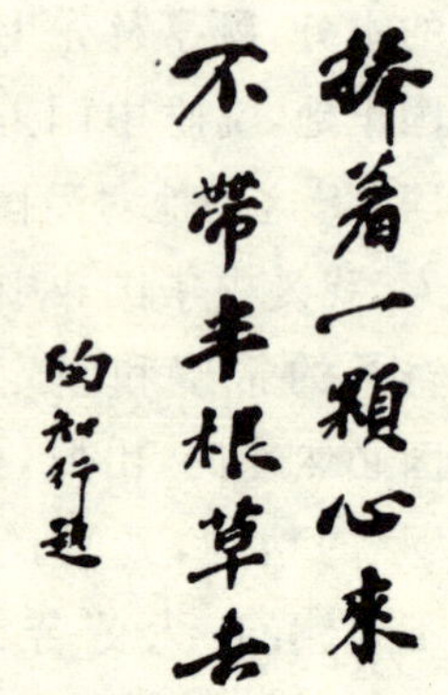

陶行知题字

1946 年 6 月 23 日在上海北站演讲时的陶行知

三、崇高的革命精神

徐特立说过："杜威虽是一个伟大的教育家，但不是一个革命家。行知却是一个革命家，同时在教育方面起了伟大的革命作用。"[①]那么，作为一个革命家，陶行知的革命精神体现在何处呢？首先，在祖国处于半封建半殖民地社会，阶级斗争与民族斗争都激烈的条件下，他虽然不是一个共产党员，但他的阶级斗争觉悟却很高。他反帝、反封建、反殖民主义，"为人民奋斗者，血写人民史诗"，为了国家，为了人民，他全心全意跟着党走，奋斗到最后一刻，真正做到了"鞠躬尽瘁，死而后已"。其次，反映在世界观的自我改造、自我革命上，陶行知也很突出。他自觉从"知行"观变为"行知"观，从唯心主义变为唯物主义。他自觉下农村，办乡师，实行知识分子与工农相结合；他又自觉办工学团，与工农交朋友，拜工农为师。吴玉章说："回忆陶先生，我想起了他的革命精神，凡一切过去的思想、学说、理论、制度等等，都要经过理性的裁判，如有不合理，即使人人认为神圣不可侵犯的东西，他也大胆地要反对要革命。"[②]再次，教育理论与教育实践上的大胆改革与创新，也是陶行知革命精神的重要体现。

四、艰苦的奋斗精神

陶行知说："失败是成功之母，奋斗是成功之父。"他一生奋斗，抬头乐干为事业苦战的精神是一致公认的，他的艰苦奋斗精神主要表现在：事业上的专一性，他赤诚爱国，忠心革命，为了救国救民，矢志不渝地探索开拓，立志创新；意志上的坚韧性，他做任何事情都目标明确，意志坚决，一经决定，苦战到底，不达目的，誓不罢休；思想作风上的踏实苦战精神，他在思想理论上的探索，细致周密，虚心求真，一步一个脚印，如办学实践上的探索，他从计划、募捐、教育、教材、教法……处处都能周密部署，从校长、教师到工友，几乎事事都要亲自动手；生活上的艰苦朴素也很快突出，他公私分明，不抽烟，不喝酒，处处以身作则，为人师表，他原是留过学的大学教授，在当时社会，地位不算低，收入不算少，只要他愿意，他满可以

① 徐特立：《陶行知学说》，《解放日报》1946年8月12日。

② 吴玉章：《回忆陶行知先生》，载《新华日报》1946年9月22日。

像他的同学孙科、胡适那样飞黄腾达，但是他为了自己所认定的事业，甘愿脱掉西装革履，下乡办乡村师范，甘愿赤脚穿草鞋与师生同吃同住同劳动，做当地农民戏称的“挑粪校长”。为了事业，他无论办学，还是出国访问，总是日以继夜，连续苦战，忍饥挨饿，战斗不息。“陶行知先生不仅是鲁迅先生所说的‘中国的脊梁’那一类优秀人物，是杰出的为中华民族作了很多有益的事情的那一类埋头苦干的‘脊梁人物’，而且是属于鲁迅先生形容的柔石一类‘损己利人’的高尚人物。”

五、踏实的求真精神

“千教万教教人求真，千学万学学做真人”，这是陶行知为人与教人的宗旨之一。为此，他政治上求真，追求进步，追求光明，追求革命，他从旧民主主义革命走向新民主主义革命，从“天生孙公做救星呀，唤醒锄头来革命”，“革命成功靠锄头”转变为“光棍的锄头不中用呀，联合机器来革命”[①]。这是政治认识上求真的结果，是一个质的飞跃。在世界观的改造上，从接受王阳明“知是行之始，行是知之成”的“知行”观转变为“行是知之始，知是行之成”的“行知”观，是哲学思想上求真的结果。在教育思想上，将杜威的“教育即生活”、“学校即社会”、“做中学”翻半个筋斗为“生活即教育”、“社会即学校”、“教学做合一”，是“吾爱吾师，吾更爱真理”的求真过程的结晶。晓庄师范、山海工学团、育才学校、社会大学等校的创办，是他教育实践上求真的实际行动。作风上他也求真，他民主，待人宽容，不苛求人，爱满天下。“民之所好好之，民之所恶恶之，教人民进步者，拜人民为老师”[②]。他一生求真，谦逊待人，求真善美，反假恶丑。他为人处世最重视一个“真”字，他一生说实话，办实事，重视名实相符，言行一致，重视真才实学，不求虚名，从不弄虚作假。他勇于自我批评，听得进不同意见，能团结大多数，因而平民百姓、工农群众、中小学生，甚至小贩、报童都喜欢他。

六、伟大的创造精神

“敢探未发明的新理，敢入未开化的边疆”[③]，一生探求、开拓、创造，是

① 《新锄头歌舞》，《陶行知全集》第 4 卷，湖南教育出版社 1985 年版，第 198 页。

② 《民之所好三首》，《陶行知全集》第 4 卷，湖南教育出版社 1985 年版，第 660 页。

③ 《第一流的教育家》，《陶行知全集》第 1 卷，湖南教育出版社 1984 年版，第 113 页。

陶行知的最大特点。陶行知从中国的国情出发，从实践试验着手，创造了一整套以生活教育为核心的教育理论；他开拓性地创办了一批内容与形式全新、多层次、多轨制、多形式的幼儿园、中小学、乡村师范、工学团、育才学校、社会大学等，他从办学的指导思想、教育、教学、教材、教法等方面进行了一系列探索，为中国教育创造了一批新的办学典型；他倡导了平民教育、乡村教育、普及教育、国难教育、战时教育、民主教育等一系列教育运动，从中国的国情和革命斗争的实际出发，为中国的教育改造探获新路，也为中国的教育文化事业，为中国的革命事业培养了一大批具有开拓和创造精神的人才。陶行知重视创造，倡导创造，自己也事事处处开拓创造，连他别具一格的大众诗，也是具有独特陶味的创造。他的创造，不仅为中国的教育开了路，更重要的是为提高中国劳苦大众的科学文化水平，为提高中华民族的觉悟和素质，为中国的革命作出了贡献。

陶行知的上述六种精神是一个有机的整体。其中，爱国精神和献身精神是陶行知精神的两大基石，革命精神是陶行知精神的原动力，求真精神是陶行知精神的核心，艰苦奋斗精神、创造精神是革命精神的重要体现。正是这六种精神，构筑了陶行知丰富而深邃的精神世界，为他在中国现代文化诸多领域进行开拓和创新提供了巨大的精神动力。

第二章
文化冲突中的抉择

随着封建统治政权的崩溃和新生的资产阶级民主政权的建立，中国思想文化界也出现了前所未有的动荡，这种动荡的直接动因是制度变迁的冲击波，就其深层次原因而言，则是中西文化的碰撞与冲突。中国的几代知识分子曾在这种文化冲突中进行了艰难的抉择，最后终于寻觅到中国文化的出路。陶行知作为中国现代新文化的一名杰出代表，不仅在这种文化冲突中日渐成熟，而且在文化冲突中起到了建构具有中国特色新文化的带头作用。

第一节　思想文化转入新轨

民初十年，是中国社会发展的一个重要的转型期。这一期间，传统的政治秩序和权威崩溃之后，新的政治秩序和权威一时尚未建立起来。南北对峙，军阀割据，忙于争夺，无暇他顾，意识形态的控制相对放松。西学纷至沓来，异彩纷呈，思潮迭起，学派林立，形成了春秋战国时期之后又一个“百花齐放，百家争鸣”的高潮。但是，新文化的孕育生长并非一帆风顺。辛亥革命虽然推翻了清王朝，却没能从政治上、经济上摧垮封建势力在中国的统治，更没能在思想文化领域里战胜封建势力的统治。因此，五四前夜，伴随着封建势力政治上复辟活动的卷土重来，文化上也掀起一股尊孔复古逆流。封建与反封建、复辟与反复辟、强权与反强权的斗争空前尖锐激烈。先进的知识分子们开始认识到思想文化领域里的斗争是和政治斗争紧密相关的，是保证政治革命取得成功的不可欠缺的重要一环。他们力图吸取辛亥革命失败的教训，从思想文化的高度去寻求救国救民的出路。于是积极开展文化启蒙运动，与文化保守主义者展开文化大论战，探寻中国文化发展的方向与道路。正是在这一过程之中，马克思主义以其独特的理论魅力，在与各种新思潮的竞争中脱颖而出，得到广泛的传播，进而取得了主导地位。从此，中国文化步入了时代新轨。

一、启蒙狂飙突进

摧封建之蒙昧、促文化入新轨的新文化运动，是民初年间出现的一大重要事件。第一次世界大战期间，中国民族资本主义的进一步发展和新的社会力量的成长，在经济上要求打破帝国主义、封建主义所代表的旧的生产关系的束缚，在政治上要求中国的进步和改革，改变帝国主义和封建主义的反动统治。这种要求反映到文化思想上，就产生了猛烈抨击封建主义旧文化旧思想的新文化运动。

辛亥革命失败后，帝国主义和封建势力进一步勾结起来，以维护其共同利益。袁世凯为了复辟帝制，极力推崇封建纲常名教，公开提倡“祭天祀孔”。帝国主义分子竭力宣扬共和制不适合中国的“国情”，为袁世凯称帝鼓噪。封建余孽、保皇分子则大肆叫嚷恢复帝制，“发扬国粹，维护国俗，定孔教为国教”。一时间，社会上“孔教会”、“经学会”等尊孔社团也纷纷出笼，在文化思想领域内出现了一股尊孔复古的逆流。一部分资产阶级和小资产阶级激进民主主义知识分子，对现状极为不满，迫切寻求新的出路。他们从辛亥革命失败的教训中认识到，过去革命的失败首先是由于没有唤起“多数国民之自觉”，“吾国之维新也，复古也，共和也，帝政也，皆政府党与在野党之所主张抗斗，而国民若观对岸之火，孰视而无所容心，其结果也，不过党派之胜负，于国民根本之进步，必无与焉”。因此，他们主张“使吾国党派运动进而为国民运动”，决心为了促进国民的自觉，唤起大多数人民的民主主义觉悟，扫除人们头脑中的封建愚昧思想，实现名副其实的民主共和国，发动一场反封建的思想启蒙运动。

1915 年 9 月，陈独秀在上海创办《青年》（从第 2 卷第 1 号改名为《新青年》）杂志，标志着新文化运动的兴起，吹响了向陈旧朽老的封建主义思想堡垒进攻的战斗号角。

二、提倡民主与科学

新文化运动的主要内容是提倡民主和科学。新文化运动的倡导者们所说的“人权”，是指资产阶级民主政治；所说的“科学”，是指自然科学、社会科学的科学态度、科学方法。他们认为民主与科学是推动中国社会前进的两个相辅相成、不可或缺的车轮。民主与科学的提出，反映了中国政治经济发展的要求和人民的迫切需要，遂成为“五四”时期文化思想战线上的两面旗帜，召唤着人们投身于反对封建主义旧文化、旧思想的伟大斗争。

高擎民主的大旗，新文化运动的倡导者们宣传民主思想，反对封建专制。陈独秀批评君主专制“以君主之爱憎为善恶，以君主之教训为良知，生死予夺，唯一人之意志是从”，造成“人格丧亡，异议杜绝”，使“民德、民志、民气”扫地以尽。他大声疾呼：“吾国欲图世界的生存，必弃数千年相传之官僚的、专制的个人政治，而易以自由的、自治的国民政治。”他号召人们积极“干预政治”，认为要真正实现民主政治，必须依靠全国大多数人民的政治觉悟，而不能寄希望于“善良政府、贤人政治”或“伟人大老”。他明确指出：“所谓立宪政体，所谓国民政治，果能实现与否，纯然以多数国民能否对于政治自觉其居于主人的主动的地位为唯一根本之条件。”[①]李大钊坚决地宣称：“民与君不两立，自由与专制不并存，是故君主生则国民死，专制活则自由亡。”“今犹有敢播专制之余烬，起君主之篝火者，不问其为筹安之徒与复辟之辈，一律认为国家之叛逆，国民之公敌，而诛其人，火

---

①《吾人最后之觉悟》，《新青年》第 1 卷第 6 号，1916 年 2 月 15 日。

其书，殄灭其丑类，摧拉其根株，无所姑息，不稍优容，永绝其萌，勿使滋蔓。”①

高擎科学的大旗，新文化运动倡导者们宣传科学思想，反对封建迷信和愚昧、盲从。陈独秀主张用科学态度来对待传统观念和一切社会问题以至于对待人生。他认为，科学的态度就是“综合客观之现象，诉之主观之理性”，使主观思想合乎客观实际，以达到所谓的“宇宙人生真正契合”，②排除虚妄、迷信和盲从。他还运用自然科学的原理，说明所谓的鬼神是不存在的，“一切宗教，都是一种骗人的偶像”，鼓励人们打破一切“宗教上政治上道德上自古相传的虚荣、欺人、不合理的信仰”，以坚持真理的精神了一树立“真实的合理的信仰”。③ 鲁迅也积极宣传了科学思想，指出：“现在有一班好讲鬼话的人，最恨科学，因为科学能教道理明守，能教人思路清楚。”又说：“据我看来，要救治这几至国亡种灭的中国，那种‘孔圣人、张天师传言由山隶桌’的方法，是全不对症的，只有这鬼话的对头的科学——不是皮毛的真正科学！”④

三、打倒吃人的礼教

封建纲常礼教是民主和科学的大敌。新文化运动的倡导者们在提倡民主、科学，反对专制、迷信的战斗中，对以孔子学说为代表的维护封建专制制度的旧礼教、旧道德，展开了猛烈的抨击，提出了“打倒孔家店”的口号。针对封建余孽、保皇分子要求“以孔教为国教，编入宪法”，鼓吹以封建纲常礼教为“立国精神”的谬论，他们纷纷发表文章，予以有力的驳斥。陈独秀指出，“孔教与帝制，有不可离散之因缘”，主张尊孔是为了复辟。又说：“孔子生长封建时代，所提倡之道德，封建时代之道德也。所垂示之礼教，即生活状态，封建时代之礼教，封建时代之生活状态也。所主张之政治，封建时代之政治也。封建时代之道德、礼教、生活、政治，所心营目

①《民彝与政治》，《民彝》第 1 期，1916 年 5 月。

②《敬告青年》，《青年》第 1 卷第 1 号，1915 年 9 月。

③《偶像破坏论》，《新青年》第 5 卷第 2 号，1918 年 8 月。

④《随感录》三十三，《新青年》第 5 卷第 4 号，1918 年 10 月 15 日。

注，其范围不越少数君主贵族之权利与名誉，于多数国民之幸福无与焉。"[①]因此，"对于与此新社会、新国家、新信仰不可相容之礼教，不可不有彻底之觉悟，猛勇之决心，否则不塞不流，不止不行"[②]。李大钊指出，孔子是"历代专制之护符"，"专制不能容于自由"，将孔教载入宪法，是专制复活之先声。又说：孔子是"数千年前之残骸枯骨"，将此"残骸枯骨进入现代国民精神结晶之宪法，那么这种宪法就是"陈腐死人"的宪法，而不是"我辈生人"的宪法。[③] 为了谋求"新生活之便利，新道德之进展"，对于不合时宜的旧道德，必须"以人为之力，冀其迅速蜕变，虽冒毁圣非法之名，亦所不恤"[④]。吴虞把儒家的伦理学说和政治上的专制制度、社会组织上的家庭制度联系起来，作为三位一体的东西而加以攻击，"儒家以孝、悌二字为二千年来专制政治与家族制度联结之根干"，其流毒"不减洪水猛兽矣"。[⑤] 儒家教忠教孝，是要"把中国弄成一个制造顺民的大工厂"[⑥]。鲁迅在他的第一篇白话小说《狂人日记》中，借着"狂人"之口，愤怒地揭穿延续几千年的封建礼教的真面目："我翻开历史一查，这历史没有年代。歪歪斜斜的每页上都写着'仁义道德'几个字。我横竖睡不着，仔细看了半夜，才从字缝里看出字来，满本都写着两个字是'吃人'！"他发出誓言："将来容不得吃人的人，活在世上"，号召人们起来争做"真的人"。[⑦] 从此以后，打倒"吃人的礼教"，便成为人们的一句口头禅。

四、鼓吹个性解放

提倡民主、科学，反对专制、迷信，批判封建纲常礼教，目的是为了追求人的精神现代化，实现人的解放。

为了实现这一宗旨，新文化运动的倡导者们均不约而同地大力鼓吹个性解放的思想。陈独秀的《敬告青年》、《一九一六年》，鲁迅的《文化偏

---

①《孔子之道与现代生活》，《新青年》第 2 卷第 4 号，1916 年 12 月。

②《宪法与礼教》，《新青年》第 2 卷第 8 号，1916 年 11 月。

③《孔子与宪法》，《甲寅》月刊，1917 年 1 月 30 日。

④《自然的伦理与孔子》，《甲寅》月刊，1917 年 2 月 4 日。

⑤《家族制度为专制主义之根据论》，《新青年》第 2 卷第 6 号，1917 年 2 月 1 日。

⑥《说孝》，《吴虞文录》，上海亚东图书馆 1921 年版，第 15 页。

⑦《狂人日记》，《新青年》第 4 卷第 5 号，1918 年 4 月。

至论》、《摩罗诗力说》，胡适的《易卜生主义》，周作人的《人的文学》都淋漓尽致地阐发了这一共同主题，主张人格独立自主自尊。他们认为中国封建宗法社会的伦理道德、政治法律，钳制思想，控制自由，阻碍个性发展，导致了极其严重的后果："一曰损坏个人独立自尊之人格；一曰窒碍个人意思之自由；一曰剥夺个人法律上平等之权利；一曰养成依赖性，戕贼个人之生产力。"[①]这是造成中国愚昧落后的重要原因。只有摧毁封建宗法制度，实现人的解放和人民的民主自由权利，中国才能进步。陈独秀指出："儒者三纲之说，为一切道德、政治之大原。君为臣纲，则民于君为附属品，而无独立自主之人格矣。父为子纲，则子于父为附属品，而无独立自主之人格矣。夫为妻纲，则妻于夫为附属品，而无独立自主之人格矣。率天下之男女，为臣，为子，为妻，而不见有一独立自主之人者，三纲之说为之矣。缘此而生金科玉律之道德名词，曰忠，曰孝，曰节，皆非推己及人之主人道德，而为以己属人之奴隶道德也。人间百行，皆以自我为中心，此而丧失，他何足言。"[②]为此，他号召人们摆脱"奴隶之羁绊"，"恢复独立自主之人格"，完成思想和个性的解放。鲁迅则明确提出了改造国民性、塑造现代新人的时代课题。早在 1907 年，他在《文化偏至论》中就指出，欧美之强，莫不以科学技术带来的物质财富和取"众治形式的民主制度炫天下人之耳目"，但究其本原，则"根柢在人"。为中国前途计，他认为："将生存两间，角逐列国是务，其首在立人，人立而后凡事举；若其道术，乃必尊个性而张精神"，并公开主张"掊物质而张灵明，任个人而排众数"。[③]

值得注意的是，新文化运动倡导者们所张扬的个人主义，实际上并不受"利己"和"利他"概念的局限。胡适在称述"健全的个人主义"以表达自己的人生观时，他对这种个人主义的解释是：把自己铸造成器，方才可以希望有益于社会。真实的为我，便是最有益的为人。在此，个人主义是人格独立自主、个性解放的同义语，它同国家自由独立的争得并不冲突，"争你们的个人的自由，便是为国家争自由！争你自己的人格，便是为国家争

① 《东西民族根本思想之差异》，《新青年》第 1 卷第 4 号，1915 年 12 月。

② 《一九一六年》，《新青年》第 1 卷第 5 号，1916 年 1 月。

③ 《鲁迅全集》第 1 卷，人民文学出版社 1973 年版，第 57 页。

人格！自由平等的国家不是一群奴才建造得起来的”①。他对个人主义作了所谓“真的个人主义”、“假的个人主义”和“独善的个人主义”的划分，把自私自利的为我主义称做假个人主义，把企图跳出现社会而保存自己个性的个人主义称为独善的个人主义，把具有独立思想，并对自己的思想信仰的结果负责，不畏权势，不惧风险，一意追求真理而不计较个人利害的个人主义，称为“真的个人主义”。事实上，新文化运动倡导者们所为之呐喊的个人主义就是这种“真的个人主义”。

五、揭橥“文学革命”主张

新文化运动的又一重要内容是文学革命。《新青年》创刊的前后，陈腐的封建文学和僵死的文言文仍旧统治着中国的文学界，并且影响和支配着一般作品，成为传播新思想的严重阻碍。因此，新文化运动的倡导者们继“打倒孔家店”的思想革命之后，又提出了文学革命的口号，向封建文学和八股文发动了进攻。他们反对旧文学，提倡新文学；反对文言文，提倡白话文，以文学革命来配合思想革命。

胡适最早提出了文学改革的问题。他在留美期间，便曾向《新青年》投稿。1916 年 10 月，他在寄《新青年》编者的信中，提出改革文学体裁和形式的问题，认为文学改良须从“八事”入手。次年 1 月，他将这八事写成《文学改良刍议》一文，主张文学“须言之有物，不摹仿古人，须讲求文法，不作无病之呻吟，务去滥调套语，不用典，不讲对仗，不避俗字俗语。”②1918 年 4 月，他在《新青年》上发表《建设的文学革命论》，又将这八条名之为“八不主义”。由此可见，胡适所说的“文学革命”，实际上主要是文体的改革。这一点，他自己也讲得很清楚：“我的‘建设新文学论’的唯一宗旨只有十个大字：‘国语的文学，文学的国语。’我们所提倡的文学革命，只是要替中国创造一种国语的文学。有了国语的文学，方才可有文学的国语。”③在这个意义上讲，胡适的所谓“文学革命”，就是提倡白话文的同义语。尽管提倡白话文并不一定就是文学革命，但在当时，反对文言文，提

---

①《胡适文存》第 4 卷，上海亚东图书馆 1924 年版，第 613 页。

②《文学改良刍议》，《新青年》第 2 卷第 5 号，1917 年 1 月。

③《建设的文学革命论》，《新青年》第 4 卷第 4 号，1918 年 4 月。

倡白话文，是有很大积极意义的，它对于人们打破旧形式的束缚，推动新思想、新文学运动的开展，进一步解放思想起了重要作用。

在新文化运动中正式"揭橥文学革命"主张的是陈独秀。1917 年 2 月，他发表《文学革命论》一文，把反对文言文和封建文学同政治革命联系起来，提出了推倒贵族文学，建设国民文学；推倒古典文学，建设写实文学；推倒山林文学，建设社会文学"三大主义"，成为文学革命的纲领。他比只主张改革文体的胡适更进了一步，主张彻底改革文体和文学内容，打倒"文以载道"、"代圣贤立言"的封建文学和"无病呻吟"、"满纸之乎者也矣焉哉"的老八股，使文学写人生、写社会，反映现实生活，表现时代精神。陈独秀树起文学革命的大旗后，文学革命运动遂在社会上日益引起人们的关注。

继之而起的，有钱玄同、刘半农等人。钱玄同是一个激烈的语言文字改革者。他在《新青年》上发表《中国今后之文字问题》，提出废汉文和废汉语的主张。他说："欲使中国民族为二十世纪文，明之民族，必以废孔学、灭道教为根本之解决，而废记载孔门学说及道教妖言之汉文，尤为根本解决之根本解决。"①他的主张虽然有些偏激，但主观意图是好的，其改革精神也是值得肯定的。

刘半农也是文学革命的积极参加者。为了引起敌对者的注意，他曾同钱玄同扮演了一出双簧戏。1918 年 3 月，钱玄同化名王敬轩，在《新青年》上发表通信，用文言文的形式，以封建文人韵口气，把反对新文学的主张一一罗列出来，表示对新文学的进攻。就在这封信的后面，刘半农作了一篇长达近万言的回答，对王敬轩的来信逐段加以驳斥。他用嬉笑怒骂的犀利笔锋，把这些谬论驳斥得痛快淋漓。

鲁迅是新文化运动中的一员骁将。1918 年 5 月，他在《新青年》上发表了他的第一篇白话小说《狂人日记》。此外，他还写了许多文笔犀利的杂文，从各方面对旧社会、旧礼教进行了无情的揭露和深刻的批判。他以自己的创作，把反封建礼教的革命内容和白话文的形式结合起来，树立了新文学的典范，体现了文学革命的具体成就，为中国新文学的发展奠定了

①《新青年》第 4 卷第 4 号，1918 年 4 月。

稳固的基础。

总之，经过文学革命的号召和白话文的提倡，进一步推动了新文化运动的发展，扩大了思想革命的阵地，加强了反封建主义的斗争，为中国新文学的发展开辟了广阔的道路。新文化运动具有重大的历史意义。它在中国历史上首次明确提出了中国文化必须现代化的重大课题，对中国传统文化进行了全面反思和价值评估，沉重地打击了统治中国达两千年之久、享有绝对权威的封建思想文化，破除了传统的封建教条对人们思想的束缚，极大地解放了人的精神，是我国历史上一次空前的思想解放运动。它在中国历史上首次将现代的民主观念和科学意识注入中国文化之中，极大地启发了人们的民主主义觉悟，推动了现代科学在中国的发展，在思想界特别是青年知识分子中，掀起了要求进步、寻求科学真理、追求解放的热情，为中国迅速接受十月革命的影响，为马克思列宁主义在中国的广泛传播准备了条件，为五四爱国运动做了思想准备。它极大地推动了现代中国文化事业的发展，实现了中国文化史上最伟大的一次语言改革，完成了中国文学的根本革新，直接推动了中国新教育的形成，成功地改造了中国的旧学术，促进了中国科学事业的发展。

正如许多伟大的思想文化运动一样，“五四”前的新文化运动也有其历史的局限性。新文化运动的倡导者们未能把文化运动与政治斗争、群众运动结合起来，当时的新文化和新思想还没有普及到工农群众中去，它实际上还只局限于城市的一小部分知识分子之中。这些倡导者们还没有历史唯物主义的批判精神，表现了不同程度的片面化、绝对化的倾向，对传统文化未能仔细鉴别精华与糟粕，正确处理继承与批判的关系，而是否定过多。相反，对西方文化也未能善加选择，而是盲目尊崇。这种形式主义看问题的方法在后来产生了不良影响。此外，由于新文化运动主要是在外部刺激下发生的，因此明显存在后劲不足的弱点。新文化运动的倡导者们往往义愤多于理智，勇气有余而学养不足，注重战斗性而忽视科学性。他们提出民主，当时主要表现为一种热烈气氛，而缺乏向实体性的整体社会操作进程过渡；他们提出科学，却缺少现代科学的实证态度，产生了科学主义化倾向，这也是新文化运动未能持之以久、达到预期目标的重要原因之一。

六、文化论战迭起

"五四"前后，伴随着启蒙狂飙的突进，文化思想领域兴起了一场又一场文化论战。这形成了民初十年中国社会奇特的人文景观。

在人类历史的长河中，文化问题一直能动地影响着社会政治和反作用于社会经济。建立什么样的文化，以及怎样建立某种文化，实质上提出的也就是社会、民族、国家变革的性质与方向问题。所以，文化问题上的重大论争，无不深刻影响到整个社会的风貌、国家的前途和民族的命运，预示着政治、经济和社会变革的性质和方向。

鸦片战争以降，文化问题上的论战迭起，学校科举之争，中学西学之争，旧学新学之争，文言白话之争，东方文化西方文化之争，等等，前后相续，连绵不绝。到了"五四"前后，文化上的论战便形成高潮。在这个期间发生的关于东西文化问题的论战，其规模之大，时间之长，波及之广，影响之深，在中国近代文化史上都是空前的。从1915年《新青年》与《东方杂志》就东西文化问题展开讨论开始，争辩延续十余年，先后参与者数百人，发表文章近千篇，专著数十种。这场论战的内容非常丰富，涉及的问题非常广泛，它以东方文化与西方文化的关系为核心议题，其中又具体涉及如何认识物质文明与精神文明的关系，如何处理本民族文化与外来文化的关系，如何对待文化的继承与创新，如何看待封建文化和资产阶级文化、社会主义文化与资本主义文化的关系，如何树立新的适合时代需要的世界观和人生观，以及提倡什么样的社会风尚，等等。可以说，这场文化大论战，实际上也就是从文化的角度，就整个国家是否需要改革和如何进行改革而展开辩论。

根据论战内容的发展和争论重点的变化，这场东西文化大论战大体上可以分为三个阶段：从1915年《新青年》创刊算起，到1919年五四运动爆发，为第一个阶段。论战双方大都把主要精力集中于比较东西文明的异同优劣方面。尽管这时论战双方还只是从表面现象上来罗列东西文明的异同，还包含着许多含糊不清或似是而非的说法，但可以看出两种对立的文化观已经摆开了阵势。大致从五四运动以后到1920年为第二个阶段。双方论辩的主题是新旧文化能否调和的问题，并从比较"东"与"西"，发展到着重探讨“旧”与“新”，即着重探讨新文化和旧文化有无实质上的差别，以及应该如何处理新文化与旧文化的关系问题。从1920年梁启超发表《欧游心影录》到1927年，大致为第三个阶段。在这个时期，封建文化、资本主义文化、社会主义文化的关系，逐渐成为人们关注的中心，双方论战的重点基本上集中在中国采用何种文化、走什么道路的问题。

第二节　东西文化的交流与碰撞

中国是一个具有悠久历史的国家，在世界古代文明史上曾经有相当长一段时间居于领先的地位。她的源远流长的文化传统是对人类的伟大贡献，但也形成了一种具有极大保守性格的惰性力量。中国人普遍认为只有中国文明才是最优越的，只有中国文化才是人类精神的主宰。

然而，在近代西方资本主义文明的冲击下，中国人向来的文化优越感受到了强烈的震撼。面对列强的侵略，一些有识之士不能不看到，仅仅依靠本国固有的传统文化，已经无法继续维持“天朝上国”的“威仪”。变革传统文化成为时代迫切需要解决的重大课题。西方近代文化输入中国之后，在中国人的心目中，出现了两种迥然相异的文化形态。人们逐渐认识到，这两种不同的文化，显然是造成国势强弱的重要原因之一。人们遂开始从事两种文化的比较工作。

一、东西文化的差异

1915年，以陈独秀、李大钊为代表的《新青年》等刊物为一方，以杜亚泉为代表的《东方杂志》等刊物为一方，拉开了东西文化论战的序幕。这场论战，从比较东西文化形态的差异入手，进而评价这两种文化体系的优劣，决定其取舍。陈独秀在《新青年》第1卷第4号发表《东西民族根本思想之差异》一文，明确提出：“东西洋民族不同，而根本思想亦各成一系，若南北之不相并，水火之不相容也。”他对东方文明和西方文明进行一番比较之后，认为东方民族的特点是：(1)“以安息为本位”，“恶斗死，宁忍辱”，“爱和平”，所以成为“雍容文雅之劣等”；(2)“以家族为本位”，个人无权利，一家之人听命家长，遵循着宗法社会封建时代的道德；(3)“以感情为本位”，“以虚文为本位”。而西洋民族的特点则是：(1)“以战争为本位”，“恶侮辱，宁斗死”，“以鲜血取得世界之霸权”；(2)“以个人为本位”，为彻头彻尾的个人主义民族，“个人之自由权利，载诸宪章，国法不得而剥夺之，所谓人权是也”；(3)“以法治为本位，以实利为本位。”陈独秀认为，近代文明的特征有三个方面：“一曰人权说，一曰生物进化论，一曰社会主义。”而以印度和中国为代表的东洋文明“未能脱古代文明之窠臼”，只有“欧罗巴文明”，即近代西洋文明才是真正的“近世文明”。这种近代文明由于具有以上三方面的特征，所以，只有它“最足以变古之道而使人心社会焕然一新”。[①] 他比较东西文化异同优劣的目的在于，大张旗鼓地宣传民主的新思想、新道德、新文化，彻底抵制封建主义的旧思想、旧道德、旧文化。他毫不留情地揭露了中国固有的封建宗法制度所造成的四大恶果：损坏个人独立自尊的人格，窒碍个人意志之自由，剥夺个人法律上平等之权利，养成依赖性。并且一针见血地指出，固有的封建文化出于“外饰厚情，内恒愤忌，以君子始，以小人终”，“依赖成性，生产日微”，结果是弱群弱国，使东方民族无法不陷入被征服被奴役的地位。

《新青年》杂志直言不讳地主张，“所谓新者无他，即外来之西洋文化也；所谓旧者无他，即中国固有之文化”。在他们看来，西洋文化与中国文化之间存在着本质的区别，欧美各国之家族制度、社会制度，以至于国家制度，无一可与中国的旧说勉强比附，“欧美现今一切之文化，无不根据于人权平等之说”，人生观念、国家观念亦因之而变，近代西洋文化“尊重自由，而人类之理性始得完全发展”，“铲除专制，而宪政之精神始得圆满表见”。[②] 而中国传统文化的核心与此恰恰相反，所以两者的区别实际上也就是新旧的区别。

值得注意的是，《新青年》杂志在比较东西文化的异同优劣时，主要是依据这两种文化发展的不同历史阶段而提出问题进行论证的。他们强调的是文化的时代性，也就是说，东西文化之间的本质差别，实际上是发展阶段（即程度）的差别或社会制度的差别，近代西洋文化处于一个更高的

① 《法兰西人与近世文明》，《新青年》第1卷第1号，1915年9月。

② 汪叔潜：《新旧问题》，《青年杂志》第1卷第1期。

历史发展阶段，而中国固有的文化则处于一个相对落后的历史阶段。中国人要想适应于时代的需要，自立于世界民族之林，就必须变革固有的、落后的传统文化，学习西方的、先进的近代文化。他们公开声明他们的活动是以建立西方资产阶级的社会政治制度为鹄的。

与此截然相反的是，反对新文化运动的文化保守主义者则只承认东西文化之间有民族的差异、地域的差异或心理的差异，而否认这两种文化反映了历史发展阶段的差异和社会制度的差异。他们强调的是文化的民族性。《东方杂志》主编杜亚泉可以说是这种文化观的最初代表。他从1916年开始，就以伧父为笔名，发表了一系列论述东西文化差异的文章，与新文化运动的倡导者们进行论战。他在《静的文明与动的文明》一文中，公开提出了中国文明与西洋文明乃性质之异，而非程度之差。他认为东西方文化的不同，是由于社会成立之历史、地理环境不同，所以形成的观念也就不同。西洋重人为，中国重自然；西洋人生活是向外的，中国人生活是向内的；西洋社会多团体，中国社会无团体；西洋崇拜竞争之胜利，中国崇尚与世无争；西洋以战争为常态、和平为变态，中国以和平为常态、战争为变态，等等。这种种观念的不同，便构成了东西方文化性质的区别。在他看来，这些皆导源于“动”“静”两种社会的不同。“西洋社会为动的社会，我国社会为静的社会。由动的社会发生动的文明，由静的社会发生静的文明。”因而其逻辑的结论便应该是，就东西两种文化而论，无所谓高下优劣，也无所谓以一方取代另一方，有的只是互相补充，取长补短。然而，他得出的结论却是，西洋动的文明的弊端要靠中国固有的静的文明来救济，而中国固有的静的文明，则因系代表大多数人之文明，而具有无比优越的价值，所以无须效法西洋动的文明；两种文明之间的相互补充和取长补短，也“不可不以静为基础”[①]。

狂飙突进的新文化运动，猛烈地冲击了封建主义的旧思想、旧文化，引起了保守派的极大恐慌。他们把儒家思想视为衡量是非优劣的根本标准，是唯一正确的“国是”、“国基”。而新思想、新文化从西方输入，则破坏了这个标准，造成了人心的“迷乱”，成了“国是”的丧失，“精神”的破产。

① 伧父：《静的文明与动的文明》，《东方杂志》第13卷第10号，1916年10月。

他们极力主张结束这种"混乱局面",反对一切"独创异说",对一切外来的或新生的主义、主张,必须用儒家思想加以"统整"。他们还直截了当地宣称,不要受西方物质文明的"眩惑",不要把科学视为"信条"。要想挽救中国,"决不能希望于自外输入之西洋文明,而当希望于己国固有之文明"①。应该看到,这个时期在文化问题上的新文化保守主义者已经不同于清末的封建顽固派。如果说那时的顽固派还只墨守"尊夏卑夷"的文化模式,高傲地把自己局限于封闭的天地,对外来文化深闭固拒,见西洋人唯恐躲之不及,见西式建筑则绕道而行(如徐桐、刚毅),甚至闹出中国人出生前端坐娘胎而西洋人倒立于母腹中的大笑话(如叶德辉),那么,这时的文化保守主义者则颇有既懂得自然科学知识又深知西方文明弊端所在的模样,因而他们在知识界、舆论界的影响便相当大。因此,新文化运动的倡导者陈独秀、李大钊等人对他们的观点也非常重视,并认真地做了反驳。

1918 年 7 月,李大钊发表了《东西文明根本之异点》一文。在这篇论文里,与伧父一样,他把东方文明和西方文明的特性也概括为"静的文明"和"动的文明",并且由此推演排比出几十项两种文明的差别。他将产生这些不同特性的原因归之于地理环境的差异。这显然反映他当时在理论上还不成熟。但是,李大钊通过这些并不精确的概括,却把当时所说的西方文明比东方文明先进这一点看准了。这就与伧父等人有了本质的不同。他认为中国古代文明,曾对于世界文明作出伟大的贡献,现在则应对世界作出第二次贡献。而要作出这种贡献,就必须"铲除种族根性之偏执",正视"中国文明之疾病已达炎热最高之度,中国民族之命运已臻奄奄垂死之期",西方文明已较东方文明处于"优越之域",所以他针对伧父以东方"静的文明"济西方"动的文明"之"穷"的主张,力主"竭力以受西洋文明之特长,以济吾静止文明之穷"。他大声疾呼:"将从来这之静止的观念、怠惰的态度根本扫荡,期与彼西洋之动的世界观相接近,与物质的生活相适应。"他倡导青年人全力以赴研究西方文明,学习西方文明中的科学精神、进步精神,同时把东方文明中"与近世精神接近者"介绍到西方。他还相当深刻地揭露了东方文化的种种弊端:(1) 厌世的人生观不适于宇

① 伧父:《迷乱之现代人心》,《东方杂志》第 15 卷第 4 号,1918 年 4 月。

宙进化之理法；(2) 惰性太重；(3) 不尊重个性之权威与势力；(4) 阶级的精神；(5) 对于妇人之轻侮；(6) 同情心之缺乏；(7) 神权之偏重；(8) 专制主义之盛行。同时他也指出了近代西方文化偏重于物质竞争而忽视人类灵魂陶冶的缺陷。尤为值得注意的是，李大钊还是最早提出要想力挽世界的危机，以拯救“衰退于静止之中”的东方文明和“疲命于物质之下”的西方文明，非有第三种文明之崛起不可。

“五四”前夕关于东西文明差异的论战，不过是论战双方的初次交手，他们之间的再次交手，还有待于新的历史契机的到来。

二、新旧文化能否调和

1919 年 5 月，新的历史契机终于来到了。五四运动爆发后文化、新思潮像台风那样，排山倒海而来，席卷中国大地。值此际，文化论坛上又发生了关于新旧文化能否调和的论战。

需要说明，在五四运动爆发之前，就已经出现过讨论东方文化与西方文化能否调和的主张，杜亚泉和李大钊从不同的立场出发都提出过东西方文化可以调和的说法，陈独秀则讲过西洋的法子和中国的法子断断不可调和的话。但它成为文化论坛上争论的主题与焦点，是从五四运动爆发以后开始的。

这场关于新旧文化能否调和的论争，是由章士钊在上海、广州、杭州等地发表演说鼓吹“新旧调和论”而引发的。继之，陈嘉异、杜亚泉等人也纷纷发表文章互相唱和。《东方杂志》等刊当时竞相登载大谈所谓“折中”、“调和”的文章。

章士钊不同意新旧时代和新旧文化根本对立的观点，而认为新旧时代如犬牙交错，新旧文化连绵相承，不可划出明确的界限。宇宙的进化、文化的发展，都只能是“移行”的，而不能是“超越”。所谓“移行”，就是“新旧杂糅”，就是“新旧调和”，“调和者，社会化至精之义也”。在他看来，社会的一切进步都是新旧调和的结果。一面开新，必当一面复旧。他甚至提出，“物质上开新之局，或急于复旧，而道德上复旧之必要，必甚于开新”。他把一切旧的存在看成社会前进的“根基”，认为“不有旧，决不有新，不善于保旧，决不能迎新；迎新之弊，止于不进化，不善保旧之弊，则几于自杀"。[①] 这就忽视了新旧事物之间的本质差别，从而清楚地显露出他的"调和论"的保守倾向。

陈嘉异赞同章士钊的观点，指出："否认调和是无异否认宇宙之有差别相。"[②]稍后不久，他公开宣布自己是东方文化的崇拜者，明确反对一切赞扬西方文化及融合东西文明的观点，并断言将来的世界文化必然是东方文化。[③] 杜亚泉提出了新旧"折中"说，名义上主张根据中国当前情势折中中西文化，一方面求学识，习艺能，以"增进生活能"，另一方面"节约生活费"。但事实上，他是想借中国固有文明来补救西洋近代文明之不足，而反对新文化运动对传统文化的冲击。他明确表示，中国固有文明虽然不能直接应用于未来世界，然而"颇有足以证明西洋现代文明之错误，为世界未来文明之指导者"。用科学的办法刷新中国固有文明，它就会成为未来文明的重要成分。按照这种逻辑，东西两种文明的折中到头来不过是把西洋文明"融合于吾固有文明之中"。[④] 不难看出，这种所谓的"新旧折中论"，实际上不过是"中体西用论"的翻版。

"新旧调和论"的最大特点是采用了新的哲学理论的形态，在"新"和"旧"的关系上大做文章，企图论证"新"文明不仅不能与"旧"文明分割，而且是必须以"旧"文明为基础，因此不能用"新"文明反对"旧"文明、代替"旧"文明，"新抛旧"只宜调和。章士钊的"移行"说，既没有简单地赞美旧文化，也没有简单地否定新文化，而是针对当时新文化运动在理论上的薄弱环节，提出了"新旧关系"这样一个具有相当理论深度，而又为当时思想界所未能认识清楚的大问题，这样便给新文化运动在理论上提出了一个重要的挑战。为了把新文化运动引向深入，新文化运动的倡导者和参与者们，不得不起而对新旧调和论从理论上应战。除《新青年》外，《新潮》、《民铎》、《每周评论》、《民国日报》副刊《觉悟》和《时事新报》，都积极参加了批判新旧调和论的斗争。

首先，主张进行新文化运动的人们提出了"潜变—突变"的理论，以反

---

① 《新时代之青年》，《东方杂志》第 16 卷第 11 号，1919 年 11 月。

② 《我之新旧思想调和观》，《东方杂志》第 16 卷第 11 号，1919 年 11 月。

③ 《东方文化与吾人之大任》，《东方杂志》第 18 卷第 11、12 号，1921 年 1 月。

④ 《新旧思想之折中》，《东方杂志》第 16 卷第 9 号，1919 年 9 月。

对新旧调和论者的“移行”说。他们认为，社会的进化，并不是“移行”，而是由“潜变”到“突变”，经过“突变”便成了新社会。思想、文化也是如此。因此，突变后的“新”，不同于突变前的“旧”，其间有质的差别。这不能说没有抓住否认新旧文化之间的本质差异的“移行”调和论的错误。其次，他们承认，“新旧杂存”的现象是存在的，但那只是“共存”，而不是“调和”；“新的逐渐增加，旧的逐渐淘汰”的现象也是存在的，但那同样不是“调和”，而是新的把旧的挤了出去，正好说明新旧不能调和。又次，他们也看到，古代的文明与现代的文明有联系，但是现代的文明，现代的学术和发明，是古代所没有的新东西。抹杀了“新”和“旧”的界限，只强调“新”是从“旧”中演化出来，就等于否认世界有新的进步。最后，他们指出，东方文明与西方文明的分类是不准确的。因为这种分类忽略了发展阶段上的相互差异。自古以来，“没有一个静的文明与动的文明对抗的时期”，“一般所谓东洋文明和西洋文明之异点，实在就是古代文明和现代文明的特点，不过西洋文明已从古代进入现代，而东洋文明还正在迟迟不进的时候，所以就觉得东洋的空气是如此，西洋的空气是如彼，其实在几百年以前，欧洲的所谓思想界，何尝也不是顽固、迟钝、萎缩、矫诈诸习并存”[①]？因此，“东方文明”应该是指古代文明，“西方文明”应该是指现代文明。既然是不同发展阶段上的文明，所以两者在本质上是无法调和的。陈独秀、蒋梦麟、罗家伦、张东荪、常乃德、毛子水等新文化运动的倡导者和参与者，都发表过类似的意见。在他们看来，中国固有文明是“偏枯的”，称不上“完全的精神文明”，而西方现代文明则是“世界的”、“科学的”，“精神物质都发达的”，所以“非走西方文明的路不可”。

为了给新文化运动发生的历史必然性作出科学的理论分析，从根本上驳倒“物质上应当开新、道德上应当复旧”的调和论，李大钊接连发表了《物质变动与道德变动》和《由经济上解释中国近代思想变动的原因》两篇文章，第一次运用唯物史观对新旧调和论思潮进行了批判。他认为，道德的性质与状况必然与经济的性质与发展程度相适应，经济变动是道德变动的根本原因。“新道德既是随着生活的状态和社会的要求发生的，就是

① 常乃德：《东方文明与西方文明》，《国民》第2卷第8号，1920年10月1日。

随着物质的变动而有变动的，那么物质若是开新，道德亦必跟着开新，物质若是复旧，道德亦必跟着复旧。因为物质与精神原是一体，断无自相矛盾、自相背驰的道理。可是宇宙进化的大路，只是一个健行不息的长流，只有前进，没有反顾；只有开新，没有复旧。有时旧的毁灭，新的再兴，这只是重生，只是再造，也断断不能说是复旧。物质上、道德上，均没有复旧的道理。”[①]他还尝试着从经济原因上阐明中国新思想代替旧思想、新文化代替旧文化的客观必然性，并且深刻地指明，中国的经济变动是不可阻挡的，中国的大家族制度的“崩颓粉碎”，“君权父权夫权”的“崩颓粉碎”，孔子主义的“崩颓粉碎”，都是不可避免的、不可逃避的“运数”。[②]

毋庸置疑，新文化运动倡导者与参与者对“新旧调和论”的批判是有成绩的，从理论上说明了彻底变革旧文化的必要性，文化变革只能“以新代旧”，而不能“以旧容新”，文化的发展必然要经过质变，而人为地把文化限制在“移行”的框框里，只会阻碍它的发展。但也应当看到，他们当时对“调和论”的批驳，理论上存在着许多漏洞和错误，既没有科学地解释清楚旧文化与新文化之间的关系，也没有得出应当如何对待固有文化的正确结论，而往往偏执一端，有的甚至走上了全盘否定传统文化、全盘肯定资产阶级文化的道路。正因为他们不懂得（或者说严重忽视了）文化发展的连续性，不承认新文化与旧文化有继承关系，不懂得封建时期的文化并不等于封建性的文化，把中国封建时期发展起来的传统文化一律当成有百害而无一利的东西，要求一律弃绝，所以在文化问题上往往陷入历史虚无主义的错误，从而严重地影响了对旧文化批判的科学性和说服力，给旧文化的辩护者们留下了把柄，给复古势力留了可乘之机。

在对待西方文化教育方面，陶行知反对“仪型他国”、盲目模仿，主张在批判中吸收西方的先进经验，吸取其精华。在半殖民地半封建的旧中国，各帝国主义国家加紧对华侵略，其中文化教育的侵略和渗透亦是其对华侵略的一个重要组成部分。文化教育界出现的盲目模仿和抄袭他国的现象，正是这种侵略政策的必然产物。陶行知深刻揭露了旧中国这种盲

① 《物质变动与道德变动》，《新潮》第 2 卷第 2 号，1919 年 12 月。

② 《由经济上解释中国近代思想变动的原因》，《新青年》第 7 卷第 2 号，1920 年 1 月。

从病。他指出:“试参观今日所谓之幼稚园,耳目所接,哪样不是外国货?他们弹的是外国钢琴,唱的是外国歌,讲的是外国故事,玩的是外国玩具,甚至于吃的是外国点心。中国的幼稚园几乎成了外国货的贩卖场,先生做了外国货的贩子,可怜的儿童居然做了外国货的主顾。”①还说:“以前的教育,都是像拉东洋车一样。自各国回来的留学生,都把他们在外国学来的教育制度拉到中国来,不问适合国情与否,只以为这是文明国里的时髦物品,都装在东洋车里拉过来。”②陶行知批判这种文化教育照搬照抄现象,认为这是害国害民。陶先生写诗讽刺这些贩卖“洋八股”的教师为“拉车夫”,鞭挞了崇洋媚外、认为“外国月亮要比中国圆”的文化病态心理。

陶行知不仅在精神文化上反对盲目照搬外国,而且在制度文化上也反对“仪型他国”、抄袭别国的行为。他批评那些“辄以仪型外国制度为能事”的“新人物”的抄袭行为:“至于外国的经验,如有适用的采取他;如有不适用的,就回避他。本国以前的经验,如有适用的,就保存他;如不适用,就除掉他。去与取,只问适不适,不问新和旧。能如此,才能制成独创的学制一适合国情,适合个性,适合事业学问需求的学制。”③陶行知采取分析、过滤的方法审视中外文化,体现了实事求是、辩证统一的思想,是一种冷静的、理智的态度,反映了开放的进步的中西文化教育观。

陶行知反对抄袭别国精神文化和学制文化,并不是反对学习外国先进的文教经验,恰恰相反,陶行知是十分重视、非常强调学习、借鉴外国先进的教育文化的。他在谈到幼稚园建设时,曾说过:“我们一方面在这里干,我们一方面还要吸收别的经验,我们要把英国的,法国的,日本的,意大利的,美利坚的……一切关于幼稚教育的经验都吸收进来,我们来截长补短冶成一炉,来造成一个‘今日之幼稚园’,要造成今日之中国幼稚园。”④对于外国教育文化的有益经验,陶行知也主张积极学习。他称赞外

①《创设乡村幼稚园宣言书》,《陶行知全集》第1卷,湖南教育出版社1984年版,第619页。

②《晓庄试验乡村师范学校创校概况》,《陶行知全集》第2卷,湖南教育出版社1985年版,第17～18页。

③《我们对于新学制草案应持之态度》,《陶行知全集》第1卷,湖南教育出版社1984年版,第190～191页。

④《今日之幼稚园》,《陶行知全集》第2卷,湖南教育出版社1985年版,第160页。

国反对封建主义统治，争取民主、平等和自由的斗争，赞扬西方先进的科学技术，出版了儿童科普丛书，介绍外国牛顿、伽利略、诺贝尔、爱迪生、法拉第等科学家善于创造、追求真理的精神，评介了杜威、裴斯塔洛齐、赫尔巴特、蒙台梭利、孟禄等著名教育家的教育试验成果，介绍了西方流行的道尔顿制、设计教学法实验，积极参加国际性的教育文化学术会议，与国际教育文化交流、沟通和接轨。这说明陶行知无论在思想理论上或者实际行动上，都是主张并实行学习外国经验的。他主张在批判中学习与借鉴西方有益的经验。

第三节 中国文化向何处去

随着国内外形势的变化和文化论战的深入，“中国文化向何处去”这一时代课题，在 20 世纪 20 年代初引起了人们普遍的关注，成为第三次文化论战的焦点。

如果说清末的顽固派对西方文化的深闭固拒，是由于他们对资本主义文明的无知，如果说“五四”前的守旧派对西方文化的抵制是由于他们对资本主义文明知之甚少，那么，20 世纪 20 年代初的西方文明论者，却几乎都是对西方资本主义社会的种种弊端相当了解的人。如果说以前的封建顽固派和文化守旧派在东西化问题的论战中基本上处于守势的话，那么，这时的东方文明论却差不多都以一种进攻的姿态，对宣扬西方文化的人们发起咄咄逼人的攻击。为什么会这样呢？且让我们来看看当时国内外的形势。通过第一次世界大战和十月革命，资本主义的内在矛盾像火山爆发一样，一发不可收拾。此时的中国人，特别是中国的知识分子，对资本主义的认识也发生了相当深刻的变化。资本主义世界已陷入全面危机，而社会主义则为人类带来新的曙光。这样，“资本主义文明破产了”的观念便普遍深入中国人的心中。那么，究竟用什么办法、走何种道路来拯救资本主义文明呢？这在当时的思想文化界出现了严重的分歧。

1920 年，梁启超出版了记载他此前访欧观感的《欧游心影录》一书。在这本书里，他利用一个法国人的话来证明中国文化能拯救欧洲。他认为，欧洲人由于过于相信“科学万能”，致使“内心生活随而动摇”，“唯心唯物各走极端”，“顶时髦的社会主义，结果也不过是抢面包吃”，西方人普遍地失去了为高尚的理想而奋斗的目标。既然西方文化已经破产，中国人就不必到西方寻找救世的药方。他认为解决问题的办法是以中国固有文化为主体，“拿别人的补助他”，造出一种新的文化系统，并幻想通过这种新的文化系统去拯救西方行将破产的“物质文明”。他呼吁道：“我们可爱的青年啊，立正，开步走到大海对岸那边有几万万人，愁着物质文明破产，哀哀欲绝的喊救命，等着你来超拔他哩。”

随后，梁漱溟的《东西文化及其哲学》一书出版，从文化渊源、人生哲学的角度对新文化运动作了理论上的总清算。他把欧洲文化、中国文化和印度文化列为三种完全不同的“路向”，认为第一种路向，即欧洲的路向，是“意欲向前”的路向；第三种路向，即印度的路向，是“意欲向后”的路向；中国的路向，不同于二者，它是第二种路向，是“意欲自为调和持中为根本精神”的路向。在他看来，这是三种文化的不同，其间没有什么先进落后之别，因为走的不是一条路。他在对三种文化进行比较分析之后，认定在西洋哲学基础上建立起来的西方文化，现在已经弊端百出，处于不得不由第一条路向转向第二条路向的形势。因此他断言，人类文化要发生“由西洋态度变为中国态度”的“根本改革”，全世界都要走“中国的路，孔家的路”，未来文化就是“中国文化之复兴”。

梁漱溟的这本书一出版，便在舆论界引起了远较《欧游心影录》大得多的轰动。围绕着对这本书的不同评价，一场关于东西文化问题的新论战又展开了。反对新文化运动的一派人纷纷响应梁漱溟的观点，鼓吹东方文明的优势，文化保守主义的人士们气焰又高了起来，连调和论也不肯唱了。仿佛整个世界只有“中国化是救世灵药”，以孔子思想为“正宗”才能建立起“合理的人生”，①只有中国文化是“极中和之道德，极高尚之文学”，正是“西方个人主义之药石”；②而提倡新文化运动，无非是“模仿西人糟粕，做西人奴隶”。③ 陈嘉异在《东方文化与吾人之大任》一文中，更是以

① 严既澄：《评〈东西文化及其哲学〉》，《民铎》第8卷第8号，1922年8月。

② 柳诒徵：《中国文化西被之商榷》，《学衡》第27期，1924年8月。

③ 梅光迪：《评提倡新文化者》，《学衡》第1期，1922年1月。

中国固有文化崇拜者的身份，断然反对一切赞扬西方文化的以及调和东西方文化的主张，认定东方文化有西方文化不可比拟的四大优越性：第一，东方文化是“独立的”、“创造的”，不像西方文化那样是“混合的”、“袭取他人的”；第二，东方文化有“调和精神生活与物质生活之优越性”，没有“西方文化过重物质文明的弊害”；第三，东方文化能以民族精神为根柢，来调节民族精神与时代精神，既能坚持民族固有的精神，又能吸收和创造新的时代精神；第四，东方文化有从“国家主义”进到“世界主义”的优越性。所以他得出的结论是：“故将来之世界文化，必为吾东方文化。”[①]这股全盘肯定中国固有文化的思潮，无疑是在新的世界形势下对于五四新文化运动的一种反动。

陶行知针对梁漱溟的观点，发表了《生活工具主义之教育》一文，他指出：“现在有一班人，开口就说西方的物质文明比东方好，东方的精神文明比西方高。这句话初听似乎有理，我实在是百索不得其解。”[②]因为这种说法实质上是根本不懂人类文化的科学内涵。陶行知进一步提出人类文化的起源及其同一性主要表现在人类能够制造工具，以改造自然与社会。“人的生活，必须有相当工具，才能表现出来。工具充分，才有充分的表现；工具优美，才有优美的表现，工具伟大，才有伟大的表现。”因此说，“精神文明与物质文明是合而为一的。这合而为一的媒介就是工具”[③]。陶行知的这些观点对于研究文化的本质具有十分重要的理论意义，为中国文化学研究提供了理论指导。人类文化的进步与否，主要标志就在于工具，特别是生产工具，正是由于生产工具的先进与否导致了中西文化的差异，这就为研究文化差异提供了客观的依据。他对梁漱溟提出的东西方文化从一开始就存在差异予以否定，认为这是一种不太科学的主观臆断。

以胡适、吴稚晖、常乃德为代表的一批人，此时仍旧坚持走西方资本主义的道路，用西方文明来回击文化保守主义者。他们的理论依据仍然是精神文明和物质文明密切联系，不可偏废，东西文化的差异只不过是古

① 《东方文化与吾人之大任》，《东方杂志》第 18 卷第 12 号，1921 年 1 月。

② 《生活工具主义之教育》，《陶行知全集》第 2 卷，湖南教育出版社 1985 年版，第 77 页。

③ 同上，第 76 页。

今文化的差异。他们不同意把世界文化分成两种或三种完全不同的类型,反对把文化的发展说成二元的或者是三条路向,而认为人类文化的发展道路只有一条,只不过“环境有难易,问题有缓急,走的路有迟速,到的时候有早晚”。断定西方文化是唯一的一条路,西方文化已大部分取得世界文化的地位,中国、印度落后了,只有急起直追,同样走这条路。应该指出,这些议论在一定限度内,认识到人类文化发展过程存在着由低到高的共同趋势,看到了鼓吹封建文化的错误倾向,抨击了一时非常嚣张的宣传封建文化的论调,但由于胡适等人是站在资产阶级立场上看待文化问题,所以他们为这种立场所限制,不愿也不敢正视资本主义文明在当时确已陷入危机的事实。在帝国主义的本质已经暴露、社会主义革命已经兴起、中国已不可能再走资本主义道路的历史条件下,仍旧坚持为资本主义辩护,就不可避免地最终要走向人民的对立面去。

在这个阶段的文化论战中,一支新的文化生力军崛起于论坛。“五四”新文化运动中涌现出的一部分先进知识分子,在马克思主义的引导下,对于资本主义制度和资本主义文化,逐步形成了科学的认识,并成为人类文明史上社会主义这一新生事物的热烈拥护者。前面曾提到,李大钊在1918年论述东西文明的差异时,就已经意识到“东洋文明衰颓于静止之中,而西洋文明又疲命于物质之下”,“世界非有第三种文明崛起,不足于渡此危崖”。不过当时还未能完全认识清楚这种既非封建主义又非资本主义的第三种文明究竟是一种什么性质的文明。这时,他们进一步明确了只有走社会主义道路才是中国唯一的出路。陈独秀、李大钊、瞿秋白等人发表了一系列文章,代表中国的马克思主义者,作出了走社会主义文化道路的选择。

瞿秋白是此时具有社会主义文化观的马克思主义者的一个重要代表。1923年瞿秋白在主持《新青年》季刊的工作时,连续就东西文化发表了《东方文化与世界革命》、《现代文明的问题与社会主义》等重要论文。在这些文章中,他论述了人类社会的发展中存在着“共同公律”,封建宗法社会的文化和资本主义的文化由于落后于时代,因而都在淘汰之列,代之而起的只能是“通过世界革命走建设无产阶级新文化的道路”。形成于封建宗法社会的所谓“东方文化”,已不能适应经济的发达,成了“东方民族之社会进步的障碍”，而西方资产阶级的文化，也成了为帝国主义、殖民主义服务的工具，变为“人类文化进步之巨魔”，成了“苟延残喘的废物”，所以只有既反对封建宗法制度，又反对帝国主义、殖民主义，“东方民族方能免殖民地之祸，方能正当地为大多数劳动平民应用科学，以破宗法社会封建制度的遗迹，方能得真正文化的发展”。如果“宗法社会及封建制度的思想不破，则于帝国主义的侵略无法抗拒；所以不去尽帝国主义的一切势力，东方民族之文化的发展永无伸张之日”[①]。值得重视的是，瞿秋白还就“社会主义的文明”提出了初步设想。无产阶级不同于那种主张用东方的“精神文明”对抗西方的“物质文明”的中国的士大夫，站在古旧的立场上来面对物质文明。他们要求彻底改变人类的经济、社会和文化生活，用社会主义文明来代替资产阶级文明。在他看来，社会主义的文明，是“以扩充科学的范围为起点，而进于艺术的人生”，它不同于资产阶级的单调的偏畸的技术文明，而是一种“艺术性的技术文明”。[②]

显然，瞿秋白从社会主义的高度来分析文明问题，直接回答的是中国革命必须走社会主义道路的问题。这就不仅把“五四”以来文化问题的大讨论提到一个新的水平上，而且也深刻地指出了文化问题论战的极端重要的社会意义和政治价值。尽管瞿秋白的文章在理论上和方法上还存在明显缺点和错误，但他对深化文化讨论所作出的卓越贡献，是永远不会被后人所遗忘的。

“五四”前后发生的这场关于东西文化问题的大论战，是民初中国社会政治矛盾激化的反映，也充分地说明东西文化的冲突与较量达到了一个空前的阶段，标志着文化上的变革进入了一个新的历史时期。通过这场论战，提出了或部分解决了文化发展和文化交流上的许多问题（如物质文明与精神文明的关系，文化的时代性与民族性的关系，本民族传统文化与外来文化的关系，新旧文化的关系，文化的继承与革新，量变质变问题，文化变革与政治、经济变革的关系，封建主义文化、资本主义文化和社会主义文化及其关系，等等），使马克思主义得到了进一步传播。这场论战，对于以后中国文化战线上的斗争，对于以后中国文化建设的方向和道路，

①《东方文化与世界革命》，《新青年》（季刊）第1期，1923年6月。

②《现代文明的问题——社会主义》，《东方杂志》第21卷第1号，1924年1月。

对于以后文化战线上观察和处理问题的方法都有重大影响。

一、学说主义纷呈

五四运动冲开了思想的闸门,被解放了的思想犹如奔腾的江河,汹涌澎湃,滚滚向前。在滔滔的江水中,难免泥沙俱下,出现各种错误的乃至反动的思潮。这种情况,正如瞿秋白所说:"社会主义的讨论,常常引起我们无限的兴味。然而究竟如俄国19世纪40年代的青年思想似的,模糊影响,隔着纱窗看晓雾,社会主义流派、社会主义意义都是纷乱,不十分清晰的。正如久壅的水闸,一旦开放,旁流杂出,虽是喷沫鸣溅,究不曾自定出流的方向。其时一般的社会思潮大半都是如此。"①

这时,西方各种社会思潮纷至沓来,广为流传,各种思潮、各派学说,都有人研究、宣传和信仰。当时这些不同于中国封建传统文化的西方思潮都被称为新思潮。它既包括社会主义思想,也包括各种小资产阶级思想和资本主义上升时期的民主主义思想以及帝国主义时代的资产阶级学说。社会主义思潮是这一时期新文化运动的主流,但起初也是鱼龙混杂,有科学社会主义即马克思主义,也有资产阶级和小资产阶级各式各样的社会主义。学说流派,五花八门,形形色色,异彩纷呈。这里着重介绍一下当时流传较广、影响较大的无政府主义、工读主义、新村主义、合作主义、基尔特社会主义和实用主义等思潮。

无政府主义是一种小资产阶级的社会政治思潮。其主要代表有蒲鲁东、巴枯宁和克鲁泡特金等人。他们主张个人绝对自由,反对强权和国家,幻想通过宣传和暗杀等手段建立一个生活平等、工作自由、各尽所能、各取所需、互助互爱的无政府共产主义社会。这种理论十分合乎小资产阶级的脾胃。因此,从19世纪起,无政府主义思想开始在有广大小资产阶级阶层的国家(如法国、西班牙、意大利等)里获得较为广泛的传播。

在20世纪初,无政府主义被当做一种社会主义介绍到中国。最初介绍无政府主义的是一些旅法、留日的知识分子和同盟会会员。当时他们除翻译过若干小册子外,还出版了一些专门宣传无政府主义的刊物,如刘

① 《城乡纪程》,《瞿秋白文集》第1集,人民文学出版社1953年版,第23～24页。

师培等在日本创办的《天义报》和《衡报》，李石曾、吴稚晖等在法国出版的《新世纪》等，张继还在日本举办过讨论无政府主义的"社会主义讲习会"。辛亥革命后，无政府主义开始在国内流传，并有较大的发展。著名的无政府主义者刘师复发起组织了无政府主义团体晦鸣学舍、心社、无政府主义同志社，出版《晦鸣录》、《民声》等刊物和其他宣传无政府主义的书籍，如重印巴黎出版的《新世纪丛书》，选录《新世纪周报》上的文章编成《无政府主义粹言》、《无政府主义名著丛刊》等，积极宣传无政府主义。在刘师复的推动下，各地出现了许多无政府主义的组织。刘死后，黄凌霜（文山）、区声白、李震瀛等人继承了他的衣钵，继续扩大无政府主义的宣传。他们于 1919 年 1 月，将几个无政府主义的小团体合并组成进化社，出版《进化》月刊。进化社宣扬的主要是克鲁泡特金的互助论，认为"互助"是"进化"的要素，提倡"各尽所能，各取所需"的"互助"生活。五四运动后，无政府主义继续发展，从 1919 年至 1920 年，无政府主义的团体有近 50 个，专门宣扬无政府主义的刊物和书籍达 70 余种，可见其影响之广泛。

"五四"前后，无政府主义在反对封建专制、封建礼教方面起过一定的积极作用。当时，很多人还分不清马克思主义与无政府主义的区别，无政府主义极容易被那些不满于中国社会的黑暗，向往没有阶级、没有人剥削人社会的小资产阶级知识分子所接受。因此"在起初各派社会主义的思想中，无政府主义是占着优势的"[①]，不少早期共产主义者都曾受过它的影响。随着马克思主义的进一步传播，无政府主义的反动性逐渐暴露。后来，经过马克思主义者的不断斗争，特别是波澜壮阔的大革命，使无政府主义者发生急剧变化，组织解体，队伍瓦解。从此无政府主义作为一个政治派别在中国不再存在了。

工读主义是"五四"期间风行一阵的"新思潮"之一。它是综合当时流行的俄国无政府主义者克鲁泡特金的"互助论"、俄国作家托尔斯泰的泛劳动主义以及新村主义等"新思潮"而形成的，又称工学主义、半工半读主义等。尽管名称有所不同，但实际上它们都主张劳心与劳力、工与读相结合，教育与职业合一，学问与生计合一，把工读互助团办成"人人工作，人

---

① 刘少奇：《五四运动的二十年》，《中国青年》第 1 卷第 2 期，1939 年 5 月。

人读书，各尽所能，各取所需”的新组织，进而实现“小团体大联合”，创造一个新社会。工读主义的特点在于，它既是一种社会思潮，又是一种教育思潮。作为一种社会思潮来说，它主张通过工读结合的道路来实现它的社会目的或理想；作为一种教育思潮来说，它是和一定的社会政治经济要求密切联系的教育思想。因此，它所涉及的问题包括两个基本方面：一是工读的社会意义，即工读的社会目的，二是工读的教育意义，即工读对人的发展的作用及其教育的目的。

在“五四”以前的勤工俭学运动中，中国早期的无政府主义者吴稚晖等曾宣传过类似工读主义的思想，但影响不大。只是到李大钊宣传十月革命的几篇文章，指出今后社会都要成为劳工社会、人人皆应成为劳工之后，特别是通过五四、“六三”中工人阶级表现了自己的伟力之后，这个问题才被人们重视起来。知识分子重视劳动，要求自己也成为劳工的呼声才愈来愈高了。“工读主义”发展成为吸引大批青年的思潮，并出现了实践工读主义的小组织。

1919 年 12 月，少年中国学会执行部主任王光祈发表了《城市中的生活》一文，他把这种城市“新生活”的小组织定名为“工读互助团”，提出在北京先行着手组织，然后在其他城市推行。这一倡议得到蔡元培、陈独秀、李大钊、胡适等许多有影响的人物的支持。从 1919 年底到 1920 年初，北京组织了工读互助团四个组，其中第三组为女子工读互助团。北京工读互助团成立后，引起了很大反响，武昌、上海、南京、天津、广州等地也先后成立了工读互助团。这些工读互助团的活动内容主要是开办食堂、洗衣、成衣、印刷等营业，赚来的钱完全归团体公有，实行“共产”，维持团员生活，培养团员的劳动和互助习惯。工作之余则读书学习、自由研究。工读主义的提倡与实践，表现了青年知识分子改造中国的热切愿望，但它的空想性决定其必然失败。北京和其他地方的工读互助团仅仅存在了几个月就因经济困难、内部意见不统一、人心涣散等原因而瓦解了。轰动一时的工读互助团运动就这样昙花一现，宣告失败。

工读互助团运动的失败，对于“五四”时期不少的进步青年来说，这一沉痛的教训是一副清醒剂，促使他们比较快地从空想社会主义的迷惘中走出来，学习和接受了科学社会主义思想，走上和工人运动相结合的革命道路。如施存统、俞秀松、何孟雄以及恽代英等都是我国社会主义青年团、中国共产党创建时期的最早的成员和负责人。

新村主义是“五四”时期流行的一种小资产阶级的社会改良主义思潮。新村主义主张脱离旧社会的恶势力圈，另辟一块小天地，建立没有压迫、没有剥削、没有脑力和体力劳动的对立，人人平等、个个幸福的互助友爱的新村。他们认为一个新村成立了，自然就有人跟着去办第二个、第三个、第几千、第几万个新村。新村普遍了，旧社会的组织自然就成为落伍的东西，没有存在的价值了。早在 1825 年，空想社会主义者欧文为了实现他理想的社会，就曾在美国建立了一个所谓共产主义的“公社”或“新村”，傅立叶的门徒也曾在美国作过类似的试验，但他们的试验都失败了，事实证明这类想法不过是乌托邦的幻想。出身于日本贵族家庭的自然主义作家武者小路实笃，因受空想社会主义、克鲁泡特金的互助论和托尔斯泰泛劳动主义的影响，比较系统地提出了一套所谓新村主义的理论，创办了研究“新村”问题的刊物，并于 1918 年在日本九州的日向地方组织了“第一新村”，在日本掀起了一个所谓新村运动，还梦想将自己的新村推广到全世界。

“五四”以前，中国有些知识分子，主要是无政府主义者，曾对法国和美国空想社会主义者组织的新村作过访问和介绍，提倡过“新村主义”。不过那时没有人理会。直至十月革命前后，影响才渐渐扩大，形成一种新思潮。其中尤以周作人对武者小路实笃的新村主义的介绍影响较大。

1919 年 3 月，周作人在《新青年》上发表《日本的新村》一文，不仅详细地介绍了新村主义的理论和实践，而且将它和其他学说作一比较，他说：“近来日本的新村运动是世界上一件很可注意的事。从来梦想 Utopia（乌托邦）的人，虽然不少，但未尝着手实行；英国诗人 Col. Eridge（哥尔利治）等所发起的‘大同社会’（Pantisocracy）也因为没有资本，无形中消灭了。俄国 Tolstoi（托尔斯泰）的躬耕，是实行泛劳动主义了，但他专重‘手的工作’，排斥脑的工作，又提倡极端的利他，抹杀了对于自己的责任；所以不能说是十分圆满。新村运动却更进一步，主张泛劳动，提倡协力的共同生活，一方面尽了对于人类的义务，一方面也尽各人对于个人自己的义务，赞美协力，又赞美个性，发展共同的精神，又发展自由的精神。实在是一种切实可行的理想,中正普遍的人生的福音。”[①]同年7月,他还亲自到日本九州日向地方的新村去参观了数日,归来后继续撰文介绍,并在北京、天津讲演,鼓吹新村主义。

经过周作人的这一番宣传,在一些青年知识分子中兴起了一阵“新村主义热”。少年中国学会的某些会员便讨论过成立新村式的“小组织”问题,他们有的主张这种小组织应设在城市近郊,参加的人一面劳动种菜,一面读书、翻译和办平民学校,还有的主张干脆脱离旧社会的范围,另向山林高旷的地方组织一个真正自由平等的团体,并以这种“新社会”的小组织为标本来改造旧社会,使之“分布全国,使全国人民皆入于安乐愉快的生活”,再进一步帮助“全世界的人都臻于此境”。[②] 有些青年学生还展开了新村主义的具体实践。中华职业教育社附设学校的学生,在1919—1920年间,几乎都按照所谓理想的小组织形式组织起来,把自己的宿舍命名为“新村”、“大同村”等,在自订的章程里或多或少表现了新村主义的精神,如共同从事一定的工艺劳动,所得收入共同消费,提倡“人的生活”等,有的“村”不设“村长”,由值日者轮流执行“村长”职务,有的“村”由各人自认职务。然而,新村主义要想真正推广起来,还存在着种种现实无法解决的问题,因此没过多久,喧嚣一时的新村主义也烟消云散了。

合作主义是一种小资产阶级的空想社会主义思潮。合作主义的信奉者从同情劳动人民的悲惨处境、改造社会的愿望出发,通过组织合作社,进行生产、分配、社会教育和建立政权,幻想用不流血的和平方法建立没有剥削、没有压迫的新社会。合作社运动发生于自由资本主义时代。在早期的工人运动中,合作社曾作为工人群众为摆脱商业资本剥削的经济斗争的形式出现过。欧文也曾积极提倡过合作制,并将它作为实现新社会的“细胞”而做过试验,在英国及其他国家曾出现了一些消费合作组织。马克思、列宁等都对合作主义的空想性予以充分的揭露和批判。

“五四”时期,一部分小资产阶级知识分子将合作主义看成最适于改造中国的办法而极力加以倡导,并建立了一批研究和宣传合作主义的小团体。其中成立最早、影响最大的是俞愉、许绍棣等复旦大学部分教员和

---

① 《新青年》第6卷第8号。

② 《我的创造少年中国的办法》,《少年中国》第1卷第2号,1919年8月。

学生组织的平民周刊社(后改为平民学社)。该社 1920 年 5 月开始发行的《平民》周刊,成为中国宣传合作主义的主要阵地。此外,当时在上海、长沙、成都、无锡,湖北仙桃、武昌等地出现过各种类型的合作社。

合作主义的提倡者都非常害怕社会革命的爆发,说什么"照现在中国的情形看来,经济束缚已经到了极点,如果再没有法子去救济,将来爆发起来,恐怕还比俄国来得厉害些"①。为了防止社会革命的发生,他们鼓吹合作主义是和平消除资本主义的绝妙方法。在他们看来,"我们倘若要改造我们的社会,除了设立合作社以外,再没有更好的方法"。因为合作社"并不须革命,并不侵有财产人的权利,并不充公一个人的财产,他只用和和平平的方法,达到将来世界大同的途径"。② 中国用不着什么布尔什维克主义,"要使中国由资本主义而进入社会主义,最适宜的过渡就是合作事业"③。"合作"才是"根本解决的方法"④。由于这种改良的主张远远落后于时代的发展,所以尽管提倡者喊哑了嗓子,在社会上也没有引起多大的反响。在鼓吹了几年之后,连他们自己也不得不承认:"在这三年多的时间中,我们一面宣传'合作',一面实行'合作'……但一看我们自己的四周围,只觉得静悄悄地全无声色!所谓合作运动,仿佛秋冬间的衰草枯枝,生气是全无的。"⑤这正是合作主义最终命运的生动写照。

基尔特社会主义是 20 世纪初产生于英国的一种提倡劳资合作的资产阶级改良主义思潮。基尔特(Guild),即行会、同业组合、协会的意思,原是中世纪欧洲商人和手工业者的同业团体,后借指现代的同业协会。基尔特主义又叫行会社会主义。它主张在保存现有国家政权的条件下,组织基尔特管理生产,实行生产自治,产业民主,而由国家负责产品的分配和保证全民的消费,从而消灭剥削,实现劳动者的解放。

"五四"时期,以梁启超、张东荪为首的研究系将基尔特社会主义作为社会主义流派之一引进到中国来。1920 年 9 月,英国著名哲学家、基尔特

①《合作银行怎么样的扶助社会》,《平民》第 5 号。
②《"消费合作社"与谋利商店的利害观》,《平民》第 18 号。
③《合作主义的宣传与实施》,《平民》第 71 号。
④《罢工与合作》,《平民》第 69 号。
⑤《"平民"新生命的创造》,《平民》第 195 号。

社会主义者罗素来华讲学,1921 年 7 月作临别讲演,前后 10 个月,在中国跑了很多地方。罗素在他的讲演和文章中,攻击十月革命和苏俄政府,反对阶级斗争,宣扬和平长入社会主义,认为基尔特社会主义“可以免掉欧洲资本制度之弊害及俄国不幸运命之事”①。他虽然宣扬基尔特社会主义,但他并不要求在中国立即实行基尔特社会主义,因为在他看来,中国还缺乏实业。他指出:“无政府共产主义,工团主义和基尔特社会主义,都是为已发达的实业设想,都是为实业主义的习性设想。他们只适用于实业已发达的国家,而不适用于实用未发达的国家。所以在一个实业未发达的国家,不能以他们作倾向社会主义的第一步。”②他认为中国的当务之急是发展实业,兴办教育。张东荪、梁启超等研究系分子极力附会和宣传罗素的理论,将它作为反对马克思主义的武器。从 1921 年 9 月起,他们在《时事新报》副刊《学灯》开辟了“社会主义研究栏”,专门宣传基尔特社会主义。在受到中国先进分子的有力批驳后,基尔特社会主义在思想界的市场就越来越小了。

实用主义是在当时对中国思想文化界影响很大的一种现代资产阶级思想体系,它是 19 世纪末 20 世纪初在美国发展起来的资产阶级唯心主义哲学流派,由皮尔士首创,詹姆斯发展,杜威集其大成。实用主义者把主观臆想的所谓“纯粹经验”当做世界上最根本的东西,认为物质和意识只是“纯粹经验”的内部的区别。实用主义否认世界的客观存在和真理的客观标准,宣称“有报酬”、“有效用”、“能满足我的需要”的就是真理,“有用就是真理”。实用主义还否认社会发展的规律性,认为历史是由英雄人物创造的,并鼓吹阶级合作,反对暴力革命。20 世纪初,实用主义开始在资本主义各国广泛流行。

“五四”以前,杜威的实用主义哲学通过胡适的介绍开始传入中国。胡适在早年留学美国期间是杜威的学生,是一个实用主义的忠实信徒。早在 1919 年初,胡适就连续发表《不朽》和《实验主义》等文章,系统地介绍了实用主义。杜威来华讲学后,他更不遗余力地加以鼓吹。胡适把实用主义称做实验主义。他否认世界的客观存在和真理的客观标准,认为

① 《社会主义》,《时事新报》副刊《学灯》,1921 年 2 月 22 日。

② 《罗素五大讲演:社会结构学》,北京大学新知书社 1921 年版,第 12 页。

"实在是一个很服从的女孩子，他百依百顺的由我们替他涂抹起来，装扮起来。'实在好比一块大理石到了我们手里，由我们雕成什么像。'"①还说："真理原来是人造的，为了人造的，是人造出来供人用的，是因为他们大有用处所以才给他们'真理'的美名的。"②胡适在宣传实验主义时，提倡"存疑主义"，主张"重新估定一切价值"，这是具有反封建的积极意义的。胡适还介绍了杜威分析思想的"五步方法"，把这种方法概括为"大胆地假设，小心地求证"，并将之运用到学术研究中去。"五四"时期，实验主义在一定程度上是反封建的思想武器。但是，实用主义在哲学上是彻头彻尾的主观唯心主义，在政治上是一点一滴的改良主义，与马克思主义是根本对立的。杜威在"五四"前三天到达上海，在中国停留了两年零三个月，曾到11省讲演。他的讲演录被译成中文广泛地登载在《新青年》、《每周评论》、《新潮》、《晨报副刊》、《觉悟》、《学灯》等著名刊物及其他许多报纸上，其中的《社会哲学与政治哲学》、《教育哲学》、《思想之派别》、《现代之大哲学家》、《伦理讲演纪略》等五种被称为《杜威五大讲演录》由北京晨报馆编印出版。经过杜威及其弟子胡适等人的这一番散播，实用主义在中国风行一时，影响颇大。

二、中国人的抉择

中国人民选择马克思主义，是中国近现代历史上最重要的一件大事。

马克思主义在中国，是同各种思潮并存、相比较中传播开来的。马克思主义胜利取得了它的主导地位，也是在同各种错误思潮和反对它的敌人作斗争中得到的。有比较才能有鉴别。民初十年，中国的先进分子酷爱真理，追求真理。他们在各种思潮中进行比较、鉴别，择优从善，最终选择了马克思主义。从此，中国人民革命和民族解放事业就有了基本保证，中国文化史也揭开了新的一页。

（一）马克思学说的出现

马克思主义是无产阶级的宇宙观和社会革命论，是关于被压迫、被剥削群众的革命斗争的科学。它形成于19世纪40年代。自诞生之日起，

①《胡适文存》第2卷，上海亚东图书馆1924年版，第440页。

② 同上，第435页。

它就把整个国际共产主义运动联结在一起了。因此，马克思主义必将在各国进行传播和实践。

马克思主义在中国的传播，有一个发展过程。中国人对马克思主义的了解是逐步的，渐进的，由浅入深，由表及里，由片面到全面。经过先进分子的努力，终于使马克思主义在中国得到了传播，进而取得了主导地位。

19 世纪末 20 世纪初，马克思主义开始传入中国。

就目前查到的文献来看，最早提到马克思和马克思主义的，是 1898 年上海广学会出版的《泰西民法志》。该书原为英国人柯卡普(Kirkup)所著，原名《社会主义史》(《The History of Socialism》)，1892 年第一次出版发行，1898 年传入中国。此书因广学会的著名人物李提摩太委托，由胡贻谷(有作胡颐谷的)翻译，于 1898 年夏在上海以《泰西民法志》之名交付广学会出版。由于此书发行数量有限，传播范围不广，故未引起中国人的很大反响。

1913 年英国人皮司(Prase)对此书增删重订，由李懋庸(季)翻译，蔡元培作序，1920 年由上海新青年社出版发行。现在我们虽难以看到《泰西民法志》的原译文，却可从李懋庸译本中窥见前者的主要内容。该译著指出："马克思是社会主义史中最著名和最有势力的人物，他及他同心的朋友恩格斯都被大家承认为'科学的和革命的'社会主义派的首领。这一派在文明各国中都有代表，而大家对于这一派认为社会主义中最可怕的新派。"书中还介绍了马克思的生平以及他的学说，辩证唯物主义与历史唯物主义、科学社会主义、政治经济学，每一部分都作了详尽的评述和介绍，其中对于马克思主义经济学中的劳动价值理论、剩余价值理论、资本理论和资本主义必将被社会主义所取代理论尤为重视。

《泰西民法志》一书虽因种种原因没有引起很大反响，甚至差点被人所遗忘，但其意义重大而深远，标志着马克思学说开始传入中国。[①]

1899 年 2 月和 4 月，李提摩太在《万国公报》第 121 号和 123 号上发表《大同学》一文，也提到了马克思和马克思主义。该文由李提摩太节译

---

① 陈铨亚:《马克思主义何时传入中国》,《光明日报》1987 年 9 月 16 日。

自英国资产阶级社会学家颉德写的《社会演化》一书。文中第一章提到："其以百工领袖著名者，英人马克思也。马克思之言曰：纠股办事之人，其权笼罩五洲，实过于君相之范围一国。吾侪若不早为之所，任其蔓延日广，诚恐遍地球之财币，毖将尽入其手。"第三章提到："今世之争，恐将有更甚于古者，此非凭空揣测之词也。试稽近代学派，有讲求安民新学之一家，如德国之马克思，主于资本者也。""德国讲求养民学者，有名人焉。一曰马克思，一曰恩格斯"。

显而易见，马克思主义在中国的最早出现，与李提摩太、广学会和《万国公报》有密切关系。广学会是基督教在1887年于上海设立的出版机构，初名"同文书会"，1894年改称"广学会"。英国传教士李提摩太是该会的主持人。在维新运动期间，该会出版了许多介绍西学的书刊，对推动维新运动的开展起了一定的积极作用。该会发行最广的是《万国公报》。《万国公报》以宣传基督教救世教义为宗旨，同时也附带介绍各种流行于西方的社会主义学说。就是在这种介绍中，马克思学说开始在中国出现了。

在中国的先进分子中，最早接触马克思主义的，主要是流亡于国外的资产阶级改良派、革命党人和留学生。20世纪初，他们办刊物宣传其政治主张，同时也介绍了西方各种社会政治学说，其中包括马克思主义。

1902年，梁启超在《新民丛报》上所写的《进化论革命者颉德之学说》一文中提到了马克思。"麦喀士（即马克思），日耳曼人，社会主义之泰斗也。"①1903年，他在《二十世纪之巨灵托拉斯》中又说："麦喀士，社会主义之鼻祖，德国人，著书甚多。"②但在《新大陆游记》一书中，却诬蔑马克思学说是"迷信"。1906年，他在《杂答某报》一文中，再一次提到马克思，把马克思学说称为"架空理想"，"足以煽下流"，反映出资产阶级学者对马克思主义的某种阶级偏见。

1903年，马君武在《译书汇编》上发表了一篇《社会主义与进化论比较》，在提到马克思时说："马克思者，以唯物论解历史学之人也。马氏尝谓阶级竞争为历史之钥。"在文末"马克思所著书"中，提到了《英国工人阶级状况》（实系恩格斯所著）、《哲学的贫困》、《共产党宣言》、《政治经济学

① 《饮冰室合集》文集第5册，上海中华书局1915年版，第79页。

② 《饮冰室合集》文集第12册，上海中华书局，第79页。

批判》和《资本论》。

与此同时，日本学者论述马克思主义的一些书籍也被翻译、介绍到中国来。如日本福井准造等著、赵必振等翻译的《近世社会主义》、《社会主义》、《社会党》、《社会改良论》等。《近世社会主义》中有一篇介绍"德意志之社会主义"，着重介绍了马克思的生平及其学说。又如日本社会主义先驱幸德秋水著、中国达识译社翻译的《社会主义精髓》，也于1903年9月被译成中文传入国内。

1905年，朱执信在《民报》第2号上发表了《德意志社会革命家小传》，介绍马克思、恩格斯的生平及其学说。他还明确地揭示出马克思主义与空想社会主义不同："前乎马尔克（即马克思），言社会主义而攻击资本者亦大有人。然能言其害之所由来，与谋所以去之之道何自者，盖未有闻也。故空言无所裨。其既也，资本家因讪笑之。以为乌托邦固空想，未可得蕲至也。是亦社会革命家自以为计未审之过也。夫马尔克之为《共产主义宣言》（即《共产党宣言》）也，异于是。"他认为，《共产党宣言》是马克思的最大"事功"。并概略地介绍了《共产党宣言》和《资本论》的要点，摘译了《共产党宣言》的十大纲领。[①] 这是中国的先进分子第一次对马克思和恩格斯的生平及其学说所作的比较详尽的介绍。

此外，有些无政府主义者为了其政治活动的需要，也纷纷向国内介绍马克思主义。刘师培在日本创办《天义报》，1907年8月成立社会主义讲习会，《天义报》第15号（1908年）上还刊登了恩格斯1888年为《共产党宣言》英文版所写序言的译文，该刊第16号至19号（1908年）上译载了《共产党宣言》的第一章《资产者与无产者》。1911年，中国社会党的首领江亢虎在他的《社会主义学说》一文中也提到过马克思学说："各国社会主义学者，鉴于将来社会革命之祸，汲汲提倡马克思之学说，主张分配平均，求根本和平之解决，以免激烈派之实行均产主义，而肇攘夺变乱之祸。"1912年，社会党员施仁荣也曾翻译恩格斯的《社会主义从空想到科学的发展》，以《理想社会主义和实行社会主义》为题连载于《新世界》半月刊上。

综上所述，早期在中国介绍马克思主义的人，成分比较复杂，有外国

---

①《朱执信集》，中华书局1979年版，第8～32页。

传教士、资产阶级改良派、资产阶级革命派以及无政府主义者。他们从自己的阶级立场和政治需要出发，都对马克思主义有所介绍。不过，他们当时寻找和介绍的重点，主要是西方资产阶级的进化论、天赋人权说等内容，马克思主义的有关内容仅仅是附带涉及，既不系统，也不准确，甚至还有歪曲。他们当时不过是把马克思主义作为一种知识、一种学说来介绍而已。而且从事这种介绍的人极少，影响非常有限，中国人一般都不知道马克思和马克思主义。造成这种状况的原因，主要是当时国内资本主义还未发展，无产阶级力量还很小，中国还缺乏接受马克思主义的社会条件和思想准备，加之内有封建主义思想的禁锢，外有第二国际机会主义者的有意阻挠，因此，在十月革命以前，马克思主义没有也不可能在中国得到广泛的传播。

(二) 马克思主义的传播

马克思主义作为一种社会思潮在中国传播，是在俄国十月革命之后。

十月革命爆发时，中国社会内部的情况已发生了重大变化。在第一次世界大战期间，中国资本主义有了较大的发展，工人阶级已经成长壮大起来，成为中国社会的一支重要力量，而新文化运动的蓬勃开展又极大地促进了人们思想的解放，统治中国达两千年之久、享有绝对权威的封建思想文化受到了沉重的打击，人们的民主主义觉悟受到了极大启发，在广大青年知识分子中，掀起了要求进步、寻求科学真理、追求解放的热情，这就为马克思列宁主义在中国的传播造成了社会上的基础和思想上的条件。十月革命的胜利，在俄国建立了劳动人民当家做主的社会主义国家，使灾难深重的中国人民从中看到了中华民族获得解放的新希望，促使中国的先进分子开始用无产阶级宇宙观作为观察国家命运的工具，重新考虑自己的问题。十月革命以前，中国人学习的榜样是西方国家，效法的是旧式的资产阶级革命，结果都失败了。那时也有人知道马克思和他的某些主张，但是没有把马克思主义作为解决中国问题的思想武器。“中国的真正出路在哪里?”始终是一个没有解决的问题。十月革命促进了中国人民的觉醒，那些同封建主义彻底决裂的、对资产阶级共和国感到失望的、忠实的爱国者，从十月革命的胜利中看到了中国的新出路。因此，他们在欢呼十月革命的同时，也就很快地接受和传播了马克思列宁主义，由效法西方资产阶级革命，转而效法俄国十月社会主义革命，从向西方资产阶级“文明”寻找出路，转向研究和宣传马克思列宁主义。1918 年下半年到五四运动时，马克思主义在中国已经得到初步的传播。

李大钊是中国第一个马克思主义的积极传播者。十月革命以后，他以极大的热情注视着俄国革命的发展，搜集有关俄国革命和马克思主义的资料，认真学习和研究马克思主义。1918 年 7 月，他在《法俄革命之比较观》一文中，论述了十月革命和法国资产阶级革命的区别以及这个革命的伟大历史意义。他指出：“俄罗斯之革命是二十世纪初期之革命，是立于社会主义上之革命”，它“非独俄罗斯人心变动之显兆，实二十世纪全世界人类普遍心理变动之显兆。吾人对于俄罗斯今日之事变，唯有翘首以迎其世界新文明之曙光，倾耳以迎其建于自由、人道之上新俄罗斯之消息”。[①] 同年 11 月，他又发表了著名的《庶民的胜利》和《布尔什维主义的胜利》两篇文章，进一步歌颂了十月革命的胜利，指出马克思主义必将在全世界取得胜利。他说：“由今以后，到处所见的，都是 Bolshevism 战胜的旗。到处所闻的，都是 Bolshevism 的凯歌的声。人道的警钟响了！自由的曙光现了！试看将来的环球，必是赤旗的世界！”[②]李大钊的上述文章，标志着他从激进民主主义者向共产主义者的转变，表明了中国先进分子在十月革命影响下的新的觉醒。

在这一时期，李大钊组织了“马克思主义研究会”，团结一些进步青年，学习和研究马克思列宁主义和俄国革命。1919 年 4 月 6 日出版的《每周评论》第 16 号，摘译了《共产党宣言》的一段，并在文前按语中说：“这个宣言是马克思和恩格斯最先进最重要的意见……其要旨在主张阶级战争，要求各地的劳工联合。是表示新时代的文书。”同年 5 月，在李大钊的主持下，《晨报副刊》开辟了马克思主义研究专栏，连续刊载《共产党宣言》、《政治经济学批判序言》中有关历史唯物主义部分的摘译和《雇佣劳动与资本》的全译文。与此同时，他又在《新青年》编辑了《马克思研究号》。有些报刊还先后发表过马克思、恩格斯、列宁等人的传记材料和其他有关社会主义的文章。通过这些报刊的介绍，中国人开始对马克思、恩

① 《李大钊选集》，人民出版社 1959 年版，第 101～104 页。

② 同上，第 117 页。

格斯、列宁和他们的学说有比较系统的了解。

五四爱国运动的爆发，推动了新文化运动的深入发展，也有力地促进了马克思列宁主义的广泛传播。

“五四”前，新文化运动是一个反封建的思想运动，主要是宣传资产阶级民主主义和科学思想。“五四”后，新文化运动发展成为以马克思列宁主义为主流的思想运动。在五四运动中，工人阶级的政治觉悟有了迅速提高，他们迫切需要马克思主义的启蒙教育。中国的先进分子从事实的教训中认识了帝国主义的侵略本质，丢掉了对帝国主义的幻想，走上了彻底反帝的道路；而环顾全球，同情和支持中国人民斗争的，只有列宁创立的社会主义苏俄，因此彻底的反帝思想很自然地就同社会主义联系起来，促使中国的先进分子努力去学习和研究社会主义。1919 年 7 月 25 日，列宁领导的苏俄政府发表了《俄罗斯苏维埃联邦社会主义共和国对中国人民和南北政府的宣言》，宣布废除沙俄同中国签订的不平等条约，废除沙俄在中国的特权，支持中国人民争取自由的斗争。次年三四月间，该宣言在中国报刊上发表，更加促使中国人民向往十月革命，促进了马克思列宁主义在中国的迅速传播。

“五四”以后，各地出现了许多宣传马克思列宁主义的进步刊物。据不完全统计，在五四运动后半年时间内，全国各地新出版的、在不同程度上具有社会主义倾向的报刊有 200 余种。其中对传播马克思列宁主义起了较大作用的有“五四”前出版的《新青年》、《每周评论》、北京《晨报》副刊、上海《民国日报》副刊《觉悟》等，有“五四”后 1919 年 7 月在长沙创刊由毛泽东主编的《湘江评论》，1919 年 12 月由瞿秋白、郑振铎等编辑出版的《新社会》，1920 年 1 月由少年中国学会南京分会编辑出版的《少年世界》等。此外，学生救国会办的《国民》杂志，北京大学学生编的《新潮》月刊等，当时也相当活跃。

这个时期，除了刊物上登载了大量的宣传马克思列宁主义的文章，不少马克思主义著作也被翻译出版。例如，田舍译《共产党宣言》（摘译），发表在 1919 年 4 月出版的《每周评论》第 16 号上。此后，李英彰由英文译出《共产党宣言》，又发表在《国民》杂志第 2 卷第 1 号（1919 年 11 月 1 日）上。马克思的《雇佣劳动与资本》的译本，1919 年 5 月 9 日～6 月 1 日连载于《晨报》副刊。《资本论》的部分章节(费觉天译的《〈资本论〉自叙》),载于1920年10月《国民》月刊第2卷第3号。恩格斯的《反杜林论》第三编的一部分(题名《科学的社会主义与唯物史观》),载于1920年12月《建设》杂志第3卷第1号。《家庭、私有制和国家的起源》部分内容(由恽代英翻译,题为《英哲尔士论家庭的起源》),载于1920年10月《东方杂志》第17、19～20卷。列宁的《俄国的政党和无产阶级的任务》(部分译文)载于1919年9月出版的《解放与改造》第1卷第1号上,题为《鲍尔雪佛克之排斥与要求》,李宁著,金侣琴译。这是已知的最早的列宁著作的中译文。《民族自决》载于1920年2月《新青年》第8卷第8期。此外,还翻译出版了一些介绍性的论著,如考茨基的《马氏资本论释义》(渊泉译注)、《马克思资本论解说》(戴传贤译),马尔西的《马克思资本论入门》(李汉俊译),柯卡普的《社会主义史》(李懋庸译),河上肇的《马克思的唯物史观》、《马克思社会主义之理论的体系》等。上述著作的翻译出版,为当时进步的知识分子学习、研究马克思列宁主义创造了一定的条件。

与此同时,宣传和研究马克思主义的进步社团也在全国各地纷纷涌现。在北京,1920年8月,北大学生中的共产主义者邓中夏、何孟雄等人,在李大钊的领导下,组织了马克思学说研究会。在上海,1920年5月,陈独秀发起组织了马克思主义研究会,成员有李汉俊、李达、陈望道、俞秀松、沈雁冰等人。在湖南,1920年秋,毛泽东以新民学会会员为骨干,联合教育、新闻、工商各界人士,共同发起创办了文化书社,该社销售大量马克思主义书报。在武汉,1920年2月,恽代英、林育南、林育英、李求实、刘仁静等组织了利群书社,该社发行了大量的各种进步书刊。在天津,1919年9月,周恩来、邓颖超、郭隆真等人组织了觉悟社,研究世界新思潮。在济南,1920年初,王尽美、邓恩铭、王翔千等创办了马克思主义学说研究会。这些进步社团的出现,对于马克思主义在各地的传播起了重要作用。

在此期间,还涌现出一批积极传播马克思列宁主义的先进分子。其中尤以李大钊最为突出。1919年5月,他在《新青年》马克思研究专号上发表的《我的马克思主义观》这篇两万多字的长文,是我国系统地介绍马克思主义学说的开始。文章对马克思主义的三个组成部分——唯物史观、政治经济学和科学社会主义,都有所阐明,并指出这三个部分"都有不可分割的关系，而阶级竞争说恰如一条金线，把这三大原理从根本上联络起来”[①]。在这前后。他在《新青年》、《每周评论》、《新潮》等刊物上还发表了《阶级竞争与互助》、《再论问题与主义》、《物质变动与道德变动》、《由经济上解释近代思想变动的原因》、《唯物史观在现代史学上的价值》、《中国的社会主义与世界的资本主义》等一系列论文，介绍马克思主义的基本原理特别是唯物史观。同时，他还在北京大学的经济系、历史系、法律系和北京女子高等师范分别开设了《唯物史观》、《社会主义与社会运动》、《社会主义的将来》、《现代政治》、《史学思想史》、《女权运动史》等课程，利用高等学校的讲坛向学生宣传马克思主义。他在宣传马克思主义方面的论著，今天看来自然还有不够成熟之处，但是，正如鲁迅所说的“他的遗文却将永在，因为这是先驱者的遗产，革命史上的丰碑”[②]。

陈独秀也是“五四”以后有很大影响的马克思主义的积极宣传者。这个时期，他正逐渐由激进民主主义者向共产主义者转变。他先后发表《马尔萨斯人口论与中国人口问题》、《劳动者的觉悟》、《上海厚生纱厂的湖南女工问题》、《谈政治》等文章，阐述了马克思主义关于劳动人民创造世界、剩余价值理论、阶级斗争和无产阶级专政学说，由于他长期主编《新青年》和在新文化运动中的声誉，因而很快就成为有巨大影响的马克思主义宣传者。

除了李、陈两位之外，毛泽东、周恩来、蔡和森、李达、邓中夏、杨匏安、恽代英、瞿秋白、陈望道等人，也都为“五四”以后马克思主义的广泛传播作出了重要贡献。

概括而言，“五四”时期，马克思主义在中国的传播，已经不是零星片断，而是比较系统、完整，并且开始接触中国实际了。少数共产主义知识分子，力图用马克思主义的基本原理，仿效苏俄革命的实践经验，结合中国的具体实践，探索改革中国的道路。尽管他们人数不多，并且由于种种主客观原因，在认识上、实践上存在着诸多不足，但他们的伟大尝试是应给予充分肯定的。

---

① 《李大钊选集》，人民出版社 1959 年版，第 177 页。

② 《〈守常全集〉题记》，《鲁迅全集》第 4 卷，人民文学出版社 1973 年版，第 402 页。

三、思想冲突中的抉择

马克思主义在中国的传播，是一场伟大而深刻的革命，各个阶级、各种人物都对此抱有不同的态度，持有不同的认识，这就必然会引起各种社会思潮之间的论战。五四运动以后，马克思主义成为最有吸引力和生命力的学说，在与各种新颖思潮的竞争中脱颖而出，得到了广泛的传播。但是马克思主义的传播不是一帆风顺的，它不仅受到帝国主义、封建军阀的严重压制和摧残，而且遭到思想领域里的种种挑战。马克思主义在回击这种挑战中，展开了同资产阶级改良主义、假社会主义的三次论战。

第一次论战是胡适挑起的关于“问题与主义”的论战。这场论战是在马克思主义者与实验主义、改良主义信奉者之间展开的。“五四”以后，中国早期马克思主义者运用马克思关于阶级斗争和无产阶级专政的学说，主张对中国社会进行根本改造，这使笃信实验主义，主张改良反对社会革命的胡适“看不过了，忍不住了”，便一手抛开“不谈政治”的假面具，“发愤要谈政治”了。尤其使他痛心的是，某些官僚政官居然也把他看成了“过激党”，这就逼迫他不得不公开亮相了。于是，他借杜威来华讲学的声势，在1919年7月发表了《多研究些问题，少谈些主义》的文章，鼓吹资产阶级改良主义，反对马克思主义，挑起了“问题与主义”之争。

在他看来，舆论界的大危险，就是“高谈主义，不研究问题”。“空谈好听的‘主义’，是极容易的事，是阿猫阿狗都能做的事，是鹦鹉和留声机器都能做的事。”他向谈马克思主义的人“奉劝”说：“请你们多提出一些问题，少谈一些纸上的主义。”“请你们多多研究这个问题如何解决，那个问题如何解决，不要高谈这种主义如何新奇，那种主义如何奥妙。”应该研究些什么问题呢？他列举了一些，其中包括人力车夫的生计问题、卖淫问题、大总统的权限问题、加入国际联盟问题，等等，他认为这些都是“火烧眉毛紧急问题”。他说，不去研究这些具体问题而空谈社会主义，去求什么“根本解决”，这便是“自欺欺人的梦话，这是中国思想界破产的铁证，这是中国社会改良的死刑宣告”①。胡适这番话的真实意图是阻挠马克思主

①《每周评论》第31号，1919年7月20日。

义在中国的传播，把人们引向实用主义的道路上去。

胡适采用了隐晦曲折的手法，表面上只是笼统地反对外来主义，似乎很公允，这曾蒙蔽了一些人，但是蒙蔽不了共产主义知识分子。李大钊看到胡适的文章后，写了《再论问题与主义》一文对他进行驳斥。李大钊指出，"问题"和"主义"有不可分离的关系，解决"问题"离不开"主义"。"因为一个社会问题的解决，必须靠着社会上多数人共同的运动。那么我们要想解决一个问题，应该设法使它成了社会上多数人共同的问题。要想使一个社会问题成了社会上多数人共同的问题，应该使这社会上可以共同解决那个社会问题的多数人，先有一个共同趋向的理想、主义……"因此，"我们的社会运动，一方面固然要研究实际的问题，一方面也要宣传理想的主义。这是交相为用的，这是并行不悖的"。他还指出："大凡一个主义，都有理想与实用两面。例如民主主义的理想，不论在哪一国，大致都很相同。把这个理想适用到实际的政治上去，那就因时、因所、因事的性质情形，有些不同。社会主义，亦复如是。"在资本主义盛行的国家，他们可以用社会主义作工具去打倒资产阶级，在我们不事生产的官僚强盗横行的国家，"我们也可以用他作工具，去驱除这一班不劳而生的官僚强盗"。李大钊公开声明："我是喜欢谈谈布尔什维主义的。"他说："布尔什维主义的流行，实在是世界文化上的一大变动。"他还明确指出，社会问题"必须有一个根本解决，才有把一个一个的具体问题都解决了的希望"。依马克思的唯物史观，"经济问题的解决，是根本解决。经济问题一旦解决，什么政治问题、法律问题、家族制度问题、女子解放问题、工人解放问题，都可以解决"。而经济制度的改造，不能消极等待其自然实现，必须用马克思的"阶级竞争说"这个学理作工具，为工人联合的实际运动，那经济的革命，才能实现。[①]

李大钊的《再论问题与主义》发表后，胡适又写了《三论问题与主义》、《四论问题与主义》、《新思潮的意义》，极力为自己的观点辩护，继续鼓吹实验主义和改良主义，攻击马克思主义在中国的传播。1920 年 1 月，李大钊在《新青年》上发表《由经济上解释中国近代思想变动的原因》一文，指

---

①《每周评论》第 35 号，1919 年 8 月 17 日。

出“新思想是应经济的新状态、社会的新要求发生的，不是几个青年凭空造出来的”①，从根本上驳斥了胡适的观点。

问题与主义之争，不仅表现在李大钊和胡适两人的论战上，而且影响到整个新文化界。继李、胡的论战之后，许多社团内部都在展开类似性质的讨论，并围绕着要不要“主义”（实际是要不要马克思主义）的问题，发生了新文化社团的大分化。一些社团的大部分成员坚决地向左转，在讨论中站在李大钊这一边。有的社团，如新潮社，其大部分成员则急剧地向右转。著名的少年中国学会，这个历史最久、会员最多、分布最广的文化统一战线组织，也在内部的斗争中逐渐分裂了。在这场论战中，马克思主义的传播日益广泛和深入，共产主义者的队伍不断扩大，并逐渐形成了自己的壁垒，争取和团结着广大的进步青年和革命知识分子，积极地准备着革命的力量。而一些资产阶级知识分子则越来越脱离群众运动和政治斗争，走上改良主义道路，其中少数人则依附到胡适的旗下，成为反马克思主义的一批成员。

李大钊和胡适的问题与主义之争，是马克思主义与反马克思主义在中国的第一次论战。这场争论实质上是中国要不要马克思主义之争，也是要不要对中国社会进行彻底的改造，即实行彻底的民主革命的斗争。争论的意义在于它揭示了中国社会改造的重要规律，即必须以马克思主义为指导，进行“根本解决”。论战的结果，沉重地打击了资产阶级唯心主义和改良主义，推动了马克思主义的进一步传播。

第二次论战是张东荪挑起的关于社会主义的争论。这场论战是在马克思主义者与资产阶级改良主义者之间展开的。问题与主义争论之后，马克思主义得到更广泛的传播。1919 年下半年到 1920 年，报纸杂志上宣传和讨论社会主义的文章日益增多。马列著作的中译本也纷纷出版。1920 年五一劳动节，在许多进步报刊和青年知识分子中，广泛开展了关于劳动运动的宣传。苏俄政府两次对华宣言在中国报刊上发表，受到中国人民的热烈欢迎，并由此掀起了一个学习苏俄和讨论社会主义的热潮。特别是各地共产主义小组先后成立，马克思主义与中国工人运动开始结

---

①《新青年》第 7 卷第 2 号。

合，中国共产党在积极酝酿成立之中。这种形势，引起了反马克思主义者的忧虑和恐慌，于是继胡适派资产阶级实验主义、改良主义者之后，张东荪、梁启超等借英国著名哲学家、基尔特社会主义者罗素来华讲学之机，又向马克思主义发动进攻，挑起了关于社会主义的论战。

1920 年 10 月，张东荪和吴稚晖等人一起陪同罗素到湖南讲演，张回到上海后，于 11 月 6 日在《时事新报》上发表了《由内地旅行而得之又一教训》的时评，将罗素的调子加以重弹和发挥，向马克思主义挑起争论。接着，他又发表文章，要“大家须切记罗素先生给我们的忠告”①。12 月，他又在《改造》第 8 卷第 4 号上发表了《现在与将来》一文，比较系统地论述了他反对社会主义的观点。次年 2 月，梁启超在《改造》第 8 期第 6 号上发表了《复张东荪书讨论社会主义运动》，对张东荪的观点加以支持和发挥。

与此相配合，其他研究系分子也发表了一些攻击社会主义的文章。如 1920 年 11 月出版的《东方杂志》所刊载的研究系分子所写的《和罗素先生的谈话》，就说罗素“酷好自由，最不满意鲍尔希维克”阶级专政，称赞他基尔特社会主义的“调和精神”②，攻击马克思主义。

张东荪、梁启超等人，表面上研究社会主义，实际上宣传资产阶级改良主义。在他们看来，“中国的唯一病症就是贫乏”，“救中国只有一条路，一言以蔽之，就是增加富力。而增加富力就是开发实业”。③ 开发实业只能用资本主义的办法。他们一方面虚伪地承认“资本主义必倒，社会主义必兴”，另一方面又说“世界上没有不经过资本主义而能达到社会主义的”，“中国若想社会主义实现，不得不提倡资本主义”。④ 他们借口中国产业落后，说中国没有真正的劳动阶级，否认中国有实行社会主义的物质条件和阶级基础，攻击和诬蔑正在兴起的社会主义运动，反对建立工人阶级政党。还说：“党是代表那个阶级的，若他背后没有阶级必不成立。中国

---

①《大家须切记罗素先生给我们的忠告》，《新青年》第 8 卷第 4 号，1920 年 12 月。
② 杨端六：《和罗素先生的谈话》，《东方杂志》第 17 卷第 22 号，1920 年 11 月。
③ 陈独秀辑：《关于社会主义的讨论》，《新青年》第 8 卷第 4 号，1920 年 12 月。
④ 同上。

现在离劳动阶级的完成与自觉尚早。"[①]他们觉察到在"军阀当道"和"外国经济力压服之下",国内产业不易发展。但认为应该采取"平和的或渐进的"方法来解决"军阀当道"问题。随着资本主义的发展,一部分或大部分军阀会自然地蜕变为新兴阶级的"财阀"[②]。至于对外国资本主义的压迫,他们认为中国无丝毫抵抗之力,"唯有在外国资本势力下乘其空隙以开发实业"。他们预感到资本主义的发展将会出现"欧美产业社会"的劳资对立,为了预防社会革命,大肆鼓吹"劳资协调主义"。显而易见,这样的"社会主义",正是不折不扣的资产阶级改良主义。

张、梁的反动论调,当即受到马克思主义者和社会主义拥护者的谴责和反驳。他们在《民国日报》副刊《觉悟》和《新青年》等报刊上发表了大量驳斥张、梁的文章。其中影响较大的有李达的《社会革命底商榷》、《讨论社会主义并质梁任公》,陈独秀的《社会主义批评》,李大钊的《中国的社会主义与世界的资本主义》,蔡和森的《马克思学说与中国无产阶级》,何孟雄的《发展中国的实业究竟要采取什么方法》等。这场辩论,持续了一年多。

马克思主义者和社会主义拥护者着重强调了资本主义与社会主义两条道路的对立,揭露张、梁等人"虽不明言崇拜资本主义,其实所谓不讲主义,只讲发达实业,结局自然要归到资本主义上面去"[③]。他们鲜明地指出,问题的焦点不在于是否要"增加富力,开发实业"。这在"谈论社会主义的人,不但从来没有反对过,而且也认为必要,不但认为救现在的中国应当如此,并且认为谋人类底幸福本须如此"。只有"愚昧"和"自私自利的资本家"才会"硬说要开发实业便不能谈社会主义"[④]。问题在于:用什么方法开发实业,什么是中国的真正出路。他们从理论上和事实上论述了资本主义制度的不合理性、腐朽性和社会主义制度的优越性,指出:中国"在今日而言开发实业,最好莫如采用社会主义"[⑤]。中国只有走上社会

① 张东荪:《现在与将来》,《改造》第3卷第4号,1920年12月。

② 同上。

③《关于社会主义的讨论·人的生活》,《新青年》第8卷第4号,1920年12月。

④《再评东荪君底·又一教训》,《民国日报》1920年11月8日。

⑤ 李达:《讨论社会主义并质梁任公》,《新青年》第9卷第1号,1921年5月。

主义道路才能真正开发实业，彻底解决“穷”的问题。他们还批驳了张、梁所宣扬的中国没有大工业制度，没有真正劳动阶级，“不能发生社会主义运动”的观点，指出：“中国工业的发达是不如欧美、日本……中国无产阶级所受的悲惨，比欧美、日本的无产阶级所受的更甚。”[①]因此，“中国不但有讲社会主义的可能，而且有急于讲社会主义的必要”[②]。他们还明确指出，张、梁“主张借资产阶级的国家立法，施几项温情政策，略略缓和社会问题，并不是想根本地解决社会问题”。要解决中国社会问题，必须“采用劳农主义的直接行动”，达到社会革命的目的。通过暴力革命“夺取国家的权力，使无产阶级跑上支配阶级的地位，就用政治的优越权，从资产阶级夺取一切资本，把一切生产工具集中到无产阶级的国家手里，用大速度增加全部生产力”[③]。

关于社会主义的争论，实质上是中国要不要建立无产阶级政党，走资本主义道路还是走社会主义道路，采用革命的方法还是改良的方法来改造中国的大争论。张、梁的理论虽然也包含着某些合理成分，如肯定资本主义发展在当时中国的社会意义，不同意“现在中国就实行社会主义”等，但他们理论的出发点是反对工人运动，反对科学社会主义，反对成立共产党。马克思主义者对张、梁的批判，肯定了中国社会发展的方向是社会主义，宣传了马克思主义的社会革命论，对中国共产党的建立和中国革命的开展，都起了促进作用。当然，在这场论战中，当时的马克思主义者也存在明显的缺点，他们在坚持十月革命道路的同时，完全否定了资本主义在当时中国存在和发展的历史必然性与历史合理性，他们还不能把社会主义同中国的具体情况结合起来，主张直接进行社会主义革命，对共产主义运动在中国开展的步骤和方法未能科学的阐明，对新民主主义革命和社会主义革命的关系缺乏辩证的分析。

第三次论战是马克思主义与无政府主义的论战。马克思主义的广泛传播和同中国工人运动的日益结合，中国共产党早期组织的建立，使马克思主义同无政府主义的对立日益尖锐起来。从 1919 年到 1921 年，以黄

① 李达：《讨论社会主义并质梁任公》，《新青年》第 9 卷第 1 号，1921 年 5 月。
② 陈独秀：《社会主义批评》，《新青年》第 9 卷第 8 号，1921 年 5 月。
③ 李达：《讨论社会主义并质梁任公》，《新青年》第 9 卷第 1 号，1921 年 5 月。

文山、区声白等为代表的无政府主义者连续发表了《评“新潮”杂志所谓今日世界之新潮》、《马克思学说的批评》、《我们反对“布尔什维克”》等文章，猖狂攻击十月革命和马克思主义，向马克思主义者发出了咄咄逼人的挑战。针对这种挑战，陈独秀 1920 年 9 月在《新青年》上发表《谈政治》一文，明确地以无产阶级专政思想批判了无政府主义。有个叫郑宗贤的无政府主义者，写信给陈独秀表示反对。1920 年底，陈独秀在广州继续批判无政府主义。有一次，他在法政学校讲演的时候，区声白也在场听讲。事后区声白寄信给陈独秀，表示异议，双方来往辩论达三次之多。为此，陈独秀在《新青年》第 9 卷第 4 号上开辟了《讨论无政府主义》一栏，把这些信件予以公开披载。与此同时，《民国日报》副刊《觉悟》也发表了一些关于无政府主义的通信。这样，在中国共产党成立前后，马克思主义者同无政府主义者之间便展开了一次公开的争论。

当时的马克思主义者发表了许多批判无政府主义的文章，其中比较重要的有《新青年》发表的陈独秀编辑的《讨论无政府主义》，蔡和森的《马克思学说与中国无产阶级》，《共产党》月刊发表的李达的《无政府主义解剖》，施存统的《我们要怎样干社会革命》，《少年中国》发表的李大钊的《自由与秩序》等，对无政府主义学说作了剖析。青年团机关刊物《先驱》曾把批判无政府主义作为自己的重要任务之一。

无政府主义者抽象地反对一切国家、一切强权，尤其集中地攻击马克思主义关于无产阶级专政的学说。他们无视无产阶级专政的国家和资产阶级专政的国家的本质的区别，硬说两者是一样的。在他们看来，“少数人行使的威权和多数人行使的威权，并没有什么差别，都是行使个人以外的意志”①，并宣称：“我们不承认资本家的强权，我们不承认政治家的强权，我们一样的不承认劳动的强权。”②他们表示，既反对资产阶级专政的“现在的国家”，而尤其反对无产阶级专政的“未来的国家”。③ 他们认为无产阶级专政的国家既然实行经济上政治上的集中领导，就要比资产阶级专政的国家“专制”得还要厉害，无产阶级国家建立工农的武装，就是“压

① 《无强权主义的根据及无强权的社会略说》，《新潮》2 卷 2 号，1920 年 2 月。
② 《我们反对“布尔什维克”》，《奋斗》第 2 号，1920 年 2 月。
③ 《国家、法律、政治》，《新青年》第 8 卷第 8 号，1920 年 11 月。

制个人自由的表征”,在这种国家制度下,无产阶级的首领也要变成“拿破仑”、“袁世凯”。[①] 他们指责无产阶级的国家、法律是“抹杀个人”、“滥用强权”、“独裁专制”,说什么“强权本来就不好,因为他同个人自由立于反对地位,布尔什维克却事事用强权……这是摧残个人,这就是非人道”。[②] 他们从极端个人主义出发,主张个人绝对自由,反对一切组织纪律和集中统一领导。黄文山曾毫不隐讳地宣称:“无政府主义以个人为万能,因而为极端自由主义,所以,无政府主义乃是个人主义的好朋友。”[③]区声白也曾这样论述过所谓“绝对自由”:“无政府主义的社会,是自由组织的,人人都可自由加入,自由退出,所以每逢办一件事,都要得人人同意,如果在一个团体以内,有两派的意见,赞成的就可以执行,反对的就可以退出,赞成的既不能强迫反对的一定做去,反对的也不能阻碍赞成的执行,这岂不是自由吗?”[④]他们从小生产者的观点出发,主张在未来的社会主义社会,将一切生产机关,委诸自由人的自由联合管理。以绝对平均主义观点反对社会主义各尽所能、按劳分配的原则,主张立即实行“各取所需”,并攻击布尔什维克建立的苏维埃政权说:“假使他在实行社会革命以后,把社会产物通通归到社会公有,然后各尽所能,各取所需,那么这种更好的自由结合,就是我们很希望的理想社会了。……我反对布尔什维克的理由,不因他的革命,却因他那不彻底的革命,须知不彻底的革命,和‘改良’相同”。[⑤]

针对上述论点,马克思主义者批判了无政府主义者反对一切国家、一切强权的谬论,强调了用革命手段夺取政权和建立无产阶级专政的必要性与重要性。明确指出,无产阶级和劳动人民要摆脱压迫,求得彻底解放,就必须用革命手段打破资产阶级的统治,实行无产阶级专政,如果没有无产阶级专政,革命就不会成功。“我们的最终目的,也是没有国家的。不过我们在阶级没有消灭以前,却极力主张要国家,而且是主张要强有力的无产阶级专政的国家的。”[⑥]马克思主义者批判了无政府主义者鼓吹的

①《马克思学说的批评》,《新青年》第6卷第5号。

②《为什么反对布尔什维克》,《奋斗》第8、9号合刊,1920年4月。

③《评〈新潮〉杂志所谓今日世界之新潮》,《进化》第2号,1919年2月。

④《讨论无政府主义》,《新青年》第9卷第4号,1921年8月。

⑤《讨论通信》,《奋斗》第8、9号合刊,1920年4月。

⑥《我们要怎么样干社会革命》,《共产党》第5号。

"个人绝对自由",阐明了组织纪律和集中统一领导的重要性。指出,在人类社会中,自由总是相对的,而不是绝对的,要个人的绝对自由,就只有离开社会,去过孤独的生活。但是,"试想一个人自有生以来,即离开社会的环境,完全自度一种孤立而岑寂的生活,那个人断没有一点自由可以选择"[①],而且连他个人都无法生活下去。因此只有社会的自由,才有个人的自由,离开社会自由的个人"绝对自由"是根本不存在的。如果像无政府主义者所说的凡事要"人人同意","九十九人赞成,一人反对,也不能执行"[②],社会必将出现极大的混乱,生产也无法进行。他们还指出,在阶级社会中,只有剥削者的自由,没有劳动人民的自由,只有推翻剥削阶级的统治,才能使劳动人民得到自由。马克思主义者也批判了无政府主义者关于生产和分配的理论,指出社会主义不是把生产资料全部分散给个体小生产者,而是把它们收归国有,实行集中的有计划的领导。只有这样,才能高速度地发展社会生产力。如果按照无政府主义者的意见,将"生产机关委派给个人"只能把社会拉向后退。还认为,分配原则是由社会生产力发展水平决定的,只有"社会生产力发达到无限制的程度,生产物质十分丰富,取之不尽,用之不竭",这"各取所需"的分配原则才能实行。在生产力还未十分发达的地方和生产力还未十分发达的时期内,若实行这种分配制度,就会把社会的经济秩序"弄糟",就会破坏生产力的发展。[③]

马克思主义同无政府主义的斗争是相当广泛的。除了《新青年》和《共产党》等刊物比较集中地对无政府主义进行了批判外,实际上在当时的一些学校、社团以及到国外留学的学生中也在到处进行着,例如,新民学会会员讨论"改造中国与世界"的问题时,有人主张用无政府主义,蔡和森、毛泽东等则认为必须用马克思主义。1920 年 8 月 13 日蔡和森在给毛泽东的信中说:"我以为现世界不能行无政府主义,因为现世界显然有两个对抗的阶级存在,打倒有产阶级的迪克推多,非以无产阶级的迪克推多压不住反动,俄国就是个明证。所以我对于中国将来的改造,以为完全适

① 《自由与秩序》,《少年中国》第 2 卷第 7 号,1921 年 1 月。

② 《讨论无政府主义》,《新青年》第 9 卷第 4 号,1921 年 8 月。

③ 《社会革命的商榷》,《共产党》第 2 号,1920 年 12 月。

用社会主义的原理和方法。”[1]毛泽东于1920年12月1日给蔡和森等的信中也说：“对于绝对的自由主义、无政府的主义以及德谟克拉西主义，依我现在的看法，都认为理论上说得好听，事实上是做不到的。”[2]又如，一些无政府主义者在巴黎办有《工余》月刊（1922年1月15日创办），在勤工俭学学生和华工中散布无政府主义。周恩来、赵世炎等则通过《少年》月刊（1922年8月1日创刊），与之进行了针锋相对的斗争。正如刘少奇在一篇纪念五四运动的文章中指出：“在起初各派社会主义的思想中，无政府主义是占着优势的。马克思主义的拥护者到处都与无政府主义的拥护者争论着，斗争着。马克思主义直至在各方面克服无政府主义以后，并与中国的工人运动、人民反帝运动结合以后，才成为中国政治生活中一个雄伟的力量。”[3]马克思主义同无政府主义的争论，实际上是关系到建立什么样的党的争论。在当时，马克思主义已广泛传播，并且日益和中国工人运动相结合，共产主义小组已经成立，建党准备工作正在积极进行。究竟要建立一个什么样的党，是主张无产阶级专政的共产主义党，还是反对无产阶级专政的无政府主义党？这就是争论的实质。通过这场争论，大批激进的青年划清了马克思主义与无政府主义的界限，不少信仰过无政府主义的人转向马克思主义。一些加入中国共产党早期组织并坚持无政府主义立场的分子被清除，纯洁了共产主义者的队伍。这对于促进马克思主义的深入传播和把中国无产阶级政党建成真正的马克思主义政党，起了重要的作用。

总而言之，经过以上三次思想大论战，巩固和扩大了马克思主义在中国的阵地，促进了马克思主义和中国工人运动的结合，推动了中国共产党的诞生。从此以后，马克思主义便在中国新文化运动中占着主导的地位。

陶行知作为一名民主主义者，他于20世纪30年代接受了马克思主义的唯物史观，他运用这一理论来解释人类文化的本质问题。他认为，文化应当分为广义与狭义两种：从广义来讲，除了大自然外，凡是人类所创造的一切都是文化，凡是可以用来生产、战斗、交通、娱乐、治理、思想的工

---

① 《新民学会会员通信集》第三集。

② 同上。

③ 《五四运动的二十年纪念文专辑》，《中国青年》第2期，1939年5月。

具以逐步形成这些工具所引起的变化都可以当做文化；从狭义来看，人们为了表达自己的思想，反映自己的精神生活，特意创作出来的一些物质与非物质的东西就是文化，“特别叫它为‘文化’，这部分便是记录思想、传达思想、发展思想、改变思想的符号、工具和行动。”这是他运用唯物史观作指导来给狭义文化所作的定义：“在本质方面看，文化工作是反映着人类经济政治的思想。”①

陶行知为文化所作的界定，较为科学地说明了文化的本体内涵，前者涵盖了文化的宏观层面，泛指人类物质文明与精神文明的总和，后者比较科学地区分了物质文明与精神文明的内涵，较为具体地阐明了文化的内涵，他强调：“文化所要记录、传达、发展、改变的思想乃是人类生活中心的思想，即是政治经济的思想。文化脱离了政治经济便成了不可思议。”②根据这一观点，可以清楚地看出，人类文化的产生与发展是同一的，只是由于近代以来各民族经济政治发展的不平衡，才导致中西文化出现极大的差异，特别是帝国主义的侵略与封建主义的专制统治更加剧了这种差距。因此，陶行知运用历史唯物主义的观点得出结论，要从根本上解决中西文化上的差异与冲突，就必须解决中国社会存在的现实问题，促进民族的解放与大众的解放，并运用文化这一工具来为民族与大众的解放作武器，真正推动全民族的解放。

陶行知之所以能够较为科学地阐明文化的本体内涵，就是因为他经过痛苦的抉择之后，朦胧中接受了马克思主义的唯物史观，并且运用这一理论来指导文化理论研究，进而得出了这一较为科学的结论。

---

①《文化解放》，《陶行知全集》第3卷，四川教育出版社1991年版，第461页。
② 同上，第462页。

第三章

输入新知与批判传统

当20世纪上半叶中国文化教育界陆续传入西方的思想与制度，中国掀起了借鉴西方新知改造中国文化体制的高潮，这股浪潮来势凶猛，大有不可阻挡之势。陶行知作为中西文化交流的使者，中国新教育与新文化的弄潮儿，由于其对中西文化教育有充分的了解，因此，他能够站在中西文化客观比较的高度来审视两种文化的差异，在继承中国文化传统的同时，对中国传统的文化教育提出了客观的批判与扬弃。

第一节　民初教育改革回顾

民国建立以后，中国教育发展进入了一个从传统旧教育走向现代新教育的过渡时期。

以孙中山为首的资产阶级革命派虽然推翻了帝制，建立起民国，但由于他们政治上的软弱和妥协，这次革命的果实很快落入以袁世凯为代表的大军阀和大地主买办阶级的手里，封建势力仍然统治着中国，并且在帝国主义支持下演出了封建复辟的丑剧，先后发生了以袁世凯、张勋、段祺瑞为首的三次复古运动，在文化教育领域出现了一股封建复古的逆流，向革命人民发动了疯狂反扑。为了回击反动派的进攻，激进的民主主义者发起了反封建的新文化运动，展开了反封建复古教育的斗争。他们以"民主"与"科学"为思想武器，猛烈地抨击了封建主义的旧思想、旧文化，批判了封建传统教育，并大力引进和介绍西方教育学说，结合中国的具体实际，积极从事教育改革，推动了中国教育的发展，使之在现代化的道路上迈出了重要的一步。

民初十年，是封建与反封建、强权与反强权、复古教育与反复古教育激烈斗争的十年，也是现代教育勃然而兴、奠定基石的十年。

一、民初教育改革

1911 年 10 月，辛亥革命推翻了清朝二百多年的封建统治。1912 年 1 月 1 日，中华民国宣告成立，孙中山就任南京临时政府大总统。1 月 9 日，成立中央教育部，著名的资产阶级民主教育家蔡元培任教育总长，立即着手对封建主义旧教育进行资产阶级性的改造，拉开了民初教育改革的帷幕。

(一) 颁布教育改革令

1912 年 1 月 19 日，刚刚成立的教育部颁布了改造封建主义旧教育的法令——《普通教育暂行办法通令》和《普通教育暂行课程之标准》。

"暂行办法"共 14 条，其要点有："初等小学男女同校"、"凡各种教科书，务合乎共和国宗旨，清学部颁行之教科书，一律禁用"、"小学读经科，一律废止"、"小学手工科，应加注重"、"初等小学算术科，自第三年起兼课珠算"、"中学校为普通教育，文、实不必分科"、"废止旧时奖励出身"[1]，等等。

"暂行办法"的宗旨在于废除以忠君、尊孔、读经为中心的封建教育制度，根据资产阶级政治、经济和文化的需要来改造传统教育。

"课程之标准"，具体规定了课程内容方面的改革法令。它拟定了初小、高小、中等学校和师范学校的学习科目，各学年每周各科授课的时数

---

①《教育部普通教育暂行办法通令》，载舒新城主编《近代中国教育史料》第 2 册，上海中华书局 1933 年版，第 38 页。

等，为以后小学、中学、师范教育的改革奠定了基础。

7 月 10 日，教育部召开中央临时教育会议，蔡元培在会议开幕式上发表演说，称“此次会议，关系甚为重大。……此次教育会议即是全国教育改革的起点。”①这次会议历时一个月，研究了制订教育宗旨及学制系统等有关问题。9 月 2 日，教育部根据临时教育会议的决定，重新公布了民国教育宗旨，次日又公布《学校系统令》，接着又颁发了各级各类学校的教育法令。这场对封建主义旧教育进行全面改造的好戏就在一阵紧锣密鼓声中正式开演了。

(二) 确定新的教育宗旨

1912 年 4 月，蔡元培发表了《对于教育方针之意见》，批判了清朝政府颁布的教育宗旨，提出对青少年进行军国民教育、实利主义教育、公民道德教育、美感教育及世界观教育。在他的这一思想指导下，1912 年 7 月召开临时教育会议，讨论通过了新的教育宗旨，于 9 月 2 日由教育部颁布实行。新的教育宗旨是：“注重道德教育，以实利主义教育、军国民教育辅之，更以美感教育完成其道德。”②反映了蔡元培的基本教育观点。

这个教育宗旨中的“道德教育”即德育，是为了培养学生具有自主、平等、博爱的资产阶级道德观念；“实利主义教育”即智育，是为了进行生产和知识技能的教育；“军国民教育”即后来的体育，是为了健全学生体魄；“美感教育”即美育，它包括美术、音乐等及与之配合的思想陶冶，是为了思想的修养。

这个教育宗旨，体现了资产阶级教育关于人的德、智、体、美和谐发展的思想，体现了资产阶级对新一代人的要求。它否定了清朝政府忠君、尊孔、尚公、尚武、尚实的教育宗旨，否定了君权的绝对权威和儒家思想的独尊地位，是资产阶级反对封建主义旧教育的一个重大胜利，也是中国教育的一个重大进步。

(三) 制定“壬子癸丑学制”

1912 年 9 月 3 日，教育部颁布《学校系统令》。这年是旧历壬子年，故

① 《教育杂志》第 4 卷第 6 号。

② 《教育部公布教育宗旨》，载舒新城主编：《中国近代教育史资料》(上)，人民教育出版社 1981 年版，第 226 页。

又称“壬子学制”。次年(癸丑年),教育部又陆续颁布了各级各类学校法令,调整、补充了这个学制,逐步形成了一个新的学制系统,史称“壬子癸丑学制”。这个学制实行到民国十一年(1922 年)新的学制诞生,历时近十年。

这个学制,规定整个教育期限为 17 年或 18 年,共分为三段四级。初等教育二级,初小 4 年,男女同学,高小 3 年,男女分校,中等教育 4 年,男女分校,大学 6 年至 7 年,预科 3 年,本科 3 年至 4 年。小学之前有蒙养院,大学之上有大学院,均不定年限。从横的方面看,也分成三个系统,除普通教育系统外,有师范教育和实业教育。师范教育分师范学校和高等师范学校二级,相当于中等和高等教育阶段。实业教育分乙种实业学校和甲种实业学校,相当于高小、中等教育阶段,还有专门学校,相当于大学教育阶段。

(四)规定具体任务与课程

1912 年 8~9 月,教育部先后颁布了《小学校令》、《中学校令》、《大学令》、《师范教育令》,1913 年 8 月颁布了《实业学校令》,对各级各类学校的目的任务、课程设置等,都作了具体规定。

小学教育以留意儿童身心之发育,培养国民道德之基础,并授以生活所需之知识技能为宗旨。初等小学设修身、国文、算术、手工、图画、唱歌、体操,女子加设缝纫。高等小学设修身、国文、算术、本国历史、地理、理科、手工、图画、唱歌、体操,男子加设农业,女子加设缝纫,并视地方情形加设英语或其他外国语。与清末相比,取消了读经课,授课时数也略减少。

中学以完成普通教育,造成健全国民为宗旨。取消了清末文实分科制度。中学课程为修身、国文、外国语、历史、地理、数学、博物、物理、化学、法制、经济、图画、手工、乐歌、体操,女子加设家事、园艺、缝纫。外国语以英语为主,视地方条件可任择法、德、俄语之一种。与清末相比,取消了读经课,增加了手工课。

专门学校以教授高等学术、养成专门人才为宗旨。专门学校分政法、医学、药学、农业、工业、商业、美术、音乐、商船和外国语各类。

大学以教授高深学术、养成硕学闳材、应国家需要为宗旨。大学分文、理、法、商、医、农、工等七种，各科再分若干门。预科分三部：第一部预科生入文、法、商三科，第二部预科生入理、工、农及医科的药物门，第三部预科生入医科的医学门。

师范学校以造就小学教员为目的。男、女师范学校部分本科和预科，本科又分一、二两部。男师第一部学科为修身、读经、教育、国文、习字、外国语、历史、地理、数学、博物、物理、化学、法制、经济、图画、手工、农业、乐歌、体操。女师本科第一部学科，除不设农业，另加家事、园艺、缝纫外，外国语为选修，其他与男师相同。男女师范第一部均为四年。男师本科第二部学科为修身、读经、教育、国文、数学、博物、物理、化学、图画、手工、农业、乐歌、体操。女师第二部不设读经和农业，另加缝纫，其他与男师相同。男女师范二部均修业一年。预科修业一年，科目有修身、读经、国文、习字、外国语、数学、图画、乐歌、体操，女师加缝纫。

高等师范学校以造就中学校、师范学校教师为目的。高等师范学校分预科、本科、研究科。预科一年，科目为伦理学、国文、英语、数学、心理学、图画、乐歌、体操。本科三年，分国文部、英语部、历史地理部、数学物理部、物理化学部、博物部，各部又有分习科目。本科各部还有共同必修科，科目为伦理学、心理学、教育学、英语、体操。研究科一年或二年，就本科各部选择二三科目进行研究。此外，还有专修科和选科，视需要临时设立。从学习内容看，较清末师范教育，增添了社会生产、生活实用和教育理论科目。

实业学校以教授农工商业必需之知识技能为目的。甲种实业学校施完全之普通实业教育，乙种实业学校施简易之普通实业教育；亦得应地方需要授以特殊的技术。实业学校分农业、工业、商业、商船等校。甲种实业学校预科一年，本科三年。乙种实业学校三年。女子职业学校依地方情形及其性质参照各实业学校规程办理。

这次学制改革同清末的“癸卯”学制相比，有明显的反封建精神，反映了资产阶级的要求。首先，新学制基本上废除了教育权利上的两性差别。按规定，初等小学可以男女同校，除大学不设女校不招女生外，普通中学、师范学校、高等师范学校和实业学校都可以设立女校，反映了资产阶级男女平等思想；其次，缩短了学制年限，新学制较“癸卯”学制共缩短三年。

学制的缩短,一方面反映了资本主义生产需要有一定文化的劳动力,另外也在客观上增加了劳动人民享受教育的权利和机会;再次,根据新的教育宗旨,对课程进行重要改革,小学废止读经课,大学取消经学科,加强中小学的实业学科和职业教育,禁止使用清朝学部颁布的教科书,着手编订新教材;复次,取消了清朝专门为贵族设立的贵胄学堂,废除封建特权和等级限制,取消清末按等级奖给毕业生科举出身的规定;最后,改进了教学方法,反对体罚,要求教育联系儿童实际,适合儿童身心发展的特点。

民国初年的教育改革,是近代资产阶级对封建教育的第一次系统的改革,它反映了发展资本主义经济与政治的要求,是资产阶级新教育反对封建主义旧教育的一次重大胜利,有着历史性的进步意义,是一次值得肯定的教育改革。当然,由于中国当时的政治和经济还相当落后,封建主义势力还有很大的影响,加上资产阶级本身的软弱性,因此,这次教育改革也存在着许多不彻底的方面。壬子癸丑学制和各种学校教育法令,很多是参照日本的办法;在课程方面还保留了许多封建主义的因素,如修身课和伦理教本还演习礼仪,要进行孝悌的教育;女子教育当然比清末重视了,但对女子还是更多地强调贞淑教育,在学习内容和程度上也低于男子很多。

民初教育改革,虽然遇到封建复古派的阻挠,但"壬子癸丑学制"仍然在全国得以施行。这个学制的颁布和实行,标志着中国采用西方资本主义国家教育制度的形式已正式确立。它为中华民国教育的发展开辟了道路,也为以后的教育改革奠定了基础。既然社会已向前跨越了一大步,那么要想使它退回到原来的位置,就是非常困难的事情了。后来的历史便不断地证实了这一点。

二、教育战线斗争

辛亥革命时期,资产阶级文化同封建文化进行了一定的斗争,但是资产阶级并没有震撼封建旧文化的根基。革命失败后,封建顽固势力和帝国主义相勾结,妄图推翻共和国,复辟封建帝制。与之相配合,他们在文化教育领域里掀起了一股尊孔复古逆流。激进的民主主义者反对复辟帝制,发起了反封建的新文化运动,展开了反封建复古教育的斗争。他们以

“民主”与“科学”为思想武器，极力批判封建主义的旧思想、旧文化，反对封建传统教育，并大力引进西方教育学说，进行教育改革。封建与反封建、强权与反强权、复古教育与反复古教育的斗争，贯穿了整个民初十年期间。历史经验证明：腐朽没落的旧教育不会自动销声匿迹，民主进步的新教育必须在不断消除旧教育影响的斗争中曲折地向前发展。

(一) 复古教育逆流

民国初年蔡元培主持的资产阶级教育改革，是对封建主义教育和封建顽固派的沉重打击，必然引起封建顽固势力的反抗。袁世凯就任北京政府的大总统后，即开始进行复辟帝制的活动，在教育领域掀起了尊孔复古的逆流，为复辟帝制制造反革命舆论，辛亥革命后教育方面的民主进步的改革被废除了。

袁世凯上台不久，就下令恢复尊孔读经，加强思想控制。在民初教育改革中，教育部曾明令废止小学读经，各科教科书必须合乎民主共和国的宗旨，大学不设经学科。许多学校已经废除了尊孔仪式和读经。但袁世凯为了复辟帝制的需要，1913 年 6 月，下令恢复学校祀孔典礼。1914 年，又操纵“政治会议”通过了《祀孔案》，令全国一律恢复祀孔典礼。1915 年 2 月，颁布《特定教育纲要》，命令：“各学校均应崇奉古圣贤，以为师法，宜尊孔以端其基，尚孟以致其用”，“中小学均加读经一科，按照经书及学校程度分别讲读”。① 通令各省设立经学会以讲求经学，并为中小学培训经学教师。据不完全统计，1915 年仅商务印书馆发行的读经教材如“四书”、“五经”、“经训教科书”、“经训教授法”等即达 20 种之多。中国封建主义教育的核心——尊孔、读经又在学校中死灰复燃。

紧接着，袁世凯又按照封建复古的方针改订了教育宗旨。1912 年，南京政府教育部曾公布了新的教育宗旨：“注重道德教育，以实利主义教育、军国民教育辅之，更以美感教育完成其道德。”按蔡元培的解释，所谓公民道德是指法兰西革命所揭示的“自由、平等、亲爱、道德之要旨，尽于是矣”②。实利主义教育与军国民教育则是以富国强兵为目标的。这个宗旨

① 《特定教育纲要》，载舒新城主编：《中国近代教育史资料》(上)，人民教育出版社 1981 年版，第 260～263 页。

② 舒新城：《中国近代教育史资料》(下)，人民教育出版社 1981 年版，第 1032 页。

反映了国家民主富强的要求。1915年，袁世凯《颁定教育要旨》，指出教育“必于忠孝节义植其基，于智识技能求其阙”[①]，把教育宗旨概括为“爱国、尚武、崇实、法孔孟、重自治、戒贪争、戒躁进”七项。这个教育宗旨，实际上是1906年清朝政府公布的“忠君、尊孔、尚公、尚武、尚实”教育宗旨的翻版，所不同的是针对资产阶级民主运动增加了“戒贪争”、“戒躁进”两项，基本上恢复了清末“中学为体，西学为用”的半殖民地半封建的教育方针。

此外，袁世凯还实行双轨制，恢复了教育的等级性。1912年1月，南京政府教育部公布的《普通教育暂行办法》规定“废止旧时奖励出身”，后又废除清末的“贵胄学堂”。“壬子癸丑学制”规定了单一的学制，具有民主性。但袁世凯又规定初等小学分为义务教育者而设的国民学校及专为升学而设的预备学校，事实上劳动人民子女被排除在升学之外。

这些反动措施虽因袁世凯复辟的失败没有完全施行，但不久张勋的复辟活动又在推波助澜。继之，是段祺瑞的封建军阀统治。民国初期教育上的一些民主改革的成果，至此实际上丧失殆尽。面对着这股复古教育逆流，一场新的斗争就在教育战线上轰轰烈烈地展开了。

(二)“五四”教育批判

袁世凯掀起复辟倒退的逆流，一开始就受到了先进知识分子的抨击。孙中山1915年发表《讨袁檄文》，揭露袁世凯尊孔的行为是为了他自己作皇帝。章太炎也撰文《驳建立孔教案》等，批判保皇派提倡孔教会的怪妄谬论。不久，文化教育领域便兴起了一个新的革命运动，即五四新文化运动。这个运动以激进的民主主义者为核心，以1915年创刊的《青年》(后改《新青年》)杂志为主要阵地，高举民主与科学的旗帜，对当时正在十分猖獗的尊孔复古逆流发起了猛烈的攻击。在这场斗争中，陈独秀、李大钊、鲁迅、胡适、蔡元培等都是当时很有影响的人物。

陈独秀在创刊号上具有发刊词性质的《敬告青年》一文里，即揭櫫“民主”与“科学”大旗。他在《宪法与孔教》等文中，一再指出民主政治与封建

---

① 舒新城：《中国近代教育史资料》(上)，人民教育出版社1981年版，第248～249页。

礼教不可两立，尊孔必将导致复辟。[①] 在《今日之教育方针》中，主张"用科学的现实生活来取代复古迷信"，"用民主主义的教育来取代专制主义的教育"。[②] 他抨击当时学校教育的封建性，这些模仿西方的"新"学校，"所教的无非是中国陈腐的经史文学，就是死读几本外国文和理科教科书，也是去近代西洋教育真相真精神甚远。……因为教的人和受教的人，都不懂得教育是什么，不过把学校毕业当做出身地步，这和从前科举有何区别呢?"[③]陈独秀抨击学校教育的封建流毒，主张民主的、科学的教育，对于当时反对封建教育的斗争，起了思想启蒙的重要作用。

李大钊也是一位反对封建复古教育的干将。他在《孔子与宪法》中明确指出"国民教育以孔子之道为修身之大本"的方针是荒诞之怪事。他认为:"孔子者，数千年前之残骸枯骨也。宪法者，现代国民之血气精神也。""孔子者，历代帝王专制之护符也。宪法者，现代国民自由之证券也。"指出"以孔子之道为修身之大本"列入宪法是复古，是"专制复活之先声"，这就揭露了当时尊孔复古的实质。[④]

鲁迅于1918年在《新青年》上发表了他著名的小说《狂人日记》，痛切地揭露了封建礼教的本质。他借"狂人"之口愤怒地控诉了封建礼教:"我翻开历史一查，这历史没有年代，歪歪斜斜的每页上都写着'仁义道德'几个字，我横竖睡不着，仔细看了半夜，才从字缝里看出字来，满本都写着两个字是'吃人'!"[⑤]这种对封建礼教实质的剖析，对于解放人们的思想有很大意义。鲁迅还在《我们现在怎样做父亲》一文中，提出必须改革封建的家庭教育，"三年无改于父之道可谓孝矣"是"曲说"，父辈应当让幼辈"超越了自己，超越了过去"，觉醒的父母应"各自解放了自己的孩子。自己背着因袭的重担，肩住了黑暗的闸门，放他们到光明开阔的地方去;此后幸福的度日，合理的做人"。这样社会才能进步。[⑥]

新文化运动中，激进的民主主义者在反对以儒家思想为中心的旧教

---

①《宪法与孔教》,《新青年》第2卷第2号。

②《青年杂志》第1卷第2号。

③《近代西洋教育》,《新青年》第2卷第6号。

④《甲寅》,1917年1月30日。

⑤《鲁迅全集》第1卷，人民文学出版社1973年版，第243页。

⑥ 同上，第245页。

育的同时，还大声疾呼要建立以民主和科学为中心的新教育。1915年陈独秀写《今日之教育方针》、1916年黄炎培写《东西两大陆教育不同之根本谈》、1917年蒋梦麟写《职业界之人才问题为教育界所当注意者》、1918年陶行知写《试验主义之教育方法》、蔡元培在天津演讲《新教育与旧教育之歧点》等。他们指出当今世界是植产兴业之社会、分工合力之社会、竞争之社会。必须改革脱离生产、脱离实际、自给自足、独善其身、循规蹈矩、一成不变、窒息思想、消磨意志的旧教育；建立现实主义、职业主义为生产服务的教育，培养民族国家观念和为社会服务的人，重视科学知识教育，特别是能力的发展和培养；在教育方法上主张启发，崇尚自然和发展个性；在教育改革中，提倡科学实验的方法。他们对封建伦理纲常特别是对孔子的批判，以及对于以民主和科学为中心的新教育的提倡，为"五四"时期的教育改革作了思想上的准备。

波澜壮阔的五四新文化运动，肇端于反对尊孔读经，以"民主"和"科学"为旗号，反对封建迷信，猛烈抨击了旧教育、旧道德，轰击了孔家店，涉及政治、思想、道德、文学、教育等各方面。这场启蒙运动起了震古烁今、振聋发聩、解放思想的伟大作用，它坚决反对封建思想、封建八股的旧教育，强烈要求民主、科学的新教育，对以后中国新教育的发展产生了重要的影响。

陶行知也加入了对旧教育、旧文化批判的队伍，他将中国传统的旧教育称作"小众教育"、"少爷教育"、"小姐教育"、"政客教育"、"升官教育"、"鸟笼教育"、"四寸教育"、"八股教育"、"书本教育"、"吃人的教育"、"装饰品的教育"等等。他曾于30年代就勾画出中国传统教育的轮廓："以文化为中心"，"教训分家"，"教育等于读书"，"学校自学校，社会自社会"，"漠视切身的政治经济问题"等。1932年他在规划工学团计划时，又批判了传统的教育体制："学校与社会隔离"，"生活与教育分家"，"先生教而不做，学生学而不做"，"教少数人升官发财"，"教劳心者不劳力，不叫劳力者劳心"等。1934年他在《传统教育与生活教育有什么区别》一文中提出："传统教育，是吃人的教育；生活教育，是打倒吃人的教育。"一方面是"学生自己吃自己"，从读死书到死读书再到读书死；另一方面是"教学生吃别人"，教学生升官发财，吃农人、工人的血汗。这些均是陶行知对传统文化教育体制的沉痛批判。

(三) 引进西方教育学说

"五四"新文化运动的展开,加速了国内教育引进西方教育学说的步伐。早在明末清初,西方的教育理论与实践就开始传入中国。及至清末民初,不少有识之士已开始着手引进西方教育学说。但从总体上看,规模不大,介绍也比较零星。五四运动前后,国内教育界才比较系统地引进西方教育学说并付诸实行。

"五四"新文化运动的几个著名领袖,如陈独秀、李大钊、鲁迅、胡适和蔡元培等,都长期服务于教育界,对教育改革的必要性与重要性有特别深切的认识与体会。他们都去国外留学或访学过,学贯中西,涵养丰厚,具有恢弘的文化气度与世界性眼光。基于批判封建传统教育和建设新教育的需要,他们以及他们的战友们,或提倡或身体力行地引进西方教育学说。特别是他们中的重要人物胡适、蒋梦麟、陶行知等人还积极组织邀请美国教育家杜威、孟禄、推士、麦柯尔、柏克赫斯特、克伯屈等来华讲学,宣传各自的教育理论与方法。这样,西方教育学说(特别是美国的教育学说)就在中国教育界广泛地传播开来了。与此同时,马克思主义教育学说也开始在中国传播。

杜威实用主义教育学说是五四运动以后在我国传播最广、影响最深的一种现代资产阶级教育思潮。民国元年,经蔡元培等人的介绍,实用主义教育思想开始传入中国。① 这种教育思潮的大量传播则是在杜威来华

① 据考,蔡元培在1912年2月10日的《对于教育方针之意见》中,就已提到杜威实用主义教育学说。他说:"曰实利主义之教育,以人民生计为普通教育之中坚。其主张最力者,至以普通学术,悉寓于树艺、烹饪、裁缝及金、木、土工之中。此其说创于美洲,而近亦盛行于欧陆。""今日美洲之杜威派,则纯持实利主义者也。"(高平叔编:《蔡元培教育论集》,第42、46页)在1915年所写的《1900年以来教育之进步》中,他于次指出:"即如德佛伊氏Dewey一派,欲以烹饪、裁缝及金工诸工为一切科学之导线者,其理论之当,所不待言。"(同上书,第88页)1918年5月30日,他在《新教育与旧教育之歧点》的演说词中,继续介绍说:"二曰杜威(Dewey)之实用主义,杜威尝著《学校与普通生活》一书,力言学校教科与社会隔绝之害;附设一学校于芝加哥大学,即以人类所需之衣食住三者为工事标准……我于民国元年在南京发表一篇《对于教育方针之意见》,曾于实利主义一节中介绍过。"(同上书,第224页)于此可见,蔡元培是我国学界最早介绍杜威实用主义教育学说的人之一,他的影响甚大的"实利主义教育"主张的一个思想来源便是杜威实用主义教育学说。

讲学之后。1919年，杜威应北京大学、尚志学会、江苏教育学会等团体的邀请来华讲学。1919年5月1日到上海，至1921年7月11日离北京回国，历时两年又两月，先后到直隶、奉天、山东、山西、湖北、湖南、江苏、江西、浙江、福建、广东等11省讲演，在北京、南京两地作系统讲演，在北京高师、南京高师两校讲学。当时报刊大量发表他的讲演，如《新教育》杂志1～3卷各期均宣传杜威的哲学和教育理论，第3期出了杜威专号。北京晨报社出版了《杜威五大讲演》，两年内印行达十几版之多。他在北京高师的讲演记录编成了《平民主义与教育》，他在南京高师的讲演记录也编成《杜威教育哲学》于1922年由商务印书馆出版。他的学生胡适、陶行知、蒋梦麟等人以及教育界人士在这期间发表了很多论著，宣传实用主义哲学和教育理论。这样，实用主义教育思想一时在全国范围内成为影响很大的教育思潮。

杜威

杜威实用主义教育思想之所以能在中国引起这样大的反响，原因比较复杂，不宜简单地归之于他的弟子们和推崇者们的大肆鼓吹。其更为深层的原因是，一方面由于杜威实用主义教育思想里确实有它进步的内容，另一方面，由于中国正处于封建传统教育向新教育过渡阶段，杜威的某些反传统教育的主张（如“教育即生活”、“学校即社会”、“儿童是中心”和“从做中学”等），适应了当时中国教育改革的需要。因此，实用主义教育思潮在当时得以风行一时，流传颇广，影响甚深。

设计教学法和道尔顿制也是当时颇为流行的两种关于教学方法的新思潮。两者都与实用主义教育思想有着某种理论上的渊源关系。由于同样的原因，两者也在当时的中国教育界受到了热烈的欢迎和接纳，乃至于付诸实践。

设计教学法是美国教育家克伯屈根据杜威的“从做中学”的思想所创立的一种教学组织形式。它以儿童活动为中心，重视儿童的主动性，由儿童或儿童与教师根据儿童的兴趣与需要，拟出预订的目的，活动的计划。在活动中运用具体的材料得到结果。在这个过程中，学生在教师的指导下获得有关的经验，得到分析和处理问题的能力。以问题或要做的事为组织教材的中心，包括教科书和其他社会生活的知识、技能，设计为学习的大单元。这种设计确有各种类型：以观察、活动为目的的设计，如造一只船，写一封信；以美感经验为目的的设计，如听故事、音乐；有培养智力、能力为目的的设计，如观察自然现象；有训练运用知识技能熟练为目的的设计，如书法练习等。这种方法于“五四”以后传入中国，首先在南京、江苏一带试行，南京高师附小提倡最力。1921 年全国教育联合会曾决议“推行小学设计教学法案”。1927 年中华教育改进社邀请设计教学法的创始人克伯屈访华，他先后在上海、北京等地介绍设计教学法，这给当时中国教育界以较大影响。设计教学法克服传统教学上重视书本知识、学生只是被动学习等方面的缺陷是有积极意义的，所以在 20 世纪二三十年代小学教育中备受推崇。但这种方法在教学指导、设备、教材编写上存在种种困难，影响学生知识的系统性。20 世纪 30 年代后就不多采用了。

克伯屈

1929 年 1 月克伯屈与师范学院中国学生联合会部分成员合影

道尔顿制，即道尔顿实验室制，因创立于美国道尔顿中学而得名，1920 年柏克赫斯特所创。1922 年开始传入中国。最先仿行的是吴淞中国公学中学部，试行并宣传最力的是舒新城。他著有《道尔顿制概观》、

《道尔顿制讨论集》,并在《教育杂志》上发表文章鼓吹道尔顿制。据统计,1925 年全国实行道尔顿制的学校就有 57 所。同年中华教育改进社邀请柏克赫斯特来华讲学,扩大了道尔顿制在中国教育界的影响。道尔顿制废除班级按钟点统一授课的教学制度,学生在教师的指导下,各人主动地在实验室(作业室)内,拟订自己学习计划;各人的教材、进度和所用的时间不同,以适应不同的能力、兴趣和需要,以利于发展其个性。每一学科开辟一作业室或实验室,充分提供这一学科有关的书籍、学习材料或实验仪器等,每科设专任教员一两人指导学生的学习。订出年、月、周的计划后,学生按此计划去学习,必要时可以和同学、教师研究讨论。本月计划完成时,经教师考试合格,再开始下一阶段学习;学习的情况和成绩记入学习手册。这种方法强调学生独立工作能力的培养,有利于培养学生主动精神、自学能力、因材施教、适应个别差异和特点,不足的是容易形成学习上的放任自流,特别是对于疏懒的学生。同时集体对学生在教学、教育上的作用未能充分发挥,勤奋学生也易养成埋头书本、脱离实际生活的毛病。它反对课堂教学这一基本教学形式,把自学与辅导绝对化,不免失之片面。

此外,西方的教育测验与统计(特别是智力测验)也被引进国内,北京大学、北京高等师范学校都开设心理测验课,中国学者廖世承、陈鹤琴、刘廷芳、陆志韦、俞子夷、张耀翔等人的一批具有相当水准的研究成果也陆续发表、出版。在麦柯尔、孟禄和推士等人的推动下,中国的科学教育(尤其是教育的科学化)也逐步开展起来。

西方教育学说的引进,极大地影响了这一时期的中国教育,加速了中国封建教育的崩溃和现代教育的形成。这是必须给予肯定的。但是,也要看到,在这种引进过程中出现了不顾中国国情而生搬硬套的现象,影响了中国教育的健康发展,对此应该引以为训。

陶行知尽管留学美国,师从美国教育家杜威,但并没有完全照搬美国的教育理论,而是将杜威的"教育即生活"、"学校即社会"、"教学做合一"进行创造性地改造,将其翻了个筋斗,正像他自述的那样:"'教育即生活',是杜威先生的教育理论,也是现代教育思潮的中流。我从民国六年起便陪着这个思潮到中国来。八年来的经验告诉我说'此路不通'。在山穷水尽的时候才悟到教学做合一的道理。所以教学做合一是实行'教育即生活'碰到墙壁头把头碰痛时所找出来的新路。'教育即生活'的理论至此乃翻了半个筋斗。没有'教育即生活'的理论在前,绝产生不了'教学做合一'的理论。但到了'教学做合一'理论形成的时候,整个教育便根本改变了方向。这个新方向是'生活即教育'。"[①]陶行知正是以一种敢于批判、勇于创新的思维,不断发展自己的教育思想。

(四)教育思潮活跃

"五四"前后的中国,是中国历史上动荡最剧烈、变化最迅捷的时期之一。教育思想的发展亦是如此。随着大量的西方教育学说的引进,各种教育思潮如雨后春笋层出不穷,交相激荡,渗透融合,形成纷繁复杂的态势。军国民教育思潮、国民教育思潮、实利主义教育思潮(后转变为职业教育思潮)、平民教育思潮、儿童本位教育思潮、工读主义思潮、科学教育思潮、美感教育思潮等等。此起彼伏,方兴未艾,树帜众多,各领风骚。所有这些思潮,兴起的时间长短不一,影响的范围与深度不尽相同,但从总体上看,呈现出以下共同倾向:强调教育的实用性,如实利主义教育思潮、职业教育思潮;强调教育的民主性,如国民教育思潮、平民教育思潮、工读主义教育思潮、儿童本位教育思潮;强调教育的科学性,如科学教育思潮等。此时此际的教育界,真可谓百花齐放,争奇斗妍,一片繁荣景象。

现将此时影响较大的几种教育思潮分别简述如下。

1. 军国民教育思潮。所谓军国民教育思潮,即主张"文武合一"教育,通过教育手段,培养国民的战斗意志与技能,以应保卫国家的需要。这种思想的产生,一因长期以来受外国帝国主义的侵略凌辱,一因日本军民思想的输入。早在光绪二十四年(1898年),张之洞就于《劝学篇》中提倡"兵学",以武力为公理后盾,保持兵力以维持和平,并于湖北各学堂实施"文武合一"教育。光绪二十八年(1902年)奋翮生作《军国民》篇,蒋百里作《军国民教育》篇,鼓吹此种思想,最早提出"军国民教育"的称谓。光绪三十二年(1906年)部颁教育宗旨也有"尚武"一条。宣统三年(1911年)各省教育总会决议"请定军国民教育案",请学部颁行。民国以后,政体虽变,国际的压力依旧,甚至加亟。民国元年,蔡元培为教育总长,二月发表

① 《生活即教育》,《陶行知全集》第2卷,湖南教育出版社1985年版,第180页。

《对于教育方针之意见》一文,第一条即主张"军国民教育"。他说:"清之季世……胜于教育家之口者,曰军国民教育。夫军国民教育者,与社会主义迅驰,在他国已有道消之兆,然在我国,则强邻交逼,亟图自卫,而历年丧失之国权,非凭借武力,势难恢愎。且军人革命之后,难保无军人执政之一时期,非行举国皆兵之制,将使军人社会永为全国中特别之阶级,而无以平均其势力。则如所谓军国民教育者,诚今日所不能不采者也。"由此观之,蔡氏倡军国民教育之目的,不仅在保卫国家,抵抗强权,收复利权,且在防范军人专政。在蔡元培的主张下,"军国民教育"被列为民初教育方针的五项内容之一,从而在全国加以推行。民国三年(1914 年),范源濂于"今日世界大战中之我国教育"一文中,强调须"振尚武之精神"。民国四年(1915 年)日本以廿一条压迫中国,民族主义高张,袁世凯以卫国为理由,特定"尚武"为教育宗旨之一。同年四五月间,全国教育会联合会遂有"军国民教育实施方法"的决议案。军国民教育思潮于此时达到高潮。这种思潮于欧战结束后(1919 年)曾一度为世界和平主义所掩盖。梁启超的《欧游心影录》(1920 年),提倡和平,反对战争与军国民教育。同年五月,蒋梦麟于《教育评论》一文中也主张以民主主义教育取代军国民教育。第一次世界大战结束后,教育界人士就不再强调军国民教育,但这种思潮的影响并未完全消失。

2. 国民教育思潮。"国民教育"思想是中国近代资产阶级知识分子首先提出来的。康有为早在 1898 年的《请开学校折》中就主张效法德制兴"国民学",这是一种具有义务教育和爱国性质的教育。梁启超还把培养"特色之国民,使结团体,以自立竞存于列国之间",作为教育的宗旨(《论教育当定宗旨》)。他们是把国民教育与他们所领导的救亡图强变法维新的政治运动联系起来的。资产阶级革命家们不仅常把国民教育与救亡图强的爱国运动联系起来,他们还把国民教育与推翻清朝封建统治的革命运动联系起来。在当时国难严重时期,他们认为:"救国之术在振起国民之精神,养成国家之思想也,于是大声疾呼而言国民教育,言国民教育者亦尽人而声矣。"①有些革命民主派人士还公然把国民教育与革命教育联

---

①《民族主义之教育》,《游学译编》1903 年第 10 期。

系起来,把“奴隶”与“国民”、“奴隶教育”与“国民教育”对立起来。他们认为国民教育主要的任务就是要使中国人民能够“脱奴隶就国民”,能挣脱封建统治的压迫“以复我天赋之人权”[①],能够具备有独立、自由的精神——“任教育者,而不能养国民独立之精神,是之谓奴隶教育。”[②]当时有些资产阶级教育家还把国民教育与“普及教育”或“义务教育”等同起来。封建统治者对国民教育的见解与当时新兴的资产阶级完全不同。例如,封建大军阀袁世凯也注意提倡“国民教育”。他还颁布一道“国民学校令”,把初等小学改为四年制的“国民学校”。他所理解的国民教育的主要内容乃是封建“忠孝节义”的旧道德,并且把这种道德作为陶冶全国人民成为“国民”的模型的基础。教育总长汤化龙也有类似的见解。他说:“国民教育以国民道德为根本……本总长深维国民教育与国民特性之关系,不能不以数千年所奉为人伦师表者,为道德之准绳。”[③]到了 1916 年以后提倡“公民教育”的呼声极高。当时学校所开设的“修身科”逐渐被“公民科”所代替。“中华教育改进社”就建议把从前的教育宗旨改为养成健全人格,发挥“共和精神”,即“发挥平民主义”和“养成公民自治习惯”。教育总长蔡元培就曾说:“普遍教育,务顺应时势,养成共和国民健全之人格”,提出民国教育的基本任务是培养“共和国民”。国民教育思潮至此成为重要的教育指导思想。可见这种教育思潮对民初教育的影响。

3. 实利主义教育思潮。清朝政府在“百日维新”期间,曾颁布了创办实业学堂的法令。光绪二十九年(1903 年),制定癸卯学制时,将实业教育列为一个独立的、由初级到高级的学校系统。光绪三十二年(1906 年)颁布的教育宗旨,把“崇实”作为教育宗旨的一项内容。民国元年,蔡元培根据清末发展实业教育的状况,参考各国教育的经验,提出实利主义教育,并把它列入方针之中。1913 年(民国二年)10 月,黄炎培在《教育杂志》发表《学校教育采用实用主义之商榷》一文,表达了与蔡元培基本相同的观点,指出发展实业教育已成为社会潮流。黄炎培不只是主张发展实业教育以解决生计问题,还主张普通教育也应当传授切合实用的知识技能。

---

① 邹容:《国民军》。

②《教育泛论》,《游学译编》1903 年第 9 期。

③《教育公报》第 1 册。

同期《教育杂志》发表庄俞《采用实用主义》一文,表示赞同黄炎培提出学校采用实用主义的观点。1915年(民国四年)1月,袁世凯颁布的《教育纲要》中写道:"申明教育宗旨,注重道德、实利、尚武,并运之以实用。"同年9月,陈独秀在《青年杂志》发表《敬告青年》一文,向青年提出六点希望,其中第五点就是"实利的而非虚文的"。10月陈独秀又在该杂志第二号发表《今日之教育方针》一文,提出教育须贯穿四大"主义",其中第三个主义即是"职业主义",主张用职业教育来取代空洞的伦理说教的传统教育。黄炎培、庄俞、陈独秀等先后发表观点,扩大了实业教育的范围,并以职业教育代替实业教育的概念,职业教育的呼声日益高涨。1916年(民国五年)9月,江苏省教育会常年大会提出实施职业教育方法案,议决组织职业教育研究会。同年12月,蔡元培在江苏省教育会发表以《教育界之恐慌及其救济方法》为题的演说中强调,必须发展职业教育,以解决学生的出路问题。1917年(民国六年)5月6日,教育界、实业界的蔡元培、黄炎培、蒋梦麟、郭秉文、钱永铭、宋汉章等40余人联名发起组织中华职业教育社,并在上海召开成立大会。会议发表了宣言书,制定了社章。次年,中华职业教育社重订职业教育目的为:(1) 为个人谋生之准备。(2) 为个人服务社会之准备。(3) 为世界及国家增进生产力之准备。并规定职业教育的定义为:"用教育方法,使人人获得生活的供给和乐趣,同时尽其对群众之义务。"与此同时,正式成立中华职业学校,并附设各种工厂、商店与银行。中华职业教育社成立之后,在它的推动和影响下,职业教育的思想被教育界所接受,职业学校的数量逐渐增加,这既适应了民族工商业发展对各种中级专门人才的需要,又满足了社会青年就业的迫切要求。

4. 平民主义教育思潮。平民主义教育思想是新文化运动中"拥护民主"的口号在教育思想上的反映。因为要实行"以人民为主人,以执政为公仆"的"民主国家",就要给人民以各种权力,其中包括教育权。"平民教育"的口号便广泛流传,并且在实践上也开展了许多平民教育活动。平民教育运动是五四时期文化统一战线的一部分,参加者很复杂,有共产主义知识分子、革命的小资产阶级知识分子和资产阶级知识分子,因此,"平民教育"这个口号所包含的概念也是不同的。从广义上讲,他们都反对封建专制主义教育,要求打破几千年来封建地主阶级和有钱人独霸教育权的局面。但“平民”的含义、平民教育的内容和目的便各有差异了。以陈独秀、李大钊、邓中夏为代表的共产主义知识分子提出不仅要以广大人民为教育的对象，而且教育应本着“庶民”的方向，就是说平民教育必须符合劳动人民求得自身解放的根本利益。并且这种教育权的获得是在打破“政治上、经济上、社会上一切特权阶级”的同时进行的，按照这种平民教育观点开展的平民教育活动，有邓中夏等在北京大学办的“平民教育讲演团”，毛泽东在湖南一师附小办的平民夜校等。另一些资产阶级小资产阶级知识分子宣传的平民教育，对于教育只为剥削阶级所独有的现象给以揭露，通过他们的实践也在一定程度上扩大了教育的对象，这对于当时教育的改革还是起促进作用的。但他们却把平民教育当做救国和改良社会的主要手段，希望通过平民教育来实现平民政治。1919 年北京高等师范学校的教职员和学生组织的“平民教育社”反映了这种思潮。这一年 10 月 10 日，该社出版了《平民教育》杂志，在其发刊词上阐明了他们的主张，文中说:“不先有了平民教育，哪能行平民政治？哪能使用平民政治的工具?”所以我们要来细谈根本改造的教育，不愿去高论‘空中楼阁’的政治”。属于这种平民教育主张的人主要是受杜威社会改良论的影响。1923 年 6 月晏阳初、朱其慧、陶行知等人发起组织“中华平民教育促进会”，这个组织当时影响也很广泛，他们提倡平民教育，办“平民学校”、“平民读书处”、“平民问字处”，编写《平民千字课》，教育活动波及大半个中国。他们企图通过推行平民教育，使广大贫苦人民都能识字读书，懂得爱国道理，建立一个理想的社会。在当时的历史条件下，这种“平民教育救国”的道路是走不通的。但是，对于他们的爱国主义思想和发展大众教育的热情，应当给予肯定。20 年代中叶以后，平民教育运动发生了明显的分化，一些资产阶级、小资产阶级教育家继续从事改良主义的平民教育，另一些激进民主主义者转向共产主义，接近共产党，仍然从事中国社会和教育的改革，而中国共产党则在早期共产主义者开展平民教育的基础上，开展了革命的工农教育运动。

5. 科学教育思潮。1914 年夏，留美学生任鸿隽、胡明复和赵元任等人在美国发起成立“中国科学社”，于次年 1 月在上海发行《科学》杂志，大力宣传科学思想。任鸿隽专门撰写《科学与教育》一文，系统论述科学与教育的关系，提倡在教育上应用科学方法研究。科学教育遂开始引起人们重视。五四运动以后，随着“民主”与“科学”思想的广为传播，科学教育思潮也应运而生。从总体上看，这种思潮沿着两个方向发展：一是教育的科学化，即认为教育是一门科学，主张用科学方法研究教育，以得出比较精确的结果。1923年，美国教育测量专家、哥伦比亚大学麦柯尔教授应中华教育改进社之邀来华，主持教育心理测验的提倡研究和推广。陈鹤琴、查良钊、刘廷芳等担任助手。他们组织东南大学（原南京高师）、北京高师、北京大学、燕京大学等校有关系科的师生，几年间编制教育心理测验40余种，撰写了《中国教育的科学测量》一书，还举办全国性教育心理测量讲习会，培训师资300余人。这样，智力测验、教育测验、学务调查、社会调查等科学方法开始由中国的教育工作者应用于本国的教育研究中去。二是科学的教育化，即提倡在学校中讲授科学内容，既要利用科学方法，又要依据教育原理和方法。1921年，美国教育学家、哥伦比亚大学教育学院院长孟禄教授应中国实际教育调查社的邀请，来华调查中国教育。他对中国的科学教育甚为重视。在与中国学者的讨论中，指出中国科学教育的缺点有二：第一，是科学方法运用的不良，主要是机械地接受科学知识，而忽略实验；第二，是对科学概念的不明了。1923年，孟禄又介绍美国科学教学法专家、俄亥俄州立大学推士教授来华，专门考察科学教育。推士在华两年，到过10个省份的24个城市，考察了248所学校，作过200余次讲演。除了组织科学研究会外，他还拟定一篇《考察及改进中国自然科学教学的计划》。回国前夕在《民国日报》发表《科学教育与中国》一文，首述科学教育的重要及美国研究科学教育的方法，继而指出中国物质文明不能进步的最大原因，在于科学教育的不发达，并对改进中国科学教育等问题提出了具体建议。科学教育思潮的形成与发展，对于当时中国教育的科学化和科学的教育化，起了积极的作用。

孟禄

1937 年 5 月,孟禄偕女儿来华,与胡适、蒋梦麟等人合影

三、“五四”教育改革

“五四”时期,我国出现了一场规模甚大的教育改革运动。这个运动是在新文化运动推动下,作为新文化运动的重要组成部分而发展的。从政治上说,它受“五四”时期反封建斗争和反帝爱国斗争的影响和鼓舞;从经济上说,它反映了第一次世界大战期间中国民族工业得到较大发展对教育的改革和发展的迫切要求;从思想上说,它与教育救国的思想、民主和科学的思想以及欧美教育革新思潮(如欧洲新教育思潮、美国实用主义教育思想和进步主义教育运动等),都有密切联系。这时的教育改革以学习西方教育为特点,在教育理论上受实用主义思想的影响很大。

这一时期的中国社会仍处于封建军阀黑暗腐朽的统治之下。北洋政府虽然竭力对学校教育加强思想上的控制,推行反动教育,遏制学潮的爆发,但在历史潮流的冲击之下,也不得不容许新教育运动提出的一些改革要求,发布了一些有关文件,虽然多是形同具文,并未得到完全的实行,但历史毕竟是向前迈出了重要的一步。

“五四”时期的教育改革涉及了各个方面,从教育宗旨、课程内容、教材教法、教育管理、学制系统到各级各类教育,都先后进行了许多改革,推动了中国教育现代化的历史进程,奠定了中国现代教育发展的基础。

(一) 确定改革标准

所谓“改革标准”，即制订1922年学制系统的“标准”，实际上就是原来的教育宗旨、教育方针。1915年袁世凯颁布的《教育纲要》、《教育要旨》提出尊孔复古，废除了辛亥革命后的教育方针，提出“爱国、尚武、崇实、法孔孟、重自治、戒贪争、戒躁进”七项教育要旨。洪宪帝制垮台后，范源濂任教育总长，表示要撤销《教育纲要》，实行民国元年的教育方针。1918年教育部聘范源濂、蔡元培、陈宝泉、蒋梦麟等19人组成教育调查会审议教育上之重要事项。1919年4月，提出以“养成健全人格，发展共和精神”为教育宗旨，这个宗旨反映了资产阶级民主与发展实业的需要。同年10月全国教育会联合会五届联合会则提议废除教育宗旨，而以“养成健全人格，发展共和精神”为教育本义，但教育部未采纳。至1922年教育部公布的《学校系统改革案》确定改革标准为适应社会进化，发展平民精神，谋个性发展，注意国民经济力，注意生活教育，使教育易于普及，多留地方伸缩余地等七项，还是反映了新教育改革运动的基本要求。

(二) 确立男女平等教育权

在新文化运动中，对男女教育不平等的状况进行了猛烈的抨击。“大学开女禁”争取男女平等教育权的呼声很高。1917年全国教育联合会第三届会议向教育部提出推广女子教育案。1920年暑假北京大学首次招收女生，接着南京高师也招收女生。随之，各大学也陆续招收女生，一些比较进步的中学开始男女合校，甚至同班。这些措施改变了两千多年来男女教育不平等的状况，是中国教育史上一件划时代的事件。1922年颁布的“新学制”，取消了男女中学之间的差别。至此，妇女享有与男子平等的教育权，从教育制度上肯定下来。

(三) 改革教学内容与方法

采用白话文教学，是教育改革的一项重要内容。国语运动从清末就开始了，民初有国语研究会的成立。1917年10月，全国教育联合会决议“请教育部速定国语标准，并设法将注音字母推行各省区，以为将来小学改国语之预备”。1918年教育部正式公布注音字母。在文学革命的推动下，教育部迫于形势，于1920年1月训令全国各国民学校先将一、二年级的国文改为语体文，同年4月训令从1922年以后凡国民小学教材一律改为语体文。至此大、中、小学文言文教材逐渐被淘汰，在教学上使语言文字更接近人民生活实际，有利于教育普及，是教育上的一项重大改革。

在教学内容上，开始删除了封建性的糟粕，增添宣传民主和科学的内容。文学教材开始有介绍新文学和世界名著的。在科目的设置上也进行了一些改革。1920年3月9日和10日，教育部根据全国教育会联合会决议咨各省区教育厅：中等以下宜注重工艺，增加裨益生计的知识技能，改进学校体育，减少兵操时间以体育代替。在提倡"科学"精神的影响下，学校开始重视自然科学方面的教育，加强了自然科学和现代工艺方面的教学。学校中开始建立自然科学的实验设备。

中国自清末兴学以来，即提出教学方法的改良。"五四"以前先是通过向日本学习搬来了赫尔巴特的教学方法，以后又直接取法欧美，西方教育新思潮逐渐被介绍到中国来。"五四"前后由于蒋梦麟、陶行知等人以及新教育社团的宣传介绍，杜威的新教育理论影响扩大，"儿童本位"的观点得到广泛的重视。在教育方法上，提倡儿童自治，改变过去学生完全受管教的被动地位。设立学生自治会，布置学生自治活动的环境，如开设"学生银行"、"商店"、"邮局"、"市政政府"等，搞所谓"学校社会化"，让学生在活动中培养责任心和自治能力。在教学方法上，反对注入式，提倡启发式教学。这一时期，各种新教学法的介绍、实验形成热潮，其中主要的有从美国传入的设计教学法和道尔顿制。此外还试行选科制、学分制等。新教学法运动反对机械、被动地灌输学生知识，重视学生的主动性，但有全盘否定传统教学法，照搬美国创始不久的一些新教学法的试验，有的甚至还未了解一种方法的意义即追赶时髦的倾向。但新教学法运动的积极意义是我国教育界在努力寻求教育、教育工作的科学方法。"五四"以后北有北京高师、南有南京高师，是研究、介绍西方心理学、教育学、教育统计及各种教育测验等方法的中心，后来中华教育改进社积极提倡。"五四"以前虽然就有西方教育科学的介绍，但到了这一时期才形成试验范围较广的局面。新教学法运动虽然并不成功，但对此后我国教育界和教育理论的研究有很大的影响。

(四) 改进教育管理

在教育管理上，废除"学监制"，设训育主任，采用"导师制"，由教员分担训育责任。中等学校以上普遍设立学生会,将原来由学校管训的事情交给学生自治会办理。自治会设“裁判所”,处理学生违反校规的事件。这是废除几千年来教育史上的封建专制主义、实行资产阶级民主主义的一种反应。

在当时的教育改革中,北京大学表现得尤为突出。著名资产阶级民主主义教育家蔡元培在“五四”前后就任北京大学校长,他宣布大学为研究高深学术之机构,不是升官发财的阶梯。实行“网罗众家,兼容并包”的办学方针,聘请了许多学者名流来校任教。

在教学制度上废门改系,将学年制改为选科制,规定必修和选修科目,实行学分制。在教育管理上组织评议会,实行“教授治校”、民主管理学校。在教师中组织“进德会”,主张不赌、不嫖、不娶妾、不作官吏、不作议员。他鼓励学术研究,经常举行学术讲演,介绍新思想、新学说和新知识。在学生中组织各种课外活动,从而把北京大学从封建主义浓厚的“京师大学堂”,改造成为宣传新思想、新文化和最先进的学术中心,在反对封建主义思想和传播革命思想方面起了突出作用。

(五) 制定“壬戌学制”

1921 年 10 月,全国教育会联合会在广州举行第七次会议,讨论学制改革,并以广东教育会提出的《新学制系统案》为基础,通过了《学制系统草案》,在全国文教界酝酿学制改革问题。次年 9 月,教育部召开学制会议,将全国教育会联合会通过的《学制系统草案》稍加修正。同年 11 月用大总统的命令正式公布《学校系统改革案》,这就是解放前一直沿用的“壬戌学制”,也称新学制。

新学制首列七项标准(指导思想):适应社会进化之需要;发挥平民教育精神;谋个性之发展,注意国民经济力;注意生活教育;使教育易于普及;多留各地方伸缩余地。

新学制和 1912 年至 1913 年的“壬子、癸丑学制”相比,作了如下变更:全部学程为 16 年至 18 年,分初等教育、中等教育和高等教育三个阶段。小学由 7 年缩短为 6 年,分初级 4 年、高级 2 年,前 4 年为义务教育,高小根据地方情形,增加职业准备;中学由 4 年延长为 6 年,分初高二级,各 3 年。选科,初中设职业科;高中分普通、农、工、商、师范、家事等科;和中学平行设师范学校和初高级职业学校，师范由 5 年改为 6 年，以职业教育代替实业教育系统；大学教育 4 年至 6 年，不设预科，另将蒙养园改为幼稚园，为学前教育。

这次学制改革有如下特点，适应了资本主义发展的需要，从小学开始职业准备，中学加强职业教育，兼顾了升学与就业；考虑了儿童生理与心理发展规律，学程分为三个阶段，便于实施；缩短了小学的年限，延长了中学的年限，小学和中学均分初高两级，可以使更多的人接受小学和初中教育，有利于提高中学程度；中学以上采用选科制，有利于学生的个性发展；大学废除预科，学制 4—6 年，有利于提高大学教育的质量。

新学制基本上采取了当时美国一些州已经实行了十余年的“六三三制”，但它并非盲从美制，而是我国教育界针对本国实际，长期酝酿集思广益的结晶，也是五四运动以来教育改革的一个综合成果。当然也不能否认，它诞生在实用主义教育思想广泛传播的时代，不可避免地打上了实用主义的烙印，何况美国实用主义教育家孟禄在我国第七届全国教育会联合会上多次发表讲话，直接参与了我国学制改革。在所列学制改革的七项标准中，提出要发挥平民教育精神；谋个性之发展；注意生活教育等，都明显地表现出实用主义教育思想的影响。尽管如此，对它不能采取简单的否定。它是适应我国资本主义发展需要的“应时而兴的制度”，同时又基本上符合青少年生理和心理发展的规律。它的制定具有一定的科学性，直至今日也还有积极意义。

（六）调整课程设置

在讨论学制的同时，全国教育会联合会组织了“新学制课程起草委员会”，1923 年该委员会公布《中小学课程纲要》小学设国语、算术、卫生、公民、历史、地理（后四科合称社会科）、自然园艺、工用艺术、形象艺术、体育、音乐等科。中学采用学分制和选科制。初中必修科目有公民、历史、地理、国语、外国语、算学、自然、图画、手工、音乐、生理卫生、体育。高中采用综合中学制度，分设普通科和职业科。普通科分文理两组。公开必修科目有国语、外国语、人生哲学、社会问题、文化史、科学概论、体育。分科专修第一组（文科）科目为：特设国文、心理学初步、伦理学初步、自然科或数学一种。第二组（理科）为：三角、高中几何、高中代数、解析几何大意以及物理、化学、生物选习两科。还设有选修课。上述课程纲要未经政府正式公布,但各地均按此施行。

这个课程纲要无男女校之区别,小学国文改为国语,修身改为公民,并加强了手工、图画课,中学加强了人文科学和理科的课程。这些都反映了"五四"以来新教育改革的一些基本要求。

"五四"时期的教育改革是有利于中国教育发展的进步改革。这次教育改革具有自发性、广泛性、开放性等特点。特别值得提出的是,"五四"时期的许多改革措施都是先由进步的教育团体提出而后由北京政府教育部颁布实施的。当时主要的进步教育团体有:"全国教育会联合会"、"中华职业教育社"、"中华教育改进社"、"中华平民教育促进总会"等。这些教育团体集中了当时教育界许多知名人士和先进分子。他们从不同的方面,以民间团体的名义发动教育改革,提出改革的方案和建议。在他们的倡导和推动下,加上广大教育界和社会各界进步势力的配合,教育主管当局才采取了有关改革措施,从而促进了民初十年中国教育事业的不断向前发展,正是在这多种历史合力的共同作用下,现代教育勃然而兴,奠定基石。

第二节　陶行知与实用主义教育思潮

在"五四"时期的各种新思潮中,陶行知与实用主义教育思潮的关系相当特殊和密切,这里有必要专列一节加以讨论。实用主义教育思潮是1919年五四运动以后兴起的一种重要的教育思潮。该思潮以美国教育家约翰·杜威(John Dewcy)的实用主义教育为思想理论基础,主张"教育即生长"、"教育即生活"、"学校即社会"、"做中学",重视教育与生活、学校与社会的联系,强调教育的实用性、生活性,反对传统教育中的形式主义、机械主义,给"五四"以后中国的教育界带来了深刻的影响。在实用主义教育思潮中唱主角的是杜威以及他的一班中国弟子胡适、蒋梦麟等人。陶行知也是其中一名重要骨干。在他们的摇旗呐喊、推波助澜下,实用主义教育思潮在20世纪20年代中期走向高潮,后受时局的影响,逐渐低落下来。

一、实用主义教育思潮的形成与发展

实用主义教育思潮在中国的发展大致经过了三个阶段，即：早期对美国实用主义教育的介绍、"五四"前后实用主义教育思潮的兴起与高涨、南京国民政府建立后实用主义教育思潮的演变。肇端于北美的实用主义教育对中国而言，是地地道道的舶来品，它之所以迅速移植于中国，有着深刻的社会文化背景。

(一) 实用主义教育思潮形成的原因

在北美，从皮尔斯(C. S. Peirce)到詹姆斯(W. James)的实用主义为杜威的实用主义教育理论提供了哲学基础，而19世纪末20世纪初美国所面临的自由资本主义向垄断资本主义转型的深刻的社会局势的变动及以赫尔巴特(J. F. Herbart)为代表的传统教育在这一变局面前的力不从心，则充当了实用主义教育的催生婆。实用主义教育充分审视了从古希腊到近代欧洲的教育遗产，深深植根于民主与科学的现代大工业生产的文化土壤之中，它所表现的对于现代教育的观念及理想，诸如对平民教育、民主与教育、生活与教育等问题的关注，不仅具有美国色彩，而且在一定程度上具有了对现代教育发展的普遍指导意义。20世纪上半叶实用主义教育在中国以及世界其他一些国家的流传证明了这一点。民国的建立以及接踵而至的为捍卫民主共和所进行的对旧文化的彻底批判，尤其是反复古主义教育思潮对旧教育的彻底清理，为迎接来自大洋彼岸的实用主义教育做好了准备。五四运动以后，实用主义教育开始在中国广泛流传。

1. 民主观念的广泛传播和民族经济的迅速发展为实用主义教育的传入提供了社会土壤

来自"民主美国"的极度关注民主政治和社会经济生活的实用主义教育，在一定程度上适应了近现代中国社会发展的要求。民国建立后，它在社会政治及其他领域所面临的一次次挑战，不仅使人们感到了民主之于中国弥足珍贵，而且从武装讨袁到《新青年》对旧制度、旧文化的口诛笔伐，使民主观念广泛传播，这为一切带有民主色彩的理论的登陆准备了向导；另一方面，民国的建立为实业的发展提供了契机，尤其是第一次世界大战期间欧美资本主义国家对华控制的相对减弱，使民族经济获得了迅速发展，这就向教育提出了培养适应民族工业发展需要的人才的要求，尽管民国初期确立的学制对职业教育表现了相当的注意，但实业教育、职业训练不敷经济发展的要求以及普遍存在的教育与社会生活脱节的现状，使人们不得不考虑改弦更张，而实用主义教育在这方面的思考则正迎合了中国社会的需求。

2. 反复古主义教育思潮对旧教育的彻底批判为实用主义教育的传播扫清了障碍

事实上，现代诸种教育思潮的产生，多得益于反复古主义教育思潮，实用主义教育思潮亦不例外。反复古主义教育思潮是在反对复古逆流的运动中兴起的，尽管教育领域的复古逆流是其直接的对手，但实质上，反复古主义教育所批判的是以孔道儒教为旨归、以四书五经为教材、以科举入仕为目的的旧教育。以陈独秀、胡适等新式知识分子为代表的反复古主义教育思潮对旧教育及其理论靠山——以儒家学说为核心的旧文化——进行了不留情面的批判。这种批判为实用主义教育理论的传入扫清了障碍，实用主义教育在反复古主义教育打扫干净的教育园地里得以迅速传播。

3. 陶行知等一批从美国归来的留学生充当了最好客的主人，极大地推动了实用主义教育思潮的形成与发展

1908年，美国国会议决返还庚子赔款用以发展中国的教育文化事业，此举打破了自1896年以来日本在中国留学教育上的垄断地位，到1915年，美国成了接收中国留学生的主要国家。据统计，1909—1925年，清华派出了1 031名学生留美，其中有5.04%专门学教育；1921—1925年公费留美学生达934人，超过日本和其他各国。另一个有趣的事实是杜威执教的哥伦比亚大学在培养中国学生方面举足轻重：1909年，哥大有24名中国留学生，1918年增至100名，1920年达123名，而哥伦比亚大学的留学生一直承担编辑出版中国留学生月刊的工作；自1914年郭秉文第一个从哥大师范学院获得哲学博士学位开始，整个20世纪20年代平均每年授予一名中国学生以博士学位。[①] 大批学生留美，无疑为实用主义教育的

---

① 以上统计资料参见 Barry Keenan, The Dewey Experiment in China: Educational Reform and Political Power in The Early Republic, p. 9～20. Harvard University Press, Cambridge, Massachusetts and London, England, 1977.

接受与传播大开方便之门，尤其是留学生归国后，许多人都从事教育，像胡适、蒋梦麟、郭秉文、陶行知等人都居教育界领袖地位，更是极大地方便了来自师门的实用主义教育的传播，正是他们充当了实用主义教育传华的开路先锋。

(二) 早期对实用主义教育的宣传与介绍

杜威来华讲学前，国内已有了对杜威实用主义教育的宣传与介绍，奏响了实用主义教育思潮的前奏曲。1912 年 2 月，蔡元培在《对于教育方针之意见》中首次向人们推荐了杜威及其实用主义教育。蔡元培在论述实利主义教育时介绍说："此其说创于美洲，而近亦盛行于欧陆"，"今日美洲之杜威派，则纯持实利主义者也"。[①] 此后，蔡元培于 1915 年代表教育部向巴拿马万国教育会议提交的报告、1918 年在天津"直隶小学会议"的演讲中，再次向人们介绍了杜威的实用主义教育。[②] 1919 年 3 月，杜威来华前蔡元培甚至鼓励人们"试试杜威博士的新主义"[③]。

影响颇大的《教育杂志》于 1916 年至 1918 年相继发表了署名"大民"的文章，介绍实用主义教育，计有：《学校之社会的训练》、《台威氏之教育哲学》、《台威氏之明日学校》、《今后之学校》等。创刊于 1919 年的《新教育》在杜威来华前大力宣传杜威的实用主义教育，并且出"杜威专号"，蒋梦麟、胡适、陶行知、刘伯明、郑晓沧等人，较全面地介绍了杜威的哲学及教育观。其他如浙江的《教育潮》、北京的《晨报》副刊、上海的《时事新报》副刊《学灯》以及《民国日报》副刊《觉悟》等，都成为了介绍和鼓吹杜威实用主义教育的重要阵地。

杜威在华的弟子们此时或著文或演讲，都热情洋溢地宣传其师的理论。1919 年 3 月 31 日陶行知在《时报》的《教育周刊》上发表《介绍杜威先生的教育学说》。接着，胡适在《新教育》"杜威专号"上发表《杜威哲学的根本观念》和《杜威的教育哲学》，蒋梦麟发表《杜威之人生哲学》和《杜威之道德教育》，刘伯明发表《杜威之论理学》，郑晓沧也在《新教育》1 卷 2 期上发表译文《杜威氏之教育主义》。胡适本着对杜威的推崇之心，在北大

① 高平叔编：《蔡元培教育论集》，湖南教育出版社 1987 年版，第 42～46 页。
② 高平叔编：《蔡元培教育论著选》，人民教育出版社 1991 年版，155～156 页。
③ 同上，第 184 页。

和南京高师先后作了四场演讲，介绍杜威的实用主义教育，并于1919年3月在教育部会议上专门介绍杜威的教育哲学。大规模的宣传与介绍，在杜威来华前已掀起了“杜威热”，实用主义教育思潮的兴起已依稀可见。

在杜威来华期间，陶行知几乎全程陪同，每到一地讲学，陶行知与胡适等人都充分翻译，并在杜威讲演之后，陶行知也往往应邀作报告，对杜威博士的报告内容作进一步的阐释，使杜威学说中国化，让更多的人通俗明了地了解实用主义教育学说。

（三）实用主义教育思潮的形成、高潮与回落

从1919年5月到1925年的“五卅”运动，以杜威来华讲学为契机，实用主义教育思潮发展到顶峰；“五卅”运动及南京国民政府的建立，使实用主义教育思潮从浪尖回落下来。

1. 实用主义教育思潮的形成与高涨

杜威来华讲学标志着实用主义教育思潮的形成。在杜威及其弟子们的推动下，1919年5月至1925年“五卅”惨案以前，掀起了实用主义教育思潮的高潮。

1919年初，由郭秉文等杜威过去的学生组成的代表团赴东京聆听了杜威的演讲，并邀请杜威来华讲学；在国内，蔡元培、胡适、陶行知等商定以北京大学、南京高师、尚志学会、江苏省教育会及浙江省教育会五团体的名义，[①]正式发出邀请。这样，在结束访日活动后，杜威偕夫人爱丽丝(Alice. C. Dewey)和小女儿罗茜(Lucy Dewey)于1919年4月30日到达上海，胡适代表北大、陶行知代表南京高师、蒋梦麟代表江苏省教育会前往码头迎接。谁也没有料到这看似平常的访问将要在中国掀起一个实用主义教育思潮，并极大地影响中国教育的发展。这一点从当时上海新闻媒介的反应中即可看出，《申报》仅在5月7日的“本埠新闻”栏内刊出了百余字的“杜威博士到沪”的消息，报刊更重视的是巴黎的和会及各地军阀的动向。

---

① 关于邀请杜威访华的团体，说法不一。参见黎洁华《杜威在华活动年表》(上)，载《华东师范大学学报》(教科版)1985年第1期。笔者参考该文，并证诸1919年5月1日《申报》关于杜威来沪的报道，得出文中的结论。

1919年杜威访华时合影。前排左起：史量才、杜威夫人爱丽丝、杜威；后排左起：胡适、蒋梦麟、陶行知、张作平。

杜威在华停留两年两个月又十二天，于1921年7月11日离开中国返美。在华期间，杜威在弟子们的陪同下，到各地参观访问，传经授道，所到之处，教育界、学术界、新闻界乃至军政界的要员，无不奉若上宾，礼敬有加。经过这样一番鼓吹和宣扬，实用主义教育思想不胫而走。东至上海，西到太原，北抵辽宁，南达广东，杜威的足迹遍及十多个省市，杜威的教育学说传遍了大半个中国。

若以范围论，实用主义教育仅及大半个中国；若以声闻论，及于全国上下并不夸张。杜威在华演讲大小200余次。① 通过弟子们的翻译和各地大小报刊、杂志的刊载，流传甚广。据统计，杜威在华演讲可分两类：一类为系统的演讲，如在北京的七大演讲和南京的三大演讲；另一类是在各地所作的短篇演讲。可考的有56次，其中关于教育的有33次。② 这些演讲，或刊载，或出单行本，广为流传。如《教育公报》曾详载了在北京和南京的系统演讲及部分短篇演讲；《晨报》社将北京的七大演讲中的前五种汇集成《杜威五大演讲》出版，上海泰东图书公司也以《杜威三大演讲》为书名将杜威在南京的系统演讲出版，前者在两年中印行达十余次。而将个人听演讲的记录整理出版者亦大有人在，如常道直将杜威为北京高师

① 黎洁华：《杜威在华活动年表》(上)，载《华东师范大学学报》(教科版)1985年第1期。

② 吴俊升：《文教论评存稿》，台湾正中书局1983年版，第337～341页。

教育研究科学生所作的演讲加以整理，以《平民主义与教育》出版，金海观则将杜威在南京关于教育哲学的演讲整理后交由商务印书馆出版。

总之，通过杜威的宣讲及其演讲词的广泛流传，20 世纪 20 年代中期实用主义教育思潮达到了顶峰。当然，此功劳决不仅是杜威个人的，也并非只是各地报刊、杂志呐喊鼓噪之力，陪同杜威到各地访问并充当翻译的杜门弟子或深受杜威理论影响的中国学者们，则更是功不可没。先后充当杜威翻译的有蒋梦麟、陶行知、胡适、郑晓沧、刘伯明等人，除刘伯明外，均是杜威在哥伦比亚大学的弟子，而刘伯明虽不是及门弟子，却亦是实用主义教育的信徒，因而，他充任了杜威在南京及江苏等地演讲的主要翻译者。这些学者，以他们自己的理解，在为杜威担任翻译时，充当了实用主义教育思潮的推波助澜者。

2. 实用主义教育思潮的回落与持续发展

1925 年 5 月在上海爆发的“五卅”反帝爱国运动，唤醒了国人积压已久的反帝情结，列强及其理论观念在爱国的理念下遭到了前所未有的打击。在这种背景下，盛极一时的实用主义教育思潮开始落潮，教育界奉实用主义为圭臬的局面开始被改变。

先是以保存和发扬民族文化、培养民族意识相号召的国家主义派的崛起与国家主义教育思潮的流行，打破了实用主义教育思潮的垄断地位。原先支持、宣传杜威实用主义教育的全国教育联合会及中华教育改进社等团体，开始改变方向，注重教育与本民族文化的关系，杜威的影响呈降低趋势。

接着，1927 年国民党在南京建立了一党专制的国民政府，不久又公布了三民主义教育方针，一党专制的需要及三民主义教育方针的确立，更进一步打击了实用主义教育思潮。自此，往日那如火如荼的实用主义教育思潮的盛景已不复见。

尽管如此，实用主义教育思潮并没销声匿迹。“五卅”运动以后，介绍实用主义教育的文章继续见诸报章，而杜威的著述更是被大量翻译出版，实用主义教育的另一大将，设计教学法的创始人克伯屈（W. H. Kilpatrick）也来华讲学。这一切均表明，尽管实用主义教育思潮落潮了，但它依然在持续，在影响着中国的教育。同前期相比，实用主义教育思潮从轰轰烈烈地宣传与介绍，演变成具体实践和将实用主义教育“中国化”，如各地广泛兴起的“实验学校”以及对道尔顿制、设计教学法应用，便是这一演变的具体表现，而“中国化”的过程则一直持续到20世纪三四十年代。

实用主义教育思潮在“五卅”事件以后的演变，实则是一种正常的现象，人们不可能对一个外来的理论不加修正就用来指导本国的教育，这样，由轰轰烈烈地宣传而脚踏实地地实验，最后逐步“中国化”，正恰恰代表了一个成熟的民族对于外来文化的理性态度。

二、实用主义教育思潮的基本内容

杜威及其弟子在“五四”前后掀起的实用主义教育思潮，实则是杜威的实用主义及其教育理论在中国传播、生根、发展的过程。在此过程中，传播杜威的理论是实用主义教育思潮的主流，而实用主义教育在中国的生根与发展则只能看做思潮的支流，或者只能视为实用主义教育思潮狂涛过后的阵阵涟漪了。由此，我们可以确定实用主义教育思潮的基本内容主要是杜威教育理论的基本内容及其在中国的体现。

(一) 关于教育的目的与功能——“教育自身无目的”与“教育是社会进步及社会改革的基本方法”

教育目的是教育理论的核心问题，任何教育家或教育理论流派不可能也无法回避这一问题。教育的对象是人，而受过教育的人又总是要回到社会生活中的；而人是生长的，社会是变化的。所以，问题不在于教育有没有目的，而在于教育的目的如何照顾到生长着的人和变化的社会生活两个方面的要求。

在杜威以前，即在19世纪末实用主义教育产生以前，人们看重的是教育的社会功能，所表示的教育目的尽管五花八门，却大都立足于社会一边，虽然像夸美纽斯、卢梭等人也曾极力呼吁教育要照顾到受教育的人的特点与要求，但在培养这种、那种社会所需人才的教育目的的耀眼光辉之下，受教育者始终在被杜威称为“教育过程以外的目的”的强控下，没能得到合理的关注，这成为传统教育——不论是西方还是东方——始终不能根据受教育者本身的特点和要求来施行教育的根源。这也正是杜威提出的令人费解的教育有目的、又无目的的主张的起因。

看来杜威是在努力调和这一历来无法解决的矛盾。一方面，他认识到现代社会的教育必须充分照顾到受教育的人的特点。于是他采用了武断的矫枉过正的方式，通过否定教育的目的来达到解放受教育者的目标。当然，为使他的方式显得合理，杜威是花了巨大的努力的。首先，他将教育目的区分为两种："我们所要做的，是要把属于教育过程内部的目的，和从教育过程以外提出的目的进行比较"，接着，杜威肯定："我们要提醒自己，教育本身并无目的"，"我们探索教育目的时，并不要到教育过程以外去寻找一个目的"①。"教育过程在它自身以外无目的，它就是它自己的目的。"②为了找到依据，杜威从哲学上进行了一番思考。从实用主义哲学观和进化论思想出发，杜威认为世界是变化的，真理是相对的，因此"未来是始终不能预言的"③，这就为那种力图从教育外面为教育过程规定一个不变的目标的做法提供了反证。不仅如此，杜威又用"经验论"来构筑他的体系，他认为世界是经验的产物，而经验则指主体与客体、有机体与环境之间、经验者和被经验者之间的交互作用，新、旧经验之间有连续性。这样，杜威就将互相作用、前后相连的经验推崇为世界的普遍规律，由此得出结论："教育是经验的继续不断的改组或改造。"④"教育应该被认为是经验的继续改造，教育的过程和目的是完全相同的东西。"⑤杜威利用"经验"这个概念将教育的过程和目的统一起来，为他空洞的教育本身以外无目的的说法作了解释。同时，因为"经验"无所不包，也为他的教育理论体系找到了基石。

另一方面，杜威在大胆否定教育目的的同时，并没有为了解放受教育者而忘记教育之于社会的一面。他小心翼翼地说："我们要提醒自己，教育本身并无目的。只是人，即家长和教师等，才有目的。"⑥在中国演讲的

① 赵祥麟、王承绪编译：《杜威教育论著选》，华东师范大学出版社 1981 年版，第 169～170 页。

② 同上，第 154 页。

③ 同上，第 295 页。

④ 同上，第 159 页。

⑤ 同上，第 8 页。

⑥ 同上，第 170 页。

时候，他更明确地说："教育一事，不可以无目的。"[①]事实上，杜威始终没有忘记教育的社会作用，他认为"教育是社会进步及社会改革的基本方法"[②]。在杜威看来，教育是美国民主巩固和发展的基础，这实际上是重申了传统教育理论在教育目的论上重视社会因素的看法。但他很快又为这种目的论提出了三条标准，以平衡对其教育本身以外无目的论的冲击，即必须根据受教育者的特定个人的固有活动和需要，必须能转化为与受教育者的活动进行合作的方法，必须警惕一般的和终极的目的，这样就又多少冲淡了一些"外面强加"的色彩。

杜威这种看似矛盾的教育目的论不仅由他亲自传入中国，而且由于弟子们的宣扬，亦成为实用主义教育思潮的理论支柱之一。正像杜威教育目的论所表示出来的"矛盾"一样，中国的推行者们在宣传、介绍时也表现出矛盾：一方面，他们愿意用"无目的"来解放中国的儿童；另一方面，他们又用"有目的"来力图解救中国的社会，他们所遇到的困难同杜威遇到的困难一样令人生畏。事实上，由于近现代中国社会面临巨大民族危机，中国的宣传者们大多强调教育的社会功能，立足于"教育救国"。陶行知表示："现在所需要的，是一种新的国民教育，拿来引导他们，造就他们，使他们晓得怎样才能做成一个共和的国民，适合于现在的世界。"[③]又说："我们深信教育是国家万年根本大计。"[④]胡适认为："社会国家的大问题，绝不是没有学问的人能解决的。"[⑤]因而，教育必须培养有学问的能解决大问题的人。陈鹤琴也认为教育应教人"做人、做中国人、做现代中国人"[⑥]。当然，实用主义教育思潮绝不仅仅只传播了教育"有目的"论，关于教育本身以外无目的之说也得到了宣传，并风行全国，以至影响到新学制关于学制

---

① 赵祥麟、王承绪编译：《杜威教育论著选》，华东师范大学出版社 1981 年版，第 439 页。

② 同上，第 11 页。

③ 华中师范大学教育科学研究所主编：《新教育》，《陶行知全集》第 1 卷，湖南教育出版社 1984 年版，第 122 页。

④ 华中师范大学教育科学研究所主编：《我们的信条》，《陶行知全集》第 1 卷，湖南教育出版社 1984 年版，第 651 页。

⑤ 柳芳主编：《胡适教育文选》，开明出版社 1992 年版，第 53 页。

⑥ 华东师范大学教育系主编：《中国现代教育文选》，人民教育出版社 1989 年版，第 321 页。

标准的制订。

总之,实用主义教育思潮承袭了杜威在教育目的问题上的看似矛盾的见解,并且由于中美不同的社会背景和个人背景的差异,更使这种看似矛盾的目的论在传播中变成了真正的矛盾,对此后的中国教育目的问题影响颇大。

(二) 关于教育与儿童——"儿童是中心"

实用主义教育者在关于教育与儿童的关系上,明显地站在儿童一边。他们一反传统教育忽视儿童的兴趣、忽视儿童的需要的做法,主张教育应以儿童(或者说受教育者)为起点。尽管他们几乎毫无例外地不愿被人指责为儿童中心主义者,但他们对儿童过多的同情及偏爱,至少也应为"儿童中心"及其引发的遭人病诟的后果担负某些责任。肯定这一点,同我们肯定他们在冲破传统教育以解放儿童方面的贡献一样重要。

在教育与儿童的关系上,杜威常被称为"儿童中心"主义者而遭到批评。现在看来,这种批评同对杜威的其他的教育观点的批评一样,是有失公允的,或者说批评者并没有把握批评对象的精义。正如杜威在教育目的问题上为解放儿童而否定来自教育外面的目标一样,为了彻底将儿童从传统教育控制下解放出来,杜威的确是采取了一种容易引人误会的言辞来表达儿童在教育中的地位的。他首先分析了旧教育的特点:"消极地对待儿童,机械地使儿童集合在一起,课程和教学法的划一。概括地说,重心是在儿童以外。重心在教师,在教科书以及在你所喜欢的任何地方和一切地方,唯独不在儿童自己的直接的本能和活动。"①然后指出:"现在我们的教育中正在发生的一种变革是重心的转移。这是一种变革,一场革命,一场和哥白尼把天体的中心从地球转到太阳那样的革命。在这种情况下,儿童变成了太阳,教育的各种措施围绕着这个中心旋转,儿童是中心,教育的各种措施围绕着他们而组织起来。"②这是杜威在发表于1899年的《学校与社会》中提出的。为了使这种观点看得更合理,他从心理学的角度为之作了说明:本能、兴趣、能力等是教育的起点。他说:"唯一的

---

① 杜威著,赵祥麟、任钟印、吴志宏译:《学校与社会·明日之学校》,人民教育出版社1994年版,第43～44页。

② 同上,第44页。

真正教育是通过对儿童能力的刺激而来的。"[①]"兴趣显示着最初出现的能力。因此，经常细心地观察儿童的兴趣，对于教育者是最重要的。"[②]然而，以此就说杜威极端主张"儿童中心"主义是不公正的。事实上，他提倡儿童中心，但并不主张在教育上、学校中和课堂上放任儿童；他重视儿童兴趣、能力，也不反对合理的权威及个人的努力。在1913年出版的《教育中的兴趣与努力》一书中，杜威将儿童的"兴趣"和"努力"统一起来，表明了他对极端"儿童中心"主义的担心。后来，他甚至对儿童中心学校提出了批评："当然，教育是以学生为始终的。但是学生并非一个孤立物；他并非遗世而独立，却生活在人与自然的世界中。"[③]由此可见，杜威提出的儿童中心并不是对儿童的放任，他是针对传统教育严重忽视儿童，特别是其心理因素的现状提出的。事实上，他从没有用儿童中心去排斥社会方面的因素。这里，他遇到了与教育目的论上的同样的难题，即从心理学及反传统教育出发，他必须用"儿童中心"以醒世人；另一方面，他又力图在儿童中心和由此引起的放任、放纵等后果之间走钢丝绳。

类似的情形在杜威的中国弟子身上也出现了。基于人们对传统教育的厌恶以及杜威对儿童的偏爱与同情，实用主义教育倡导者过多地承袭了儿童中心的见解。胡适在对新学制评价时不无欣喜地写道："新学制关于初等教育，还有一个大长处。总说明第四条云：教育以儿童为中心，学制系统宜顾及其个性及智能。"[④]陶行知同样关注儿童在教育上的地位，他说："我们教育儿童，就要根据儿童的需要的力量为转移。"[⑤]"学生有了兴味，就肯用全副精神去做事体……设法引起学生的兴味是很要紧的。"[⑥]陈鹤琴在《儿童心理及教育儿童之方法》一文中认为："儿童不是'小人'，儿童的心理与成人的心理不同样"，因此，"我们应研究儿童的心理，施行教育当根据他的心理才好"。不仅如此，陈鹤琴还对儿童的心理作了分析，

---

① 赵祥麟、王承绪编译：《杜威教育论著选》，华东师范大学出版社1981年版，第1页。

② 同上，第10页。

③ 引自吴俊升：《文教论评存稿》，台湾正中书局1983年版，第298页。

④ 柳芳主编：《胡适教育文选》，开明出版社1992年版，第81页。

⑤《活的教育》，《陶行知全集》第1卷，湖南教育出版社1984年版，第176页。

⑥《新教育》，《陶行知全集》第1卷，湖南教育出版社1984年版，第125页。

认为儿童具有好动心、模仿心、好奇心、游戏心，教育必须充分尊重这些特征，而“不要仍旧用消极的老法，来剥夺他的活泼天性”[①]。杜威的另一弟子郑晓沧则指出：“教育上自教材中心，转移到儿童中心，这是教育上的大革命。”“以儿童为中心，教育便是发展的，保守的意义较少而进步的意义较多。”[②]但郑晓沧同样表达了对极端儿童中心的担忧：“‘儿童本位’绝非放任的意思，更非姑息的意思，教育者自当有一种远大的见解。”[③]这样，杜威和他的中国信徒们在实用主义教育思潮中所表现的那种对儿童的特别关注，尽管不能以“儿童中心”一言蔽之，却也使中国传统教育中儿童的被动地位和有意忽视的状况受到极大的震撼。事实上，“儿童是中心”的口号在实用主义教育思潮中被惊喜不已的人们传遍大江南北，影响颇深。

（三）关于教育与生活、社会的关系“教育即生活”、“学校即社会”

“教育即生活”、“学校即社会”是实用主义教育思潮流传最广的两个口号。传统教育不仅严重违背受教育者的兴趣、能力等心理特点，而且严重脱离生活、脱离社会，这成为实用主义教育倡导者提出上述口号的起因。

杜威在提出“教育自身以外无目的”和“以儿童为中心”的时候，并没有忘记社会及生活在教育上的位置。他指出：“教育过程有两个方面：一个是心理学的，一个是社会学的。它们是平列并重的，哪一个也不能偏废。”[④]然而，传统教育却没能处理好这两个过程，一方面明显偏向社会学的一边，另一方面又在如何处理社会、生活与教育的关系上无能为力。因此，杜威在通过对教育目的、以儿童为中心的论述拨正了两个过程的关系以后，又力图对传统教育在教育的社会因素方面作些修正，由此提出了“教育即生活”、“学校即社会”的观点。

在《我的教育信条》中，杜威指出：“学校主要是一种社会组织。教育既然是一种社会过程，学校便是社会生活的一种形式。”[⑤]在这里已经有了观点的雏形。在《民主主义与教育》一书中，杜威开宗明义说：“教育乃是

---

① 《中国现代教育文选》，人民教育出版社 1989 年版，第 319 页。

② 王承绪、赵端瑛编：《郑晓沧教育论著选》，人民教育出版社 1993 年版，第 171～172 页。

③ 《中国现代教育文选》，人民教育出版社 1989 年版，第 288 页。

④ 《杜威教育论著选》，华东师范大学出版社 1981 年版，第 2 页。

⑤ 同上，第 4 页。

社会生活延续的工具。"然而,传统教育所教给儿童的是脱离生活、脱离社会的书本知识,杜威则将现代工业生产、生活中的各种职业活动、日常生活等,纳入学校,纳入教育。这样,"学校自身将成为一种生动的社会生活的真正形式"、"成为一个小型的社会,一个雏形的社会"[①]。杜威对传统教育视"教育为生活之预备"的看法持有异议,他说:"教育是生活的过程,而不是将来生活的预备。"[⑥]又说:"假如有人要我指出在教育精神方面最需要的改革,我要说:停止把教育看做仅是将来生活的准备功夫,应该从现在生活中表现教育的意义。"[②]唯有如此,教育始能真正准备将来之生活。事实上,杜威不是反对将教育视为未来生活的准备的观点,他反对的是将为生活作准备视为教育的唯一目标。他提倡的是教育不只是生活的准备,它本身就是一种生活的过程,只有这样才能更好地准备生活。

杜威的"教育即生活"、"学校即社会",改教育为生活作预备为教育就是生活本身,并将现代社会广泛的职业生活纳入学校,变学校为雏形的社会,一则可借此实现"教育即生活"的设想,二则可使受教育者真正做好生活的准备。同时,由于杜威对生活、社会的关注,职业问题在杜威的教育理论中得到了重视,并且一改传统的单重技能训练的职业教育方式,在更广泛的文化背景的基础上构建了其职业教育观。更由于杜威对社会的关注,教育承担现代民主社会巩固与发展条件的功能,得到有效落实。

杜威的上述主张在实用主义教育思潮中,在杜威本人与弟子们的宣传下,广泛流传。弟子们且不甘依样画葫芦,大胆地作了某些发挥。1919年,胡适在《杜威的教育哲学》中写道:"我这一篇所说杜威的新教育理论,千言万语,只是要打破从前的阶级教育,归到平民主义的教育的两大条件。对于实行的教育制度上,杜威的两大主张是:(1)学校自身须是一种社会的生活,须有社会生活所应有的种种条件。(2)学校里的学业须要和学校外的生活连贯一气。"由于胡适的这种概括,"教育即生活"、"学校即社会"[③],不胫而走。陶行知不满足于"教育即生活"、"学校即社会",认为"教育即生活",只能是作假的生活,作假的教育,而"学校即社会"则"好像

① 《杜威教育论著选》,华东师范大学出版社1981年版,第143页。

② 转引自吴俊升:《文教论评存稿》,台湾正中书局1983年版,第296页。

③ 柳芳主编:《胡适教育文选》,开明出版社1992年版,第35～36页。

把一只活泼泼的小鸟从天空里捉来关在笼里一样”。为此，陶行知进一步提出“生活即教育”、“社会即学校”，将杜威的观点加以进一步改造和发展。舒新城也提出：教育不能适应社会的需要，“自然要弊端百出”，所以，应“使教育与生活打成一片”[①]。这样，不仅教育可以改良，而且“农产工商业可以改良，个人生计，可以解决”。陈鹤琴则提出教育以“大自然大社会做出发点”[②]。

(四) 关于课程、教材与教法——“活动”、“经验”、“做中学”

实用主义教育思潮是将实用主义教育在美国所进行的尝试——实验学校及其成果一同吸纳进来的，这就形成了一套关于实用主义教育者对课程、教材及教法的看法。

杜威根据自己对教育目的、教育与儿童、教育同生活和社会的看法，并通过他在芝加哥实验学校的实验，提出了建立在儿童自主活动基础上的、有着广泛社会生活联系的课程、教材设计体系以及相应的教学方法。这些观点也在中国兴起的实用主义教育思潮中有明显体现。

根据“教育即生活”、“学校即社会”的主张，传统课程与教材必然要被打破。这里先看看杜威的实验学校是怎样处理这个问题的。由于杜威相信任何真理都必须接受经验的确认，因而于 1896 年创办“芝加哥大学实验学校”(或称“杜威学校”)，以“检验和显示理论工作在实际情况中的结果。”[③]这个实验学校充分显示了杜威对课程、教材的精心而独特的设计。组织上，全校分设幼儿园、历史、自然科学和数学、家政、手工训练、音乐、语言、体育等教研组，每组由一名专业教师负责；学生不按年龄而按发展阶段分若干小组；学校提供各种活动设备。教学活动是儿童的主动活动，而不是传统的灌输式，这些活动包括纺织、烹饪、金工、木工等为传统教育所鄙弃的内容，这样，一套精心设计的、包罗万象的课程、教材以及让儿童从做中主动学习的理论就得到充分体现。后来，杜威在《学校与社会》(1900)、《儿童与课程》(1902)两书中对此作了系统总结。

杜威把他在课程、教材、教法的改革看做是社会变革的反映。他说：

---

① 《中国现代教育文选》，人民教育出版社 1989 年版，第 348～349 页。

② 同上，第 324 页。

③ 赵祥麟主编：《外国教育家评传》，上海教育出版社 1992 年版，第 502 页。

“教育方法和课程正在发生的变化如同工商业方式的变化一样，乃是社会情况改变的产物，是适应在形成中的新社会的需要的一种努力。”[①]19世纪末美国社会的变化，要求教育能提供具有一定文化知识和技术水平的熟练工人，这为纺织、烹饪等活动进入杜威设计的课程、教材提供了注释，而民国初期我国民族工业的相对发展及其对工人的要求，也张开双臂拥抱这些课程与教材。

自然，杜威仍然是在对传统教育的反省后提出他的看法的。他认为，在传统教育中，“学校的各种方法以及绝大部分的课程，都是从旧时代承袭下来的”[②]，这是一种“几乎完全被中世纪的学术观念所支配的教育。这种教育大体上只能投合人性的理智方面，投合我们研究、积累知识和掌握学术的愿望；而不是投合我们的制造、做、创造、生产的冲动和倾向”[③]。这样，学校只能培养保护所谓“真理宝库”的高级僧侣，而不是适应现代大工业生产的共和公民。

不仅如此，杜威认为传统教材与儿童的经验及其心理能力相脱节。他说：“在学校里，各门学科的每一门都被归到某一类去。”[④]“把事物归了类，并不是儿童经验的事情。”[⑤]这种归类，是按学者或科学家的方式进行的，同知识原来的经验相分离。一句话，已经归了类的各门科目，是许多年代的科学的产物，而不是儿童经验的产物。[⑥] 所以，他提出：“学校科目相互联系的真正中心，不是科学，不是文学，不是历史，不是地理，而是儿童本身的社会活动。”[⑦]是如同他在实验学校里精心设计、包括各种知识的儿童的作业活动。

由于杜威在教材、课程的安排上，注重以儿童主动的活动为中心，因而他常被指责为系统知识教育水平每况愈下的祸首，甚至要为前苏联的

---

① 赵祥麟、王承绪编译：《杜威教育论著选》，华东师范大学出版社1981年版，第14页。

② 同上，第26页。

③ 同上，第26～27页。

④ 同上，第77页。

⑤ 同上。

⑥ 同上。

⑦ 同上，第6页。

卫星率先上天而使美国遭受的打击负责。事实上，杜威在教材、课程问题上并没走极端，在《儿童与课程》一书中，他对两种极端的观点作了考察：一派注重系统组织的教材，而认为儿童的经验混乱、模糊，不能作为知识传承的工具；另一派认为儿童是中心，一切系统科目只有从属于儿童的活动、经验才有意义。杜威认为不应在二者之间划一鸿沟，主张"抛弃把教材当做某些固定的和现成的东西，当做在儿童的经验之外的东西的见解；不再把儿童的经验当做是一成不变的东西；而把它当做某些变化的、在形成中的、有生命力的东西；我们认识到，儿童和课程仅仅是构成一个单一的过程的两极。正如两点构成一条直线，儿童现在的观点以及构成各种科目的事实和真理，构成了教学"。杜威所试图努力的只是在儿童的经验、儿童的活动同系统科目的教材之间进行调和。但由于他对"经验"的特别看重，他没能做到这一点。

在杜威的理论中，"经验"是一个含义广泛的名词。按他的理解，"经验"是主体与客体、有机体与环境、经验和被经验之间的交互作用，"经验并不是把人和自然界隔离开的帐幕，它是继续不断地深入自然的心脏的一个途径"①。这样，经验不仅成为人们关于自然、社会和自身知识的途径、工具及检验者，亦成为教育上知识获得与承传的关键。由此，在杜威的教材、课程体系中涵蕴的"做中学"的教学法便找到了哲学根据。由于经验在知识获得中的重要地位，和经验在儿童学习中表现为一定的活动方式，杜威就用精心设计的教材，让儿童在活动中获得知识并得到生活能力的锻炼，以彻底改变"静坐听讲"的传统教学方法。

同样，在"做中学"的态度上，杜威也力图冲淡极端的色彩。他并没有止于"做中学"，也没有将"做中学"当做唯一的方式。在《民主主义与教育》(1916)一书中，他安排4～8岁的儿童由"做中学"，而8～12岁则自觉注意学习，12岁以后反省注意学习，以追求系统知识的获得规律为目标。一句话，杜威注重在"做中学"，是为了让受教育者掌握一种思维方式，一种方法，而不是"做"本身。正是在这种指导思想下，杜威提出了思维的五个步骤，即：疑难的情境、确定疑难的地方、提出假设、推断分析假设、进行

---

① 杜威著，傅统先译：《经验与自然》，商务印书馆1966年版，第4页。

验证。在此基础上，他提出了相应的五步教学方法，以保证“做中学”达到预期效果。在这一过程中，教师不是无足轻重，相反，具有更高的要求，要精心设计问题情境，并引导儿童进行活动。

杜威上述观点，在实用主义教育思潮中得到广泛传播。蔡元培 1918 年 5 月 30 日在天津“直隶全省小学欢迎会”的演讲中，对来自基层的教育者们介绍了杜威的实验学校及其具体做法，率先传播了杜威对课程、教材和教法的主张，实验学校及杜威的理论被引入中国。而“五四”以后杜威的弟子们更是大力宣传，不仅实验学校得到推行，“做中学”更是尽人皆知。一方面，舒新城、俞子夷、陈鹤琴分别在中小学及幼稚园大力推行，仿效杜威开展实验，实践各种实用主义教育主张。另一方面，在理论上展开宣传。陶行知 1919 年撰写《教学合一》一文，主张“教的法子必须根据学的法子”[①]。新学制颁行后，陶行知更提出“事怎样做就怎样学，怎样学就怎样教，教的法子要根据学的法子，学的法子要根据做的法子”[②]。到 1925 年以后，更提出“教学做合一”，将杜威的“做中学”加以改造和发展。陈鹤琴要求以大自然大社会为教材的依据，并在幼稚园采用单元设计，发展了杜威的观点，进而得出“做中教，做中学，做中求进步”[③]的论断。

实用主义教育思潮的上述主张，借助思潮的强大力量广为传播，对此后教育上关于课程、教材、教法的理论与实践产生了巨大影响。

从上面实用主义教育思潮的四个方面的内容，我们可以看到实用主义教育思潮具有这样几个特点：(1) 民主性：实用主义教育不仅是为着和为了“民主美国”而产生的，它所主张的平民主义、职业教育及对儿童的尊重等无不带有民主气息。实用主义教育思潮作为反复古主义教育思潮的承绪者，很自然也接受和体现了这一点。(2) 科学性：实用主义教育以实验为基础，在中国的推广也以实验为起点，注重采用科学方法和手段，讲究实证，反映了现代科学精神和态度。(3) 开拓、开放性：实用主义教育思潮在教育目的、儿童观以及教育与生活、教材、教法等方面提出了前所未有的主张，实具开拓性；同时，实用主义教育思潮又具有开放性，它随时准

① 《教学合一》，《陶行知全集》第 1 卷，湖南教育出版社 1984 年版，第 89 页。
② 《教学做合一》，《陶行知全集》第 2 卷，湖南教育出版社 1985 年版，第 42 页。
③ 《中国现代教育文选》，人民教育出版社 1989 年版，第 326 页。

备着“检验”和“变化”，不把自己当做终极的目标和结果。(4) 实用性：一方面，实用主义教育思潮以实用主义、工具主义为依据；另一方面，它对生活、社会的广泛关注，具有浓厚的实用色彩，尽管其实用色彩要高出一般的职业训练的水平，但其实用性是确定不移的。

三、实用主义教育思潮的影响及评价

以杜威来华讲学而达到高峰的实用主义教育思潮，虽然在“五卅”运动以后逐步落潮，但在整个 20 世纪 20 年代，乃至三四十年代并没有销声匿迹，对中国教育产生了深刻影响。

(一) 实用主义教育思潮的影响

实用主义教育思潮对 20 世纪 20 年代中国教育目的的确定、新学制的形成、教育理论的发展以及课程、教材、教法的改革等都起了明显的作用。

1. 实用主义教育思潮对教育目的的影响

这种影响主要表现在两个方面：

从形式上看：实用主义教育者“教育本身以外无目的”以及“警惕所谓一般的和终极的目的”的主张使中国教育界在 20 世纪 20 年代初以新的学制标准取代了传统的教育目的，并表现出了相当的灵活性。

1919 年 10 月，第五次全国教育会联合会讨论教育目的问题时表示“新教育之真义，非止改革教育宗旨……从前教育只知研究应如何教人，不知研究人应如何教；今后之教育应觉悟人应如何教，所谓儿童本位教育是也。施教育者不应特定一种宗旨或主义以束缚被教育者，盖无论如何宗旨、如何主义，终难免为教育之铸型”，故“今后之教育，所谓宗旨……应毅然废止”[①]。1922 年 11 月国务总理王宠惠以总统令形式公布的学制中，用“标准”取代了“目的”，其内容的表述亦表现出极大的“伸缩余地”。

从内容上看：1922 年公布的七条学制标准充分体现了实用主义教育者的主张。

新学制的七条标准如次：(1) 适应社会进化之需要；(2) 发挥平民教

① 璩鑫圭、唐良炎编：《中国近代教育史资料汇编・学制演变》，上海教育出版社 1991 年版，第 844～845 页。

育精神;(3) 谋个性之发展;(4) 注意国民经济力;(5) 注意生活教育;(6) 使教育易于普及;(7) 多留各地方伸缩余地。在这七条中,(1)、(4)、(5)体现了实用主义教育者对社会、生活的关注,(3)则是实用主义教育者所谓“儿童中心”主张的反映,(2)、(6)则体现出实用主义教育的民主性原则,(7)则是对“一般的”、“终极”目的的警告的反映。由此看来,新学制在关于教育目的的问题上,深深打上了实用主义教育思潮的烙印。

2. 实用主义教育思潮对新学制确立的影响

实用主义教育思潮对新学制的影响可从学制的制订过程及其内容来看。深受实用主义教育思潮影响的学者在制订学制的过程中起了决定性作用。

1922 年的新学制是以广东省前一年提出的学制草案,并经 1921 年 10 月全国第七次教育会联合会会议讨论过的初稿为底本的。而广东省在当时的政局中,无疑是资产阶级革命派和进步知识分子的大本营,例如,汪兆铭(精卫)是第七次全国教育会联合会会议的主持人,而陈独秀及金曾澄等则在制订学制初本草案中起了主导作用。这样,以民主、科学相号召的实用主义教育思潮就必然对这些资产阶级革命派和进步知识分子制订学制时产生影响。

在学制正式形成前,胡适、陶行知、廖世承等杜门弟子以及余家菊、俞子夷、舒新城等深受实用主义教育影响的学者,纷纷对新学制发表意见,就连杜威的美国同事孟禄也发表看法,这无疑对新学制产生了作用。

新学制的最后出台则与杜威的得意门生胡适的努力分不开。1922 年 11 月全国教育会联合会在济南开会讨论学制,胡适受命起草学制讨论稿,尽管是以广东及其他省的草案为蓝本,但渗入了胡适的主张则是肯定的,或者说这些草案因为符合了胡适的实用主义教育主张,他才能加以调和。由此可以断定,正是实用主义教育者在新学制的制订中充当了主力。

新学制的内容表现出一定的实用主义教育思潮的色彩。

新学制关于教育目的如何受实用主义教育思潮的影响,已在上面叙述过。现在来看其他方面:

(1) 新学制采用“六三三”制,而这一学制是深受实用主义影响的美国教育界当时正在实验与推行的。

(2) 小学学制相应缩短，有利于教育普及，体现了实用主义教育者对普及教育的关注。

(3) 中学修业年限的延长与高中职业科的设立，有助于知识的掌握和职业能力的提高。

(4) 新学制对儿童个性的尊重及对社会生活的注意，则最为集中地体现了实用主义教育思潮的影响。

1922年确立的学制尽管此后有些修正，但“六三三”制及对普及教育、职业教育等的关注依然没有改变。因此可以说通过该学制，实用主义教育思潮得以保持了对教育的持久影响。

3. 实用主义教育思潮对教育理论的影响

在实用主义教育思潮兴起之前，中国的新教育理论主要是从日本引入的赫尔巴特的理论。而实用主义教育思潮兴起后，中国的教育理论工作者开始运用实用主义理论来说明教育问题，并逐步在此基础上建立中国自己的教育理论，这一切无不渗透了实用主义教育思潮的影响。

受实用主义教育思潮影响的教育学著作：20世纪二三十年代出版的有关教育学著作，许多人明白无误地表示是受了杜威实用主义教育的影响。如王炽昌编的《教育学》，在其编辑大意中表示：“本书于作者意见外，大部分取材于杜威、桑戴克、密勒三氏之学说。”庄泽宣在他著的《教育概论》中更直接引用了杜威关于教育的观点，作为自己的教育定义。汪懋祖编著的《教育学》也表示“参酌杜威教育学说”。钱亦石在《现代教育原理》中，更是糅合了马克思主义教育观及杜威的实用主义教育思想。不仅如此，这些教育学在体系与内容上，更直接体现了实用主义教育思潮的影响。如吴俊升、王西征合编的《教育概论》是解放前发行最广的一本教育学著作。该书分五篇十二章，将“儿童的发展”、“学习的功能”、“社会的适应”放在首三章，然后才论述教育的目的与意义。孟宪承编著的《教育概论》，到1947年发行了29版，共分十章，同样将“儿童的发展”、“社会的适应”放在前面两章，反映了实用主义教育者以儿童为中心、以儿童和社会为教育的两大基点的观点。

对中国教育理论的影响：在近现代中国教育史上，真正建立起系统教育理论的中国教育家还不多见，而陶行知、陈鹤琴则是这极少数人中的杰出代表。

陶行知1915年至1917年在哥伦比亚大学师范学院学习，受业于杜威、孟禄、克伯屈、斯垂尔等人门下。1917年归国后便投身教育事业。杜威的实用主义教育在他的教育实践和教育理论中产生了不可磨灭的影响。从1919年提出“教学合一”，到1927年创办晓庄师范，陶行知将杜威的实用主义教育与中国实际相结合，经过改造和创新，形成了其“生活教育”理论，主张“生活即教育”、“社会即学校”、“教学做合一”。由这些熟悉的口号，我们便不能不联想到杜威的有关主张，尽管两者有明显的不同。

陈鹤琴1918年从哥伦比亚大学师范学院获得教育硕士学位，归国后便从事教育工作。从1919年任南京高师教授到1923年创办南京鼓楼幼稚园，再到1940年创办江西省立幼稚师范学校，他将从杜威及其他美国老师那里学来的理论，主要在幼儿阶段加以实施，形成了“活教育”理论。主张教育的目标在于培养受教育者“做人、做中国人、做现代中国人”；主张以大自然、大社会为教育的起点；在方法上提出“做中学、做中求进步”，并在幼儿园推行单元设计教学。从陈鹤琴的“活教育”理论中，我们不仅看到了他自己的创造性的思考，也看到了实用主义教育的影子。

因此，我们可以断言，实用主义教育思潮在中国现代教育家建立自己的教育理论体系时，产生了重要的影响。

4. 实用主义教育思潮对课程、教材、教法的影响

实用主义教育主张教育适应儿童个性发展需要和教育适应社会发展需要，强调以儿童为中心，以儿童的社会生活为中心，以儿童的活动为中心，这些主张对20年代以后中国的课程、教材和教法改革产生了重要影响。

从课程方面来看，1923年公布的“新学制课程标准纲要”规定，中学采用学分制和选修制，并把初中课程分为社会科、言文科、算学科、自然科、艺术科和体育科六大门类，实施综合性课程，高级中学则采用综合中学制（又叫“分科制”），分设普通科与职业科，等等。这些都反映了实用主义教育者的要求和主张。

从教材方面来看，1919年“国语统一筹备会”、全国教育会联合会等民间社团纷纷建议小学校应改用白话文课本，稍后北京政府教育部通令全

国初级小学各科课本一律须用白话文编写，这显然与胡适等人提倡的文学革命以及杜威对文学革命和白话文的赞许与支持是分不开的。而这一时期儿童读物大量出版，儿童文学编入小学国语教科书，小学教科书的编辑强调儿童本位，讲究生动性和趣味性，以及注重实用知识的传授，等等，无疑是受到了杜威"儿童中心"、"兴趣中心"等观点的影响。

在教法方面，实用主义教育思潮的影响尤为明显。这突出地体现在设计教学法和道尔顿制等教学新方法传入中国并流行一时。设计教学法是美国教育家克伯屈根据杜威"做中学"的思想所创立的一种教学组织形式。它以儿童活动为中心，重视儿童的主动性，由儿童或儿童与教师根据儿童的兴趣与需要，拟出预订的目的、活动的计划。在活动中运用具体的材料得到结果。在这过程中，学生在教师的指导下获得有关的经验，学到分析和处理问题的能力。以问题或要做的事为组织教材的中心，包括教科书和其他社会生活的知识、技能，设计为各种类型的学习的大单元。

(二) 实用主义教育思潮的评价

1921 年全国教育会联合会曾议决"推行小学设计教学法案"。1927 年中华教育改进社邀请该方法创始人克伯屈访华，他先后在上海、北京等地介绍设计教学法，曾给二三十年代教育界以较大影响。道尔顿制，又称道尔顿实验室(作业室)制，因创立于美国道尔顿中学而得名。1920 年柏克赫斯特所创。道尔顿制 1922 年传入中国。最先仿行的是吴淞中国公学中学部，试行并宣传最力的是舒新城。他著有《道尔顿制概观》、《道尔顿制讨论集》等，并在《教育杂志》上发表文章鼓吹道尔顿制。据统计，到 1925 年 7 月，全国约有 100 所小学试行此制。[①] 这两种教学新方法，对于培养学生的主动精神和自学能力是有积极意义的，但实施不好，也易影响学生知识的系统性，形成学习上的放任自流。

实用主义教育思潮通过以上四个主要方面，对 20 世纪 20 年代以后的中国教育产生了重要影响。即使是在今天，这种影响仍或多或少地存在着，常常以这种或那种方式表现和反映出来，对教育产生积极和消极的作用。

---

① 中央教育科学研究所编:《中国现代教育大事记》，教育科学出版社 1988 年版，第 102 页。

在 20 世纪 20～40 年代中国教育的改革与发展中，还很少有哪几个教育思潮能同杜威及其实用主义教育思潮对中国教育的影响相比。吴俊升曾说："在所有西方教育家之中，以杜威对于中国教育的影响为最大。"① 这或许有些夸张，但也不无事实根据。上面已将这些影响作了分析，现在的问题是我们如何看待这一影响。

长期以来，由于政治上的原因，杜威及其理论受到了猛烈的批判。解放初期，从 1951 年开始，发动了一场对杜威及陶行知、陈鹤琴等人的批判，不仅使我们不能公正地评论杜威及其理论，也不能客观评价实用主义教育思潮。20 世纪 80 年代以后，对杜威的重新探讨，还给了杜威一个比较公正的评价。

我们认为实用主义教育思潮对中国教育的影响，理应得到公正评价。实用主义教育思潮兴起于由反复古主义教育思潮造成的教育上的空白时代，它不仅充当了当时对中国旧教育批判的有力武器，而且为以后的建设指出了一个虽然并不太正确但却全新的方向。实用主义教育者在教育与儿童、教育与社会、教育与生活等方面所做的一系列的两难选择，在教育发展上是有一定的普遍意义的。实用主义教育思潮的出现，促使 20 世纪 20 年代乃至此后的中国教育能在对儿童、对社会生活更多关注的基础上得到发展，这是值得充分肯定的。倒是我们在批评杜威及其理论的时候，往往对此不作具体分析，而且一边批判，一边如"文化大革命"那般，更加放任儿童和学生，反而走到了为杜威所担心过的"儿童中心"的极端。

当然，杜威以及信奉实用主义教育的中国门徒们并没有一劳永逸地解决教育上那些千古不解之题。为了解放儿童而否认教育目的，提倡"儿童中心"、"做中学"；为了解决学校教育与社会生活的关系，而用包罗万象的社会生活事物取代系统的课程和教材，这就在事实上从一个极端走向了另一个极端，对 20 世纪 20 年代以后的中国教育产生了一定的负面影响。之所以如此，固然与当时为改革根深蒂固的传统教育不得不矫枉过正，处处极而言之有关，但更主要的，还是由于实用主义教育思潮的理论

① 吴俊升：《文教论评存稿》，台湾正中书局 1982 年版，第 354 页。

源头——杜威的实用主义教育思想理论上存在着的内在的致命缺陷所致。

陶行知文化教育观的形成深受实用主义思潮的影响，特别是杜威的实用主义教育思想对陶行知的生活教育理论的构建具有十分关键的影响，尽管陶行知对杜威的理论进行了很大程度上的改造，但其教育思想中受杜威影响的痕迹明显可见，可以说，实用主义教育思潮是陶行知生活教育理论形成的重要源头之一，研究陶行知的生活教育理论不能不探究实用主义思潮对它的深刻影响。

第三节　生活教育与传统教育、实用主义教育的关系

生活教育理论是陶行知在反传统教育和反洋化教育、改造中国教育的具体实验中创建的争取自由平等的新教育理论与方法。生活教育与传统教育、实用主义教育的关系，是陶行知研究中一个极为重要的问题。弄清楚这个问题，不仅有助于进一步明确生活教育的性质和特征，给陶行知教育思想以全面正确的评价，而且也有助于我们今天正确处理中外历史上文化教育遗产与我国当代教育改革和发展的关系，建设具有中国特色的社会主义教育理论体系。

一、生活教育与传统教育的关系

陶行知在吸收与借鉴西方实用主义教育理论，继承中国传统教育思想的基础上，经过深入调查与了解中国学校教育的现状，创造性地提出了自己的生活教育理论，并在实施该教育理论的过程中对影响和阻碍中国当时教育发展的传统教育理论进行了深刻的批判与抨击，从而为他的新教育理论的推广与宣传创造了良好的条件。

(一) 陶行知对待传统教育的态度

在陶行知教育学说的范畴体系中，“传统教育”是一个有其特定内涵的概念，它与人们通常所说的“传统教育”并不完全相同。陶行知所说的“传统教育”，既指中国封建社会主义长期形成的以儒家教育为代表的教

育思想、内容、方法和制度等，又指从外国传入的以赫尔巴特教育思想为代表的近代西方教育模式。陶行知称前者为“老八股”，称后者为“洋八股”。在他看来，“老八股”与“洋八股”虽有新旧之不同，但都脱离了人民大众，脱离生产劳动，脱离社会生活，“都是靠着片面的工具来表现的”，即都是靠着文字与书本来表现的。[①] 当然，对于这两种“传统教育”，陶行知并非不分主次，而是有所侧重的。由于当时“老八股”对中国教育界的影响更大更深一些，所以，他通常所说的“传统教育”，更多的是指“老八股”，即中国的封建传统教育。这也是他批判的主要对象。

陶行知对传统教育的批判，经历了一个由现象到本质、由局部到整体、由方法到方向的不断深化的过程。这一过程与他政治上和思想上的不断进步是密切相关的。

起初，他对传统教育的批判还只限于教学方法。他 1917 年离美国回国时，正值国内新文化运动日趋高涨。尤其是五四运动之后，“民主”、“科学”的口号响彻云天，改革传统教育成为一股巨大的时代潮流。乘着这股潮流，他首先把斗争的锋芒对准了传统的教学方法。传统的教学方法采取填鸭式灌输，呆读死记书本，重教不重学。针对这一痼疾，他于 1919 年 2 月发表《教学合一》一文，抨击旧学校“好像是书架子字纸篓的制造厂”，“论起名字来，居然是学校，讲起实在来，却又像教校”，重教太过，遂将教学两者分离开来。为了改变这种状况，他在南京高等师范学校毅然把传统的“教授法”改名为“教学法”，一时间国内各学校纷纷仿照实行。他又大肆宣传杜威教育学说，提倡试验主义教育方法，主张共同生活、学生自治等。

20 世纪以后，他对传统教育的弊端有了进一步认识，开始意识到传统教育的弊端不仅仅是个方法上的问题，更是体制、内容乃至根本方向的问题。此时，他批判的面也逐步扩展开来。他猛烈抨击传统教育脱离人民大众，脱离生产劳动，脱离社会生产。为此，他把改造旧教育的重点由过去单纯地改造旧学校移向改造社会与创办新学校。他与朱其慧、晏阳初等人发起了全国范围的声势浩大的平民教育运动，谋图通过读书识字来

---

① 《生活工具主义之教育》，《陶行知全集》第 2 卷，湖南教育出版社 1985 年版，第 76 页。

提高民众的文化水平和思想觉悟。接着,他又与赵叔愚等人在南京市郊老山(后改名劳山)脚下的小庄(后改名晓庄),创办试验乡村师范学校对传统的学校教育进行全面改革,努力解决旧教育脱离人民大众实验生活的问题,为中国教育探获生路。

从20世纪30年代初起,伴随着政治上的不断进步,他对传统教育的批判日趋全面而深刻,明确指出传统教育是一种贵族式的"小众教育",它将政治上无权的劳苦大众排斥在教育之外,只有那些有钱有势人家的少爷、小姐才能上学念书。不仅如此,它还是一种"吃人教育",一方面"教学生自己吃自己",让他们读死书,死读书,死记硬背,不许到大社会里、大自然里去活动,并用各种考试来督促,结果"肩不能挑,手不能提,面黄肌瘦,弱不禁风",身体的健康也没有了,以致"读书死";另一方面,"教学生吃别人","教人劳心而不劳力","教人升官发财","吃农人、工人血汗",[①]这就彻底揭露传统教育的吃人本质。抗战胜利以后,他进一步把批判传统教育的矛头直指国民党反动派的封建买办法西斯教育,揭露和抨击其推行的"思想统制"政策,并高举民主革命的旗帜,创办育才学校和社会大学,使之成为国民党统治区的"民主堡垒"。由批判历史遗存下来的封建传统教育到直接把矛头对准国民党反动派的封建买办法西斯教育,这反映出他政治上、思想上的不断进步,也体现了他教育思想的日趋成熟。

应该指出,陶行知对传统教育的批判不是毫无分析的。他在旗帜鲜明地反对"满朝朱紫贵,尽是读书人"的"升官教育"和"为教书而教书,为读书而读书"的"超然教育"的同时,还明确地指出:"反传统教育也不是反对固有的优点,我们对于中国固有之美德是竭诚的拥护。"[②]他公开主张:对于人类从几千年生活斗争中所得到并体现在传统教育中的宝贵的历史经验,"必须用选择的态度来接受",但"必须通过现生活,从现生活中滤下来,才有指导生活的作用"。[③] 从他的教育实践和理论来看,他对传统教育

①《传统教育与生活教育有什么区别》,《陶行知全集》第2卷,湖南教育出版社1985年版,第733~734页。

②《告生活教育社同志书》,《陶行知全集》第3卷,湖南教育出版社1985年版,第338页。

③《生活教育之特质》,《陶行知全集》第3卷,湖南教育出版社1985年版,第27页。

的某些有益的教育内容与方法，都有所汲取和借鉴。比如，他为教育学生成为民主战士，曾引用《论语》和《孟子》中的话，赋予其新的思想内涵："让我再详说英勇的民主战士是怎样培养出来。第一套功夫是'仁者不忧，知者不惑，勇者不惧，达者不恋'。第二套功夫是'富贵不能淫，贫贱不能移，威武不能屈，美人不能动'。有了这些德性，无论过着什么关口，也会胜利地通过。虽杀身亦成仁了。"[①]又如，他继承翻新了传统教育的语言表达方式，经常运用中国古代教育家的名言来表述其教育观点，曾将《大学》中的"大学之道，在明明德，在新民，在止于至善"一句话改成"我们的新的大学之道，在明'民'德，在亲民，在止于人民之幸福"[②]，恰当地表达了新型大学的宗旨。他还将王阳明的名言"即知即行"翻新为"即知即传"，巧换一字，新意尽出。此外，他还改造继承了传统教育的某些行之有效的方法，如"注重自觉"、"集体教育"等等，他曾指出："中国古代教育是一贯地注重觉悟。'大学之道在明明德'。明德即真理。第一个明字便是明白和阐明。明白是自觉，阐明是觉他。这个道理和'先知觉后知'，'先觉觉后觉'是相通的。并且觉悟是智仁勇三达德之康庄大道。'仁者不忧，智者不惑，勇者不惧'。因为不惑，才能不忧，不惧。不惑便是思想贯通而觉悟了。《中庸》说'不诚无物'。无论是'自诚明'，或是'自明诚'都离不了诚。不诚便没有觉悟。诚心追求真理才能自觉觉他。"

由此可见，陶行知对传统教育从来不是一笔抹杀、全盘否定的，而是有批判，有继承，有发展。他的目的很明确，用他自己的话说："我们之所以反对洋化教育和传统教育，是要开辟出一条大路，让这半殖民地争取自由平等的教育可以出来。"如果说陶行知早年在新文化运动中为了配合冲击旧的意识形态，迎接"德先生"和"赛先生"的到来，曾对传统教育否定得比较多的话，那么，20 世纪 20 年代中期以后，为了纠正教育界食洋不化、仪型他国的不良倾向，重建"中国化"、"民族化"的教育理论体系，陶行知便日益注重发掘传统教育的民主性精华，并将其与现代教育理论结合起来。正是在这个意义上，我们认为陶行知教育思想是以现代教育理论为

---

①《为民主斗争前仆后继——致育才同学会上海分会全体同学》，《陶行知全集》第 5 卷，湖南教育出版社 1985 年版，第 964 页。

②《谈社会大学》，《陶行知全集》第 3 卷，湖南教育出版社 1985 年版，第 593 页。

主干，同时又汲取了大量传统教育的合理因素而形成的一种教育学说，既有强烈的时代气息，又有鲜明的民族特色。在近现代中国，陶行知是为数不多的将时代性与民族性有机地融合在一起并获得成功的教育家之一。

(二) 生活教育与传统教育的区别

生活教育固然汲取了传统教育的不少合理因素，但生活教育毕竟与传统教育有着根本的不同，生活教育针对传统教育的弊端提出的，是对传统教育的全面反拨。“反传统”是生活教育的基本特征。

生活教育与传统教育究竟有哪些区别？关于这个问题，陶行知生前曾作过多次归纳总结，现根据他本人的有关论述，结合我们的若干分析，试作如下说：

第一，在教育的性质上，传统教育是“小众教育”，是士大夫教育。几千年来，反动统治阶级的极少数人垄断了受教育权，只有奴隶主、地主及其子弟才能入学校学习，而广大劳动人民的子弟则被排斥在学校大门之外，只能在生活劳动和日常生活中，跟长辈学习一些为人之道和生产劳动的知识与技能。广大劳动人民的子弟与学校教育无缘。陶行知曾一针见血地指出：“教育是成了少爷、小姐、政官、书呆子的专有品”，“是少爷的手杖，小姐的钻戒，政客升官的梯子，书呆子的轮回麻醉的乌烟”①。传统教育是“拿穷人的血汗钱培养富人的少爷小姐”，只有那些“有钱、有闲、有面子”人的子弟才有书念，“中国的教育雨不落在劳苦人的田园里。中国的教育雨专落在大都会的游泳池里给少爷小姐游水玩”②。

生活教育则不同。生活教育是“大众教育”，“民主教育”，“是大众自己的教育，是大众自己办的教育，是为大众谋福利除痛苦的教育”③，“它与装饰品之传统教育根本不同。它不是摩登女郎之金刚钻戒指，而是冰天雪地下的穷人的窝窝头和破棉袄”④。它主张“教育为公”，机会均等。“无论什么阶级，都要有受教育的机会。受教育的机会被剥夺最多的是农工

---

①《普及什么教育》，《陶行知全集》第2卷，湖南教育出版社1985年版，第636页。

②《攻破普及教育之难关》，《陶行知全集》第2卷，湖南教育出版社1985年版，第799页。

③《大众教育与民族解放运动》，《陶行知全集》第3卷，湖南教育出版社1985年版，第61页。

④《生活教育》，《陶行知全集》第2卷，湖南教育出版社1985年版，第635页。

及子弟。农工阶级忙碌一天,还陷入吃不饱饿不死的状态,当然再谈不到受教育。民主教育是要力求农工劳苦阶级有机会受教育。[①] 一句话,传统教育是反动统治阶级的教育,生活教育是人民大众的教育。

第二,在教育目的上,传统教育是"治术教育",是"人上人"教育,是"吃人的"教育。传统教育的目的是使剥削阶级的子弟成为新一代的剥削者和统治者,就是说它仅仅是为了剥削阶级的政治统治服务的教育,它不培养生产工作者,它不是为生产和为经济服务的教育。用陶行知的话说:"传统教育,他教人劳心而不劳力,他不教劳力者劳心。他更说'劳心者治人,劳力者治于人',说得更明白一点,他就是教人升官发财。发谁的财呢?就是发农人、工人的财,因为只有农人、工人才是最大多数的生产者。他们吃农人、工人血汗,生产品使农人、工人自己不够吃,就叫做吃人的教育。"[②]

生活教育则不同。生活教育是"人中人"教育,是"主人"教育。它不是养成人上人的富贵教育,也不是养成人下人的奴婢教育,它有别于传统教育"一边在教极少数人做贵族、做官吏、做人上人、做统治他人的士大夫;另一边则教大众做奴婢、做顺民、做人下人、做被人统治的劳苦群众"[③]。

"他不教人升官发财,他只教中国的民众起来做主人,做自己的主人,做政府的主人,做机器的主人。他教人要在劳力上劳心,即使有人出来做官,他是要来服侍农人和工人,看看有吃农人或工人的人,他要帮助农人、工人把他干掉。……他更要教人做到'工以养生,学以明生,团以保生'。说得更清楚些是:教大众以大众的工作养活大众的生命;以大众的科学明了大众的生命;以大众的团体的力量保护大众的生命。"[④]

由此可见,生活教育的目的实际上是要培养人们做自己和国家的主

①《实施民主教育的提纲》,《陶行知全集》第3卷,湖南教育出版社1985年版,第541～542页。

②《传统教育与生活教育有什么区别》,《陶行知全集》第2卷,湖南教育出版社1985年版,第733～734页。

③ 杨效春:《我们的教育》,《中华教育界》第20卷,第7期,1933年,第37页。

④《传统教育与生活教育有什么区别》,《陶行知全集》第2卷,湖南教育出版社1985年版,第733～734页。

人，培养具有自觉性和创造力的追求真理的真人，培养为民族、为人类求解放、谋幸福的人，“使他们为自己创造，为社会创造，为国家创造，为民族创造。更要把他们的一双手解放开来，使他们为自己生利，为社会生利，为国家生利，为民族生利”①。既为反帝反封建革命斗争服务，又为近代中国社会经济发展服务。简言之，生活教育是为生活向前向上的需要，为民族、为大众、为人类求解放、谋幸福的教育。

第三，在教育内容上，传统教育是以文字为中心的教育，是脱离社会生活实际的书本教育，是教学与训导分家的教育。它以文字作为教育的全部内容，认为文字以外别无教育。于是，识字读书便等于整个教育而占领了学生的全部时间，学生耗费全部精力于此上。而这些文字又只是记载寓剥削阶级统治术于其中的社会历史知识、圣人之言和祖先遗教之类的剥削阶级意识形态及相应的文化知识，绝少有科学的内容和与生产有联系的内容，脱离人民大众，脱离生产劳动，脱离社会生活。不仅如此，传统教育还把训育置于教学范围之外，教、训分家的现象极为普遍。“教育好像是教人读书，训育好像是训练人做人或是做事；教育好像是培养知识，训育好像是训练品行；教育又好像是指所谓之课内活动，训育则好像是指所谓课外活动。”②教、训分家使得教育内容更为单薄而狭窄。

在陶行知看来，传统教育的内容“使人坐而言，不使人起而行。教育好比是菜蔬，文字好比是纤维，生活好比是各种维他命(vitamin)。以文字为中心而忽略生活的教科书，好比是有纤维而无维他命之菜蔬，吃了不能滋养体力。……它是中国小孩子的手铐，害得他们双手无能。它是死的、假的、静止的。它没有生命的力量。它是创造、建设、生产的最大障碍物。它叫中国站在那儿望着农业文明破产而跳不到工业文明的对岸去”③。

生活教育则不同。生活教育是以生活为中心的教育，生活的一切方

① 《目前中国教育的两条路线》，《陶行知全集》第2卷，湖南教育出版社1985年版，第599页。

② 《晓庄三岁敬告同志书》，《陶行知全集》第2卷，湖南教育出版社1985年版，第210页。

③ 《教学做合一下之教科书》，《陶行知全集》第2卷，湖南教育出版社1985年版，第294页。

面都成为教育的内容。换句话说，它是以人类生活的内容为内容的。生活教育的内容究竟有哪些？陶行知曾将人类生活划分为康健的生活、劳动的生活、科学的生活、艺术的生活和改造社会的生活，因而其教育内容包括有康健的教育、劳动的教育、科学的教育、艺术的教育和社会改造的教育等方面。陶行知还明确提出过“全面教育”的主张，要求“心、脑、手并用。学政治、学经济、学文化相结合。健康、科学、劳动、艺术及民主将构成和谐的生活”[①]。可见，生活教育的内容是极为全面而丰富的。

生活教育并不一概否定文字和书本的作用，但它认为文字和书本都只是工具，是人们生活的工具和人们实践的工具。工具是给人用的，文字和书本也是给人用的。所以，它主张“用书”而不主张“读书”，反对“读死书，死读书，读书死”。陶行知多次表示：“我们要活的书，不要死的书；要真的书，不要假的书；要动的书，不要死的书；要用的书，不要读的书。总起来说，我们要以生活为中心的教学做指导，不要以文字为中心的教科书。”[②]

在教育与训育的关系上，陶行知也明确表示：“生活教育的要求是：整个的生活要有整个的教育。……智识与品行分不开，思想与行为分不开，课内与课外分不开，做人做事与读书分不开，即教育与训育分不开。生活教育之下只有纵的分任，决无横的割裂。”[③]

第四，在教育方法上，传统教育是机械灌输，呆读死记，重教轻学，脱离实践，重知轻行，手脑两分，层层考试，束缚学生。教学中采取填鸭式教学法（又叫注入式教学法），不顾学生实际情况，一味死灌，教师讲，学生听；教师写，学生抄；教师问，学生答。教师主宰整个教学过程，学生毫无任何主动性和积极性。而且，“先生教而不做，学生学而不做”[④]，教师为教而教，学生为学而学，教与学都与“做”脱离，轻视行动，手脑分家，“教用脑的人不用手，不教用手的人用脑”，“读书的人除劳心以外，不去劳力；除读

①《全民教育》，《陶行知全集》第 3 卷，湖南教育出版社 1985 年版，第 554 页。

②《教学做合一之教科书》，《陶行知全集》第 2 卷，湖南教育出版社 1985 年版，第 295 页。

③《晓庄三岁敬告同志书》，《陶行知全集》第 2 卷，湖南教育出版社 1985 年版，第 210 页。

④《乡村工学团试验初步计划说明书》，《陶行知全集》第 2 卷，湖南教育出版社 1985 年版，第 594 页。

书以外，不去做工，以致不能生产”，而“做工的人除劳力以外，不去劳心，除做工以外，不去读书，以致不能自保其利益，而受他人的横搜直刮”。①

尤有甚者，还以层层考试束缚学生的思想和行为，扼杀其创造力。在中国古代，自隋唐起，历代封建统治者便通过科举制度来迫使士子就范。明清之后，“八股取士”更使众多学人整日埋首章句辞赋之学，“两耳不闻窗外事，一心只读圣贤书”。及至近代，科举制度虽废，但阴魂不散，变着方式继续毒害青年。国民党统治时期，推行“会考”制度，学校教育以“会考”为中心任务，“学生是学会教，教员是教人会考。学校是变了会考筹备处。会考教所要的必须教。会考所不要的，不必教，甚而至于必不教。……所要教的只是书，只是考的书，只是《会教指南》！教育等于读书；读书等于赶考”。学生们“赶了一考又一考。毕业考过了接着就是会考。会考过了接着就是升学考。一连三个考赶下来，是会把肉儿赶跑了，把血色赶跑了，甚至有些是把性命赶跑了”。陶行如一针见血地指出，这种“会考”制度是“变相的科举”，“大规模的消灭民族生存力”。②

生活教育则不同。为了消除传统教育制度下劳心与劳力对立、教育与生活劳动分离的局面，使人手脑并用，全面发展，生活教育强调实践，重视行动，以“做”为中心，把教师的教和学生的学统一在“做”上面。既重视教，更重视学；既重视知，更重视行；既重视教师的主导作用，更重视学生的主体作用。生活教育主张：“教的方法根据学的方法；学的方法根据做的方法。事怎样做便怎样学，怎样学便怎样教。教与学都以做为中心。在做上教的是先生，在做上学的是学生。”③陶行知称这种教育方法为“教学做合一”法。

依陶行知的解释，“教学做合一”的“做”，是“包含广泛意味的生活实践的意思”④，是人类生活中一切有意义的活动。具体言之，“做是发明，是

---

①《目前中国教育的两条路线——教劳心者劳力，教劳力者劳心》，《陶行知全集》第2卷，湖南教育出版社1985年版，第598页。

②《杀人的会考与创造的考成》，《陶行知全集》第2卷，湖南教育出版社1985年版，第676页。

③《教学做合一之教科书》，《陶行知全集》第2卷，湖南教育出版社1985年版，第289页。

④《教育生活漫忆》，《陶行知全集》第3卷，湖南教育出版社1985年版，第623页。

创造，是实验，是建设，是生产，是破坏，是奋斗，是探寻出路”[①]，还包括文艺等精神活动。它不是狭义的“做”，更不是盲行盲动，而是劳力上劳心。因此，它有以下三种特征：(1) 行动；(2) 思想；(3) 新价值的产生。举个例子说，“鲁滨逊在失望之岛上缺少一个放水的小缸。一天烧饭，他看见一块泥土被火烧得像石头样的硬。他想，一块碎土既有如此变化，那么用这土造成一个东西，或者也能如此变化。他要试试看。他动手用土造成三个小缸的样子，架起火来把它们烧得通红，渐渐地冷下去，便成了三只坚固而不漏水的小缸。这里有行动，有思想，有新价值之产生——泥土变成水缸。这是做，这是教学做合一之做”[②]。

这种“做”不排斥教师的讲授、谈话、演示和学生的讨论、练习、实验、研究等具体方法，它只要求将这些具体方法统一在实践的基础上，要求教师的教和学生的学都与社会实际相结合，从实践中去追求真知识。这种“做”也不笼统地反对考试，它只要求“停止那毁灭生活力之文字的会考，发动那培养生活力之创造的考成”。所谓“创造的考成所要考核的是生活的实质，不是纸上的空谈”。举例而言，“创造的考成”所要考成的内容为：“(1) 校内师生及周围人民的身体强健了多少？有何证据？(2) 校内师生及周围人民对于手脑并用已经达到什么程度？有多少是获得了继续不断的求知欲？有何证据？(3) 校内师生及周围人民对于改造物质及社会环境已经达到什么程度？有何证据？”[③]可见，在陶行知的教育方法里，无论是教学还是考核，都是力图把主体和客体、理论与实践有机地统一起来，以达到追求真知识、培养生活力的目的。这样一种教育方法，也就是与那些专在文字与书本上下功夫，只会满堂灌输、呆读死记、重教轻学、重知轻行的传统教育方法截然有别。它有助于加强理论与实际的联系，加强教育与生产劳动、社会生活的联系，培养学生手脑并用，消除劳心与劳力的对立，促进人的智力、体力和谐发展。

---

①《教学做合一之教科书》,《陶行知全集》第 2 卷，湖南教育出版社 1985 年版，第 290 页。

② 同上，第 289～290 页。

③《杀人的会考与创造的考成》,《陶行知全集》第 2 卷，湖南教育出版社 1985 年版，第 677 页。

第五，在教育的组织形式上，传统教育是封闭式的学校。这种学校"门前挂着闲人莫入的虎头牌以自绝于社会"，关起门来办教育，"学校自学校，社会自社会"。不仅把教育的范围局限在传统学校的鸟笼内，成了为少数人所有的"小众教育"，而且造成学校教育与社会实际严重脱节的现象。在具体教学组织形式上，传统教育先多采取个别教学，后来又引进近代西方以集体教学为基本特征的班级授课制，以课堂教学为中心开展教学活动，完全忽视课外活动。尤为严重的是，无论是古代的个别教学还是近代的课堂教学，都是在封闭式的学校中进行的，远离活生生的社会现实，因而无法适应社会变迁的需要。

生活教育则不同。生活教育提倡"社会即学校"，主张以人民大众的生活场所为教育的场所，让整个社会都成为人民大众的学校。主张以宇宙为教室，奉万物为宗师，"马路、弄堂、乡村、工厂、店铺、监牢、战场，凡是生活的场所，都是我们教育自己的场所"。生活便是教育，也便是课程，教育以人民大众的各种生活实践为中心来开展活动。在具体的组织形式上，陶行知独创了工学团这一集生产、教育、自卫三种职能兼而有之的新型团体。"工是工作，学是科学，团是团体。说得清楚些是：工以养生，学以明生，团以保生。说得更清楚些是：以大众的工作养活大众的生命，以大众的科学明了大众的生命，以大众的团体的力量保护大众的生命。""工学团是一个小工场，一个小学校，一个小社会。在这里面是包含着生产的意义，长进的意义，平等互助、自卫卫人的意义。它是将工场、学校、社会打成一片，产生一个富有生活力的新细胞。""工学团可大可小，从几个人的家庭、店铺，几十个人的学校、庙宇，几百个人的村庄、监狱，几千人的工厂，几万人几十万人的军队、建设工程队（例如导淮、筑路的大队民伕），都可造成一个富有意义的工学团"①。工学团把学校、工厂（农村）、社会打成一片，是陶行知理想中的社会基层单位。按照陶行知的设想，每一个基层组织都可办成这样的工学团，也可叫"自学团、共学团、普及教育团、生活教育团"或"工学队"。每一个这样的工学团是一个"文化细胞"，把各个

①《攻破普及教育之难关》，《陶行知全集》第2卷，湖南教育出版社1985年版，第792～793页。

“文化细胞”联合起来就组成“文化网”，构成一个大社会、大学校。[①]

生活教育提倡“社会即学校”，但并不赞同取消学校。它主张对传统的学校予以彻底的改造，拆除学校与社会之间的围墙，把学校从“鸟笼里”解放出来，与整个乡村、整个城市、整个宇宙相联系，以社会的中心问题作为学校的中心问题，和人民大众的生活实际相联系，“教人做工求知管政治，把政治、经济、教育打成一片”[②]，打破少数统治者对学校垄断，使教育不再成为“少爷的手杖，小姐的钻戒，政官升官的梯子，书呆子轮回麻醉的乌烟”，培养站在人民之中，有志于献身改造社会、改造自然的新人，使学校教育更好地为民族解放和祖国富强服务。

最后，在教育的时限上，传统教育是一种片断的教育。它有初、中、高阶段的划分，每一阶段皆有毕业的时期，而且初等教育只为中等教育做准备，中等教育只为高等教育做准备。逐级上升，缺一不可。幼儿教育、成人教育乃至老人教育等在这种整齐划一的教育制度里没有其地位。人们从学校里毕业了，就意味着结束了受教育的阶段。这种教育必然带来如下问题：一是断绝穷人受教育的机会。穷人不光缺乏金钱，同时还缺乏系统的时间。不用说中等和高等教育，就连初等教育，穷人既因为无钱供子女入学，又因需子女在家庭中帮助生产劳动，无法找出四年或六年之久的系统的时间来，所以也无法入学。二是忽视了幼儿教育，尤其是六岁以前的儿童的教育。三是剥夺成人（特别是老人）受教育的机会。中国有许多跌落在教育圈外的成年男女，他们在幼年时因为穷，没能入学；在传统的教育制度下，还是不能入学。没有什么学校为成人实施中等教育和高等教育。四是不利于人们的自学。不进学校就意味着没有受教育。人们自学所取得的成就，很难受到社会的承认。而从学校毕业后，也无需再受教育了。诸如此类，不一而足。陶行知批评道：“现在这种小学六年、中学六年、大学四年的教育制度，都可以‘短命教育’四字代表之。”[③]

生活教育则不同。生活教育是一种“终生教育”（或曰“终身教育”）。

---

①《文化细胞》，《陶行知文集》，江苏人民出版社 1981 年版，第 829～831 页。

②《晓庄三岁敬告同志书》，《陶行知全集》第 2 卷，湖南教育出版社 1985 年版，第 211 页。

③《普及教育》，《陶行知全集》第 2 卷，湖南教育出版社 1985 年版，第 762 页。

它贯穿在人的一生的整个活动过程中，是全生命期的教育。一个人自幼至老，生活一天就应受一天的教育。“生活教育与生俱来，与生同去。出世便是破蒙，进棺材才算毕业。”①“终生教育培养求知欲。学习为生活；生活为学习。只要活着就要学习。一旦养成学习习惯，个人就能终生进步不断。”②所以，生活教育没有阶段，不能中止，也无毕业可言。活到老，做到老，学到老。整个人生的时期，都是受教育的时期。儿童青年固然应受生活教育，成人及老人也应受生活教育。这就为既无钱又无闲的穷人提供了受教育的机会，有助于人们的自学提高，“与时代俱进，才能做一个长久的现代人”③。

综上所述，生活教育是陶行知在反传统教育和反洋化教育的斗争中，针对传统教育的弊端而提出来的，与传统教育在教育的性质、目的、内容、方法、组织形式乃至时限等方面，都存在着本质的区别。

生活教育不仅是反帝反封建、实现民族解放国家富强的战斗武器，更重要的是，它还是一种与现代社会生活相适应并为之服务的现代教育理论，具有旺盛的生命活力，应该而且可以为当代中国的教育改革与发展提供某些理论借鉴。

二、生活教育与实用主义教育的关系

20世纪初，美国著名教育家杜威针对当时美国学校教育严重脱离社会生活实际以及英国教育家斯宾塞提出“教育是将来生活的预备”的主张而提出了“教育即生活”的实用主义教育主张，杜威提出该理论的哲学基础是实用主义思想，他认为：“教育就是经验的改造或改组，这种改造或改组，既能增加经验的意义，又能提高后来经验进程的能力。”④“教育是生活的过程，而不是将来生活的预备。”⑤为此，他进一步提出了“学校即社会”、

①《生活教育》，《陶行知全集》第2卷，湖南教育出版社1985年版，第634页。

②《全民教育》，《陶行知全集》第3卷，湖南教育出版社1985年版，第554页。

③《攻破普及教育之难关》，《陶行知全集》第2卷，湖南教育出版社1985年版，第782页。

④ 赵祥麟、王承绪编译：《杜威教育论著选》，华东师范大学出版社1981年版，第159页。

⑤ 同上，第4页。

“儿童是中心”、“从做中学”等主张。这些思想，曾对改革美国的传统学校教育以适应社会发展的需要起到了积极作用。到了20世纪20年代，这些主张陆续传入我国教育界。不可否认，这些教育主张对批判与改造我国传统教育具有一定的积极作用。但实用主义教育思想毕竟是针对美国的，中国的教育现状与欧美有很大的差异，陶行知经过认真调查中国教育的实际之后，翻然醒悟，豁然开朗，他逐步由“教育即生活”的实用主义教育理论的信奉者变为一名坚定的批判者。他说：“我从民国六年起便陪伴着这个思潮来中国，八年的经验告诉我此路不通。”他开始怀疑杜威的教育理论，找出了其中的不合理的地方，进而创造性提出了“教学做合一”的理论，他说：“教育即生活这句话，是从杜威先生那里来的，我们在过去是常常用他，但是，从来没有问过这里边有什么用意。现在，我把他翻了半个筋斗，改为‘生活即教育’。”①

（一）杜威的影响与陶行知的超越

杜威是20世纪上半叶盛行一时的美国实用主义教育流派的主要代表人物，是现代世界教育史上最有影响的教育改革家和教育思想家。

他针对当时美国教育的弊端，提倡“教育即生活”、“学校即社会”、“从做中学”，主张以儿童为中心、以个人直接经验为中心和以活动为中心，这种实用主义教育主张代表了当时资产阶级教育和教育思想发展史上的新潮流，不仅在资本主义世界中有着广泛的国际影响，而且对旧中国的教育界也有相当大的影响。

陶行知是杜威的学生，早年受业于杜威，曾经信奉和宣传过杜威的教育主张。1914年，他先在伊利诺大学学市政，后转入哥伦比亚大学师范学院攻读教育，接受了杜威的教育学说，成为杜威的得意门生。

1917年，他带着杜威的实用主义教育理论回国，希望用它来解决中国传统教育的弊端，实现其“使全国人民都有受教育机会”的宏愿。在就任南京高等师范专任教育科主任、代理教务主任期间，积极发表文章，提倡试验主义教育思想。1919年，在杜威来华讲学期间，亲自担任翻译，并陪其到外地参观、讲学。五四运动以后，在实用主义教育思想指导下，大力

① 《生活即教育》，《陶行知全集》第2卷，湖南教育出版社1985年版，第180页。

开展教育改革和教育实验，抨击封建传统教育，积极提倡“新教育，主张建立以人民为中心的、民主的、活的教育。这一时期陶行知受杜威教育思想的影响甚深”。

但是，经过八年的教育实践，现实告诉他：杜威的实用主义教育思想在中国行不通，因为它并不符合中国的国情。当时的中国是一个半殖民半封建的国家，民族危机深重，经济相当落后，文化教育不发达，新式学校数量不多，而且掌握在统治阶级及其知识分子的手里，也不能真正克服中国传统教育脱离人民、脱离社会、脱离生活的痼疾。于是，他从失败中不断总结经验教训，开始改造杜威的教育理论，将其“教育即生活”、“学校即社会”的主张“翻了半个筋斗”，改为“生活即教育”、“社会即学校”，提出了颇具中国特色的“生活教育理论”，并相继创办了晓庄师范学校、山海工学团、育才学校和社会大学等教育机构，开展了乡村教育、普及教育、国难教育、战时教育、全面教育和民主教育等运动，使教育成为民族解放、大众解放、人类解放的武器。正是在长期的教育实践中，他逐渐摆脱了杜威教育理论的影响，实现了对杜威的超越。①

需要指出，陶行知完成对杜威的超越，原因是多方面的，除了教育改革实践促使他思想上的变化外，还由于伟大的革命斗争，促使他在政治思想上也发生了根本的变化。也正是由于这后一个变化，才使他的整个思想完成了质的变化。②

陶行知是“由卓越的民主主义战士转变到伟大的共产主义战士”的。③他早年是一个爱国主义者和民主主义者。他的爱国心和平民性，使他具有救国救民的宏愿。为实现这一崇高的理想，他与同时代的许多爱国志士一样，努力向西方寻求救国救民之道，毅然赴美留学。当他留美归来以后，重新回到人民大众中间，推行平民教育。他满以为只要在劳苦大众中

---

① 当然，这种“超越”只是就整个思想体系而言，并不意味着陶行知与杜威不存在任何思想上的联系。事实上，直到陶行知去世前，他的思想层面仍保留着一些杜威的东西。

② 董宝良：《再论陶行知与杜威在教育思想上的联系与区别》，载《华中师院学报》1982 年第 6 期。

③ 胡乔木：《在中国陶行知研究会成立大会上的讲话》，载《教工月刊》1985 年第 11 期。

办学，普及教育，提高人民大众的文化水平，就可以改造中国的乡村乃至全社会。后来他才懂得，教育改革不触及政治体制是不可能的。国民党反动派不允许他传播进步的教育思想，办改造社会的学校。所以他创办的晓庄师范后来被封闭，他本人也遭通缉。血的教训，使他懂得了什么是反动什么是革命的道理，促使他在进步道路上迈出了可贵的第一步。“九一八”事变发生后，目睹日益深重的民族危机和国民党反动派的妥协退让，他的政治思想进一步向左转。特别是在“一二・九”学生爱国运动被镇压之后，他就完全走上了反蒋抗日的革命道路，成为一个伟大的共产主义者，由党的亲密朋友变为党的忠诚战士。政治立场的转变和政治思想的变化，是陶行知超越杜威的重要动因。

还应看到，陶行知哲学观点的发展变化也是促成其教育思想逐渐摆脱杜威影响的一个因素。陶行知的哲学思想经历了一个由唯心主义到唯物主义、再由唯物主义到辩证唯物主义的发展过程。最初，陶行知是相信“知是行之始”观点的。早在金陵大学求学期间，他就对王阳明的“知行合一”学说产生了浓厚兴趣，笃信“知是行之始，行是知之成”，并将自己的原名“文濬”改“知行”。留美回国以后，深受英国经验唯物主义、法国唯理论、德国实验主义以及美国实用主义的影响，萌发了唯物主义思想因素。在创办晓庄师范学校、开展生活教育实验过程中，通过对“墨辩”“亲知、闻知、说知”的汲取和自身教育实践的体验，哲学思想逐渐由“知是行之始”转变到“行是知之始”。20 世纪 30 年代以后，在马克思主义哲学思潮的影响下，加上对本人教育实践的认真总结，进一步主张“行知行”，具有辩证唯物主义观点。哲学思想的变化也促使他的教育思想在根本立场和观点上与杜威分道扬镳。

（二）生活教育与实用主义教育的区别

生活教育不仅与传统教育存在本质差异，也与实用主义教育有着根本不同。陶行知与杜威虽然都是从生活与教育的关系上去研究教育现象，但细加分辨，就会发现两者之间实有天壤之别。陶行知曾郑重声明：他的生活教育是真的，杜威的生活教育是假的。“又拿生活教育来说吧，您又可以发现两种不同的说法：一种主张‘教育即生活’；另一种是主张‘生活即教育’。我现在想把生活教育的特质指出来，目的不但要使大家知道生活教育与传统教育之不同，并且要使大家知道把假的生活教育和真的生活教育分别出来。"[①]具体说来，两者的根本区别体现在教育的性质、目的、内容、方法和组织形式等方面。

教育究竟为谁服务，向哪个阶级开门，教育对象应该是什么人，这是陶行知与杜威教育理论的一个根本分歧。杜威在《民主主义与教育》一书中，一方面宣扬"教育民主"，"注意给大家以平等和宽厚的条件求得知识的机会"，一方面又强调"一个划分阶级的社会，只须特别注意统治阶级子弟的教育"。至于广大的劳苦大众及其子女，只须在杜威设计的实验学校学习一点初步的知识和技术，能为资本家创造利润就足够了。这就清楚地表明，杜威的教育对象主要是"少爷小姐"，他所办的教育是为资产阶级服务的"小众教育"。而陶行知的生活教育恰恰与此相反，提倡办为全国劳苦大众服务的"大众教育"。他反复声明他的生活教育是为人民大众服务的。"生活教育是大众的教育，大众自己办的教育，大众为生活解放而办的教育。"[②]他强调指出其生活教育的阶级实质："它不是摩登女郎之金刚钻戒指，而是冰天雪地下的穷人的窝窝头和破棉袄。"[③]陶行知整个教育思想都贯穿着一条红线，即教育为人民服务，为穷苦大众服务。

教育要培养什么人，为哪一个阶级培养人才，这是陶行知与杜威教育理论的又一个根本分歧。历史告诉我们，不同的阶级有不同的教育目的。尽管杜威标榜自己是"教育无目的论"者，认为在教育过程之外不要再添加其他目的，教育本身就是目的，但他并不是说教育本身不该有目的。事实上，杜威的教育目的是很明确的。他说：教育目的就是"要养成配做社会的良好分子的公民"[④]，这种"良好"的"公民"在"政治方面的要求"是"不做欺诈卑劣的手段，还贵能互相监督，相互纠察"；在其他方面的要求是："第一，乃要做一个良好的邻居或朋友；第二，不但我受他人的益处，还要他人受我的益处；第三，应该做一个生利的生产的人，不要做分利的人；第

---

①《生活教育之特质》，《陶行知全集》第3卷，湖南教育出版社1985年版，第25页。

② 同上，第26～27页。

③《生活教育》，《陶行知全集》第2卷，湖南教育出版社1985年版，第635页。

④《杜威五大讲演》第2讲，北京晨报社1924年版。

四，应该做一个好的消费家；第五，应该做个良好的创造者和贡献者。"从这里我们可以看出，杜威对其教育对象要求成为一个美国的干练公民，既有谋生的知识与技术，又有维护其"民主主义"社会的思想与性格，以履行民主社会的义务和责任。由此可知，即使教育机会均等，平民子女包括黑人孩子得到受教育的机会，极少数可能成为资产阶级的得力帮手，但一般只能被培养成为资产阶级生产利润的工具，并对自己被奴役、被歧视、被剥削的命运具有容忍性。

与此同时，陶行知公开主张教育是有目的的，这就是"促进自觉性之启发，创造力之培养，教育之普及，及生活之提高"[①]，其宗旨是通过培养人才来改造社会，提高人民大众的生活。从创办晓庄师范起，他在要培养什么样的人的问题上就与杜威不一样，主张培养"在劳力上劳心"的现代人，能够为劳苦大众服务，改造社会的人。"九一八"后，国难深重，他又提出了培养保卫国土主权、争取民族解放的战士的要求。在办育才学校时，他进一步提出要把学生培养成：追求真理的小学生、自觉觉人的小先生、手脑双挥的小工人、反抗侵略的小战士。抗战胜利以后，他更加明确希望把学生造就成民主革命的战士。从他一生办学的实践来看，不论在晓庄师范和山海工学团，也不论在育才学校和社会大学，他在党的帮助下，培养出一大批教育工作者、艺术人才和为革命献身的干部。仅以育才学校为例，当时全校共四百多学生，为延安和各解放区输送的干部，约占全部学生的三分之一。总之，杜威培养的是为资产阶级利益服务的人才，而陶行知培养的是为人民大众利益服务的人才。

由于陶行知与杜威在培养什么样的人的问题上根本不同，因此，他们采用的教育内容、方法和组织形式也不同。

杜威以个体适应性生活及在此基础上产生的经验为中心，主张将"教育生活化"，以"儿童自己本能的能力"为教育的素材。他所说的"生活"，并不是整个实在的社会生活，而是片断的、非实在的、个人的日常生活。这种生活又是指儿童个体的思想、冲动、兴趣、习惯等先天的本能的生长、发展的生活，是儿童的游戏、讲故事、观察、手工活动的生活，是脱离社会

①《生活教育运动十三周年纪念告同志》，《陶行知全集》第 3 卷，湖南教育出版社 1985 年版，第 417 页。

的、日常的家庭生活。这种以儿童自我为中心的生活与经验的教育内容的观点，是杜威主观经验论哲学在教育上的表现，也是其改良主义政治思想在教育上的表现。杜威嫌“学校里的教育太枯燥了，必得把社会里的生活搬一些进来，才有意思”。这种“教育生活化”，实际上是把生活当做装饰品，去点缀教育的内容，而不是以整个社会生活当做教育的中心内容。它“将教育和生活关在学校大门里，如同一个鸟关在笼子里”，只是在学校范围内扩大儿童的生活经验，是拿教育做生活，而不是“拿全部生活去做教育的对象”①，以这种“鸟笼式”的生活为中心的教育，只能是改良主义的，仍然没有根本改变教育与生活相脱离的状况。

陶行知虽与杜威在反对传统教育以文字、书本为中心这一点上有共同之处，但是，他所提倡的“生活即教育”是以社会生活及在此基础上产生的经验为中心，主张“用生活来教育”，以社会生活为教育的素材。这与杜威针锋相对，大相径庭。他认为，“过什么生活，便是受什么教育”，“要想受什么教育，便须过什么生活”，有什么样的生活就应有什么样的教育，教育的内容应根据生活的需要。从他的教育实践来看，的确是做到了这一点。晓庄时期，他规定教育内容为“中心小学工作教学做”、“分任校务教学做”、“征服自然环境教学做”、“改造社会环境教学做”、“学生生活处理”等；山海工学团时期，他明确提出了军事能力、生产能力、科学能力、识字能力、运用民权能力和节制生育能力等六大教育内容。育才时期，他总结了生活教育的实践经验，进一步提出要把开发现代文化宝库的“四把钥匙”——语文、数学、外语、科学方法教给学生。学生一方面根据各自的特殊才能分别编成专业小组，学习专业知识的特修课；一方面又按文化程度分年级，学习文化知识的必修课。此外，还有生产劳动、军事训练、抗敌艺术演出、社会民主斗争等教育活动。这些教育内容，都是紧密结合改造社会、改造自然的社会生活实际，都是以半殖民地半封建社会中国人民大众的生活需要和政治需要为依据的，使生活与教育真正地联系在一起，克服了传统教育的痼疾。

在教育方法上，杜威和陶行知都强调“做”，一个是“做中学”，一个是

①《生活即教育——再答操震球之问》，《陶行知全集》第2卷，湖南教育出版社1985年版，第199页。

"教学做合一",但两者却有本质差异。杜威的"做中学",是他的"教育即生活"、"学校即社会"的教育论在教学中的应用,是杜威整个教育思想体系的一个组成部分,而陶行知的"教学做合一",是受"生活即教育"、"社会即学校"的教育论指导的,同"做中学"在教育指导思想上就有明显区别。其次,杜威"做中学"的"做",与陶行知"教学做合一"的"做",虽然"做"字相同,但因两者的认识论基础不同,也有实质不同。杜威是经验论者,他所说的"做",是指人与自然环境和社会环境所进行的交涉,从中得到的经验兼具主观与客观的性质,如果脱离人们的主观经验,这种经验就不能存在。这种"做"实际上是生物个体适应环境的活动。而陶行知早年虽然一度相信杜威的这种看法,但后来随着其哲学思想的发展变化,具有了辩证唯物主义观点,他所说的"做",主要是指人类的社会生活实践,包括生产劳动、科学实验、阶级斗争、文化活动等等。因此,陶行知的"做"与杜威的"做",文字虽同,含义实异。在教育实践中,陶与杜也不一样:陶行知强调的"做",是让学生同工农交朋友,为工农子女办识字班,参加革命运动,演出革命戏剧,办音乐会,宣传抗日救国,而杜威却只让儿童在"雏形社会"的学校里做些日常生活的事,如在学校工厂中学做木工、金工,在学校农场里练习种地,在学校厨房中学烹饪,或到图书馆、实验室中看他们想看的书、做有趣的实验等等。可见,两人所说的"做",不仅有真"做"与假"做"之分,也有革命与不革命的性质之分。最后,从教学过程来看,两人虽然都强调"以做为中心",但陶行知所说的"做",是同"教"与"学"紧密结合的,是把知与行、理论与实践、教育与生活紧密结合的,是反对传统教育"读死书、死读书、读书死"的,它不同于杜威的"做中学",只强调"做",与"教"和"学"无内在联系,以做代学,以做代教,从而在客观上降低教师在教学过程中的主导作用,忽视了向学生系统地传授文化科学知识。简言之,陶行知的"教学做合一"与杜威的"做中学"具有根本的不同。

在组织形式上,陶行知与杜威也有着严重的分歧。杜威提出"学校即社会",主张"学校社会化",认为如果不把现实的社会生活简化起来,缩小到一种雏形的状态,儿童一旦同纷繁复杂的现实生活接触,便会陷入迷乱:"他不是被正在进行的那种活动的多样性所淹没,以致失去自己有条不紊的反应能力,便是被各种不同的活动所刺激,以至于他的能力过早地被发动,致使他的教育不适当地偏于一面或者陷于解体。"[①]因此,他建议把学校办成一个小型的或雏形的社会。社会上的各种机构(如商店、工场、邮局等)都可以在学校里模拟,使学生在学校里就能接触到社会生活。陶行知认为杜威的"学校即社会"把社会上的东西搬一些进学校,把丰富多彩的社会生活压缩到渺小的学校中去,把真的社会变成假的社会,把生动活泼的教育内容变成死气沉沉、干巴巴的教育内容。因此,他批评杜威的"学校即社会"的教育好像把一只活泼的小鸟从天空中捉来,并进鸟笼里一样,顶多只是"顾念鸟儿寂寞,搬一两丫树枝进笼,以便鸟儿跳得好玩,或者再捉几只生物来,给鸟儿做陪伴",但"鸟笼毕竟还是鸟笼,决不是鸟的世界"[②]。这种教育,使学校与社会之间隔着一道墙。学校自学校,社会自社会,学校与社会仍然分离。学生被锁在小小的学校里,"闭门造车",这样培养的人才根本无法适应社会的需要。

为了克服杜威"学校即社会"的不足,真正解决学校与社会的关系,陶行知提出了"社会即学校"的主张,在积极呼吁改进学校与社会的联系,以社会生活作为学校教育的内容的同时,进一步主张以社会作为教育的范围,"整个的社会是生活的场所,亦即教育之场所"[③],使教学的课堂扩延到社会和大自然中去。这样,"教育的材料,教育的方法,教育的工具,教育的环境,都可以大大增加,学生、先生也可以更多起来"[④]。在教育实践中,陶行知组织学生以社会为课堂,走出校门,到工厂农村演戏,宣传抗日救国,开展扫盲运动,投身民主教育运动,为革命事业作出了重要贡献。这与杜威"学校即社会"的"鸟笼教育",把师生锁在学校的小天地里,脱离火热的社会斗争,只做些游戏、作业,恰好形成鲜明的对比。

需要说明,指出陶行知与杜威在教育思想上的种种区别,并不否认陶行知吸取了杜威的一些教育观点。概括起来,陶行知从杜威那里主要吸取了以下几方面的内容:一是重视发挥教育改造社会的功能;二是反对传

① 赵祥麟、王承绪编译:《杜威教育论著选》,华东师范大学出版社 1981 年版,第 4 页。

②《生活教育》,《陶行知全集》第 2 卷,湖南教育出版社 1985 年版,第 633 页。

③ 同上,第 633～634 页。

④《社会即学校》,《陶行知全集》第 2 卷,湖南教育出版社 1985 年版,第 201 页。

统教育只重视以文字、书本为中心，忽略教育与生活、与社会相联系；三是强调“做”，注重行动，加强知与行、理论同实际的联系，反对死读书本、手脑两分；四是注重科学实验，以科学方法办教育；五是提倡教育民主化，反对教育工作中的专制独裁做法，等等。

陶行知所以能吸取杜威的某些教育观点，绝不是偶然的。这首先是由于杜威反对传统教育的不少主张，有很多积极的因素，如强调教育应当与社会有广泛的联系，反映社会对教育的要求，要适应儿童身心发展的特点和规律，注重培养学生适应社会的能力，发展学生的个性，要加强知与行的结合，重视科学，重视实验，等等，尽管它们包容在实用主义思想体系之中，但它们还是在某种程度上反映了现代教育的若干客观规律。其次，也是由于陶行知善于从中国的国情出发，根据当时国内教育改革的需要，批判地吸取了杜威教育思想中的积极成分。此外，这种吸取也是符合事物发展的客观逻辑。因为，一种新的教育思想的出现，总是要批判继承一些原有的教育思想，它不可能凭空从天上掉下来。当然，也应看到新出现的教育思想与原有的教育思想虽然有联系，但又不等于在这两种新旧教育思想之间没有质的区别。众所周知，马克思、恩格斯创立唯物辩证法时，是批判吸取了黑格尔的辩证法的。关于这一点，斯大林曾明确指出：“但这并不是说，马克思与恩格斯的辩证法和黑格尔的辩证法是一个东西。”又说：“其实，马克思与恩格斯仅仅从黑格尔的辩证法中采取了它的‘合理的内核’，而摒弃了黑格尔的唯心主义的外壳，并向前发展了辩证法。”①因此，我们完全可以说，陶行知在创立生活教育理论时，吸取了杜威教育理论中的“合理的内核”，摒弃了那些实用主义的杂质，并把教育同生活联系的主张向前推进了一大步。正是基于这一点，我们说，陶行知不是杜威，陶行知就是陶行知。

---

① 联共(布)中央特设委员会编：《苏联共产党(布)历史简明教程》(中文版)，人民出版社 1954 年版，第 136 页。

第四章

现代教育事业的开创

陶行知一生始终以振兴中华民族及其教育为己任，为了实现这一目标，他宁愿放弃优厚的生活待遇，深入落后、贫穷的农村，体察民众生活，了解教育状况。在广泛调查的基础上，他结合在美国学习的教育理论，创造性地提出了生活教育理论，并毕生将之付诸实施，先后创办了几所具有开拓性意义的新型学校，为开创中国现代教育的新局面奠定了良好基础。

第一节　创办南京晓庄师范　实践生活教育理论

陶行知十分重视教育实验。受杜威实用主义教育思想及其实验方法论影响甚深的他，1917 年回国后，便撰写发表了《试验主义之教育方法》、《试验主义与新教育》、《试验教育的实施》等文，将教育实验（他习称“教育试验”）作为一种科学方法和活动来提倡，并且亲自领导开展了一系列教育实验，取得了令人瞩目的成绩。

南京晓庄师范、上海山海工学团是陶行知在 20 世纪 20 年代中后期和30年代初期先后创办的两所教育机构，也是陶行知在抗战全国爆发之前从事生活教育实验的主要场所。南京晓庄师范、上海山海工学团的生活教育实验是当时进步的教育工作者为中国教育寻觅曙光、探索中国化的教育道路的宝贵实践。他们在乡村师范教育和普及教育方面的探索，对当时中国教育的改革起了积极的推动作用，成为抗日战争前国内最有影响的教育实验之一。

一、晓庄师范的创办缘起与经过

近代以来，虽经戊戌变法、辛亥革命和“五四”新文化运动的激荡，中国传统教育开始向现代教育过渡，但因积弊已久，教育与生活、社会与学校相脱节的现象仍很严重。特别是乡村教育，完全是照搬城市教育那一套，严重脱离乡村实际，脱离农民生活。为了改变这种状况，1926年，陶行知乘中国教育改进社下设乡村教育研究部之机，聘请东南大学乡村教育教授赵叔愚、金陵大学农业教授兼农场主任邵仲香为研究员，共同调查沪宁路沿线优良乡村学校现状，筹办试验乡村师范，图谋乡村教育之改进。

陶行知认为，师范教育是“改造社会环境的一个重要方法”，并坚定地表示：“我从前曾经为师范教育努力，现在正是为师范教育努力，以后仍继续为师范教育努力。”下决心“要筹募一百万元基金，征集一百万位同志，提倡一百万所学校，改造一百万个乡村”①。

根据这一思想，陶行知于1926年12月撰写了《试验乡村师范学校答客问》一文，强调试验乡村师范学校的实验性质，指出晓庄的实验“就是用科学的方法去开新的生路”。同时，《新教育评论》刊登出陶行知拟订的《中华教育改进社设立试验乡村师范学校第一院简章草案》，对试验乡村师范学校的培养宗旨、目标、组织管理制度、学习科目、考试办法等，作了明确规定。

1927年3月5日，陶行知用筹集的开办费1万元，常年经费1.2万元，设备费5 000元，购买南京神策门外小庄（后由陶行知改名晓庄）田园200亩、荒山10里作为校址和农场。特约燕子矶小学、尧化门小学为第

① 朱泽甫：《陶行知年谱》，安徽教育出版社1985年版，第99页。

一、第二中心小学，并聘定吕镜楼、杨效春、邵仲春、朱葆初等为指导员（即教员）。

同时，陶行知分别在《新教育评论》、《乡教丛讯》等刊物上，刊登了《中华教育改进社设立试验乡村师范学校招生广告》、《告来本院应试的同志》。招生广告分培养目标、考试科目、报考资格、报名期、投考期等部分培养目标十分明确，即农夫的身手、科学的头脑和改造社会的精神三项。考试科目完全不同于传统的学校，分列科：(1) 农务或土木操作一日；(2) 智能测验；(3) 常识测验；(4) 作汉文一篇；(5) 三分钟演说。考试科目根据培养目标的需要而设立。

招生广告见报后，引起了教育界，特别是青年学生的浓厚兴趣。他们纷纷来函，索要报名简章，询问报考具体事宜。

1927 年 3 月 11 日，试验乡村师范学校招生考试第一天上午，共有 13 名青年准时参加入学考试。考试当天，正是北伐军与盘踞在南京的直系军阀孙传芳部褚玉战斗方烈之时。当时，南京大小学校均因战事激烈而纷纷停课。试验乡村师范学校偏偏选择此时招生开学，而且声言风雨无阻，不受战事影响。大家都担心无人会冒生命危险前来应试，结果却出人意料，竟有 13 人来报考，令陶行知喜出望外。

3 月 15 日，试验乡村师范学校（简称晓庄师范）在南京郊外的小庄正式开学。这标志着由陶行知发起和主持的生活教育实验拉开了序幕，也象征着中国教育重心开始出现由城市向农村转移的重大历史性转折。

1927 年陶行知创办的晓庄师范校舍——犁宫

二、晓庄师范的办学宗旨与培养目标

晓庄师范的实验是按照陶行知关于生活教育的设想来开展的。其办学宗旨为："根据中心学校办法，招收中等以上各级学校末年级生加以特殊训练，俾能实施乡村教育并改造乡村生活。"①遵循这一指导思想，师生们选择了荒山野岭作为建校的校址。开始只有两间茅草盖的房屋，草泥抹的墙壁。大家自己动手开辟校园，种粮种菜，绿化环境，注意根据中国当时农民生活状况进行实验。

晓庄师范的培养总目标为"培养乡村人民儿童所敬爱的导师"。为达此总目标，陶行知又进一步提出五项培养目标：(1) 农夫的身手；(2) 科学的头脑；(3) 改造社会的精神；(4) 健康的体魄；(5) 艺术的兴趣。

所谓"农夫的身手"，是指试验乡村师范学校要培养的是能刻苦耐劳、能劳动、能实干、能与农民打成一片，为乡村人民儿童所敬爱的导师。这一条是陶行知从事乡村师范教育实验最为强调的。他对学生们说：

> 农夫的身手是本校第一个培养目标。我们师生都是认清了这个目标来的。以本校的目光看来，对于农事懈怠，简直是反革命。希望大家有则改之，无则加勉，我当尽我的能力为大家排除一切困难，使大家对于农事可以充分学习。……本校旗帜鲜明得很，我们大家所干的是乡村教育的革命。从事乡村教育革命必须有农夫的身手，反对农夫的身手，就是反革命。②

所谓"科学的头脑"，是指具有近代的自然科学与社会科学知识，对科学技术产生浓厚的兴趣，并注重实验，到农村去积极推广应用科学方法，指导农民科学种田。

所谓"改造社会的精神"，是对学生思想素质的一项特殊要求。活的乡村教育，必须要有活的乡村教师，活的乡村教师必须"第一有农夫的身手；第二有科学的头脑；第三有改造社会的精神"，具备这三个条件的"教师就是改造乡村生活的灵魂"。他们"一年能使学校气象生动，二年能使

---

①《中华教育改进社设立试验乡村师范学校第一院简章草案》，《陶行知全集》第1卷，湖南教育出版社1984年版，第656页。

②《农夫的身手》，《乡教丛讯》第1卷第15期，1927年8月1日。

社会信仰教育，三年能使科学农业著效，四年能使村自治告成，五年能使活的教育普及，十年能使荒山成林，废人生利”。

所谓“健康的体魄”，是对学生素质要求。陶行知认为，“健康是生活的出发点”，健康的体魄是成就一切事业的基础，因而多次提出“健康第一”的口号。

所谓“艺术的兴趣”，是对从事乡村教育的人所应有的美学修养的要求。

三、晓庄师范的实验条件与组织机构

为实现上述目标，陶行知在学校建设上作了许多努力，创造了必要的实验条件，使之成为一所与旧式学校迥然不同的新式学校。

在实验条件方面，除挑选南京北郊劳山脚下的荒坡为校址外，还有田园 200 亩作为学生耕种土地，有大片荒山供学生造林；拨少数经费供学生自造茅屋作为校舍与宿舍；并在附近农村设立几所中心学校和小学，供学生实施教学做。

晓庄师范先后共建有：小学师范院、幼稚师范院各 1 所；中心小学 8 所；中心幼稚园 4 所；民众学校 3 所；中心茶园 2 所；中心木匠店 1 所；乡村医院 1 座；联村救火会 1 所；石印工厂 1 座。这些机构都围绕生活教育的要求进行多角度、多层次、多类型的实验。

陶行知在晓庄师范的组织管理上作了独特实验。晓庄师范设校长 1 人，由陶行知自己担任，校内设执行部（校长兼任部长）、研究部、监察部。执行部下设置第一院（小学师范院）、第二院（幼稚师范院）。第一院由赵叔愚任院长，第二院由陈鹤琴任院长。校长、院长之下各设干事 1 人、校工 1 人。乡村师范中的教师不称教员，统称指导员。学校除校长、第一院院长、第二院院长、指导员外，不设其他职员，实行师生集体治校民主管理，它的组织叫“乡村教育先锋团”。

乡村教育先锋团由全校师生共同组成。校长就是团长，两院院长是副团长，全校指导员组成指导部，有指导会议。全体学生选出总队长 1 人。学生以 4～8 人为 1 队，每队选出队长 1 人。由全体师生组成团务会议。从团长到团员，全体成员都受团规约束和团务会议的制约。团设肃纪部，执行全团纪律。团长有指挥全团各种行动之权，每周举行团务会议一次，为全团最高权力机构。学校经济公开，校务公开，发表意见自由，安排个人工作自由，但必须遵守各种公约，不得妨害集体生活秩序。如果有人违反公约，通过小组生活检讨会解决，重大问题在团务会议(全体大会)上评论。造成一种既有自由又有纪律、既有民主又有集中的集体生活秩序。①

四、晓庄师范的实验内容与措施②

其一，招生看重农事经验。试验乡村师范规定："招收下列各种程度之学生培养之一：(1) 初级中等学校第三年学生之有农事经验者；(2) 高级中等学校第三年学生之有农事经验者；(3) 大学第三年学生之有农事经验者；(4) 在职之教育行政人员及教职员之具有上列各项相等程度者。"③文化程度可以有所不同，但强调有"农事经验"是一致的。

其二，考试方式别具一格。报考者在 3 月 10 日报到，次日上午考国文、常识测验、智能测验，下午演说及辩论；12 日上午垦荒施肥，下午修路；13 日考试成绩揭晓；14 日便办理入学手续，3 月 15 日开学。国文试题是《孟子说"劳心者治人，劳力者治于人"，这话对吗？》，演说的试题有 20 个，学生临时抽题准备 3 分钟，到时登台演讲 3 分钟；演讲要求用国语，通俗易懂。垦荒考试更是新奇。陶行知在山坡下用白粉线画好一块小荒地，投考者手中拿了一把山锄，哨子一响，大学便挥锄垦荒。成绩视垦荒熟练程度及垦荒多少而定。这种考试，改变了传统做法，强调农事经验，面向农村实际，可谓破天荒之举，在当时影响极大。

其三，实行教学做合一，课程以乡村生活为中心。晓庄师范将课程分为五大部分，即：(1) 中心学校活动教学做；(2) 中心学校行政教学做；(3) 分任院务教学做；(4) 征服自然环境教学做；(5) 改造社会环境教学

① 童富勇、胡国枢：《陶行知传》，教育科学出版社 1991 年版，第 112 页。

② 本处部分内容参考了邓宗琦、熊贤君：《为中国教育寻觅曙光》，载《教育研究与实验》1989 年第 1 期。

③《中华教育改进社设立试验乡村师范学校第一院简章草案》，《陶行知全集》第 1 卷，湖南教育出版社 1984 年版，第 658 页。

做。

中心学校活动教学做共30学分，包括：(1) 国语教学做；(2) 公民教学做；(3) 历史地理教学做；(4) 算术教学做；(5) 自然教学做；(6) 园艺农事教学做；(7) 体育游戏教学做；(8) 艺术教学做；(9) 童子军教学做；(10) 其他学生活动教学做。

中心学校行政教学做共3学分，包括：(1) 整理校舍教学做；(2) 布置校景教学做；(3) 设备教学做；(4) 卫生教学做；(5) 教务教学做；(6) 经济教学做。

分任院务教学做共6学分，包括：(1) 文牍教学做；(2) 会计教学做；(3) 庶务教学做；(4) 烹饪教学做；(5) 洒扫整理教学做；(6) 缮写教学做；(7) 招待教学做。

征服天然环境教学做共16学分，包括：(1) 科学的农业教学做；(2) 基本手工教学做；(3) 卫生教学做；(4) 其他教学做。

改造社会环境教学做共5学分，包括：(1) 村自治教学做；(2) 平民教育教学做；(3) 合作组织教学做；(4) 乡村生活调查教学做；(5) 农民娱乐教学做。①

其四，打破学校的围墙，开展"联村"系列活动。陶行知反对关起校门，使学校与社会隔离起来。他主张晓庄师范的学生应与附近的村民建立广泛联系，熟悉他们的生活，了解他们的疾苦，与他们联合开展活动。为此，晓庄师范进行了打破学校围墙的实验。陶行知除了在学校设置一些为村民服务的活动课程，包括联村自治、民众教育、合作组织、乡村调查和农民娱乐教学做外，还专门成立了"社会改造部"，由他兼任部长，部下设总务、教育、卫生、农林、交通、水利、自卫、经济、救济、妇女、编辑、调查共12股，具体负责社会改造的规划和指导。"社会改造部"将学校周围的和平门、上元门、观音门、尧化门、太平门以内的地区作为改造实验区域。

陶行知重视开展乡村体育运动，发起成立"农民武术会"，主张恢复"我国国民应有的尚武精神"。学校每年春秋两季举行两次规模较大的联村运动会。运动会结合乡村生活实际拟定比赛项目，如成人参加的项目

---

①《中华教育改进社设立试验乡村师范学校第一院简章草案》，《陶行知全集》第1卷，湖南教育出版社1984年版，第656～659页。

有国术、跑山、挑柴、挑粪、举石担、玩石锁和田径等；学生可参加的项目有跳远、跳绳、掷球、提水、竞走及短跑等。

20 世纪二三十年代的晓庄，偏僻荒凉，常有散兵游勇在此流窜为匪，危害百姓。为保一方平安，晓庄师范在冯玉祥将军的支持下，成立了晓庄联村自卫团，打击了土匪的嚣张气焰。联村自卫团还发起禁烟禁赌活动，张贴布告："本团责任，在运用村民自己的力量，以维持地方的治安。……查烟馆赌窝，为窝藏盗匪之所。本团为正本清源计，自当一律禁绝，才算为地方除害。"[①]晓庄全校师生到农村作宣传，宣讲吸鸦片之害，号召人人投入禁烟运动。联村自卫团维护了地方治安，烟赌也曾一度几乎禁绝，乡村改造方面取得显著进展。

其五，改革教育实习体制，试行新的实习办法。为使实习顺利进行，陶行知设置了一批中心学校。中心学校与晓庄师范的关系，不是传统的附属关系。中心学校是主，晓庄师范是从；中心学校是太阳，晓庄师范是月亮。晓庄师范根据中心学校的要求设置课程，中心学校需要什么就教什么。学生要经常到中心学校里去，在中心学校里教学做。

其六，颁发统一的毕业文凭。如果学生学业成绩合格，发给修业证书一纸，俟服务半年，经过考查，确能按照生活教育原理和晓庄师范精神办学者，发给毕业证书。但入学时程度不同，颁发的证书各异，"初级中学程度学生给予初小教师证书"；"高级中学程度学生给予高小教师证书"；"大学程度学生给予师范学校教师证书"；"各级教师证书之外依据特殊才能之表现加给各级校长及乡村教育辅导员证书"。[②]

五、晓庄师范实验的中止

陶行知在晓庄师范开展生活教育实验，引起了社会各界的瞩目，晓庄师范成了教育界的一盏明灯。此时，正值"四一二"事变不久，乌云密布，江南各省一些受迫害无处栖身的进步青年学生，将晓庄师范看成求学的理想地方。该校开展勤工俭学，学费很低，于是不少青年进入晓庄学习，

---

① 辛元、谢元：《陶行知与晓庄师范》，江苏教育出版社 1986 年版，第 58 页。

②《中华教育改进社设立试验乡村师范学校第一院简章草案》，《陶行知全集》第 1 卷，湖南教育出版社 1984 年版，第 659 页。

还有的是隐名改姓秘密来的，其中有些是共产党员或共青团员。虽然陶行知不知道他们的政治身份，但认为他们是有抱负、有作为的青年，所以对他们主动关怀，多加支持。陶行知信赖这些青年，派他们做一些重要事情。

到1929年，进步青年的力量已大大地发展了，共产党员和共青团员合起来差不多有二三十人，还能够号召一部分群众。1930年初，上海进步知识界成立中国自由大同盟。晓庄师范中共地下党支部也串联中央大学、金陵大学等部分师生发起组织中国自由大同盟南京分部，反对帝国主义及国内反动派的倒行逆施。2月，在晓庄师范犁宫举行成立大学。该组织是中共南京地下党的外围组织，其建立为南京群众运动创造了便利条件，同时，也使晓庄师范的各项进步活动与全市的学运、工运进一步密切联系起来。当时，南京下关和记工厂工人不堪忍受英国资本家的残酷压迫，举行了反帝大罢工，晓庄师范地下党组织积极支持推动这一罢工斗争。3月下旬，日本帝国主义军舰十余艘，擅自闯入长江耀武扬威，而国民党政权不仅不加制止，反而鸣炮欢迎，这立即激起了南京各界人民的极大愤怒。消息传到晓庄，广大师生义愤填膺。4月3日，国民党政权勾结帝国主义镇压罢工工人，造成"四三"惨案，更使南京的工人、学生、市民怒不可遏。晓庄师范学生刘焕宗这时已任南京地下党宣传部长，根据党的指示，联络南京各校学生，组成"四三"惨案后援会，发动了4月5日全市支持工人的反蒋示威游行，迫使英国老板接受罢工工人的条件。但这一正义行动却使晓庄师范成了国民党要人们的眼中钉、肉中刺。蒋介石认为晓庄师范是这次风潮的祸源，他通过孙科、谷正伦施加压力，要陶行知交出晓庄师范的共产党员名单，立即开除闹事学生。陶行知则坚决站在学生方面，明确表示学生的行动是爱国的、正义的，学生没有错，错在政府，断然拒绝这一无理要求。①

蒋介石恼羞成怒，遂于4月8日命令教育部停办晓庄师范。教育部即派出5人为"晓庄师范保管员"，于9日下午3时到晓庄办理接收手续。1930年4月12日，南京卫戍司令部派出全副武装、荷枪实弹的部队，强行

① 王琳：《忆晓庄学校——兼记人民教育家陶行知先生》，《过去的学校》，湖南教育出版社1982年版，第451页。

封闭了晓庄师范。同一天，国民党政权又下令通缉陶行知。晓庄师范的生活教育实验至此中止。

六、晓庄师范生活教育实验的影响与评价

陶行知在晓庄师范从事的生活教育实验前后不过三年多时间，但却在国内外产生了广泛而深远的影响。

就国内而言，其影响可以从教育和社会两大方面来考察。

在教育方面，晓庄师范的生活教育实验，在20世纪20年代中后期树起了一面教育革命的大旗，为中国教育改革探索到一条新路。中国历来以农业立国，20世纪20年代，农村人口占全国人口的85％，城市人口仅占15％。农业问题、农村问题、农民问题是解决当时中国问题的关键所在。而乡村教育又与上述三大问题的解决有密切关系。不解决乡村教育问题便很难真正解决好上述三大问题。陶行知通过对自己回国后数年教育实践的反省，发现以杜威实用主义教育学说为代表的西方现代教育思想，虽然在反对封建传统教育方面有一定的积极作用，但它们毕竟不完全适合中国的国情。他经过大量的调查研究，认识到农村问题，特别是乡村教育问题的重要性和严重性，决心将教育改革的重心由城市转移到农村，改革乡村教育，使广大农民及其子女受到教育。他与同时代的黄炎培、晏阳初、梁漱溟等人，率先从事乡村教育改革，在教育界掀起了一场教育革命，引起了时人对于乡村教育问题的广泛关注，对于转变当时教育改革的方向与重心，起了积极推动作用。

陶行知在晓庄师范开展的生活教育实验，直接推动了乡村师范教育的发展。晓庄师范在办学宗旨、培养目标、组织机构、课程教法、招生和毕业制度等方面的改革，着眼于纠正封建传统教育脱离生活实际、脱离广大民众的弊端，强调教育与生活、学校与社会的联系，创造出一种新的乡村师范办学模式，给人以耳目一新之感，吸引了教育名流和一线的教育工作者前往考察、观摩。一时间，各地大中小学和师范学校校长、教师前往参观访问者络绎不绝。在南京参加第一次全国教育会议的全体代表也曾集体前往参观。教育家梁漱溟为办理乡村教育还曾专程赴晓庄师范取经。晓庄师范的办学模式由此也迅速在全国范围内得到推广。在晓庄师范生

活教育实验的影响下，江苏、浙江、安徽、福建、广东、江西、河南等省，在1927年后增设了许多乡村师范。这些学校在筹设过程中，无不以晓庄师范为仿效样板，有的甚至直接求援，陶行知也总是尽量予以支持。浙江湘湖师范等校就是由陶行知亲自选派优秀学生创办的，故有浙江"晓庄师范"之美称。晓庄师范毕业的学生也广受欢迎，有的去担任乡师校长，有的去做教育局长，有的从事乡村教育的辅导研究工作，更多的人去担任各县市增设的中心小学的教师、校长。他们对推动乡村师范教育的发展和改革起了重要作用。

晓庄师范的生活教育实验对于当时教育行政当局的乡村教育政策也产生了明显的影响。在1928年5月召开的第一次全国教育会议上，教育行政当局先后通过了《提倡乡村教育设立乡村师范案》、《请大学院明令各省注意训练乡村教育师资案》等议案。8月，教育行政当局又公布《全国教育会议议决乡村师范学校制度和办法》。1929年4月，在国民政府公布的教育宗旨里，明确指出"师范教育……使其独立设置并尽量发展乡村师范教育"。1930年4月，第二次全国教育会议议决全国教育，进一步规定了初、中、高三级乡村师范。教育行政当局还要求各省市教育厅局，从1931年度起，各县立中学应逐渐改组为职业学校或乡村师范学校。时人认为，教育行政当局之所以如此重视和推广乡村师范学校，"一部分由于晓庄师范的努力所引起，也可说是公认的事实"①。

在社会方面，晓庄师范的生活教育实验也引起了社会各界的普遍关注。党政要人纷纷慕名而来，蒋介石、宋美龄夫妇于1928年下半年两度到晓庄参观；军政部长冯玉祥也数次去晓庄考察，他对晓庄师生自己动手做饭的办法非常欣赏，打电话给所辖第二集团军总司令部，命令官员一律自己做饭，不用伙夫，以节省军费。某军人在中央大学称赞陶行知的教学做合一是"新发明的最好教育法"，还有军人将陶行知自编教育文集《中国教育改造》翻印数千部，分送其防区内各教育机关。

晓庄师范生活教育实验在国内不断扩大影响的同时，从20世纪20年代后期起，也开始在国际教育界产生影响。1927年9月，为迎接在加拿

①《金海观教育文选》，浙江教育出版社1990年版，第53页。

大召开的世界教育会议，陶行知撰写了题为《中国乡村教育运动之一斑》的专题会议报告，其中重点介绍了以晓庄师范为代表的乡村师范学校和中心小学、中学幼稚园的实验工作，第一次向国际教育界介绍晓庄师范的生活教育实验，开始引起国际教育界的关注。中国的近邻——日本的教育界对陶行知在晓庄师范的生活教育实验表示出浓厚的兴趣，“已在注意晓庄学校的理想和办法，文字方面如《支那之理想学校》等，已有几篇发表”①。陶行知当年的班主任、美国哥伦比亚大学师范学院的克伯屈教授在 1929 年 10 月下旬参观晓庄之后，对于晓庄师范的生活教育实验更是赞扬备至，称他多年来一直在到处寻找这一种实验学校，现在在晓庄终于找到了：“他的实施的方针和办法，以及发动的理想，进步的过程，都合乎我的标准。这也可以代表中国整个民族的精神。”他预言晓庄“作为教育革命的策源地”，必将在历史上留下其地位，“过了一百年以后，大家要回过头来，纪念晓庄！欣赏晓庄”！他还表示，今后“无论到什么地方，都要宣传在中国的晓庄有一个试验学校，把这里的理想和设施宣传出去，使全世界的人知道”。②

晓庄师范的生活教育实验是陶行知生活教育思想的第一次重要实践，其重点主要是放在乡村师范教育的改革上。它对于纠正封建传统教育脱离生活实际、脱离广大民众的弊端，改革旧的乡村师范教育办学模式，发展新型乡村师范教育，起了十分积极的作用。它所创造出来的新的乡村师范教育办学模式，在 20 世纪 20、30 年代，成为教育界人士办理乡村师范教育所借鉴的样板。在晓庄师范实践的基础上，陶行知对杜威的教育思想进行了改造，并对自己的实践经验进行了总结，提出了其生活教育理论，主张“生活即教育”、“社会即学校”、“教学做合一”。可以说，晓庄师范的办学实践和生活教育理论的产生，既是陶行知独具特色的教育思想的正式形成，又是他其后一系列生活教育实验的起点。尽管陶行知在晓庄师范的生活教育实验还存在着一定程度的理想主义色彩，但这次实

---

①《今后中华民族的使命》，《陶行知全集》第 2 卷，湖南教育出版社 1985 年版，第 126 页。

② 克伯屈：《我对晓庄之感想》，《陶行知研究》，湖南教育出版社 1987 年版，第 449～451 页。

验无论是对他本人以后的一系列实验而言，还是对当时和其后中国教育实验的健康开展而言，都具有非常重要的意义。

第二节　成立山海工学团　力倡普及教育运动

陶行知于20世纪30年代在上海创办山海工学团，旨在实现“工以养生，学以明生，团以保生”，以期全面实践生活教育理论，真正推动普及教育运动。

一、山海工学团的创办缘起与经过

晓庄师范被国民党政府查封后，陶行知被迫流亡日本。1931年3月，他从日本潜回上海，匿居在法租界里。尽管处境艰难，但他对事业的追求并没有因此而放弃。

1932年夏，陶行知在其教育小说《古庙敲钟录》中提出了“工学团”的教育理想，设想以工学团教育来代替传统的学校教育。

什么叫工学团呢？陶行知在《普及什么教育》一文中作了详尽回答：

> 什么叫工学团？工是工作，学是科学，团是团体。说得清楚些是，工以养生，学以明生，团以保生。说得更清楚些是，以大众的工作，养活大众的生命；以大众的科学，明了大众的生命；以大众的团体的力量，保护大众的生命。工学团是一个小工场，一个小学校，一个小社会。在这里面是包含着生产的意义，长进的意义，平等互助、自卫卫人的意义。它是将工场、学校、社会打成一片，产生一个富有生活力的新细胞。①

陶行知用工学团，而不用工场、社团等名称命名他理想中的乡村学校，除了工学团分别代表的三层意思外，还包含着他试图从形式、内容上完全区别于传统学校。他说：

> 一般办学校的是抱着书本而忘了人生；一般办工厂的是抱着黄

---

①《普及什么教育》，《陶行知全集》第2卷，湖南教育出版社1985年版，第636页。

金而忘了人生；一般社会运动者是抱着标语而忘了人生。从这样改到那样，从那样改到这样，若忽略了人生的大前提，都会使你失望。我们的工学团只是以人生为大前提，在我们心目中，人生是超过一切。因为要培养合理的人生，所以反对学校、工厂及一切忽略人生之组织，而要创造出一种富有人生意义的工学团。①

工学团没有一定的模式，它可大可小，从几个人的家庭、店铺到几十个人的学校、庙宇，几百人的村庄、监狱，乃至几千人的工厂、几万人的军队，都可以造成一个富有意义的工学团。所以，它是不同于任何传统教育的“三不像”，是一种全新的教育组织形式。

陶行知认为“工以养生，学以明生，团以保生”的基本主张，是改造旧教育和“培养合理的人生”的要件。工学团可以创造一种富有人生意义的集团。如果全国的家庭、商店、工厂、学校、军队、乡村一个个都变成工学团，人人生产，人人长进，人人平等互助，人人自卫卫人，那么，工学团便可成为“中华民族的救生圈”，“中华民族的新生命”也就“在工学团的种子里潜伏着”。他又认为，广大乡村既是中国新教育之“新大陆”，也是工学团的“最好的育苗场”。只要开辟一个苗圃，就能培养一批园丁，这些园丁便可带着幼苗到处栽培，使它繁殖到天之尽头。所以，在乡村试验工学团，前途不可限量。为此，他发表《乡村工学团试验初步计划说明书》，正式向社会宣布试验工学团的打算。

在这一计划中，陶行知既成的教育探求被充分归纳集成并引申发展。前此倡导的生活教育基本理论，如“社会即学校”、“生活即教育”和“教学做合一”，统统沿用为工学团试验的指导思想；前此依靠当地农民因陋就简、少花钱多办事等乡村办学经验，仍被列为办理工学团的基本方法。工学团计划的拟定，是陶行知中国教育出路新探求、新试验的又一开始。它象征并体现着学校教育的根本改造，普及教育的崭新途径，民族救亡的强烈愿望。

1932 年夏，由赞同陶行知在《古庙敲钟录》中描绘的乡村工学团主张的同志，发起组织了一个乡村改造社筹备会。会上推举陶行知、丁柱中、

① 《古庙敲钟录》，《陶行知全集》第 2 卷，湖南教育出版社 1985 年版，第 568 页。

欧伟国、陈立廷、沈嗣庄、海斯、叶桂芳等7人为执行委员，主持工学团的具体创办事宜。

1932年7月，陶行知指派晓庄学生马侣贤、戴自俺、郑先文、王作舟等人，按上述要求，分头寻找试验乡村。他们以上海为出发点，兵分两路：一路由戴自俺、马侣贤带队，沿着京沪线，经昆山直抵苏州；一路由郑先文、王作舟带队，沿着沪杭线，经过梅陇等地直抵松江。

9月9日，王作舟沿沪太汽车路继续寻找，终于在大场附近找到一座古庙。庙前场地空旷，周围有许多村庄，没有学校，交通便利，正是创办新村工学团的理想场所。

9月15日，陶行知亲自下乡指导创办乡村工学团事宜，决定以孟家木桥为乡村工学团团部，并以此为中心，进行一次社会调查。调查结果发现，孟家木桥周围的大小村庄共27个，住户628家，人口3 000多。南面的村庄因离上海近，以种菜卖菜为业；北面和西南村庄以种棉花为主。在调查研究基础上，陶行知决定先成立孟家木桥儿童工学团一所，作为基地，以后逐渐向周围村庄发展，使每村都有一个以上的工学团。

9月25日，马侣贤等人根据陶行知的指示，率先在侯家宅创办青年夜校一所，吸引44位青年农友参加夜校活动。

10月1日，孟家木桥儿童工学团正式成立。用原租定的房子为活动场所，聘请指导员4人，艺友2人，儿童工学团团员24人。不久，工学团的小农场、木工场、袜工场、藤工场次第举办，团员也从24人增至48人。团员们一方面跟随工艺师傅学习技术，一方面在指导员的指导下学习文化科学知识。

由于孟家木桥附近的村庄处于宝山县和上海市的交界处，且此时日本侵占东北，觊觎上海，“天下第一关”山海关已无险可守，所以，陶行知遂将创办的工学团命名为山海工学团。“山海”一名，语意双关，凝聚了陶行知在国难之际创办工学团的一番苦心。

孟家木桥儿童工学团的成立标志着山海工学团正式成立。10月1日这一天也就成为山海工学团的成立纪念日。具体经办人马侣贤也就成为山海工学团的第一任团长。为了便于立案，山海工学团以“山海实验乡村学校”的名义向宝山县教育局立案。因此，山海工学团又可称作山海实验乡村学校。

二、山海工学团的办学宗旨、培养目标与培养内容

陶行知在《工学团组织大纲草案》中，曾对工学团的办学宗旨、培养目标与培养内容有明确说明。

关于乡村工学团的方针。乡村工学团的主体和教育对象是本村全体农民，包括男女老少。其办学方针是“来者不拒，不平者送上门去”。

关于工学团的宗旨和培养目标。工学团以联合本村青年、儿童，“自动的实行工以养生、学以明生、团以保生的教育，以参加新村、新国、新世界之创造”为宗旨，以培养工学团成员具有康健的生活、劳动的生活、科学的生活、艺术的生活、改造社会的生活为目标。

根据工学团的性质和特点，其学习或者说训练、培养的内容必定异于传统的学校教育内容。陶行知把它归纳为“六大训练”或“六大培养”。其具体内容是：

1. 普遍的军事训练，使人人成为保国的健儿；
2. 普遍的生产训练，使人人成为造富的工人；
3. 普遍的科学训练，使人人能在劳力上劳心；
4. 普遍的识字训练，使人人获得传达思想的符号；
5. 普遍的民权训练，使人人成为中华民族的主人；
6. 普遍的生育训练，使人人到了生育年龄可以生得少，生得好，以再造未来更优良的民族。

陶行知要求乡村工学团将上述“六大训练”在自己乡村里尽量推进，以造成中华民国的健全分子，并与全国的一百万个乡村联合起来，共同推进。他认为，这样做就可以使整个中华民族“起死回生”，就可以造成一个“伟大的、令人敬爱的中华民国”。

1932年夏，陶行知撰写了《乡村工学团试验初步计划说明书》，系统地阐述了乡村工学团与传统教育的区别，并具体回答了如何建立乡村工学团等重要问题。

陶行知认为，乡村工学团与传统教育至少有“七大区别”，换言之，乡村工学团与传统学校相比，有七个特点：

（一）传统的方法，是学校与社会隔离；乡村工学团主张以社会为学校。

（二）传统的方法，是生活与教育分家；乡村工学团主张生活即教育。

（三）传统的方法，把师生界限分得太严；乡村工学团主张会的教人，不会的跟人学。我们跟农人学田，农人跟我们学科学，这是相师相学的意思。我们还可以教大徒弟去教小徒弟，七十二行都有资格做先生，都有资格做太上先生。先生既多，学问自广。

（四）传统的方法，是先生教而不做，学生学而不做；乡村工学团主张先生在做上教，学生在做上学。教与学都以做为中心，这便是教学做合一之要义。

（五）传统的方法，是教劳心者不劳力，不教劳力者劳心；乡村工学团主张在劳力上劳心，才算真正的做，否则便是瞎做瞎学瞎教了。

（六）传统的方法，教人先费几年，把智识装满了再去行；乡村工学团主张"行是知之始"，我们要在行动上去追求真知识，有行的勇敢，才有知的收获。

（七）传统的方法，是教少数人升官发财；乡村工学团主张与大众共甘苦，共休戚，以取得整个中华民族之出路。①

陶行知认为，乡村工学团的主体应该是"本村之真农人"。所谓真农人，就是"靠自己动手种地吃饭的人"。村外的同志，只处于"推动、赞助、辅导的地位"。而这种推动、赞助、辅导，以适合本村需要的时期为限。推动的宗旨在求本村之自动；赞助之宗旨在求本村之自助；辅导之宗旨在求本村之自导。多年的乡村改造运动的实践经验使陶行知感到，"乡村改造运动者，最忌替农人做"。代替农人做，一手包办，最终农人仍旧不会自己做。农人自己不会做，那么替农人做也就失去了意义。

三、山海工学团的组织机构

关于山海工学团的组织机构，陶行知在《工学团组织大纲草案》中作

①《乡村工学团试验初步计划说明书》，《陶行知全集》第2卷，湖南教育出版社1985年版，第594页。

了规定:工学团设团长1人,团副1人,领导全团活动。设小工师(小先生)若干人,分管技术或文字指导。团部会议为最高机关,负责制定全国共同遵守之规约及共同进行计划。另设考核员2人,以监督全团团员及职员的行为。每团设指导员1人,由导师担任。

考核工学团的团员须挂绿布条徽符,上书××工学团××人。凡以一种技术或文字至少教2人者,得到绿布条上加一颗金星。其所教学生又教学生2人者,则在绿布条上加两颗金星,表示有两代学生。对小先生的考核,以小先生所教学生的成绩为依据。教会家中1人通读《老少通千字课》4册,可得4分。跳出家庭,教邻居1人通读《千字课》者,可得5分。教的人越多,得分越高。

山海工学团设指导员5～10人。指导员除能担任普通小学及民众学校的文化课外,还要有人能兼任无线电、电话机及活动电影机开放及修理的指导,兼任农事及合作社指导,兼任音乐及戏剧指导,兼任自卫指导,兼任科学及简单工艺指导。

四、山海工学团实验的活动与措施

山海工学团中最先成立的是孟家木桥儿童工学团。该工学团自10月1日建立之后,迅速开展如下工作:(1)工读结合。设有木工、袜工、藤工三个手工工场,聘请工匠作技术指导,师生学手工,工匠学文化,自己动手制作课桌椅、简易教具、玩具及实验器具。同时还在生物教师指导下,学习养蜂、养兔、种菜等农副产业生产。工学团通常上午学习文化科学和政治知识,下午参加劳动。(2)防治疾病,普及医药卫生常识。工学团设立小诊疗所,聘请医生担任医学指导,免费为农民治病,送医送药上门,辅导农民家庭卫生。(3)开展文娱活动。每星期五晚上举行同乐会,师生农友欢聚一堂,演节目、讲故事、玩科学把戏。

孟家木桥儿童工学团影响所及,使得山海地区周围近10里内的各村如萧场、沈家楼、红庙、夏家宅、越泾巷、侯家宅等相继办起工学团。按年龄性别分,则有青年工学团、儿童工学团、幼儿工学团和妇女工学团;按生产性质分,则又有棉花工学团、养鱼工学团、养鸡工学团、缝纫工学团和纺织工学团。

陶行知在夏家宅工学团学生中

继踵山海工学团而创办的是晨更工学团和光华工学团。它们设立于沪西周家桥工业区的边沿，分别由晓庄学生徐明清和朱泽甫负责主持。选择这一城乡交接的结合部作为办学地点，显然是陶行知的精心考虑。此后在上海创办的工学团，还有晓庄学生孙铭勋、戴自俺主办的劳勃生路劳工幼儿团，陶行知倡办的中国普及教育助成会，方明主办的静安寺报童工学团和流浪儿童工学团，在徐明清启发引导下，英美烟厂女工朱冰如主办的浦东女工读书班等。上述单位，尽管有的名称不叫工学团，但其实质都是工学团的组织。

在陶行知的推动下，工学团实验不久便取得了可喜的成绩。在这一新型的教育组织中，陶行知及其弟子和当地群众同甘共苦，努力奋斗。他们在做中教农民科学种田，发动农民修桥铺路抗旱救灾，发展生产，移风易俗。他们为工人开办夜校，举办文艺体育活动。1933 年 10 月，为庆祝山海工学团成立一周年所办的展览会上，展品琳琅满目，前来祝贺的本地及外地来宾济济一堂。此后，有关工学团实验情况经常出现在报刊上和电影中，成为进步教育运动的一面旗帜。人们常常怀着浓厚的兴趣前来参观，上海文化界知名人士也常常应邀来此讲课或演出。

为了更好地开展实验，普及教育，陶行知在 1934 年“一·二八”淞沪抗战两周年之际提出了“小先生制”。在他看来，小先生制是推行生活教育的理想途径。“生活即教育”、“社会即学校”和“教学做合一”等基本原理，都可以在小先生制中得到贯彻。一般的学校要和社会联系有不少困难，小先生制就如一根根活动的电线四面八方伸展到社会底层，又如一条条血管，将学校与社会连接起来，充分发挥这一新型的文化细胞在整个社会文化网络中的作用。

在推广实践小先生制的过程中，陶行知总结归纳出不少在普及教育中很有实用意义的原则和方法。

即知即传，是最主要的原则和方法。与即知即传相对立的是守知奴，那种大头鬼式的守知奴同那种大肚鬼式的守财奴都是社会上的怪物。即知即传才能收伏守知奴，做到知识公有，使中国人聪明起来。能够即知即传的成人，可称"大先生"，小孩便称为"小先生"。小先生的职务，不但是教人，更重要的是教人去教人。小先生的成绩并不仅在直接所教学生的人数，更在间接所传代数之多。等到小先生所教的学生也能教人，像滚雪球一样越滚越大，小先生工作的意义也越见其大。

非班级常规，是第二条原则和方法。如果不从实际出发，硬要小先生做起传统先生，把一个班级的小学生交给他去领导，那便是摧残小先生，必定一败涂地。所以，克服贪多的野心，把小先生所担任的人数减少到两三个，是保证小先生成功的基本条件。

开门教人，是第三条原则和方法。关起门来由优秀的大同学教小同学，这种外国流行过的"蓝喀斯特制"，同小先生制毫不相干。小先生制不但要把在校和不在校的小孩都变成小先生，而且要开起大门去找学生。不论是家中不识字的父母兄嫂姐弟，还是隔壁邻居不识字的大人小孩，都是他的对象。只有开门，1 000 万小先生才能变为 3 000 万，才能体现小先生制的力量。否则，关起门来教来教去，1 000 万人还是原数，终与小先生制无关。

1923 年陶行知之次子陶晓光教祖母读书

与生活连在一起教，是第四条原则和方法。文字是生活的符号。在现实生活中，符号与生活可以很自然地联系在一起。教一位不识字的妻子识字，可帮她读丈夫的来信；教一位不识字的母亲识字，可帮她认医生为其病儿所开的药方；山海工学团进行电化教育，会读入场券的可以半价入座。

要有指导和考核，是第五条原则和方法。小先生在完成自己使命过程中会遇到种种困难，如找不到学生和不明自己职务，导师都应随时指导。导师还应加强考核，考查小先生所教学生所干出的战绩。在山海工学团用计分法考核，凡小先生教会一人读写一册《老少通千字课》者得一分，教会二人读写一册书或教会一人读写二册书者则得二分，余可类推。小先生团员证上有一颗金星，教出一代小先生则加一颗金星。

在陶行知的积极倡导下，小先生制在普及教育运动中充分显示了自己的力量。一重重传统的普及教育方法难以攻克的关口，如先生关、课本关、纸笔关、灯油关、文字关、城乡关、会考关、划一关、饭碗关等等，在小先生手持现代文明钥匙直叩之下，纷纷开关启门，迎纳普及教育的阳光。尤其在攻克女子教育关方面，小先生制更显示了自身的优长。年轻女子接受普及教育，常常受到来自家庭和社会习惯势力的各种阻碍。小先生却灶前、屋角、新娘洞房都可做自己的课堂，失学的女子在它面前不再害羞。小先生像热烈无比的太阳，它一出来，女子教育的许多障碍就像冰雪一样化掉了。

在陶行知的积极倡导下，小先生制在普及教育运动中充分展现了自己的成绩。到 1934 年底，也即小先生制问世 11 个月后，它已经推行到全国 19 个省、4 个特别市。湖北江陵和浙江鄞县全县开始普遍采用小先生制，安徽教育厅视小先生制为普及全省教育之要图。在上海及其四郊已有小先生万余人。在宜兴西桥，晓庄畲儿岗，无锡河埒口，淮安之新安，歙县之王充，山东之邹平和泰山，河北之南开和定县，河南之百泉、洛阳和开封，广东之百侯，山西之舜帝庙等地，都有小先生活跃的身影。

与此同时，小先生制在国外也迅速引起反响。日本著名实验学校东京池袋儿童之村小学的教师译述了陶行知有关小先生制的论文。他们表示要深刻反省日本教育过去照搬照抄德国和美国教育的弊病，更多地“注视邻邦中国的动向”，考虑“在教育运动方面的相互协力”。① 在东南亚地区，小先生制也引起人们的重视。1935 年新加破《星洲日报》刊发了陶行知介绍小先生运动的文章。

五、山海工学团生活教育实验的影响与评价

山海工学团创办后，名震全国。各地来参观者络绎不绝，并相继仿效。在陶行知的支持和具体帮助下，工学团的种子迅速在全国播种、发芽、开花、结果。如徐明清主办的北新泾晨更工学团，朱泽甫主办的光华工学团，方明主办的静安寺报童工学团、流浪儿童工学团，朱冰如主办的浦东女工读书班、吴淞铁路夜校及无锡小先生承国英主办的西桥儿童工学团等等。尽管有的名称不叫工学团，其实质都是工学团，都是山海工学团的姐妹团、兄弟团；都是环绕着山海之光放出来的卫星，循着山海的轨道在运行旋转；都是在陶行知关怀和直接领导下培养起来的，都是陶行知生活教育思想的体现与实践。

山海工学团的生活教育实验是陶行知生活教育思想的又一次重要实践。它与晓庄师范生活教育实验重点放在乡村师范教育的改革上不同，主要是探讨如何配合民族救亡的头等任务，改变学校教育的内容和形式，用新的思路、原则和方法，去实现整个中华民族的教育普及重任。晓庄师范生活教育实验的基本思想和方法被继承和沿袭下来，并在新的形势下得到进一步丰富和发展。它所创造出来的新的普及教育的思路、原则和方法(特别是小先生制)，对 20 世纪三四十年代的普及教育事业起了明显的推动作用，甚至革命根据地的教育普及工作也对之有所借鉴，其影响还扩大到国外(尤其是日本、印度、缅甸、印尼和新加坡等国)。当然，也应看到，晓庄师范生活教育实验中的某些理想主义成分此时也并未完全清除，虽然它已较过去有了相当多的减少。

陶行知发起的工学团运动是一次生活教育实验，也是一场乡村教育革命运动，一场新民主主义运动。原山海工学团小先生、中共地下党张健，曾在《党在白区教育的一个据点》一文中写道：“由于中国革命形势的

① 朱泽甫：《山海工学团诞生前后》，《陶行知一生》，湖南教育出版社 1984 年版，第 230 页。

发展和陶行知先生本人的思想进步，山海工学团已经成为上海地下党领导的一个新民主主义教育的据点。许多革命的学者、知识分子到过山海工学团讲学。"上海地下党领导的两个进步组织，"左翼教育工作者联盟"（简称"教联"）和"中国青年反帝大同盟"（简称"中青"）就设在山海工学团内。"教联"的主要成员有徐明清、王洞若、张敬仁、张劲夫、王东放等人。"中青"的主要成员有毛远耀、林一心、宋任远、钟民、方明、张健、戴季康等人。这些人大都是中共地下党员，也是山海工学团的主要"工师"。1935年后，山海工学团还正式成立了地下党团组织。第一任党团书记是王东放，组织委员林一心，宣传委员张健。晨更工学团的陈企霞、袁超俊、柴川若、王东放、赵璋5人，就因从事地下革命活动而遭国民党逮捕，晨更工学团也因此被封闭。陶行知对山海工学团的革命活动不但不加阻止，而且还尽力予以保护。国民党曾几次派人进山海工学团搜捕，都被陶行知顶了回去。

第三节　兴办重庆育才学校　追求教育救国理想

重庆育才学校、社会大学是陶行知在20世纪30年代末和40年代中后期先后创办的两所教育机构，也是陶行知在抗战期间和抗战结束之后从事生活教育实验的主要场所。陶行知这两个实验注意吸取了此前晓庄师范和山海工学团实验的经验教训，克服了过去实验中的某些不足，在理论和实践两个方面，都进一步丰富了生活教育。它们在人才教育和成人业余教育方面的探索，推动了当时的中国教育改革，也为当今人才教育和成人业余教育积累了宝贵的实践经验。

育才学校的生活教育实验是陶行知人才教育思想的一个重要实践，它标志着生活教育理论和实践发展到一个新的阶段。

一、育才学校的创办缘起与经过

陶行知在长期的生活教育运动中积累了经验，又经过28个国家和地区之行，开阔了眼界，对生活教育有了新的认识。他在抗日战争爆发后回到祖国，信心百倍，兴奋异常，感到努力多年的普及教育运动，在抗战建国的事业上应该有英雄用武的机会了。他打算扎扎实实干几件工作，一方面继续抓普及教育，“用教育来动员全国民众觉悟起来，在抗战建国纲领之下，担当这重大的工作，所以普及教育，实为今天所亟需”，“以提高整个民族的意识及文化水准”。他致力于“生活教育运动中的一件新发展的工作”①，即拯救被战争所贻误的青少年中的人才幼苗，为国家、为民族、为人类“培养人才之幼苗”②。育才学校的创立即是这一愿望的实现。

陶行知立志创办育才学校的动机，按照他的自述，有其远因，也有近因。

从远因看，有两个动机：“第一，是爱迪生的幼年生活”的启示。爱迪生的孩童时期的遭遇，使陶行知深感人才必须从小培养。陶行知曾这样记述：

> 他在十二岁的时候，就开始干科学实验，他常把化学药品带到学校去，而且是欢喜动手，对于先生上的功课，觉得干燥无味，不大注重，所注重的只是他自己愿意玩的化学把戏。那时美国的教师也像今日中国教师一样的古板，过不了三个月，便以“坏蛋”之罪名把爱迪生开除了。爱迪生幸亏有一位好的母亲。她说我的蛋并不坏，指定家中之地下室给爱迪生做实验，只吩咐他不要把毒药放在厨房饭厅里去。她自己教英文、历史、地理、化学实验，让爱迪生自习，爱迪生因有一位了解自己的贤母，所以仅仅受了三个月的学校教育，也能成为一位现代的大发明家。爱迪生幼年的故事，给了我两个深刻的印象：一是科学要从小孩学起，二是科学的幼苗要像爱迪生的母亲一样爱护才能保全。③

“第二，是法拉第之幼年生活”，也给陶行知很大的启发。法拉第是发电机原理的发明者，他幼年在一个书店里做徒弟，他订书订得慢，别的徒弟到利波老板那里去告状。利波对众徒弟说：你们有所不知，法拉第是一面订书，一面吃书。书订好了，头脑也吃饱了。你们当中如果有人像他那

---

①《育才学校创办旨趣》，《陶行知全集》第 3 卷，湖南教育出版社 1985 年版，第 379 页。

②《致育才之友书》，《陶行知文集》，江苏人民出版社 1981 年版，第 729 页。

③ 同上。

样用功，我也可以宽容。当法拉第装订一部百科全书，翻到电气一章，只有两面，他看完觉得不够味，说我将来要写一本电气的书。法拉第的科学生活虽得力于进了皇家学院以后，但当他做徒弟的时候，倘使遇不着利波老板的识拔宽容，这根科学的幼苗早已被人摧残了。没有法拉第便没有爱迪生，也就没有普照世界的电光。

除了这两个早在陶行知心头萦绕的远因外，用他自己的话说，这次回国以后，又增加了三个新的近因。

一是法国邮船上的见闻：

民国二十七年，我从埃及坐了一只法国邮船回国，出了红海，看见一位三岁光景的外国小孩在甲板上跳舞，细看才知道他是配着开放的留声机片跳舞，他是很快乐的在甲板上活跃，因为留声机是开放着一支快乐的曲。我异想天开，竟要求换一张悲哀的片子，看这孩子表情有何变动。当这悲哀的片子一响，孩子立即变容，如泣如诉，好像是失掉亲爱的人一般的舞去。我再问有革命的片子否？开留声机的朋友说，《马赛曲》如何？我说甚佳，《马赛曲》一开，小孩立即拿着拳头冲锋，作种种战斗表演，甚至做出向客人进攻之姿势。我看了以后，下一判断，小孩之音乐天才，三岁后可测验，测验确实，便应及时培养。

二是湖北监时保育院之所见："汉口沦陷前二十天光景，我们看见一位害癞痢的小朋友在那儿指挥许多小朋友唱歌，我请了一位音乐家教给他音符和拍子，他三天竟能将一支不曾听过的歌用音符记录下来。一个没有音乐才干的人是三年也不见得能学会。"

三是在重庆临时保育院所受之感触：

民国二十七年11月，参观临时保育院。院长告诉我，常有达官贵人、大学教授来院挑选干儿子，当着难童说，这个秃子不要，这个麻子不要，这个嘴唇缺的不要，那个长得好我要。这些失掉父母的难童于今还要受这难受的刺激，听了令人愤慨。当时我表示，我若来选，只问他有无才干。倘使有才干，虽是秃子、麻子、缺嘴唇都要。我不要他们做干儿子，只是为民族培养人才的幼苗。[1]

① 《致育才之友书》，《陶行知文集》，江苏人民出版社1981年版，第727～729页。

这五个印象在陶行知的“脑子里各各独立存在了很久”。当他第二次回到香港时，忽然这几个意思凝聚起来了：“几年来普及教育中的遗憾须求得补偿，选干儿子的做法，应变为培养国家民族人才幼苗的办法，不管他有什么缺陷，只要有特殊才能，我们都应该加以特殊之培养。”①这样创办育才学校的动机就明朗了。在“1939 年 1 月的一天晚上正一时，我就草拟育才学校创校计划与预算”，“请张仲仁（一麟）先生领导创立董事会，延且得到赈委会许俊人（世英）先生之同意而实现”。育才学校校董会于 3 月在香港成立，张一麟任董事长，由赈委会负担全部经费。拨给开办费 45 000元，经常费每月 3 000 元。陶行知于是用全部时间投入到育才学校的创办工作。为了在重庆立足，他与社会各界开展了广泛的接触，并专门给宋美龄写了信，请她支持。②

1945 年六一儿童节陶行知与儿童在一起

陶行知苦心“创办育才的主要意思在于培养人才之幼苗，使得有特殊才能的幼苗不致枯萎，而且能够发展，就必须给予适当的阳光、空气、水分和养料，并扫除害虫”。陶行知的这个美好理想在育才学校得到较为完满的实现。

---

①《育才学校创办旨趣》，《陶行知全集》第 3 卷，湖南教育出版社 1985 年版，第 376～377 页。

②《育才学校创办旨意——致宋美龄》，《陶行知全集》第 5 卷，湖南教育出版社 1985 年版，第 366～367 页。

为把育才学校办成培养人才幼苗的一所理想学校，陶行知有条不紊地着手进行各项开办工作，亲自制订了《育才学校教育纲要草案》。他在香港筹募到经费以后，立即到四川与生活教育社的战友王洞若、戴伯韬（白桃）、帅昌书（丁华）、魏东明、陆维特等人（他们都是共产党员）商量，要求他们一道来创办育才学校。在他们的积极参与下，1939 年 5 月，在四川省重庆市北碚清凉亭成立育才学校筹备处。由王洞若协助陶行知制订办学计划，请马侣贤负责筹募经费和租借校舍，请陆维特、孙铭勋、张望等组织选拔测验组。经保育院的领导机关——战时妇女指导委员会的同意，选拔测验组于 1939 年夏天分赴各地保育院、孤儿院等难童机构，从智力测验、文化考查及特殊能力的考察三个方面综合分析择优选拔儿童入学。各项工作进行得颇为顺利。1939 年 7 月 20 日，这所培养人才幼苗的少年专科性质的新型学校——育才学校在重庆北碚北温泉诞生。8 月初，迁到草街子凤凰山上的古圣寺正式上课。头一批到校学生 40 余人，开课时有学生 71 人，到年底增加到近百人，第二年增加到 152 人。以后每年都陆续有新同学增加，也有从外省不远千里闻育才学校之名而含辛茹苦跋涉而来的。

二、育才学校的办学宗旨与培养目标

陶行知明确提出：“育才学校根据中华民国教育宗旨及抗战建国需要，用生活教育之原理与方法，培养难童中之优秀儿童，使成为抗战建国之人才。”①“要为整个民族利益来造就人才”，便须“引导学生们团起来做追求真理的小学生；团起来做自觉觉人的小先生；团起来做手脑双挥的小工人；团起来做反抗侵略的小战士。”②他认为：“真的集体生活必须有共同目的，共同认识，共同参加。而这共同目的、共同认识和共同参加，不可由单个的团体孤立地建树起来。否则，又会变成孤立的生活，孤立的教育，

---

①《育才学校教育纲要草案》，《陶行知全集》第 3 卷，湖南教育出版社 1985 年版，第 366 页。

②《育才学校创办旨趣》，《陶行知全集》第 3 卷，湖南教育出版社 1985 年版，第 378 页。

而不能充分发挥集体的精神。”[①]陶行知借用孟子的话：“先立乎其大者，则其小者不能夺也。”他认为，“我们中国现在最大的事”是“团结整个的中华民族，以打倒日本帝国主义而创造一个自由平等幸福的中华民国。我们的小集体要成了这个大集体的单位才不孤立，才有效力，才有意义”。他反对把学校作为培养只求个人“升官发财”的“人上人”[②]。为此，他要求育才学校的教学密切结合社会实际，把培养学生的人生观放在首位，德智体美劳全面发展，尤重德育。他要求实施“智仁勇合一的教育”，培养“智仁勇兼修的人”，“不智而仁是懦夫之仁；不智而勇是匹夫之勇；不仁而智是狡黠之智；不仁而勇是小器之勇；不勇而智是清淡之智；不勇而仁是口头之仁”。他强调“道德是做人的根本，根本一坏，纵然你有一些学问和本领也无甚用处。否则没有道德的人，学问和本领愈大，就能为非作恶愈大”，他把道德看做是“建筑人格长城的基础”[③]。为帮助学生树立革命人生观，取消了国民政府教育部颁发的“公民”、“社会”课，而开设了社会发展史、政治经济学等马克思主义埋论课，还专设劳动课，结合形势，举办时事讲座。育才学校在各项工作中，坚持了正确的政治方向，终成为革命人才的摇篮。

三、育才学校的组织机构与师资队伍

建立一支政治素质好、专业知识强、忠诚于人民教育事业的教职员工队伍，是陶行知办育才学校成功的重要经验。陶行知团结了一批志同道合、与他长期共同奋斗的生活教育社的战友，作为骨干办学，建立起校务部（方与严为主任）、总务部（马侣贤为主任）、研究部（王洞若为主任）与生活指导部（帅昌书为主任）等精干的校级领导机构，又请了当时堪称第一流的专家担任各个专业级的主任与教授。他们不仅是学有专长的学者、专家，而且多是有强烈的爱国思想的志士。先后来校担任教学的：音乐组有任光、贺绿汀、姜瑞芝、李凌、任虹、范继森等，戏剧组有章泯、水华、舒强、沙蒙、刘厚生，舞蹈组有戴爱莲、吴晓邦、盛婕，美术组有陈烟桥、张望、

① 《育才学校创办旨趣》，《陶行知全集》第 3 卷，湖南教育出版社 1985 年版，第 378 页。

② 同上，第 378～379 页。

③ 《每天四问》，《陶行知全集》第 3 卷，湖南教育出版社 1985 年版，第 471 页。

汪刃锋、许士祺、丰子恺、王琦、叶浅予、华君武等，文学组有艾青、力扬、魏东明、陆维特、徐荐等，社会组有孙铭勋、廖意林、苏永扬、屠公博等。还请来许多名流、作家如翦伯赞、田汉、何其芳、吴玉章、邓初民、周谷城、秦邦宪 、萨空了、徐迟、姚雪垠、黎国荃、陆诒等来校兼课或讲学。学校还开办了“林间讲座”，特邀郭沫若、夏衍、曹靖华、刘白羽、周而复、周扬、邵荃麟、艾芜、戈宝权、沙汀、程今吾等去演讲。人才济济，极一时之盛，充分显示出陶行知的善纳众流、器度宏大的办学才能与育才学校的兴旺。后来学校还派学生到设在重庆的中央乐园和音乐学院去学习、请教。名师出高徒，有了这批优秀的园丁，才使凤凰山上繁花似锦，育才学校培养出了大批人才。

育才学校地处穷乡僻壤，物质条件很差，怎么能留得住这么多的名人来校服务呢？这除了当时处在抗日战争大背景中外，还与许多进步知识分子聚集在陪都重庆有关。他们把投身育才学校、培养有为少年视为献身民族救亡的实际行动，政治觉悟是这批师资的内在动力，而陶行知的善用人才，能团结大家共同奋斗，使育才的教职员工都能各得其所，各尽所能地贡献自己的力量与才智。

四、育才学校的实验内容与措施

（一）基础知识与专业技能并重

为了“使得有特殊才能者的幼苗不致枯萎，而且能够发展”①，陶行知在创办育才学校时就确定基础教育与专业教育并重。按学生的特长分专业编组，给以不同的专业教育。开始设立音乐、戏剧、文学、绘画和社会科学五个相当系科的组，后来又增设了自然科学组、舞蹈组与普通组。各专业组吸收有一定特长或条件的同学，普通组则吸收智力较高但一时尚未发现某种特殊才能的儿童，一俟在学习的过程中发现其特长时，即转组学习，给以特殊培养。

陶行知在长期的生活教育实践中，已日益明确了生活教育采取“教学做合一”的原则，不应放松基础知识、基本理论的教学，相反，不论何种专

---

①《育才学校创办旨趣》，《陶行知全集》第 3 卷，湖南教育出版社 1985 年版，第 377 页。

业，都应学好四门共同必修课：课文、数学、外语和科学方法（相当于思想方法论）。他认为这四门基础课是掌握现代科学、开发现代文明的“四把钥匙”，是每一个学生都应认真学习的。所以学生又按文化程度编成不同年级，学习语文、数学、物理、化学、历史、地理、英语、哲学常识、音乐、体育等文化必修课（基础课）。除了共同必修课，又视不同专业规定专业课程，名曰特修课，还开设第二外语，成立各自的科研兴趣小组。如文学组开设西洋文学史、中国古代文学史、名著选读、习作。音乐组开设弦乐、声乐、键盘、视唱。自然组开设科学新知识、物理、化学、代数、几何、解析几何、动物、植物、制作（木工）、天文学。根据自然组的需要，尤重外语学习。德国科学发达，所以确定德语为第二外语。社会组开设辩证唯物主义与历史唯物主义、社会发展史、新民主主义论、整风文献等。每天上午一律为普通基础课，下午先两节是专业组活动，第三节是统一的劳动课。把特殊教育与基础教育统一起来，使学生对特殊的知识技能的了解与掌握，扎根在对人生、对世界各方面的关系以及宇宙、人类历史发展的知识的更为广阔的基础中。

育才学校分专业培养人才，但“和传统的人才教育办法有所不同”。陶行知认为：

> 传统的人才教育，一般地是先准备普通的基本教育，然后受专门的高等教育。我们的办法是不做这样严格的时间上的划分，我们选拔具有特殊才能的儿童，在开始时便同时注意其一般基础教育与特殊基础教育。前者使儿童获得一般知能及优良的生活习惯与态度，后者所以给予具特殊才能之儿童以特殊营养，使其特殊才能得以发展而不致枯萎，并培养其获得专门知能之基础。表面上看来，这是一般基础教育与专科基础教育之过早的区分，但根据我们的办法，这是及早防止一般基础学习及专科基础学习之裂痕。我们要及早培养儿童对于世界和人生一元的看法。倘若幼年的达尔文对于生物浓厚的爱好是发展伟大的进化论者达尔文的条件之一，那末今天提早发展儿童之个别优异倾向，实在有其理由。倘若中国近年来文化工作之脱离广泛社会实际生活，和技术专业家之缺少正确的认识可以作为殷鉴，那末，今天便在一般基础教育与特殊教育中予以统一，防止那

样的分裂倾向，实在有其必要。①

由于陶行知在培养专业人才一开始即重视基础知识和系统理论，并使二者正确结合，所以培养出来的、以后成名的专家，都是基础雄厚、造诣高深的人。

育才学校培养人才幼苗，对开始显示某些特殊才能的青少年儿童因材施教，实行人才教育。陶行知为此特别指出，“育才学校有三个不是”，以阐明其办学的特点：(1) 不是培养小专家；(2) 不是培养他做人上人；(3) 不是丢掉普及教育，而来干这特殊的教育。育才学校之创立，只是生活教育运动中一件新发展的工作，它是丰富了普及教育原定的计划，决不是专为这特殊教育而产生特殊教育，也不是丢掉普及教育而来做特殊教育。育才学校自始至终的实践，都贯彻了陶行知的这一办学宗旨，既发展了培养专门人才的特殊教育，又进一步推动了普及教育，充实了生活教育运动的内容。

(二) 注重知情意合一的教育

育才学校还注重知情意合一的教育。陶行知针对“中国数十年的新教育是知识贩卖的教育”这个弊病，而赞成“有心人曾慨然提倡感情教育，知情意并重的教育”，但他又批评那种把知情意三者“割裂的训练”，孤立的感情教育。他说：

> 书本教育也许可以使儿童迅速获得许多知识，神经质的教师也许可以使儿童迅速地获得丰富的感情，专制的训练也许可以使一个人获得独断的意志，但我们何所取于这样的知识，何所取于这样的感情，何所取于这样的意志？知情意的教育是整个的、统一的。知的教育不是灌输儿童死的知识，而是同时引起儿童的社会兴趣与行动的意志。情育不是培养儿童脆弱的感情，而是调节并启发儿童应有的感情，主要的是追求真理的感情；在感情之调节与启发中使儿童了解其意义与方法，便同时是知的教育；使养成追求真理的感情并能努力与奉行，便同时是意志教育。意志教育不是发扬个人盲目的意志，而是培养合于社会及历史发展的意志。合理的意志之培养和正确的知

---

①《育才学校教育纲要草案》，《陶行知全集》第 3 卷，湖南教育出版社 1985 年版，第 366～367 页。

识教育不能分开,坚强的意志之获得和一定情况下的情绪激发与冷淡无从割裂。现在我们要求在统一的教育中培养儿童的知情意,启发其自觉,使其人格获得完备的发展。①

(三) 注重创造教育

陶行知在《育才学校创办旨趣》中就做过设计,把育才学校作为“生活教育运动中的一件新发展的工作”,一种创造性的实验。1941 年 6 月出版的《战时教育》第 6、7、8 期合订本上,他发表了《育才二周岁之前夜》的长篇论文,提出“集体创造”的主张。他说:“集体创造的目的在运用有思考的行动来产生新价值。我们虽不能无中生有,但是变更物质的地位,配合组织,使价值起质的变化而便利于我们的运用。这也构成普通功课之一部分,使学生在集体创造上学习创造。”他将这年 6 月 20 日到 7 月 20 日定为“集体创造月”,并开始有领导、有计划地进行,要求师生们用脑又用手,“创造健康之堡垒”、“创造艺术之环境”、“创造生产之园地”、“创造学问之气候”,迎接二周年校庆。8 月 1 日,陶行在又在育才学校宣布“创造年”开始,制订了《创造年计划大纲》和《育才创造奖办法》,提出了“一切为创造,创造为改善生活、提高生活”的号召。

这个时期,陶行知撰写了许多鼓励大家发挥创造性的文章、诗歌,其中最有名的是《育才十字诀》、《创造年献诗》和《创造宣言》三篇。陶行知认为在一个有志者来看,“处处是创造之地,天天是创造之时,人人是创造之人”,“只要有一滴汗,一滴血,一滴热情,便是创造之神所爱住的行宫,就能开创造之花,结创造之果,繁殖创造之森林”。

在陶行知创造教育思想的指导下,育才学校出现了一片浓厚的创造气氛,学生激发起创造的兴趣,发挥了创造的才能,出现了创造的成果。靠全校师生自己动手,克服了物资供应上的种种困难,在不到一年的时间里,建起了露天舞台、深湾游泳池、林中讲座、环校马路等。在学业的创作上,有儿童文学、剧本、歌曲、舞蹈、美术、史地材料、自然科学实验、科学仪器工具等方面的创作百余种,全校掀起创造风。1941 年,学校还设立了“育才幼年研究生”制,吸收幼年研究生 27 人。他们在各专业老师的指导下,进行

① 《育才学校教育纲要草案》,《陶行知全集》第 3 卷,湖南教育出版社 1985 年版,第 367～368 页。

专题研究,有的从地下发掘的残碑断砖、和尚坟墓中考证了古圣寺的历史,有的研究苏德战争,写出了长达20万字的论文,受到翦伯赞教授的赞扬。

(四)注重集体生活

陶行知教育思想在育才学校的成功之处,也是育才学校的最大特色之一,是整个学校生活组成了一个和谐的有机的整体,形成了奋发向上的优良校风。这也是陶行知对生动活泼的集体生活的理想的试验与实现。

陶行知认定要用集体生活来达到他的创造教育的理想与计划,全校师生共同创造合理、进步、丰富的生活,形成优良的学风与校风,建设理想的成才环境,并通过这种集体生活来教育儿童,引导他们团结起来做追求真理的小学生,团结起来做自觉觉人的小先生,团结起来做手脑双挥的小工人,团结起来做反抗侵略的小战士。

在陶行知看来,这种集体生活也是民主集中制的体现。在民主方面,启发学生的自觉、自动、自治,生动活泼地发展个性;在集中方面,注意组织生活与严肃整齐,注意教师的辅导,防止散漫与自流。陶行知有一句名言是"办学如治国"[①],要求有好的政治气候与社会环境。一个学校的理想环境是革命性与艺术性统一的环境,一种井然有序的环境。他要求"阵有阵容,校有校容,有其内必形诸外",他认为军风不正必吃败仗,校风不正就会把青年引入邪路,出不了人才。按照"生活即教育"的原理,"育才学校的生活与教育是统一的,它认定劳动生活即是劳动教育,用劳动生活来教育,给劳动生活以教育;它认定健康生活即是健康教育,用健康生活来教育,给健康生活以教育;它认定政治生活即是政治教育,用政治生活来教育,给政治生活以教育;它认定文化生活即是文化教育,用文化生活来教育,给文化生活以教育"。"育才学校的集体生活,在其总的意义上来说,便是一种政治生活。也就是说,育才学校的政治教育笼罩着整个集体生活。"[②]全校师生在健康、进步的集体生活中潜移默化,共同提高。

育才学校的这种生气蓬勃的集体生活的具体实施有几个方面:

---

①《不能用人之长,便是自己短——致马侣贤》,《陶行知全集》第5卷,湖南教育出版社1985年版,第397页。

②《育才学校教育纲要草案》,《陶行知全集》第3卷,湖南教育出版社1985年版,第370页。

第一,学生自治。育才学校建立了学生自治会,设主席及文化、康乐、卫生、劳动、服务五个干事。1940 年,自治会成立校生活委员会,设生活团正副团长及五个部:自我教育部、社会工作部、服务部、卫生部、康乐部。以组为单位编为中队,设中队长及上述性质相同的五个干事(股)。中队下编为若干分队(自治小组),自治会的所有干部都由学生民主选举。

全校学生在自治会主席及各干事的领导下,过有组织的集体生活。组内的生活则由中队长与中队干事领导。为了健全民主生活,通过民主方式制定了奖惩办法。但在方式方法上不采取简单粗暴的做法,而是采取说服、谈心、批评、表扬、介绍好的典型等方式。学生有了过失,一般均由自治会处理,教师不包办;学生自治会不能解决的,才交给教师处理,以至训导委员会或校长解决。学生如犯了重大错误,需要处分的,则先弄清事实,分析产生的原因,加以说服、启发自我反省,有了一定认识,然后才给予适当处分,使有关的学生心悦诚服。在处分方式上,废除了体罚与开除。奖惩办法规定,学生犯最严重的过失(损害老百姓的利益),必须离开学校的集体生活,也只是调换环境,分配到新的地方去锻炼,给以反省、改过的机会;或者干脆就到陶行知住的地方,由他个别教育。这种做法与旁的学校开除不同,学校仍与被调换环境的同学保持联系,如有明显的悔改表现,便可回校学习。

集体的组织生活,处处保持严肃、整齐的校容,什么东西应摆在什么地方,应该怎样摆,都安排得井井有条。陶行知提出,凡是两件以上的物品(如鞋子、衣服、面盆等)放在一起时,都要让它们排起队来。整齐的校容,对于形成团结、紧张、严肃、活泼的校风,有非常重要的作用。

第二,文化生活。育才学校的文化生活也是丰富多彩的。有写读进修会、讨论会、辩论会,组织各种晚会、朝会,名人演讲,办壁报、道德修养。如朝会上的"精神早点",内容生动活泼,每周有一中心,由各组学生轮流担任,其作用在使各组交流学习心得。各组在值周中又围绕中心出若干小题目,每天一个,分头准备专人报告。如社会组讲中国的党派问题(分为各党派的政治主张、发展历史、代表人物等),自然组讲爱迪生(有爱迪生的历史、爱迪生的母亲、爱迪生的研究精神、爱迪生的发明——电影、留声机等小题),文学组讲报告文学(有什么是报告文学、怎样写报告文学、报告文学作品介绍等小题)。通过这样的朝会,不仅推动了全校的学习空气,而且有助于各组学习成绩的提高。又如晚会,有故事晚会、诗歌朗诵会、化装表演等,都是很吸引人的。

第三,康乐生活。当时战争年代,物价高涨,育才学校经济困难,无钱购买运动器械。他们就用穷办法,用最少的钱置办一些简单的运动器具来开展活动,如掷手榴弹、攀绳束、爬竹竿、跳绳、跳高、跳远、到温泉游泳等。还组织各种文娱活动小组,开展经常性的活动,还有计划地组织远足旅行等活动。

第四,卫生生活。陶行知对学校的卫生生活很重视。他认为,集体生活首重健康,一分预防胜于十个医生。健康之堡垒有三道防线:第一道防线是制造扑灭病菌的工具,如苍蝇拍、捕鼠器、纱罩、蚊帐、消毒器械等;第二道防线为实施环境卫生,如井水、厕所、厨房、饭厅、阴沟、仓库、家畜栏、垃圾堆,均作为重点清卫场地,以控制病菌的孳生蔓延;第三道防线是靠身体的力量与病菌肉搏,这道防线包括营养、运动、防疫注射、生理卫生。三道防线都无法抵挡,肉搏也告失败,只好通过治疗,入后方医院医治。为了保持全校环境的清洁卫生,各组分工包干,经常打扫,并定期举行大扫除。推广公筷、公食。开始二人合用一脸盆,互助倒水不把毛巾入盆,以防沙眼等疾病的传染,后来改为一人一只面盆。陶行知撰写的《育才卫生二十九事》则是全校师生的卫生宪章。

第五,劳动生活。劳动不仅是同学们学习生活的需要,也是建设学校的需要。育才学校能在荒山古庙上创办起来,全靠师生们的一双双宝贵的手。他们整修了学校周围的道路,又新修凤凰山上一条路。将学校面前山上树林里修筑的小径加以开辟利用,取名为普式庚林,成了全校师生最喜爱的地方。在山地上种植蔬菜,后又开垦荒地,师生中还开展评选劳动英雄的活动。各组种地分工包干到人,集体劳动,劳动干事负责检查督促。生产收益二八分成,八分交公,二分归己。生产有指标、定任务,不能达到标准的则由学校收回土地。学校如有运输任务,也由同学量力分担,学校把节省下来的工资给学生“打牙祭”,改善伙食。[①]

① 丁华:《育才学校的新教育——陶行知教育理论的创造》,《陶行知一生》,湖南教育出版社 1984 年版,第 279～280 页。

(五) 课堂教育与校外教育、社会活动相结合

陶行知的生活教育理论在育才学校有了多方面的发展，“社会即学校”的主张得到了进一步贯彻。有计划地开展各种形式的社会活动，是育才学校整个“教学做”活动的有机组成部分，是陶冶青少年革命情操、培养学生“生活力”的重要途径。

为使课堂教育与校外教育、社会活动有机地结合起来，育才学校有计划地定期组织学生深入社会、接触实际，并规定每个星期一下午，有时加两个晚上，学生须分批去搞社会调查，开展群众工作，让学生养成与工农群众打成一片的感情与习惯。具体方法因时而异，多数是去附近农村，也有去工厂的。更多的是到附近农村去，分头访贫问苦，送教上门，送医上门，治疗小病小伤，教农民、小煤窑工人及他们的子女识字、唱歌，讲抗日道理，打扫卫生。同学们亲切地称这些活动为“走亲戚”。“走亲戚”对同学们帮助很大，也受到老百姓的欢迎。育才学校还组织见习团去工厂、农村、艺术团体、科研单位等调查、实习，最后，以见习成绩向全校及社会汇报。

校外活动更有影响的是各组结合专业、发挥特长，开展各类宣传活动。绘画组的同学们在“为老百姓而画”的响亮口号鼓动下，背起画夹到民间去，“到老百姓的队伍里去画，跟老百姓学画，教老百姓学画”①。他们成立了“育才美术团”、“儿童美术团”，举办“抗敌儿童画展”，得到了各界的好评，重庆《新华日报》于1942年1月12日在第2版还作了专题报道。冯玉祥将军专门定了《小艺术家赞——为育才学校儿童画展而作》加以赞扬。

音乐组经常到校外举行演奏会，据当时重庆《新华日报》报道，从1940年到1946年6年中仅在重庆即举行了14场音乐会。戏剧组的活动也很出色，他们常到外地公演。每次演出，从前台到后场，从布景到灯光、效果，一切由学生自理。这样的演出，对育才学校的师生来说，既是政治上生动的自我教育，也是有益的艺术实践，从“做”中学习。舞蹈组虽然建立较晚，但不甘落后，演出不少进步的歌舞剧。文学组更是全校创作、宣传

①《为老百姓而画》，《陶行知全集》第3卷，湖南教育出版社1985年版，第582页。

活动中的骨干，他们先后组织了“佚名社”、“榴火社”、“浪花社”，开展文艺创作、举行诗歌朗诵会，配合抗日宣传。社会学组同学成立后，在城市、集镇作街头演出，收到了很好的效果，成为一支救亡宣传的轻骑兵。自然组的同学也进行了富有专业特色的社会活动。他们运用学到的知识，开展了凤凰山林木普查，给各类树木逐棵挂上牌子，标出学名、俗名、差别、特性和用途等，然后请专家与老农鉴定。同学们还在老师的指导下，建立“鸟类迎宾馆”、“昆虫招待所”、“植物园”、“水族馆”等，对动植物的习性分类研究。他们还研究从凤凰山到北温泉十几公里区域的植物与土壤，为种植业提供可靠数据，直接为农民、为农业服务。他们还举行兴趣盎然的“谈天会”，观察星斗，共同探索太空的奥秘。他们还开展科普宣传，通俗讲解自然科学的历史，如爱迪生的历史，他怎样发明电影、留声机等生动故事。育才学校的女同学还帮助附近村落成立“妇女合作社”，有组织地制鞋、缝衣，送到城市出售，开辟生财之道，还帮助妇女扫盲读书。

多种多样的社会活动，破除了先生教死书、学生读死书的沉闷空气，培养了学生理论与实践密切结合的思想方法，增强了同劳动人民的亲密联系，还大大提高了学习兴趣。学生在教学做合一的生活中，感到的不是枯燥无味，空洞无物，而是生动具体，饶有兴味，越学越有趣，越学越有劲。这样的学习生活，使青少年的德智体美劳全面发展，知情行意的培养高度统一。

五、育才学校实验的影响与评价

育才学校是陶行知在继晓庄师范、山海工学团之后创办的又一所新式学校。陶行知在该校从事的生活教育实验，在理论和实践两个方面都取得了丰硕成果。

从理论方面来看，陶行知在育才学校的生活教育实验，突出集体生活和政治教育，注重教师的主导作用，强调基础知识与专业技能并重，这都较晓庄师范、山海工学团时期有了长足的进步，表明陶行知的生活教育理论正在克服前此的某些不足，进一步深入轰轰烈烈的抗战生活，与时代的任务与前进的人群相统一，业已步入一个新境界，变得更加丰满成熟。

1945 年 10 月 11 日陶行知带领育才师生在重庆机场欢送毛泽东时的合影
左起：张治中、毛泽东、陈诚、陶行知

从实践方面来看，陶行知在育才学校的生活教育实验，注重培养追求真理、追求进步的青年，培养勇于为祖国、为人民奉献生命的革命战士，造就了一大批杰出人才。育才学校从 1939 年开办到 1946 年陶行知还健在时，共招收学生 410 人；他们后来的去向，据不完全统计，去延安革命圣地的有 22 人，去中原、华北、苏北、皖南、浙东、云贵等根据地的有 76 人，去川东华蓥山同江姐开辟革命根据地的有 23 人，参加《新华日报》社工作的工人，在成渝一带参加地下革命斗争的有 13 人。① 总计有 140 多人走上直接的革命工作岗位，占总数的 1/3 强。此外，有许多同学也都在不同的条件下为人民服务，有些人在艺术、科学、文教部门经过长期磨炼，成为出色的专家与领导干部。当年育才学校音乐组的同学现在已成为北京、上海音乐学院重要教师、音乐界重要的作曲家和演奏家，其他组的情况也是桃李芬芳。②

第四节　创办重庆社会大学　培育高级革命人才

社会大学是陶行知成人业余教育理论的一次重要实践，它验证和发

① 吕长春：《育才学校的优良传统》，《陶行知研究》，湖南教育出版社 1987 年版，第 151 页。

②《育才学校的创办》，《陶行知全集》第 3 卷，湖南教育出版社 1985 年版，第 552 页。

展了陶行知的生活教育理论。

一、社会大学的创办缘起与经过

对于办一所大学，陶行知早有考虑。早在1936年，陶行知就提倡要办一所“民族解放的大学校”，这所大学校要比中央大学“大二三十万倍”。它不需要花几百万元钱去建造像武汉大学那皇宫一般的校舍，所有工厂、农村、店铺、家庭、戏台、茶馆、军营、学校、庙宇、监牢都可以成为这个大学校的分校。这实际上就是无形的社会大学。由于当时全民族正处在抗日救亡的“国难”之中，因此，当时陶行知没有具体考虑如何筹办。

抗战胜利后，国内进入一个新的阶段，出现了一个短暂的和平时期。毛主席亲临重庆与国民党谈判，签订了《双十协定》。《协定》提出：“以和平、民主、团结、统一为基础……长期合作，坚决避免内战，建设独立、自由和富强的新中国”，召集政治协商会议，协商国事。当时，和平与民主是全国人民的愿望。

为了促进重庆的民主运动的开展，陶行知主持的生活教育社等团体，每周星期六在管家巷28号育才学校驻渝办事处举办民主讲座，周恩来同志也曾去讲过形势和任务问题。许多来听讲座的进步青年，要求进一步组织起来，较系统地学习革命理论。青年们的要求，由金秀堤、周西平、陈作仪、王性容等向中共中央南方局负责青运的刘光作了汇报。刘光很支持，要大家团结起来想办法，组成学习的团体。1945年12月，当金秀堤等向陶行知汇报青年要求组织起来学习的心愿时，陶行知具体地提出创办一所以培养在业青年为主的文科夜大学的设想。陶行知说：“有这个计划已经十年了，但过去政治条件不允许，现在政协成功了，可以办了。”[①]不久，由陶行知和方与严召集茶话会，专门研究筹办社会大学的问题。陶行知在会上阐述了办社大的意义和方法。会后，就由金秀堤、翁维章、李企实、章增扬、徐健等出面，在一次民主讲座上提出筹办社大的倡议，得到了热烈的响应。

由于各方面的积极支持，整个筹备工作只进行了20多天，于1946年

---

①《社会大学的创办经过和它的实践》，《社会大学》，昆明北门出版社1946年版，第28页。

1月15日，在重庆市管家巷28号院内开学了。在举行开学典礼的那天，冯玉祥、张澜、沈钧儒、史良、饶国模、任宗德、周宗琼等到会讲了话，周恩来也亲自出席。当时有学生197人。

1946年1月陶行知在社会大学门口留影

二、社会大学的办学宗旨与培养目标

陶行知认为，办好一个大学，必须具备三个条件：要有热心的教授，要有好学的学生，要有正确的办学宗旨。对此，他借用四书上的一句话，加以修改，赋予新的内容。他说："大学之道，在明民德，在亲民，在止于人民之幸福。"[①]在社大开学典礼上，他进一步阐述了"明民德"的内涵：

> 要使人民头脑觉悟，自己起来作主人，自己团结起来，联合起来，要不让公仆造反，要公仆为老百姓服务，去谋求自己的解放，达到捣毁旧的、痛苦的地狱生活，创造新的世界，新的生活。这就是我们新的人民大学之道，就是社会大学的宗旨。[②]

社会大学的培养目标就是要培养既愿意接受大众领导，又能领导大

①《社会大学运动》，《陶行知全集》第3卷，湖南教育出版社1985年版，第586页。

②《社会大学的创办经过和它的实践》，《社会大学》，昆明北门出版社1946年版，第29页。

众的人才。换言之，就是培养能为大众服务的人，使社会上各种人都成为对社会有用的人才。

关于社大的教育方针，李公朴与陶行知商议后提出，以人格教育、知识教育、组织教育、技术教育等四项为社大的教育方针。李公朴具体解释：人格教育是以革命的人生观和正确的宇宙观的建立为中心，而这又是四项教育的重点、核心。知识教育以社会科学，特别是政治经济学为主。组织教育就是培养和发展每一个人的组织能力。技术教育着重自动的、集体的学习方法。

三、社会大学的实验条件与组织机构

根据陶行知提出的"自己来发起，自己来筹款，自己选校董，自己选校长"的办法，民主集议决定请冯玉祥、张澜、沈钧儒、饶国模、任宗德、史良、陶行知、李公朴诸人为校董，公推冯玉祥为董事长，推举陶行知为校长、李公朴为副校长兼教务长（李去昆明后，由方与严继任教务长），又在常来听民主讲座的青年中，选金秀堤、周西平为教务工作人员，翁维章为部务工作人员。在中共的支持和各界进步人士吴玉章、郭沫若等的赞助下，很快聘齐了一批教授。在重庆社会大学任教的有翦伯赞、华岗、邓初民、许涤新、王昆仑、侯外庐、罗克汀、章乃器、何思敬、徐荇、宋云彬、杨晦、胡风、何其芳、骆宾基、黄芝岗、力扬、艾芜、曹靖华、潘菽、孙起孟、李公朴、陶行知、方与严、孙铭勋、陈翰伯、张友渔、宣谛之、章汉夫、于刚、潘天觉、田汉、巴金等人。还另有许多著名人士也到重庆社会大学讲学。邓颖超也被请去讲了妇女问题，秦邦宪、邓发、冯玉祥、黄齐生、乔冠华等也作过专题讲座。

关于社会大学的入学与招生问题，陶行知说过，只要能听讲又能记笔记，便有入学资格。在正常情况下，学生是来一个，收一个；来两个，收一双；来一千，收一千；来一万，收一万。陶行知说，全中国四万万五千万，全世界二十万万二千万，如果愿意这样干，都欢迎入这个大学堂。重庆社会大学基本上是按照这一原则来招生的。学生多为职业青年，有小报童，公共汽车售票员，在码头上干苦力的小力夫，剧团里的小演员等等。由于当时的客观环境，每个学生的入学都要有一位政治上倾向进步的人士作介绍，以避免国民党特务分子混入。不过，进入社大要履行一定的入学考试手续。考试内容为:(1) 论文一篇,题目是《民主世界与新中国之创造》;(2) 中文自传一篇;(3) 英文自传一篇;(4) 口试(政治审查方式之一)。对一些有志为民族解放而求学的青年,考试分数略微放宽。对一些政治上别有用心的人,严加审查。据了解,当时重庆市国民党政府有关部门,为控制社大,专派两名特务前来报名。由于这两人是一位国民党要员介绍的,不能明加拒绝,陶行知及其同仁就用巧妙的方法让他们参加考试,要求他们用英文写一份详细自传,并作一篇作文,这两个人对英文一窍不通,只得灰溜溜地走了。由于入学审查严格,保证了社大同学政治上的可靠性,为后来在严重的白色恐怖下坚持斗争打下了基础。为了统一编班,一般要求新生具有高中毕业水平,以便入学后能按大学一年级课程上课。

学校的经费有三个来源:一是由中共中央南方局拨付开办费;二是由陶行知以"生活教育社"名义出面募捐;三是向学生收一点学杂费,每人每期两万元(在当时约可以买三四十碗面),确有困难的可以减免。学校的开支也很节省。教师基本是尽义务,许多教师将每小时一千元的讲课费(时称"车马费")也捐给了学校。办事工作人员也都由学生们自己担任,无须另外开支。

校舍是借育才学校绘画组的几间教室,作分系上课用。另外,用毛竹篾席夹了一个可容四五百人上全校通课的"礼堂",名曰"奎杓堂",此堂也兼作育才学校的学生饭堂。

四、社会大学的实验内容与措施

重庆社会大学是陶行知成人业余教育思想的一种实践,也是"生活教育"理论的创造性实践。这不仅表现在学校的筹建原则是立足于实践中自己创造,自己动手,自己筹款,简便易行,更重要的是体现在教育内容、教育方法上。他们除重视专业知识的学习外,还十分重视学习革命的理论和实践。

(一) 学制

社大的学制主要有三个特点:(1) 按学生的特长和兴趣爱好分系。一期分四个系:政治经济系、文学系、教育系和新闻系。原拟办民间艺术系,因报考学生不多,遂并入了文学系。第二期因抗日战争胜利,大批公私单位复员和裁撤，工作变动，所以学生流动很大，减少了教育系。第一期入学学生中，计政治经济系 74 名，文学系 54 名，教育系 40 名，新闻系 29 名。（2）上夜课。社大学习是每天晚上 6 时半至 9 点 50 分，上 4 节课。社大实际上是个夜大学。（3）修业期限，原拟每学期 16 周，全部修业 8 个学期，共计 2 年零 8 个月。第一学期因受胜利复员影响，提前两周结业。

（二）课程设置

社大的课程分类：一是公共必修课，各系都要学，采取上大课的办法进行；二是各系专修课，当时因热心的教授很多，都是知名学者，存在“因人设课”的现象，不免重复和庞杂，但各位教授讲授的内容各有侧重，各有特色，仍很受欢迎；三是专题讲座，即把原“生活教育社”举办的星期六“主讲座”改为社大专题讲座，后因华岗教授离渝，他在星期二讲授《中国近百年史》的时间，改作专题讲座时间。专题讲座有全校的，也有各系办的，非本校学生有一定的介绍、证明关系也可以参加听讲，听众有时达到四五百人。

现将第一期的公共必修和各系专修课的课程、授课教授和课时，整理列表如下（表 4－1）：

表 4－1　社会大学第一期各系课程表

一、各系必修课

课　程	教　授	每周授课时间
中国通史	翦伯赞	二小时
中国近百年史	华　岗	三小时
政治问题	邓初民	三小时

二、政经系课程

课　程	教　授	每周授课时间
经济学	许涤新	二小时
现代政治问题讲话	王昆仑	二小时
中国学术思想史	侯外庐	二小时
哲　学	罗克汀	二小时
现代经济问题讲话	章乃器	二小时
宪　法	何思敬	二小时

三、文学系课程

课　程	教　授	每周授课时间
语文学	徐　荇	二小时
中国文学史	宋云彬	三小时
文艺思潮	杨　晦	二小时
创作方法	胡　风	二小时
作品选读	何其芳 骆宾基 艾　芜	二小时
民间戏剧	黄芝岗	二小时
诗与习作	力　扬	二小时
苏联文学	曹靖华	每两周二小时

四、教育系课程

课　程	教　授	每周授课时间
教学法	孙起孟	二小时
普通心理	潘　菽	二小时
十字教育	李公朴	二小时
民主教育	陶行知	一小时
生活教育	方与严	三小时
幼儿教育	孙铭勋	二小时

五、新闻系课程

课　程	教　授	每周授课时间
新闻学概论	陈翰伯	二小时
时事分析	张友渔	二小时
社论研究	宣谛之	二小时
报馆管理	于　刚	二小时
美国新闻事业	章汉夫	二小时
苏联新闻事业	潘天觉	二小时

专题讲座的老师和专题有：秦邦宪的《辩证唯物论的几个法则》，邓发的《解放区民主政府的工业和劳工政策》和《欧洲职工运动》（出席世界职工大会后的考察报告），田汉的《西南地区的文化活动》，于怀（乔冠华）的《国内局势问题和国际局势的关系和影响》，柳湜（陕甘宁边区政府教育厅

长)的《边区民主教育的新气象》,郭沫若的《我怎么研究古代史》等。冯玉祥、沈钧儒、章伯钧等也都来作过专题报告。

第二期继续任教的有张友渔、于刚、罗克汀、艾芜、邓初民、力扬、何其芳等,增聘的教授和所开课程(包知顶替离开教授的课程)有林辰的《中国文学史》,丁易的《语文学》、《新闻写读》,李光诒的《新闻采访》,田伯萍的《新闻编辑》,张友渔的《新闻学概论》与《时事分析》,孟超的《戏剧选读》,屈楚的《戏剧概论》,聂绀弩的《文学概论》,沈起予的《西洋文学史》,李紫翔的《民主政治与民主宪法》。其他如柳倩、熊复、田家、王亚平、陈白尘、郭则沉、梁漱溟、马哲民、洪沛然、于在、甘祠森、何鲁、老舍、漆鲁鱼等老师也授过课和作过专题报告。

从上述课程设置的内容和授课教授的阵容可以看出,社大教学的知识性、战斗性和针对性是很强的。教授们在讲授中都很注意联系实际。如许涤新在讲授《经济学》时,就以马克思主义政治经济学的观点分析了当时中国社会的经济形态。邓初民在讲授《中国政治问题》中,着重阐释了毛泽东《论联合政府》的基本观点,联系分析了当时旧政协的有关问题。何思敬在讲授《宪法》中,着重批判了国民党的《五五宪草》,等等,不仅使同学们提高了基本理论知识,也更认清了当时时局中的各种问题。

社会大学的课程不限于这些专业课,还十分重视社会实践,并把这种实践与当时的革命形势和革命斗争紧密地结合起来。早在1936年抗日战争爆发前,陶行知就说过,民族解放大学校可以说从生到死,是一个终身的过程,它的一门主要功课,就叫"民族解放教学做",也可以说是"救国教学做"。先生教什么?教救国。学生学什么?学救国。这门功课所包括的内容都是以民族解放的实际行动为中心。有计划有组织的各种实际行动的过程,这些"便是这个大学校的课程"①。

重庆社会大学也同样非常重视革命理论的学习和社会革命的实践。例如,社大新闻系的学生除学新闻学概论、编辑学、采访学等专业课程外,还参加社会调查、时事政治问题的讨论和一些专题辩论,并利用各种机会进行写作采访等实习。虽然重庆社会大学是处在国民党统治区的战时首

①《民族解放大学校》,《陶行知全集》第3卷,湖南教育出版社1985年版,第16页。

府，学生的实习受到很大限制，但在中国共产党南方局的正确领导下，通过统一战线，尽量为社大的同学提供实习的条件，如中共的机关报《新华日报》、民主同盟的《民主报》，都为社会大学的学生提供了发表消息、通讯、文章、影评、剧评的条件。那时，《民主报》有些领导人，虽有国民党这样或那样委员的头衔，但工作人员中有不少编辑、记者都是共产党员、进步人士，特别是那些报纸的副刊，往往是掌握在共产党地下党员手中，相互暗中联络，就成为社会大学学生发表调查报告、政治经济论文和文学艺术作品的一个渠道。

尤其重要的是，同学们都积极参加了当时革命斗争的社会实践。除了许多同学各自在地下党组织的领导下参加地下斗争之外，社会大学作为一个集体，是站在当时民主运动的前列的。社大一成立，就组织同学们参加了“沧白堂事件”和“较场口事件”中的组织工作和保卫工作。1947年初，又参加了“抗暴运动”的示威游行和宣传活动，有十多人被敌特毒打致伤，更有政经系的韦德富同学因此被捕，后牺牲在匪特“中美合作所”的集中营。随后组织一些同学到农村参加武装斗争，筹集经费，采购军械、医药、电讯器材，支持武装斗争。另一部分同学参加各期《挺进报》的发行和收听消息，编刻、印发的工作。他们协助中共川东地下临委清理组织，做好迎接解放的各方面的工作。

（三）学习与考核

社大实行“自学为主、教授为辅”，提倡“学、教、做”结合，强调“主动、实践、集体”。各系均编成学习小组，实行学习互助，开展课堂讨论，进行专题研究。当时，专题研究比较风行，题目都是结合实际选定的，如“中国封建社会问题”、“哲学问题”、“文学上的现实主义问题”等。此外，校、系学生自治会还组织有读书研究组、笔记组、时事研究组、戏剧研究组、音乐研究组等，学生可自由选择参加。各系都办有壁报，每周一期，刊载同学们的学习心得和研究报告。社大第二期新闻系还办有油印的《社大新闻》。它交换学习情况、反映同学中的动态以及对当前政治上有关问题的表态。社大也有社会实习，如新闻系就是到《新华日报》去实习的。

学期终结时，从五个方面进行了考核考试。(1) 对本学期的每门课程，根据“学、教、做”结合的精神，写出心得，说明学到什么，教给了别人什么，做到了什么，作一个学习总结。(2) 问题回答。实行开卷考试，可以翻阅资料，允许交换意见，留给撰写时间，但要求写自己的真正认识。(3) 各小组写出小组学习总结，作为集体的答卷。(4) 组织集体专题研究。每个专题组织 2～7 人不等，自选题目，自由组合，分头准备，集体研究，写成报告。(5) 每人写一篇一学期来的学习、生活的态度和作风上的自我反省。

采取这样的学习内容和学习方法，同学们都很有兴趣，很自觉。虽然同学们在白天沉重的工作负担之余，夜晚上又有浩繁的学习任务，但大都进行得生动活泼，表现得生龙活虎，感到“日新又日新”，收获很大。

五、社会大学生活教育实验的中止

社大这样性质的学校在重庆出现，对于国民党反动派来说，显然是一个危险的“异端”。它一方面受到中国共产党的领导和各界进步人士的关怀和热情支持，一方面遭到国民反动派的极力破坏。这两种力量在社大身上表现出鲜明的对比，形成了尖锐的斗争。

反动派是不甘心社会大学存在的。早在成立之初，1946 年 2 月 16 日，国民党教育部就“训令”重庆市教育局“视察”社大。3 月 7 日视察大员一来，就左右挑剔，一说社大不像大学，二要社大履行立案手续，三要社大筹备基金。国民政府教育部并有社大“设备简陋”的批语。对此，陶行知说，说“简”则有之，我们承认。只有简才容易行。特别是在中国，不需要一些东西，如住房、基金、立案之类的阻挠，要新的大学之道，“君子为之，何陋之有”①？把他们顶回去了。

国民党政府发动全面内战之后，对社大的迫害越来越严重，最后终于下了毒手。1947 年 3 月 1 日，国民党政府查封《新华日报》包围中共四川省委的次日，又武装搜查育才学校城区办事处并查封了社会大学。反动派就以这样卑鄙无耻的手段扼杀了仅仅存在一年零一个半月的社会大学，社大的生活教育实验也随之而中止。

六、社会大学实验的影响与评价

社会大学是抗日战争胜利之后在中共中央南方局支持下由陶行知创

---

①《谈社会大学》，《陶行知全集》第 3 卷，湖南教育出版社 1985 年版，第 594 页。

办的一所革命的新式学校。它从诞生之日起，就成为当时重庆人民革命的民主运动的一座堡垒，成为陶行知生活教育理论的实验基地。尽管其存在时间不长，但对生活教育理论和实践的发展起了重要作用。

陶行知在社会大学的生活教育实验，提出了两种社会大学理论（即有形的社会大学与无形的社会大学），具体论述了有形的社会大学的内容，包括夜大学、早晨大学、函授大学、新闻大学、旅行大学、电播大学等等。这是对生活教育理论中“社会即学校”思想的具体化和丰富化，对于当今中国推展非正规教育，使更多的适龄青年有求学深造的机会，具有重要的启示意义。

社会大学的生活教育实验也推动了当时的民主运动，培养和造就了一批革命干部。不少师生为人民解放事业英勇战斗，奋不顾身，在敌人屠刀下壮烈牺牲，谱写了可歌可泣的一页。幸存下来的人，终于迎来了解放，并参加了建设社会主义祖国的伟大事业。

第五节 教育运动新走向

生活教育运动是“五四”以后兴起的一种提倡和推行生活教育的教育运动。它是在半殖民地半封建中国的特定历史条件下，由于时代生活的推动，社会文化思潮的影响，一批不满现状、有志改革的教育工作者共同提倡和推行而形成的一种声势甚大的改革传统教育的教育运动。它在社会上造成广泛的影响，成为近现代中国最主要也是最重要的教育运动之一。

这场运动酝酿于 20 世纪初期，兴起于 20 年代中后期，发展于 20 世纪三四十年代。其后，因种种原因而渐趋沉寂。但近二十年来，随着社会生活的急剧变化和教育事业的蓬勃发展，该运动又呈再兴之势，显示出新的走向。1978 年中共十一届三中全会胜利召开，提出了“解放思想，实事求是”的正确主张，拨乱反正工作在各个领域（包括教育领域）里广泛而深入地展开，生活教育倡导者陶行知的名誉终于得以恢复，各种陶研机构相继成立，陶研学术会议次第召开，人们在理论上、实践中重新恢复了对生活教育学说的研究和探讨，生活教育运动走上了复兴之途。

一、陶行知的平反，为生活教育运动争取了政治保证

1981 年 10 月 18 日，中国人民政治协商会议在北京隆重集会纪念陶行知诞辰 90 周年，邓颖超、胡愈之等中央领导人分别在会上讲话，对陶行知给予了高度评价，提出他是“人民教育家、爱国民主人士”，“进步的思想家”，为其正名平反。1985 年 9 月 5 日，中共中央政治局委员胡乔木同志代表党中央在中国陶行知研究会、中国陶行知基金会成立大会上又做了一次具有历史意义的重要讲话，认为应该从“全体”、“各方面”对陶行知进行评价，进一步澄清和消除了在错误路线影响下对陶行知评价所产生的错误认识和不公正态度，重申陶行知是一位“当之无愧”的“伟大的、进步的教育家、教育思想家，伟大的民主主义战士，伟大的共产主义战士，伟大的爱国者”，彻底地为其平反，从而在政治上为生活教育运动向更深更广层面发展提供了重要保证，奠定了必要的基础。

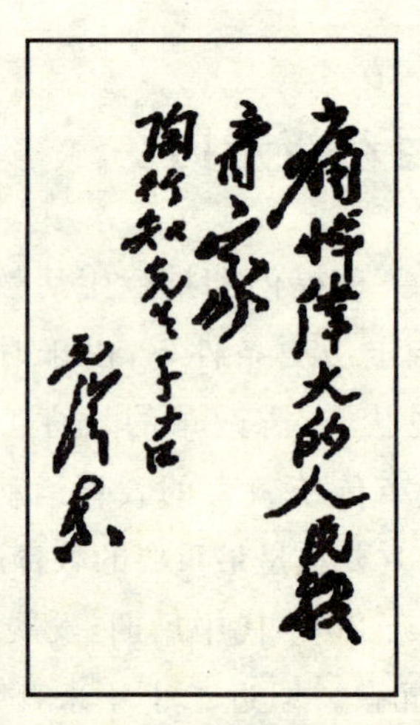

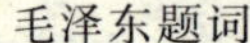
毛泽东题词

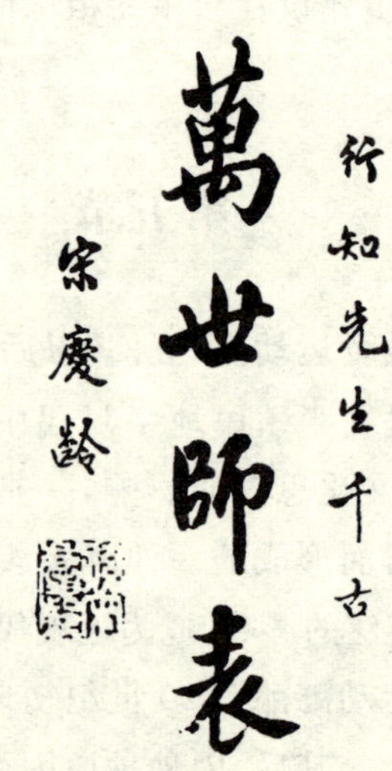

宋庆龄题词

二、陶研机构的涌现，为生活教育运动提供了组织保证

十一届三中全会以后，率先恢复“生活教育”研究工作的是陶行知当年的学生和朋友们。1979 年，操震球、杨寿南、李勋南、丁右涵、陈文达、高越等人一起在安徽组织了陶行知研究小组，次年成立了陶行知研究会，出

版了第一期《行知研究》。此举获得当时安徽省委书记张劲夫的大力支持。与此同时，江苏、四川、浙江、陕西、湖北、江西、湖南、山东、内蒙、辽宁、吉林、黑龙江、云南等，一时间，陶研之花开遍了中华大地。

1984 年 10 月，北京、上海、江苏、安徽、四川、广东六省市联名倡议成立中国陶行知研究会，不久于屯溪召开了有 17 个省市参加的座谈会，商讨成立全国陶研组织事宜，并向中共中央宣传部递交了申请报告，12 月申请获准。次年的 9 月 5 日，中国陶行知研究会和中国陶行知基金会在北京正式成立，确定了"两会"工作的宗旨，产生了领导机构。它标志着陶行知教育思想的研究突破了从前那种区域性的、分散的、各自为政的局面，走上了有组织、有规划的道路，从组织上保证了全国的"生活教育"研究工作得以如火如荼地开展。到 1994 年底，全国成立有陶行知研究会的省市自治区有 21 个之多。另外，各地由省市所属的地区、县以及院校，甚至包括工厂、企业等基层单位成立陶研组织的也近千个，全国的陶研人员则逾万之众。

三、政府的倡导，为生活教育运动带来了巨大的推动力

1990 年 9 月，安徽省教委、省教育工会、省教育学会和省陶行知研究会联合发出通知，号召学习伟大的人民教育家陶行知。此举在全国产生了巨大反响。其后，相继又有上海、江苏、四川、广西、广东、山西、江西、青海、河南、云南、辽宁、黑龙江、河北、浙江等省市的教委、教育工会、教育学会、陶研会等单位发出了学习陶行知活动的通知。生活教育理论由于是在反对旧教育的基础上逐步发展起来的，是科学的、进步的、符合中国国情的，对它的研究和实验，有助于我国教育的改革和发展，因而也获得了国家领导人的支持和赞成。1991 年 10 月，为纪念陶行知诞辰 100 周年，江泽民总书记写下了"学习陶行知教育思想，促进教育改革"的题词，李鹏总理的题词为"学习、研究、运用、发扬陶行知的教育思想，为发展社会主义教育事业服务"，从而使生活教育运动开始由一种纯民间的、群众性的自我教育活动发展到由教育行政部门出面领导，以及和教育工会、教育学会等有关部门密切配合、帮助推动的新的阶段。

四、学术研究的盛行，为生活教育运动提供了理论指导

随着陶行知政治上的评价得以拨乱反正，学术界也恢复了对生活教育理论的研究，取得了显著的成绩。首先，在有关各方的高度重视和共同努力下，生活教育资料的搜集和出版工作取得了很大成绩。集中表现在陶行知的各种文集、选集乃至全集纷纷出版，其中尤值一提的是华中师范大学教育科学研究所经过三年多的艰苦努力（1982—1985 年），编辑出版了 360 余万字的《陶行知全集》（六卷本），在生活教育研究史上树立了一座巨大的里程碑。数年后，中国陶行知研究会又在其基础上组编了新版《陶行知全集》（十卷本），其内容更为丰富，注释更加准确，进一步促使生活教育研究走向深入。其次，生活教育的研究领域不断扩大，研究内容不断深化。十余年来，全国各地纷纷举行学术研讨会，从研讨生活教育理论产生的历史背景、社会基础、结构体系开始，探讨了其中的乡村教育思想、普及教育思想、民族教育思想、女子教育思想、幼儿教育思想、师范教育思想、职业教育思想、高等教育思想、成人教育思想、终身教育思想、科学教育思想、创造教育思想等，进而研讨生活教育理论与古今中外教育思想的相互影响，阐释了陶行知与杜威、武训、王阳明、蔡元培、黄炎培、张謇、徐特立、方与严等人的关系，再进而研讨生活教育理论与当前我国建设有中国特色社会主义教育体系的关系，出版了《为中国教育改革探路》、《改革师范教育的新路》、《农村教育的出路》等专著。通过这些研究、讨论，进一步论证了陶行知创立的生活教育学说是符合马克思主义教育原理的，是符合我们党的教育方针的，因而对我国现阶段的教育改革和发展具有重大的借鉴价值。理论研究愈深入，借鉴也就愈顺利，也就愈容易出成效。

五、国际学术交流的加强，为生活教育运动国际化创造了条件

由于陶行知不仅是近代以来中国的大教育家，也是具有国际影响的教育改革家，其生活教育理论与实践构成了 20 世纪以来世界范围内勃然而兴的教育革新思潮和运动的重要组成部分，对世界上许多国家（尤其是第三世界国家）教育改革和发展，曾经产生并且还在继续产生着程度不同的影响，因此，生活教育也成为世界许多国家和地区的教育家、历史学家

关注的研究领域。国内陶研界非常重视国际间的学术交流，注意译介国外学者优秀的有参考价值的研究成果，如翻译日本学者斋藤秋男的《陶行知评传——政治抒情诗人的一生》，出版《陶行知研究在海外》等，加强与外国的有关组织进行学术往来，如与日本的生活教育联盟建立友好的合作关系等。尤其是1996年10月，在武汉的华中师范大学首次成功地举行了"陶行知研究国际学术研讨会"，更促使生活教育运动向国际化的发展方向上迈进了一大步。

六、教育实验的开展，为生活教育运动积累了丰富的经验

"生活教育"的研究者们自觉地将研讨与实验紧密联系起来，他们结合本地实际，确定研究专题，把生活教育理论贯彻、落实到具体的教育实践中去，既促进了当前的教育改革，又发展了生活教育理论。1987年，安徽省休宁县溪口区开始实行"农科教多位一体"改革实验，在全国产生了很大的影响。即以发展农村经济为中心，以科技为动力，以农村职业学校（或其他教育实施）为载体，通过统筹协调，使三部门的人力、物力、财力得到综合利用，合理配置，发挥各自优势，相辅相成，取得人才培养、科技发展和经济振兴的最佳效益，加速了社会主义新农村的建设。①

与此相类似的实验还有1986年开始的安徽省黄山市的"农科教统筹"实验，1987年开始的山西省吕梁地区前元庄的"村校一体"实验，四川省合川县的"整体改革"实验，1991年开始的山西省屯留县东古村行知学校的"整体教育"实验，江苏省沛县欢口小学的"村校一体奔小康"实验，1993年开始的江苏省江浦县五里行知小学的"村级大教育"实验等。这些教育整体改革实验的出现，表明了生活教育运动在社会主义时期获得了很大发展。

除农村教育改革外，生活教育的实验领域还包括师范教育、职业教育、工矿企业教育、高等院校、特区教育等。其学科研究方面，除社会科学研究外，也涉及自然科学和技术科学研究领域。这就在华夏大地上重振起生活教育运动之雄风，产生了如南京的晓庄师范、山西的太谷师范、安

---

①《生活教育理论在黄山的实践》，载《中国陶行知研究基金会会讯》第65期，第7页。

徽的徽州师范、黑龙江的克山师专、湖北的孝感师专等众多决心走行知路，并在教改实验中硕果累累的样板师范学校；出现了如江苏省江阴市这样的注重素质教育，加快经济与教育结合的“全国经济百强县（市）”、“全国文明城市”、“全国卫生城市”；诞生了如北京香厂路小学、苏州市大儒中心小学、上海市和田路小学等借鉴陶行知生活教育思想取得突出成绩的好典型；涌现了如北京行知职业学校、南京中华育才学校、安徽黄山医科大学等以生活教育理论为指导思想的民办学校；创办了如广东白云山职业高中、浙江金华行知职业高中、山西阳泉交通职业学校、安徽金寨县江店职业高中等弘扬陶行知职业教育思想的职业学校，如此等等，不一而足。

七、未来生活教育运动的新走向

短短的二十余年里，生活教育运动无论其发展速度、规模，还是产生的影响都已达到空前的程度。数量可观的教育实验既是陶行知教育思想直接指导下的产物，又反过来发展、丰富了他的生活教育理论。尤其是倡导“科教兴村”，较之陶行知的“教育与农业携手”观点显然已有长足的进步，为“科教兴国”开辟了一条崭新的途径。

生活教育运动是 20 世纪中国社会转型与教育改革的产物，也是 20 世纪世界教育革新运动的重要组成部分。它不仅适应了 20 世纪中国社会转型与教育改革的需要，也符合当代世界教育潮流的发展趋势。因此，生活教育运动具有旺盛的生命力，必将在未来的岁月中得到进一步的发展，发挥更大的作用。

第一，生活教育运动将更加有领导、有组织、有计划地推展。

在中陶会及各省市陶研会的有组织领导下，陶行知的崇高风范、伟大人格和富于创造性的生活教育理论势必感召更多人献身于教育事业，投身于生活教育运动的热潮中去。毋庸置疑，生活教育运动在未来肯定会得到更大的发展，陶研机构势将成立更多，并出现由省级向地市县、学校、企业、社区拓展的良好态势。

生活教育运动的推展还将是有计划、有步骤、有重点的。为了巩固已有成绩，提高研究水平，确立师陶典型，开创跨世纪陶研新局面，中陶会有必要建立陶研基地，胡国枢同志提出“关于建立八个陶研基地的设想”极富启发意义，它不仅是今后陶研工作不断深化的需要，也是陶研组织求生存、谋发展自身建设的需要，它将使生活教育运动在教育改革和发展，建设有中国特色的社会主义，落实“科教兴国”的战略思想方面发挥更大作用。

第二，生活教育的试验实验与学术研究将向纵深发展。

实践陶行知教育思想的试验实验工作一直得到教育界（尤其是陶研界）的高度重视，在农村教育、师范教育、基础教育、职业教育、企业教育以及社区文化教育等各个领域广泛展开，既促进了当前的教育改革，又发展了生活教育理论。为了能与我国教育事业发展和改革的需要紧密配合，生活教育的试验实验工作必将向纵深发展。已有的试验实验点将进一步总结提高，扩大成果，逐步推广，在更大范围、更深层次进行试验和运用；而尚未开展的城市也会从本地实际出发，尽早确定试验学校，组织实施。随着科学技术的口益现代化，大批先进的仪器、设备、科学思维方法、实验手段的大力推广和应用，生活教育的试验实验还将呈现科学化、合理化的趋势。

与此同时，对生活教育的学术研究也将进一步加强。主要表现为：(1) 更广泛地挖掘搜集和翻译出版国内外有关资料和研究著作，这是生活教育研究得以顺利开展的前提条件。虽然二十多年来，在有关各方的高度重视和共同努力下，生活教育资料的搜集和出版工作取得了很大成绩，但必须指出，上述材料多属陶行知本人著述，仅凭此点要想全面深入研究陶行知及其生活教育还远远不够，何况即使是陶本人著述，也仍有遗漏，亟需补上。因此，陶研界将会突破现有的把生活教育研究资料理解为就是陶本人著述的狭隘的思想观念，形成一种生活教育研究的“大资料观”，把一切与陶行知及其生活教育有关的资料，无论中外进行广泛而深入的挖掘搜集、出版。(2) 研究领域将不断拓宽，研究内容将逐步深化。相对于过去仅仅把研究范围局限在生活教育的原理以内，研究者现已把研究目光投射到陶行知教育学说的各个方面，这是一个不小的进步。然而，严格地说来，所有这些研究仍然属于一种范围有限的生活教育研究，没有突破现有思想研究的一般框架。可以预见，未来的生活教育的研究领域，除了对陶行知本人及生活教育思想的研究进一步深入以外，更从一个广阔的历史时空里，把生活教育作为一种教育思潮和流派来研究，甚至开拓生活教育运动研究之研究的新领域，这将使我们的研究工作上升到一个更高的层次，具有新的理论视野和历史高度。鉴于这种宏观研究的特点，未来的生活教育研究将特别注重运用比较方法，开展各种大跨度的比较研究，如对陶行知与国内外著名人物进行比较研究，对生活教育思潮和流派与近现代中国教育思潮和流派进行比较研究以及对生活教育思潮和流派与近现代西方教育思潮和流派进行比较研究等等，以考镜源流，辨析异同，弄清关系，加深认识。

另外，由于对生活教育的研究是以促进建立具有中国特色的社会主义教育体系为宗旨的，因此，生活教育理论研究还将与我国教育改革紧密结合，以研究促进改革，以改革推动研究。①

第三，生活教育理论将得到新的丰富和发展。

生活教育理论之所以产生如此深远、广泛的影响，其原因不仅仅在于其理论本身的进步和科学，也由于当代人（尤其陶研界）对此理论精髓的继承和发扬，促其不断丰富和发展，使之符合当前我国教育发展的需要。如创业教育的提出与推行就是生活教育理论的当代的发展，1987 年四川省教委批准合川县实施生活教育的整体试验，其先主要开展学陶活动，使全社会逐步明确“生活教育”的目的和意义。次年，胡晓风正式提出开展“创业教育”，为生活教育理论充实了在新的历史时期的内容，得到四川省有关领导的高度重视，并在试验过程中，“队伍日渐扩大，经验日渐积累，理论日渐丰富，成果日渐显著”②。与之类似，安徽黄山的“农科教统筹”，山西前元庄的“村社合一”，上海和田路小学的“创造教育”等，无不是陶行知生活教育理论在我国社会环境中的极大丰富和长足发展，它们与陶行知的生活教育理论存在着明显的血缘关系，但又绝非生吞活剥，而是在继承生活教育理论精神实质的基础上，根据我国社会经济的需求以及现实生活的需要而有所创新，是陶行知生活教育理论在新时期的发扬光大。

---

① 周洪宇:《生活教育研究如何深入》,《华中师范大学学报》1991 年第 6 期。

② 姚文忠、金成林:《创业教育的理论和实践》,《中国陶行知研究基金会会讯》第 61 期,第 13 页。

这些教育试验或理论必定会随着人类的不断发展而渐趋完善，生活教育理论经过不断充实，不断改进，必将得到新的丰富和发展。

第四，中国的生活教育运动与国外的特别是日本的生活教育运动将更加紧密地联系起来，相互借鉴，相互推动，使生活教育运动形成为一个影响更大的国际性教育运动，对当代的教育改革产生更大的影响。

生活教育运动不仅在国内蓬勃发展，在国外也声势不凡，尤以日本为甚。近年来，随着中外文化交流的日益开展，在中外学者的共同努力下，国内外的生活教育运动增加了沟通的渠道和机会，但不容否认，由于长期隔绝和封闭，这种联系还有待进一步调整、加强。随着生活教育运动在世界范围内广泛而深入地开展，以及人们认识的普遍提高，中国的生活教育运动必将走出国门，与国外的特别是日本的生活教育运动携手并进，在相互借鉴中求取发展，从而在世界上形成一场具有更广阔更深远的国际性教育运动，为推动世界各国的教育改革作出不可估量的贡献。

第五，生活教育运动将对未来中国教育改革和发展乃至社会发展产生更大的作用。

生活教育理论不同于一般的理论之处，在于它在本质上是一种实践（行动）的教育学说，具有很强的操作性，能为我国的教育改革与发展提供有益的理论借鉴，其“教育立国”思想有助于我们牢固树立“百年大计、教育为本”、“社会主义建设必须依靠教育”的观念，从而采取切实措施，保障教育在社会主义现代化建设中的战略地位；其“生活即教育”的主张启示我们教育必须与社会生活紧密结合，为社会主义物质文明、精神文明和制度文明服务，为人民大众生活水平的不断提高服务；其“社会即学校”的主张要求我们根据社会发展的需要，采取各种教育形式，开展大规模的教育活动，构建多层次、多形式、开放的大教育体系；其倡导的“全面教育”的论断提醒我们要把德育放在重要地位，强调教育与生产劳动相结合，培养德智体美全面发展的社会主义现代化事业的建设者和接班人；其“教学做合一”的观点号召我们加强理论联系实际，培养学生解决实际问题的能力；其提倡的“小先生制”，对我国加快扫盲速度，提高中华民族的基本素质有很大的借鉴价值。陶行知的师范教育为“国家托命”之所在的师范教育思想和他“捧着一颗心来，不带半根草去”的无私奉献的崇高师德，将激励更多人投身于光荣而伟大的教育事业。他的重视农村教育的观点，正确对待中外古今教育经验的态度，都将是未来中国开展教育改革时应该继承学习的内容。

同时，生活教育运动还是教育运动与社会整体改革合一的运动，陶行知主张“政富教合一”，把教育与政治、经济打成一片，这对于我们改变教育自教育、政治经济自政治经济的局面，把教育、政治、经济三方面问题作为一个整体来统一考虑，全盘规划，使教育在社会整体改革中与政治经济协调并进，相互推促，颇有启示作用。①

作为一种颇具生命力的运动，生活教育运动经过近一个世纪的发展壮大，已在社会上产生了广泛而深刻的影响。随着人们认识的进一步深入，实践活动的进一步开展，生活教育理论必将不断发展，趋于完善，在中国乃至世界教育改革和社会改革的伟大实践中发挥越来越大的作用。

---

① 董宝良主编：《陶行知教育学说》，湖北教育出版社 1993 年版，第 511～512 页。

第五章

现代教育理论的建构

陶行知是我国现代教育史上一位最具影响力和国际声望的人民教育家，在其一生的伟大教育实践中，乐于调查，善于思考，勇于求真，敢于创新。他在借鉴西方教育理论与承继中国教育传统的基础上，结合他对中国教育现状的了解与体察，逐步形成了独具特色、自成体系的生活教育理论，为中国现代教育理论体系的建构奠定了坚实的基础。

第一节　生活教育的三大原理

生活教育理论是处于半殖民地半封建社会的特定历史条件下，陶行知本着救亡启蒙的双重目的，在反传统教育和洋化教育的斗争中，在长期的生活教育实践基础上，从中国的具体国情出发，通过充分借鉴中外古今各种教育思想的精华和总结自己教育实践的宝贵经验，所创建的独具特色的现代教育理论体系。它是一种反帝反封建、实现民族独立、民主自由和国家富强的特殊的战斗武器，曾在新民主主义革命斗争中发挥了巨大的作用。它还是一种开放发展、能够充分吸收各种信息、充满活力的教育理论体系。近一个世纪以来，特别是近 30 年来，经过人们的不断丰富与发展，这一理论体系日臻成熟和完善，已对并且还将继续对当代中国教育发展产生明显的推动作用。

应该看到，生活教育理论与陶行知思想、生活教育原理，是三个既有联系又有区别的概念。从三者的联系来看，它们都属于理性认识的范围，都是陶行知对客观世界的某种反映，都对其教育实践具有能动的反作用。陶行知思想包括生活教育理论，而生活教育理论又包括生活教育原理，后者均系前者的具体内容和表现形式。而从三者的区别来看，陶行知思想是陶行知各方面思想因素（包括政治思想、哲学思想等）有机结合起来的统一整体，生活教育理论是陶行知生活教育理论诸要素有机结合起来的统一整体，而生活教育原理则是生活教育基本原理诸要素有机结合起来的统一整体。它们所反映的对象的内容不同，陶行知思想所反映的对象的内容是最丰富的，生活教育理论所反映的对象的内容较次之，而生活教育原理所反映的对象的内容最少；它们的外延也有差异，陶行知思想的外延最大，生活教育理论的外延次之，而生活教育原理的外延最小。看不到三者之间的内在联系，固然不对；但忽略了它们之间的差异，则更易误事。要之，把握三者的联系与区别，一方面能够提高我们辨证的理论思维水平，另一方面能使我们比较准确地把握和使用这些概念，有助于我们深入探讨生活教育理论。

生活教育理论是由概念范畴、命题原理和具体主张三个方面的内容构成的（当然，每个方面又包含着极其丰富的具体成分）。生活教育的概念范畴是陶行知对教育这种客观社会现象的最普遍本质的概括。这些概念范畴主要有："生活"（起始范畴）、"教育"、"社会"、"学校"、"教"、"学"、"做"、"合一"、"劳力"、"劳心"、"教人"、"教己"等。它们形成一个与众不同的范畴群。生活教育的命题是回答它的某些范畴所持的观点，是对范畴要素的初步展开，它反映着生活教育理论的基础性论断。而作为其核心命题的原理，则是生活教育理论的基本思想。这些命题主要有："生活即教育"、"社会即学校"、"教学做合一"、"在劳力上劳心"、"以教人者教己"、"即知即传"、"自觉觉人"、"手脑合一"、"行知合一"、"真善美合一"、

"知情意合一"、"智仁勇合一"、"政富教合一"等。其中,"生活教育"、"社会即学校"和"教学做合一"这几个核心命题,理所当然为生活教育的三大基本原理。以上命题共同构成一个颇具特色的原理群。至于生活教育的具体主张,则是对这些命题原理的进一步发挥和展开,其内容更加丰富多样,难以尽举,主要有:"教育为公"、"机会均等"(教育目的与对象)、"要使学生自动"、"要客观,要科学"、"因材施教"(教学原则与方法)、"从丰富中求精华,从生活中求活的教材"、"普及与提高并重"和"要有系统,但也要有弹性"(课程与教材),"虚心、宽容与学生共甘苦、跟民众学习、跟小孩学习"和"肃清形式、先生架子、师生的严格界限"(教师)、"单轨出发,多轨同归,换轨便利"(学制)、"鼓励人民办学校,鼓励学生自己管自己的事,肃清官僚气的查案,以及资格的作风"(行政管理)、"教人做真人"(德育)、"诚为智育之本"(智育)、"健康第一"(体育)、"艺术教学做"(美育)、"手脑联盟"(生产劳动教育)、"学习为生活,生活为学习,只要活着就要学习"(终生教育),以及在平民教育、乡村教育、幼儿教育、女子教育、民族教育、职业教育、师范教育、高等教育和成人教育等方面的许多具体论述。而以上各种主张的精髓,是民主第一、全民教育、全面教育和终生教育这四大基本原则。这些是生活教育理论的丰富内容,组合为一具体主张群。概括而言,范畴群、原理群和主张群,既相互独立又相互依存,既相互渗透又相互制约,一起构成骨骼分明、血肉丰满的生活教育理论体系。

一、"生活即教育"

"生活即教育"是陶行知教育学说的基本原理之一。在陶行知教育学说的整个理论体系中占有中心位置,居于主导性地位,对其他基本原理和具体主张起着一种支配和决定的作用。

(一)"生活即教育"的产生背景

1. 教育背景

马克思主义认为,社会意识是社会存在的反映。要弄清楚某一种思想学说,必须首先从了解产生这种思想学说的社会历史条件入手。

下面,我们以教育与生活关系的演变为线索,对"生活即教育"产生的教育背景略作追溯。

从总体上说，在陶行知以前的教育发展史上，教育经历了一个与人民大众生活由融合到逐渐分离的过程。

在原始社会，教育与生活是融合在一起的。当时，由于劳动工具十分简陋，生产水平很低，人们的劳动只能维持自身的生存，社会上没有剩余产品，生产资料为氏族公有，没有阶级和剥削，人们共同劳动，共同消费，过着平等的集体生活。当时也不存在脑力劳动与体力劳动的分工，没有文字和书籍，没有专门的教育机构和专职教师。年轻的后代是在生产劳动和社会生活的实践中接受长辈的教育。教育内容和方法非常简单，一般是结合着生产和生活实践，通过成年人的言传身教对儿童个别进行的。教育对全氏族儿童一律平等，没有阶级性。当然，这时教育与生活的融合还极为初步、简陋。

进入奴隶社会以后，教育就与生活分离了。随着生产力的发展，社会上有了剩余产品，出现了脑力劳动与体力劳动的分工，出现了剥削阶级和被剥削阶级，并产生了国家。国家产生以后，统治阶级需要一种专门机构培养其官吏和士人。这样，专门的教育机构——学校教育也应运而生了。奴隶社会的教育具有明显的阶级性。只有奴隶主子弟能入学校学习，而劳动人民子弟只能在生产劳动和日常生活中，跟长辈学习一些为人之道和生产劳动的知识与技能。当时，学校教育同劳动人民原始形态的教育是并存的。奴隶主通过学校传播统治阶级思想，让自己的子弟学习统治阶级的意识形态、行为规范、伦理道德、射御戎战等治人之术，把他们培养成国家大大小小的统治者，而劳动人民原始形态的教育，主要是通过家传形式或师徒制传授生产经验和一些粗浅的文化知识，为社会培养劳动力，以维系社会生产的延续和发展。

到了封建社会，教育与生活出现进一步分离。在中国两千多年的封建社会中，只有封建统治阶级的子弟才有条件入校学习，而大多数劳动人民的子弟因交不起“束脩”而被排斥在学校大门之外。劳动人民基本上还是通过父传子、师带徒的形式，在生产劳动和社会生活实践中接受教育。自汉武帝确立“独尊儒术”之后，孔子首创的儒家思想成了占统治地位的正宗思想，儒家的经典变成了历代学校的教育内容。历代的选士和科举，虽在形式上或重经义，或重诗赋，或用八股取士等有所不同，但在内容上大都限定以儒家经典为标准。封建统治者通过科举控制了全国的教育，用儒家的封建伦理思想奴役人民，使教育服务于培养忠于封建主的奴才，因而也使学校逐渐成为科举的附庸，导致教育内容日趋形式化、教条化，更加脱离人民大众，脱离生活实际。

1840年鸦片战争以后，由于帝国主义的侵入，中国开始由封建社会沦为半殖民地半封建的社会，从而也产生了半殖民地和半封建的文化教育。清末以来，在资产阶级革命派和维新派的推动下，出现了废科举、兴学校的教育改革运动。颁布了新学制，翻译了不少外国的教科书，引进了从赫尔巴特到杜威等西方教育理论和方法。这些对中国教育从传统向现代过渡都起了某些积极的作用。但由于中国仍处于半殖民地半封建的社会历史条件下，整个国家教育的性质和面貌并没有得到根本的改变。在当时的新式学堂里，声光化电代替了子曰诗云，但读书做官、死读书等传统教育思想仍然支配着学校，“老八股教育”和“洋八股教育”合流，教育仍然严重脱离社会生活实际，尤其是脱离人民大众的生活实际。正是在这样一种历史背景下，针对传统教育和洋化教育的弊端，陶行知提出了“生活即教育”的主张。

2. 理论背景

陶行知“生活即教育”的立论又是在一定的理论背景下提出来的。这个理论背景就是20世纪上半叶杜威“教育即生活”等实用主义教育思想在中国教育界的广泛流行。

“教育即生活”是杜威实用主义教育学说的一个基本原理和主张。这一思想是杜威针对20世纪初叶美国学校教育严重脱离社会生活实际的现状，以及英国教育家、社会学家斯宾塞“教育是将来生活的预备”的主张而提出来的。杜威基于实用主义的经验论，认为“教育就是经验的改造或改组。这种改造或改组，既能增加经验的意义，又能提高后来经验进程的能力”[①]。他把教育视为从已知经验到未知经验的连续过程，是经验不断增加的过程。经验的获得又总是和社会生活实践分不开的，因而“教育生

① 赵祥麟、王承绪编译：《杜威教育论著选》，华东师范大学出版社1981年版，第159页。

活的过程，而不是将来生活的预备"[①]。由此出发，他进一步提出"学校即社会"、"儿童是中心"和"从做中学"等主张。这些教育主张对于改革美国的传统学校教育以适应当时处于急剧变化中的美国社会的发展，曾起到一定的积极作用。

20世纪20年代前后，伴随着民主政体的建立，资本主义经济的初步发展，中西文化交流的日益加强，杜威"教育即生活"等实用主义教育思想也逐渐传入中国。民国元年，经蔡元培等人的介绍，实用主义教育思想开始传入中国。[②] 五四运动期间，杜威来华讲学，实用主义教育思想成为现代中国传播最广、影响最深的一种西方资产阶级教育思潮。1919年5月1日到上海，至1921年7月11日离北京回国，历时两年又两月，先后到直隶、山东、山西、湖北、湖南、江苏、江西、浙江、福建、广东等11省讲演，在北京、南京两地作系统演说，在北京高师、南京高师两校讲学。当时报刊大量发表他的讲演，如《新教育》杂志1～3卷各期均宣传杜威的哲学和教育理论，第3期出了"杜威专号"。北京晨报出版了《杜威五大讲演》，两年内印行达十几版之多。他在北京高师的讲演已记录编成了《平民主义与教育》，在南京高师的讲演记录，也编成《杜威教育哲学》于1922年由商务印书馆出版。他的学生胡适、蒋梦麟、陶行知等人以及教育界人士在这期间发表了许多论著宣传实用主义哲学和教育理论。一时间，杜威实用主义教育思想风靡全中国，"教育即生活"等主张成为中国教育界的口头禅。

不容否认，在封建传统教育思想仍然在中国教育界占有某种支配地位的历史条件下，在生活自生活、教育自教育，两者渺不相关、毫无联系的情况下，杜威的"教育即生活"等实用主义教育思想被引进到中国来，以反对中国传统教育中的形式主义，是具有某种进步意义的，也的确产生一定的积极作用。但是"教育即生活"等主张毕竟是杜威针对20世纪初美国教育所存在的问题而提出的、是美国社会文化环境的产物，且不论其政治

---

① 赵祥麟、王承绪编译：《杜威教育论著选》，华东师范大学出版社1981年版，第4页。

② 参见蔡元培1912年4月发表的重要文章《对于教育方针之意见》。该文曾指出："曰实利主义之教育，以人民生计为普通教育之中坚。其主张最力者，至以普通学术，悉寓于树艺、烹饪、裁缝及金、木、土工之中。……今日美洲之杜威派，则纯持实利主义者也。"后来，蔡在1918年5月30日天津青年会的演讲《新教育与旧教育之歧点》和1919年3月15日北京青年会的演讲《贫儿院与贫儿教育的关系》中，又多次对此加以论及。

倾向是错误的，哲学基础是非科学的，即使其基本内容多有合理之处，也不能完全适合中国的国情，真正解决中国教育所存在的问题。

基于此因，陶行知经过一番亲身体验之后，终于翻然悔悟，痛下决心，从"教育即生活"的信奉者一变而为批判者，针锋相对地提出了他的有名的"生活即教育"主张。他曾讲过，我可以说"教育即生活"是杜威先生的教育理论，也是现代教育思潮的中流。我从民国六年起便陪着这个思潮到中国来。八年的经验告诉我说"此路不通"。在山穷水尽的时候才悟到教学做合一的道理，所以教学做合一是实行"教育即生活"碰到了墙壁把头碰痛时所找出来的新路。"教育即生活"的理论至此乃翻了半个筋斗。……没有"教育即生活"的理论在前，决产生不出"教学做合一"的理论。但到了"教学做合一"的理论形成的时候，整个教育便根本改变了方向。这个新方向是"生活即教育"。他还指出："教育即生活这句话，是从杜威(John Dewey)先生那里来的，我们在过去是常常用他，但是，从来没有问过这里边有什么用意。现在，我把他翻了半个筋斗，改为'生活即教育'"[①]。由此可见，陶行知的"生活即教育"主张是对杜威"教育即生活"主张直接改造的结果。它与"教育即生活"既有某种思想上的联系，也有本质的区别。

综上所述，陶行知的"生活即教育"并非无的放矢，全凭臆想，更非无源之水、无本之木，而是在一定的社会背景(特别是教育背景和理论背景)下产生的。

(二)"生活即教育"的含义与实质

1."生活"、"教育"范畴

"生活"范畴是陶行知教育学说的基本概念，也是其整个理论体系的逻辑起点。陶行知对"生活"范畴的阐释，与人们对"生活"的一般理解不尽相同。他的"生活"范畴具有特定的含义。正是以这个含义独特的"生活"范畴为理论基石，陶行知构筑起他的整个教育学说的理论体系。关于"生活"范畴，陶行知在不同时期、不同场合，针对不同问题作过不同解释。从总体上说，其基本含义主要是两点：(1) 泛指一切生物的生存和发展的

---

①《生活即教育》，《陶行知全集》第2卷，湖南教育出版社1985年版，第180页。

活动(即“有生命的东西,在一个环境里生生不已的就是生活”[①]);(2)特指构成社会历史的主体——人类的全部生活实践(即“生活主义包含万状,凡人生一切所需皆属之”[②]),“所谓‘做’是包含广泛意味的生活实践的意思。”[③]它既包括个人生活和社会生活,又包括物质生活和精神生活。而且,社会的物质生活实践始终是其中居于首要地位的因素,决定制约着其他方面的生活实践。上述两层基本含义不是相互对立、相互排斥的,而是相互补充、相互阐明的。

陶行知的“生活”范畴是从杜威那里借过来的,但与杜威的“生活”范畴在内容实质上有根本区别。杜威的实用主义教育学说也是以“生活”范畴作为其整个理论体系的逻辑起点的。他说:“生活就是通过对环境的行动的自我更新过程。”“生活的延续就是环境对生物需要的不断的重新适应。”又说:“我们使用‘生活’这个词来表示个体的和种族的全部经验。”[④]还说:“学校必须呈现现在的生活——即对于儿童说来是真实而生气勃勃的生活。”[⑤]杜威所说的“生活”,是一个从生物学中引申出来的范畴,是生物有机体适应环境的“刺激—反应”,是个人应付环境、适应现实的行为,而不是以人民大众为主体的、以生产劳动为首要内容的改造社会、征服自然的社会实践。陶行知借用了杜威的“生活”范畴,但赋予其新的含义。他不是一般地谈论生物为生存和发展而进行的活动,而是着重指构成社会历史的主体——人类的生活实践;他不是毫无主次地开出一份包括各种生活内容的清单,而是把制造和使用工具的生产劳动视为生活的首要内容;他不是指个体的、消极适应性的生活,而是指社会的、积极能动的实践。他所说的“生活”包括制造和使用工具的生活,健康的、劳动的、科学的、艺术的和社会的生活,民族解放斗争的生活,争取民主自由平等的生活,等等。简言之,如果说,杜威的“生活”实质上是指人们应付和适应眼

---

①《生活即教育》,《陶行知全集》第2卷,湖南教育出版社1985年版,第180页。

②《生利主义之职业教育》,《陶行知全集》第1卷,湖南教育出版社1984年版,第78页。

③《教育生活漫忆》,《陶行知全集》第3卷,湖南教育出版社1985年版,第623页。

④ 杜威著,王承绪译:《民主主义与教育》,人民教育出版社1990年版,第2～3页。

⑤ 赵祥麟、王承绪编译:《杜威教育论著选》,华东师范大学出版社1981年版,第4页。

前资本主义社会的现实生活的各种活动，那么，陶行知的“生活”实质上就是指半殖民地半封建中国人民大众反帝反封建、争取民族独立、民主平等和社会发展的全部社会实践。

当然，陶行知的“生活”范畴本身也有一个发展演进的过程，起初，它的含义还比较笼统和抽象，并不十分明确和具体，尚未与杜威的“生活”范畴完全划清思想界限，后来，随着其教育实践的逐步深入和思想认识的不断提高，它才逐渐明确和具体起来，走出杜威实用主义哲学思想和教育学说的樊篱，日益接近马克思主义的“生活”观。

“教育”范畴是陶行知教育学说中与“生活”范畴具有同等重地位的又一基本概念。它与“生活”范畴有着密切联系。谈“生活”必然涉及“教育”，谈“教育”也必然涉及“生活”。没有离开“生活”的“教育”，也没有离开“教育”的“生活”。两者是一而二、二而一的关系。离开了“生活”和“教育”这两个范畴，陶行知教育学说的理论体系就不可能建立起来，因此，我们在弄清了“生活”范畴之后，有必要考察一下“教育”范畴。

与“生活”范畴一样，关于“教育”范畴，陶行知在不同时期、不同场合，针对不同问题时也作过不同解释。大致说来，它有两层意思：第一，教育是培养人的活动。用他的话说，“教育是教人化人”①，“教人做人”②，“使人天天改造，天天进步，天天往好的路上走”③，是“引人向上向前生活”④；第二，教育是“生活的改造”⑤，是“民族解放、大众解放、人类解放之武器”⑥。培养人与改造生活这两种活动又是密不可分、相互推动的。它是一件事物的两个方面。前者是教育的本质，后者是教育的功能。教育的根本作

①《地方教育与乡村改造》，《陶行知全集》第 2 卷，湖南教育出版社 1985 年版，第 128 页。

②《空前之全国教育大会》，《陶行知全集》第 1 卷，湖南教育出版社 1984 年版，第 458 页。

③《新教育》，《陶行知全集》第 1 卷，湖南教育出版社 1984 年版，第 123 页。

④《桂林战时民众教育工作人员须知》，《陶行知全集》第 3 卷，湖南教育出版社 1985 年版，第 299 页。

⑤《地方教育与乡村改造》，《陶行知全集》第 2 卷，湖南教育出版社 1985 年版，第 128 页。

⑥《谈生活教育——致一位朋友》，《陶行知全集》第 5 卷，湖南教育出版社 1985 年版，第 477 页。

用就是通过培养人来改造生活。如前所述，陶行知所说的“生活”，既包括个人生活，又指社会生活。所以，教育改造生活实质上是改造社会生活，即改造半殖民地半封建中国的社会生活，以实现民族解放、大众解放和人类解放。

陶行知的“教育”范畴也是从杜威那里借用过来的，却与杜威的“教育”范畴在内容实质上存在本质差异。杜威认为，“教育就是经验的改造或改组”[①]，“教育是生活的过程，而不是将来生活的预备”[②]，教育就是不断生长。[③]（简称“教育即经验的改造”，“教育即生活”，“教育即生长”）三句话含义相同，互为表里。他提出这样的概念，是针对“传统教育”的。他认为，“传统教育”远离生活，不适应美国现实的需要。应该把社会生活的内容当做教育的主要内容。资本主义社会需要什么，学校就教么，这种教育虽然较“传统教育”离社会近了一点，注意到社会的实际需要，但并未真正解决好教育与生活的关系，而且它的服务对象不是人民大众，而是在资本主义社会居统治地位的资产阶级。

陶行知成功地改造了杜威的“教育”范畴，使之含有新的内容。他从半殖民地半封建中国的社会现实出发，把培养人与改造社会的生活联系起来，提出“生活即教育”，“教育就是社会改造”。他把人民大众反帝反封、改造中国的社会生活作为教学的首要内容，把教育看成社会改造的重要工具，并进一步提出了“教育是民族解放、大众解放、人类解放之武器”。它正确地认识并阐明了教育的本质、功能与服务对象，把教育与生活真正地结合起来，为广大的人民群众尤其是其中的工人和农民及其子女服务。他的教育观不仅具有鲜明的阶级倾向，而且充满时代的气息，是对传统教育观的一次革命性改造。正如他自己所说：“这种教育观，是把教育从游戏场、陈列室解放出来输送到战场上去”[⑩]。

陶行知对教育的认识是在不断深化的“五四”时期，他对教育的看法与杜威的观点没有什么很大差异，肯定杜威“教育是继续经验的改造”的说法。他说：“‘教育’是什么东西？照杜威先生说，教育是继续经验的改

① 杜威著，王承绪译：《民主主义与教育》，人民教育出版社 1990 年版，第 82 页。
② 赵祥麟、王承绪编译：《杜威教育论著选》，华东师范大学出版社 1981 年版，第 4 页。
③ 杜威著，王承绪译：《民主主义与教育》，人民教育出版社 1990 年版，第 57 页。

造(Continuous reconstruction of experience)。”我们个人受了周围的影响,常常有变化,或是变好,或是变坏。教育的作用,是使人天天改造,天天进步,天天往好的路上走;就是要用新的学理,新的方法,来改造学生的经验。[①] 在创办晓庄学校、推行乡村教育时期,他通过自己的教育实践开始认识到杜威“教育”范畴的不足,尝试着从其他角度来重新界定“教育”范畴,比如,他把教育与人类生活实践首要内容的制造工具和使用工具的生产劳动联系起来,提出“教育是什么?教育是教人发明工具,制造工具,运用工具”[②]。

又如,他把教育与社会生活的改造联系起来,提出“教育就是生活的改造”。由于他此时对“生活”范畴的具体内容认识还不十分明确和具体,所以,这时的教育观还残留着一定程度的杜威教育观的痕迹。30年代以后,随着民族危机的空前加剧和抗日民族运动的蓬勃高涨,他的教育观发生了根本变化,明确认识到:“教育不是玩具,不是装饰品,不是升官发财的媒介。教育是一种武器,是民族、人类解放的武器。”[③]这表明他的教育观已完全摆脱了杜威思想的影响,形成了个人的独特风格。

弄清了陶行知教育学说中“生活”和“教育”范畴的含义和实质,就为我们下面学习和掌握“生活即教育”命题(原理)的含义和实质打下了初步基础。

2. “生活即教育”的含义

“生活即教育”的命题(原理),含义非常丰富。概括起来,主要包括如下三层意思:

第一,从生活的角度说,“生活含有教育的意义”。陶行知认为:“教育的根本意义是生活之变化。生活无时不变即生活无时不含有教育的意义。因此,我们可以说:‘生活即教育’。”[④]“生活含有教育的意义”来源于“生活具有教育的作用”。后者原是瑞士资产阶级民主主义教育家裴斯泰

---

①《新教育》,《陶行知全集》第1卷,湖南教育出版社1984年版,第123页。

②《生活工具主义之教育》,《陶行知全集》第2卷,湖南教育出版社1985年版,第77页。

③《告生活教育社同志书》,《陶行知全集》第3卷,湖南教育出版社1985年版,第338页。

④《生活教育》,《陶行知全集》第2卷,湖南教育出版社1985年版,第633页。

洛齐1826年在其论著《天鹅之歌》中最早提出的一条重要的教育原则。后来杜威接受了这条原则,继续加以阐发,肯定"一切沟通(因而也就是一切真正的社会活动)都具有教育性","共同生活过程本身也具有教育作用"[①],旨在反对美国当时脱离社会生活的学校教育。陶行知在反对传统教育和洋化教育的过程中,批判地继承了这一宝贵的教育思想,并根据中国的具体国情,加以创新和发展,使之具有新的思想内容。他在给"生活教育"下定义时,始终将"用生活来教育"作为最重要的内涵之一。所谓"用生活来教育",就是承认生活的教育作用,相信生活含有教育的意义。

生活为什么能起教育的作用?生活又怎样起教育的作用?陶行知认为:"生活与生活一摩擦便立刻起教育的作用。摩擦者与被摩擦者都起了变化,便都受了教育。"[②]他用唯物辩证法的观点来分析生活如何起教育的作用,从生活的矛盾斗争中看到了生活的教育作用,认为"受过某种教育的生活与没有受过某种教育的生活,摩擦起来,便发出生活的火花,即教育的火花,发出生活的变化,即教育的变化"[③]。生活又怎样起教育的作用?陶行知指出:"过什么生活便是受什么教育","过康健的生活便是受康健的教育;过科学的生活便是受科学的教育;过劳动的生活便是受劳动的教育;过艺术的生活便是受艺术的教育;过社会革命的生活便是受社会革命的教育"[④]。又说:"过好的生活,便是受好的教育;过坏的生活,便是受坏的教育;过有目的的生活,便是受有目的的教育;过糊里糊涂的生活,便是受糊里糊涂的教育;过有组织的生活,便是受有组织的教育;过一盘散沙的生活,便是受一盘散沙的教育;过有计划的生活,便是受有计划的教育;过乱七八糟的生活,便是受乱七八糟的教育。"[⑤]他强调把自己"放在社会的生活里,即社会的磁力线里转动,便能通过教育的电流,射出光,放出热,发出力。"[⑥]

---

① 杜威著,王承绪译:《民主主义与教育》,人民教育出版社1990年版,第6~7页。

②《生活教育之特质》,《陶行知全集》第3卷,湖南教育出版社1985年版,第25页。

③ 同上,第26页。

④《教学做合一下之教科书》,《陶行知全集》第2卷,湖南教育出版社1985年版,第288页。

⑤《生活教育》,《陶行知全集》第2卷,湖南教育出版社1985年版,第634页。

⑥ 同上,第635页。

第二,从教育的角度说,"教育以生活为中心",通过生活来进行,以求得生活的向前向上与提高。陶行知在研究作为现实世界的教育现象时,是把教育与社会生活实践紧密联系起来进行考察的。他认为,生活与教育是同一过程,教育不能脱离生活,生活也不能脱离教育。有什么样的生活就应有什么样的教育,教育的内容应根据生活的需要。他猛烈抨击文字、书本为中心的传统教育和洋化教育,提倡以"生活为中心之教育"。在他看来,文字、书本只是生活的工具,不是生活的本身,教育即来源于生活,由生活产生,文字、书本不能喧宾夺主,作为教育的中心内容。他指出传统教育和洋化教育的"文字中心之过在以文字当教育",把教育等同于读书,"以为文字之外别无教育",其实错矣。文字、书本只是求知的一种工具,生活中随处是工具,随处都是有教育的内容。只有在生活中求得的教育才是活的、有用的教育。他打了一个非常形象的比喻,教育好比是蔬菜,文字好比是纤维,生活好比是维他命。以文字为中心而忽略生活的教科书,好比是有纤维而无维他命之蔬菜,吃了不能滋养体力。

他主张,教育要通过生活来进行,"用生活来教育"。也就是说,"要想受什么教育,便须过什么生活"。如果"过的是少爷生活,虽天天读劳动的书籍,不算是受着劳动教育;过的是迷信生活,虽天天读科学的书籍,不算是受着科学教育;过的是随地吐痰的生活,虽天天写卫生的笔记,不算是受着卫生的教育;过的是开倒车的生活,虽天天谈革命的行动,不算是受着革命的教育。我们要想受什么教育,便须过什么生活"①。只有使教育与社会生活实践切实结合起来,在生活中进行教育,教育才能发出力量而成为真正的教育。

第三,从生活与教育的关系说,"生活决定教育","教育改造生活"。陶行知说:"从生活与教育的关系上说,是生活决定教育。"②又说:"教育就是生活的改造。"③所以,生活决定教育,教育改造生活。两者相互推促,共

---

①《生活教育》,《陶行知全集》第2卷,湖南教育出版社1985年版,第634页。

②《谈生活教育——致一位朋友》,《陶行知全集》第5卷,湖南教育出版社1985年版,第477页。

③《地方教育与乡村改造》,《陶行知全集》第2卷,湖南教育出版社1985年版,第128页。

同前进。

生活决定教育，首先体现为教育的起源、目的、原则、方法都为生活所决定。教育起源于人类社会生活的需要。人类要生存和发展下去就需要不断向下一代传授人类生产劳动的经验、技能、传授社会生活的经验，教育就是为了满足人类社会生活的需要而产生的。教育的目的也是为了"生活所必需"。陶行知认为，不能为办教育而办教育，他的教育目的一直是明确的，即为了人民大众的生活需要，为大众求解放，为人民谋幸福。教育的原则、方法更为生活所决定。生活具有教育的意义和作用。教育应以生活为中心，并且通过生活来进行。不能以文字、书本为中心，关在小鸟笼似的学校里读死书、死读书。其次，生活的全面性导致了教育的全面性。他说："生活教育的要求是：整个的生活要有整个的教育。"①并说："民主教育应该是整个生活的教育。他应该要工以养生，学以明生，团以保生。他应该是健康、科学、艺术、劳动与民主组成之和谐的生活，即和谐的教育。"②还将"整个生活的教育"归结为"全面教育"，即"心、脑、手并用"，学政治、学经济、学文化相结合。健康、科学、劳动、艺术及民主将构成和谐的生活。③ 又次，生活决定了教育的场所。"到处是生活，即到处是教育；整个的社会是生活的场所，亦即教育之场所。"④生活是大众唯一的教育，社会是大众唯一的学校。人民大众当时只能在"社会大学"里学习。再次，生活的变化引起了教育的变化。他说："教育的根本意义是生活之变化。"⑤生活起了变化，教育也要起变化。生活是不断前进的，教育也要不断前进。教育要随着生活的发展而发展，站在生活的面前，引导人们过"向前向上"的生活。换句话说，就是过反帝反封民族民主革命的生活。最后，生活的连续性决定了教育的终生性。他说："天天变动，就是天天受

---

①《晓庄三岁敬告同志书》，《陶行知全集》第 2 卷，湖南教育出版社 1985 年版，第 210 页。

②《民主教育》，《陶行知全集》第 3 卷，湖南教育出版社 1985 年版，第 570 页。

③《全民教育》，《陶行知全集》第 3 卷，湖南教育出版社 1985 年版，第 554 页。

④《生活教育》，《陶行知全集》第 2 卷，湖南教育出版社 1985 年版，第 633～634 页。

⑤ 同上，第 633 页。

教育。差不多从出世到老，与人生为始终的样子。”[①]又说：“生活教育与生俱来，与生同去。出世便是破蒙，进棺材才算毕业。”[②]他指出：“现在这种小学六年、中学六年、大学四年的教育制度，都可以‘短命教育’四字代表之。我们所要干的是整个寿命的教育，不是短命的教育。”[③]在他看来，“教育最重要的成就在使众人养成一种继续不断的共同求进的决心。我们要对众人养成的态度是：活到老；做到老；学到老。”[④]“终生教育。培养求知欲。学习为生活；生活为学习。只要活着就要学习。一旦养成学习习惯，个人就能终生进步不断。”[⑤]

生活决定教育，教育又反过来改造生活，推动生活发展。

教育改造生活，首先是改造社会生活。而改造社会生活的一个重要内容，就是改造社会政治。陶行知认为：“政治与教育原是不能分离的，二者能同时并进，同时革新，国民革命才有基础和成功的希望。”“教育上的革命”应该配合“政治上的革命”[⑥]。还认为：“主张生活即教育，就是要用教育的力量，来达民之情，顺民之意，”“是要解放全人类的”[⑦]。他在自己的全部教育生涯中始终把教育改造与社会政治生活改造紧密结合在一起，以发挥教育改造社会的巨大作用，并逐步探寻到正确的政治方向，使教育为人民大众服务，为反帝反封建反官僚资本主义的新民主主义革命斗争服务。20 年代，他创办晓庄学校，积极推行乡村教育运动，以改造社会、改造农村、改变中国贫穷落后的面貌为理想，提出生活教育要以培养学生和农民群众“征服自然改造社会的本领”为总目标，使之具有“康健的体魄”、“农夫的身手”、“科学的头脑”、“艺术的兴趣”和“改造社会的精神”[⑧]。到了 30 年代，国难当头，民族危机深重，他又提倡国难教育运动，

---

① 《新教育》，《陶行知全集》第 1 卷，湖南教育出版社 1984 年版，第 126 页。

② 《生活教育》，《陶行知全集》第 2 卷，湖南教育出版社 1985 年版，第 634 页。

③ 《普及教育》，《陶行知全集》第 2 卷，湖南教育出版社 1985 年版，第 762 页。

④ 《中国普及教育方案商讨》，《陶行知全集》第 2 卷，湖南教育出版社 1985 年版，第 804 页。

⑤ 《全民教育》，《陶行知全集》第 3 卷，湖南教育出版社 1985 年版，第 554 页。

⑥ 《晓庄试验乡村师范学校创校概况》，《陶行知全集》第 2 卷，湖南教育出版社 1985 年版，第 17 页。

⑦ 《生活即教育》，《陶行知全集》第 2 卷，湖南教育出版社 1985 年版，第 184 页。

⑧ 《第二年的晓庄》，《陶行知全集》第 2 卷，湖南教育出版社 1985 年版，第 132 页。

提出："教育没有独立的生命，它是以民族的生命为生命。唯有以民族的生命为生命的教育，才算是我们的教育。……国难教育的任务，在唤醒大众组织起来救国。"[①]并得出"教育是民族解放、大众解放、人类解放之武器"[②]这一著名论断。以后他提倡战时教育、民主教育等运动以及先后创办山海工学团、育才学校、社会大学等教育事业，都是为人民大众民族民主的革命斗争服务，和人民大众民族民主革命斗争的历史发展相结合。生活教育的方向是人民大众反帝反封建的新民主主义教育的方向。

教育改造社会生活的又一方面是促进社会经济的发展。教育必须重视科学传播，面向经济，与工农业生产实际相结合，与生产劳动相结合，使中国从"农业文明过渡到工业文明"，实现"工业化"，"创造富的社会"，为人民大众谋幸福，这是陶行知一以贯之的思想。早在大学时代，他就认识到："'共和之要素有二：一曰教育；二曰生计'。然教育苟良，则人民生计必能渐臻满意。"[③]"五四"时期，他大力提倡"生利主义之职业教育"，主张教育要"养成生利人物"。认为倘如此，则国无游民，民无废才，群需可济，个性可舒。在从事平民教育运动时便提出能够识字读书之后"要继续受职业训练"的主张。乡村教育时期他就主张"教育与农业携手，"建设"科学农业"，认为"教育没有农业，便成为空洞的教育"，"农业没有教育，就失了促进的媒介"，提出了农村教育要与现代科学技术结合、促进农业进步的思想。他还倡议"把政治、经济、教育打成一片，做一个政富教合一的小试验"，形成了"政富教合一"的理论。30年代初，他积极开展"科学下嫁运动"，努力把科学普及到工农大众中去，创办以培养"生产能力"与"科学能力"等六大能力为主旨的工学团，提倡生产教育的科学教育。抗日战争时期他提出学校不但"是一个学问的组织，而且是一个战斗体"，"一个生产体"，"学习科学，帮助创造科学的新中国。现在的世界是一个科学的世界，整个中国必须受科学的洗礼"。抗战胜利之后，他在从事民主教育运

①《国难教育方案之特质》，《陶行知全集》第3卷，湖南教育出版社1985年版，第19页。

②《谈生活教育——致一位朋友》，《陶行知全集》第5卷，湖南教育出版社1985年版，第477页。

③《生利主义之职业教育》，《陶行知全集》第1卷，湖南教育出版社1984年版，第80页。

动过程中，仍主张民主教育要为改变贫穷落后的状况创造“富”的社会、富强的中国、人民的幸福而奋斗。他指出：“科学不发达，不能造富，所以应该有科学的生产，科学的劳动。”[①]1946年初，他把生活教育运动的方针概括为“民主的、大众的、科学的、创造的方针”[②]。教育改造社会生活还有一个方面，即是把“文化从小众手里解放出来”。他认为，教育的功能是多方面的，既有政治、经济的功能，也有文化的功能；不仅“传递社会的经验”，而且“是社会经验之改造”[③]，具有“引导人产生新价值的力量”[④]。在半殖民地半封建社会历史条件下的中国，教育的首要任务是把“文化从小众手里解放出来”。他指出：“文化是大众所创造的。”可却“被小众所独占”。“现在应该将文化从小众手里解放出来。创造文化的大众应该享受创造的结果。”怎样才能把文化从“小众”手里解放出来呢？他指出了以下几种途径：一是“认识上的解放”，即把文化从种种错误歪曲的观念里解放出来。二是“工具的解放”，即提倡使用新文字。三是“方法的解放”，即废除灌注的教授法，代之以“相互之自由讨论”，反对“知识私有”，“知识封锁”，主张“即知即传”，把白话文解放成大众文，提倡教学做合一，“在行动上来推进大众文化”。四是“组织上的解放”，即“把文化从松花江监牢里解放出来，使它跑进大社会里去。社会即学校，文化的场所多着哩”。五是“时间的解放”，即“争取时间来推进大众文化”。六是“新文化创造的解放”，即反对文化刽子手对新文化创造的摧残。他认为，取得文化解放的关键，在于“要大众运用集体的力量来争取的”，“决不能由少数知识分子代办”，“大众文化是大众的文化，是大众为自己推动的文化，是大众为自己谋幸福除痛苦而推动的文化”，“民族解放、大众解放、文化解放是一个分不开的运动。得要联起来看，联起来想，联起来干，才会看得清楚，想得透彻，

---

①《实施民主教育的提纲》，《陶行知全集》第3卷，湖南教育出版社1985年版，第543页。

②《大众的艺术》，《陶行知全集》第3卷，湖南教育出版社1985年版，第581页。

③《谈教学做合一——致朱端琰》，《陶行知全集》第5卷，湖南教育出版社1985年版，第206页。

④《教学做合一下之教科书》，《陶行知全知》第2卷，湖南教育出版社1985年版，第300页。

干得成功”。[①] 可以说，陶行知一生提出的各种教育主张，推行的各个教育运动，都是为了把文化从小众手里解放出来，让文化的创造者大众所享用。

教育不仅改造社会生活，也改造个人生活。这两者又是紧密联系在一起的。教育的基本功能是通过培养人来改造社会生活。那么，教育如何培养人以充分发挥其改造社会生活的巨大作用呢？陶行知认为这就必须把培养人与生活实际密切结合起来，引导学生追求“高尚的生活”。他说：“‘生’字的意义，是生活或是生存。学生所学的是人生之道。人生之道，有高尚的，有卑下的；有片面的，有全部的；有永久的，有一时的；有精神的，有形式的。我们所求的学，要他天天加增的，是高尚的生活，完全的生活，精神上的生活，永久继续的生活。”[②]“教育的作用，是使人天天改造，天天进步，天天往好的路上走。”[③]

陶行知指出：“在一般的生活里，找出教育的特殊意义，发挥出教育的特殊力量。同时，要在特殊的教育里，找出一般的生活联系，展开对一般生活的普遍而深刻的影响。把教育推广到生活所包括的领域，使生活提高到教育所瞄准的水平。”[④]这既是陶行知对生活教育者的殷切期望，又可视为他对生活决定教育、教育改造生活的扼要说明。

总之，生活含有教育的意义，教育应以生活为中心，通过生活来进行，生活决定教育，教育改造生活，这些就是“生活即教育”的基本含义。

3. “生活即教育”的实质

“生活即教育”原理，是生活教育理论的核心，也是陶行知教育学说中最易引起人们误解乃至曲解的一个思想。为了弄清其实质，这里有必要对社会上和理论界流行甚广的几种认识做出分析。

其一，陶行知是把教育和生活划等号，把教育原始化、低级化吗？

“生活即教育”如果从字面上讲，当然是“生活就是教育”的意思。有

---

① 《文化解放》，《陶行知全集》第 3 卷，湖南教育出版社 1985 年版，第 76～80 页。

② 《新教育》，《陶行知全集》第 1 卷，湖南教育出版社 1984 年版，第 126 页。

③ 同上，第 123 页。

④ 《〈战时教育〉半月刊方针——致戴伯韬》，《陶行知全集》第 5 卷，湖南教育出版社 1985 年版，第 472 页。

人根据这一字面上的意思，认为陶行知的这一主张实际上是抹杀了教育同生活的区别，把两者完全等同起来。其实，这是一种误解。陶行知的确说过："生活与教育是一个东西，不是两个东西。在生活教育的观点看来，它们是一个现象的两个名称。"①这是讲生活与教育具有某种深刻的、内在的同一性或一致性，生活与教育经历着同一过程，教育不能脱离生活，生活也离不开教育，而并非是把生活与教育简单地等同起来，完全看成一码事。

对于陶行知的"生活即教育"原理(包括他的其他原理和思想)，不能仅仅根据其字面上的意思就下断语，而应根据他当时提出、形成、实施这些主张的历史条件、时代特点和他本人的论述做出全面、准确、客观的分析。前面说过，在陶行知提出、形成和实施其教育主张之前，在人类社会教育发展史上，教育与生活的关系经历了一个由融合到分离的过程。进入阶级社会以后，学校教育便被剥削统治阶级所垄断，脑力劳动成了剥削阶级的事情，只有剥削阶级的子弟才能入校学习，学校教育成为了人们进行阶级统治的工具，而劳动人民子弟则被排斥在学校大门之外。劳动人民基本上还是通过父传子、师带徒的形式，在生产劳动和社会实践中接受教育。在学校教育的教育内容上，主要传授统治阶级思想，学习统治者的治人之术，几乎与社会生活实际没有什么直接联系。进入近代社会以后，中国的文化教育虽然在西方文化教育的猛烈冲击下开始发生某些变化，但教育脱离人民、教育脱离生活的状况却没发生根本性的改变。正是针对半殖民地半封建社会中国传统教育和洋化教育的这两个根本弊端，同时又考虑到当时人民大众接受教育的实际情况，陶行知才提出"生活即教育"的主张。

此外，从当时的时代特点来看，近代中国社会在帝国主义(尤其是日本帝国主义)的侵略下，正日益走向殖民地化。反帝反封、争取民族解放和民主自由成为时代的中心课题。但学校教育的教育内容严重脱离社会现实，完全不能适应人民大众反帝反封革命斗争的需要。只有人民大众自身的社会生活实践，才能真正满足这种需要，才是最好的教育内容。

---

①《教学做合一下之教科书》，《陶行知全集》第 2 卷，湖南教育出版社 1985 年版，第 288 页。

而且，就连陶行知本人也是明确反对以生活等同教育、取消教育的。1936年，他在谈到某些人对“生活即教育”的误解时说，“有人说，生活既是教育，那么，便有生活即有教育，又何必要我们去办教育呢？他这句话，分析是对的，断语是错的。我们承认自古以来便有生活即有教育，但同在一社会，有的人是过着前进的生活，有的人是过着落后的生活。我们要用前进的生活引导落后的生活，要大家一起来过前进的生活，受前进的教育，前进的意识要通过生活才算是教人真正地向前去。”① 又说：“教育是生活反映出来的影子。”“是好生活即是好教育；是坏生活即是坏教育；有目的的生活即是有目的的教育；无目的的生活即是无目的的教育；有计划的生活即是有计划的教育；无计划的生活即是无计划的教育；合理的生活即是合理的教育；不合理的生活即是不合理的教育；日常的生活即是日常的教育；进步的生活即是进步的教育。”② 这些话的意思是说，生活是一个整体，教育是一个局部，生活包括教育，而不等同教育，更不能取消教育。生活本身也有内容、性质的不同，有前进的生活，也有落后的生活；有革命的生活，也有反动的生活。但同一社会里，有的人是过着前进的、革命的生活，有的人则过着落后的乃至反动的生活。教育者要用前进的生活来引导落后的生活，用革命的生活来改造反动的生活，使大家一起来过前进的、革命的生活，受前进的、革命的教育。只有这种前进的、革命的生活，才真正含有教育的意义。教育者应该办的教育，就是这种前进的、革命的教育。他所反对的或取消的，是落后的、反动的教育，而不是教育本身。

值得注意的是，陶行知在用英文表示“生活即教育”、“社会即学校”时，一般都是用关系词“as”而非“is”来表示生活与教育、社会与学校的关系。比如，1938年9月，他应印度民族运动领袖甘地之邀，用英文为之撰写《中国的大众教育运动》时，文中便是“Life as Education”、“Society as School”。在1938年的《中国》和1945年的《全民教育》这两篇英文论著中，也是用“Society as the School”或“Society as School”来表示“社会即学

① 《生活教育之特质》，《陶行知全集》第3卷，湖南教育出版社1985年版，第27页。

② 《晓庄三岁敬告同志书》，《陶行知全集》第2卷，湖南教育出版社1985年版，第209页。

校”。[①] “as”与“is”一词之差，含义颇有出入。“as”的意思是“似”，“is”的意思为“是”。“as”是一种类比，表示两件不同事物完全是一个东西。陶行知在不同时期、不同情况下都用“as”而不是“is”来表示生活与教育、社会与学校的关系，说明陶行知在使用这些意思接近而又颇有差异的英文词语时，经过了深思熟虑，反复斟酌，绝非偶然的信笔为之，随便搭配。从陶行知对英文词语“as”的使用中，我们也可窥知他强调的是生活与教育、社会与学校的同一性或一致性，而并非把生活与教育简单地等同起来，完全看成一码事。

其二，陶行知的“生活即教育”不过是杜威“教育即生活”的“翻版”吗？

陶行知的“生活即教育”是对杜威的“教育即生活”的直接改造。有人据此认定“生活即教育”与“教育即生活”并无根本不同，半个筋斗并没有跳出杜威的窠臼，不过是杜威“教育即生活”的“翻版”而已。其实，这也是一种误解。

不错，陶行知的“生活即教育”是对杜威“教育即生活”直接改造的结果。但应看到，它更是陶行知长期反传统教育和洋化教育历史实践的产物，是陶行知针对20世纪上半叶中国社会和教育的具体实际而提出来的。这就决定了陶行知的“生活即教育”与杜威的“教育即生活”不仅是字词的颠倒，而且在内容、性质上有着根本区别。

首先，“教育即生活”宣扬的是教育无目的论，认为教育目的是在教育过程之中，而不是在教育过程之外，主张抓住现实，不要强调“遥远的将来”，抓住一个一个具体的行动，达到一个一个具体目标，以应付眼前的事变就是目的。而“生活即教育”则主张教育是有目的的，旗帜鲜明地提出教育应“促进自觉性之启发，创造力之培养，教育之普及，生活之提高”，指出教育是民族解放、大众解放、人类解放的工具，应为反帝反封、争取民族解放和民主自由的伟大斗争服务。

其次，“教育即生活”只是把社会上的“生活”引入学校，这还不是真正的社会生活。“生活即教育”则是拿进步的生活去改造落后的生活，拿整个的生活去解放偏狭的生活，拿全部生活去做教育的材料。或言之，以人

---

① 参见《陶行知全集》第6卷，湖南教育出版社1985年版，第513、538、567、572页。

民大众改造社会、征服自然的全部社会实践去做教育的内容。

又次，“教育即生活”将教育和生活关在学校大门里，使教育与丰富多彩的社会生活相隔绝，教育的场所就是学校，而“生活即教育”则主张到处是生活，即到处是教育；整个的社会是生活的场所，亦即教育的场所。这就扩大了教育的范围和场所，从根本上改变了教育的概念。

最后，“教育即生活”认为学校的功能是“把现存的社会风俗纯化和理想化”，旨在保存和巩固资本主义社会的秩序，防止产生对资本主义的离心力量，而“生活即教育”则主张教育要为人民大众反帝反封的革命斗争服务，为建立民主自由的新中国服务，为人民大众谋利益。

由此可见，陶行知的“生活即教育”并不是杜威“教育即生活”的“翻版”，两者之间在内容、性质上有着根本的不同。当然，指出它们之间的本质差异，并不意味着两者就没有任何共同之处。事实上，两者都是以反对形式主义的传统教育为基本旨趣的，都强调生活与教育的一致性，主张教育要密切联系生活实际并为社会发展服务。陶行知对杜威的“教育即生活”具有崭新的思想内容和性质。

总之，陶行知的“生活即教育”既不是把教育与生活划等号，把教育原始化、低级化，也不是杜威“教育即生活”的“翻版”，与“教育即生活”没有什么根本不同。它以反对传统教育和洋化教育、建立新型的人民教育为宗旨，强调生活与教育的一致性，认为生活含有教育的意义和作用，教育应以生活为中心，通过生活来进行，教育决定于生活并反作用于生活，主张教育要与社会生活相联系，教育要与生产劳动相结合，教育要为人民大众服务。这就是“生活即教育”的实质。

(三)“生活即教育”的评价

“生活即教育”是陶行知教育学说中的核心思想和基本原理，它是陶行知在反对传统教育和洋化教育的长期斗争中，在批判地继承杜威的“教育即生活”思想和总结自己教育实践经验的基础上产生的。它的出现给“五四”以后中国新教育的发展带来了深刻影响，更新了人们对教育、生活以及两者关系的认识，反映出教育的一些规律性的东西，不仅在历史上起过积极作用，而且对我们今天的教育仍具有重要的现实意义。

1.“生活即教育”给“五四”以后中国新教育的发展带来了深刻影响

在“五四”以前的中国历史上，教育一直被剥削阶级所垄断，只有统治阶级的子弟才能入校学习，劳动人民子弟则被拒之于学校大门之外。学校的教育内容主要是儒家经典，以文字和书本为中心，严重脱离社会生活实际。教育脱离人民、教育脱离生活，是中国传统教育的两个主要弊端。

为了改变这种状况，近代中国的许多有识之士曾经提出过种种主张和设想，做出过种种努力，终因各种主客观原因而收效甚微。五四运动期间，乘民主思潮高涨之机，陶行知怀着要使全中国人民都受教育的宏愿，开始从事其改造中国社会和教育的伟大实践，登上了现代中国的历史舞台。与他同时代的众多有识之士一道，演出一幕幕的有声有色、威武雄壮的话剧。

他针对传统教育和洋化教育脱离人民、脱离生活的弊端，揭起"生活即教育"的大旗，主张教育要和社会生活相联系，教育要与生产劳动相结合，教育要为人民大众服务，这就给"五四"以后的中国教育界带来了一场思想观念上的伟大革命，极大地影响了现代中国的教育发展。

"生活即教育"主张教育要与社会生活相联系，反对教育脱离社会生活实际，这就击中了传统教育和洋化教育的要害。旧教育的基本特征就是"死"，就是和生活脱离。陶行知看清了这一点，针锋相对地提出教育必须和生活结合，生活是教育的灵魂和生命。他把教育的范围由学校扩大到整个社会，以人民大众的全部生活实践为教育的内容，从而把教育从狭小的范围内彻底地解放了出来，改变了以往人们对于教育、生活及其相互关系的陈旧认识，在人们思想观念深处造成了一场"强烈地震"。

"生活即教育"主张教育要为人民大众服务，反对教育只为少数贵族少爷小姐服务。陶行知说："我们要求教育机会均等。"①"无论什么阶级，都要有受教育的机会。受教育的机会被剥夺最多的是农工及子弟。""民主教育是要力求农工劳苦阶级有机会受教育。"②让工农大众及其子弟受教育，这就把教育权从统治阶级手中夺了回来，交还给了人民大众，为五四以后中国新教育的发展指明了正确方向。

"生活即教育"的思想，与当时反动统治思想是相对抗的，在实质上与

---

①《民主教育》，《陶行知全集》第3卷，湖南教育出版社1985年版，第569页。

②《实施民主教育的提纲》，《陶行知全集》第3卷，湖南教育出版社1985年版，第541～542页。

马克思主义的教育观息息相通。它的思想内核，如教育要与社会生活相联系，教育与生产劳动相结合，教育为人民大众服务的思想，已被党的教育理论所吸收，并融合和体现在党的一系列方针政策之中，成为党的教育理论的一个重要的组成部分。

2.“生活即教育”对我们今天的教育仍具有重要的现实意义

“生活即教育”原理所反映出教育的一些规律性的东西，不仅在历史上起过积极作用，而且对我们今天的教育仍具有不可忽视的理论价值和实践价值。“生活即教育”强调生活与教育的一致性，认为生活含有教育的意义和作用，提出教育以生活为中心，通过生活来进行，承认教育决定于生活而又反作用于生活，主张教育要与社会生活相联系，教育要与生产劳动相结合，教育要为人民大众服务。这些思想都含有许多值得借鉴的合理成分，有助于我们进一步认识教育的对象、内容和途径，认识教育、生活及其相互关系，进一步加强教育与社会生活的密切联系，使教育更好地为人民大众服务，为社会主义现代化建设服务。

当然，作为一种特定社会历史条件下的产物，由于时代和个人两方面的原因，“生活即教育”在理论上和实践上还存在着一些不足之处。如对生活与教育的联系说得比较多，而对两者之间的区别（或差异）说得比较少。此外，过去有些人有些地方在实施这一原理时，曾经由于认识不够，经验不足，而发生过一些偏向。但这些都是需要从当时那种特定的时代背景来加以理解的，不能过于求全责备，更不能不分青红皂白地把什么偏颇都算在陶行知的账上。

二、“社会即学校”

“社会即学校”是陶行知教育学说的一个基本原理。它是紧随着“生活即教育”而来的，是“生活即教育”在理论上的自然延伸，指示着“生活即教育”的范围。换句话说，它是“生活即教育”的横向拓展，是陶行知教育学说的领域论（或曰场所论、范围论）。学习和研究陶行知的教育学说，不能不对这一原理有所了解。

（一）“社会即学校”的产生背景

1. 教育背景

关于社会即学校产生的教育背景，实际上在前面分析“生活即教育”

产生背景时已涉及了，这里只想再略微说明一下。

如前所述，在原始社会里，由于生产力十分低下，社会上没有剩余产品，生产资料为氏族公有，没有阶级和剥削，也不存在脑力劳动与体力劳动的分工，没有文字和书籍，也没有出现学校这种专门的教育机构。从某种意义上说，这个时候，“社会就是学校”[①]。

进入奴隶社会以后，随着生产力的发展，社会上有了剩余产品，出现了剥削阶级和被剥削阶级，产生了脑力劳动与体力劳动的分工，并产生了国家。这时，统治阶级需要一种专门机构来培养和造就官吏和士人，于是，产生了学校。学校从以劳动为目的的教育领域里分离出来，具有独立的存在形态。这在人类文明史和教育史上是一个划时代的进步。但是，由于阶级的成立，学校教育的对象只是奴隶主和地主阶级的子弟，至于劳动人民子弟则只能在学校的大门外“望门兴叹”，仍旧在生产劳动和社会生活的实践中，接受以劳动为中心的教育。而统治阶级的子弟在学校里学习他们的意识形态、行为规范、伦理道德有关统治劳动人民的“治人之术”。这样，学校不仅对社会上的广大人民群众关上了大门，也与活生生的社会生活隔绝出来，形成社会自社会、学校自学校的局面。

近代以降，在西方文化的冲击下，随着中国传统社会结构的演变，中国传统教育也产生了明显的变化。废科举，兴学校，颁布新学制，引进西方各种先进的教育理论和方法，学校的大门逐渐向社会民众开放，学校教育的内容也开始接近社会生活。但是，由于当时中国处在半殖民地半封建的社会历史条件下，学校教育的性质和面貌没有也不可能有真正的改变。“新学办了三十年，依然换汤不换药，卖尽气力，不过把‘老八股’变成‘洋八股’罢了。‘老八股’与民众生活无关，‘洋八股’依然与民众生活无关。”[②]仍然是学校自学校，社会自社会。教育严重地脱离人民大众的社会生活实际。针对传统教育和洋化教育的弊端，从推广大众教育的目的出发，陶行知在提出“生活即教育”的同时，又提出了“社会即学校”。

---

①《生活即教育》，《陶行知全集》第2卷，湖南教育出版社1985年版，第183页。

②《生活工具主义之教育》，《陶行知全集》第2卷，湖南教育出版社1985年版，第76页。

2. 理论背景

如果说，“生活即教育”的理论背景是20世纪上半叶杜威“教育即生活”在中国教育界的广泛流行，那么，“社会即学校”的理论背景就是杜威另一个主张“学校即社会”的喧嚣一时。

“学校即社会”是紧随着“教育即生活”而来的。杜威在提出了“教育即生活”后，又提出了“学校即社会”。杜威认为，学校是一个重要的社会机构，这个机构早在有了文字交往之后就出现了，其中目的是为了世代传递社会遗产，为了有效地进行社会交往。作为一种典型的社会环境，学校担负着特定的培养人才的任务。学校具有三种特殊功能。一是学校能将错综复杂的社会生活简单化，为青少年提供一个简化的环境，使青少年将分成若干部分的复杂文化，逐步地、分阶段地吸收，不至于陷于混乱，无所适从；二是学校能尽量排除现存环境中无价值的东西，不让其影响儿童的心理习惯；三是学校为每个人提供了一个不受社会团体限制的社会，为人们创造了一个新的、广阔的学习环境。为了使学校正常发挥功能，他指出，学校应该具有社会生活的全部含义。这一看法与他对教育的理解是一致的，教育既然是一种社会过程，学校便是社会生活的一种形式。学校应办成一个小型的或雏形的社会。社会上的各种机构在学校里都可以模拟，使学生在学校就能接触到丰富的社会生活实践。具体说来，社会上的一切，如公安局啦，卫生局啦，市政厅啦，诸如此类，都可以请到学校里来，使之应有尽有，成为一个小型社会。

杜威抨击与世隔绝的经院式的学校，要求学校富有生活气息，并且对学校的各个方面的性质作了理论上的探索，在当时是相当引人注目的，具有很大的影响，对扭转美国教育的时弊起了一定的积极作用。

五四运动期间，杜威来华讲学，在宣传其“教育即生活”的同时，也宣传了“学校即社会”。“学校即社会”与“教育即生活”一样，一时也为中国教育界许多人奉为圭臬，深信不疑。

应该承认，比起学校自学校、社会自社会的情形，“学校即社会”的提出显然是一个进步。它对纠正中国传统学校完全脱离社会生活实际的弊端，确实产生了某些积极作用。然而，杜威的“学校即社会”是有相当的局限性的。其错误的政治倾向和不科学的哲学基础暂且不说，即便是其基本内容，也多有谬误。况且拿到与美国社会文化环境差异颇大的中国，更显得方枘圆凿。

早期的陶行知，在接受和传播杜威"教育即生活"的同时，也接受和传播了"学校即社会"。但是，经过一段时期的实践之后，发觉不论是"教育即生活"还是"学校即社会"，在中国都行不通。一遇到中国的具体实际就必然碰壁。现实告诉他，"学校即社会"是不对的，是不适合中国国情的。于是，他从中国的具体实际出发，又把"学校即社会"翻了半个筋斗，改为"社会即学校"。

由此可见，陶行知的"社会即学校"，是针对传统教育和洋化教育的弊端，从推广大众教育的目的出发，在其教育实践的基础上，直接改造杜威"学校即社会"的结果。

（二）"社会即学校"的含义与实质

1. "社会"、"学校"范畴

"社会"范畴与"生活"、"教育"范畴一样，也是陶行知教育学说的基本概念之一。在分析了"生活"、"教育"范畴之后，有必要进一步探讨"社会"范畴的含义。

首先需要说明，陶行知对"社会"范畴没有做过什么专门论述，我们主要是从他对"社会"范畴使用的有关情况来了解这一范畴的基本含义。大致说来，他的"社会"范畴主要有两层意思：一是泛指各种由于种种利益关系而互相联系起来的人群及其组织，二是特指以工农为主体的人民大众及其组织（例如"工学团"、"文化细胞"、"文化网"等等）。

陶行知的"社会"范畴是一个与其"生活"范畴有着内在联系的概念。他的"生活"范畴主要是指人民大众的生活实践，与之相应，他的"社会"也主要是指人民大众的生活组织（场所）。人民大众生活在一定的组织（场所）里，结成一定的社会关系，从事其生活实践。他们在这种组织（场所）里，相互之间发生作用，通过生活与生活的摩擦以及生活的变化和斗争，意识到自己的生活，不断地加以改进，从而共同得到提高。

在某种意义上，陶行知倡导"工学团"、"文化细胞"、"文化网"等，都是其"社会"范畴的具体体现。什么叫做"工学团"？"工学团"是陶行知自创的一个名词。依他的解释："工是工作，学是科学，团是团体。说得清楚些是，工以养生，学以明生，团以保生。说得更清楚些是，以大众的工作，养活大众的生命；以大众的科学，明了大众的生命；以大众的团体的力量，保护大众的生命。”[①]“工学团是一个小工场，一个小学校，一个小社会。在这里面是包含着生产的意义，长进的意义，平等互助、自卫卫人的意义。它是将工场、学校、社会打成一片，产生一个富有生活力的新细胞。”[②]他指出：“工学团可大可小，从几个人的家庭、店铺，几十个人的学校、庙宇，几百个人的村庄、监狱，几千人的工厂，几万人的军队，都可造成一个富有意义的工学团。”[③]他还特别说明：“团不是一个机关，不是一个工学的机关。假使它只是一个工学的机关，那便成了一个半工半读的改良学校而不是工学团。团是团体，是力的凝结，力的组织，力的集中，力的共同发挥。”[④]人民大众正是生活在这种团体里，团结起来，集中力量，保护自己的利益，抵御敌人的进攻，争取民族民主斗争的胜利。

“文化细胞”是陶行知自创的又一名词。他认为，为了适合大多数人的生活，便利大多数人继续不断地长进，必须创造一种下层文化的组织。这种组织便叫“文化细胞”。他提议，“每一家店铺，每一工厂，每一机关，每一集团组成一个文化细胞。这种细胞里的分子有两种，一是识字的，一是不识字的。我们叫每一个细胞里的识字分子教导不识字分子，说得正确些，我们要叫识字分子取得现代知识精神，连文字一同教给不识字的分子。这样一来，每个文化细胞里的分子都能继续不断地长进。”他还指出：“这种文化细胞在山海工学团范围以内叫做工学队，为工学团最下层之组织单位。俞塘称它为生活教育团，安徽省会称它为普及教育团。有人建议称它为自学团或共学团。”[⑤]

在“文化细胞”的基础上，陶行知建议形成一个“文化网”。他说：“文化细胞虽是最下层的组织，但是光棍的细胞是没有多大用处，我们必须把一个个的‘文化细胞’联合起来，结合一个文化网。”“在城市里，每一铺户

① 《普及什么教育》，《陶行知全集》第 2 卷，湖南教育出版社 1985 年版，第 636 页。

② 同上。

③ 同上，第 636～637 页。

④ 同上，第 637 页。

⑤ 《文化细胞》，《陶行知全集》第 2 卷，湖南教育出版社 1985 年版，第 828～829 页。

里的识字者与不识字者组织一个生活教育团,继续不断地共同教学做,便成了一个'文化细胞'。有了这个'文化细胞'的组织,这一铺户里的人便可以活到老做到老,教到老学到老。如果一条街上的"文化细胞"都联了起来,成了一街的文化组织,再进一步,一区的街文化组织都联了起来,成了一区的文化组织,以至全市的文化组织,那便是有了文化网的作用了。我们可以称为街文化网、区文化网、市文化网。乡下的可以称为村文化网、乡文化网等。[①] 不难发现,这种"文化细胞"和"文化网",既是人民大众的生活组织,又是其文化组织,均为陶行知"社会"范畴的具体化。显然,这与杜威的资产阶级的"社会"范畴是截然不同的。

"学校"与"社会"是同一命题(原理)的两个相关范畴。如同谈"生活"必然涉及"教育"一样,谈"社会"也必然关联到"学校"。

那么,陶行知的"学校"范畴有哪些基本含义呢?概括起来,一是指正规的、专门的教育机构,也就是人们通常所理解的学校;一是指人民大众生活的场所("整个的社会是生活的场所,亦即教育之场所")。[②] 从他一贯论述的重心来看,显然更为重视后者。这与杜威也是大不相同的。

当然,陶行知的认识有一个发展变化的过程。最初,他的"学校"范畴的含义与杜威没有根本不同。他在 1919 年的一次题为"新教育"的演讲中指出:"要使学校成为一个小共和国,须把社会上一切的事,拣选他主要的,一件件的举行起来。不要使学生在校内是一个人,在校外又是一个人。要使他造成共和国民的根基,须在此练习。对于身体方面、道德方面、政治方面,凡国民所不可不晓得的,都要使他晓得,那学校便成为具体而微的社会了。"[③]尽管在讲演中他已指出"学校是小的社会,社会是大的学校",但从所讲的重心来看,此时的重点是放在前面的,是围绕着"学校即社会"来展开立论的。这里的"社会是大的学校"还不能简单地等同于日后的"社会即学校",至多只能视为"社会即学校"的萌芽。平民教育运动中,陶行知通过总结推行杜威的"学校即社会"的教训,开始对传统的和

---

① 《文化网》,《陶行知全集》第 2 卷,湖南教育出版社 1985 年版,第 830 页。

② 《生活教育》,《陶行知全集》第 2 卷,湖南教育出版社 1985 年版,第 633～634 页。

③ 《新教育》,《陶行知全集》第 1 卷,湖南教育出版社 1984 年版,第 126 页。

洋化的“学校”观进行反思，逐渐认识到，在半殖民地半封建社会的历史条件下，传统的学校教育的那一套是无法适应人民大众的社会现实生活的需要的。应该对旧的学校来一个根本的改造，因此，他从推广人民大众教育的目的出发，在充分考虑到人民大众现实处境的基础上，直截了当地提出“社会即学校”，把人民大众的生活场所都当成教育的场所，整个社会都是一所大学校。这就彻底改造了旧的“学校”观，使其“学校”具有不同于杜威的思想新质。明白了陶行知教育学说中“社会”和“学校”范畴的含义，这就为下面分析“社会即学校”的含义和实质创造了必要前提。

2.“社会即学校”的含义

陶行知的“社会即学校”，如同其“生活即教育”一样，有着极为丰富的含义。举其要者，大抵有三：

首先，从社会的角度说，“社会含有学校的意味”①。或者说，“以社会为学校”。“把整个的社会或整个的乡村当作学校。”②这是“社会即学校”的基本含义。陶行知根据他的“生活即教育”，进一步指出：“到处是生活，即到处是教育；整个的社会是生活的场所，亦即教育之场所。因此，我们又可以说：‘社会即学校’”③。

陶行知为什么主张“社会即学校”？这主要是他有鉴于传统教育和洋化教育均不能适应人民大众生活实际的需要，同时又充分考虑到人民大众的现实处境。也就是说，他是从推广大众教育的目的出发而提出这一主张的。

他认为，传统的学校教育，最大的弊病是脱离社会生活实际。他对于脱离社会生活实际的学校教育深恶痛绝，说：“没有生活做中心的教育是死教育。没有生活做中心的学校是死学校。没有生活做中心的书本是死书本。在死教育、死学校、死书本里鬼混的人是死人——先生是先死，学生是学死！先死与学死所造成的国是死国，所造成的世界是死世界。”④依

---

①《创造的教育》，《陶行知全集》第2卷，湖南教育出版社1985年版，第617页。

②《晓庄三岁敬告同志书》，《陶行知全集》第2卷，湖南教育出版社1985年版，第211页。

③《生活教育》，《陶行知全集》第2卷，湖南教育出版社1985年版，第633～634页。

④《教学做合一下之教科书》，《陶行知全集》第2卷，湖南教育出版社1985年版，第289页。

他之见，无论是“老八股”，还是“洋八股”的学校教育，好比鸟笼一样将学生圈套在狭小的范围里与社会生活隔绝，与人民大众的生活实际无关，是仅仅服务于少爷、小姐、政客、书呆子的特殊学校，只有少数“有钱、有闲、有面子的人才能进去的”。为此，他主张拆除学校与社会之间的“高墙”，把学校从“鸟笼里”解放出来，与整个乡村、整个城市、整个国家、整个世界、整个宇宙相联系，和人民大众的生活实际相联系，打破当时少数统治者对学校的垄断，使教育不再成为“少爷的手杖，小姐的钻戒，政客升官的梯子，书呆子的轮回麻醉的乌烟”。他提出学校教育之中，有志献身于社会改造的“人中人”，去改造恶浊的旧社会，创造美好的新社会，使人民真正过上幸福美好的新生活。

另一方面，从人民大众的现实处境来看，“社会是大众唯一的学校，生活是大众唯一的教育”①。并说“课堂是既不许生活进去，又收不下广大的大众，又不许人动一动，又只许人向后退不许人向前进，那么，我们只好承认社会是我们的唯一的学校了。马路、弄堂、乡村、工厂、店铺、监牢、战场，凡是生活的场所，都是我们教育自己的场所。”这样一来，“我们所失掉的是鸟笼，而所得的倒是伟大无比的森林了。为着要过有意义的生活，我们的生活力是必然的冲开校门，冲开村门，冲开城门，冲开无论什么自私自利的人所造的铁门。所以，整个的中华民国和整个世界，才是我们真正的学校咧”②。

基于上述考虑，陶行知积极从事“社会即学校”的实践，在社会上办各种各样方便人民大众及其子弟的学习场所(如他本人先后创办的民众茶园、自然学园、通讯学校、空中学校、工学团、业余学校、旅行团、社会大学，等等)。他的基本宗旨，就是为了推广大众教育，使人民大众都能有机会学习现代文化科学知识，学会现代的技能，感觉时代的问题，并以现代的方法发挥其力量，取得反帝反封民族民主革命的胜利。一句话，救亡必须启蒙，启蒙为了救亡。

---

①《生活教育》，《陶行知全集》第2卷，湖南教育出版社1985年版，第634页。

②《生活教育之特质》，《陶行知全集》第3卷，湖南教育出版社1985年版，第27页。

其次，从学校的角度说，“学校含有社会的意味”[①]。也就是说，学校要“了解社会的需求”[②]，与社会生活实际紧密结合起来，为社会改造和发展服务。

陶行知对脱离人民大众生活实际的学校多有批评。他在《攻破普及教育之难关》一文中指出：“一个乡下先生住在一个破庙里教死书，就好比是一只孤鸦。他无意也无暇与农人交接。他教他的书，对农人的一切是不能过问。他所办的学校是与社会隔离。学校不能运用社会的力量以谋进步，社会也没法吸收学校的力量以图改造，双方都失掉互济的效用。这种孤僻的学校，普及了也没有意思。”他主张对这种学校来一个彻底改造，具体做法之一是：“现在假使一切都不改，只把小学生变作小先生，这没有意义的学校便变成一个很有意义的学校，这位孤零零的赘疣的寒酸先生便立刻变成一位村庄中所不可少的有作为的先生了。比方这个学校原来有三十个学生都变成小先生，便好像是三十根电线接到各村去和他们通起电流来。在这些电线上所通的电流有来也有往。一个个小先生可以把各村的问题、困难带来和先生讨论，又可以把学校里从外面得来的知识与力量带去和农人与不能进学校之小孩讨论。有时大家来他一个总集合，在各村的问题上求他一个总解决。例如总动员救旱灾，除蝗虫，打倒土豪劣绅、贪官污吏、帝国主义。”[③]如此一来，学校就被彻底改造成一种新型的学校。

当然，陶行知上面说的只是一个改造旧学校的例子，还不能完全反映出他改造旧学校的全部设想。在实际生活中，陶行知对改造旧学校、建设新学校曾提出了许多有益的建议，并作了大量的努力。他一生办了各种类型的新学校，如安徽公学、晓庄学校、湘湖师范、山海工学团、育才学校、社会大学等等。在这些学校中，学校与社会生活建立了密切的联系，并伸张到大自然里，与社会和大自然的“血脉”是“自然流通的”。

陶行知虽然对传统的学校教育颇为不满，但他对学校的社会功能却

---

①《创造的教育》，《陶行知全集》第2卷，湖南教育出版社1985年版，第617页。

②《教育的新生》，《陶行知全集》第2卷，湖南教育出版社1985年版，第712页。

③《攻破普及教育之难关》，《陶行知全集》第2卷，湖南教育出版社1985年版，第787～788页。

从未轻视，甚至可以说给予了极大的重视。这与他对教育的本质及其功能的认识是一致的。他把学校的社会功能提到很高的层次上来强调。他一直坚信：学校应当是社会改造的中心。“我们深信乡村学校应当做改造乡村生活的中心。”“乡村教师应当做改造乡村生活的灵魂。”①他还充满信心地向世人宣布：“我们的新使命是要征集一百万个同志，创设一百万个学校，改造一百万个乡村。”并表示：“我们以极诚恳的意思，欢迎全国同胞一齐出来，加入这个运动！赞助他发展，督促他进行，一心一德地来为中国一百万个乡村创造一个新生命，叫中国一个个的乡村，都有充分的新生命，合起来造成中华民国的伟大的新生命。”②从这些不乏理想主义色彩的言词中，可以窥知他对学校（当然这是指新型的人民大众的学校）的社会功能重视到何等程度！

最后，从社会与学校的关系说，“运用社会的力量，使学校进步，动员学校的力量，帮助社会进步”③。两者互相影响，一道进步。这与陶行知对生活与教育关系的认知是完全相同的，都体现出陶行知教育学说中的辩证思想。

陶行知认为，传统“学校与社会中间是造了一道高墙。改良者主张半开门，使‘学校社会化’。他们把社会里的东西，拣选几样，缩小一下搬进学校里去，‘学校即社会’就成了一句时髦的格言。这样，一只小鸟笼是扩大而成为兆丰花园里的大鸟笼。但它总归是一只鸟笼，不是鸟世界。生活教育者主张把墙拆去。我们承认，‘社会即学校’。这种学校是以青天为顶，大地为底，二十八宿为围墙，人人都是先生都是学生都是同学。”他特别强调道：“不运用社会的力量，便是无能的教育；不了解社会的需求，便是盲目的教育。倘使我们认定社会就是一个伟大无比的学校，就会自然而然地去运用社会的力量，以应济社会的需求。”④

就两者关系而言，“学校不能运用社会的力量以谋进步，社会也没法

---

①《再论中国乡村教育之根本改造》，《陶行知全集》第2卷，湖南教育出版社1985年版，第5页。

② 同上，第6页。

③《实施民主教育的提纲》，《陶行知全集》第3集，湖南教育出版社1985年版，第545页。

④《教育的新生》，《陶行知全集》第2卷，湖南教育出版社1985年版，第711～712页。

吸收学校的力量以图改造”，这样一来，“双方都失掉互济的效用”。[①] 这种学校和社会当然都应改造，只有改造了它们本身，它们才有可能真正地相互推促，共同前进。

那么，怎样才能做到“运用社会的力量，使学校进步，动员学校的力量，帮助社会进步”呢？陶行知也提出了原则性的意见。他指出：“应当有社会是学校的观点，整个社会是学校的观点，整个社会是学校，学校不过是一课堂。……并且对于大的社会，才能有民主的贡献。而学校本身就可以成为民主的温床，培养出人才的幼苗。”

总之，社会含有学校的意味，学校含有社会的意味；到处是生活，即到处是教育；整个的社会是生活的场所，亦即教育之场所；整个的社会活动，就是教育的范围；运用社会的力量，使学校进步；动员学校的力量，帮助社会进步，这些就是“社会即学校”的基本含义。

3. “社会即学校”的实质

作为“生活即教育”的自然延伸，“社会即学校”也是生活教育理论的基本内容之一。与“生活即教育”一样，“社会即学校”也经常引起人们的误解乃至曲解。下面结合有关议论，作点简略分析。

其一，陶行知是要取消学校，让教育倒退到学校出现以前的原始落后状态去吗？

“社会即学校”如果从字面上讲，当然是“社会就是学校”的意思。有人据此认定陶行知的这一主张，是忽视了学校与社会的差异，没有看出学校教育的特殊性，把两者完全等同起来。显然，这是一种误解。陶行知这一主张的本意，是强调学校与社会具有某种深刻的、内在同一性或一致性，社会离不开学校，学校也不能脱离社会，绝无将两者等同起来，进而取消学校的意思。

在上一章说过，对于陶行知“生活即教育”原理，不能仅仅根据其字面上的意思就下断语，而应根据他当时提出、形成、实施这些主张的历史条件、时代特点的他本人的论述做出全面、准确、客观的分析。这一基本原则对于考察“社会即学校”也是完全适合的。

---

①《攻破普及教育之难关》，《陶行知全集》第 2 卷，湖南教育出版社 1985 年版，第 788 页。

应该看到，陶行知提出“社会即学校”的时代，正是中国在帝国主义侵略下日益走向殖民地化的时代。民族救亡是压倒一切的中心任务。但是，无论是传统的还是洋化的学校教育，都严重脱离社会实际生活，脱离人民大众，这就不能满足人民大众反帝反封革命斗争的需要，并且还起着相反的阻碍作用。正是针对传统教育和洋化教育的弊端，从推广大众教育的目的出发，同时又充分考虑到人民大众的现实处境，陶行知才提出“社会即学校”的。

事实上，陶行知本人是明确反对以社会等同学校，取消学校的。他在1940年8月10日至潘畏三信中的一段话颇能说明这个问题。他在说到师范教育时说：“现在师范学校虽有缺点，我们的任务是改造不是取消。说得更正确点的话，我们应该就学校这种特殊机构予过去的师范教育以改造。过去我们办晓庄试验乡村师范便是这个意思。”并指出：“说我们是在企图取消学校教育了（这是带着一种挑拨性的话），而这绝非我们的本意。”[①]纵观陶行知一生，他都在不停地办学校。遍览他的所有言论，也找不出他主张取消学校的片言只语，所以，如果说这种说法不是曲解，那就是误解，均应得到澄清。

其二，陶行知的“社会即学校”与杜威“学校即社会”是“一脉相承”吗？

有人根据陶行知的“社会即学校”是对杜威“学校即社会”直接改造而来这一点，断言“社会即学校”与“学校即社会”仍然是“一脉相承”，相去不远。其实，这也是一种误解。

必须指出，“社会即学校”虽然是陶行知对杜威“学校即社会”直接改造的结果，但它更是陶行知在反传统教育同洋化教育的斗争中，从推广大众教育的目的出发，考虑到人民大众的现实处境而提出的。也就是说，前者只是“流”，而后者才是“源”。“源”“流”不辨，已属欠妥，倒“流”为“源”，更不应该。

实际上，这两个命题所包含的思想也是根本不同的。杜威的“学校即社会”，是把学校作为社会的雏形，用陶行知的比喻说，这不过是在一个大鸟笼里搁上些假山石和花草树木罢了，学生依然被囚于鸟笼之中而不得

---

①《我们不是企图取消学校教育——致潘畏三》，《陶行知全集》第5卷，湖南教育出版社1985年版，第619页。

解放，而陶行知的“社会即学校”，则是把广阔的丰富多彩的社会生活与学校教育打通，把学校办成一座大学校，使“教育的材料，教育的方法，教育的工具，教育的环境，都可以大大增加，学生、先生也可以更多起来”①。如果说，杜威的“学校即社会”是“不自然的、虚伪的和无力量的”教育，那么，陶行知的“社会即学校”就是真正的“创造的教育”②。

总之，陶行知的“社会即学校”既不是要取消学校，让教育倒退到学校出现以前的原始落后状态中去，也不是与杜威的“学校即社会”一脉相承，它的实质就是运用社会各方面的力量，建立社会和学校的联系，创办人民大众所需要的学校，培养出适合社会各方面需要的人才，更好地为反帝反封民族民主革命斗争服务。

（三）“社会即学校”的评价

“社会即学校”是陶行知在反传统教育和洋化教育、提倡新型教育的过程中形成的一个重要思想。作为“生活即教育”思想在理论上自然延伸，界定了“生活即教育”的范围，构成了“生活教育”的领域论，丰富和完善了陶行知的教育学说。它一产生便极大地震撼中国的教育界，给旧的学校观和教育观带来了根本性变革，有力地配合了半殖民地半封建中国人民大众反帝反封建的伟大斗争。即使在今天，“社会即学校”思想对于当前的教育改革仍具有宝贵的理论参考价值。

1. “社会即学校”彻底改造了旧的学校观和教育观

在传统社会里，教育权被统治阶级所垄断，学校始终为少数统治者及其子女服务。学校也一直视为少数士大夫子弟接受封建伦理道德和文化知识教育的特殊场所。学校与人民、学校与社会之间，垒起了一道不可逾越的高墙。近代以来，若干有新思想的先进人士从西方贩进了资产阶级的教育理论，提出教育要面向生活、学校应联系社会实际，这固然在某种程度上冲击了封建教育思想，但并未真正改变旧的学校观和教育观。学校与人民、学校与社会之间，仍然横亘着一道巨大的鸿沟。

有鉴于此，陶行知从推广大众教育的目的出发，在充分考虑到人民大

---

①《社会即学校——三答操震球之问》，《陶行知全集》第2卷，湖南教育出版社1985年版，第201页。

②《创造的教育》，《陶行知全集》第2卷，湖南教育出版社1985年版，第617页。

众现实处境的基础上，明确提出了“社会即学校”的思想。他一方面主张把整个社会作为学校，整个生活作为教育，另一方面又强调学校教育不能关门办学，必须与整个社会生活联系起来，这就从根本上改变了以往人们对于学校的认识，丰富了“学校”这个概念的内涵，扩大了它的外延，彻底改造了旧的学校观和教育观，使学校与人民、学校与社会之间真正地联结在一起，适应了近代中国社会发展的需要。

还应指出，“社会即学校”思想，不仅与当时反动统治思想相对抗，也在实质上与马克思主义者对教育事业所理应坚持的主要原则有共同之点。陶行知的整个教育思想(特别是他的“社会即学校”思想)，不同于前人之处，就在于他虽然特别重视学校教育，却始终从我国整个社会着眼，从广大人民群众的实际需要着眼，而且无论是谈社会或学校的教育，都是以社会实践为依归，尤其是在后期，更是以革命的社会实践为中心，来处理各种教育问题。这种从广义的教育观点来看待教育，紧密结合社会实践，在办教育的过程中充分考虑人民大众的现实处境的迫切需要的思想，与马克思教育思想的基本精神是一脉相通的。

我们知道，马克思主义者在推翻资产阶级统治、建立无产阶级专政的政权以前，除宣传共产主义，批判资本主义，批判旧教育等等外，只能要求“用社会教育代替家庭教育”、“对一切儿童实行公共的和免费的教育”和“把教育同物质生产结合起来”①，积极依靠部分进步文化教育工作者开展社会文化教育，提高人民大众的思想文化水平，培植改变现实社会条件的社会物质基础，根本不可能指望资产阶级教育为无产阶级服务。列宁在俄国革命取得胜利后不久，曾明确指出：“教师不能把自己限制在狭隘的教学活动的圈子里。教师应该和一切战斗着的劳动群众打成一片。新教育学的任务是要把教师的活动同建立社会主义社会的任务联系起来。”②他非常重视社会教育，多次召开社会教育处长会议，反复强调社会教育对于改造整个生活具有重要意义。中国共产党人也一贯重视社会实践教育，毛泽东、邓小平等人都强调要把解放军以至全中国办成大学校，都把

---

①《共产党宣言》，《马克思恩格斯选集》第1卷，人民出版社1972年版，第273页。

② 列宁：《在全俄国际主义教师代表大会上的演说》，《列宁全集》第27卷，人民出版社1972年版，第418页。

实干中的学习看成更重要的学习。凡此种种，都从一个侧面说明陶行知教育思想（特别是其“社会即学校”思想）是与马克思教育思想相吻合的。

2. “社会即学校”为当代教育改革提供了理论借鉴

“社会即学校”在旧中国的教育界刮起了一阵“思想飓风”，猛烈冲击了旧的学校观和教育观，完全改变了人们以往有关学校和教育的看法，有力地推动了教育文化向下层民众的转移。这是一个了不起的历史贡献。但是，贡献归贡献，这一思想在教育理论上是否站得住脚？或者说，它是否真正符合教育的客观规律呢？回答是肯定的。

“社会即学校”一反传统的学校观和教育观，特别强调社会与学校的一致性，认为社会含有学校的意味，学校也含有社会的意味，既提倡学校教育敞开大门，面向社会生活，为人民大众服务，又主张把整个社会都办成学校，把人民大众的生活场所都当成教育的场所，提出学校与社会互相影响，共同进步。尤其是无论谈社会或学校的教育，都始终以现代中国的社会实践为依归，重视教育与社会实践的联系，等等，这都在一定程度上反映出教育的若干规律性的东西，因此，它在理论上是能够成立的，在实践上也是可行的。

新中国成立以来，在中国共产党的正确领导和全国人民（特别是广大教育工作者）的共同努力下，我国的社会主义教育事业取得了举世公认的辉煌成就。但也无可否认，学校自学校、社会自社会、学校脱离社会实践的状况仍较普遍。针对这种状况，我们在坚持马克思教育思想基本原则的同时，完全可以应该借鉴和吸取陶行知“社会即学校”思想中的合理因素，以推动当代中国教育改革的深入开展。

3. “社会即学校”符合未来教育的发展趋势

当今时代，世界教育正由传统的小教育走向新型的大教育。而这种大教育的基本特征之一，便是社会化的教育，即教育的社会化和社会的教育化。这种社会化的教育，是对传统的学校教育在空间上的极大扩展。

随着科学技术和经济、社会的发展，学校与社会交往的机会大大增多起来。一方面，教育自觉地走出学校的大门，主动渗透到社会文化细胞中去。教育不再仅仅是教育部门的事，它已成为社会的、公共的事业，广泛地依靠社会各方面的力量来进行，教育日益社会化；另一方面，社会也逐渐教育化，成为一所“大学校”。社会文化的每个细胞都包含着教育的因素，承担着教育的责任。社会通过各种形式的教育来影响社会成员，使之成为学校教育的补充。换句话说，除了学校的正规教育外，所有政府部门、机关团体、工厂、农村、军队、商店、街道等每一个社会基层单位，都在对人们进行各种各样的教育，社会上的每一个人随时随地都在接受各种各样的教育。而学校也将成为社会文化中心，学校的一切设备和图书资料都向社会开放，学校的成员也承担部分社会教育的任务。

社会化的教育，还突出体现在学校教育不再是唯一的教育，学校教育与社会教育、家庭教育逐步形成了三足鼎立的态势。受教育的覆盖面正在逐步扩大。小教育学生的信息来源几乎是唯一在学校，而且主要是获取知识信息。而大教育学生还可以从电视、录像、广播、收音、录音、电影、戏剧、书籍、报刊等社会和家庭的多方面获取各种各样的信息。学生成才依附于学校、社会和家庭这三位一体的教育。

世界教育发展的上述情况，正是陶行知早在八十年前所心向往之并一贯提倡的，历史已经证明并且还将继续证明，陶行知的“社会即学校”思想，是符合未来教育发展的基本趋势的，是极有生命力的一种教育主张。陶行知的这一思想，不仅是对中国教育也是对世界教育的一大贡献。世界各国的教育工作者都将从中汲取有益的思想养分。

毋庸讳言，陶行知的“社会即学校”思想并不是完美尽善的。由于这一思想是针对旧的学校观提出的，这就难免对旧的否定较多而肯定较少，容易在否定旧学校观的糟粕的同时连其某些精华也否定了。同时，陶行知当年在推行其“社会即学校”思想主张时，由于受到许多条件的限制，以致在某些具体的措施办法方面，出现了这样那样的过与不及。这些都值得后人引以为鉴。当然，瑕不掩瑜。就总体而论，“社会即学校”思想是正确的，值得我们很好的学习、研究与运用。

三、“教学做合一”

(一)“教学做合一”的产生背景

陶行知认为，传统教育注重机械灌输，呆读死记，重教轻学，脱离实践，重知轻行，手脑两分，层层考虑，束缚学生。教学中采取填鸭式教学法

（又叫注入式教学法），不顾学生实际情况，一味死灌，教师讲，学生听；教师写，学生抄；教师问，学生答；教师主宰整个教学过程，学生毫无任何主动性和积极性。而且，“先生教而不做，学生学而不做”①，教师为教而教，学生为学而学，教与学都与“做”脱离，轻视行动，手脑分家，“教用脑的人不用手，不教用手的人用脑”，读书的人除劳心以外，不去劳力；除读书以外，不去做工，以致不能生产，而“做工的人除劳力以外，不去劳心，除做工以外，不去读书，以致不能自保其利益，而受他人的横搜直刮”。② 针对这一问题，陶行知在倡导“生活即教育，社会即学校”的同时，又提出了“教学做合一”的主张。

（二）“教学做合一”的含义与实质

什么是“教学做合一”？陶行知指出：

> 教学做合一是生活现象之说明，即是教育现象之说明。在生活里，对事说是做，对己之长进说是学，对人之影响说是教。教学做只是一种生活之三方面，而不是三个各不相谋的过程。同时，教学做合一是生活法，也就是教育法。它的含义是：教的方法根据学的方法；学的方法根据做的方法。事怎样做便怎样学，怎样学便怎样教。教与学都以做为中心。在做上教的是先生，在做上学的是学生。在这个定义下，先生与学生失去了通常的严格的区别，在做上相教相学倒成了人生普遍的现象。③

既然教与学都以“做”为中心，那么，什么是“做”？陶行知说：

> “做”字在晓庄有个特别定义。这定义便是：在劳力上劳心，单纯的劳力，只是蛮干，不能算做；单纯的劳心，只是空想，也不能算做，真正的做只是在劳力上劳心。我们做一件事便要想如何可以把这件事做好，如何运用书本，如何运用别人的经验，如何改造用得着的一切工具，使这件事做得最好。我们还要想到这事和别事的关系，想到这

---

①《乡村工学团试验初步计划说明书》，《陶行知全集》第 2 卷，湖南教育出版社 1985 年版，第 594 页。

②《目前中国教育的两条路线——教劳心者劳力，教劳力者劳心》，《陶行知全集》第 2 卷，湖南教育出版社 1985 年版，第 598 页。

③《教学做合一下之教科书》，《陶行知全集》第 2 卷，湖南教育出版社 1985 年版，第 289 页。

事和别事的相互影响。我们要从具体想到原理，从我相想到共相，从片断想到系统。[①]

由此可见，“教学做合一”并非只重视实践的技能而忽视理论知识，只强调个人的狭隘经验而轻视间接的经验和系统的知识。它强调的是教育是以社会生活实际的“做”为中心，行动（劳力）和思想（劳心）结合才能取得“真知”。这种主张有助于加强理论与实际的联系，加强教育与生产劳动、社会生活的联系，培养学生手脑并用，消除劳心与劳力的对立，促进人的智力、体力和谐发展。

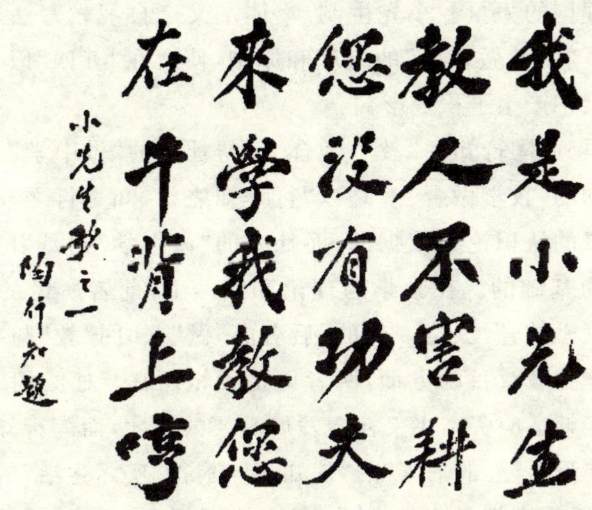

陶行知题写

值得注意的是，陶行知的“教学做合一”主张，不仅仅是指一种教育方法的原理和原则，也指根据此原理和原则派生出来的一系列具体教育方法，如小先生制、集体主义之自我教育法等。所谓“小先生制”，即是以小孩子做教师，利用识字的小孩教授不识字的小孩或成人，以解决普及教育运动中师资奇缺的矛盾。这种方法不是“把一个班小学生交给一个小先生去领导”，不是用小孩去代替传统班级的教师，也不是关在学校内由“大同学教小同学”，“他的职务是教人去教人”。一个小先生教会两个人识

① 《谈教学做合一——致朱端琰》，《陶行知全集》第5卷，湖南教育出版社1985年版，第204页。

字，这两个人又去教其他不识字的人。这样，像滚雪球一样，不断地“教人去教人”[①]，普及教育的力量就越来越多，越来越大。所谓“集体主义之自我教育法”，是指建筑在集体生活基础上的一种自我教育方法。这种方法“打破了教育与传统学校之必然联结”，凡是“集体生活所在的地方，就是教育所在的地方”，“凡是集体的组织都可以成为学校”[②]。义勇军救护队、救亡剧团、壮丁训练处、伤兵医院、难民收容所等都是学校。在这些学校中，通过集体生活，实行“自觉觉人”，在一切为了争取抗战胜利的总目标下，厉行批评与自我批评，开展集体主义和民主精神的训练，以充分培养和增强抗战建国的力量。小先生制、集体主义之自我教育法等具体方法丰富和充实了“教学做合一”的原理和原则，使之在“五四”以后中国教育的改革与发展中产生了积极影响。

还应该看到，陶行知的“教学做合一”与杜威的“做中学”是有本质不同的。陶行知的“教学做合一”是以“行是知之始，知是行之成”这种具有唯物主义因素的认识论为依据的，而杜威的“做中学”则是以主观唯心主义的经验论为基础的。在教学的理论和实践上，前者所说的“做”，是同“教”与“学”紧密结合，三位一体的；后者的“做”，却同“教”与“学”无内在的联系。至于在教育目的方面，两者更是大相径庭。杜威的“做中学”无非是要培养能够适应资本主义社会发展需要的人才，而陶行知的“教学做合一”，则旨在反对“死的书本”的“伪知识”，求得“实际生活”的真知；反对老八股、洋八股教育把学生培养成“只会读书不会做事”的“书呆子”、“字纸篓”，而要培养“在劳力上劳心”，能运用“活的知识”，有“行动”能力、有“生活力”、有“创造力”的新人。

如前文所述，陶行知对中国教育的诸多方面都作过相当深入的探索，并形成了一套比较完整的观点和看法。他在民主教育、科学教育、创造教育、乡村教育、民族教育、女子教育、幼儿教育、职业教育、师范教育、高等教育、全面教育、终生教育等方面的理论与实践，不仅对“五四”以后中国

---

①《怎样指导小先生》，《陶行知全集》第 2 卷，湖南教育出版社 1985 年版，第 656～657 页。

② 王洞若：《集体主义的自我教育》，《陶行知研究》，湖南教育出版社 1987 年版，第 264 页。

教育的发展产生了重要影响，而且，许多观点和看法在今天仍有其一定的理论价值，值得研究与借鉴。

第二节　陶行知生活教育的具体主张

陶行知在教育理论方面不仅提出了“生活即教育”、“社会即学校”、“教学做合一”三大原理，还在民主教育、科学教育、乡村教育、师范教育、终生教育、创造教育、教育实验等方面提出了许多具体主张。这些具体主张，是他的“生活教育”命题原理的进一步发挥和展开，丰富和完善了他的生活教育理论，使之达到了半殖民地半封建中国教育理论所能达到的最高的理论高度，不仅有力地推动了当时的教育改革和发展，而且成为新中国重要的教育思想资源，对当代中国的教育改革和发展产生了积极的影响和作用。

一、民主教育思想

在中国历史上，有两位大教育家向为世人所推崇、所敬仰，被人们誉为“圣人”。一位是古代的孔夫子，另一位就是现代的陶行知。

孔子与陶行知的教育思想和实践都极大地影响了中国文化教育的发展，他们的伟大人格也都深深地感染、熏陶着一代代青少年及教育工作者。但陶行知与孔子有一点却很不相同，那就是陶行知办教育完全是为了人民大众，而孔子则主要是为了统治阶级。进而言之，这一点也是陶行知与中国历史上绝大多数教育家的不同所在。陶行知是教育家，但他不是一般的教育家，而是人民的教育家。

（一）教育要为人民大众服务

教育掌握在哪些人手中、为哪个阶级服务是一个根本的问题。长期以来，由于国家政权掌握在反动统治阶级手中，教育成了少数统治者及其子女的专用品，而与广大劳动人民无缘。统治阶级通过学校传播本阶级的思想，让自己的子弟学习统治阶级的意识形态、行为规范、伦理道德、射御戎战等“治人之术”，把他们培养成国家大大小小的统治者。广大劳动人民的子弟则被排斥在学校大门之外，只能在生产劳动和日常生活中，通过父传子、师带徒等形式，跟长辈学习一些为人之道和生产劳动的知识与技能。教育严重地脱离人民大众，脱离社会生活实际。

近代以降，在西方“民主”、“科学”思想的影响下，一些先进的中国人为改变这种状况曾进行了种种努力，探寻中国教育发展的方向。在“五四”新文化运动中走上历史舞台的陶行知承继了前辈们的未竟之业，继续寻觅中国教育的曙光。他高举起反对传统教育、洋化教育的大旗，在教育领域发动了一场根本性的变革，为创建一种新型的人民教育奋斗了一生，成为中国近现代知识分子在文化教育界的一个杰出代表。

陶行知出身于安徽歙县的一个贫寒家庭。自幼便饱经世故沧桑，深知农家疾苦。父母艰苦勤劳的优良品质给幼年的陶行知以深刻的影响，使他从小就养成了勤劳的习惯和艰苦朴素的生活作风。他生活在半殖民地半封建的旧中国，亲眼目睹了中国人民尤其是农民深受帝国主义、封建主义和官僚资本主义的残酷剥削和压迫。他同情劳动人民，热爱劳动人民，恨其所恨，爱其所爱，从小就形成了亲民、爱民、为民、救民的思想。这影响了他并决定了他一生努力的方向。

为了给中国人民谋解放、谋幸福，陶行知走上了一条为人民办教育的道路。他看见清末以来尽管废科举、兴学堂，但是新学办了几十年，依然换汤不换药，卖尽气力，不过把“老八股”变成“洋八股”罢了。“老八股”与民众的生活无关，“洋八股”依然与民众的生活无关。① 他决心彻底改变这种状况，办一种为人民大众服务、与人民大众实际生活密切相关的新教育，“要使全中国人都受到教育”②。为了实现这个愿望，1917 年他从美国留学回来后，就大力推行教育改革，先后开展了平民教育运动、乡村教育运动、普及教育运动、国难教育运动、战时教育运动、全面教育运动和民主教育运动，创办了安徽公学、晓庄试验乡村师范学校（简称“晓庄师范”或“晓庄学校”）、山海工学团、育才学校和社会大学等新式学校，提出了“生活即教育”、“社会即学校”、“教学做合一”、“在劳力上劳心”、“以教人者教己”等生活教育理论，并发明了“即知即传”、“小先生制”等普及教育的方

---

①《生活工具主义之教育》，《陶行知全集》第 2 卷，湖南教育出版社 1985 年版，第 76 页。

② 陶晓光：《回忆父亲给我的教育》，《行知研究》1981 年第 3 期。

法，积极推广大众教育，让广大的劳动人民都有受教育的权利和机会。

陶行知在国民党政权统治之下的中国办教育，环境异常险恶，条件十分艰难。政治上屡遭打击，经济上缺乏来源，没有远大的理想、坚定的意志以及超乎常人的毅力是不行的。他不像当时的某些教育家为了推行自己的教育主张，蜷伏在国民党的卵翼之下，依靠国民党政权来办教育，甚至为虎作伥，蒙蔽人民。他既主张人民的解放，又相信人民的力量、人民的智能，认为人民自己为自己办的教育才是理想的教育。他尊重人民，相信人民，学习人民，依靠人民来办教育。

为了办人民的教育，他首先与人民打成一片，做到"人民化"。他曾任20世纪20年代初中国最有名的两所大学之一的南京高等师范(今南京大学前身)的教务主任、教育科主任兼教育系主任，做过名牌大学的教授，还一度干过全国性教育团体——中华教育改进社的总负责人(主任干事)和中华教育文化基金董事会执行秘书，有很高的社会地位，有优裕的生活环境，但他为了办人民的教育，毅然放弃了这一切。他脱下西装革履，穿上布衣草鞋，到贫穷落后的农村去办教育，与"牛大哥"同睡，自找苦吃。他当年在美国留学时的同窗孙科、胡适等人一个个在仕途上飞黄腾达，他却自觉地、心甘情愿地一步步"向下走"。尽管学校越办越低，职衔越来越小，生活越来越差，但他始终不以为然，矢志不渝地走为人民办教育的道路。他没有自己，只有他人；没有家庭，只有社会；没有索取，只有奉献。他是人民的仁者、智者、勇者、圣者。正因如此，所以他"富贵不能淫，贫贱不能移，威武不能屈，美人不能动"。

陶行知为人民的教育事业服务，在政治上坚决站在人民的一边，与帝国主义、封建主义和官僚资本主义作坚决的斗争。辛亥时期，他就参加过故乡人民推翻当地封建政权的武装起义。"五四"时期，他积极支持学生反帝爱国运动。北伐期间，他发动晓庄师范学生积极支持北伐军。"四一二"反革命政变后，他支持学生声援下关和记工厂工人反对英商剥削和反对日本军舰停泊南京的反帝大游行。为此，他所办的晓庄师范被国民党当局查封，他本人也遭通缉，被迫逃亡日本。"九一八"后他的政治立场更为鲜明。抨击国民党政权的卖国投降政策，与沈钧儒、章乃器、邹韬奋等人联名发表团结御侮宣言。响应中国共产党"团结抗日，一致对外"的主张，并受全国各界救国联合会的委托，出访 28 个国家和地区，为宣传抗日救国主张，开展人民外交。他到伦敦，先后三次拜谒马克思墓。抗战胜利后，他投身到民主革命运动的前列，成为中国共产党的亲密战友。他从自己多年的实际经验中，深切了解中国共产党是中国人民的代表，是为中国人民利益奋斗的中坚，是中华民族的未来希望之所在，所以他不怕诬蔑打击，与中国共产党携手奋斗。

陶行知对大众教育的提倡和实践，开辟了一条人民教育的新路线。他把教育的对象由过去的少数统治者及其子弟转到广大的劳动人民尤其是农民及其子弟，把教育的目的由过去的培养剥削者和统治者转到培养具有生活力和创造力，为民族、为人类谋利益的新人，把教育的重心由少数的大城市转到广大的乡村，把教育的内容、方法等改造得适合人民大众实际生活的需要，把办教育的依靠者由反动统治阶级转到人民大众自身，这就改变了旧教育的性质与格局，给中国数千年的教育带来了一场根本性的变革。这不仅在中国教育史上，就是在世界教育史上，也是有重要意义的。

陶行知为中国教育开辟的新路线，是人民的路线，是教人民做主人的路线，是教人民自己起来为自己创造幸福而自己办教育的路线。这条路线仍然是我们今天办教育的路线。近年来，党中央明确提出要"依靠人民办教育，办好教育为人民"，这一主张与陶行知的思想是完全一致的。陶行知早在六十多年前就指出，人民教育是"人民的教育，人民办的教育，为人民自己的幸福而办的教育"①。毫无疑问，我们今天办教育的路线正是陶行知路线的继承和发展。可以相信，沿着陶行知当年开辟的这条路线走下去，我国的社会主义教育事业一定会发展得更快更好。

(二) 教育要从国情出发

陶行知早年曾留学美国，师从杜威，是杜威门下几位有数的中国高足之一。1917 年回国后，他满怀改造中国旧教育的热望，积极地宣传和引进杜威的实用主义教育理论，试图用杜威的一套观点和方法来反对封建传统教育，解决中国教育的根本问题。经过八年的试验，他逐渐意识到杜威的那一套并不适合中国的国情，在中国行不通。于是，他翻然醒悟，从此

① 《民主教育》，《陶行知全集》第 3 卷，湖南教育出版社 1985 年版，第 569 页。

走上了探索中国教育本土化的道路。

中国人口众多,农村人口占 85%以上。当时的文盲有三亿三千多万人,且主要分散在广大的乡村。根据这种国情,陶行知确定以基础教育作为我国教育现代化的重点,并以农村教育作为重点中的重点。20 世纪 20 年代中期以后,陶行知主要从事基础教育工作,认为基础教育不发达,民族振兴就没有希望。在基础教育中,农村教育尤为重要,它是解决中国教育问题的关键。为此,陶行知联合一批有志于中国教育改造的进步教育工作者,大力推行乡村教育运动,为数亿农民"烧心香",以提高广大农民的思想觉悟和文化水平。

陶行知又结合中国的具体实际,确定了办教育的原则和方法。他认为,中国是一个大国,又是一个穷国,人口众多,底子很薄,各地经济发展又极不平衡。这些与西方发达国家的情况都迥然有异。要发展教育事业,如果"拿富国的办法,引到中国来,无异是乡下人吃大菜"①。因此,"我们必须发现穷办法,着重穷办法"②。根据这种认识,他运用穷办法,积极开设各种比较简陋的教育机构,让尽可能多的人民大众得到受教育的机会。

陶行知这种从国情出发,确定教育改革与发展的重点、突破口,以及办教育的原则和方法的思想,值得我们认真地学习和研究。今天,我们要立足于当前我国仍处于社会主义初级阶段这一基本点,坚持一切从中国的国情出发,重点发展基础教育(尤其是农村教育),提倡勤俭办教育的精神,并努力扩大教育经费的来源,走政府、社会团体和个人多方集资办学的路子,并实行多种层次、多种规格、多种形式、多种途径办学,各地区应因地制宜地采取适合各自需要的方式方法,来发展各级各类教育事业,以提高中华民族的科学文化水平。

——教育民主化的探索。陶行知有着强烈的人民意识和民主精神。他坚决反对教育脱离人民大众,反对教育为少数统治者服务,主张"教育为公","文化为公"③,坚持教育为人民大众服务的方向。他沿着五四新文

① 《普及教育》,《陶行知全集》第 2 卷,湖南教育出版社 1985 年版,第 757 页。

② 《民主教育》,《陶行知全集》第 3 卷,湖南教育出版社 1985 年版,第 570 页。

③ 《实施民主教育的提纲》,《陶行知全集》第 3 卷,湖南教育出版社 1985 年版,第 540 页。

化运动的“民主与科学”这一方向继续迈进，回国后即从事平民教育、乡村教育和普及教育等运动，努力使广大人民群众(尤其是占中国人口85%的农民)获得受教育的机会。他反对封建“礼教”和“理学”教育，采取多种形式和途径(如推广国语和新文字等)，对民众进行思想启蒙，还大力提倡女子教育，争取妇女受教育的权利。

抗日战争胜利后，他对教育民主化作了进一步探索。他积极提倡民主教育，以实现“人民大众做主，为人民大众服务”的宗旨，并将民主教育的要点和方法归纳为：教育为公以达到天下为公，教育机会必须均等；教人民肃清法西斯细菌；启发觉悟性；培养创造力，以实现创造的民主和民主的创造；各尽所能，各学所需，各教所知，各得其所；在民主的生活中学习民主；尽量采用简笔汉字拉丁字母；充分运用无线电及其他近代交通工具，使边远地方的人民可以享受教育；民主教育应该是整个生活的教育；承认中国是从农业文明开始过渡到工业文明，经济是极端贫穷，我们必须发现穷办法，着重穷办法，运用穷办法，以办成丰富的教育，等等。

在学校中，陶行知的办学充满了民主精神，他认为：“师生共生活、共甘苦，为最好的教育。”[①]“民主的教师必须要有：(一)虚心；(二)宽容；(三)与学生共甘苦；(四)跟民众学习；(五)跟小孩子学习；……肃清形式、先生架子、师生的严格界限。”[②]主张师生平等，重视学生在教学过程中的主体地位，强调儿童个性的发展和创造力的培养，因材施教，教学相长。在学校管理上，注意发挥教师与学生的作用，提倡“集体自治”健全集体生活，培养学生参与未来民主政治的基础。在学制系统上，他主张从“单轨出发”，再到“多轨同归”，以后还要“换执便利”。

陶行知对民主教育的探索，给我们留下了许多宝贵的经验。他在教育的对象、师生关系、教学过程及学校管理上的不少见解和作用，都含有合理因素，应该很好地加以总结和借鉴。

---

①《我们的信条》，《陶行知全集》第1卷，湖南教育出版社1984年版，第652页。

②《实施民主教育的提纲》，《陶行知全集》第3卷，湖南教育出版社1985年版，第543页。

二、科学教育思想

陶行知高度重视科学教育问题，认为科学教育是与民主教育相辅相成的。两者相互依存，缺一不可。科学教育包括教育的科学化和科学的教育化两个方面。陶行知很早就对这两个方面有明确的认识，并给予了极大重视。

（一）教育应科学化

在教育的科学化方面，他从美国回来后，即积极从事教育实验，提倡用科学的精神来办教育，反对“沿袭陈法”的传统教育和“仪型外国”的洋化教育。他一方面身体力行，把教育统计学、教育行政学的科学原理和方法运用于日常的教育工作之中，加强教育的科学化管理，另一方面又以中华教育改进社主任干事的身份，发起组织邀请外国专家来华讲学，推行科学教育与测验。在他和胡适、蒋梦麟等人的努力下，美国著名教育家孟禄（哥伦比亚大学教授）、推士（俄亥俄州立大学教授）、麦柯尔（哥伦比亚大学教授）、柏克赫斯特（马萨诸塞州道尔顿中学教师）、克伯屈（哥伦比亚大学教授）等人先后赴华讲学，宣传各自的教育理论与方法。陶行知还于1942年倡议并主编了中华教育改进社丛书，出版了推士的《中国之科学教育》（英文）、《中国教育一瞥录》（随孟禄调查报告）、《中国全国小学概况》（英文）、《中国教育统计概览》、《中国最近教育状况》（英文）等书。从此，西方的教育测验与统计（特别是智力测验）被引进中国。教育的科学化逐步开展起来。

（二）科学应教育化

在科学的教育化方面，他更做出大量的具体工作。1925年，他提出“科学教育应从儿童时代下手”[①]。1932年又指出：“科学要从小教起。我们要造成一个科学的民族。”[②]30年代初，他创办“自然学园”和儿童科学通讯学校，编写儿童科学丛书，把科学知识送给儿童和工农群众，以后又

---

①《小学理科——致吕镜楼》，《陶行知全集》第5卷，湖南教育出版社1985年版，第114页。

②《关于科学教育——致庄泽宣》，《陶行知全集》第5卷，湖南教育出版社1985年版，第247页。

改为“空中学校”，每周播送科学知识，并与高士其、董纯才、吕镜楼等人一起推广科学普及事业，从事“科学下嫁运动”。他在当时就已明确认识到“从农业文明过渡到工业文明，最重要的知识技能，无过于自然科学”[①]。因此，不论形势多么严峻，条件多么困难，他都坚持科学教育。从晓庄学校到上海工学团再到育才学校，他始终把科学列为教育内容之一，置于重要的位置。1945 年，他指出：“现在的世界是一个科学的世界，整个中国必须受科学的洗礼，方能适于生存……时机早已到来，刻不容缓，我们必须培养科学的幼苗，撒播科学的种子，使全中国遍开科学之花，丰收科学之果。”[②]1946 年，他在为生活教育制订方针时，特地将“科学的”列为四大方针之一。

陶行知早在七八十年前就清楚地看到科学教育在现代社会生活中的作用，指出“科学要从小教起，我们要造成一个科学的民族”、“科学教育应从儿童时代入手”，并积极开展教育试验和科学教育，推广科学普及事业，把科学知识传给广大人民群众，尤其是青少年儿童，这些都是非常难得的。

三、乡村教育思想

陶行知是我国近现代最早重视农村问题和农村教育的先进中国人之一。20 世纪 20 年代中期，他就开始了对农村救育的调查和改革试验工作，成为中国改革农村教育的开拓者。陶行知生活在半殖民地半封建的旧中国，亲眼目睹了中国人民尤其是农民深受帝国主义、封建主义和官僚主义残酷的经济剥削和政治压迫，而且在文化教育上毫无地位的状况。他深刻地认识到，中国是以农立国的国家，农民占全国人口总量的 85％，农民的地位与处境如何决定着民族的兴衰。他在中国教育界最先觉悟到，农民是中国的主体，中国教育的重点在农村。据此，他明确主张，要改造中国社会，必先改造乡村社会，要改造乡村社会，就必须使教育下乡，

---

①《教学做合一下之教科书》，《陶行知全集》第 2 卷，湖南教育出版社 1985 年版，第 292 页。

②《从五周年到五十周年》，《陶行知全集》第 3 卷，湖南教育出版社 1985 年版，第 513 页。

“用教育的力量，来唤醒老农民，培养新农民”。

怎样搞好乡村教育？陶行知提出了著名的“大联合”的思想。他说：“我们要有一个大规模的联合，才能希望成功！那应当联合中之最应当联合的，就是教育与农业携手。中国乡村教育之所以没有实效，是因为教育与农业都是各干各的，不相闻问。教育没有农业，便成为空洞的教育，分利的教育，消耗的教育。农业没有教育，就失了促进的媒介。”不仅如此，“教育更须与别的伟大势力携手，教育与银行充分联络，就可推翻重利；教育与科学机关充分联络，就可破除迷信；教育与卫生机关充分联络，就可以预防疾病；教育与道路工程机关充分联络，就可改良路政。其他不胜枚举。”他深信，只要实现了教育与有关各方的“大联合”，乡村教育就能沿着正确的方向得到迅速的发展。

陶行知的乡村教育思想对于我们深化农村教育改革颇有启示意义。我们要进一步提高对农村教育改革重要性和必要性的认识，努力解决农村教育同农村经济发展需要相脱节的问题。要把教育与农业、科学、卫生、交通、银行等部门密切联系起来，用科学技术等方面的伟大力量从根本上改变我国农村贫穷落后的面貌。

四、师范教育思想

在师范教育方面，陶行知也提出过许多正确的主张。他在中国教育界第一个把师范教育与民族的前途和国家的命运紧密联系起来，称“教育是立国的根本”，而师范教育乃“国家托命”之所在，“师范教育可以兴邦，也可以促国之亡”。他比较全面地论述了师范教育的任务和作用，提出“教育界要什么人才就该培养什么人才”，师范教育要为教育界培养教育行政人员，各种指导员，各种学校校长、职员和各种教员，并且从师范教育自身的特点出发，对培养什么样的人和怎样培养都发表了自己的看法，强调师范生要热爱师范教教育、懂得教育规律、具有丰富的专业知识以及为人师表的高尚品德。值得注意的是，他还是我国乡村师范的最早提倡者和创建者。他曾明确主张以乡村师范作为改造乡村生活的中心，以乡村教师作为乡村生活的灵魂，以乡村自治作为改造乡村的组织保证。他的乡村师范的理论和实践，对我国 20 世纪 20 年代以来的乡村教育和师范教育产生了广泛而深远的影响。

陶行知的师范教育思想有很多内容值得我们参考借鉴。我们要把师范教育的地位和作用提高到一个新的高度来认识，大力发展师范教育。根据社会主义现代化建设的需要，调整师范学校的教学内容和教学方法，更好地体现出师范学校的特点和优点，培养更多适应现代教育需要的教师。采取有力的措施，加强对农村教师的培训，以提高农村教育事业质量。各类师范学校，都要特别注意培养师范生忠诚人民教育事业、懂得教育规律、掌握丰富的专业知识和技能、具有为人师表的高尚品德。此外，还应千方百计地提高人民教师的社会地位和经济待遇，使全社会形成一种尊师重教的良好风气。

五、终生教育思想

终生教育是陶行知教育学说的一个重要思想。它以"生活教育"主张为理论基石，是"生活教育"理论的派生物。按照"生活教育"理论，教育不仅涉及人类生活的全部领域，也贯穿于人类生活的整个过程。教育应无限地向横向拓展，形成教育的"社会化"，也应无限地向纵向延伸，形成教育的"终生化"。"终生教育"思想的出现，是陶行知"生活教育"理论的重大发展和突破，亦是他教育学说日臻成熟和完善的明显标志。陶行知的终生教育思想，是中国和世界教育思想宝库中的一份珍贵遗产。

(一) 终生教育思想的形成与发展

1. 产生背景

陶行知的终生教育思想，是他在反传统教育和洋化教育的斗争中，为适应近代中国社会政治、经济、文化发展的需要，通过充分借鉴中外古今教育思想的精华和总结自己教育实践的宝贵经验而提出来的。

1840年以后，随着帝国主义列强侵略的日益加强，古老的中国由一个独立的封建社会逐渐沦为一个半殖民地半封建社会。民国以后，帝国主义列强，尤其是日本帝国主义，步步紧逼，虎视眈眈，中华民族面临着亡国灭种的空前危机。要救亡图存，就必须广泛地动员千百万民众，提高他们的思想政治觉悟，万众一心，同仇敌忾，共赴国难。而要做到这一点，就应该大力发展教育事业，扩大教育机会，使全中国的每一个老百姓，特别是幼儿和成人，都接受一定的教育，具备起码的文化水平，能够看书读报，了解国事，并且养成终生学习的习惯，与时俱进，这样他们才有可能在反帝反封建的斗争中发挥巨大的力量，去建立一个真正自由、民主、独立、富强的新中国。

然而，近代中国的教育（不论是传统的还是洋化的），都还不能满足这样的需要。旧教育是一种小众的贵族的教育，而不是人民大众的教育。有钱、有权者才能享受教育，无钱、无权者，则被拒之于门外。广大劳苦群众及其子女，只能在生活中受到教育。同时，它将人生划分为彼此分离毫不相关的三个阶段，即学龄前、学龄中及学龄后。这实际上将人生抛开了一大半，严重忽略了入学前的学习和离校后再学习的问题。换句话说，即只重学校教育，忽略学前教育和成人教育。这种教育的主要弊端是严重的形式化和划一化，脱离人民群众，脱离社会实际生活，难以适应近代中国社会政治、经济和文化发展的需要。陶行知的终生教育思想就是在这样一种历史背景下产生的。

陶行知的终生教育思想，是他批判地继承中外古今优秀教育遗产的产物。

一方面，它是对杜威"连续性"的教育观念的直接扬弃。杜威在达尔文"进化论"和"詹姆士"心理学原则的基础上，提出了教育是一个"连续性过程"的观点。他认为："教育是经验的继续不断的改组或改造。"[①]经验的获得又总是和社会生活实践分不开的，因而"教育是生活的过程，而不是将来生活的预备"[②]。既然教育是一个过程，那就不会是学校教育之前和之后的中断。陶行知创造性地发展了这一"连续性"的教育观点，将之转化为"终生教育"的思想。这是陶行知对杜威教育学说的继承与超越。

另一方面，它是对中国古代"活到老，学到老"思想的丰富和发展。两千年前，荀况在《荀子·法行》中指出："少而不学，长无能也；老而不教，死无思也；有而不施，穷无与也。"欧阳修在《答李诩书》中也认为："学之终身，有不能达者矣，于其所达，行之终身，有不能至者矣。"至于"活到老，学

① 赵祥麟、王承绪编译：《杜威教育论著选》，华东师范大学出版社 1981 年版，第 159 页。

② 同上，第 4 页。

到老”一语，更是中国古代一句流传颇广、妇孺皆知的格言。陶行知立足于现代科学的高度，对之作了一番翻新，进一步形成了其终生教育思想。

更为关键的是，陶行知的终生教育思想是对自己长期教育实践宝贵经验的科学总结。如果把古今中外有关教育思想的精华视为“流”的话，陶行知自己长期的教育实践谋取就是其“终生教育”思想的“源”，不认识到这一点，就不可能真正认清他的终生教育思想的来源，也不可能真正弄清他的终生教育思想的含义和实质。

终生教育思想是陶行知对自己长期教育实践宝贵经验的科学总结。1917 年，陶行知由美归国后，便致力于人民大众的教育普及事业。其间，他除了积极从事学校教育改革外，还对幼儿教育和成人教育作了许多科学实验和理论探索，得出了不少宝贵经验。在此基础上，他了解并认识到“终生教育”的重要性与必要性，从而在中国(也可以说是在世界)最早明确揭橥了终生教育的主张，这是他对中华民族乃至整个人类的一大贡献。

2. 形成和发展过程

陶行知的终生教育思想经历了一个萌芽、形成和发展的过程。

1917 年至 1926 年，是陶行知终生教育思想的萌芽阶段。1918 年，陶行知发表《生利主义之职业教育》，认为：“生活主义包含万状，凡人生一切所需皆属之。其范围之广，实与教育等。”①这已看到了生活与教育相一致的方面，孕育着生活即教育思想的胚胎。这就为其“终生教育”思想的提出奠定了初步的理论基石。次年 7 月，他在一次题为“新教育”的演说中讲道：“照杜威先生说，教育是继续经验的改造(Continuous reconstruction of experience)。”我们个人受了周围的影响，常常有变化，或是变好，或是变坏。教育的作用，是使人天天改造，天天进步，天天往好的路上走；就是要用新的学理，新的方法，来改造学生的经验。② 并明确指出：“既然晓得教育是继续经验的改造，那么对于天然界和群界，自然受他的影响；天天

① 《生利主义之职业教育》，《陶行知全集》第 1 卷，湖南教育出版社 1984 年版，第 78 页。

② 《新教育》，《陶行知全集》第 1 卷，湖南教育出版社 1984 年版，第 123 页。

变动，就是天天受教育，差不多从出世到老，与人生为始终的样子。”[①]显然，此时他已经意识到教育是一个连续性的过程。尽管他此时还深受杜威实用主义教育的影响，但已开始萌发了自己“终生教育”的思想，值得注意的是，早在20世纪20年代前后，他就意识到“终生教育”的思想。这的确是一个了不起的发现，是对世界教育的卓越贡献。

1927年至1935年，陶行知的终生教育思想逐渐得以形成。随着陶行知教育实践的进一步开展，他对传统教育和洋化教育的弊端认识得更加清楚了，开始感觉到杜威的实用主义学说虽然有反封建反传统的积极作用，但仍不能真正适合中国的具体国情和人民大众的现实需要，于是他在1927年创办晓庄师范学校，推行生活教育，并初步形成了其生活教育理论。生活教育是生活所原有、生活所营造、生活所必需的教育。它突破了人只是在一定的学龄阶段接受正规学校教育的“一次性教育”的观念。这样，他就在总结自己教育实践宝贵经验和充分借鉴中外古今有关教育思想精华的基础上，初步形成了终生教育思想。1934年2月，他在《生活教育》一文中指出：“生活教育与生俱来，与生同去。出世便是破蒙，进棺材才算毕业。”[②]同年3月，他在《从穷人教育想到穷国教育》一文中又说：“他是活到老，做到老，学到老，教到老，一直到进了棺材才算结业。”[③]同年12月，他在一次题为“普及教育”的演讲中，批评现有的小学六年、中学六年、大学四年的教育制度实质上是一种“短命教育”，公开表明“我们所要干的是整个寿命的教育，不是短命的教育”，主张活到老，做到老，学到老。[④] 次年3月，他在《中国普及教育方案商讨》一文中，进一步提出了“整个寿命现代化”的主张，他说：“整个寿命现代化，不仅是四个月、一年、二年、四年之义务教育。教育最重要的成就在使众人养成一种继续不断的共同求进的决心。我们要对众人养成的态度是：活到老；做到老；学到老。”[⑤]上述言

① 《新教育》，《陶行知全集》第1卷，湖南教育出版社1984年版，第126页。

② 《生活教育》，《陶行知全集》第2卷，湖南教育出版社1985年版，第634页。

③ 《从穷人教育想到穷国教育》，《陶行知全集》第2卷，湖南教育出版社1985年版，第645页。

④ 《普及教育》，《陶行知全集》第2卷，湖南教育出版社1985年版，第762页。

⑤ 《中国普及教育方案商讨》，《陶行知全集》第2卷，湖南教育出版社1985年版，第804页。

论，已初步揭示出“终生教育”的本质含义，即教育必须贯彻人生的始终，从出世到进棺材，人人都必须接受教育。不仅如此，陶行知还对教育必须贯彻人生始终的原因作了深刻分析，他指出，一方面由于“学问没有止境”，“社会的进步都没有止境”①，一个人的进步也没有止境；另一方面，又由于人只有“活到老，做到老，学到老”，才能做一个“与时代俱进”的“长久的现代人”，才能“保证川流不息的现代化”②。由此可见。早在二三十年代，陶行知对终生教育思想已作了相当全面而深刻的论述，只不过尚未正式使用“终生教育”这一概念而已。

20 世纪 40 年代，陶行知的终生教育思想得到了丰富发展，并正式使用了“终身教育”的概念。抗日战争爆发后，陶行知进一步认识到，要想使教育更加适合眼下救亡斗争的需要，就必须扩大教育的对象，使每个年龄层次的人都能受教育。他认为：“从教育的对象说：不只着重青年教育，而且要顾到老年人和小孩子的教育。”③这与传统教育体制下只注重青年教育，忽略小孩子和老年人的教育，只注意学校教育，而忽略家庭教育和社会教育，是截然不同的。这既是教育观念的变革，又是政治观念的更新。抗日战争结束后，为争取真正的民主、平等和自由，陶行知积极提倡“民主教育，创办多种成人教育机构和中心，特别是社会大学和夜大学等”。这一过程中，他的终生教育思想得到了初步发展。1945 年 5 月，他发表了著名的《实施民主教育的提纲》，指出：“无论老少，也应该受教育。生活教育很早就提出活到老学到老。”并举例说：“生活教育运动中最老的学生为八十三岁之王老太太，她说：‘我也快进棺材了，还读什么书？’但经她的孙儿曾孙的鼓舞，她的热情也烧炽起来了。因为她的缘故，她的媳妇也得读书了。”④同年 9 月，他在《全民教育》一文中首次明确使用了“终身教育”这个

---

①《从穷人教育想到穷国教育》，《陶行知全集》第 2 卷，湖南教育出版社 1985 年版，第 645 页。

②《攻破普及教育之难关》，《陶行知全集》第 2 卷，湖南教育出版社 1985 年版，第 782 页。

③《全面抗战与全面教育》，《陶行知全集》第 3 卷，湖南教育出版社 1985 年版，第 328 页。

④《实施民主教育的提纲》，《陶行知全集》第 3 卷，湖南教育出版社 1985 年版，第 541 页。

概念,亦将之界定为:“培养求知欲。学习为生活;生活为学习。只要活着就要学习。一旦养成学习习惯,个人就能终生进步不断。”[①]这是对他过去“终生教育”思想的重新概括和明确表述,不仅表明了陶行知“终生教育”思想日趋成熟,也显示出其生活教育理论的日臻完善。同年 12 月,他还在《民主教育之普及》一文中进一步指出:“教人,好学,都是传染的,等到大家都传染了教人、好学的习惯,便教人、好学成了瘾,整个中华民族便成了一个教人、好学的民族,万万年的进步是得到了保证。古人云:学然后知不足。一个人感到不足,他便要向高处追,向深处追,是不会有止境了。因此民主教育不但可能做到全面普及,并且可能做到立体的普及。”[②]终生教育的实施,有助于教育从全面普及走向立体普及。这表明包括了终生教育思想在内的陶行知的生活教育理论,实质上是一种现代的“大教育观。”

(二) 终生教育思想的内涵

作为生活教育理论的一个派生物,终生教育在总体上是受生活教育理论支配和制约的。同时,终生教育思想本身又具有相对的独立性,有它独特的含义和思想内容,值得我们深入地学习和探讨。

1. 终生教育思想的含义

陶行知的终生教育思想包含以下两层基本意思:

第一,教育“与人生为始终”。陶行知从“生活教育”的观点出发,认为“生活即教育”,生活与教育是同一过程,人生有多久,教育也应有多久,教育“差不多从出世到老,与人生为始终”。他反对传统观点,将人生划分为彼此分离毫不相关的三个阶段,即学龄前、学龄中和学龄后,认为这必然会导致只重视学校教育,而忽略学前教育和成人教育。他抨击现存的小学六年、中学六年、大学四年的教育制度实质上是一种“短命的教育”,也批评义务教育,“不仅是四个月、一年、二年、四年”的事情。在他看来,教育不是在学校教育结束后就算完事的。它应贯穿于人生的全过程,包括贯穿于人的一生不同阶段的学前、小学、中学以及成人教育等等,应是一

①《全民教育》,《陶行知全集》第 3 卷,湖南教育出版社 1985 年版,第 554 页。

②《民主教育之普及》,《陶行知全集》第 3 卷,湖南教育出版社 1985 年版,第 573 页。

种"整个寿命的教育"。他主张不同阶段的教育应从纵的方面相互连接，构成一个完整系列，使人们永远"与时代俱进"。

第二，"家庭、店铺、工厂、机关、寺庙、民团、军队及现有学校做下层之教育场所。"根据"生活教育"的观点，终生教育应是各种正规教育和非正规教育的总和。陶行知一贯重视家庭教育，认为家庭教育在人的发展中有重要地位。他指出："婴孩期就必须奠定民主教育的基础。或许，目前处理这问题最好、最经济的办法是通过教父母兄弟姐妹，尤其是通过教母亲、姐妹及女仆来教婴儿。"[①]他还要求家庭教育应注意养成新生儿童个性，注意培养儿童的创造力。陶行知也是很重视社会教育。从某种意义上说，他的"生活教育"理论就是一种广义的社会教育的理论。他是根据"社会即学校"的原则，倡导"动员社会上现有的一切可能动员的力量、学校及个人尽力为民众服务。庙宇、茶馆、监狱、兵营、商店、工厂、残废士兵医院、普通学校不上课时空出的教室，都应给识字小组及训练中心使用。八千万受过一段时间再教育的识字成人可作为教师，帮助家人及邻居进步"[②]。在他看来，这些地方或机构实际上都是一种教育机构和渠道，都有教育意义，对人的发展都有重要影响。因此，他希望把各种正规和非正规的教育机构和渠道，通过横向的连接，构成一个有机的整体，以促进人的全面和谐的发展。

概括起来，陶行知的"终生教育"思想，核心是强调教育的终生化与一体化，即在纵向上，要实现从零岁开始直到老年，包括学前教育、学校教育、成人教育三个层次的一体化；在横向上，要实现家庭教育、学校教育、社会教育三个方面的一体化，以克服现存教育体制的弱点，培养和造就适应社会需要的各种人才，适应近代中国社会政治、经济、文化发展的需要，保证"川流不息的现代化"。

(三) 终生教育的对象、内容与途径

终生教育是从"生活教育"理论派生出来的一种重要的教育思想，是对"生活教育"理论的丰富和发展。它在对象、内容与途径等方面，既有与

---

① 《全民教育》，《陶行知全集》第 3 卷，湖南教育出版社 1985 年版，第 554～555 页。

② 同上。

"生活教育"理论相一致的地方,又有其自身的特质。在对象方面,它既主张"不论宗教信仰、种族、财富及所属阶级有何不同,男孩与女孩机会均等,男子与女子机会均等,成人与儿童机会均等"①,又特别强调成人与儿童的教育问题,主张"无论老少,也应该受教育。生活教育很早就提出活到老,学到老"②。为此,陶行知不仅积极提倡,而且身体力行。这可以从创立乡村幼稚园和社会大学等一系列教育实践中得到证明。与之相适应,在内容方面,特别强调以儿童和成人的生活为教育的中心,主张围绕着儿童和成人的生活来开展教育。"过什么生活便是受什么教育,""过康健的生活便是受康健的教育;过科学的生活便是受科学的教育;过劳动的生活便是受劳动的教育;过艺术的生活便是受艺术的教育;过社会革命的生活便是受社会革命的教育。"③并着重指出:"我们要用前进的生活来引导落后的生活,要大家一起来过前进的生活,受前进的教育。"④总之,应以反帝反封民族民主斗争的社会生活为幼儿和成人教育的中心内容。在途径方面,"终生教育"和生活教育虽然是互相包容的,但"终生教育"更加强调家庭教育和社会教育,把家庭教育和社会教育看成与学校教育同等重要,它主张对传统教育制度加以彻底改造。他尖锐地批评国民党政府教育部颁布的《实施义务教育暂行办法大纲》,纯粹是指学龄儿童的教育,没有改变成人教育与儿童教育各干各的不能打成一片的弊端。他主张:"根据民主思想从根本上重建学校及学制,使民有、民治、民享的教育在中国蓬勃发展。"⑤他一方面提倡家庭教育和社会教育,另一方面又积极改造学校教育,以求让灵活机动、富有弹性的教育体制代替千篇一律、僵化不变的教育体制。为使更多的幼儿和成人受教育,他还在教育实践中为"终生教育"提出和创造了一些崭新的教育学组织形式与方式,其中主要有幼稚园、中心学校、工学团、旅行团、社会大学以及小先生制、传递先生制、自动

①《全民教育》,《陶行知全集》第3卷,湖南教育出版社1985年版,第554页。

②《实施民主教育的提纲》,《陶行知全集》第3卷,湖南教育出版社1985年版,第541页。

③《教学做合一下之教科书》,《陶行知全集》第2卷,湖南教育出版社1985年版,第288页。

④《生活教育之特质》,《陶行知全集》第3卷,湖南教育出版社1985年版,第27页

⑤《全民教育》,《陶行知全集》第3卷,湖南教育出版社1985年版,第554页。

进修制等等。这些都丰富和发展了他的生活教育学说。

(四) 终生教育思想的评价

陶行知的终生教育思想,萌芽于20世纪20年代,形成于20世纪30年代,发展于20世纪40年代。它的出现,丰富和发展了"生活教育"理论,对近代中国教育的改革和发展产生了积极作用,成为世界教育宝库里一颗璀璨夺目的明珠。

1. 陶行知的终生教育思想丰富和发展了"生活教育"理论

陶行知终生教育思想的提出,标志着他的"生活教育"理论日臻成熟。他早期的"生活教育"理论主要由"生活即教育"、"社会即学校"、"教学做合一"等基本命题和若干范畴组成。"终生教育"思想提出后,极大地丰富了"生活教育"理论的内容。它主张教育是一个终生的全过程,"差不多从出世到老,与人生为始终"①,"与生俱来,与生同去,出世便是破蒙,进棺材才算毕业"②。又主张教育应包括各种正规和非正规的教育的机构或形式。在重视学校教育的同时,不忽略学前教育和成人教育,在抓好学校教育的同时,又强调家庭教育和社会教育。这就使"生活教育"理论的"教育"概念,在时间和空间方面有了进一步延伸和扩大,使"生活即教育""社会即学校"的思想更为具体和丰富。总之,它是对"生活教育"理论的重大发展和突破。

2. 陶行知的终生教育思想推动了近代中国的教育改革和发展

近代中国的教育,只重视学校教育,忽略学前教育和成人教育,忽略家庭教育和社会教育,终生教育思想的提出,对于改变这种局面产生了巨大作用。具体说来,这主要体现在以下几个方面:第一,促进了成人教育的发展。成人教育是陶行知"终生教育"思想的主要组成部分。从20世纪20年代起,他就重视成人教育,把成人教育视为近代中国教育改革的突破口之一。他创办暑期学校,推行平民教育和乡村教育,是我国大规模的平民教育运动的首创者和主持人之一,为平民教育运动的开展呕心沥血,殚思竭虑,付出了极大的努力。20世纪40年代,为使广大工农受教育,他积极推行普及教育、国难教育、战时教育和全面教育。特别是在抗

---

①《新教育》,《陶行知全集》第1卷,湖南教育出版社1984年版,第126页。

②《生活教育》,《陶行知全集》第2卷,湖南教育出版社1985年版,第634页。

日战争胜利以后，为解决广大青年失学问题他又倡办了社会大学，独创了成人教育的新的组织形式，还设想今后的社会大学要更为丰富多样，除了“无形的”社会大学之外，还应有夜大学、早晨大学、函授大学、新闻大学、旅行大学、电播大学，等等。这些主张和设想，不仅促进了近代中国成人教育的发展，就是在今天仍具有重要的理论价值和现实意义，值得人们的高度重视。第二，促进了学前教育的发展。陶行知是我国早期重视幼儿教育的教育家之一。在他的终生教育思想中，幼儿教育占有非常重要的位置。在幼儿教育方面，从事过许多扎扎实实的实践和理论探讨。他把幼儿教育视为基础教育的基础，强调学生儿童的个性，重视培养儿童的创造力，主张对儿童实行“六大解放”（即解放儿童的眼睛、头脑、双手、嘴、空间和时间）。在儿童教育理论方面，有了重大建树，彻底改造了近代中国的学前教育，并为我国未来学前教育的发展指明了方向。第三，促进了学校教育的变革，陶行知一贯注重学校教育的改革。长期以来，他集中探讨了学校教育的阶级忏悔和服务对象，以及学校教育如何与社会生活紧密联系等问题。他主张教育系人民大众生活所原有，所自营，所必需，不能成为少数“小众”的专利品。进化论贫富贵贱男女老幼都有受教育的权利和机会，要建立更为灵活机动的新型学校教育体制，使人民大众及其子女能入学受教，强调学校教育的内容要以生活为中心，而不是以文字为中心；主张学校教育的方法和手段要多样化，要使学生自觉自动，学会学习，发展学生的创造力，而不是强迫灌输；他改变了传统的学校观念，提出了一种崭新的现代学校观等等。所有这些对学校教育理论和实践的发展，为当代中国的教育改革提供了重要的理论借鉴。第四，促进了学校教育以外的教育事业的发展。陶行知把终生教育视为一个宏大的战略，它的实现要通过家庭教育、学校教育、社会教育诸方面的协力合作。为此，他在发展学校教育的同时，注重利用一切可以利用的因素，开展各种形式的社会教育。他主张凡有人的地方，就是教育的场所。在他看来，家庭、当铺、茶馆、轮船码头、博物馆、电影院、图书馆，甚至防空洞等等，都可作为教学的课堂。他还主张利用广播、电影、幻灯等现代技术作为教育的手段，使终生教育在中国的每一个角落、每一层面扎下根，并推广开来。他自己是这些主张的身体力行者，走到哪里，就在哪里开展教育，不拘形式灵活多变，他倡导在学校教育之外，实行各种形式的教育，对我国社会教育的发展产生了积极影响。

3. 陶行知的终生教育思想是世界教育宝库里的一颗明珠

陶行知是现代终生教育的先驱。他的终生教育思想，不仅在中国教育思想史上，就是在世界教育思想史上，也是有突出的地位。长期以来，人们一般认为法国教育理论家保尔·郎格朗(Paul Lengrand)是现代终生教育的最早倡导者。认为“终生教育”这一概念是在他任联合国教科文组织秘书处成员时，于1965年召开的国际成人教育促进会议上所作题为“论终身教育”的报告里出现的，并认为，“终生教育”的基本思想是在他于1970年出版的《终生教育引论》中首次阐发的。这种看法是不符合历史事实的。正如前所述，陶行知早在20世纪20年代前后就已萌生了“终生教育”的思想，20世纪30年代已基本形成，20世纪40年代已有初步发展并已明确使用了“终生教育”的概念。他1945年发表的《全民教育》，原是一篇英文论著。在这篇英文论著中，“终生教育”被译为“Education for the whole life”意即“整个人生过程的教育”。这与今天通行的英文词“life long education”(终生教育)实际上就是一回事。陶行知的这篇《全民教育》的英文论著由生活教育社刊行后，曾作为一份宣传材料，向西方有关民间援华组织和人士广为散发，其中一个目的就是希望能得到国际友人支持和赞助。由此可见，早在20世纪20年代中期，陶行知的“终生教育”思想就已开始传播到国外。郎格朗是否看过这篇英文论著，我们不得而知，但可以断定：陶行知对“终生教育”概念的使用和这一思想的阐述，均早于郎格朗20年左右的时间。如果说到其萌生，那就要早于郎格朗近半个世纪。当然，这样说，绝没有丝毫否认郎格朗的历史贡献的意思。事实上，郎格朗首次以专题论著的形式发表《终身教育引论》，系统论述“终生教育”理论，并利用他后来任联合国教科文组织终身教育科科长的身份，积极从事终生教育的理论指导和教育实践，使终生教育在20世纪60年代开始成为国际性的教育思潮，这都是值得后人称道的。我们的目的在于，澄清历史事实，把最早提出、阐述“终生教育”概念和思想的人与最早系统论述“终生教育”概念和思想的人区别开来。如果说陶行知就是第一个提出、阐述“终生教育”观念和思想的人，那么郎格朗就是第一个系统论述“终生教育”并使之开始成为国际性的教育思潮的人。他们都是世界终生教育思想发展史上具有里程碑意义的卓越人物。

当然，正如任何一种伟大的思想在提出之初都不可避免存在某些不足一样，陶行知的终生教育思想自然也不是完美无缺的。从总体上看，陶行知还只是初步提出、阐述了“终生教育”的概念和思想，许多有价值的观点并没有充分展开，这就使得他的终生教育思想还没有一套比较严密完整的理论。之所以如此，主要是由于近代中国是一个半殖民地半封建社会，现代的政治、经济、文化还未充分发育生长，历史赋予他那一代教育工作者的使命是以教育作为拯救民族危亡的武器，客观现实不允许让他有充分的时间去思考终生教育所有方面的问题。这是时代使然、环境使然，我们不能离开具体的历史条件和环境来对此加以苛求。列宁有句名言：“判断历史的功绩，不是根据历史活动家没有提供现代所要求的东西，而是根据他们比他们的前辈提供了新的东西。”[①]我们对待陶行知的终生教育思想，也应采取这种科学态度。

六、创造教育思想

陶行知在长期的教育实践里非常重视创造教育问题，曾对创造教育作过许多精辟的论述。解放儿童创造力的教育思想是陶行知教育理论中的一个重要组成部分。其基本内容主要为这样三点：(1) 应该承认儿童身上蕴藏着创造力；(2) 应该从六个方面去解放儿童创造力；(3) 应该从三个方面去培养儿童创造力。这些思想集中体现在《创造的儿童教育》、《实施民主教育的提纲》、《民主教育》、《小学教师与民主运动》等文章中。

(一)“小孩子有创造力”

陶行知认为，“小孩子有创造力”，是千千万万祖先，至少经过五十万年与环境适应斗争所获得而传下来之才能之精华，[②]又是需要经过后天的精心培养方能充分发展的。作为一个教育工作者，应该培养儿童的创造力，充分发挥儿童的创造力。他以自己亲身经历的两件事情为例，说明儿童身上蕴藏着创造力。一件事情是，陶行知创办的南京晓庄学校停办以

① 《评经济浪漫主义》，《列宁全集》第 2 卷，人民出版社 1972 年版，第 150 页。
② 《陶行知文集》，江苏教育出版社 1981 年版，第 749 页。

后,晓庄的教师和师范生不能回晓庄小学任职,而私塾先生又被小孩们拒绝,在不得已的情况下,小孩们自己便组织起来,推举同学做校长、教员,自己教,自己学,自己办,还自称"自动学校"。当陶行知听见这个消息之后,就写一首诗去祝贺他们:"有个学校真奇怪,大孩自动教小孩。七十二行皆先生,先生不在学如在。"①他写好后交给几个大学生看,众人都说诗写得很好。于是,他就将诗给自动学校的小孩寄去。第三天,陶行知收到了小孩们寄来的回信,他们认为这首诗有一个字要更改,还提出一连串的问题:大孩教小孩,难道小孩不能教大孩吗?大孩能够自动,难道小孩不能自动吗?而且大孩教小孩有什么奇怪呢?陶行知看到这封回信,非常高兴,觉得小孩们的意见是很正确的,便马上把诗句改为"小孩自动教小孩"。他由此而认识到:"黄泥腿的农村小孩改留学生的诗,又是破天荒的证明,证明小孩有创造力。"②另一件事情是,有一次,陶行知在南通推行"小先生制",写了一篇一分钟的演讲词,文中有一段:"读了书,不教人,甚么人?不是人。"当陶行知讲完后,有个小孩马上说道,陶先生,你的演讲最好把"不是人"改为"木头人","木头人"比"不是人"要更好一些。因为"不是人"三个字不具体,桌子不是人,椅子也不是人,而"木头人"是给人们一个具体的印象。从这件事情里,陶行知又一次认识到"小孩子有创造力"。他指出:"我们要真正承认小孩子有创造力,才可以不被成见所蒙蔽。小孩子有多少都有其创造的能力。"

现代生理科学实验的结果表明,陶行知这样一种"小孩子有创造力"的论点,是符合实际情况的,是有充分的科学根据的。近年来,大脑研究和生化研究的一连串突破,使人们不能不承认,人的大脑还有很大一部分的潜力未被利用。从最新的生理研究材料来看,3 岁儿童的脑重是 1011 克,7 岁儿童是 1280 克,9 岁儿童是 1350 克,12 岁儿童是 1400 克,而一般成人脑重也不过平均是 1400 克。这意味着,仅就脑重而言,一个 12 岁的儿童就已经基本达到一个成人的水平了。儿童脑重的迅速发展也相应地促进了儿童智力的迅速发展。倘以 17 岁时所达到的智力作为 100,那么,从出生至 4 岁就取得 50%的智力,4 岁到 8 岁取得另外的 30%的智力,其

①《小先生》,《陶行知文集》,江苏人民出版社 1981 年版,第 638 页。

②《陶行知文集》,江苏人民出版社 1981 年版,第 751 页。

余的20%智力在8岁至17岁时取得，此后便是智力的缓慢发展时期。有的科学家指出，人的大脑估计具有140亿神经细胞。从18岁至20岁后逐年减少。人的大脑皮层细胞，每年失去成年初期的0.8%，60岁时将失去近50%。这些生理研究材料说明，人在出生到17岁时，都是具有相当的创造力的基础的，完全可以从事发明创造的工作。

陶行知的论点不仅在理论上得到验证，而且在古今中外的实际生活中也得到了充分的证明。从古代来看，中国如三国时的曹植7岁能写诗，初唐的王勃6岁善文辞，9岁读《汉书》，中唐的杜甫五岁能诗文，7岁咏凤凰，晚唐的白居易五六岁可即席赋诗，15岁写出“离离原上草，一岁一枯荣，野火烧不尽，春风吹又生”的名诗，李贺则在7岁就写出《高轩过》的名篇，北宋的晏殊7岁开始写文章，明末的夏完淳5岁就知五经，9岁善诗文。外国如高斯9岁能解级数求和的问题，利喜比11岁热心化学试验，麦克斯韦14岁发表数学论文，朗道14岁上大学，维纳4岁就可自由地阅读书籍，14岁便大学毕业，莫扎特4岁开始作曲，10岁写歌剧《简单的伪装》，14岁作《密特里特泰》，17岁作《卢西奥西利亚》，他在十二三岁时就已使全欧洲震惊，贝多芬和海顿都是13岁作曲，舒伯特自幼擅长钢琴、小提琴，18岁时创作《魔王》，但丁7岁就给阿特丽斯作恋诗，席勒14岁写史诗《莫泽》，15岁写《厄拉曼》，18岁著《群盗》、《雨果的悲剧》，歌德8岁时除德语外，还懂得法语、意大利语、拉丁语和希腊语，10岁开始写剧本，泰戈尔15岁开始写剧本，车尔尼雪夫斯基16岁学会七种外国语言。从当代来看，幼儿便具有相当发达的智力的事例，更是层出不穷，屡见不鲜。据有关材料记载，我国湖南怀化市一个名叫陈铁佳的小孩，1岁10个月能熟练地认识800多汉字，江西南昌市宁铂两岁半能全部背诵毛泽东的30余首诗词，六七岁时攻读医书，能看脉象，准确地诊断病情，八九岁学习天文，能用肉眼识别几十个星座。辽宁抚顺市10岁儿童吴大可归纳出“序数推算法”，谢彦波11岁上中国科技大学少年班，他的理解力、记忆力都很强。外国如美国的小女孩维尼伏雷特，两岁开始记日记，3岁写论说文，4岁用世界语写剧本，5岁时能用8个国家的语言表达思想。日本儿童三轮光范，1岁8个月就能读书、写字，两岁时开始记日记，11岁翻译《詹天佑》出版。苏联9岁小姑娘伊札木·拜捷米罗娃创作一首钢琴和民族乐协奏曲《山间》,作品受到专业曲家的推崇,等等。古今中外的这些事例,都说明儿童是有创造力的。

总之,早在20世纪初叶,陶行知就已认识到"小孩子有创造力",需要教师去精心培养和开发它,这正是他用科学态度办教育,实践出真知的最好证明。

(二) 儿童创造力的"六大解放"

陶行知认为,认识到有创造力,就应该进一步将其解放出来,否则,就会使儿童创造力这种巨大智力资源埋没在未经开垦的广袤的沃土里。这不仅是教育工作者的严重失职,也是对民族、对国家宝贵财富的重大浪费。那么,应该从哪些方面去解放儿童的创造力呢?陶行知提出了"六大解放"的建议:

1. 解放儿童的眼睛。陶行知认为,传统的封建教育给儿童带上了一副封建的有色眼镜,使他们脱离社会实际生活,"两耳不闻窗外事,一心只读圣贤书",成为无益于社会的"小书呆子"。所以,他指出,不要让儿童"带上封建的有色眼镜,使眼睛能看事实"[①]。应该培养儿童对大自然进行观察,对大社会进行分析,在大自然、大社会的怀抱中,陶冶性情,锻炼意志,培养分析问题、解决问题的能力。他译的一道题为《打开眼睛看看》的诗里就有这样的诗句:"打开眼睛看,看人怎样干?苏联真伟大,个个是好汉。工人打胜仗,浑蛋都滚蛋。自由又平等,大家好吃饭。"[②]他将这首译诗献给全国的儿童们,正反映出他对儿童解放眼睛、观察世界、成为改造社会新一代的殷切期望。

2. 解放儿童的头脑。陶行知认为,儿童的创造力被固有的迷信、成见、曲解、幻想层层裹头布包缠了起来。要发展儿童的创造力,先把儿童的头脑从迷信、成见、曲解、幻想中解放出来。迷信要不得,成见要不得,曲解要不得,幻想要不得,幻想是反对现实的。那么,对于"这种种要不得的包头布"应该如何处理呢?他向人们发出了战斗号召:"要把它一块一块撕下来,如同中国女子勇敢地撕下了裹脚布一样。"[③]"这种种要不得的

---

① 《陶行知文集》,江苏人民出版社1981年版,第784页。

② 同上,第751页。

③ 《行知诗歌集》,三联书店1981年版,第407页。

包头布"就像"女子的裹脚布",多么生动的比喻！多么生动的思想！多么深刻的思想！继而,他进一步分析说:"自从有了裹脚布,从前中国妇女是被人今天裹,明天裹,今年裹,明年裹,骨髓裹断,肉裹烂,裹成一双三寸金莲。自从有了裹头布,中国的儿童、青年、成人也是被人今天裹,明天裹,今年裹,明年裹,似乎非把个个人都裹成一个三寸金头不可。"①人们的头脑被裹成了"三寸金头",多么可悲的结局！为此,陶行知郑重其事地向人们指出:"如果中华民族不想以三寸金头出现于国际舞台,唱三花脸,就要把裹头布一齐解开,使中华民族的创造力可以突围而出。"②在这里,陶行知所谈的对象已不仅仅限于儿童,他已推而广之,包括青年、成人乃至整个中华民族了。他将解放头脑、发挥创造力与儿童的未来、与中华民族的未来紧密地联系在一起,这反映出他具有广阔的政治视野。尤其值得注意的是,他这种解放头脑的战斗呼唤发出之时,正是中华民族与日本帝国主义侵略者决一死战的最后关头。这便使之在当时具有更为重要的现实性。

3. 解放儿童的双手。陶行知认为,人类自从腰骨竖起,前脚变成一双可以自由活动的手,进步便一天千里,超越一切动物。自从这个划时代的解放以后,人类乃能创造工具、武器、文字,并用以从事于更高之创造。假使人类把双手束缚起来,就不能执行头脑的命令。我们要在头脑指挥之下用手,使用机器制造,使用武器打仗,使用仪器从事发明。他还一针见血地指出中国传统的封建教育的弊病是:"中国对于小孩子一直是不许动手,动手要打手心,往往因此摧残了儿童的创造力。"③要根绝这个弊端,就必须解放儿童的双手。陶行知还以爱迪生的母亲关心爱迪生成长的故事为例,说明长辈们不要轻易否定了儿童的创造力。他说:"在爱迪生时代,美国学校的先生也是非常的顽固,因为爱迪生喜欢玩化学药品,不到三个月就把他开除了！幸而他有一位贤明的母亲,了解他,把家里的地下室让他做实验。爱迪生得到了母亲的了解,才一步步地把自己造成发明之王。那时美国小学的先生不免也阻碍学生的创造力的发展。"他呼吁:"我们希

①《陶行知文集》,江苏人民出版社 1981 年版,第 751 页。

② 同上。

③ 同上,第 752 页。

望保育员或先生跟爱迪生的母亲学，让小孩子有动手的机会。”[①]应该培养儿童手脑并用，从事生产实践，从事科学研究实验，从事发明创造。他在《手脑相长歌》一诗中写道：

人生两个宝，双手与大脑。

用脑不用手，快要被打倒。

用手不用脑，饭也吃不饱。

手脑都会用，才算是开天辟地的大好佬。[②]

陶行知作“手脑相长歌”

应该指出，陶行知“手脑相长”的观点与马克思主义教育学里“人的全面发展”的思想是基本相符的。马克思主义认为，自从人类社会出现两大分工后，尤其是脑力劳动和体力劳动的分离和树立，造成了人脑或手的才能的偏废，导致了人的智力和体力的片面发展。而在未来的社会里，教育对于所有已满一定年龄的儿童来说，就是生产劳动同智育和体育的结合，它不仅是提高社会生产的一种方法，而且是造就全面发展的人的唯一方法。尽管陶行知早期还不是一个马克思主义教育家，他的“手脑并用”的观点并不出自马克思主义关于两大分工的理论，但他的“手脑并用”的观

① 《陶行知文集》，江苏人民出版社 1981 年版，第 752 页。

② 同上，第 428 页。

点毕竟已含有马克思主义教育与生产劳动相结合以促进人的全面发展的思想因素。

4. 解放儿童的嘴。陶行知认为，中国一般习惯是不多说话，儿童没有言论自由。大人说什么，小孩就听什么，就照着做。久而久之，使儿童养成一种盲从陋习。这种情况是不利于儿童成长的。“儿童应当有言论自由，有话直接和先生说，并且高兴心甘情愿和先生说。首先让先生知道儿童们一切的痛苦。”①小孩子有问题要准许他们问。从问题的解答里，可以增进他们的知识。他指出：“小孩子得到言论自由，特别是问的自由，才能充分发挥他的创造力。”②他写了一首题为《每事问》的诗，阐发了这个道理：“发明千千万，起点是一问。禽兽不如人，过在不会问。智者问的巧，愚者问的笨。人力胜天工，只在每事问。”③在这首诗中，他将发明创造的起点归结于“问”，强调了“问”在一切发明创造中的重要地位，生动而形象地说明了“问”的作用。

5. 解放儿童的空间。陶行知认为：“从前的学校完全是一只鸟笼，改良的学校是放大的鸟笼。要把小孩子从鸟笼中解放出来，放大的鸟笼比原有的鸟笼大些，有一棵树，有假山，有猴子陪着玩，但仍然是个放大的模范鸟笼，不是鸟的家乡，不是鸟的世界。鸟的世界是森林，是海阔天空。现在鸟笼式的学校，培养小孩用的是干腌菜的教科书。我们小孩子的精神营养非常贫乏。这还不如填鸭，填鸭用的还是滋养料，让鸭儿长得肥胖的。”因此，“我们要解放小孩子的空间，让他们去接触大自然中的花草、树木、青山、绿水、日月、星辰以及社会中之士、农、工、商、三教九流，自由地对宇宙发问，与万物为友，并且向中外古今三百六十行学习”④。他还进一步指出：“创造需要广博的基础。解放了空间，才能搜集丰富的资料，扩大认识的眼界，以发挥其内在之创造力。”⑤“扩大了空间，才能各学所需；扩大了空间，才能各教所知；扩大了空间，才能各尽所能。”⑥

---

①《陶行知文集》，江苏人民出版社 1981 年版，第 784 页。

② 同上，第 753 页。

③《行知诗歌集》，三联书店 1981 年版，第 12 页。

④《陶行知文集》，江苏人民出版社 1981 年版，第 753 页。

⑤ 同上。

⑥ 同上，第 748 页。

6．解放儿童的时间。陶行知说："一般学校把儿童的时间排得太紧。一个茶杯要有空位方可盛水。现在中学校月考，学期考，毕业考，会考，升学考，一连考几个学校，有的只好在鬼门关去看榜。"连小学的儿童都要受着双重夹攻。日间由先生督课，晚上由家长督课，为的都是准备赶考，拼命赶考，还有多少时间去接受大自然和大社会的宝贵知识呢？赶考和赶路一样。赶路的人把路旁风景赶掉了，把一路应该做的有意义的事赶掉了。除非请医生，救人，路是不宜赶的。[①]"考试没有这样的重要，更不宜赶，赶考首先赶走了脸上的血色，赶走了健康，赶走了对父母之关怀，赶走了对民族人类的责任，甚至于连抗战之本身责任都赶走了。最要不得的，还是赶考把时间赶跑了。"[②]他明确表明了自己对过多考试的态度："我个人反对过分的考试制度的存在。一般学校把儿童全部时间占据，使儿童失去学习人生的机会，养成无意创造的倾向，到成人时，即使有时间，也不知道怎样下手去发挥他的创造力了。"[③]为此，他大声疾呼："创造的儿童教育，首先要为儿童争取时间之解放。"[④]

上述从六个方面解放儿童创造力的思想，陶行知曾明确概括为"六大解放"。他对"六大解放"有一个总结性的表述："解放眼睛，敲碎有色眼睛，教大家看事实。解放头脑，撕掉精神的裹头布，使大家想得通。解放双手，剪去指甲，摔掉无形的手套，使大家可以执行头脑的命令，动手向前开辟。解放嘴，使大家可以享受言论自由，摆龙门阵，谈天，谈心，谈出真理来。解放空间，把人民与小孩从文化鸟笼里解放出来，飞进大自然大社会去寻觅丰富的食粮。解放时间，把人民与小孩从劳碌中解放出来，使大家有点空闲，想想问题，谈谈国事，看看书，干点于老百姓有益的事，还要有空玩玩，才算是有点做人的味道。有了这六大解放，创造力可以尽量发挥出来。"[⑤]陶行知的这段文字，以简洁而生动的语言，形象地表述了他的儿童创造力要实行"六大解放"的思想。同时，在某种意义上，抨击了传统

---

①《陶行知文集》，江苏人民出版社 1981 年版，第 753 页。

② 同上，第 753～754 页。

③ 同上，第 754 页。

④ 同上。

⑤ 同上，第 792～793 页。

教育的弊病，揭露了反动政府的专制，表明了他的反对独裁、主张民主的政治倾向。

(三) 培养儿童创造力的"三个需要"

陶行知认为，在儿童的眼睛、头脑、双手、嘴、空间、时间都解放出来后，还必须对解放出来的儿童创造力予以适当的培养。怎样才能做到适当的培养呢？这就要注意做到"三个需要"：

1. "需要充分的营养。"陶行知说："小孩的体力与心理都需要适当的营养。有了适当营养，才能发生高度的创造力，否则创造力就会被削弱，甚而至于夭折。"[①]这一点说的是培养儿童创造力所需要的物质基础。"充分的营养"是培养和发挥高度创造力的基本条件。没有这个基本条件，儿童就不会有强壮的身体，健全的心理，就会使被解放出来的创造力在萌芽之际就被扼杀。

2. "需要建立下层的良好习惯，以解放上层的性能，俾能从事于高级的思虑追求。否则必定要困于日用破碎，而不能够向上飞跃。"[②]这一点说的是要注意使儿童养成良好的生活、学习习惯，注意训练儿童的思维能力。有了良好的生活、学习习惯，经常地思考问题，儿童的大脑就会越用越活，越用越灵。对于异常复杂的问题，也能进行深入的分析，得出正确的结论。

3. "需要因材施教。"陶行知以种植松树和牡丹所施肥料不同为例，生动而形象地说明了对于不同教育对象，要有不同的教育方法。松树和牡丹花所需要的肥料不同，你用松树的肥料培养牡丹，牡丹会瘦死，反之，你用牡丹的肥料培养松树，松树也受不了，会被烧死。同样道理，培养儿童的创造力要同园丁一样，首先要认识他们，这样他们才能欣欣向荣；否则不能死于枯萎。[③] 这一点说的是培养儿童创造力的正确方法。"因材施教"是中国古代一条著名的教学原则，两千多年前，大教育家孔子在教育实践里，就注意对不同的受教育者提出不同的要求，采取不同的教育方法。宋代的两位著名教育家程颐、朱熹都说过："孔子教人，各因其材。""因材施教"一词正来源于此。在这里，陶行知将"因材施教"这条教学原

---

① 《陶行知文集》，江苏人民出版社 1981 年版，第 754 页。

② 同上。

③ 同上。

则与培养儿童创造力紧密联系起来，认为“因材施教”的目的不仅仅要使学生学习更好，获得更多的知识，还要使学生产生一定的创造力。这样，陶行知就给“因材施教”这古老的教学原则注入了新鲜血液，赋予它以新的、更为深刻的思想内容，从而使之更富有生命的活力。应该指出，这是陶行知在中国教育思想史上的一个贡献。

此外，陶行知还向人们强调指出：“创造力最能发挥的条件是民主。”①他在这里所说的“民主”包含两层意思：一是政治上的民主，一是教育上的民主。前者是后者的基本前提，后者是前者的最终贯彻。对于充分发挥人们的创造力来说，这两种民主都缺一不可，相辅相成。一方面，要实现政治上的民主，创造民主的环境，广大人民群众都有受教育的机会，都有从事科学研究实验的自由，都有从事发明创造的权利。另一方面，教育工作与受教育者之间一定要有民主的关系。教师在教学过程中要循循善诱、耐心启发，因材施教，切忌动辄对受教育者施以强制和暴力。那样只能培养出唯唯诺诺、墨守成规的庸人，培养不出富有丰富创造力的天才。总而言之，“只有民主才能解放最大多数人的创造力，而且使最大多数人之创造力发挥到最高峰”②。值得注意的是，陶行知疾呼“创造力最能发挥的条件是民主”的口号时，正是 1944 年底。其时，以蒋介石为首的国民党政权一方面消极抗日，另一方面又在其统治区域内压制民主运动，厉行专制统治。陶行知向人们强调指出这一点，不仅在教育上要引起教师的注意，更重要的，它还具有明显的政治意义。与其说是关于教育问题的一种学术见解，毋宁说是对于国民党政权专制独裁的强烈抗议。这正好说明陶行知在其后十年的斗争生涯中，在政治上，“一直跟着毛泽东同志为代表的党的正确路线走”，将其所从事的教育事业与政治斗争密切结合起来，为反对专制独裁，争取民主、自由、普及大众教育，提高全民族的文化水平而英勇斗争，不屈不挠，终于由一个激进的民主主义者成为“无保留追随党的党外布尔什维克”，“伟大的人民教育家”。

(四) 对陶行知解放儿童创造力教育思想的评价

我们认为，陶行知的创造教育理论是有一定的科学根据的，是符合马

---

①《陶行知文集》，江苏人民出版社 1981 年版，第 754 页。

② 同上，第 755 页。

克思主义教育学原理的。

马克思主义教育学认为，人的遗传素质是有差异的，但遗传素质只提供人们日后发展的物质前提，决定人的发展的更重要的因素，还是后天的环境的教育。陶行知的教育思想与马克思主义教育学原理在不同程度上的相吻合，正说明陶行知的教育思想是进步的。正因如此，陶行知解放儿童创造力的教育思想有不少合理因素，值得我们学习和借鉴。尤其需要指出的是，早在20世纪初叶，陶行知能以现代科学的眼光，如此清楚地看到培养和开发儿童创造力的重要性，并提出一系列切实可行的具体办法，从事具体的教育实验，这不能不说是难能可贵的。从当前世界各国教育界都把培养和开发学生智力资源作为首要任务的趋势来看，更感到陶行知当年提出这些教育理论是富有远见卓识的。

陶行知当年提出的解放儿童创造力的教育思想，在今天有着强烈的现实意义。如何培养和开发学生的智力资源，以适应形势的飞跃发展，已成为我国教育界共同面临的一个重大问题。近年来，国内教育界也开始对这个问题重视起来。在这种情况下，研究陶行知先生解放儿童创造力的教育思想，就显得更有必要，有意义。应该指出，尽管时间已过去了七八十年，我国教育事业已取得了辉煌的成就，但教育工作还存在不少问题。陶行知当年提到的儿童教育六个方面存在的问题，仍然没有彻底解决。许多学生视野不开阔，很少手脑并用的机会，遇事怕动脑筋，即使不懂也不敢提问题，活动的范围比较狭窄，功课太多，以至没有什么时间去干一点自己高兴干的事情，尤其是一些学校片面追求“升学率”，各种考试名目繁多，在学校教师督得紧，在家里家长管得严，造成学生学习负担过重。从小学到中学，一关又一关，一切都围绕着“考试”的指挥棒转，把一个欢蹦乱跳的天真儿童，弄成了一个脸无血色、缺乏朝气的“小老头”。这不独严重摧残了儿童的身心健康，也毁灭了儿童的创造力。为了彻底改变这种状况，我们仍然应该本着马克思主义的立场、观点和方法，从陶行知教育理论中汲取合理因素，大力开展教育改革，努力培养和开发学生的智力资源。只有这样，我们的后代，才有前途；我们的社会主义现代化，才有希望；我们的民族，才能永远屹立于世界伟大民族之林。

七、教育实验思想

陶行知十分重视教育实验。受杜威实用主义教育思想(特别是其实验方法论)影响甚深的他,1917 年回国后,便撰写并发表了《试验主义之教育方法》、《教育研究法》、《试验主义与新教育》、《试验教育的实施》等等,将教育实验(他习称"教育试验")作为一种科学方法和活动提倡,并且亲自领导开展了一系列教育实验,取得了令人瞩目的成绩。陶行知的近现代中国最早提倡教育实验的教育家之一,他在教育实验方面的经验和理论,值得今人重视。

(一) 教育实验是"发明之利器"

陶行知对教育实验的作用极为重视。在他看来,教育实验"设统系,立方法,举凡欲格之物,尽纳之于规范之中。远者近之,微者大之,繁者简之,杂者纯之,合者析之,分者通之,多方以试之,屡试以验之。更较其异同,审其消长,观其动静,察其变化,然后因果可明,而理可穷也。故试验者,发明之利器也"。他进而断言,"试验虽不必皆有发明,然发明必资乎试验"①。

陶行知在考察了人文社会科学和自然科学的发展历程之后,对实验方法与科学发展之间乃至实验方法与社会进步之间的关系有了更深的理解。他认为:"故欧美之所以进步敏捷者,以有试验方法故;中国之所以瞠乎人后者,以无试验方法故。征之世界进步,试验方法既如此,不可废也,则其应用于教育界者,又何若哉?"就教育来说,它为"群学之一种,介乎形而上学、形而下学之间。故其采用试验方法也,较迟于物理、生物诸学。然近二百年来,教育界之进步,何莫非由试验而来?""是故试验之消长,教育之盛衰系之。"②由此可见,科学发展、社会进步、教育盛衰都与实验方法有密切关系。

(二) 教育实验应着眼现实,解决本国实际问题

陶行知认为教育实验不能从纯理论出发,应该将理论的探讨与本国

---

①《试验主义之教育方法》,《陶行知全集》第 1 卷,湖南教育出版社 1984 年版,第 59～60 页。

② 同上,第 60～61 页。

实际问题的解决结合起来，这样才能收到实效。在他看来：

中外情形有同者，有不同者。同者借镜，他山之石，固可攻玉。不同者而效焉，则适于外者未必适于中。试一观今日国中之教育，应有而无，应无而有者，在在皆是。此非仪型外国之过欤？若能实行试验，则特别发明，足以自用；公共原理，足以教人。教育之进步，可操左券矣。①

陶行知所开展的教育实验，始终坚持从实际出发，解决本国教育改革中的现实问题。他在从事平民教育运动时，发现中国教育的难点和重点不在城市，而是乡村。因为“中国的乡村教育关系到全世界五分之一的人民”。只有普及了乡村教育，才能真正提高中华民族的文化水平。而普及乡村教育又必先培养适应时代需要的新型乡村教师。所以他创办了试验乡村师范学校，试图通过乡村师范教育的实验，解决“中国今日教育最急切的问题”。正是由于陶行知十分注重随着现实生活的变化，社会实践的需要，随时间、地方、条件的变化而进行各种类型的教育实验，才创造出各种新的教育模式，如晓庄师范——乡村师范教育模式；山海工学团——普及教育和职业教育模式；育才学校——人才教育和创造教育模式；社会大学——成人业余教育模式等。②

（三）教育实验须有“缜密的计划”，不可草率从事

陶行知认为，教育实验是一项严肃的事情，事关教育的成败。事先必有“缜密的计划”③，作通盘考虑。对要解决的问题，要“知其要”，即要清楚地知道教育实际工作中存在哪些问题，需要如何改进，以及如何逐步实施，达到实验的目的。如果“计划不确，方法无定，朝令暮改，偶尔尝试”，“无缜密的计划……不是真正的试验了”。④

陶行知从事的各项教育实验，对此十分注重。无论是晓庄师范，还是山海工学团、育才学校和社会大学，都在事先进行调查研究的基础上制订

---

①《试验主义与新教育》，《陶行知全集》第1卷，湖南教育出版社1984年版，第94页。

② 侯怀银：《陶行知论教育试验》，《教育科学研究》1994年第1期。

③《试验教育的实施》，《陶行知全集》第1卷，湖南教育出版社1984年版，第111页。

④ 同上。

了“缜密的计划”,对实验的各个环节作通盘考虑,统筹规划。同时,又能在实验过程中,根据情况的变化,及时调整实验设计和方案,以求最佳实施效果。

(四) 教育实验“要得人”,“要有组织”,要建立基地

陶行知认为,教育实验“第一要得人”①,即要有懂实验、会实验、视野开阔、胸襟博大的教育家来主持,那些“凭空构想者”、“武断从事者”、“不了了之者”②是搞不好教育实验的。其次,教育实验还要有组织,依靠团体的力量,大家的智能,群策群力,集思广益,才能做得好。此外,还要建立实验基地,作为实验的场所。他认为实验基地就是实验学校。他对当时没有为“试验教育原理而设的”实验学校很不满,批评说:“现在所有的学校,大概都是按一定的格式办的,目的有规定,方法有规定。变通的余地既然很少,新理安能发现?”③他建议,今后凡是师范学校及研究教育的机关,都应当注重实验的附属学校;地方上也应当按着特别情形,选择几个学校,做实验的中心点。他还特别强调师范学校应和附属小学“格外密接”,认为“附属小学不但是实习的地方,简直是试验教育原理的机关……是‘教育学的实验’”。④

陶行知开展教育实验,首先是找好一批有抱负、有理想、敢于创造、甘于奉献的人来做自己的战友和助手,如晓庄时期的赵叔愚、张宗麟,山海时期的马侣贤、张劲夫,育才时期的孙铭勋,社大时期的李公朴等。这些人是他事业上的同志,生活中的挚友。除了个人,他对团体在实验中的作用也十分看重。早年他从事教育改造运动,便依托中华教育改进社来进行,后来从事平民教育、乡村教育、普及教育、国难教育、民主教育等教育改革实验,便发起组织中华平民教育促进总会、乡村教育先锋团、普及教

---

①《试验教育的实施》,《陶行知全集》第1卷,湖南教育出版社1984年版,第111页。

②《试验主义与新教育》,《陶行知全集》第1卷,湖南教育出版社1984年版,第94页。

③《试验教育的实施》,《陶行知全集》第1卷,湖南教育出版社1984年版,第110页。

④《师范教育之新趋势》,《陶行知全集》第1卷,湖南教育出版社1984年版,第168～169页。

育助成会、国难教育社和生活教育社等团体，作为他开展教育实验的组织依托。他对教育实验基地的建设也极为关心。他特约许多中小学和幼稚园作为实验学校，从事教育原理的实验工作。他还以晓庄师范、山海工学团、育才学校、社会大学作为其乡村教育、普及教育、人才教育、民主教育实验的实验基地，不断地验证、丰富和发展其生活教育理论。

(五) 教育实验应善用科学方法

陶行知认为教育实验是一种探索或验证真理的科学活动，必须善用科学方法，才能收到成效。

什么是科学方法呢？他提出："科学方法是有步骤的，是有线索的。"[①]从他所说的内容来看，科学方法包括观察法、试验法、比较法、统计法、测验法等。在他看来，观察法使人"观察愈力，则物感愈众"；比较法能剖析、洞察"古今中外之异同，因果是非之轨迹，同时并观，了如指掌"[②]；统计法"将千万的事实征集起来，分类起来，表列起来，再把它们的真相关系一齐发现起来，然后乃能下他的判断"；测验法"如治病的听肺器一样，可以看出病来。欲知病之所在，非测量不可"。统计法与测验法互相为用，"没有统计，也测不出来；没有测验，也统计不出来"[③]。各种科学方法都是"建设新教育的利器"，各有长短。只有根据不同情况综合使用，才能收到良效。

(六) 从事实验者应具备科学精神、创造精神和拼搏精神

教育实验是一个探索真理、创造未来的过程。在这个过程中，充满了未知的事物，也充满了各种困难和阻力。陶行知认为，一个成功的教育实验者必须具备科学精神、创造精神和拼搏精神，才能战胜困难，克服阻力，达到预期目标。在他看来，所谓科学精神，就是指对任何问题都要想个透彻，多发疑问，不可武断盲从。知之为知之，不知为不知之。在进行实验时，要有"数目的观念"[④]，切忌犯"差不多"这个中国人的老毛病。所谓创造精神，就是"敢探未发明的新理"，"将试验精神向那未发明的新理贯射

---

①《教育与科学方法》,《陶行知全集》第1卷，湖南教育出版社1984年版，第291页。

②《教育研究法》,《陶行知全集》第1卷，湖南教育出版社1984年版，第67页。

③《教育与科学方法》,《陶行知全集》第1卷，湖南教育出版社1984年版，第295页。

④ 同上，第293页。

过去……一心要把那教育的奥妙新理，一个个的发现出来"①。所谓拼搏精神，就是"不怕辛苦，不怕疲倦，不怕障碍，不怕失败"②，"视阻力为当然，失败为难免，具百折不回之气概，再接再厉之精神"③。

陶行知本人便是具有科学精神、创造精神和拼搏精神的杰出教育家。他在教育实验中，始终坚持实事求是的科学精神，力避盲从武断，重视运用科学方法来解决问题。他还敢于探索新事物，每次实验都力求推陈出新，从实验中发现"教育之真理"，"发古人所未发，明今人所未明"④。他所创办的晓庄师范、山海工学团、育才学校、社会大学都是在不同环境、不同条件下进行的新实验和新探索。尤为难得的是，他一生所开展的各种教育实验，都是在极端艰难的条件下进行的，面临着各种难以想象的困难与阻力，但他从未犹豫退缩，始终以坚定的信心、昂扬的斗志去迎接挑战，终于取得了令人瞩目的丰硕成果，为中国的教育宝库贡献了一份厚重的礼物——生活教育理论。

第三节　陶行知生活教育理论的现实意义

陶行知在八十多年前创立的生活教育学说，不仅对我国新民主主义的革命教育发挥过积极的历史作用，而且对于今天我国社会主义教育事业的发展，仍有重要的现实意义。我们应该珍惜这份宝贵的教育遗产，充分发掘其合理因素，为建立具有中国特色的社会主义教育体系服务。

一、生活教育是我国社会主义教育理论体系的重要营养来源

建立具有中国特色的社会主义教育理论体系，是目前我国教育事业改革与发展的迫切需要。要建立这样一个教育理论体系，除了要总结建

---

①《第一流的教育家》，《陶行知全集》第1卷，湖南教育出版社1984年版，第113页。

② 同上。

③《试验主义与新教育》，《陶行知全集》第1卷，湖南教育出版社1984年版，第95页。

④《智育大纲》，《陶行知全集》第1卷，湖南教育出版社1984年版，第72页。

国以来发展教育事业的新鲜经验以外，还必须从中外古今教育家的思想中去吸取营养，而陶行知的生活教育学说，无疑应作为重要营养来源。

作为一种与现代社会生活相适应的教育理论，生活教育在许多方面都反映了教育发展的客观规律，蕴含着不少合理因素，它的现代大教育观、主体教育论、生活课程论、实践教学法和终生教育论等，为我国社会主义教育理论体系提供了丰富的思想养分。

（一）“生活即教育，社会即学校”——现代大教育观

生活教育的基本主张是“生活即教育，社会即学校”，认为生活含有教育的意义和作用，教育应以生活为中心，通过生活来进行，生活决定教育，教育改造生活，整个的生活要有整个的教育，而且“到处是生活，即到处是教育；整个的社会是生活的场所，亦即教育之场所”[①]。主张冲破学校与社会之间的“高墙”，把学校的一切伸延到大社会乃至大自然中去，促进“封闭式”的教育逐步向“开放式”的教育转变，使学校与社会、教育与生活密切结合，培养真正适合社会需要的各种人才，让教育真正成为推动社会进步的力量。这种把教育深深植根于整个人类社会生活的教育观，无疑是对传统的把教育与学校完全等同的“小教育观”的彻底否定。它是一种与现代社会生活相适应并为之服务的新型的现代大教育观。这种教育观，从横向上看，打通了学校教育与家庭教育、社会教育，使社会成为一所新型的“大学校”；从纵向上看，将个体受教育的时限从短暂的学校教育阶段延展到个体的终生，主张个体的生活教育就是个体的终生教育，其核心是社会化的教育和终生化的教育，而这两点正是现代大教育的基本特征。在建立具有中国特色的社会主义教育理论体系时，应该充分地吸取和发展陶行知“生活即教育、社会即学校”的现代大教育观。

（二）培养“真善美的活人”——主体教育论

针对传统教育的弊端，陶行知从反帝反封、争取民族解放国家富强的总任务出发，把社会发展的客观需要与受教育者的特点结合起来，把社会发展与人的发展统一起来，提出了培养“真善美的活人”这一主张。培养“真善美的活人”，具有两层含义：一是受教育者在德、智、体、美、劳几方面

①《生活教育》，《陶行知全集》第2卷，湖南教育出版社1985年版，第634页。

的和谐发展，用陶行知的话说，要做一个“真善美的活人”必须具有“康健的体魄、农夫的身手、科学的头脑、艺术的兴趣和改造社会的精神”；一是具有主体意识、独立个性、开拓精神和创造才能的“活人”。为了培养这种“真善美的活人”，他非常重视受教育者在教育中的主体地位和作用，重视学生的个性全面发展，潜能的充分发挥和主体性的提高，强调“心、脑、手并用，学政治、学经济、学文化相结合。健康、科学、劳动、艺术及民主将构成和谐的生活”①。由此可见，培养“真善美的活人”，既是陶行知生活教育学说的教育目的论，又是一种具有现代理论特质的“主体教育论”，是一种以人为中心的、民主的、全面的教育。它符合弘扬人的主体性、提高人的素质的现代教育的发展趋势，可以为具有中国特色的社会主义教育理论体系提供有益的思想营养。

(三)“教育以生活为中心”——生活课程论

传统教育以文字和书本为中心内容，这些文字和书本主要记载寓剥削阶级统治术于其中的社会历史知识、圣人之言和祖先遗教之类的剥削阶级意识形态以及相应的文化知识，绝少有科学的内容和与生产有联系的内容，严重脱离人民大众的社会生活实际，旨在培养统治集团所需要的统治人才和驯服的民众。陶行知有鉴于此，针锋相对地提出了“教育以生活为中心”的主张，认为生活的一切方面都应成为教育的内容。说得更明确一些，人民大众改造社会、征服自然的一切方面都是教育的内容。“过什么生活，便是受什么教育”，“要想受什么教育，便须过什么生活”②。教育内容必须根据社会生活的需要来安排。他把社会生活划分为健康的、劳动的、科学的、艺术的和改造社会的五方面，并相应提出康健的、劳动的、科学的、艺术的和改造社会的五种教育内容。他并不一概否定文字和书本的作用，但他认为文字和书本只是工具，是人们社会生活实践的工具。工具是给人用的，文字和书本也是给人用的。所以，他主张“用书”而不主张“读书”，反对“读死书、死读书、读书死”。陶行知的这种独特的“生活课程论”，固然容易忽视知识的逻辑顺序，产生某些负面效应，但它对于纠正传统教育只重文字和书本不重社会生活实际的弊病，加强教育与生

---

①《全民教育》,《陶行知全集》第 3 卷，湖南教育出版社 1985 年版，第 554 页。
②《生活教育》,《陶行知全集》第 2 卷，湖南教育出版社 1985 年版，第 634 页。

活的联系，使教育更好地满足社会需要，是有重要的积极作用的。因受传统教育思想的影响较深，我们的课程论还有浓厚的书本中心的倾向，忽视生活的教育作用，忽视在生活中进行教育，忽视教育与生活的内在联系，陶行知的“生活课程论”正可弥补其不足，使之逐步合理而科学。

（四）“教学做合一”——实践教学法

“教学做合一”是陶行知生活教育的教学论。陶行知认为，传统教育方法将教、学、做分作三项不同的事情是不对的，教学做不是三件事，而是一件事。他以“做”为中心，把教与学统一起来，主张“教的方法根据学的方法；学的方法根据做的方法。事怎样做便怎样学，怎样学便怎样教。教与学都以做为中心。在做上教的是先生，要做上学的是学生”①。先生拿做来教，乃是真教；学生拿做来学，乃是真学。教与学不能分离开来。他还指出，这种“做”不同于狭义的“做”，而是“包涵广泛意味的生活实践的意思”②，是人类生活中一切有意义的活动。具体说来，“做是发明，是创造，是实验，是建设，是生产，是破坏，是奋斗，是探寻出路”③，还包括文艺等精神活动。

这种“做”不是盲行盲动，而在劳力上劳心。它具有行动、思想、新价值的产生三个特征。在他看来，这种“做”不排斥传统的讲授、谈话、练习、考试等方法，它只要求将这些具体方法统一在实践上，要求教与学都要与实践相结合，从实践中去追求真知识。

“教学做合一”的目的在于培养在劳力上劳心、手脑双挥的人，它克服了传统教育重教而不重学、重知而不重行、重教师主导作用而忽视学生主体作用的不足，有助于加强教与学的结合，学与用的结合，教育与产生劳动的结合，劳力与劳心的结合，知识分子与工农群众的结合，理论与实际的结合，促进人的智力、体力和谐发展。可以断言，这种“实践教学法”将会极大地丰富我们现有的教学论思想，将教学论发展到一个崭新的阶段。

---

①《教学做合一下之教科书》，《陶行知全集》第2卷，湖南教育出版社1985年版，第289页。

②《教育生活漫忆》，《陶行知全集》第3卷，湖南教育出版社1985年版，第623页。

③《教学做合一下之教科书》，《陶行知全集》第2卷，湖南教育出版社1985年版，第289～290页。

(五)"教育与人生为始终"——终生教育论

传统教育将人生划分为彼此分离毫不相关的三个阶段,即学龄前、学龄中的和学龄后,而且它在学龄中(即通常所谓的学校教育阶段),又有初、中、高阶段的划分,每一阶段皆有毕业的时期,逐级上升。

这实际上将人生抛开了一大半,严重忽略了入学前和离校后的学习和再学习的问题。换句话说,即重视学校教育,忽视学前教育和成人教育。这种教育的主要弊端是严重的形式化和划一化,脱离人民大众的实际社会生活,难以适应现代社会发展的需要。

陶行知批评这种单一的教育制度是"短命的教育"。在他看来,教育不是在学校教育结束后就算完事的。它应贯穿于人生的全过程,包括贯穿于人的一生不同阶段的学前、小学、中学、大学以及继续教育等等,应是一种"整个寿命的教育"①。他从"生活教育"的观点出发,认为"生活即教育",生活与教育是同一过程,人生有多久,教育也应有多久,教育"差不多从出世到老,与人生为始终"②。他说:"生活教育与生俱来,与生同去。出世便是破蒙,进棺材才算毕业。"③又说:"教育最重要的成就在使众人养成一种继续不断的共同求进的决心。我们要对众人养成的态度是:活到老;做到老;学到老。"④只有推行"终生教育。培养求知欲。学习为生活;生活为学习。只要活着就要学习"⑤,"与时代俱进,才能做一个长久的现代人"⑥。

值得注意的是,陶行知"教育与人生为始终"的思想,早在20世纪20年代前后就提出来了,这比现在人们公认的世界上最早一位提出终生教育思想的人——法国教育理论家保尔·郎格朗(Paul lengrand)要早40多年!我们完全可以说,陶行知是现代终生教育理论的先驱。他的终生教

①《普及教育》,《陶行知全集》第2卷,湖南教育出版社1985年版,第762页。

②《新教育》,《陶行知全集》第1卷,湖南教育出版社1984年版,第126页。

③《生活教育》,《陶行知全集》第2卷,湖南教育出版社1985年版,第634页。

④《中国普及教育方案商讨》,《陶行知全集》第2卷,湖南教育出版社1985年版,第804页。

⑤《全民教育》,《陶行知全集》第3卷,湖南教育出版社1985年版,第554页。

⑥《攻破普及教育之难关》,《陶行知全集》第2卷,湖南教育出版社1985年版,第782页。

育思想,不仅在中国教育思想史上,而且在世界教育思想史上,都占有突出的地位,是对世界教育理论发展的划时代的贡献。

当然,以上所述只是陶行知教育学说的一部分精华,还不能完全反映其全貌。要建立具有中国特色的社会主义教育理论体系,尚需要对陶行知教育学说进行更为深入的发掘和探讨。

二、生活教育能为我国教育改革提供有益的理论借鉴

陶行知教育学说不同于许多一般教育家的理论之处,在于它在本质上是一种实践(行动)教育学说,具有很强的操作性。它不仅在理论方面具有现实意义,更重要的是,它在实践方面具有现实意义。它既是具有中国特色的社会主义教育理论体系的重要营养来源,又能为中国的教育改革与发展提供有益的理论借鉴。为了搞好我国的教育改革与发展,我们在坚持以马克思主义教育思想为指导原则的同时,还应充分学习和借鉴陶行知的生活教育理论和实践。

(一) 借鉴陶行知"教育立国"的思想,充分认识到教育在社会主义现代化建设中的地位和作用

陶行知一贯重视教育的地位和作用。早在金陵大学的时期,他就在其大学毕业论文《共和精义》中系统阐明了教育与建设共和国家的关系:"人民贫,非教育莫与富之;人民愚,非教育与莫与智之;党见,非教育不除;精忠,非教育不出。……教育实建设共和最要之手续,舍教育则共和之险不可避,共和之国不可建,即建亦必终归于劣败。"①留学美国期间,他在1916年2月16日致哥伦比亚大学师范学院院长J.E.罗素的信中也表明:"我坚信没有真正的公共教育就不可能有真正的共和国。"②回国后不久,1918年10月,他就在南京高师教育研究会上指出:"夫国之盛衰,视乎教育。"③1921年10月,他在《师范教育之新趋势》一文中,明确地提出"教

---

①《共和精义》,《陶行知全集》第1卷,湖南教育出版社1984年版,第51页。

② 参见周洪宇译:《陶行知致J.E.罗素函》,《南京大学学报》1991年第2期,第70页。

③《在南京高师教育研究会上的演讲》,《陶行知全集》第1卷,湖南教育出版社1984年版,第74页。

育是立国的根本"这一观点,[①]把教育的地位和作用提到一个空前的高度来认识。1925年8月,他在中华教育改进社第四届年会上讨论中国教育政策时指出:"国家运用教育以达立国之目的。"[②]特别值得注意的是,他在1926年11月演讲"我们的信条"时,公开宣布"我们深信教育是国家万年根本大计"[③]。这些都充分反映出他对教育在国家发展中的地位和作用极为重视。

我们今天正在进行着一场前无古人的伟大事业。要搞好社会主义现代化建设,就必须充分认识到教育的地位和作用。在这方面,陶行知不仅以他的远见卓识给我们以启迪,还以他的不懈努力给我们以表率。我们要学习和借鉴陶行知的"教育立国"的思想,牢牢树立"社会主义建设必须依靠教育"的观念,采取切实措施(如增加教育经费、提高教师政治经济地位等),保障教育在社会主义现代化建设中的战略地位。

(二)借鉴陶行知"生活即教育"思想,使教育与社会生活更加紧密地结合起来

陶行知的"生活即教育"思想,强调生活与教育的一致性,认为生活含有教育的意义和作用,教育应以生活为中心,通过生活来进行,教育决定于生活又反过来促进生活的发展,主张教育要与社会生活相联系,教育要与生产劳动相结合,教育要为人民大众服务。这种思想在实质上与马克思主义教育思想是一致的。它的思想内核,已被今天的教育理论所吸收,并融合和体现在国家的一系列方针政策之中,成为今天中国教育理论的一个重要组成部分。

"生活即教育"思想启示人们,教育必须为社会主义建设服务,为人民大众过进步的物质文化生活和精神文化生活服务。因此,任何脱离社会主义建设实际,脱离人民大众物质文化生活、精神文化生活需要的教育,都在改革之列。

社会主义教育事业的改革与发展,必须与社会主义物质文明建设、精

---

①《师范教育之新趋势》,《陶行知全集》第1卷,湖南教育出版社1984年版,第166页。

②《中国教育政策之商榷》,《陶行知全集》第1卷,湖南教育出版社1984年版,第555页。

③《我们的信条》,《陶行知全集》第1卷,湖南教育出版社1984年版,第651页。

神文明建设和制度文明建设的需要相适应。根据其需要，改革旧的教育体制、教育结构、教育思想、教育内容、教育方法等等，中心是围绕着一个怎样适应社会主义建设需要培养合格人才的问题。解决这些问题首先要做的一件重要事情，就是重新认识教育与生活的关系，牢牢树立“教育必须为社会主义建设服务”的观念。

(三) 借鉴陶行知“社会即学校”思想，构建一个多层次、多形式、开放的大教育体系

陶行知的“社会即学校”思想，主张社会含有学校的意味，学校含有社会的意味；到处是生活，即到处是教育；整个的社会是生活的场所，亦即教育之场所；整个的社会活动，就是教育的范围；运用社会的力量，使学校进步，动员学校的力量，帮助社会进步。这种思想的一个突出特征是始终从整个社会着眼来考虑教育问题，一切以社会实践为依归，强调学校与社会的密切联系，在积极改造现有学校教育的同时，努力把社会办成一所全民的大学校。

从“社会即学校”的观点出发，我们应根据社会发展的需要，开展大规模的教育活动，不仅要使现有各级各类学校与社会息息相通，而且要促进社会成员受教育。教育的形式不拘一格，应根据各自的具体情况，采取多种形式，不仅可以办从幼儿园到大学的全日制学校，也可办各种各样的半日制学校；可以办脱产学习的正规学校，也可以办不脱产的业余学校；可以办长期的培训学校，也可以办各种各样的短训班；还可以办广播电视大学、函授大学、自修大学、网络大学等等。通过这些教育活动和办学形式，形成一个既包括家庭教育、学前教育，也包括初、中、高等的普通学校教育和职业技术教育，还包括电大、函授、自修、网络教育等多种形式的职后成人教育和老年教育的现代大教育体系。

(四) 借鉴陶行知“全面教育”思想，培养德、智、体、美、劳全面发展的人才

“全面教育”是生活教育的重要观点。陶行知明确指出：“全面教育。心、脑、手并用。学政治、学经济、学文化相结合。健康、科学、劳动、艺术及民主将构成和谐的生活。”①他把德、智、体、美、劳视为不可分离的整体，

---

①《全民教育》，《陶行知全集》第3卷，湖南教育出版社1985年版，第554页。

主张培养德才兼备、"手脑双挥"，有生活力、创造力，"善于征服自然，改造社会"的能人。这种全面发展的教育思想与马克思的全面发展教育思想可谓异曲同工。

陶行知这种全面发展的教育思想对于今天我们培养社会主义现代化建设人才是有借鉴价值的。在过去一段时期里，由于种种原因，我们的教育工作中存在着只重智育，忽视德育、体育、美育和劳动教育的现象，培养出来的人难以胜任社会主义现代化建设的需要。近年来，这种状况有了很大改变，但还不能说问题已经全部解决，这就需要我们进一步贯彻落实全面发展的教育方针，像陶行知那样，重视人的德、智、体、美、劳的全面发展，强调情操与知识并重的教育。"智识与品行分不开，思想与行为分不开，课内与课外分不开，做人做事与读书分不开，即教育与训育分不开。"①通过这种整体教育与全面要求，培养全面发展的具有独立个性的一代新人。

(五) 借鉴陶行知"教学做合一"思想，加强理论联系实际

陶行知把教学做视为一件事，以"做"(实践)为中心，把教与学统一起来，主张"事怎样做便怎样学，怎样学就怎样教。教与学都以做为中心。在做上教的是先生，在做上学的是学生"②。陶行知提倡教学做合一的基本精神是强调教与学、学与用、知与行的结合，这与今天提倡的理论联系实际的原则可以说就是一回事。尽管陶行知当年提倡的教学做合一的内容和具体做法于今天不尽适用，但其原则精神仍可借鉴。

为了纠正学校教育工作中理论脱离实际的倾向，培养解决实际问题的能力，各级各类学校都应根据自己的情况去贯彻教学做合一的原则。"在一般的干部或科技人员、教学人员，就应该干什么，学什么；做什么，学什么；边工作边学习，在工作学习中提高自己的工作能力。职业学校及中等专业学校特别要重视教学做合一。在初等教育和普通中学中，系统地学习各种科学文化知识时也要注意理论与实际结合，否则不仅不能提高教学质量，也影响今后学习专业的成绩，因为他们学习普通科学文化知识

---

①《晓庄三岁敬告同志书》，《陶行知全集》第 2 卷，湖南教育出版社 1985 年版，第 210 页。

②《教学做合一下之教科书》，《陶行知全集》第 2 卷，湖南教育出版社 1985 年版，第 289 页。

的目的,还是为了将来的'做'。在各类专门的高等院校里,实行理论与实践的教学做,有利于培养各种专门人才独立工作的能力。在各种业余学校补习班或专门技术训练中,则按照不同情况有的侧重,有的侧重文化知识的学习或复习提高(这里当然有做,比如独立地完成作业提高解题能力等),有的即以做为中心。只有如此,才能真正学到科学技能,才能学到熟练的技术。"[①]总而言这,按照各自不同的情况,有所侧重地开展教学做,有助于加强理论联系实际,培养学生解决实际问题的能力。

(六) 借鉴陶行知的"小先生制",加快扫盲速度,提高中华民族的基本素质

"小先生制"是陶行知独创的一种普及教育的方式和形式。它是由小孩子教师,"负着普及教育之使命"。它不是"把一个班小学生交给一个小先生去领导",不是用小孩去代替传统班级的教师,也不是关在学校内由"大同学教小同学","他的职务是教人去教人"。一个小先生教会两个人识字,这两个人又去教其他不识字的人。这样,像滚雪球一样,不断地"教人去教人",普及教育的力量就越来越多,越来越大。[②] 陶行知创立"小先生制"的目的,在于尽快普及教育,以实现其"教育为公"、"文化为公"的伟大抱负。

陶行知的"小先生制"特别适用于我国的扫盲工作。由于我国人口太多,底子太薄,解放以后虽然大力发展教育事业,但目前仍有一定数量的文盲和半文盲,扫盲仍是今天的一项重要任务。在扫盲工作中,如果仍走传统路线,靠少数人去进行,那是绝难奏效的。只有运用"小先生制",才有可能比较迅速地完成扫盲任务。

从中国的国情和国力出发,大走群众路线,用穷办法来办教育,过去在老解放区运用"小先生制"来扫盲,曾经收到明显效果。历史已经证明这条路子是可行的。现在我们的条件比当年好多了,可以而且应该取得更好的成绩。只要我们把各种力量组织起来参加扫盲,肯定会取得比当年更好的效果。

---

① 何祚:《认真研究与借鉴陶行知教育思想,建立具有中国特色的社会主义教育科学体系》,《行知研究》1984 年第 5 期。

②《怎样指导小先生》,《陶行知全集》第 2 卷,湖南教育出版社 1985 年版,第 656～657 页。

(七)借鉴陶行知"乡村教育"思想,深化农村教育改革

陶行知非常重视农村教育问题。他认为中国是著名的农业国,农民占全国人口总数的85%。"中国的级村教育关系全世界五分之一的人民"。但是,中国现在的乡村教育走错了路,"他教人离开乡下向城里跑","他教农夫子弟变成书呆子",完全不能适应乡村生活的需要。为了"使乡村教育适应中国乡村生活的需要",他建议让教育与农业、与科学、与银行、与卫生、与交通等"伟大势力"携手,共谋改造之策。① 他还提出以乡村学校作为改造乡村生活的中心,以乡村教师作为改造乡村生活的灵魂,以乡村自治作为改造乡村的组织保证,不仅要"农业、教育、科学"等携手并进,而且要"把政治、经济、教育打成一片",通过这些来造就中国乡村"新生命",进而"造成中华民国的伟大的新生命"。

陶行知的上述乡村教育思想对于我们目前深化农村教育改革极有启示作用。我们要进一步提高对农村教育改革重要性和必要性的认识,把它放在中国和世界未来发展的位置上来思考。同时,要努力解决农村教育与农村经济发展需要相适应的问题,使之与农村的生活、劳动相结合,这就是说,除了文化教育之外,还要大力发展职业技术教育。而且,要把农村教育与农业、科学、卫生、交通、银行等部门紧密结合,进一步总结和推广改革开放以来在教育改革中产生的各种新鲜经验(如安徽的"农科教多位一体"、山东平度县的"三教统筹"、四川合川县的"政富教合一"和广汉市的"创业教育"、山西柳林县前元庄的"村校一体")等,用科学技术等伟大力量来从根本上改变我国农村贫穷落后的面貌。

(八)借鉴陶行知"师范教育"思想,大力发展师范教育

陶行知第一个把师范教育与民族的前途和国家的命运紧密联系起来,称"教育是立国的根本",而师范教育乃"国家托命"之所在,"师范教育可以兴邦,也可以促国之亡"②。他比较全面地论述了师范教育的任务和作用,提出"教育界要什么人才就该培养什么人才",师范教育要为教育界

---

①《中国乡村教育之根本改造》,《陶行知全集》第1卷,湖南教育出版社1984年版,第653~654页。

②《师范教育之彻底改革——致石民佣、费锡胤等》,《陶行知全集》第5卷,湖南教育出版社1985年版,第161~162页。

培养教育行政人员、各种指导员、各种学校校长、职员和各种教员,并由此而提出学校"要什么教员就该培养什么教员"、"教育界的人才要什么就该教他什么"、"谁在那里教就教谁"三条原则,并且从师范教育自身特点出发,对培养什么样的人和怎样培养都提出新的见解。他还主张以乡村师范作为改造乡村生活的中心,以乡村教师作为改造乡村生活的灵魂,以乡村自治作为改造乡村的组织保证等等。

陶行知"师范教育"方面的理论有很多内容值得参考。我们要把师范教育的地位和作用提高到振兴中华的高度来认识,大力发展师范教育,根据社会主义现代化建设的需要,调整师范教育的教学内容和教学方法,更好地体现出师范教育的特点和优点,培养更多适应现代教育需要的教师。

(九) 借鉴陶行知"政富教合一"思想,把教育与政治、经济打成一片,进行社会整体改造

陶行知的生活教育学说,既是一种现代教育理论,又是一种社会整体改造理论。1929 年,他就明确提出了"教育就是社会改造"的观点,认为:"办学和改造社会是一件事,不是两件事。改造社会而不从办学入手,便不能改造人的内心;不能改造人的内心,便不是彻骨的改造社会。反过来说,办学而不包含社会改造的使命,便是没有目的,没有意义,没有生气。所以教育就是社会改造。"[①]次年,他又进一步提出:"我们既承认'社会即学校',那么,社会的中心问题便成了学校的中心问题。这中心问题就是政治经济问题。……晓庄所办之自卫团、妇女工学处,现在向省政府建议设置之试验乡以及十九年度计划中之生产事业,都是想把政治、经济、教育打成一片,做个政富教合一的小试验。"他还明确指出:"政富教合一的根本观念是要将政富教三件事合而为一。"如何使它们合起来呢?"要叫他们在'遂民之欲达民之情'上合起来","在教育的立场上说,我们所负的使命:(1) 是教民造富;(2) 是教民均富;(3) 是教民用富;(4) 是教民知富;(5) 是教民拿民权以遂民生而保民族"[②]。

---

①《地方教育与乡村改造》,《陶行知全集》第 2 卷,湖南教育出版社 1985 年版,第 128 页。

②《晓庄三岁敬告同志书》,《陶行知全集》第 2 卷,湖南教育出版社 1985 年版,第 211～212 页。

从“政富教合一”的观点出发，我们必须把教育、政治、经济三个方面作为一个整体来考虑，不能孤立地进行某一方面的改革。在制定教育改革方案或推行教育改革过程中，都不能忽视政治、经济方面的因素，应该把教育改革与政治改革、经济改革有机地联系在一起，成章配套地进行，使三者相互推动、共同发展。一句话，要树立社会整体改革的观念，使我国社会主义事业的各项改革得以稳步、协调、顺利地进行。

（十）借鉴陶行知坚持从国情和国力出发，正确对待中外古今教育经验的基本改革原则，建立具有中国特色的社会主义教育体系

我们开展教育改革的基本出发点和终极目的，是为了建立具有中国特色的社会主义教育体系。在这方面，陶行知以其亲身实践，给我们做出了光辉榜样，值得很好地学习和借鉴。

陶行知在其长期的教育实践中，始终坚持从中国的国情和国力出发，正确对待中外古今教育经验。他批判地继承了中外古今许多有益的教育经验，既反对“沿袭陈法”的不适应时代的封建传统教育，但又不是虚无主义地反对其固有的优点；既反对“仪型他国”的不切合国情的“拉洋车”洋化教育，但又不是笼而统之地排斥外来有用的东西。他主张对于“外国的经验，如有适用的，采取他；如有不适用的，就回避他。本国以前的经验，如有适用的，就保存他；如不适用，就除掉他。去与取，只问适不适，不问新和旧”[①]。一切以是否切合中国的具体实际为依归。他还认为：“我们深信一个国家的教育，无论在制度上、内容上、方法上不应常靠着稗贩和因袭，而应该按照那国家的需要和精神，去谋适合，谋创造。同时我们又认定这个国家，如果是现代的国家，如果是现代世界的一个国家，那么他的教育，便不能不顺应着时代和世界的教育趋势，而随伴着竞进。”[②]这就是说，教育既要考虑本国的具体情况和实际需要（“国情”），又要顺应时代和世界的发展趋势（“世情”），坚持民族性和时代性的统一，“国情”和“世情”的统一。陶行知本人创立的生活教育学说，就是以海纳巨川、吞吐百家的

①《我们对于新学制草案应持之态度》，《陶行知全集》第 1 卷，湖南教育出版社 1984 年版，第 191 页。

②《〈新教育评论〉创刊缘起》，《陶行知全集》第 1 卷，湖南教育出版社 1984 年版，第 568 页。

博大胸襟和恢弘气度，博采古今中外诸家之长而熔铸成的。它既符合世界进步潮流又适合中国国情，具有鲜明的中国特色、中国作风和中国气派。

我们今天进行教育改革，需要很好地学习和发扬这种"古为今用""洋为中用"的科学精神，借鉴陶行知从中国实际出发，正确对待中外古今教育经验的基本改革原则，反对传统陈腐的观念和全盘西化的主张，正确处理传统教育与现代教育、中国教育与外国教育之间的关系，并在实践中借鉴生活教育学说，总结建国以来发展教育事业的新鲜经验，建立具有中国特色的社会主义教育体系。

最后，需要说明一点，任何一个教育家的思想和实践都有他的历史局限性，陶行知当然也不例外。因此，我们对待陶行知的教育学说，要从实际出发，创造性地加以运用，而不能停留在简单模仿陶行知的想法和做法的水准上。陶行知的教育学说，在许多方面都反映了教育发展的客观规律，因此，它的许多基本原理和方法，具有普遍借鉴的意义。但由于所处的时代和环境不同，其若干具体做法业已过时。我们今天应根据新的情况来加以取舍，并力求有所发展和创新。只有这样，才符合陶行知教育学说本身的精神，使生活教育适应时代，推动时代，更好地为建立具有中国特色的社会主义教育体系服务。

第六章

现代语言文学的奠基

陶行知不仅是中国伟大的教育家，而且是杰出的文学家、大众诗人和语言文字改革家。他积极参与中国新文字改革，大声疾呼使用大众能听得懂、看得明的大众文字，倡导大众语言文字改革运动，成为中国现代语言文字改革的先驱；作为大众诗人，他一生撰写了大量的政治诗、教育诗、革命诗，为宣传政治民主，倡导平民教育和普及教育，发动民众参与抗战做出了重大贡献；他还努力构建大众文学理论，创作散文、杂文等民众喜闻乐见的文学作品，利用文学作品来宣传民主自由，倡导大众教育，成为中国近现代名副其实的大众文学家。

第一节　语言文字改革的先驱

语言文字改革是近现代中国文化教育界一项十分重要的任务，众多知名学者、专家、社会活动家均参与到这场运动之中，陶行知作为伟大的人民教育家当然也不例外，他不仅参与文白辩论，提出自己的语言文字改革理论和观点，而且将新文字改革直接落实到教育实践中去，身先士卒，以身垂范，在语言文字改革的理论与实践方面作了有益且成功的尝试，为中国语言文字改革作出了贡献。

一、力倡中国新文字改革

陶行知十分重视文字符号的改革，因为文字符号改革直接关系到教育的普及，“文字是生活的符号。它必须与民众的生活打成一片，才能发生效力。我们要想鼓起民众读书的兴趣，必须拿他们生活所需要的文字来教。”①他认为，“生活所需要的文字”就是注音新文字。为此，他大力提倡在大众中推广新文字，尤其是在大众教育中更要使用新文字。

> 我们要想建设大众文，必须采取那容易认、容易写、容易学的拼音新文字。有了拼音新文字，大众自己就可以根据大众语和前进大众意识来创造大众高兴看、高兴读、高兴听的大众文。新文字拿在手里，大众自己就能产生文化粮食。他们再不至于做文化饿鬼，也不至于做文化乞丐，也不至于苦苦地哀求小众拿吃不了的文化面包来赈济他们了。②

他于1935年就倡导推行“手头字”。所谓“手头字”，就是指日常生活中经常用到的、“手头上大家都这么写，可是书本上并不这么印”的一些文字。为了便于人们读写，省掉读书中记忆这些字体的麻烦，陶行知倡导将这些手头经常用到的文字，“铸成铜模浇出铅字来，从而排印成书本”③，这样就便于大众去学习与书写。在他看来，文字符号是传播文化的重要载体，如果文字容易被人接受，就会使文化得以广泛传播。因此，他从教育角度出发对新文字改革十分重视，密切关注中国文字改革的动向，及时捕捉全国范围内有关文字改革的最新信息和动态。

正当陶行知在深入思考和努力探寻中国文字改革的出路之际，在海参崴的华侨创造出一种“拉丁新文字”，在这些华侨的组织下于1931年在

---

①《怎样做小先生》，《陶行知全集》第3卷，四川教育出版社1991年版，第228页。

②《白话文与大众文》，《生活教育》第2卷第22期，1936年1月16日。

③《推行手头字缘起》，《陶行知全集》第3卷，四川教育出版社1991年版，第748页。

海参崴召开了中国新文字第一次代表大会。1933年后，全国各地相继成立不少团体，进行研究推广。陶行知认为这种文字具有许多优点，比原有的方块汉字书写、辨认和学习方便，“实验效果很好”，于是他极力倡导推广这种拼音新文字，因为“新文字是普及大众教育的最经济的文字工具”。[①] 为了实现有组织、有章程、有步骤地推广新文字的目的，在陶行知的积极参与下，于1935年10月成立了中国新文字研究会，他被选为第一届理事，并亲自起草了中国新文字宣言。

由于海参崴华侨创造的新文字是以北平话为基础，而陶行知主张应当制定出适合不同地区大众口味的新文字方案，于是在1936年他起草了《上海话新文字方案》，并发表于1936年3月16日的《生活教育》第3卷第2期上。该方案经过中国新文字研究会的多次讨论，最后在理事会上通过。主要内容包括：

第一，中国新文字应当按照各地方言分布的情形把中国划分为若干音区，在每个音区中建立一种新文字。陶行知充分论证了制定上海新文字方案并推行各地中心音区新文字的必要性和重要性：“光有北方话新文字方案是不能满足各地人的要求的，上海是中国经济的中心，是最国际化的一个城市，上海话新文字方案的制定自然是一个非常迫切的工作。”[②]在他看来，上海新文字与北方新文字应当处于同等重要的地位。

第二，新文字运动不主张“摄影式记录某一地方的土话”，而应按音区来“规定一种统一性最大的方案”。譬如：“上海话”并不是指浦东话或江湾大场话，而是指上海土话加入了苏州话、宁波话而形成的一种新的大众话——“上海普通话”，“根据这一种普通话而制定的新文字是可以通行在整个吴语区域中间的”。制定上海普通话和新文字方案，是完全出于为华东地区大众学习与交流的便利而考虑的，也是为了普及教育而考虑的。

第三，新文字运动是以文字与语言一致为基本原则的。为了便于一个语言区内的不同人接受新文字，因此在制定新文字方案时有意识地抛弃了“一些偏僻地方的音素，或旧式的正在向淘汰的路走去的若干音素”，

① 《大众的文字》，《陶行知全集》第3卷，四川教育出版社1991年版，第476页。

② 《上海话新文字方案》，《陶行知全集》第3卷，四川教育出版社1991年版，第789页。

这样做的目的就是为了使新文字简易、明快，“而且也是为了促进统一的民族语的成立”。为此，应当制定出文字与语言相统一的上海话新文字。

第四，由于北方话新文字已经流行开来，因此“在建立其他各区方案时，应当竭力顾到这已有的方案”。为了避免不同地区人们在流动过程中出现语言文字方面的障碍，遇到交流的困难，在制定不同音区语言文字时，应当在“字母的读音、写法上尽可能地和它（北方话新文字）保持统一”①。

第五，遵照“印刷打字和书写便利”和“使字母适合于国际化”两个原则，结合北方话文字方案，拟定了“上海话字母表”，分为破裂音、破裂摩擦音、摩擦音、鼻音、边音、头音、高音、中元音、低元音等。还详细地解释了上海话字母与北方话字母的共同与不同之处。

同时，他积极实施自己制定的上海话新文字方案，亲自参加了运用上海话新文字编写的《上海话新文字课本》，一方面是为了以实际行为推广上海话新文字方案，另一方面也是为了促进上海地区人众的普及教育。后来的实验表明，“平常人每天费一小时，只须半个月工夫，即可写新文字的信，看新文字的报，读新文字的书。聪明些的人两个星期就行，笨一点的人，只须一个月，成绩也不错了”②。

1936 年春，陶行知又与蔡元培等 606 名文化教育界名人联合发表了《我们对于推行新文字的意见》，其基本主张为：其一，“中国大众所需要的新文字是拼音的新文字”③。他认为，方块汉字难认难写难学，使得每个人要学懂它，非得花费上几年工夫和几百块钱不可，所以理应被淘汰；“手头字、简字是方块汉字的化身，不是根本的解决”；而国语罗马字母崇奉北平话为国语，又注重声调，使得南方人学起来很吃力。因此，他倡导推广不强调声调的拼音新文字——拉丁化新文字。其二，“新文字是普及教育大众教育的最经济的文字工具”。他算一笔账：义务教育培养一个小孩每年平均要花 8.9 元钱，民众教育培养一个成人要花 1.8 元钱，小先生教汉字

① 《上海话新文字方案》，《陶行知全集》第 3 卷，四川教育出版社 1991 年版，第 790 页。

② 《我们对于推行新文字的意见》，《生活教育》第 3 卷第 5 期，1936 年 5 月 1 日。

③ 《大众的文字》，《陶行知全集》第 3 卷，四川教育出版社 1991 年版，第 476 页。

每人也要花0.3元钱，而采用拼音新文字识字每人只要0.03元钱，"连黄包车夫也出得起"[①]，因此可以说，新文字是普及教育的最省钱、最有效的工具。其三，方言新文字不会阻碍中国的统一。针对有人提出方言新文字会影响到中国的统一，陶行知列举了四条理由：首先，中国各地的方言是"汉话与各处土话互相同化克服的结果"，都有规律可循，只要掌握了其中的规律，是"很容易相通的"。其次，各区的方言新文字传给了各区的大众，就会使区以内的大众彼此沟通；该区知识分子精通几区新文字，就可搭起一个交流的桥梁，"使各区的大众彼此相通与全国的知识分子相通"。只要全国各地的"大众得了新文字的培养，也必然地会在自己的队伍里产生出知识分子，并且运用各区新文字对照的读物，也可以把自己造成沟通各区文化的铁桥"。这样，不仅不会阻碍中国的统一，而且还会促进各民族文化的交流，能起到帮助中国统一的作用。再次，中国的统一是"从实际生活酝酿出来的统一"，而不是抽象的、幻想的统一。国家的统一不是要强迫"过同一的生活，说同一的话语，写同一的文字"，因此，在上海大众的公共场合要用上海话才有效，在广州大众的公共场合要用广州话才有效。最后，中国文化界现阶段最重要的任务就是普及大众的文化教育，动员一切工具来进行民族自救教育。

> 但在选择工具的时候，我们是必得指出新文字的特大效力。文字好比是交通媒介，汉字好比是独轮车，国语罗马字好比是火车轮船，新文字好比是飞机，坐上新文字的飞机里传布民族自救的教育的时候，就可以知道新文字是不但不阻碍中国统一，而且确有力量帮助唤起大众挽救我们的垂危的祖国。[②]

为此，他建议每个方言区编辑最廉价的新文字课本和参考书，各类民众学校、识字学校、补习学校等均要培养新文字师资，用新文字编辑出版报刊、小说、诗歌、新文字字典、新文字连环画等大众读物，发明新文字打字机等，以便新文字得以快速的推广，从而推动普及教育的进一步发展。

此外，1936年5月至7月陶行知亲自到两广地区，在他的指导下广西、广东先后成立了新文字研究会。广西的新文字研究会成立于1936年

---

①《我们对于推行新文字的意见》，《生活教育》第3卷第5期，1936年5月1日。

②《大众的文字》，《陶行知全集》第3卷，四川教育出版社1991年版，第478页。

5月，该会的成立就是陶行知亲自到广西发动与指导的结果。他在广西新文字研究会上讲道："我们大家应该努力提倡和推行新文字，以唤起民众共同救国……推行新文字是艰难工作，要打仗的，要攻关的，非安然的从香烟雾中喷出来的。"[①]广东新文字研究会成立于当年7月，陶行知在成立大会上作了重要讲话，他讲道：推行新文字的目的就是为了"要大众解放，要民族解放，要文化解放"[②]，而推行新文字的人应当"站在大众立场上来推行新文字，难免会吃些苦头，但推行新文字者，要不怕吃苦头！……我们提倡新文字，是预备坐监牢的"[③]。正是在陶行知的奔走呼号和倡导带动下，全国大部分地区成立了新文字研究会，并为新文字的研究与推行进行着不懈努力。

二、发起大众语文运动

20世纪30年代，全国学术界掀起了"文言文—白话—大众语"论战，不少学者均在《申报》等报刊上发表自己的观点，参加此次论战的学者有：胡愈之、吴研因、吴稚晖、汪懋祖、柳诒徵、夏丏尊、林语堂、陈子展、陈望道、乐嗣炳、王钢、傅红蓼、樊仲云、俞遥、张庚、任白戈等。1934年5月，鲁迅、陈望道、胡愈之、叶圣陶等人，针对"复兴文言"的逆流发动了大众语运动。这是"五四"时期文白论战的继续与发展。陶行知积极参加了这场论战，提出了"大众语与大众文必须合一"的主张。他是提倡大众语的《太白》半月刊的特约撰稿人之一，也是推行手头字(简化字)的发起人之一。期间发表的代表性文章有：汪懋祖的《禁习文言与强令读经》、吴研因的《辟小学参用文言初中必读孟子及指斥语体文诸说》、柳诒徵的《小学国语教材之疑问》、胡愈之的《关于大众语文》、魏猛克的《普通话与大众语》、任白戈的《大众语底建设问题》、吴稚晖的《大众语万岁》、张庚的《大众语的记录问题》等，这些文章大都发表于《申报》的"自由谈"栏目和《大晚报》

---

①《新文字问题》，载南宁《民国日报》1936年5月18日。

②《在广东省新文字研究会成立大会上的讲演词》，载广州《民国日报》1936年7月17日。

③《陶行知全集》第8卷，湖南教育出版社1992年版，第444页。

“火炬”栏目。① 陶行知在这次论战中发挥了重要的作用，他所撰写的《文言白话又一战》、《大众语文运动之路》、《怎样写大众文》、《再谈怎样写大众文》、《四个先生：教人写大众文不取学费》、《白话文与大众文》等一系列文章，分别发表于1934年6月的《生活教育》第1卷第9期、1934年7月4日的《申报·自由谈》、1935年11月6日和16日的《生活教育》第2卷第18期和第19期、1935年12月23日的《大众生活》、1936年1月16日的《生活教育》第2卷第22期，这些文章成为当时语言文字改革的强有力的指导性思想，为现代中国语文建设指明了明确的努力方向，为实现语言文学的大众化奠定了坚实的基础。

综观陶行知关于大众语文运动的思想，主要包括以下几方面：

第一，为“大众语文”做了科学界定。胡愈之于1934年6月23日在《申报》“自由谈”栏目发表了《关于大众语文》一文，文中给“大众语”下的定义是“大众语应该解释作代表大众意识的语言”②。陶行知首先肯定了胡愈之的观点，然后又对胡愈之的定义作了更为准确的补充和完善：

> 大众语是代表大众前进意识的话语，大众文是代表前进意识的文字。大众语与大众文必须合一：在程度上合一，在需要上合一，在意识上合一。大众语文适合大众的程度、需要和意识时，在大众本身所起的反应是高兴。所以大众语文是大众高兴说、高兴听、高兴写、高兴看的语言文字，这高兴的境界便是艺术的境界。③

陶行知在胡愈之定义的基础上加了“前进”一词，旨在体现大众语文在引导民众在民主化、科学化、现代化道路上所起的积极作用；同时，也反映出陶行知在大众语文建构中所起的先驱与表率作用。

第二，指出了大众语文建设的必要性和紧迫性。陶行知坚信大众迫切需要属于自己的语言文字，因为语言文字是符号，“大众是过着符号贫穷的生活，但是他们需要符号是铁打的事实，老太婆用绳结记账，农夫刻树皮抒情，野孩子写王八蛋骂人，民众学校学生用注音字母代替他所不会

① 任重编：《文言、白话、大众话论战》，民众读物出版社1934年版，第1～113页。

② 胡愈之：《关于大众语文》，载《申报》1934年6月23日。

③《大众语文运动之路》，《生活教育》第1卷第10期，1934年4月1日。

写的字"[1]。他还举了一个生动的例子,来说明大众对属于自己的语言文字的渴求。

从前有一位妇人寄了一封信给她的丈夫,丈夫打开一看,纸上画的是:"一个单圈,一个双圈,一个圆圈,一个破圈,一个连许多的圈。"丈夫看不懂,一位聪明人把他妻子所画的圈中秘密指点他说:"欲待相思无从寄,画几个圈儿替。单圈儿是我,双圈儿是你,圆圈儿是团圆,破圈儿是别离,还有说不尽的心思,把一路的圈儿圈到底。"这些例子指示出大众的生活中是有一个大缺憾,大众没有取得够用的思想的符号、情感的符号、行动的符号。总而言之,没有取得充分的生活的符号。大众的符号是和大饼一样的贫乏,剥削大众的大饼的人是同时独占了大众生活所需要的符号。[2]

由上可见,不管是什么时候的大众,不管是干什么工作的大众,都需要语言文字,需要用文字来表达自己思想的强烈愿望。过去的语言文字是被统治者所垄断的非大众化的符号,只是专门服务于剥削者的文化,而陶行知所倡导的语言文字是普及的、通俗的、大众化的,是容易被劳苦大众所接受和使用的符号。

第三,指明了大众语言文字运动的出路。陶行知根据民众对语言文字的需要,结合当时语言文学界的一些观点,提出了大众语文运动的两条出路:一是"知识分子参加大众生活,在大众语演进的基础上努力写作语文合一的大众文"[3]。要求知识分子深入到大众生活中去,与大众共同生活、共同劳动、同甘共苦,深入体察民众生活,拜大众为师,学习大众语,"等到他自己的生活与大众的生活打成一片,然后他才能领略大众生活之酸甜苦辣,然后他写大众便是写自己,写自己便是写大众"。如果知识分子不愿做大众的学生,不愿成为民众队伍中的一员,就永远不会学到真正的大众语言。只有与大众为伍,与大众共同生活,才能真正领悟到大众语

---

①《大众语文运动之路》,《陶行知全集》第3卷,四川教育出版社1991年版,第168页。

② 任重编:《文言、白话、大众话论战》,民众读物出版社1934年版,第91～92页。

③《民国丛书》第一编·52·"语言文字类",上海书店1934年影印版,第92～93页。

言文字的真谛，也才能创作出适合大众口味的大众文。二是“将生活符号普及于大众，使大众自己创造出语文合一的大众文”①。要想让大众自己能够创作出属于自己的大众文，就必须首先在大众中普及大众语言文字，让大众学会使用这些符号。为此，陶行知提出了“三管齐下”的教育方法：一要教汉字，二是教注音字母，三是教用注音字母拼成大众文。因为认识汉字是学习大众文的前提，而学汉字的一条捷径就是教其认注音字母，“大家学会注音字母便可以自动去用字典、认生字，追求新知识”。然后，运用注音字母去记录自己的思想、情感和行动，接着就可教大众运用文字和字母写大众文。在此过程中，可以充当老师的人很多，陶行知所有识字的人都可充实到这支教育队伍中来，还可以通过“小先生制”来帮助民众学习大众语文。他还告诫大众语文运动的发动者要善于有选择地去教大众，不能不加选择地教授一些过时的、不健康的内容。“我们把文字符号传给大众的时候，要做一番‘滤清’的工作，我们要把时代落伍的意识滤掉，要把麻醉的毒质滤掉，要把古典滤掉，要把洋文法滤掉，我们献给大众的符号是要和没有微生物的清水一样，大众得了这种清水的符号，便能自由的、毫无成见的写出真正的大众文。”②陶行知为大众语文运动指明了明确的奋斗方向，目标之明确，方案之具体，规划之周密，真可谓是中国语言文字运动的先驱和楷模。

第四，划分了白话文与大众文的界限。在20世纪30年代全国语言文字学界掀起的“文言文、白话文和大众文”论战中，众多学者发表自己的见解与看法，陶行知就是其中力倡大众文的一位杰出代表。1936年1月他针对胡适撰写的《大众语在哪儿？》一文进行了针锋相对的论辩，于当年1月16日在《生活教育》第2卷第22期发表了《白话文与大众文》，明确提出“大众语在大众的嘴巴上”，而“白话在小众的嘴巴上”，在使用大众文过程中，要做到“字字句句他们都听得懂，用一个字不要忘了大众，造一句句子不要忘了大众，说一个比喻不要忘了大众。这样训练的结果，自然是大

---

①《大众语文运动之路》，《陶行知全集》第3卷，四川教育出版社1991年版，第169页。

②《大众语文运动之路》，载《申报》1934年7月4日。

众语了”[①]。他从三个方面对大众文与白话文进行了区别：一是从语言角度，大众语是以民间通用的口语为基础的，而白话文是以书面语言为主。如白话讲“结婚”，而大众语讲“做亲”。二是从文字角度，“大众语只有拼音的新文字，才可以把它忠实地写出来”，而白话文完全以汉字为表词达意的载体。陶行知拼音的新文字，民众便于认、方便写和容易学，“有了拼音新文字，大众自己就可以根据大众语和前进大众意识来创造大众高兴看、高兴读、高兴听的大众文”，而“汉字是没有这个本领的，汉字难写难认”，[②]成为普及大众文化和教育的最大障碍。三是在技术方面，他反对胡适提出的使用无线发音机的方法去向大众宣读文稿，因为这样做，大众能否听得懂是个未知数；而真正要创作出大众文并能够让大众听得懂，就要深入体验大众生活，广泛传播大众文化，做到“钻进大众的队伍里去和大众的生活打成一片”，这样才能写出真正的大众文。

第五，主张教材都使用白话文。陶行知针对汪懋祖、柳诒徵等人反对教材使用白话文的观点，撰写了《文言白话又一战》，主张“一切公立学校，都应该教白话文，不应该教文言文”，因为白话文容易学、容易教，这种教材适合“小先生”在普及大众教育中起作用。“如果改成文言文，小先生失去了效用，中国教育再等一百年也不得普及。”[③]他认为文言文教材是培养少爷、小姐和蛀书虫的教学内容，而大众的普及教育只能采用白话文教材，因为它是大众真正所需要的并能够真正推动大众教育发展的教育内容，因此，“大众的要求，儿童的要求，新人才的要求，都是逼着白话文进展，而不让文言文复辟”[④]。

第六，教给民众如何写大众文。陶行知在揭示白话文弊端的同时，提出了自己写好大众文的科学方法。他认为，白话文的最大弊端就在于大众听不懂，“白话文，教人聋；读起来，听不懂”[⑤]。因此，写大众文的关键

---

①《白话文与大众文》，《陶行知全集》第3卷，四川教育出版社1991年版，第701页。

②《白话文与大众文》，《生活教育》第2卷第22期，1936年1月16日。

③《文言白话又一战》，《生活教育》第1卷第9期，1934年6月16日。

④《文言白话又一战》，《陶行知全集》第3卷，四川教育出版社1991年版，第166页。

⑤《怎样写大众文》，《生活教育》第2卷第18期，1935年11月16日。

是：一、"大众文应该写大众需要知道的事"；二、"大众文应当照大众说话的口气写"。只有这样，大众才能听懂、读懂。为了切实起到指导大众文写作的作用，陶行知还专门用大众语创作了一首通俗易懂的大众诗：

根据大众语，来写大众文；文章和说话，不能随便分。

一面动笔写，一面用嘴哼；好听不好听，耳朵做先生。①

他建议在写作大众文时，要不断倾听大众的意见，当完成一篇大众文或一首大众诗时，就要到民间去读，广泛地让大众去听，然后让其提意见和建议。他说："工人、农人、车夫、老妈子、小孩子的耳朵靠得住，你做好一篇文章，读给他们听听，如果他们听不懂，你要努力地修改，改到他们听懂了，才算写成大众文。小众听得懂，而大众听不懂的文章，决不能冒充大众文。好的大众文还要大众高兴听，如果小众高兴听而大众不高兴听，决不能算为好的大众文。"②只有这样，才能写好或改好大众文。他还赋诗一首来反映这一思想：

文章好不好，要问老妈子；老妈高兴听，可以卖稿子。

老妈听不懂，就算是废纸；废纸哪个要？送给书呆子。③

他多次强调，要想写好大众文，就必须在初步完成后，先在大众面前用嘴哼，"请大众的耳朵做我们的先生"，直到大众能听懂并乐意听为止。为了避免大众听不懂，就尽量少用一些民众不太熟悉的"新名词"，否则会影响到大众文化的效果。陶行知自己编写的《老少通千字课》，就是采取这种方法完成的，因此受到了大众的普遍欢迎。

第七，提出了大众文写作的四条原则。陶行知用形象生动的方式来阐明创作大众文应当遵循的四条原则，"大众文怎样写法？我也不敢胡说，但有四个先生可以介绍。只要我们自己虚心向他们请教，他们是愿意免费指导我们的。"这四位"先生"就是"耳朵先生"、"大众先生"、"生活先生"、"新文字先生"，实际讲得是四个原则：一要多读多听。写完大众文后，要自己多读多听，直到自己的耳朵听懂了为止，"耳朵听得懂，高兴听，

---

①《怎样写大众文》，《陶行知全集》第4卷，湖南教育出版社1985年版，第312页。
②《问老妈子》，《陶行知全集》第4卷，湖南教育出版社1985年版，第312页。
③《再谈怎样写大众文》，《生活教育》第2卷第19期，1935年12月16日。

就算及格”①。二要善于向大众请教。要写出好的大众文，就必须多向农人、工人、车夫、老妈子、小孩子请教，让他们听自己创作的文章，以大众喜欢与否为标准。三要深入大众生活。只有了解大众生活，体察大众生活，才能创作出反映大众生活的作品。

过大众的生活才算受大众的教育，才能写大众的文章。我们必须在大众的队伍里做一个队员，与大众打成一片，才能感觉大众的痛苦，发现大众的问题，明了大众的迫切的要求，这时候才有资格来写真正的大众文。②

因为大众文创作内容是真实反映大众生活，大众文的写作目的是为大众提供精神食粮。四要运用新文字写作。他所讲的“新文字”是指“一种拼音的新文字”，他认为“新文字是我们写大众文的最好的先生”，因为这种文字“必定是要容易认，容易写，才容易普及而成为大众的文字”。③ 只要遵循这四条原则，大众文就可以真正写好，成为大众喜欢读的文章。

第二节　才华横溢的大众诗人

陶行知不仅是我国近现代一位著名的人民教育家，而且是一位杰出的大众诗人。他在自己半个世纪的战斗生涯中，共创作了约七八百首诗歌，其中包括大量的政治抒情诗和教育动员诗。他撰写的诗歌大都清新流畅，明白易懂，富有音韵，琅琅上口。其诗或长或短，体裁多样；亦庄亦谐，风格各异，具有较高的思想性和艺术性，素为人民大众所喜闻乐见。

一、充满激情的政治诗

陶行知在二三十年代的白色恐怖时期，创作了许多政治抒情诗。这

①《四个先生：教人写大众文不取学费》，《大众生活》第1卷第2期，1935年12月23日。

②《四个先生》，《陶行知全集》第2卷，湖南教育出版社1985年版，第921页。

③ 同上，第921～922页。

些诗歌，有的是对黑暗社会的无情揭露，充满革命精神；有的是大众生活的真实反映，满怀同情之心；有的是对人民生产的歌颂，鼓舞民众斗志；有的是对前程的美好憧憬，对未来充满信心。正如萧三所评价的那样："国事多难，民情艰苦，诗人善感，乃发为诗。"①因此，他的诗不仅通俗易懂，贴近生活，而且内涵深刻，寓意丰富。

（一）揭露黑暗统治，同情民众疾苦

陶行知在不同时期的政治诗当中，有揭露国民党反动统治和帝国主义侵略给人民带来沉痛灾难的诗作，有反映生活在社会最底层农夫、工人、车夫、报童、老妈子等人疾苦的作品。如《一幕悲剧》："孩子，孩子，你跟他去吧，在这里要饿死。妈妈，妈妈，你到哪儿啊，我快要饿死。"②运用通俗的语句，刻画了国统区人民流离失所、饥寒交迫的生活。《人与煤炭》："机器正开工，炉火通红。人共煤炭忒相同：胖子进来瘦子出，俱入烟囱。……如此人间即地狱，翻造天宫。"这首诗反映了在帝国主义剥削下的工人的痛苦生活，以此来谴责资本主义制度对工人残酷无情的剥削。1935 年创作的《天上一日戏》：

天上一日戏，地上千万滴。百姓流汗难，老爷游戏易。自己不劳动，还要吹牛皮。③

通过比较"百姓"的流汗劳动与"老爷"的悠闲逍遥，深刻揭露了旧中国社会的不平等。1936 年写了《逼工》：

农夫愁恨比路长，农妇眼泪斗来量。三餐哪有白饭吃，肚子饿了喝米汤。

巡查看见发脾气，连碗带汤挥下江。……

三个农妇受不了，从此告别儿和娘。她们到了何处去？树上一起悬了梁。④

诗中生动形象地描述了社会下层民众在经受饥寒交迫生活境遇的同

① 萧三：《中国的大众诗人——陶行知》，《救国时报》法国版，1936 年 12 月 12 日，转引自《陶行知纪念文集》，四川人民出版社 1982 年版，第 231 页。

② 《一幕悲剧》，《陶行知全集》第 4 卷，湖南教育出版社 1985 年版，第 303 页。

③ 戴伯韬：《陶行知的生平及其学说》，香港新中国书局 1949 年版，第 6 页。

④ 《逼工》，《陶行知全集》第 8 卷，湖南教育出版社 1992 年版，第 655 页。

时，还要遭受统治者的残酷欺压，在不得已的情况下，一些痛苦不堪的民众只好以死来解脱自己的苦难。

特别是1944年撰写的《富人一口棺》，更是生动逼真地反映了当时剥削阶级过着大肆挥霍和骄奢淫逸的生活，与劳苦大众的贫困生活形成了鲜明对照。诗中写道：

富人一口棺，穷人一堂屋；讨得富人欢，忘却活人哭。①

通过这一简单而又能鲜明的对比，对剥削制度进行了体无完肤的深刻揭露与抨击，以此来唤起广大民众革命意识，为打破这个不公平的社会制度而斗争。

还有许多反映民众疾苦、描述大众生活的好诗，如《农人破产之过程》、《雪中老妇》、《农夫歌》、《愁云》、《牛变为狢》、《锄头舞歌》、《镰刀歌》等，这些诗歌生动逼真地反映了农工大众的贫苦生活，可以说是一部真实的中国近现代下层民众生活史。

（二）无情抨击内战，动员民众救国

针对国民党长期以来发动内战，实行"攘外必先安内"反动政策，陶行知作为一位进步诗人，运用自己手中的笔大胆揭露蒋介石反动本质，向全国民众奋力疾呼应为拯救民族和国家而战斗。1930年创作的政治诗——《假人》：

假军队，忍看山河碎。他自有本事，会杀亲姊妹。

假官吏，嘴上有主义。吃了百姓饭，要剥百姓皮。②

以辛辣的笔触揭露国民党军队在国难当头挑起内战，残害同胞的历史罪行；国民党政府官员腐败成风，剥削成性，不顾民众死活，导致民不聊生。

"九一八"事变之后，陶行知的诗歌发展为抗战文学，萧三在《中国的大众诗人——陶行知》中评价到："陶诗是中华民族抗日救国联合战线之有力的工具。"③此后他所写的诗歌可以说是抗战的号角。如《学习岳母》：

---

① 朱泽甫等编：《行知诗歌集》，三联书店1949年版，第140页。

②《假人》，《陶行知全集》第4卷，湖南教育出版社1985年版，第95～96页。

③ 许宗元：《文学家陶行知》，载《中国陶行知研究会会讯》第55期，1992年3月30日，第11页。

“尤愿中华女子万万千，化作岳母教儿定中原。驱倭寇，到天边。创造新中华，自由平等幸福万万年！”旨在激励民众树立救国的伟大志向，尤其是作为母亲的妇女更应当教育子女从小立志报国。还有《九一八之夜》：

……

要拿出四万万五千万个拳头，把大盗打出中国，打出世界。

九一八之夜，用了鲜红的血孕育着这坚决的意志，大炮把我们轰醒了。

……

全民族清醒而起来自卫的意志，这斗争占领了九一八之夜，

发动了大时代之巨轮，自由，平等，幸福！炎黄的子孙，向前创造啊！

呼吁中华儿女团结起来，齐心协力，矢志不渝，坚决抗击日本帝国主义的侵略，一定要将日本侵略者赶出中国；唤醒民众，增强民族自强意识，时刻保持自卫意志，为自由而战，为平等而战，为幸福而战！

1931年10月作了《小日本》：

小日本，心肠狠！乘我大水灾，夺我东三省。

日本国，良心黑！大家拿起小斧头！万众一心来赶贼！[①]

通过揭示日本帝国主义险恶的侵略本性，来激发中华儿女的爱国热情，从而呼吁全国人民万众一心，齐心协力共同抗击日本侵略者。

1936年他创作了一首呼唤抗战、反对内战的政治讽刺诗《一出历史戏的开场白》：

救国大家救，卖国归我卖。岳飞学厌了，现在学秦桧。

东北华北送了人，国土还有一大块。等到整个民族进棺材，我盖棺材盖。[②]

主要讽刺南京国民政府一贯采用的不抵抗政策，导致国家的大片土地沦陷，以此来激发广大炎黄子孙奋起抗敌，争取抗日战争的最后胜利。

1938年7月写《保卫大武汉》是陶行知在日本侵略者大肆入侵武汉，华

① 《小日本》，《陶行知全集》第8卷，湖南教育出版社1992年版，第642页。

② 《一出历史戏的开场白》，《陶行知全集》第4卷，湖南教育出版社1985年版，第318～319页。

中危急的紧要关头，通过创作诗歌来奋力疾呼，全国人民在这民族危急时刻要团结起来，用血肉铸成一道长城去抵抗日本帝国主义的侵略，并坚信只要全国人民一条心，齐心抗战，一定能够取得抗日战争的最后胜利！

山河虽破碎，国魂已联成。……

保卫大武汉，把血肉作中流砥柱。

血肉造成中国柱石精神，活捉日本天皇。①

(三) 冲破传统观念，力争自由自立

陶行知意识到中国之所以落后，主要因为国民素质差、民主自由意识不强。要实现中华民族自强，就必须教育广大民众自立。只有国民普遍产生自由自立意识，国家与民族才可能赢得独立自主的主权和地位。为此，他着眼于民族和国家利益，从呼唤民众自由意识入手，1924 年他创作了著名的《自立》：

滴自己的汗，

吃自己的饭，

自己的事自己干。

靠人的人，

不算是好汉。②

教育广大劳苦大众要敢于打破几千年来受剥削、受奴役的传统生活方式，要真正实现自己的独立和解放。只有独立自主的人，才是真正的“好汉”。同时，也讽刺那些不劳而获、坐享其成的剥削者。号召广大民众团结起来，为了争取独立和自由而战斗，为了挣脱束缚其自由的绳索而奋斗！

1928 年陶行知为勉励青年大胆冲破传统观念的束缚，努力争取和平、自由、平等，创作了《我们要自由》：

我们要自由，我们要自由，

自由不自由，打破敌人的头。

打破敌人的头，人们终归要自由。③

---

①《保卫大武汉》，《陶行知全集》第 8 卷，湖南教育出版社 1992 年版，第 673 页。

②《申报·平民周刊》，1924 年 6 月 28 日。

③《我们要自由》，《陶行知全集》第 8 卷，湖南教育出版社 1992 年版，第 638～639 页。

从中可以看出，陶行知明确告诉劳苦大众，他们之所以失去自由的原因是剥削的旧制度造成的，因此，要想真正取得自由，就必须冲破传统观念的束缚，敢于向旧世界挑战，勇于对敌人斗争。

1932年作《献给自由世界之创造者》：

做人只做自由人，
敲钟只敲自由钟。
众生共走自由路，
海阔天空路路通。①

在民族危难之际，所有炎黄子孙应当通过自己的努力争取自由与民主，决不能将失去民族自由，失去人身自由。全国人民要一道为了赢得自由而努力战斗，真正成为完全获取自由与民主的国家主人。

二、正视现实的教育诗

陶行知不仅创作了大量的政治诗，而且还撰写了许多教育诗。这些诗作清新流畅，感情真挚，形式自由，通俗易懂，充分反映了他的普及大众教育的主张，是体现其生活教育思想的重要文献。

(一) 批判封建传统教育的空疏腐败

批判封建主义传统教育的腐败，是陶行知教育诗的一大主题。陶行知在20世纪20年代民族危机日益加重的情况下走上了办教育的道路，旨在为中国教育寻觅曙光，为中国教育探获生路。历史表明，封建传统教育在中国根深蒂固，盘根错节，直到近现代仍然难以摆脱其对民众的影响。作为欧美留学归国、接受过西方现代进步教育的陶行知更容易发现中国封建传统教育的弊端之所在。因此，他通过作诗的方式批判了中国封建传统教育的空疏腐败，号召民众从羁绊中解放出来。代表性的诗歌有：《学生或学死》、《士之小影》、《糊涂的先生》、《敬赠师范生》等。

小孩子，那几个是学生？小孩子，那几个是学死？②

陶行知幼年就读于私塾，对封建传统教育的毒害有亲身体验。后来，他又接受了西方现代教育，对封建传统教育的弊病认识得很清楚。他一

---

①《斋夫自由谈》，申报馆1932年4月版。

②《学生或学死》，《陶行知全集》第4卷，湖南教育出版社1985年版，第133页。

针见血地指出，传统教育是“死”的教育。这一观点在《学生或学死》中得以充分体现，诗中的“学生”与“学死”，都已不是普通名词，而是具有双重意义的动词。在陶行知看来，“学生”和“学死”实质上代表着中华民族文化教育两种截然不同的前途。旧的传统教育，只能使受教育者学“死”，唯有新型进步教育，才能使受教育者学“生”，成为对民族、对社会有益的人才。这首诗在一定程度上揭露了封建传统教育的实质，吐露了对进步教育的憧憬和向往。

你这糊涂的先生！你的学堂成了害人坑！你的墨水笔下有冤魂！
你说瓦特庸，你说牛顿笨，你说像个鸡蛋坏了的爱迪生。
若信你的话，哪儿来火轮？哪儿来电灯？哪儿来的微积分？[①]

这首诗以一种质问的语气，愤怒谴责封建旧式学校的那些冬烘先生对受教育者创造力的扼杀，对未来人才的摧残。正是这些“糊涂的先生”用教鞭、用冷眼、用讥笑，不知赶跑了多少有才华的学生，制造了多少“冤魂”。这不正是陶行知对封建传统教育毒害的有力控诉吗？

四体既不勤，五谷也不分。达则做官去，穷则教学生。[②]

封建传统教育如此扼杀学生的创造力，只能培养出毫无才华的奴才和碌碌无为的庸才。用陶行知的话说，旧的教育是“为办教育而办教育，教育与生活分离，只能培养出四体不勤、五谷不分的士大夫”。这些人整天追逐功名利禄，成功的直上青云，飞黄腾达，成为统治阶级一分子。失败的穷困潦倒，别无长物，聊以教书为生。旧的传统教育，就是这样毒害着一代又一代的人们，上演着一幕又一幕历史悲剧。

看那专制国，民愚乃可治。要你塞其聪，个个成奴隶。[③]

封建传统教育造成了如此恶果，那么，其根源又在何处？陶行知以敏锐的政治触角，清醒地意识到封建传统教育之所以如此的根源在于封建专制制度本身。反动统治者欲维持自己的统治，就必须实行“愚民政策”。政治上的专制必然导致文化教育上的专制，所以只有进行彻底改革，才能结束这种“死”的传统教育，才能为中国教育找到一条活路。

---

①《糊涂的先生》，《陶行知全集》第 4 卷，湖南教育出版社 1985 年版，第 120 页。

②《士之小影》，《陶行知全集》第 4 卷，湖南教育出版社 1985 年版，第 183 页。

③《敬赠师范生》，《陶行知全集》第 4 卷，湖南教育出版社 1985 年版，第 113 页。

(二)揭露奴化教育的反动本质

揭露帝国主义奴化教育的反动本质,讥讽失去民族自尊心的洋奴,是陶行知教育诗的另一主题。1840年鸦片战争后,中国逐步陷入半殖民地半封建社会的泥潭。为了维持半殖民地半封建的局面,帝国主义与封建统治者勾结起来,不仅在政治上、经济上、军事上结成反动同盟,而且在文化教育上也携手合作,大力推行奴化教育,以培植帝国主义在华代理人。所以,要为中国教育探获生路,不仅要抨击封建传统教育的腐败,而且要揭露帝国主义奴化教育的反动本质。这方面代表性的诗作有《拉车的教员》、《香姑的表姊说上海》、《秋柳答》和《山海工学团二周年纪念》等。

分明是教员,爱做拉车夫;拉来一车洋八股,谁愿受骗谁呜呼![①]

在这首诗里,陶行知将那些推行帝国主义奴化教育的人,形象地比喻为"拉车夫",将他们所拉来的奴化教育的货色斥为"洋八股"。谁若中了奴化教育的毒,谁就会倒霉。陶行知将奴化教育斥为"洋八股",说明他对奴化教育持有严厉的批判态度。

爱,闭,细,弟(a,b,c,d),湾,吐,斯利(one,two,three),中国人的嘴里放洋屁。[②]

这是一幅近代中国洋奴色相的绝妙白描!陶行知通过一个乡下女人对"十里洋场"大上海的评论,以简练而辛辣的笔调给上海滩上那些崇洋媚外,以讲外国话为荣的丑类们的嘴脸作了一番勾勒。瞧,寥寥数笔,一个洋奴的丑恶嘴脸便跃然纸上,活灵活现!读罢此诗,我们不能不惊叹陶行知诗作的深刻思想内容和高度的艺术表现力。

这是先生自写照,诬我献舞亦斤哉!君不见吾鞭但一指,任尔东西风都滚开。[③]

该诗是针对胡适的《秋柳》一诗而写的。20世纪30年代中期,胡适曾作了一首题为《秋柳》的诗:"但见萧萧万叶摧,尚余垂柳拂人来。西风莫笑长条弱,待向西风舞一回。"诗中的"垂柳"是胡适的自况,"西风"是指帝国主

---

① 《拉车的教员》,《陶行知全集》第4卷,湖南教育出版社1985年版,第182页。

② 《香姑的表姊说上海》,《陶行知全集》第4卷,湖南教育出版社1985年版,第77页。

③ 《秋柳答》,《陶行知全集》第4卷,湖南教育出版社1985年版,第435~436页。

义奴化教育。胡适早年留美，对西方资本主义制度及其文化教育素来顶礼膜拜。陶行知是胡适的老友，但他对胡适的这首诗却极为不满，以代秋柳作答为名，提笔写了这首诗，对胡适不啻是一当头棒喝。陶诗中“东风”指的是中国封建传统教育，“西风”是指帝国主义奴化教育。这两者都必须坚决反对。

（三）高举新型进步教育的大旗

陶行知在批判传统教育和奴化教育的同时，又大力提倡新型进步教育。他将美国教育家杜威的教育理论“翻了半个筋斗”，独创了具有中国特色的“生活教育”理论。在陶诗中有不少是宣传这一新教育理论的。在这方面，代表性的诗歌有《乡下先生小影》、《诗的学校》、《手脑相长歌》、《小先生歌》、《儿童节歌》、《村魂歌》、《风雨中开学》等。

揭开革命旗，飘扬劳山侧。风云啸起处，书呆失魂魄！

这首诗名为《乡下先生小影》，创作于20年代末。该诗以宏大气势向中国封建传统教育和帝国主义奴化教育发出了挑战，明确宣布：教育改革的大旗已经“揭开”，教育改革的风暴即将来临。在这个大变革的激烈动荡的时代风云冲击下，传统教育和奴化教育的污泥浊水将被荡涤一尽，那些死抱着传统教育和奴化教育不放的人们，都将被吓得失魂落魄，一筹莫展。显然，早在20年代末，陶行知就已高擎起新型进步教育的大旗了。

宇宙为学校，自然是吾师。众生皆同学，书呆不在兹。

这是来自《诗的学校》的节选，是陶行知“生活即教育”、“社会即学校”、“教学做合一”教育思想的体现。他提倡学生走出校门，到火热的实际生活中去得到真正的锻炼。反对将学生关在教室和学校的传统教育模式，倡导学生走到大自然中去，步入大社会中去，在自然和社会中去接受真正的教育，从而增长见识，扩大视野，培养能力。

人生两个宝，双手和大脑。用脑不用手，快要被打倒。

用手不用脑，饭也吃不饱。手脑都会用，才算是开天辟地的大好佬。①

这首诗集中表达了陶行知“教学做合一”的思想，他认为，教、学、做是一件

①《手脑相长歌》，《陶行知全集》第6卷，湖南教育出版社1985年版，第789页。

事，其中做是中心。既然教学做是一回事，那么，双手和大脑就必须密切配合，不能只用脑学习，而不动手去实践。应该看到，这种"教学做合一"主张形象化表达的"手脑并用"、"手脑相长"的提法，体现了陶行知的"劳力上劳心，教学做合一"的进步教育观，它与流传中国封建社会长达两千年之久的"劳心者治人，劳力者治于人"的剥削阶级教育观是针锋相对的。这种进步的教育观，正是他身上人民性的真实反映，正是他的民主思想的充分表露，在中国教育思想史上占有极其重要的地位。

三、呼唤民主的革命诗

陶行知不仅是伟大的人民教育家，而且是杰出的革命诗人。他有不少诗作是极富战斗性的，通过弘扬高尚的革命精神来激发中华儿女的战斗力，以饱满的热情动员和号召全国民众起来为自由而战，为民主而战，为民族独立而战，为人类解放而战。前期代表性的诗歌有《黄花歌》、《锄头舞歌》、《岁寒三友》、《妇女大众战歌》等。

黄花黄，黄花黄，黄花黄时万花藏。万花藏，黄花黄。
黄花黄，黄花黄，黄花黄时清朝亡。清朝亡，黄花黄。
黄花黄，黄花黄，黄花黄时民为王。民为王，黄花黄。
黄花黄，黄花黄，黄花黄时种麦忙。种麦忙，黄花黄。①

这首诗是陶行知于1927年11月26日所作的一首革命诗。诗中的"黄花"是指辛亥革命前夕黄花岗烈士之"黄花"，也指工农革命之花。附带说一句，1929年毛泽东在《重阳》有"战地黄花分外香"的诗句，也用"黄花"来赞美工农革命战争的胜利。诗中多次表达了对革命胜利、人民当家做主的希冀，也对工农革命胜利后，人民过上安居乐业的美好生活充满憧憬之情。

手把个锄头锄野草呀，锄去野草好长苗呀。
五千年古国要出头呀，锄头底下有自由呀！
天生了孙公做救星呀，唤醒锄头来革命呀。
革命的成功靠锄头呀，锄头锄头要奋斗呀！②

---

①《黄花歌》，《陶行知全集》第6卷，湖南教育出版社1985年版，第779页。
②《锄头舞歌》，《陶行知全集》第6卷，湖南教育出版社1985年版，第777页。

这首诗也是陶行知于 1927 年 11 月所作的，主要是为了唤醒中国农民的革命意识，号召广大农民起来为了争取民主和自由，为了推翻反动的剥削制度，进行前仆后继的革命斗争，力争最后建立真正的人民当家做主的新中国。

万松岭上松，鼓荡天风，震动昆仑第一峰。千军万马波涛怒，海出山中。

竹绿梅花红，转战西东，争取最后五分钟，百草千花休闲笑，且待三冬。

这是陶行知于 1930 年 1 月创作的《岁寒三友》，以松、竹、梅来比喻共产党领导的工农武装政权，历经艰辛，百折不挠，具有旺盛的生命力。主要称赞自南昌起义和秋收起义之后，毛泽东领导的革命武装力量开赴井冈山开辟了革命根据地；同时，彭湃在海陆丰进行武装暴动，也建立了广东海陆丰革命根据地。革命之火，呈燎原之势。陶行知盛赞共产党领导的工农武装革命，这个新生的政权在白色恐怖中诞生，饱经风霜，久经磨难，但茁壮成长，他从中看到了中国革命的前途和希望。

走出闺房，跑出厨房，捣毁脚镣手铐的旧礼教，
打倒封建魔障，拿出我们自己的主张！
走出闺房，跑出厨房，挺起胸膛，
紧拿着我们所有的刀枪，冲向民族自救的战场！①

该诗是陶行知于 1936 年创作的，旨在用来动员广大妇女冲破封建三大绳索的束缚，摆脱封建礼教的禁锢，走出家庭，迈出厨房，解放思想，树立独立人格，接受革命教育，真正发挥"半边天"的作用。也应当像男子一样，紧握刀枪，冲上战场，为民族解放事业而战斗。可以说，这既是唤醒妇女革命意识的清新剂，又是倡导妇女解放的宣言书。

抗日战争到解放战争时期，他又写了《慰劳中国战士歌》、《儿童节歌》、《献给北碚青年抗敌出征团》、《胜利进行曲》、《民主进行曲》、《古北口来的大刀》、《倒退十年歌》、《胜利带来了一切》、《炸弹》等。

东战场，西战场，原来是一体，哪怕隔万里重洋。

① 《妇女大众战歌》，《陶行知全集》第 6 卷，湖南教育出版社 1985 年版，第 807 页。

咱们所拼命的,同是对侵略的抵抗;咱们要贯彻的,同是民主和平的主张。

你们为西班牙伟大民族而受伤,你们流的血是自由神下凡的红光!

你们的英勇斗争,照耀到我们的心腔,好比是冬天的太阳。

你们打胜仗,便是我们打胜仗;请你们放心,祖国的责任有我们担当。①

这首诗是陶行知于1938年3月1日创作,通过赞扬在西班牙战场上参加反法西斯战争的中国战士的英勇献身精神,来激励广大中国人民为正义而战、为民主而战、为独立而战的决心和信心。他们的英勇善战精神,犹如"冬天的太阳"永远"照耀到我们的心腔",鞭策着中华儿女为取得抗战的最后胜利而浴血奋战。

站起来,抗日的小孩!长起来,抗日的小孩!联起来,抗日的小孩!

我们要帮助大人,把东洋的妖怪赶开!

赶出东四省,赶出黄海外,叫他们知道我们的厉害,我们是抗日的小孩!

……

小孩们!拿出我们的力量,捉几个小汉奸。

汉奸,汉奸,汉奸肃清了,快活似神仙。

小孩们!拿出我们的力量,省几个铜板。

铜板,铜板,少吃几块糖,为了买子弹。②

这首《儿童节歌》是陶行知于1939年3月创作的,全诗的本旨是为了教育与动员广大少年儿童,从小立志抗日杀敌,打鬼子,捉汉奸,争做抗日小英雄。还要求中国少年儿童在抗战报国的同时,要养成勤俭节约的良好习惯,以便省下零钱"买子弹",从而在后方支援抗日战场。这是一首特色鲜

---

①《慰劳中国战士歌》,《陶行知全集》第6卷,湖南教育出版社1985年版,第813～814页。

②《儿童节歌》,《陶行知全集》第6卷,湖南教育出版社1985年版,第819～822页。

明的培养儿童革命意识和战斗精神的优秀诗篇，因此，在当时得到广泛传唱。

陶行知于 1941 年写了一首托物言志的诗歌《炸弹》："你平生只说一句话，从不顾粉身碎骨，在惊天动地的爆炸中，诞生了幸福的新国。"通过歌颂炸弹的献身精神，一方面，表明自己愿为中华民族的解放事业而献身的决心，另一方面，教育广大青年在国难当头之际应当像炸弹一样具有为革命而粉身碎骨的伟大献身精神。

由上可见，陶行知的诗，"不仅量多，而且质好"[①]；陶行知的诗，"别有风格，非常通俗"[②]。他虽从未以诗人自居，但新诗界没有人不承认他是中国现代"独开风气之先"的大众诗人。他的诗之所以被民众所喜爱，就是由于他大半生扎根工农大众之中，深入体验了下层民众的生活，他了解民众最需要什么样的文学作品，知晓哪些作品最能反映民众生活。正像郭沫若评价的那样，陶行知的诗作是"一部'人民经'，它会教我们怎样做诗，并怎样做人"[③]。陶行知的诗，既是鼓舞人民斗志的响亮号角，又是提高民众水平的良好教材。因此，可以说，在以"五四"为起点的中国新诗发展史上，陶行知是将诗歌与大众结合最紧密的人。

第三节　大众文学的创作者

陶行知在从事平民教育和普及教育的实践过程中，还经常从教育家的视角去观察人与社会，凭借其睿智的思维和敏锐的眼光，去认真审视与思考了当时中国社会与教育中所存在的一些问题，并及时地通过文学作品形式反映出来，成为大众享之不尽的精神食粮。

---

① 郭沫若：《〈行知诗歌集〉校后记》，《陶行知全集》第 4 卷，湖南教育出版社 1985 年版，第 820 页。

② 萧三：《中国的大众诗人——陶行知》，《陶行知全集》第 4 卷，湖南教育出版社 1985 年版，第 821 页。

③ 郭沫若：《〈行知诗歌集〉校后记》，《陶行知全集》第 4 卷，湖南教育出版社 1985 年版，第 820 页。

一、教育界的"鲁迅"

鲁迅是中国文学史上的一面旗帜，开创了中国现代文学的新局面；而陶行知是中国教育史上的一块里程碑，不仅创立了具有现代意义的新教育理论，而且积极实践，努力推动平民教育、乡村教育、普及教育、国难教育、生活教育和战时教育诸运动，还通过文学作品来积极宣传生活教育与民众教育，为促进中国现代教育的发展保驾护航。他积极创作适合大众阅读的诗歌、散文、小说等文学作品，实实在在成为教育界的文学家，成为中国现代教育界的"鲁迅"。为此，陶行知一直站在大众立场去思考问题，可以说大众是他思考一切问题的出发点。教育，应为大众而普及；文字，应为大众而创新；科学，应为大众而推广；文学应为大众而创作。在他看来，大众文学，就是大众出身的作家，运用大众能看得懂的新文字，来反映大众生活，鼓舞大众斗志，使大众从中受到教益、得到启示、享受乐趣，真正成为大众生活的精神食粮。那些为统治者歌功颂德的、描写上层社会生活的作品，都是与大众文学格格不入的假文学。为此，陶行知于 1935 年 11 月 1 日撰文谈文学创作时，针对胡适或为贵族歌功颂德，或为上层奢侈生活作写真，一针见血地指出："这种文学的把戏，辛稼轩一流人早已玩过了。……这种害了贫血症的文艺，根本没有力量走路，还要教青年跟在它后面走，这使我不能忍耐。"①他以胡适为典型，有力地批驳了那些为统治阶级和上层社会说话的文人们的所谓"文学"，是患了"贫血症"的文学，是畸形的作品，是腐化的作品，是害人的作品。只是玩弄文字游戏的"把戏"，对广大民众来讲，不仅没有半点益处，而且会消磨人的意志、麻痹人的精神。

正是由于陶行知所论及的大众文学，是力求真实反映大众生活，鼓舞大众斗志的民众喜闻乐见的文学作品，因此，引起了一些上层社会文人的贬斥和打击。具有代表性的除了胡适外，还有吴稚晖。吴稚晖于 1934 年发表文章讲："文学不死，大祸不止。"②这里的"文学"，主要指大众文学。吴稚晖主要是针对大众文学成为大众所喜欢阅读的文学作品，对提高大

---

①《新诗路线》，《陶行知全集》第 2 卷，湖南教育出版社 1985 年版，第 880 页。

②《文学何时死》，《陶行知全集》第 2 卷，湖南教育出版社 1985 年版，第 705 页。

众的文化水平，提高大众的政治觉悟，开启大众的智慧，鼓舞大众的革命斗志，均起到了积极的作用。因此，那些上层社会文人便觉得寝食不安，如坐针毡，于是便大肆贬斥和诋毁大众文学，并希望大众文学早日被消灭。陶行知针对这种论调，进行了针锋相对的反驳，他回应了吴稚晖的说法，他说：

> 什么是大祸？礼教吃人！菩萨吃人！洪水吃人！旱灾吃人！蝗虫吃人！人吃人！不肯给人吃而起来作战，战之前，战之时，战之后，战而胜，战而败，屡败而屡战，心灵里都会起一种不能自已而有节奏的跳动。这种不能自已而有节奏的跳动，用语言文字流露出来的，或是歌，或是诗，或是文，都是文学。①

陶行知明确地讲，不是"文学不死，大祸不止"，而应是"大祸不止，文学不死"。这就说明大众文学是应大众为争取自由、平等、民主而战斗之所需要而诞生的一种文化表达形式，只要剥削制度存在，大众战斗就存在；只要大众为争取民主和自由的战斗不止，大众所需要的自己的文学就永存。这是陶行知对大众文学前途充满信心的表现，也是对大众文学本体内涵的明确界定。

二、创作杂文宣传民主救国

陶行知是伟大的大众文学家，他时刻站在大众的立场上，深刻地讽刺和揭露了反动当局的黑暗统治给人民带来的沉重灾难，极力弘扬正气；同时，在国难当头大声疾呼中华儿女要起来奋力挽救民族命运，倡导救国，号召抗日。他创作杂文的时间跨度比较大。从发表的时间来看，主要可分为两个阶段：第一阶段是 20 世纪 20 年代中期，主要以《平民周刊》为阵地，发表了一系列反帝反封建的杂文，宣传民主，弘扬正气。第二阶段是 30 年代中期，主要以《申报·自由谈》为主阵地，大部分杂文是动员民众，宣传抗日。

(一) 第一阶段的杂文：围绕时政，兴利除弊

这一阶段的杂文大都发表于《申报·平民周刊》，从现在资料来看，陶

① 《文学何时死》，《陶行知全集》第 2 卷，湖南教育出版社 1985 年版，第 705 页。

行知的第一篇杂文是《大水是谁的罪过》，于1924年7月19日发表在《申报·平民周刊》。该文是在1924年九省区遭受大水灾之后而作，将矛头直指北洋政府和各地军阀。他指出，预防水灾的最有效措施是导河和植树，这两件事都需要花钱。“中国没有钱吗？钱都用在军事上去了，用到人杀人的事上去了。钱既尽用在军事上，就没有钱去治水，这叫做放水杀人。”一针见血地抨击了军阀为了争夺地盘不惜巨大军费开支，而不顾自然环境的治理，结果给人民带来沉重的灾难。而解决的办法是“化兵为工；化杀人的人为救人的人；化杀人的钱为救人的钱。天下最大的好汉，不是杀人，乃是救人。敬告诸位大英雄，你们要想流芳百世，何不跟着大禹王去治水呢？你们不敢和水打仗，偏要和我们小百姓为难，可谓欺善怕恶，可谓无勇！”[①]运用通俗平实的语言和浅显易懂的道理，讥讽军阀热衷于军事的本性，呼吁地方军阀和长官应以民众利益为重，变杀人为救人，应有“为官一任造福一方”的意识，从而减少战争和自然灾害对人民的危害。

这一阶段主要时段为1924—1925年，期间共发表杂文21篇，主要发表于《平民周刊》，内容丰富，涉及面广。有论及政治的，如《代理国务总理违背宪法吗》、《国会议员又买卖》、《万众一心拒毒》、《国民与瞎民》、《民国的政府》；经济方面的有《赈灾附加捐》；有谈军事的，如《同水打仗的军队》、《何不提倡裁兵筑路》、《请看日本的裁兵》；外交方面有《外交团将有变化》、《英国果真退还赔款吗》、《加拉罕做第一个大使》；教育方面的杂文有《空前之全国教育大会》、《四十万的平民学生》、《同到乡下去》、《北京大学要求人权》；涉及新闻的《对于〈申报〉读者的请求》，等等。这些杂文，借用《平民周刊》这个发表园地来对北洋政府的黑暗腐朽统治进行抨击和批判，对帝国主义在华掠夺的本性作了无情的揭露和痛斥，对人民期盼民主的愿望表示支持和鼓励，对提高国民素质的教育表现出迫切的心情。总之，这一阶段的杂文，短小精悍，紧扣主题，语言简练，文笔犀利，而且往往将结论性的最具深刻寓意的部分放在文章结尾，既让人读后有如获至宝之满足，又让人读后有回味无穷之感觉。陶行知与鲁迅的杂文相比，陶文

① 《大水是谁的罪过》，《陶行知全集》第1卷，湖南教育出版社1984年版，第457页。

更贴近民众，文章可以赢得更多的读者，而且使所有能够读报的人都能读懂；而鲁迅的杂文却主要面对的是文化知识界的读者，一般的平民很难完全读懂他的杂文。这一点恰恰说明，陶行知是现代中国一位真正的大众文学家。

(二) 第二阶段的杂文：主张救国，宣传抗日

这一阶段的杂文大都发表在《申报》副刊《自由谈》。1931 年陶行知从日本潜回上海后，受史量才之聘担任《申报》总管理处顾问，在他的建议下《申报》增设了《自由谈》副刊。陶行知以“不除庭草斋夫”为笔名，因而自由谈栏目取名“不除庭草斋夫谈荟”。他在该栏目发表的第一篇杂文是 1931 年 9 月 2 日的《不除庭草斋夫》，最后一篇是 1932 年 1 月 31 日的《敬告国民》。这一阶段共计发表杂文 104 篇。这个阶段的杂文主要以倡导爱国，主张救国，宣传抗日，拯救中华为主题，这是“九一八”之后，中华民族处于危难之际，作为一个爱国知识分子出于民族责任感而发自内心的一种呼唤，他一连发表了数十篇反对内战，宣传抗日的杂文，旨在号召全国民众团结起来，共同抵御外来侵略。代表性的作品有：《傅将军到哪里去了》、《屡败屡战》、《战时的功课》、《读锦西义勇军绝命宣言有感》、《观战》、《青年自动援马抗日团》、《创造中之中华民族》、《敬告国民》等。也有高扬民族气节的《史督师对国民的训话》、《中国的人命》、《车夫老王》等；还有一些是宣传科学的杂文，或者以介绍国外著名科学家的事迹为内容，或者以讲述科学原理为主题，着力向民众宣传科学知识和道理，以期通过振兴科技来达到向工业国过渡的目标，进而实现民族自强。代表作有《爱迪生之死》、《怎样学爱迪生》、《法拉第》、《富兰克林》、《化磁为电》、《工业文明》等。

这些杂文，以满腔热忱和爱国情怀，大胆高呼民族团结、爱国民主、抗日救亡，大力倡导科学救国，字里行间洋溢着作者的救国激情、对抗战的呐喊和对科学的崇尚。这些杂文，以“闪光的思想、独特的艺术，在 30 年代中国杂文文坛异军突起，发挥了革命文学的战斗作用”[①]，进一步奠定了陶行知是现代文学家的突出地位，向国人充分展示了一个文学家陶行知的形象。

① 许宗元：《陶行知》，人民出版社 1988 年版，第 91 页。

三、撰写发表散文表达心声

陶行知不仅擅长作诗歌、写杂文，而且经常通过写散文来向人们表达自己的心声。他的散文形式多，种类杂，自由多变，不拘于形式，只求表达自己的思想。综观陶行知的散文作品，大致可分为四大类：一是文学类散文，二是演讲类散文，三是书信类散文，四是序跋类散文。从中可以看出，陶行知散文的特点是范围广、形式多、种类全、思想丰。

第一，文学类散文。这类散文的代表作是《创造宣言》，陶行知于1943年创作这篇散文，旨在激发育才学校师生的创造力。文章引经据典，旁征博引，通过中外历史上一些名人在各个领域的非凡创造成就，来激励广大青年的创造动力和创造信心。通过各个行业的创造来引出教育对创造力的迫切需求，突显了教育所需要的创造更加独特，教育要创造的是"真善美的活人"，因此，教育的创造更重要、更特殊。他提出教育的创造包括两方面：一方面，教师的成功就在于"创造出值得自己崇拜的人"，而且在教育活动中教师与学生可以通过创造性劳动，可以取得"先生创造学生，学生也创造先生"的良好效果；另一方面，教育者还要创造出值得自己崇拜的理论和技术。他运用广泛的国内外成功人士的经验，来证明每个人在任何时候都可以去取得创造性成果。他针对"环境太平凡了，不能创造"、"生活太单调了，不能创造"、"年纪太小，不能创造"、"我是太无能了，不能创造"、"山穷水尽，走投无路，陷入绝境，等死而已，不能创造"等一些借口，引用了大量的事实来论证创造随时随地都有，创造人人都能，只是看你是否愿意踏踏实实去行动。最后，突出一个主题："处处是创造之地，天天是创造之时，人人是创造之人。"①

从《创造宣言》中，我们可以体会到陶行知有关创造的一些闪光点：首先，要净化社会环境，促进社会进步，就必须去创造。每个人都是社会的一员，如果每人都能抱着"捧着一颗心来，不带半根草去"的人生信念，努力去创造、去奉献，整个社会秩序就会稳定，社会环境就会净化，进而就会促进社会的进步。正像他在《创造宣言》中所讲："蚕吃桑叶，尚能吐丝，难

---

①《创造宣言》,《陶行知全集》第3卷，湖南教育出版社1985年版，第484页。

道我们天天吃白米饭,除造粪之外,便一无贡献吗?”[①]因此,他倡导全社会的人们都应当有创造的意识,不能贪图安逸,一味索取。人活在世上,不能光要面包、洋车,还要有理想、信念,要培养民众的创造精神,树立为社会创造财富和多做贡献的理想。只有全社会的人一道去劳动、去创造,才能创造出良好的社会风气,才能真正推动整个社会的进步。其次,要形成良好的教育环境,推动普及教育的发展,就必须去创造。发展教育是需要一个良好环境的,要培养青年一代的健康成长,就必须依靠人们进行创造性地工作。尤其是要培养年轻人的创造意识、创造精神和创造能力,就应当营造一个适合他们去创造的环境与氛围,因此,他说:“只要有一滴汗,一滴血,一滴热情,便是创造之神所爱住的行宫,就能开创造之花,结创造之果,繁殖创造之森林。”[②]要迎接“创造之神”,就首先要为年轻人营造创造的环境,建造创造的“行宫”,这样才有可能开出创造之花,结出创造之果。而这个创造的“行宫”就是教育环境,适合普及教育、民众教育、生活教育发展的良好环境。最后,要提高人的素质,改造人的思想,就必须去创造。经济发展、科技进步、社会文明,均离不开人的素质的提高和思想的改进,而要改进人的思想,就必须运用创造的观念。他说:“生路是要勇气探出来,走出来,造出来。这只是一半真理。当英雄无用武之地,他除了大无畏之斧,还得有智慧之剑,金刚之信念与意志,才能开出一条生路。古语说,穷则变,变则通,要有智慧才知道怎样变得通,要有大无畏之精神及金刚之信念与意志才变得过来。”改造人的思想,提高人的素质,不仅需要人的胆略,更需要人的智慧与创造。而创造又需要一点一滴去积累的,不能轻视缓慢的量的积累。“点滴的创造固不如整体的创造,但不要轻视点滴的创造而不为,呆望着大创造从天而降。”[③]

此外,这类代表作还有《护校宣言》,该文创作于 1930 年 4 月国民党政权强行封闭晓庄师范后,陶行知在愤慨中写下这篇散文式的宣言,印成传单散发于全国各地,并在华北、东北等地的各报刊上刊载。文中指出:“晓庄的门可封,他的嘴不可封,他的笔不可封,他的爱人类和中华民族的

① 《创造宣言》,《陶行知全集》第 3 卷,湖南教育出版社 1985 年版,第 484 页。

② 同上,第 486 页。

③ 同上,第 484 页。

心不可封。”[①]他号召晓庄的师生和关爱晓庄的人们，“大家一致起来爱护晓庄，爱护人权，爱护百折不回的和平奋斗，爱护教人做主人的革命教育，爱护向前向上进之时代革命，爱护自由平等的中华民国之创造，爱护人人有工做，人人有饭吃，人人有水仙花看的理想社会之实现”[②]。

第二，演讲类散文。陶行知从就读于金陵大学期间参加演讲比赛开始，直到临终前，他几乎演讲了三十多年。在国难当头之际，他不仅在国内经常演讲，而且赴欧美争取外援，深受海外华侨、外国朝野的欢迎。即使在临终前的百天之内，他仍然坚持讲演上百次。他的演讲稿均是很好的散文，观点鲜明，思想深邃，逻辑严密，声情并茂，富有极强的感染力、说服力和鼓动性。而且大部分演讲稿在演讲后，便刊载于各种报刊。如《新中国与新教育》就是他于1936年7月16日在新加坡世界新教育会议上所作的演讲，向全世界教育界介绍了中国遭受日本人侵的形势与处境、国内人民的解放运动、中国的出路以及新中国的新教育等。《中国的抗战是不自由就受奴役的斗争》是陶行知于1938年4月在访问加拿大时，为感谢加拿大人民和医疗援华会募捐、征集医疗物资支援中国抗战的义举而进行的演讲，强调中国人民需要“平等的和平、足够的食品、自由和正义”[③]。《国际形势与中国抗战》是陶行知于1938年9月出访26国后在归国途中在香港各界欢迎会上的演讲词，在分析完国际形势和国内抗战之后，他呼吁“黄种人联合起来抗战！”[④]《小朋友是民族未来的巨子》是

1937年秋在墨西哥演讲时的陶行知

① 《护校宣言》，《陶行知全集》第2卷，湖南教育出版社1985年版，第221页。

② 同上，第222页。

③ 《中国的抗战是不自由就受奴役的斗争》，《陶行知全集》第3卷，湖南教育出版社1985年版，第168页。

④ 《国际形势与中国抗战》，《陶行知全集》第3卷，湖南教育出版社1985年版，第207页。

他于 1938 年 11 月在重庆保育院的一次演讲记录，文中他非常形象地将“春”解释为：“将‘春’分成三部分来看，便是‘三’‘人’和一个‘日’字。也便意味着不分男女老幼，大家联合起来反抗侵略，可以将日本帝国主义打倒！”希望全国的小朋友“在抗战中，在炮火下，成长为中华民国的巨子！”①

第三，书信类散文。书信一直在散文中占有一席之地，文学史上一些散文名篇中有不少是出自文人相互之间交流的书信。陶行知作为现代一位著名教育家、思想家、文化名人、社会贤达，他的交际圈非常大，朋友遍及世界各地和各行各业。因此，他一生当中有数量颇丰的书信。被收录到《陶行知全集》第 5 卷中就有 810 封书信。他写信的对象，既有国外的名人和学者，如甘地、泰戈尔、杜威、谟罕雷尼、博塞等，又有国内政界、教育界名人，如冯玉祥、邹韬奋、张澜、胡适、孔祥熙、宋美龄、宋子文、白崇禧等，也有家人和学生，如吴树琴、陶晓光、陶诚、戴伯韬、王洞若、操震球、方与严等。陶行知的书信中有不少是优秀散文，语言质朴，感情诚挚，内涵丰富，思想深刻，显现出陶行知散文创作的朴素美。其长者犹如盈尺之璧，其短者宛若径寸之珠，为中国现代文学花坛增添了新的色泽。如 1927 年他在写给学生操震球的信中写道：

> 乡间山青水秀，尽您游览。您早上可以看旭日东升，引您兴奋；晚上可以待月西山，助您吟咏。到了收成的时候，您手里割着黄金似的稻子，那田家乐的山歌，不断地洋洋乎盈耳。您还能亲眼看到您所栽培的儿童个个桃李似的一年一年地长大，一直到成家立业。②

文笔清新流畅，通俗朴实，描绘出当时晓庄师范所处的山村自然环境的优美与雅致，以此来表达他对中国农村教育的热爱，对探寻中国教育出路而执著追求的决心。他在 1923 年创作的书信体散文《杭州大学之天然环境》中讲到大学在选校址时应考虑以下几个因素：“一要雄壮，可以令人兴奋；二要美丽，可以令人欣赏；三要阔大，可以使人胸襟开拓，度量宽宏；四要富于历史，使人常能领略数千百年以来之文物，以启发他们光大国粹的心

① 《小朋友是民族未来的巨子》，《陶行知全集》第 3 卷，湖南教育出版社 1985 年版，第 254 页。

② 《乡下生活之苦乐——致操震球》，《陶行知全集》第 5 卷，湖南教育出版社 1985 年版，第 151～152 页。

思;五要便于交通,使人常接触外界之思潮,以引起他们自新不已的精神。”①在他心目中杭州大学就是一所自然环境较为理想的学校,他如此描述:

> 后面四五个山峰,并立如掌扇;东边的之江,西边的西湖,都近在咫尺。登高一望,杭、嘉、湖、绍四属数百万的生灵,还有那无边无际的东海,都在眼中,不住的引人向那远处、大处默想。……选择这个校址的人,能从敷文书院大胆的将它一直伸到凤凰山顶,包到凤凰山后,这是何等的魄力,何等的目光!②

这种书信犹如一篇游记散文,语言简练,文风独特,真正体现了面向大众的公开信的特点,虽没有多少华丽的词藻,但给人以清新明快的感觉,仿佛读者置身于西湖之畔、之江之滨的一所风光旖旎的大学校园。

第四,序跋类散文。陶行知的散文中还有一类就是为自己或别人的著作所写的序跋,他的序跋类散文数量并不多,只有十多篇,但其中不乏深具文学价值之作。这些散文或长或短,均文体自由,生动活泼,质朴典雅,文意幽深,趣味横生。《〈破晓〉序》格调高昂,充满诗意,堪称散文诗中的佳作。“战鼓响了!血钟鸣了!振作你的精神,准备你的身手,充实你的子弹,奋勇的,忠实的,出发前方去干!”③《〈武训先生画传〉再版跋》概括了武训的“四个有”:“合于大众需要的宏愿”,“合于自己能力的办法”,“公私分明的廉洁”,“尽其在我坚持到底的决心”。④ 还有仅 278 个字的《〈我们的旅行记〉序》,小巧玲珑,短小精悍,言简意赅,语言质朴,给人留下深刻印象。文尾写道:“这的确是一本奇书。它是一本生活教育学,是一本儿童游记,是一本儿童文学,是一本创造儿童世界的宣言。”⑤

四、创作小说展现生活教育

《古庙敲钟录》是以文学艺术的形式来形象生动地展现生活教育模式

---

①《杭州大学之天然环境——一封公开信》,《陶行知全集》第 5 卷,湖南教育出版社 1985 年版,第 21 页。

② 同上,第 20 页。

③《〈在晓庄〉序》,《陶行知全集》第 2 卷,湖南教育出版社 1985 年版,第 145 页。

④《〈武训先生画传〉再版跋》,《陶行知全集》第 3 卷,湖南教育出版社 1985 年版,第 518 页。

⑤《〈我们的旅行记〉序》,《陶行知全集》第 2 卷,湖南教育出版社 1985 年版,第 742 页。

的一本小说，曾于1932年5月21日到8月15日的《申报》上连载，1933年3月由上海儿童书局出版。这部小说是中国近现代小说史上一部难得的教育小说，整部小说共分84章。没有固定的主人公，只是以在古庙敲钟的钟儿和师范毕业来古庙任教的朱老师为连线式的人物，通过此二人将上下文连贯起来。小说的主题是宣传教育救国理想，同时也倡导科学救国思想。通篇小说以同情下层民众的贫困生活为基调，以宣传与传统教育完全不同的新教育理念为宗旨，通过描述钟儿和朱老师发起村民办教育运动的经过，来展示了20世纪30年代中国农村教育观念的转变过程。同时，也反映了在日本侵占东北的紧急关头，作为中国农村接受了新教育的农民，通过实行村民自卫等形式来进行军事训练，并高呼到东北去支援抗战的口号来表达中国人民的爱国热情。综观整篇小说，笔者认为陶行知主要想表达以下一些观点：

第一，对劳动人民深表同情。小说有多处生动描写种田的农夫贫苦生活，并且表现出极度的同情。因为钟儿一天三次的敲钟声会给村里人报时，从而规定了人们一天的生活节奏：早钟催人起床，午钟叫人吃饭，晚钟提醒休息。有些穷苦的种田人劳动了一天，却没午饭吃，

> 我如何能不悲哀呢？一同被我敲醒起来种田做工的人，于今白日当天，有的是在兴高采烈地“吃午饭”，有的是在愁眉皱额地“无饭吃”。我想到这里，连手儿都抖了起来，何能再有力量去敲这凄惨之钟？[①]

字里行间表露出对下层民众的深切同情，并且表态自己愿作“大众的公仆，不做个人的听差”[②]。特别是描写农村出身的钟儿初次进城不认识汽车和电灯的细节惟妙惟肖，生动形象。“我们进了城门，走不得多少路，便见一个漆黑的大东西比马还快地冲来，把我们前面的一只老牛骇得乱跳。宋老太说，汽车来了留心些。”[③]这些说明农村人成天面朝黄土背朝天地干农活，根本没机会到城里去开眼界、长见识。总之，处处可见作者对劳苦大众的深切同情。

第二，展现“生活即教育，社会即学校”的教育主张。小说以叙事的方

---

① 《古庙敲钟录》，《陶行知全集》第2卷，湖南教育出版社1985年版，第479页。

② 同上，第483页。

③ 同上，第493页。

式形象地展现了"生活即教育"、"社会即学校"的教育理念，运用通俗的语言和生活中的事例来向民众阐释生活教育的相关理论。将村里的铁匠铺、砌墙的地方、菜园、老松树等工作场景和自然场景都看做是"顶好的课堂"，将铁匠司务、砖瓦司务、种菜农夫、树林老鹰等视为"先生"。陶行知通过小说的描写让人们知道生活即教育、社会即学校的新教育理念，在描写"课堂"时以敲钟工人与朱先生对话的口气讲到：

> 你的学堂是以青天为顶，大地为底，二十八宿为门墙，万物都是你的先生，都是你的同学，都是你的学生。我完全懂了，你打破了我的鸟笼式的小学校而给了我一个森林似的大学校。我们在这海阔天空中过生活，那是多么的快乐呀！①

这就十分形象地说明了"社会即学校"的道理。同时，他还以朱先生的口气讲述了相关的教育理念，"海里的鲸鱼，空中的仙鹤，森林里的狮子是多么的自由，又是多么的幸福啊！人生得到自由也是一样的幸福。教育办到这种境界，学堂是造成天堂，小孩们是变为活神仙了"②。陶行知反对传统的课堂教学和学校教育，认为传统的学校和课堂是"鸟笼"、"鱼盆"、"栅栏"，严重限制了"仙鹤"、"鲸鱼"、"狮子"的自由。他还将传统学校比作"鲍鱼罐头公司"，学生是"罐头"，老师是"罐头工人"。只有为学生创造了自由的受教育空间，才能使之得到充分的发展。也只有在这样的教育环境下，学生才能进行实践、学习和创造。此外，还体现他的普及教育思想，古庙教育运动中坚持有教无类、来者不拒的招生原则。

第三，"村民自卫，全民皆兵"的思想。在国难当头之际，通过兴办军事教育来宣传全民皆兵思想。他在小说中将军事生活看做是"多么重要的一种教育"，因为"它能培养大无畏的精神以打破无理的胆怯，它能培养团体生活的习惯以打破农人一盘散沙的无政府的脾气。民众在自己的武力保护下才能过合理的生活，办合理的教育"，提出了普及军事教育的最终目的就是实现"全村皆兵，全乡皆兵，全县皆兵，全省皆兵，全国皆兵"③。为了实现这一目标，在其倡导实施的"六大训练"中首要的就是"普遍的军

---

①《古庙敲钟录》，《陶行知全集》第2卷，湖南教育出版社1985年版，第508页。

② 同上，第509页。

③ 同上，第532页。

事训练,使人人成为保国的健儿”[①]。这种村民自卫、全民皆兵的思想,是“九·一八”和“一·二八”事变之后,国难日亟,作者以小说的形式倡导加强军事教育,从而为全民抗战奠定基础。

第四,争做主持公道的“人中人”。陶行知在小说中大力弘扬做“人中人”的思想,他借教人习武张师傅的口来宣讲接受教育的人应当主持公道,反对做欺压百姓、不劳而获的“人上人”。他让每个学徒的弟子向青天起誓:“防身保国伸人道,助弱攻强平不平。我若鱼肉老百姓,天诛地灭有眼睛。”[②]这是一种在社会上伸张正义的主张,也是教育的终极目标。教育的目的就是为培养造福民众、主持公道、助弱攻强的“人中人”,不能培养高人一等的“人上人”,也不能培养低人一等的“人下人”,即培养出一种不卑不亢、公道正派的健全人格,造就生活在民众之中的为民众服务的合格社会公民。

第五,推广科学知识的必要性。小说中通过钟儿为了把握好三次敲钟的准确时间,不断更换测量时间的器具,起初通过在地上立竹竿看影子来把握时间,后来又采用了中国古人常用的漏壶来报时。但这两种方法均不很准,然而当一位游客带来“一个圆而扁的怪物。他说这个怪物叫做表,短针每半天转一周为十二小时,长针每小时转一周为六十分,一点也不差”[③]。这个计时器要比以往的准确多了,但又过了一段时间,又有人带来“更精细的表,一分一秒都能报告出来”。这个钟儿还自己观察和琢磨关于天象的知识和道理,还有钟儿初次进城看到汽车和电灯时的新鲜感觉等。以上描述,一方面说明民众对渴求科学知识的迫切心理,另一方面说明科学知识对下层民众生活与工作起着重要的指导作用。这是陶行知于20世纪30年代大力倡导的“科学下嫁”运动在文学作品的具体体现。

---

①《古庙敲钟录》,《陶行知全集》第2卷,湖南教育出版社1985年版,第546页。

② 同上,第535页。

③ 同上,第480页。

第七章

大众艺术的开拓

陶行知不仅在文学创作方面作品颇丰，而且酷爱艺术，并且以毕生的精力去追寻大众艺术。他从一个教育家的角度思考与审视了大众艺术理论，并以生活教育为载体来亲自从事艺术创作和带头组织师生进行艺术实践。尤其在戏剧、音乐和美术方面，提出了独到的见解，取得了较为突出的成绩，为繁荣中国近现代艺术事业作出了突出贡献。

第一节　对戏剧的研究与实践

陶行知在实施生活教育过程中，深感戏剧在教育中起着十分重要的作用，他关注戏剧，研究戏剧，创作戏剧。特别是对近代新兴的剧种——话剧，尤其感兴趣，并在话剧理论与创作中积极参与，努力实践，先后组建了晓庄剧社和育才戏剧组，指导广大师生编剧、排练、演出，他还亲自登台表演话剧，使师生深受鼓舞，有力地促进了话剧在校园的传播与发展。

一、论述戏剧的教育功能

陶行知在教育实践中一直非常重视戏剧的重要作用，在他看来艺术是生活的再现，人们欣赏艺术，就是过艺术的生活，如果观赏的是进步艺术，就会受到一次生动的革命教育。而戏剧是艺术当中重要的一种，演戏的人是在过艺术的生活，受革命的教育；看戏的人同样是在过艺术的生活，受革命的教育。

1918 年陶行知在南京高等师范学校教育科任教期间，就曾在《南京高等师范学校教育研究会会刊》上发表一篇题为《戏剧与教育》的文章，论述了戏剧与教育之间的关系。他说："戏当演乎？戏当观乎？欲知戏剧与教育之间关系，必先明戏剧于演者及观者有若何之影响。"首先，他从戏剧表演者的角度去论述了戏剧对教育的重要作用，主要表现在：

> 一、教育贵宜适性。人之游戏倾向与生俱来，戏剧特高，称之游戏耳。非拘束成习者，莫不乐为之。于其乐为之中，寓人生之要道，则演者心尽全副之精神，以乐其道。二、教育贵发舒。人之为学，固籍正当之外感，尤特充分之反应。发舒足者，所获益亦多。故演戏者，无思想情操则已，有之，必能见面盎背，施于四体，尽其发舒之能事焉。三、教育贵中节。自动之宜提倡，尚矣；然自动而不中准绳，则妄动矣。妄动，非教育所宜有也。演戏者之声音、容貌、举止，皆不得不调和中节，故习礼娴乐，莫善于戏。四、教育贵群效。教育以适群为目的，故必求所以培养协力之道。协力厚者，其教必良。一剧之中，人各按其所长，司其职务，工分而力合。情景声音，如百川发皇，腾越向海，奔流沛然，莫之能御。合群之方，庸有良于此者乎？[①]

其次，他还站在观众的角度论述了戏剧对教育的影响，从戏剧固有的休闲消遣、陶冶情操和养心益生等方面论述了戏剧对观众的教育作用。

> 一、教育贵备正当之消遣。劳思逸，疲思安，人之情也。安逸而不得其道，适伤其生。故教育之目的不徒教人作业，抑且教人消闲。有正当之作业，有正当之消闲，庶乎无大过矣。美国驻德公使威特先

① 《戏剧与教育》，《陶行知全集》第 8 卷，湖南教育出版社 1992 年版，第 62 页。

生谓:德国有三宝,其一即公共戏园。盖人民有此消闲之所,无虑失德矣。故能乐而不淫,哀而不伤,则戏剧诚人人必需之游息也。于此时而寓教焉,则社会教育事半功倍矣。二、教育贵养正当之情操。事有知之未必行,行之未必力者,多由于感情未动耳。故化知为行为,变思想为事实,必自培养情操始。培养情操,重在直觉,盖不遇可歌可泣之事,安知歌之泣之?不知歌泣其事,又安能力行之哉?戏剧能传人成败忧乐,引人入胜,是不特能兴人之情操,亦且能锻炼之也。三、教育贵探有生之方法。教育以适于群生为目的,故其方法,亦以合于生存之真相为标准。戏剧与人生之相去,其间不能以寸,莎士披耳[莎士比亚]曰:"大千世界都是舞台,四夫四妇,莫非优孟。"盖世人无处不演戏,无处不看戏。所异者,舞台之大小耳。故自广义言之,戏剧即人生,人生即戏剧。夫以有生之人演人生之事,岂不诚教人为生之美术哉!①

陶行知认为,戏剧不仅具有教育功能,而且具有社会功能。他感叹道:"戏之能力则大矣!善用,社会可以改良;不者,用之风化足以败坏。是不可以不慎也。然不善用戏剧,遂咎其为不可用者,又戏剧之罪人也。"②

中国戏剧发展史上,陶行知是第一位专门从教育角度去论述戏剧的功能与作用的教育家,他为推动中国近现代戏剧与教育的紧密结合起到了重要的导向作用。正因为他从理论上清楚地论述了戏剧的教育功能,因此,促进了当时戏剧通过教育在广大民众中的传播与普及。

二、创建晓庄戏社

20 世纪二三十年代作为中国新文化前驱号角的话剧,成为中国文化艺术的一种重要形式,以迅猛的速度成为中国普及的艺术,成为与传统戏曲共生共存的舞台艺术种类。到了大革命时期,新创作的话剧引起了越来越大的社会影响,把话剧艺术的生长推进到一个根深叶茂的阶段;同时,话剧演出逐步由大都市舞台深入到民间、农村,加入到大革命和抗战

① 《戏剧与教育》,《陶行知全集》第 8 卷,湖南教育出版社 1992 年版,第 63 页。
② 同上,第 64 页。

的舆论洪流之中，发挥了战斗号角的作用。

在话剧由城市转向农村的过程中，陶行知起了积极的推动作用。1929年1月，陶行知特邀上海南国社社长田汉到晓庄师范演出，田汉领导的南国社在晓庄首次演出时，陶行知为其举行了盛大的欢迎仪式，他在欢迎词中讲道："今天我是以'田汉'的资格欢迎田汉。晓庄是为农民而办的学校，农民是晓庄师生的好朋友。我们的教育是为种田汉而办的教育。我以一个'种田汉'代表的资格，在这儿欢迎田汉先生！让革命的教育和革命的艺术携手！"田汉在讲话中说："陶先生说，他是以'田汉'的资格欢迎田汉，实不敢当！我是一个'假田汉'，陶先生是个'真田汉'。我这个'假田汉'能够受到陶先生这个'真田汉'以及在座许多'真田汉'的欢迎，实在感到荣幸！我们一定要向真田汉学习！"[①]陶行知的热情欢迎使田汉和南国社深受感动，他们表示决心通过艺术来服务于广大民众，并愿为艺术与教育的携手合作做贡献。南国社在晓庄演出了由田汉创作的《卖花女》、《湖上的悲哀》、《苏州夜话》、《南归》等话剧，南国社精湛的演出受到了晓庄师生和农民的热烈欢迎。

正是在田汉及南国社的带动和指导下，陶行知组织成立了晓庄剧社，叶刚、谢炜启、陆维特等30余人参加，由陶行知亲自担任社长。他既是编剧、导演，又当演员。陶行知利用早晚工作之余创作了《香姑的烦恼》、《爱的命令》、《生之意志》和《死要赌》等话剧，还亲自登台表演。除了表演自己编导的话剧外，他还在田汉创作的话剧《苏州夜话》中饰老画家。每到剧社要演话剧时，附近的民众兴高采烈，奔走相告，而有些学生却认为演戏是消遣，与教育无关。针对这种情况，陶行知给学生们上了一堂生动的艺术教育课，他指出，艺术是生活的再现，我们欣赏艺术就是过艺术的生活。如果观赏进步的艺术，就会受到生动的革命教育。演戏的人是在过艺术的生活，受革命的教育，看戏的人同样是在过艺术的生活，受革命的教育。经过陶行知深入浅出的讲解，同学们深受启发，从此晓庄师范的学生开始热衷于观看话剧。为了形象生动地说服和打动师生，剧中人物有帝国主义分子、军阀、资本家、土豪劣绅、贪官污吏，也有工、农、商、学、兵

① 许宗元：《陶行知》，人民出版社1988年版，第73页。

以及革命青年。没有台词的哑剧同样收到了良好的效果。陶行知还亲自演了一出哑剧,自己扮演一位老汉,激发了全校师生和附近农民演戏和看戏的热情,便于将这种艺术教育的形式推广开来。后来,晓庄剧社还正式成立了剧务组、导演组、化妆组、布景组等,在陶行知提出的"走出学校,到社会去"思想的指导下,从 1929 年 11 月,晓庄剧社在农村演出的同时,还到南京城里演出,之后先后到镇江、常熟、无锡、苏州、宝山、上海、杭州、萧山等地演出 30 多场进步话剧,当演到《香姑的烦恼》、《卖花女》时,观众往往被感动得泪流满面,收到了良好的艺术效果。陶行知作为社长,不仅亲自带队外出表演,而且还亲自登台参与演出,在观众中产生了较大影响。当晓庄师范被国民党查封后,晓庄剧社的不少学生加入南国社,成为民众喜爱的重要演员,为推动中国现代话剧的发展作出了一定贡献。

总之,陶行知于 20 世纪二三十年代创立晓庄剧社,亲自编写剧本,并登台演出,极大地推动了中国话剧在教育界和江南农村的传播和普及,与当时由田汉、洪深、郭沫若、丁西林、曹禺等话剧前驱们所兴起的中国话剧创作与推广浪潮,汇集成了一股巨大的时代艺术潮流,特别是晓庄剧社也像南国社、上海戏剧协社、南开新剧团、上海艺术剧社一样,通过东奔西走、走南闯北、不辞辛苦地在城乡演出,极大地推广了新生的中国话剧,使中国话剧得到了广泛的传播,可以说,在中国话剧的发展历程中在一定程度上起到了奠基的作用。

三、成立育才戏剧组

抗战时期日益成熟起来的话剧,利用其短平快的艺术特点,在发动民众、激发斗志、动员抗战、鼓舞士气方面发挥了巨大的作用,成为支援全民族抗战的精神武器。当时,救亡戏剧在中华大地上迅速兴起,形式多样,各具特色,有独幕剧、活报剧、快板剧、街头剧等演出形式,这些剧目在宣传抗日救国方面起到了重要作用。1937 年由阳翰笙、洪深、田汉等在武汉发起成立了中华全国戏剧界抗敌协会,号召全国戏剧人为抗战而奋斗。还有中华剧艺社、上海剧艺社、中国艺术剧社等,同时还出现了众多的话剧社团,这些戏剧社团在上海、重庆、桂林等地蓬勃发展。在抗日根据地,也成立了不少戏剧社团,如陕北抗日根据地的列宁剧社、工农剧社、抗大文工团等，晋察冀根据地的抗敌剧社、战斗剧社、冲锋剧社、七月剧社等，在民众中上演了大量的抗日话剧，真正起到了为工农服务、为抗战服务的作用。

正是在这种抗战话剧的发展如火如荼之时，在陶行知的亲自指导下，育才学校成立了戏剧组。他要求师生深入大众，和社会打成一片，与人民打成一片。每次下乡演出之前，他都要提出严格要求。演出后，他总要找一些农民、工人来谈观感、提意见。他将收集起来的意见集中起来，并反馈给戏剧组，提出改进意见和方法。在战争年代，他经常告诫戏剧组的师生："我们的戏剧要为劳苦功高的战士服务！我们要到前线去演出！战场是我们的剧场！"①充分体现抗战话剧的艺术特点，充分发挥革命文艺在战争年代的宣传与动员作用。

陶行知鼓励育才学校师生进行戏剧创作，还吸纳友人的戏剧作品。譬如，1939 年他的学生任光在出行新加坡时仍然坚持创作，创作了反映抗战体裁的歌剧《台儿庄》，并及时写信向陶行知作了汇报。陶行知在回信中予以高度评价，并让任光转告帮助他在新加坡搞募捐的安娥，他所创作的歌剧《牛鼻子上前线》，已在育才学校上演，并取得了较好的效果。

在古圣寺时期，陶行知发起了演土话剧运动，运用当地方言来编演戏剧，以唤起人民的革命热情。他认为，土话剧也是保卫四川的力量。育才戏剧组的同学们积极响应，纷纷创作方言剧本。主题均是为号召人民起来参加革命，实现自卫。陶行知还亲自修改剧本，督促排演。育才学校师生利用节假日下乡演出《兄妹开荒》、《朱大嫂送鸡蛋》、《王大娘补缸》、《朱警察查户口》、《古怪歌》、《茶馆小调》等秧歌剧和话剧《啷咯办》、《小主人》、《抽壮丁》等节目，向全校师生宣传抗日救国主张，受到了广大民众的热烈欢迎，收到了良好的艺术效果，政治影响很大。特别是《小主人》在重庆和北碚的演出，郭沫若和邓初民几乎每场必看，每当剧情进入高潮——一个行乞的十三四岁的小女孩在被曾经同游过的阔人子弟的小轿车撞死的前夕，在后台唱着行乞悲歌的时候，郭沫若和邓初民便和广大观众一样，被感动得热泪盈眶。

---

① 许宗元：《陶行知》，人民出版社 1988 年版，第 153 页。

1942年12月24日，陶行知为育才学校戏剧组（该组由著名艺术家章泯曾担任主任，并组织师生在重庆演出过不少进步戏剧，对宣传抗日救国有相当大的影响）题诗共勉：

团结旧干部，创作新剧本。认真过生活，登台如有神。

得道来多助，有志事竟成。陪都万人望，育才再进城。[①]

陶行知的题诗，既为育才戏剧组提出了指导性意见，为育才戏剧组进一步指明了方向，又对该戏剧社团寄予了厚望，从中亦可看出其中蕴含着他对育才戏剧组所带有的深厚感情。

陶行知逝世后，育才学校于1947年迁到上海，在宋庆龄的主持下，戏剧组仍然坚持表演。如于1948年冬戏剧组在兰心大戏院演出了大型话剧《小主人》，通过描写贫苦孩子的悲惨遭遇，无情揭露了国统区的黑暗统治，发出了挽救孩子的呼吁。演戏的孩子本来就是苦孩子，他们对贫苦生活深有感触，所以表演深切动人。这部话剧的演出引起了强烈的社会反响，观众争相购票，文艺界也予以好评。后来，育才学校流传的歌舞《打莲湘》还搬上了银幕。这些均是陶行知在育才创办戏剧组，为后来发展所奠定的良好基础。

可见，育才戏剧组在话剧创作与表演方面，不仅为中国的抗战起了动员与宣传作用，而且为中国话剧从旧中国向新中国的转型与过渡起了一定的促进作用。

第二节 对大众音乐的创作与贡献

陶行知还是一位杰出的音乐家，他酷爱创作大众歌曲，谱写歌词，先后谱写了大量的农村题材、儿童题材和教育题材的歌词，同时还利用业余时间，研究大众音乐理论，奠定了大众音乐理论的基调，为推动中国的大众音乐理论建设和大众音乐创作作出了突出贡献。

---

①《育才戏剧组共勉》，《陶行知全集》第4卷，湖南教育出版社1985年版，第580～581页。

一、创作大众的歌曲

陶行知在探索大众音乐理论方面思考深入，见解独特，为建构中国现代大众音乐理论奠定了良好基础。特别是他对大众歌曲从理论方面作了较为深入的思考和较为确切的阐释。

> 大众的歌曲是大众的心灵的呼声。它是用深刻的节奏喊出大众最迫切之内心的要求。少数天才之创作必定是符合了这个条件，才为大众所欢迎而成为大众的音乐和大众的诗歌。大众的歌曲是要唱出大众的心中事，从大众的心里唱出来再唱进大众的心里去。它来，是从大众的心里来；它去，是到大众的心里去。[①]

他对大众歌曲的理论阐释是人们进行大众歌曲创作的理论指南，只有发自大众内心的呼声变成歌唱大众生活的作品，才能真正打动广大民众，被大众所传唱和欢迎。

他还分析了中国民众对听歌曲的渴望程度，论及了大众歌曲的市场需求量。他说："中国的民众是欢喜听曲，不懂也高兴听，如果懂得里面的意思，那就更加高兴听了。"因此，他要求"小先生"将每首大众歌曲的歌词都写在黑板上或复写、油印出来，然后让人们"分头预先传抄，教大家读，读会了再开唱片。这样一来，听众不但是增加了听曲的兴趣，而且多识一些字，并感觉识字之需要了"[②]。一方面，陶行知分析了中国民众对歌曲的迫切需求，说明大众歌曲在现代中国拥有巨大的市场；另一方面，强调了进行大众歌曲教育亦可起到推动民众识字和扫除文盲的作用。

陶行知一生热心于大众音乐创作，他亲手创作歌词的著名歌曲就有数十首，还有一些是他的诗歌被谱曲而成为流传于民众当中的歌曲。其中最著名的有《锄头舞歌》、《镰刀舞歌》、《儿童节歌》、《新安旅行团团歌》、《小先生歌》等，还有《村魂歌》、《自立立人歌》、《黄花歌》、《凤阳花鼓》、《农夫歌》、《手脑相长歌》等等。这些歌曲一度成为人民大众丰富业余生活的精神食粮，也是批判当局黑暗统治的有力武器和动员民众参加革命的宣

① 《大众歌曲与大众唱歌团》，《陶行知全集》第 3 卷，湖南教育出版社 1985 年版，第 93 页。

② 《怎样做小先生》，《陶行知全集》第 2 卷，湖南教育出版社 1985 年版，第 899 页。

言书。

若对其歌曲进行分类，可以分为农村题材、儿童题材、教育题材、革命题材等几类。

（一）农村题材歌曲：真实反映农民生活

陶行知深知要想写出让农民喜欢的歌曲，就必须“了解大众的需要，说大众要说的话语”①。他认为，好的农村歌曲，就是要从农民中来，准确地反映农村生活，使农民在传唱过程中感到是在讲自己想说而不会说的心里话。因此，他说：大众的歌曲“是从大众的心里来”，而且能够深入“到大众的心里去”②。陶行知创作的农村题材的歌曲，正是遵循这条原则，来谱写农民喜欢的歌曲。如《农人破产之过程》是1927年12月由陶行知作词的歌曲，歌词中写道：

太阳下山墩墩，呀嗬嘿，过不了年儿嗬嗬。（重复五遍）
债主追来了梅绮紫棱，翻下脸儿索，难为情啊嗬嗬。
债主追来了梅绮紫棱，牵去牛大哥，舍不得啊嗬嗬。
债主追来了梅绮紫棱，把我田地夺，如何得了嗬嗬。
债主追来了梅绮紫棱，强把棉袄剥，冷得抖啊嗬嗬。
债主追来了梅绮紫棱，逼我卖老婆，天啊天啊嗬嗬。③

生动逼真地描述了半殖民地半封建社会农民遭受地主残酷剥削与欺压的生活场景，由此告诉农民之所以日趋贫困直至破产的社会原因。

《农夫歌》，是陶行知于1931年创作的农村题材歌曲。如果说前一首是主要反映南方农民生活遭遇的话，这首是反映北方农民生活状况的歌曲。

穿的树皮衣，吃的草根面，背上背着没卖掉的孩儿，饿煞喊爹爹。
牵着牛大哥，去耕别人田，太阳晒在赤膊，心里如滚油煎。
九折三分，驮利纳粮钱，良民变成匪，问在何处伸冤？

---

①《大众歌曲与大众唱歌团》，《陶行知全集》第3卷，湖南教育出版社1985年版，第93页。

② 同上。

③《农人破产之过程》：《陶行知全集》第6卷，湖南教育出版社1985年版，第780页。

人面蝗虫飞满天，飞满天，无有农夫谁能活天地间！[①]

真实地描写了一贫如洗的农民生活，没吃没穿，卖儿鬻女，替人耕田，劳累万分，若遇灾年，难以存活，这是对国民党政权专制统治下农民痛苦生活的写真。

（二）儿童题材歌曲：满怀真情寄予希望

陶行知创作的儿童题材歌曲，是从教育家角度以确保儿童健康成长为旨归，并抱着对儿童的未来充满希望的态度去创作的。因此，往往不像农村题材歌曲那样格调低沉，而是采取格调高昂、节奏欢快的创作风格。一方面，适合儿童的歌唱口味；另一方面，反映了他对儿童寄予了很大期望。旨在通过这些歌曲，激发广大儿童积极进取的热情和对未来充满希望的情趣。代表性的歌曲有《儿童工歌》、《儿童节歌》、《儿童年献歌》等。

我是小盘古，我不怕吃苦。我要开辟新天地，看我手中斧。

我是小牛顿，让人说我笨。我要用我的头脑，向大自然追问。

我是小孙文，我有革命精神。我要打倒帝国主义，像个球儿打滚。

我是小农人，我靠种田生存。……

我是小工人，我双手有万能。我要造富社会，不造富个人。[②]

《儿童工歌》是陶行知于1931年在倡导科学教育和中华苏维埃政权成立的背景下创作的，所以，他是带着对儿童的双重期望来作词的。一方面，他希望儿童学习科学，崇尚科学，力争做牛顿式的小科学家；另一方面，他又希望培养儿童的革命精神，学做孙文式的革命家。

《儿童年献歌》中写道：

儿童年里小主人，东升好比日初现。日初现，人人得见光明天。

儿童年里小工人，手脑双挥征自然。征自然，看他辟地又开天。

儿童年里小学生，抓住书本种田园。种田园，叫人有吃又有穿。

儿童年里小先生，教人前进不要钱。不要钱，守知奴化了云烟。

年年愿为儿童年，天天愿为儿童天。儿童天，从此同开新纪元。[③]

这首歌曲创作于1935年，陶行知满怀期望地对儿童的未来提出了多

---

①《农夫歌》，《陶行知全集》第6卷，湖南教育出版社1985年版，第784页。

②《儿童工歌》，《陶行知全集》第6卷，湖南教育出版社1985年版，第786页。

③《儿童年献歌》，《陶行知全集》第6卷，湖南教育出版社1985年版，第802页。

元化的前途设计方案，当工人、农民、教师，都是国家的小主人。未来社会，只有职业的区别，没有高低的差异。不管干什么工作，都是为社会作贡献，都能为人类创造财富。只要全体儿童都胸怀大志，踏实学习和做事，我们的国家和民族就一定充满希望。

（三）教育题材歌曲：宣传现代教育理念

陶行知是中国现代教育大师，他借鉴西方教育理论，结合中国教育实际，创造性地提出了适合中国广大农村教育的新教育主张。为了将他的新教育主张广泛宣传于民间，经常采用诗歌和歌曲的形式来教育民众。代表性的歌曲有《手脑相长歌》、《小先生歌》、《教师们联合起来》、《自动学校小影》等。

我是小学生，变作小先生。粉碎那知识私有，要把时代儿划分。

我是小先生，教书不害耕。您没有功夫来学，我教您在牛背上哼。

我是小学生，看见鸟笼头昏。爱把那小鸟放出，飞向森林投奔。

我是小先生，这样指导学生：学会了赶快去教学，教了又来做学生。[①]

这首《小先生歌》是陶行知于1934年3月所作，集中反映了他所发明的“小先生”制的内涵与实质，即学生可以当老师，教自己的父母、兄弟姐妹和朋友，以田垄、牛背乃至整个大自然为课堂，不拘形式，现学现教，即知即传，这种制度对普及大众教育起到了重要作用。

二、指导大众唱歌团

大众唱歌团的原名是民众歌咏团，是由刘良模创立的，始建于上海，后来发展到全国各大城市，主要以合唱的形式来向民众传播音乐艺术。影响最大的合唱歌曲是《永生》，共有七百人参加合唱，1936年6月7日在上海西门公共体育场演出，观众多达五千多人。当时演出时经常遭受警察的干预，对此，陶行知非常反感，他强调：“音乐是大众心灵的呼声，大众欢喜唱歌，那是无可怀疑的。每一个大众的心灵里都潜伏着音乐的种

① 《小先生歌》，《陶行知全集》第6卷，湖南教育出版社1985年版，第795～796页。

子。”[①]

陶行知认为，1936年在抗击日本侵略者的救亡关键时期，是大众开口唱歌时代的到来。因为日本帝国主义不断入侵，中国面临着空前的民族灾难，中国人民不愿做亡国奴，要追求自由、平等和民主，中国要发动一场空前的伟大民族解放战争，因此，此时的艺术应当是鼓舞大众斗志的艺术，此时的音乐应当是用来战斗的音乐。这种战斗的音乐，理应是大众的音乐，由大众来歌唱，为大众而歌唱。为此，他建议将民众歌咏团更名为大众唱歌团，“大众歌唱团团员和大众是越多越好”。他为大众唱歌团设计的表演模式是：

> 大众到会场上来不是听，乃是学，不是学，乃是学唱。我们只有唱众，没有听众；起首虽是听众，当场变做唱众。这样才能更充分地发挥大众的力量。一群哑巴的大众有什么精神呢？[②]

他明确了创立大众唱歌团的最终目的，同时还为大众唱歌团选唱歌曲提出了标准：一要思想先进，有利于激发民众的革命热情；二要歌谱有气势和力度，使人受到鼓舞；三要歌词通俗，适合于民众的口味。此外，他还为大众歌唱团提出了服务民众的具体方式和路径，即大众唱歌团成员应当下乡训练农民大众唱歌，进而让所有农村都成立起大众唱歌团，还不断举办联村大合唱。建议音乐天才与文学天才联手来创作大众歌曲，为促进中国大众唱歌团的发展提供源源不断的优秀歌曲。

三、创建育才音乐组

为了配合全面抗战的宣传工作，陶行知于1939年夏在育才学校创建了音乐组，并且任命著名音乐家贺绿汀为主任。陶行知经常对音乐组的师生讲：“我培养你们，不是要你们钻牛角尖，而是要你们把音乐知识传给别人，教育别人。”[③]他要求音乐组的师生们到重庆市举办儿童音乐会和音乐广播会，将所学的音乐知识传播到广大民间，用于抗战的伟大实践中去。音乐组的学生们还经常到附近的煤矿、乡村、街道进行抗战宣传演

① 《陶行知全集》第3卷，湖南教育出版社1985年版，第94页。

② 同上，第97页。

③ 陶德民：《陶行知先生与大众音乐》，《行知研究》1981年第3期。

出，收到了良好的效果。1940 年冬，贺绿汀带领音乐组的师生举办了大型音乐会，陶行知还特邀了周恩来、叶剑英、邓颖超等领导前来观看，观后周恩来为音乐组题词："为新中国培养新的音乐人才。"说明育才音乐组在音乐学习和抗战宣传方面做出了不少成绩，受到了中国领导的肯定与好评。1944 年，在陶行知的倡导下，育才学校又成立了舞蹈组，他亲自带领该组师生到新华日报社学习从延安传来的秧歌剧《兄妹开荒》等，不久，他自编了秧歌剧《朱大嫂送鸡蛋》，让音乐组与舞蹈组的教师谱曲和编舞，这些自编自演的剧目内容新颖、形式活泼，很快得到了人民的欢迎。同时，陶行知还在育才学校大力倡导开展歌咏比赛活动，他主张，每个人都应该把音乐当做一种治疗精神的淋浴剂，因为音乐是有流动性的，听了会使人兴奋，使人的意志更坚强，前进更勇敢。抗战胜利后，1946 年，在他的大力支持与努力下，成立了星海合唱团和民主合唱团，他还亲自出任民主合唱团的团长。当年春季，他还参与并主持过数次音乐诗歌座谈会，对新音乐和新诗歌的发展提出了自己的看法与见解，为新中国音乐事业的发展奠定了基础。他还加入中国音乐诗歌工作者协会，成为核心会员之一。在此期间，他还按照聂耳谱写的《义勇军进行曲》的曲调，重新改写歌词，创作了《民主进行曲》，反映了他崇尚民主、奋斗不息的人生追求。总之，陶行知直到生命的最后一刻，始终没有停止运用音乐这一武器来大胆呼唤广大民众起来为民主而战。

第三节　美术方面的追求与探索

陶行知尽管不是画家，但是在倡导和实施生活教育的过程中深切感到美术在教育中的重要作用。他正是在生活教育实践中逐步摸索与探寻中国近现代美术的走向，特别是多次论述到国画在近现代中国教育发展中的作用，为推动中国近现代国画的发展作出了一定的贡献。他还在育才学校创办绘画组，积极带动师生进行美术创作实践，取得了良好的教育效果。他还特别重视利用画报和连环画生动和形象的特点，来进行普及教育和民众教育。陶行知在美术方面的理论与实践，对中国美术事业的发展起到了积极的推动作用。

一、大力提倡国画创作

20 世纪 20 年代,中国学校美术教育兴起了一股盲目崇尚和学习西洋画的风气,表现为:一方面对中国传统国画表现出轻视与冷淡,另一方面对西洋画一味盲从与模仿,实际上不仅国画淡忘了,而且西洋画也未学成。为了扭转这股不良的艺术风气,陶行知与刘海粟等人极力提倡国画教学。为此,1925 年 12 月 19 日至 24 日,刘海粟在自己主办的上海美术专门学校举办了一场国画展览会,陶行知应邀前去参加,在展览会开幕式上该校校长、著名画家刘海粟做了题为“昌国画”的讲演。看罢展览后,陶行知非常兴奋,便写了《国画也要提倡了》一文,并于 1926 年 1 月在《新教育评论》上发表。文中讲道:“我看了,不禁为中国美术前途贺。中国人画中国画,自是当然之事,现在也要提倡了,岂非奇事! 仔细想来,这又何足为奇,中国文化哪一样不是弄到这步田地呢?”①

陶行知为何要发出这般感叹呢? 原来是他参观过的学校学生的美术作品展,大都是“非驴非马的西洋画”,就连美国杜威的夫人也曾针对这种完全模仿西洋画的“潮流”表示担忧和批评:“放弃固有的艺术去干这种三不像的外国画,断断乎是条走不得的错路。”②陶行知深受触动,他认为每个民族都有自己的艺术传统,也有自己的国粹。而我们中华民族的国画就是很好的民族艺术,也是值得年轻一代去学习和传承的。而 20 世纪 20 年代受西方思潮的影响,盲目学习国外东西成为时尚。可以说,崇洋媚外盛行,历史虚无主义猖獗,一味地贬低本民族的文化,轻视本民族的历史传统,这种现象已经到了非常严重的地步。作为一名对中国文化前途和命运十分关注的著名文化教育界名人,陶行知以对中华民族艺术发展前途高度负责的态度,对当时流行学习西洋画而忽视中国画的做法深表担忧。因此,他大力提倡学校应当学习国画。

陶行知还对中国学生讲述了欲学好画的四大要素:“一是自己的天

---

①《国画也要提倡了》,《陶行知全集》第 1 卷,湖南教育出版社 1984 年版,第 604 页。

② 同上。

才，民族特长在个人身上之表现；二是名师的指点；三是名画之临摹；四是自然之熏染。”他认为，在中国学校学习西洋画的中国学生，可以说根本不具备以上四个条件，因此，就很难学好西洋画。而如果学习国画，情况就会大不相同，他认为以上四个条件同时皆备，可谓“天时、地利、人和”应有尽有，所以，一定能够学好，而且可以创作出佳作。正像陶行知所讲：

> 若学国画，则自己的天才本来相近，名师之指点及名画之临摹，机会都比学外国画多得多。至于自然之熏染，则山川美景，触目皆是，更不必说了。在这种情形之下，倘能努力进修，不难在艺术上占一地位。①

陶行知讲得很明确，意思也很清楚。不管是从天资、师资，还是从参照作品、自然环境，都是更有利于学好国画。当然，陶行知鼓励学生学习国画，并不是完全反对学习西洋画，只是不提倡学不成样子的西洋画。“我不是反对学外国画，我所反对的是三不像的外国画，是在无外国生命精神之环境里学候补字纸篓的外国画。”他认为，那种学不好的西洋画，可以说是文化垃圾，只能给文化环境造成污染，而不能给艺术世界作出贡献。陶行知对此作了形象的比喻：“看中国人画的西洋画，好像吃中国式的番菜，或美国式的杂碎，很难说得到欣赏。”这种不伦不类的艺术作品，不仅不能给人带来美的享受，反而会倒人的胃口。因此，陶行知告诫全国学校的艺术教员，要善于“自寻路走，不要蒙起头来跟人瞎跑”；同时，还呼吁全国艺术界的画家要抱着“文艺复兴”的宏愿，“为国画开一新纪元”。②

二、重视图画书的功用

陶行知特别重视图画书在民众教育中的作用，尤其是画报和连环画，因为这种艺术形式是最为直观的、最能引起民众兴趣的文化传播方式。他经过实地调查发现，不管是有知识的民众，还是没有文化的文盲，都喜欢看画报和连环画等图画书。“民众欢喜看图画，你只要走到街头巷角的书摊旁边看看就知道了。那些连环图画把民众的心灵都吸收去了，连小

---

①《国画也要提倡了》，《陶行知全集》第 1 卷，湖南教育出版社 1984 年版，第 604 页。

② 同上，第 605 页。

学生都把这些书租去看，每一个小先生都应当想法子多找一些图画书去指导学生。”[①]他将图画书纳入到民众教育内容的体系之中，旨在通过通俗明了的画报和连环画来达到教育民众的目的。

陶行知还以自己的亲身经历为例证来强调图画书对民众的吸引力，通过现身说法来突显图画书的教育功能。他如此描述道：

> 一天晚上，我到北孙宅去参观农人开会。我想，应该送点什么礼物去呢？匆匆忙忙地我就把《良友画报》、《大众画报》、《时代画报》、《现代画报》每样买了一本，带去送他们，希望第二天教师指导他们看。哪里晓得几十位农友当晚就要看，一直看到十二点钟也不觉疲倦。可见得图画书吸引力量之伟大。[②]

说明农民对画报等图画书怀着浓厚的兴趣，画报等带有形象性的书籍在广大民众中拥有广阔的市场。因此，他要求“小先生”在实施教育过程中应当多采用这种图画书来对民众进行宣传和教育，还可采用图文并茂的画报来进行识字教育或文化教育。为此，他对画报编辑提出了一些具体要求：一要编排简单易懂，二要图画加注说明，三要价格便宜。“画报是有资格爱大众欢迎，但是有些画报，编排复杂，说明难寻，有时也是文绉绉的，使得大众只是看画而不知道画中的意义，并且价钱太贵，一般大众决不能把两天的饭钱省下来买一份画报看。”[③]他还提出了编辑大众画报的基本原则：第一，“灌输现代知识，培养前进思想”；第二，“用大众语写，要趣味胜过正经”；第三，“用连环图画写，要图画多于文字”；第四，“编排清楚，价钱便宜”等。如果按照以上原则去编辑大众画报，就会充分发挥画报在普及教育中的重要工具作用，画报就会变成民众日益渴求的精神食粮。陶行知感叹道：“大众得了它，必是如同大旱得了大雨一样的快乐。我是天天望着这样有意义的画报出现啊！”[④]

此外，陶行知还十分关注连环画在普及教育和民众教育中的重要作

---

① 《怎样做小先生》，《陶行知全集》第2卷，湖南教育出版社1985年版，第899页。

② 同上，第900页。

③ 《大众画报——一个需要，一个建议》，《陶行知全集》第2卷，湖南教育出版社1985年版，第912页。

④ 同上，第912～913页。

用,强调:“连环画是初级民众教育的重要工具,这是大家所公认的了。”他分析了民众之所以喜欢连环画的原因,主要因为这是一种经济实用、能诱人兴趣的艺术形式,不仅可以使民众从中受到艺术熏陶,得到艺术享受,而且可以受到教育,得到启发。他于 1935 年 11 月专门在《晨报·普教周刊》上发表了《连环画》一文,重点强调了连环画的教育功能。他讲道:

> 为什么民众欢喜看连环画?连环画应该怎样画法?我想对这两个问题说几句话。民众欢喜看连环画和民众欢喜看戏是一样的道理。连环画可以说是最经济的戏。没有钱看戏的人,只须拿一本连环画看看,就好比是过了看戏的瘾儿。因此我们知道,连环画一定要画得像哑吧戏和无声电影一般才容易成功。如果要把文字插在图画里,那么就得跟着“话剧”和“有声电影”学。这样,连环画就成了手上舞台或袖珍电影,一定可以成为普及初步教育之有意义有趣味之工具,而受大众的欢迎。①

他建议绘制连环画时,一要注意其趣味性,二要插入文字,使之成为趣味和教育并重的民众教育内容。只要利用好这种价廉效优的艺术形式,定会赢得大众的欢迎,收到良好的教育效果。

三、创办育才绘画组

抗战时期,育才学校迁到古圣寺,为了活跃校园文化生活,对学生进行美感教育,在陶行知的极力倡导下,于 1939 年成立了育才学校绘画组,由老木刻家陈烟桥担任主任,由张望和汪刃锋担任教师。陶行知对绘画组寄予很大希望,他还专门作了一首指导和赞美绘画组的诗:

> 为老百姓而画,到老百姓队伍里去画;跟老百姓学画,教老百姓画画。画老百姓:画老百姓的爸爸,画老百姓的妈妈,画老百姓的小娃娃,画出老百姓的好恶悲欢、作息奋斗,画出老百姓之平凡而伟大。把画挂在老百姓的每一家,使乡村美化,使都市美化,使中国美化,使全世界美化。给老百姓安慰,将老百姓的智慧启发,刺激每一个老百

① 《连环画》,《陶行知全集》第 2 卷,湖南教育出版社 1985 年版,第 893 页。

姓的创造力,创造老百姓所愿意有的新天下。[①]

要求绘画组的师生时刻不能忘记深入民众,了解民众,反映民众生活,指导民众绘画,从而实现艺术为人民大众服务的根本宗旨。他还为绘画组提出了明确的指导思想:"艺术为祖国,为人民,为争取人民民主的未来。"绘画组师生正是遵照这一宗旨,刻苦创作,意气风发,打破了教与学的界限,师生互动,教学相长,在民主的气氛中来完成艺术的创作。这种民主的教学氛围正是艺术创造所需要的,陶行知提出了绘画要"创造新的绘画风格,表现新生力量"[②]。

绘画组在陶行知的直接指导和帮助下,还成立了图书室,购置了一批画册、艺术家传记,还有画集,如《苏联版画集》、《戈雅版画集》、《米勒素描集》、《罗丹艺术论》等。学生们在条件简陋的情况下,只能自己动手自制画架、画板,通过自己的努力来创造条件。陶行知经常教育绘画组的学生们:"小孩子们,自己动手嘛!"[③]素描是绘画组开设的一门专业基础课,由于条件所限,没有素描纸,就用嘉乐纸代替;没有炭条,就用桑枝、枫枝剥去皮,塞在铁管里,再放入铁罐中,空隙处填满沙子烧制而成;静物写生所用的各种石膏模型,就通过在罐、盆、瓶、钵等物的外表上刷上一层白粉来代替。

绘画组一开始进行学习和创作,就面临着系列的问题,诸如:为什么人而画?画什么人?培养什么样的人才?针对这些问题,陶行知主张:面向自然,深入民众,体验生活,反映生活,采取速写和创作相结合的方法,重点加强素描练习,真正绘画出身边的农民、船夫、车夫等一般平民的形象,反映出普通百姓的生活疾苦。正是在陶行知的感召下,绘画组学生进行艰苦的创作,不管在学校,还是在校外,都是速写本不离手。他们手脑并重,积极实践,将自己在现实生活中获得的切身感受,反映到创作中来,因而师生对民众周围的山水、草木、鸟兽等都产生了真实的感情,从而创作出一批完全不同于国统区艺术院校学生创作风格的新作品。经过师生

① 汪刃锋:《创造与探索——忆育才学校绘画组》,《行知研究》第10期,1984年3月。

② 张达扬:《大哉孔子》,《陶行知纪念文集》,四川人民出版社1982年版,第86页。

③ 郭以实:《伍必端学画记》,《行知研究》第10期,1984年3月。

的共同努力，绘画组同学们很快创作出第一批作品，陶行知将这些作品收入《幼苗集》第一集并正式出版，这是陶行知亲自关注并指导的绘画组学生的艺术成果。

育才绘画组可以说是中国最早培养版画人才的基地。由于绘画组的指导教师大部分是从事版画创作的专家，因此平时就将版画作为主要课程，学习欧美、苏联的一些艺术作品和艺术理论，注重开展木刻版画教学与创作，取得了突出的成绩。他们还经常在重庆举办作品展览，在社会上引起了很大反响，与国民党统治下的颓废没落艺术作品相比，具有明显的人民性、生活性和创造性。绘画组还利用课余活动时间成立了绘画研究会，经常举行“星期画展”，出版木刻集《幼苗》。总之，育才绘画组为中国现代版画事业的发展奠定了坚实基础，为中国培养了一批美术人才。

四、陶行知与刘海粟

陶行知留美归国后，在东南大学任教时就与中国现代美术大师刘海粟相识。后来陶行知在创立晓庄师范学校时，还专门邀请刘海粟一同去选择校址，设计校园建设规划，刘海粟为晓庄师范的初创的确作出了不少贡献。通过当时陶行知与刘海粟的通信就可看出这一点，1927 年 1 月 28 日，陶行知写信邀请著名画家刘海粟为晓庄师范学校绘图设计，他在信中讲：“试验乡村师范由我创意，由公创境，全校师生创校，实合三绝而成。今意已创，唯公之境是待。好在神工鬼斧是公家现成之物，只须画神一到，立可一气呵成。我朝夕祷祝神下凡，愿公亦作同样之祈祷。”[①]陶行知在创建学校时，不是请建筑专家来设计校园，而是邀请了美术专家来设计，从中可见他对美术的崇尚与热爱。正是因为他对美术的酷爱，所以他与刘海粟等人共同成为中国现代美术与教育相结合的首倡者和先驱者。就像刘海粟先生所回忆的那样：“中华教育改进社是陶行知主持的，他是总干事，还有蔡元培、梁任公。中华教育改进社里面还成立了美育组。要我审查中小学校教育课程，我和陶先生都主张把美育作为一门主科（音乐、图画、工艺）。我们写了好多文章，说明小孩子一方面要物质生活，一

① 《请为晓庄绘图》，《陶行知全集》第 8 卷，四川教育出版社 1991 年版，第 128 页。

方面还要精神生活，我们并不是要把小孩子都培养成画家、音乐家，主要是为了陶冶他们的精神情操和品德。”[①]正是在陶行知与刘海粟的极力倡导下，我国于20世纪二三十年代将美术和音乐等艺术课列入了中小学教育的课程之中，为中国现代美育的发展奠定了重要基础。

陶行知也非常支持刘海粟的美术事业，刘海粟是中国最早倡导模特儿写生的美术家，但当时由于受封建思想的影响，大部分人不理解这种艺术追求，甚至有些人还诽谤刘海粟先生，因此当时引起了不小的风波。特别是军阀孙传芳为了所谓的“整顿风化”，亲自派人劝刘海粟放弃模特儿写生，但刘海粟竭力坚持自己的艺术追求，他认为：“学校用‘模特儿’是解剖肌肉动作，是符合科学的方法，和风化问题要区别开来。”后来，孙传芳恼羞成怒，通缉刘海粟，并下令查封了刘海粟创办的美术学校。在这种美术创作的社会环境中，陶行知坚定地站在了刘海粟的一边，全力支持刘海粟的模特儿写生事业，陶行知对刘海粟讲：若不采用模特儿进行人物创作，就会“纸抄纸，越抄越坏。写生就应当先画茶杯、苹果、橘子、花卉，后来就画人”[②]。他与蔡元培、黄炎培等教育家一道支持刘海粟的美术教育事业，正是在这些教育家和美术家的携手努力下，共同促进了我国美育的进步与发展。

① 刘海粟：《陶先生提倡美育》，《陶行知研究》，湖南教育出版社1987年版，第253页。

② 同上，第253～254页。

第八章

现代科学的传播

科学的传播是20世纪整个世界文化教育发展史上备受人们关注的大事，特别是成为开启中国教育史新篇章的重要标志。尽管中国近代早期维新思想家就曾向国人介绍西方的科学知识，并建议进行科学教育，但是毕竟只停留在口头，没在落实到实际行动上，即使有的也试探性地创办了学校，也只是规模较小的试点，并未在全国范围内产生影响。真正大力提倡科学传播，始于五四新文化运动时期掀起的新教育运动。而陶行知正是力倡科学教育和科学传播的杰出代表和发起人，他在20年代就强调："要促进文明，一须努力于科学的发明，一须努力于科学的传播。"[①]他还主张"科学教育应从儿童时代入手"[②]，利用暑假举办教育行政人员和中小学教员科学课程培训班，向基层教育工作者传播科学知识。1927年在创办晓庄师范时，进一步明确提出具有农夫的身手、科学的头脑和改造社

---

①《晓庄科学社宣言》，《陶行知全集》第2卷，四川教育出版社1991年版，第729页。

②《小学理科——致吕镜楼》，《陶行知全集》第5卷，湖南教育出版社1985年版，第114页。

会的精神作为教育的主要目标。特别是30年代，他从日本归国后，极力倡导"科学是工业文明之母"，并亲自领导"科学下嫁运动"，创办自然学园，编写儿童科学丛书，创办儿童科学通讯学校，为中国培养了一批杰出的科学人才，并有效地将科学传播到民间，实现了科学与民众相结合的目的。

第一节 提倡科学教育 培育科学人才

陶行知是中国近现代教育史上倡导科学教育的先驱，一方面，他极力提倡在中国开展科学教育，使广大民众意识到科学技术对中国发展的重要意义；另一方面，他努力进行科学教育实践，创办科学教育组织，开展科学实验，培养儿童对科学的浓厚兴趣，为民族振兴和国家富强造就栋梁之材。

一、现代科学教育的起步

20世纪二三十年代，中国兴起了科学教育思潮，这是近代中国社会发展和科学进步的必然结果。从1914年6月开始，留学美国的一批中国青年发起组织了"中国科学社"。该组织提倡以"传播科学知识，促进实业发展"[①]为宗旨，任鸿隽任社长。1915年中国留学生胡明复、赵元任、任鸿隽等为向国内介绍科学，在上海创办了《科学》杂志，成为国内宣传科学知识的主要刊物。他们倡导科学应与教育结合，向国人传授科学知识、科学方法。到"五四"新文化运动时期，由于"民主"与"科学"成为高举的两面旗帜，陈独秀明确提出："近代欧洲之所以优越他族者"就在于"科学之兴"[②]。当时正在美国留学的陶行知和胡适均发表了倡导科学教育的主张。陶行知讲："现在的世界是一个科学的世界。整个中国必须受科学的洗礼，方

① 董宝良、周洪宇：《中国近现代教育思潮与流派》，人民教育出版社1998年版，第402页。

② 陈独秀：《敬告青年》，《独秀文存》，安徽人民出版社1987年版，第8页。

能适于生存。”[①]可以说，“五四”时期已将科学教育思潮推向一个新的高度。1923 年丁文江在“科玄”论战中反驳张君劢时指出：“科学的方法是辨别事实的真伪，把真事实取出来详细地分类，然后求他们的秩序关系，想一种最简明了的话来概括它。所以，科学的万能……不在它的材料，在它的方法。”[②]正是因为这些中国一流的思想家都成为科学主义思潮的倡导者与推动者，“20 世纪的这种潮流导致三四十年代更坚定地支持科学的力量”[③]。

1923 年 8 月，中国科学社在杭州召开会议，会议提出主要任务是发行杂志、编译书籍、设立科学图书馆、成立科学研究所、举办科学讲演等。可以说，从此科学教育思潮由宣传阶段进入到了具体落实和行动阶段。主要的推动者有任鸿隽、丁文江、朱经农等人，具体主张有：倡行科学教育，批判传统教育；注重科学内容的传授，尤其重视科学方法、态度和精神的提倡；尊重理性，反对盲从；培养研究科学的人才，用科学方法解决教育问题等。陶行知不仅是早期科学教育思潮的倡导者，也是早期科学教育运动实践的参与者与组织者。1924 年 7 月 10 日到 8 月 8 日，中华教育改进社与清华学校共同组织科学教员暑期研究会，陶行知任副会长。在陶行知草拟的这份科学教员暑期研究会说明书中讲到：成立这个研究会的原因是“科学知识为吾国进步所必需。欲使吾人民在现代民族中占重要位置，以无负其人口之众，智力之强，与夫天然财产之丰富，必须有更进一步之科学知识”[④]。而要想让广大民众了解科学知识，就必须让其接受科学教育。陶行知深知，欧美和日本之所以发达，能够领先于全球，就是因为这些国家都非常重视对其国民进行科学教育。因此，陶行知提出：“科学教育必须实施于中等及专门大学，但欲增进科学知识，与使其善用科学方法，以解决实际问题，暨发现新原理、新定律等，则最有效而唯一之方法，

① 唐文权：《五四精神：中国教育现代化的巨大动力》，《华中师范大学学报》（人文社会科学版）1989 年第 4 期。

② 丁文江：《玄学与科学》，《科学与人生观》上，上海亚东图书馆 1923 年版，第 20 页。

③ [美]郭颖颐著，雷颐译：《中国现代思想中的唯科学主义（1900—1950）》，江苏人民出版社 2005 年版，第 13 页。

④《科学教员暑期研究会说明书》，《陶行知全集》第 1 卷，四川教育出版社 1991 年版，第 721 页。

即为中等或专门大学之科学教育。"[①]因为中学和专门学校毕业的学生，可以充当科学教员在科学教育中起到传播科学技术知识的作用。而要加强中学和专门学校的科学教育，首要的问题就是师资问题。陶行知已充分认识到了这一点，他说："教师为第一要素。就科学教育论，其第一要素为教师。"而对于教师问题又可具体化为许多小问题：教师的数量、教师的科学知识水平、教师的教学方法以及教学中所使用的教材等一系列问题。陶行知对科学教育的教师问题提出了要求："设有相当之教师，即不但具有确实之科学知识，而且长于教学之方法，则其他事项，如教科书、实验指南、仪器及他种设备等。"要想让科学教师的知识及时得到更新，教学方法不断创新，就有必要让其加以研修和学习，以便更好地胜任教学工作。陶行知经过调查，发现当时全国各地师范学校及专门学校的科学教育，尽管比前大有改观，但是仍有许多教师缺少经验，对最新的科学成果和新知识缺乏了解，在教学方法上也不懂创新，因此，他建议对全国中等以上学校的科学教师进行"再教育"。即使有不少科学教师也很有教学经验，教学效果也不错，但对科学教育中的实验课往往不太熟悉，对实地考察也不够重视。鉴于以上原因，开展科学教师暑期研究会十分必要，通过这项活动"以进行各个的实验室工作；研究及讨论实验室教学与讲授之最新方法；讨论教材某部教授时之困难及其免除法；及听受某科之高深讲演"[②]。这种研究讨论的方式是提高科学教育师资水平、提高科学教育教学质量的重要途径。

总之，科学教育思潮，直接成为 20 世纪 30 年代由陶行知发起并领导的"科学下嫁"运动和科学普及教育运动的先导。三四十年代在中国力倡科学教育运动的杰出代表就是陶行知。1931 年陶行知从日本潜回上海后，就极力倡导科学教育，并提出了"科学下嫁"的口号，把科学教育由思潮推向了运动的高潮。

---

①《科学教员暑期研究会说明书》，《陶行知全集》第 1 卷，四川教育出版社 1991 年版，第 722 页。

② 同上。

二、创办晓庄科学社

陶行知不仅极力呼吁开展科学传播和科学教育，而且还进行了科学传播的积极实践。为了广泛向民众宣传科学，普及科学知识，他于1928年创办了晓庄科学社，该社成立的宗旨是“培养科学的人生观，构造科学的环境，制造简单的科学工具，研究科学的教学做”，以期“促进乡村科学化”。主要活动有：聘请科学专家讲演，介绍科学的书报和科学发明，编辑科学研究报告，开展科学调查和实践，举行科学集会等。内部机构分设生物、物理、化学、数学等四组，还明确提出“首重科学之发展，而科学中尤特别注意生物学”的具体目标，[①]理由有四：

> 一、乡村生物最为丰富，用之不尽，取之不穷。二、生物设备较理化省费，轻而易举。三、儿童本身实一生物，教师必须明了儿童生理心理原则，方能尽其天职。四、儿童最喜接近生物，以生物为中心教材，必能引起学生学习兴趣，使其有求知之乐。[②]

陶行知深信“科学化运动，比如大江之流”，来势凶猛，不可阻挡。晓庄科学社，由秉志、姚文采等兼任指导员，由学生自行研究。起初生物教师姚文采不理解，上课仍然照本宣科，后来陶行知请来两位捕蛇人，并将师生带到山上，实地操作，现场教学，让学生去动手捕蛇，经过多次试验和对蛇的解剖，学生认识到了蛇的生理特征、生活习性和捕蛇的要领。陶行知对师生讲：“生物课照着书本讲，岂不成了死物课！”[③]

晓庄科学社在宣言中写道：“什么是晓庄精神呢？一字蔽之，‘干’！‘干’！‘干’！认清责任，担负责任，实践责任，是我们的特长；言而不行，挂名避实，是我们所深恶痛绝的。亲爱的同学们，我们既高呼着晓庄科学化的口号，就应努力于晓庄科学化的实际工作，奋勇向前，艰难无间……我们对于科学的努力，决不肯松懈的。”[④]因此，在陶行知的指导下，师生开

---

①《重视生物学——致中国科学社》，《陶行知全集》第5卷，湖南教育出版社1985年版，第217页。

② 同上。

③ 司少周：《中国科学教育的先驱》，《行知研究》1994年第3期。

④《晓庄科学社宣言》，《陶行知全集》第2卷，四川教育出版社1991年版，第730页。

始脚踏实地地将科学原理落实到行动中去，进行实实在在的科学实践。姚文采带领学生到野外采集标本，请药农教学生制草药，请花农来教种花，请农学专家来教种山芋。他还特聘了金陵大学教授邵仲香到晓庄为学生做农业指导员，邵教授带领学生进行科学耕作、科学施肥、按时浇水，结果产出的山芋比当地农民种的大得多，产量倍增，陶行知将这种大山芋命名为"山芋总统"[①]，这就引起了当地农民的极大兴趣，纷纷来晓庄参观学习，真正起到了农业科技知识普及到民间的效果。还请中国科学社和金陵大学的专家、教授来作专题讲演，晓庄科学社的生物研究室与秉志领导的生物研究所合作，采集了长江和沿海动物制成标本，并建起了生物标本陈列室，供学生和农民参观，真正起到了在当地广泛传播科学知识的作用。

晓庄科学社是陶行知在科学传播方面所做的有益尝试，也是他大力开展"科学下嫁"运动的早期试验，为他在30年代进行大规模的科学传播运动积累了丰富的经验，奠定了坚实的基础。该社的创办是中国科学教育与传播史上一个很有意义的事件，尤其是对在广大农村普及科学知识具有十分重要的借鉴价值。

三、兴办科学教育

第一，兴办科学教育，要强化教师的科学意识。

陶行知清楚地认识到兴办科学教育的关键在于教师，如果教师缺乏科学理念和科学知识，就不会培养出科学的儿童。为此，他于1932年5月在杭州师范学校讲演时指出：

> 在二十世纪科学昌明的时代，应当有一个科学的中国。然而科学的中国，谁来负起造就的责任？就是一班小学教师。造成科学的中国，责任大得很啦。小学教师们一定要说："我们负不起这种重大的责任。"别怕。我想，造成科学的中国，也只有小学教师可以负责。因为要建设科学的中国，第一步是要使得中国人个个都知道科学，要使各个人对于科学上发生兴趣。年龄稍大的成人们，对于科学引不

① 司少周：《中国科学教育的先驱》，《行知研究》1994年第3期。

起他们的兴趣来。只有在小孩子身上，施以一种科学教育，培养他们的兴趣，发展他们科学上的天才。只要在孩子们中培养出像爱迪生那样的几个科学杰出人才，便不难使中国立刻科学化。[①]

陶行知将培养小学教师的科学意识作为科学教育、振兴中华的第一要务，他的逻辑思维是中国要强大，就必须昌明科学，走科学化的道路，而中国要科学化，首先应当用科学来武装儿童，让儿童从小热爱科学、崇尚科学、学习科学、研究科学。而这些均需要小学教师来正确引导，因此，要举办科学教育，首先应当培养小学教师的科学意识。

第二，兴办科学教育，要培养儿童崇尚科学的精神。

陶行知将儿童掌握科学知识，养成科学意识，培养科学精神，作为实现中国科学化的首要途径。儿童的科学教育在他心目中占据着重要的地位，“我们必先造就了科学的小孩子，方才有科学的中国”[②]。1931 年秋他在给两个儿子的信中也写道：“现在是一个科学的世界。科学的世界里应该有一个科学的中国，科学的中国要谁去创造呢？要小孩子去创造！等到中国的孩子都成了科学的孩子，那时候，我们的中国便自然而然变为科学的中国了。”[③]以此来鼓励中国所有的少年儿童都要从小树立学习科学、研究科学、崇尚科学的志向，立志通过从事科学事业来报效祖国。他在给庄泽宣的信中讲道：“我们觉得要救中华民族，必须民族具备科学的本领，成为科学的民族，才能适应现代生活，而生存于现代世界。科学要从小教起。我们要造成一个科学的民族，必要在民族的嫩芽——儿童上去加工夫培植。有了科学的儿童，自然会产生科学的中国和科学的中华民族。”[④]欲使儿童科学化，培养儿童的科学意识和科学精神，就必须经常让儿童从事科学实验，“科学的小孩子是从玩科学的把戏中产生出来的”，因此，教师要善于融入儿童的科学游戏和科学实验中去。

第三，兴办科学教育，要开展多种传播科学的活动。

---

① 《儿童科学教育》，《陶行知全集》第 2 卷，湖南教育出版社 1985 年版，第 577 页。

② 同上。

③ 《科学的孩子——致问真、探真》，《陶行知全集》第 5 卷，湖南教育出版社 1985 年版，第 240 页。

④ 《关于科学教育——致庄泽宣》，《陶行知全集》第 5 卷，湖南教育出版社 1985 年版，第 247 页。

科学教育是一项系统工程,不是单凭某项活动能够奏效的。陶行知倡导开展形式多样的科学传播和教育活动,让儿童在各种场合和各种活动中接受科学教育。因此,他于30年代初创办了“自然学园”和儿童科学通讯学校,编写儿童科学丛书,把科学知识送给儿童和工农群众,以后又改为“空中学校”,每周播送科学知识,并与高士其、董纯才、吕镜楼等人一起推广科学普及事业,从事“科学下嫁运动”。1939年,陶行知在育才学校设立了七个专业组,其中自然科学组所开设的课程有生物、物理、化学、天文、气象、地质等,自然组师生自力更生建立起了自然科学馆,内设物理、化学、生物实验室,他们自制生物标本,利用外界的自然条件进行农作物种植实验,还进行学校周围的土壤分析,确定适合种植的作物和蔬菜,在校内建立了植物园、昆虫馆、水族馆、鸟类馆等,其中的动植物标本都是学生自己亲手采集和制作的,还进行动物饲养和繁殖实验,取得了很好的效果。组织谈天会,学习天文知识,开展气象预报。陶行知还亲自指导学生用菜油灯作光源来放幻灯,使用白果汁杀臭虫。

第二节　倡导“科学下嫁”运动

“科学下嫁”运动,是20世纪30年代由陶行知发起的一场科学普及运动。该运动既是继五四运动之后在中国开展最早、规模最大的一次科学传播实践活动,又是近现代教育史上首次大范围、多层次的科学教育运动。陶行知以满腔爱国之情和对民族的高度责任感,在全面审视中西方经济文化悬殊与差距的前提下,抱着振兴中华民族的伟大志愿,从科学救国的视角着眼,创造性地提出了“科学下嫁”、普及到民的崭新构思,并积极实践,奔走呼号,在近现代中国产生了重大影响,为科学意识深入民心奠定了坚实的基础。

一、“科学下嫁”运动的缘起

随着两次科技革命的推进,世界发达资本主义国家凭借先进的科学技术,相继走上了富民强国的道路。实践证明,谁培养出高层次人才,掌握了高精尖技术，谁就会大力发展生产力，提高经济效益，增强综合国力。欧美一些国家就是通过科技革命逐步走上了强国之路，日本看到欧美各国相继跻身于强国之林后，就开始痛下决心向欧美学习，改良体制，重视科技和教育，也摆脱了落后的境地，走上了强国之路。

1930 年陶行知被蒋介石查封晓庄学校后又遭通缉，被迫流亡日本。他利用在日本期间的空闲时间，对日本的经济和科技进行了认真的考察，他意识到日本之所以发达的一个重要原因在于重视科学技术，培养科技人才，“日本之所以强，强在他的科学发达”。而中国相比之下，相差甚远。因此，要想使中国走上现代化和工业化的道路，就应当效法日本，重视科学技术的推广与应用。他还在给友人的信中谈道：“整个世界都是向着科学猛进，我们中国必须领受科学的洗礼，才能在科学的世界上适于生存。但是要想创造科学的中国，必须培养科学人才的幼苗，才能达到目的。”于是他于 1931 年春回到上海后，就决心开展“科学下嫁”运动，普及科学知识，培养科技人才，旨在将中国由一个农业国变为一个工业国。而当时中国的实际情况是本来科学技术就不发达，并且都为资本家及其子女所独占，而人民大众及其子女却享受不到。他要把近代科学技术知识，变得同阳光和空气一样，能够普照到民间，让全社会人都能够接受到科学技术知识，连流浪的穷孩子、烧饭的老太婆都能享受得到，于是便开展了一系列的普及科学知识的活动，如创办自然学园，研究自然科学；成立儿童科学通讯学校，培育儿童的科学意识，掌握科学知识；发表科普文章，宣传科学道理；出版科学书籍，传播科学知识等，取得了较好的实施效果，掀起了中国现代科学教育的高潮。

二、“科学下嫁”运动的实况

所谓“科学下嫁”运动，就是指将以往远离民众、高高在上的科学，下嫁给大众，下嫁给儿童，使广大民众有机会接触到科学，有条件受到科学教育，通过儿童科学化、民众科学化，来实现中国的科学化。陶行知站在振兴国家和民族的高度，来思考和探索科学普及的途径和办法。

(一) 创办自然学园，普及科学知识

陶行知开展的“科学下嫁”运动得到了上海报业巨子史量才的大力支

持，史捐献出10万元作为活动基金。同年夏，陶行知在上海创办了自然学园，目的是将科学技术知识下嫁给广大的劳苦大众。他说："自然科学是开向理想世界的特别快车"，"从农业文明过渡到工业文明，自然科学是唯一的桥梁"。自然学园的主要成员有丁柱中、高士其、董纯才、陶宏、戴伯韬、方与严等，主要从事自然科学的实验，并研究科学普及创作。据高士其回忆说：

自然学园是一所三层楼的洋房，我和戴伯韬、董纯才三人住在二层楼上，丁柱中、方与严、陶宏三人住在楼下，陶先生白天来晚上回去。三层楼上住的是一对巴基斯坦夫妇和他们的儿女。楼上有晒台，我们三人每天起床后，就坐在晒台上晒太阳。上午我们看报、看书、看资料。午饭后，开始写作。我写儿童卫生讲稿，丁柱中写巴斯德传，陶宏是搞化学的，他有一套玻璃仪器，方与严是陶先生的助理和秘书，一切杂务工作是我们大家分管的。

自然学园里有一架很精密的显微镜，我来后主要是供我使用，我用牛肉汤做细菌的培养基，这里还有其他实验用的设备和仪器。到了晚上，全体自然学园的同人们，由陶先生率领到前面一处空地上观看满天星斗，陶先生给我们指出哪是北斗星，哪是牛郎织女，哪儿是天河。他又亲自编写了《天文学活页指导》。自然学园也是自由学园，在那儿我们无拘束，过着写作生活。[①]

正是在这些科学爱好者的携手努力下，自然学园编辑出版了一套《儿童科学丛书》和《大众科学丛书》。其中《儿童科学丛书》影响很大，包括生物、化学、物理、天文、地质、生理卫生等学科，共108册。陶行知本人亲自编写了三册科普读物：《儿童度量衡》、《空气的把戏》和《肥皂的把戏》。他还建立了一个小型实验室，经常组织园内人员到小学做玩科学把戏的示范。正是在陶行知的亲自领导下，才编写出了一批优秀的儿童读物，正像高士其所评价的那样："陶行知热衷于科学教育事业，奔走呼吁筹募基金，

① 高士其：《陶行知先生对我的鼓励和帮助》，《陶行知纪念文集》，四川人民出版社1982年版，第47～48页。

领导一批科学人才，写作儿童科学读物。”[①]

(二) 成立儿童科学通讯学校，真正推动儿童科学教育

为了进一步推动“科学下嫁”运动，陶行知还于 1932 年 5 月在上海爱文义路小沙渡路永裕村创办了儿童科学通讯学校，该校经上海市教育局审查批准成立。该校以生活教育思想为指导，以增长小学教师、师范学生、儿童家长、识字青年和儿童的科学智能为目的。陶行知亲自担任校长，聘请专家担任指导员。创办宗旨是“造就科学的儿童、科学的民众，从而造成科学的民族，以适应科学的世界”[②]。他在招生启事中指出：“二十世纪的世界是一个科学的世界。在科学的世界里，只有科学的国家才能存在。我们必须使中华民族具备科学的本领，成为科学的民族，以适应现代生活，生存于现代世界。但是科学要从小教起，我们要想造一个科学的民族，必得要加工培植嫩芽的儿童。本校感觉儿童科学教育之重要，特发起创立，期使科学的民族早日产生。凡爱好科学的儿童与有志指导儿童学习科学的教师和家长，均请报名入学，共同研究，共同实验。”[③]

学校分设初级班和高级班两种：初级班的招生对象是初小教师、师范生、家长、初小学生和略识大众文的青年；高级班的招生对象为高小教师、师范生、家长、初中学生、高小学生和文字通顺的青年。修业年限为两年，学费标准为：初级班，若一次交只收 8 元，若两次交就每次交 5 元；高级班，若一次交只收 16 元，若两次交就每次交 10 元，若四次交就每次交 6 元。[④] 开设的课程有：生物、物理、化学、天文、地球、气象、工艺、农艺、生理卫生等。初级班的教材主要有陶行知编写的《儿童科学活页指导》、《算术的把戏》等，高级班的教材主要是《儿童天文学活页指导》等。当时报名人数达百余人，各科讲义均按时免费发给学生，由指导员义务任教，学生自己根据讲义内容动手做实验，遇到疑难问题，随时可以到校中去请教老

---

① 高士其：《陶行知先生对我的鼓励和帮助》，《陶行知纪念文集》，四川人民出版社 1982 年版，第 48 页。

② 高士其：《他在我心中布下科普创作的种子——忆陶行知先生》，《陶行知一生》，湖南教育出版社 1984 年版，第 322 页。

③《关于儿童科学通讯学校的两个文件》，《陶行知全集》第 3 卷，四川教育出版社 1991 年版，第 741～742 页。

④ 同上，第 742 页。

师。陶行知还经常带学生观看星斗，识别天河、北斗、牛郎、织女等星座。1932 年 5 月，该校派出 6 名指导员到杭州师范学校、湘湖师范学校等地宣传对儿童实施科学教育的重要性，取得了良好效果。

由于经费原因，该校办到 1935 年被迫停办。后来，陶行知又设法与广播电台取得联系，举办空中学校，主要利用广播电台向大众传播科学知识。陶行知和同仁们撰写广播稿，每篇以刚好播放 20 分钟为度，一篇一题，由其次子陶晓光讲授普及教育课本《老少千字课》，同时宣传科学技术知识。

(三) 出版《儿童科学丛书》，普及科学常识

为了向民众广泛宣传科学知识，培养大众的科学意识，陶行知于 1931 年春组织编写了《儿童科学丛书》，由于他被国民党通缉不便出面，所以由丁柱中、陈鹤琴任名义主编，高士其、董纯才、戴伯韬、陶宏等人分任编辑。包括生物、物理、化学、数学、天文、矿物、农业、生理卫生等。这套丛书的特点是依照陶行知"教学做合一"的教育理论来编写，着重在指导儿童动手去做实验。陶行知在谈到丛书的编写目的时说："我们编辑这部书的目的在引导小朋友把自己造成科学的孩子。科学的孩子必得动手去做，用脑去想，所以这部书是科学的孩子实验观察思想的指南，而不是静坐那儿'诗云子曰'一样的读书。如果买了回去，读而不做，做而不求做之所以然，那便是违背我们编书的宗旨了。"①陶行知组织编写这套丛书的终极目标是希望使用这套丛书的小朋友中能够出现中国未来的伽利略、巴士德和法拉第。这套丛书的对象主要是儿童和在校中小学生，包括那些从小失学没条件学习科学知识的成人，还有教师、家长等有知识和文化的人，因为这些人阅读后可以指导其子女学习科学。该套丛书有不少指导人们进行科学实验的理论和方法，以便培养广大民众热爱科学、学习科学、运用科学的习惯。当时的中国小朋友没有条件购买实验仪器，所以丛书指导小朋友找些破布、旧棉花、竹头、木屑、芦杆、墨水瓶、罐头盒等废弃物品作为原料来自己制作实验仪器，这样也有利于培养孩子们的创造发明意识。陶行知根据自然学园成员的不同专业特长，分配了不同的编写任务，

---

①《〈儿童科学丛书〉的用法》，《陶行知全集》第 5 卷，湖南教育出版社 1985 年版，第 251 页。

高士其是研究细菌学的国外留学生，陶行知就让他编写《微生物大观》，为了解决他手头缺乏资料和参考书的困难，陶行知还专门给了他钱，买了一套英国伦敦出版的《细菌学》。高士其非常感动，把自己的全部精力都集中到了该书的写作上，仅一个月时间，就把书稿交给了陶行知。陶行知还亲自校阅丁柱中译的《巴士德传》，还让董纯才翻译了《十万个为什么》、《黑白》、《五年计划的故事》等。

这套丛书中，陶行知自己亲自编写了《儿童的度量衡》，从数字与数位、量长短、造尺、量面积、量角度、量大小、衡、秤、杠杆、天平秤、活的秤、小磅秤、弹力秤等方面详细地说明了度量衡的原理和使用；编写了《空气的科学把戏》，列举了捉空气、把空气移进肺里监禁、纸不湿、水底点火、嘴唇生瓶、竹笔套吸水、水枪、杯水倒拿、水姑娘跳高、风车、潜水钟等小实验的做法，以此来说明空气的原理和用途；《肥皂的把戏》以对话的方式，对肥皂膜、肥皂泡、吹肥皂泡、玉连环、轻气球等作了解释；《儿童科学指导》，针对不同层次的学生，分空气、水、云雾、雨虹、风、电、磁、杠杆、滑车、煤等对儿童的科学实验进行指导，还对一些动物如苍蝇、螳螂、蚯蚓等作了观察指导，对植物和蔬菜的种植和病虫害防治作了指导。后来又编写了《儿童天文学活页指导》，目的帮助儿童看天体、找北斗、找北极星、识光年、量天、找仙天、找天龙、找织女、找牵牛、看土星等。这些书对普及儿童科学知识，具有直接的现实指导意义。

（四）倡导举办儿童科学暑假学校

1932 年 7 月，陶行知派晓庄学生马侣贤、严竞成等人去南京在原晓庄学校原址开办了儿童科学暑假学校，招收在职小学教师、中学与师范的自然科学教师、市县督学、大学毕业生，名额为 1 000 人，主要研修儿童科学，以当时已出版的《儿童科学丛书》和《儿童科学活动活页指导》为教材。陶行知还希望一年后，各地都能举办这种儿童科学暑假学校，短期内训练大量儿童科学教师，以培养科学的儿童，造成科学的民族，建设科学的中国，结果因当局的控制未能如期举办。

（五）发表科普文章，宣传科学知识和理念

1931 年陶行知以斋夫署名，在《生活》上发表了《科学的生活》一文，强调："科学是从把戏中玩出来的。……科学从无知之行始，以能行之知终。

自然小姐是远在天边，近在眼前，只要您把一双手儿从袖筒里伸出来捞一捞，便可以把她捞着了。”[①]他还介绍了世界著名科学家如瓦特、巴斯德、法拉第、牛顿等的科学成就。同年10月，他又在《申报》上发表了《爱迪生之死》，介绍了爱迪生在电灯、电车、留声机、电影机等方面的发明，明确提出了“科学该做养人、保人的工具，不该做害人、杀人的凶器”[②]思想，教育中国科学研究者应当本着为人类造福祉的宗旨去从事科学工作。还写了题为《法拉第》的小文章，载于《申报自由谈》，他对“电化世纪之开山祖师”[③]法拉第作了生平事迹介绍，善于钻研的个性使法拉第成就了大科学家，发明了发电机，牵引着人类进入了电气化的新时代，为后来爱迪生在电器领域的诸多发明创造了前提条件，奠定了坚实的基础。接着又介绍了法拉第发明发电机的基本原理——“化磁为电”，强调了“发电机便是现代电化文明之泉源”[④]。还发表了《富兰克林》，较为系统地介绍了富兰克林在科学方面的诸多发明：“他从事科学之研究始终只有九年，而贡献于世界的有火炉、避雷针、以太光波学说、印磁铜板、印刷机、双视眼镜、自鸣钟与他的电的理论。”[⑤]从1931年9月起，陶行知以“不除庭草斋夫”为笔名在《申报·自由谈》发表《比牛顿大一倍》、《阳历闹乱子》、《伽利略与木星的月亮》、《血染的诺贝尔奖金》等关于科学知识和科学家故事方面的文章15篇。目的是为了在广大民众中推广科学知识，以达到传播科学知识的目的。

1932年晓庄学校复校后，陶行知认为“科学的儿童早日造成，科学的中国和科学的中华民族早日实现”[⑥]，为了培养科学的儿童，他为晓庄小学设计的课程有生物、物理、化学、天文、地球、几何、农艺、工艺、生理卫生、科学指导十门。旨在让儿童从小接受更多的科学知识教育，进而养成儿童学习科学、运用科学的习惯。

---

①《科学的生活》，《陶行知全集》第2卷，湖南教育出版社1985年版，第360页。

②《爱迪生之死》，《陶行知全集》第2卷，湖南教育出版社1985年版，第382页。

③《法拉第》，《陶行知全集》第2卷，湖南教育出版社1985年版，第389页。

④《化磁为电》，《陶行知全集》第2卷，湖南教育出版社1985年版，第392页。

⑤《富兰克林》，《陶行知全集》第2卷，湖南教育出版社1985年版，第412页。

⑥《关于科学教育——致庄泽宣》，《陶行知全集》第5卷，湖南教育出版社1985年版，第247页。

1934年2月16日,陶行知主编《生活教育》杂志,开辟了"科学新知"专栏,后改为"科学前线"和"科学生活",利用这些科学专栏广泛传播科学知识,讲述科学道理,宣传科学教育,为在民众中间普及科学知识提供了一个较好的园地。

三、"科学下嫁"运动的特点

"科学下嫁"运动是20世纪30年代由陶行知为振兴中华而发起的一场全新的科教救国运动,其根本宗旨是要实现在民众中传播科学、普及科学的目的。综观这一运动所开展的所有活动,不难看出主要有以下几方面的特点:

(一)爱国性:着眼于民族振兴

留美归国的陶行知,深知中国与欧美存在差距的原因是多方面的,但中国人缺乏科学知识、科学意识、科学精神是其中一个重要因素。西方高度发达的工业经济,就是重视科学结果,特别是流亡日本,使他更加深切地感受到科学传播对发展民族经济、振兴国力的重大意义。因此,他满怀爱国之情,从提高中华民族国际地位的角度,去深入思考了在中国传播科学的必要性和重要性。他着眼于国家的发展和民族的振兴,从全球的战略角度去认真审视了中国开展"科学下嫁"运动的必然性和可能性,并脚踏实地地付诸行动,身先士卒,以身作则,在中国兴起了科学普及运动,通过开展各种活动去真正将科学普及到普通民众当中,力求通过科学来战胜迷信,运用科学来振兴民族经济,增强综合国力,使近代落后的中国能够立足于强国之林,这是陶行知梦寐以求的夙愿。这一切均是由其强烈的爱国之心所引发的,因为他认为,真正的科学家是追求科学的真理,拿着科学的火把救人,至于运用科学为个人或帝国主义争权夺利,甚至于杀人身体灭人国也毫无顾忌,这叫做科学强盗、科学走狗、科学刽子手,我们是要重新为他们估估价。因此,他倡导中国普及科学的目的就是要培养起儿童运用科学来造福大众的意识和能力。最终的目的是使中华民族具备科学的本领,成为科学的民族,以适应现代生活,生存于现代世界。总之,陶行知竭力倡导开展"科学下嫁"运动动因是爱国,目的是为了振兴中华民族。

(二) 民众性:广泛地发动群众

"科学下嫁"运动的民众性集中体现在科学传播的基本对象是广大的中国民众,根本目的是为了让民众认识到科学的重要性,使民众普遍接受科学教育,运用科学知识来武装民众的头脑,从而使广大的中国民众从愚昧落后的迷雾中走出来,成为科学进步的民众。"科学下嫁"运动的民众性主要体现在两方面:一是科学普及的对象是民众。陶行知提出凡是有民众的地方,无论是茶馆、酒楼、戏院,乃至茅棚、灶屋、厕所等,都是开展科学普及活动的场所。为了在民众中普及科学,他针对民众文化素质较低的实际情况,建议先通过画报、话剧等群众喜闻乐见的形式来进行宣传,以逐步培养民众热爱科学、崇尚科学的意识,然后再辅之以科学教育读本和科学实验活动,以此来向民众传播科学知识。二是科学普及主要依靠民众。陶行知在实施"科学下嫁"运动过程中,主要依靠民众来开展工作。他一直倡导"教人民进步者,拜人民为师"①。在进行科学普及过程中他仍然奉行这一基本原则,一方面在策划科学普及运动时就坚持放手发动群众,大胆使用群众的原则,在知识分子中广泛寻找得力助手,形成了以高士其、董纯才、方与严、王洞若、戴伯韬、丁柱中、陶宏等一批骨干为核心的科学普及队伍;另一方面,还注重从民众中发展科学普及的积极分子,广泛发动群众参与,采取了与民众互教互学互动的科学教育形式。同时,他在普及科学中十分注重尊重民众的兴趣和爱好,在编写科学教育读本时,主要采用大众语文,并请大众的耳朵来当先生。为了调动民众的学习兴趣,陶行知还通过电影、广播等形式来宣传科普知识,并倡导乡村成立科学普及协会,将科学知识与农业生产结合起来,真正实现科学与民众相结合的目的。

(三) 实践性:注重付诸行动

"科学下嫁"运动的先导是理论宣传,重点在于实践活动。陶行知是中国近现代著名的教育理论家,同时又是勇于探索的教育实践家。他将毕生的精力放在了推动中国教育变革的伟大实践中去,促进科学教育就是其中伟大的成就之一。他推行科学普及运动时注重从生活入手,从自

①《行知诗歌集》,三联书店 1981 年版,第 331 页。

我做起，反对只顾空谈不重行动，而倡导“实践力行，从行动上去求真理知识，并使大众组织起来，自动去做他们的事”。他总是强调“科学是从把戏中玩出来的”，因此，他以身作则、身先士卒带领他的同仁们一道从事科学实验，开展科普创作，他编写儿童科学丛书和儿童科学指导丛书的目的就是为了引导儿童动手去做，用脑去想，可以说这些书是孩子进行科学实验、观察、思考的指导，书中对从儿童到小学高年级学生安排了600多个科学实验指导案例。他在进行科学普及和科学教育中，始终奉行“教学做合一”的基本原则，在向民众广泛宣教科学知识，要求民众自觉学习科学知识的同时，倡导民众进行科学实验，培养人们亲自动手，体验科学原理的能力，从而培养人们对科学的兴趣。他告诫民众：“种田这件事是要在田里做的，便需在田里学，在田里教。”[①]学习科学知识，一方面需要从书本中学，另一方面更需要在实践中学，农民学习科学就应当在农业生产中去亲身实验，运用科学知识来指导农业生产，从而达到科学与生产相结合的效果。

(四) 创造性：以养成创新之风

陶行知一贯倡导创造，注重创造，坚持创造，在教育理论与实践中始终以创造为本旨，他的一生可以说是创造的一生。他在《创造宣言》中讲道：“只要有一滴汗，一滴血，一滴热情，便是创造之神所爱住的行宫，就能开创造之花，结创造之果，繁殖创造之森林。”[②]在实施“科学下嫁”运动中，陶行知更是强调创造，他要求广大儿童和成人学习科学时，要有创造精神，开展创造性的实验，进行创造性的思维，做出创造性的成就。他要求学生们在学习爱迪生时，不能光学表面，光了解其生平传记和发明成果是不够的，而应当学习他在科学实验中亲自动手去做和用脑去想的良好习惯，学习他在科学的道路上脚踏实地去创造的精神。为了培养起儿童的创造力，他建议对儿童实行“六大解放”：解放头脑，是为了让其能想；解放双手，是为了让其能干；解放眼睛，是为了让其能看；解放嘴巴，是为了让其能谈；解放空间，是为了让其在大自然大社会中去获取更丰富的知识；解放时间，是为了让其得到更多支配的时间，从而学自己渴望学的知识和

---

①《陶行知纪念文集》，四川人民出版社1982年版，第42页。

②《创造宣言》，《陶行知全集》第3卷，湖南教育出版社1985年版，第486页。

干自己感兴趣的事情。他还教育人们:“处处是创造之地,天天是创造之时,人人是创造之人。”[①]以此来为中国造就一批懂科学、会创造的新型科技人才,从而为振兴中华民族而多作贡献。

(五)普及性:普及与提高并重

在开展“科学下嫁”运动过程中,陶行知首先强调的是科学的普及性,旨在通过进行科学传播和科学教育,将科学降落到民众中间,使更多的民众能够了解科普知识,并学会将科学常识运用到生产和生活中去,真正体现出科学的实践价值。普及性是“科学下嫁”运动的一个十分重要的特性,科学只有普及到广大民众当中,才能发挥其现实作用。因此,陶行知一开始就将科学的普及作为首要任务,将“科学下嫁”运动的工作重心放在了民众之中,就是要为民众普降科学之甘霖,从而达到用科学润泽广大民众的目的。但在首先强调普及的同时,陶行知也强调提高,“普及与提高并重,使老百姓都能受教育,并且有特殊才干也能发挥”[②]。在科学普及过程中,仅通过“蜻蜓点水”、“一曝十寒”的办法是行不通的。应当重心下移,广泛施教,使科学之阳光能够普照到所有民众身上。同时,也不能埋没一些有特长的人才,应当尽量发挥这些人在科学创造方面的专长,使之有用武之地。只有坚持普及与提高并重的原则,才能真正使“科学下嫁”运动做到有点有面、点面结合,从而实现“科学下嫁”的最终目的。

---

①《创造宣言》,《陶行知全集》第3卷,湖南教育出版社1985年版,第484页。

②《陶行知文集》,江苏人民出版社1981年版,第785页。

第九章

现代新闻出版的推动

陶行知不仅是近现代中国伟大的人民教育家，而且是中国近现代史上著名的新闻出版家。他在毕生开展教育活动的同时，积极编写教材，创办报刊，他在新闻出版领域的贡献在中国新闻出版史上留下了深深的足迹。认真研究与挖掘陶行知在新闻出版方面的思想与实践，可以极大地丰富对陶行知的研究，也可为当今中国新闻出版事业的发展提供历史借鉴。

第一节 创办期刊 宣传民主思想

陶行知是一位倡导民主、追求真理的伟大教育家，他在毕生关注教育、实践办学的过程中力倡民主与进步，反对黑暗与落后的国民党统治，为了大声疾呼民主与自由，他创办与主编了不少进步期刊，并在一些宣传进步思想的报刊上发表了大量的宣传民主思想的文章，在当时中国新闻界产生了深远影响。

一、利用《申报》积极宣传抗日主张

1930年陶行知因晓庄师范被封，又遭通缉，被迫逃亡日本。1931年春，陶行知隐名从日本潜往上海，经黄炎培邀约与史量才作多次长谈，他们回顾了国内外历史和自身的救国努力，认为从五四开始所提倡科学和民主的任务还没有完成。陶行知建议《申报》应在这方面发挥其最大的宣传力量，史量才完全同意陶行知的建议，于是便秘密聘其为《申报》总管理处顾问，推动《申报》转向进步，并赞助"自然学园"的创建。因为当时陶行知仍在国民党政权的通缉之中，所以他任《申报》总管理处顾问完全是秘密的，从未公开发表，也未列入《申报》职工花名册，外界很少有人知道。陶行知也从未到过《申报》馆，平时他总是派丁柱中或戴伯韬到报馆与经理马荫良联系。陶行知与史量才的联系也是在秘密中进行。据马荫良回忆：

> 陶先生从日本回上海后，经常去史家，几乎每星期都去一二次，两人有时从下午谈到晚上。我因为每晚要去史家汇报《申报》工作，所以每星期都与陶见面，他们的谈话我也参加。他们谈得最热烈的是反封建、反独裁专制，反对日本帝国主义的侵略，主张民主、主张抗日、主张国内统一团结。特别是在反对独裁专制方面，他们的意见完全一致。①

陶行知在1931年至1934年期间担任《申报》总管理处顾问。他出任顾问不久，就向史量才提出了革新《申报》的三项具体建议：第一，《申报》言论必须观点鲜明，态度明朗；第二，增辟《读者通讯》，使《申报》真正成为人民的喉舌；第三，《申报》副刊应和《申报》整体一致、密切配合。这些建议均被史量才采纳，他利用这块舆论阵地，极力呼吁全国人民应当精诚团结，共同抗日。当时，《申报》上发表的重要时事评论，大都是陶行知出谋划策、精心运筹的结果，有些稿件他还要亲自列出写作提纲，自己有精力写就自己写，自己确实没时间去写，就亲自派人去写，然后再经他修改定稿。因此，当时《申报》的时事评论成为整个报纸众多栏目的亮点，每篇评

① 马荫良口述，张癸整理：《陶行知与〈申报〉》，《陶行知研究》，湖南教育出版社1986年版，第69～70页。

论均是内容充实，观点鲜明，语言凝练，目标明确，颇为读者所青睐。《申报》取得这样的好声誉，是与陶行知的努力把关分不开的，因此，当时负责史量才与陶行知秘密联系的马荫良说：《申报》的政治立场与陶行知的政治态度是一致的，可见，当时《申报》积极支持进步势力，主张抗日救亡，与陶行知的掌舵是分不开的。①

陶行知认为每天一篇精心撰写的社论是报纸的灵魂，读者来信是人民自己的声音，可以发扬民主。"九一八"事变前后，他撰写了反对国民党政权不抵抗政策的一系列社论，深刻揭露了蒋介石"攘外必先安内"反动政策给中华民族带来的沉重灾难，同时也严厉抨击了日本帝国主义妄图侵占全中国的侵略野心。特别是蒋介石于30年代初对中央苏区发动了几次围剿之后，陶行知利用《申报》这块阵地，力主应当以鲜明的政治立场发表评论，坚决反对国民党军队对中共中央苏区的围剿。经他与史量才的彻夜长谈，最后二人决定指定专人写成时评专论，并由陶行知修改和定稿。于是在1931年6月30日、7月2日和4日发表系列社论：《剿匪与造匪》、《再论剿匪与造匪》、《三论剿匪与造匪》，态度鲜明地反对蒋介石发动内战，主张国共合作，联合抗日，结果引起了蒋介石的大怒，《申报》被查封月余。"一·二八"淞沪抗日战争期间，他先后撰写并发表《敬告国民》、《国家的军队》等社论，呼吁全国人民支援十九路军，奋力抗击日本侵略者。他所撰写的一系列社论，成为当时以史量才为会长的"上海市民地方维持会"的行动纲领。淞沪抗战失败后，他撰写主张团结，反对内战，批驳蒋介石投降政策的社论，都击中了国民党政权的要害，受到了全国人民的拥护，而为反动派所毒恨。

陶行知还向史量才建议，应当聘请一批著名爱国学者和社会名流来参与《申报》的编辑工作，于是《申报》出现了黄炎培主持设计部、李公朴主持流通图书馆、黎烈文主编副刊并请茅盾和鲁迅等人担任特约评论员的繁荣局面。陶行知自己用"不除庭草斋夫"为笔名，在《申报》开辟"斋夫自由谈"专栏，连续发表了百余篇杂文，还连载了著名的教育小说《古庙敲钟录》。其中有些是揭露国民党政权统治下民众生活的疾苦，如《农夫之

① 张劲夫：《思陶集》，华夏出版社1994年版，第24页。

声》、《中国人的命》、《从饿到死的过程》等；有些是揭露统治者的黑暗腐朽统治的，如《军阀的镜子》、《新政府小影》、《一张空前的广告》、《县长的资格》、《从南京路说到南京城》等；有些抨击传统教育的弊端，主张实行普及教育和新教育，如《主人教育》、《战时的功课》、《儿子教学做》、《这是教育》、《新时代之学生》；有些极力倡导普及科学教育，如《爱迪生之死》、《工业文明》、《法拉第》等；有些积极主张抗战以挽救民族命运，如《观战》、《战神前之对话》、《青年自动援马抗日团》、《读锦西义勇军绝命宣言有感》、《傅将军到哪里去了》等。这些思想丰富、内涵深刻的杂文，为《申报》增添了新的色泽，因此，发行量增加 4 万多份。

因此，我们可以说，陶行知在《申报》工作期间，不仅为提高该报纸在民众中的声誉奠定了良好基础，而且将该报作为宣传抗日、反对内战的强有力武器，在文化舆论界有力地支援了中华民族的抗战事业，为中华民族的独立和解放作出杰出贡献。《申报》经理马荫良先生对陶行知在《申报》工作期间的评价是："艰苦朴素，脚踏实地，办事严肃认真，学贯中外古今，而且平易近人。他主张民主的政治，反对独裁专制，主张团结抗日，反对分裂内战。"①他以一个民主主义者和爱国主义者的身份，在新闻出版界"做到了一个共产党人应该做而难以做到的事，这是很难得的"②。

二、创办《平民周刊》向民众传播现代文化

《平民周刊》作为《申报》的副刊，主要由陶行知等人筹办，创刊于 1924 年 6 月 29 日，该刊文章以短小通俗为特点，主要是面向人民大众的，成为普及人民大众的文化知识和向民众宣传民主思想的重要文化阵地。在该刊创刊前，陶行知于 1924 年 5 月 3 日给朱经农写信，提出关于创办《平民周刊》的一些指导性意见，他不倡导将该刊办成教育类期刊，理由是该类期刊已经不少，而且关于平民教育的稿件不会很多，因此，建议取名《平民周刊》，并建议以发表短小的稿件为宜，并且必须要有平民爱读的诗歌及文艺作品，稿酬要高于其他刊物，以便吸引更多的优秀稿件。正是在陶行

---

① 马荫良口述，张癸整理：《陶行知与〈申报〉》，《陶行知研究》，湖南教育出版社 1986 年版，第 73 页。

② 张劲夫：《思陶集》，华夏出版社 1994 年版，第 26 页。

知的筹划下，于6月底正式创刊。为了让广大平民加深对该刊的了解，陶行知于1924年8月2日在《平民周刊》上撰文《对于〈申报〉读者的请求》，向广大民众解读了该刊的性质、办刊宗旨、读者对象、发行方式以及办刊希望等。陶行知在文章中谈到《平民周刊》的刊物性质是"我们这个《平民周刊》是对平民谈话的一个报纸"；其办刊宗旨是"要为粗[初]识字义的人民服务。我们希望这些同胞，可以在空闲的时候得些看报的快乐和做人的道理"①。该刊的主要读者对象是"粗[初]识字义的人民"，具体可分为四种：一是平民学校里读过三四个月的学生，约有四五十万人；二是私塾里读过几年书的，约有七千万；三是国民小学里读过一两年书的，约有七千万；四是自己随问随学的人，数目难以统计。这部分"粗[初]识字义的人民"，"大多数在机关、工厂、商店或家庭里做事，他们不会读《申报》，但是会读《申报》的《平民周刊》"。该刊的发行方式是随《申报》免费附送读者，也单行发卖。办刊的最终目的想达到"一国之中，家家看报；一家之中，人人看报"②。要实现这一目标，陶行知倡议全国民众必须共同提倡和支持。他先后在《平民周刊》上发表了《代理国务总理违背宪法吗》、《何不提倡裁兵筑路》、《万众一心拒毒》、《国民与瞎民》、《赈灾附加捐》、《农民联合会》、《北京大学要求人权》、《外交团将有变化》、《英国果真退还赔款吗》等一系列杂文，借用这个发表园地来对北洋政府和帝国主义进行抨击、批判和揭露。1924年8月12日，他又致函朱经农提出改进《平民周刊》的建议：第一，增设"国家大事"栏目，采取记事、议论、解释三者相结合的方式，"借时事发挥平民精神，培植国家观念"③；第二，本着"对平民说话"的宗旨。讲平民的话，说平民的事，使之成为平民真正的朋友。第三，印刷的字体要大些，尽量用纸的双面来印。正是由于陶行知的亲自指导，该刊办出了特色，办得让老百姓喜欢读、乐意看，成为向民众宣传民主、普及教育的重要阵地。

---

①《对于〈申报〉读者的请求》，《陶行知全集》第1卷，湖南教育出版社1984年版，第468页。

② 同上。

③《改良〈平民周刊〉之建议》，《陶行知全集》第5卷，湖南教育出版社1985年版，第102页。

此外,为了推动平民教育,使更多的农民朋友能够识字、学文化,1925年3月1日陶行知还专门创办了一份小报《农民》旬刊,该报10天一期,每期售铜元一枚,这在当时是世界上最便宜的报纸。主要为辅导那些农村中读完《平民千字课》四册而又无法深造的农民,就像《平民千字课》一样,只收工本费,完全适合广大贫苦农民的需要,这份《农民》报是中国农民报刊的始祖。1945年陶行知曾写诗《读好报》:"什么是好报?说话公道,新闻可靠。拥护老百姓做主人,不为达官贵人跑龙套。什么是好报?比一比,就知道。买报看报要自由,鼻子不让别人牵着跑。"①体现出他的办报思路与宗旨,主持公道,力倡民主,为民说话,言论自由。1945年,陶行知当选为中国民主同盟中央常委兼民主教育委员会主任委员,1946年2月,在重庆创办了中国民主同盟机关报《民主》星期刊,陶行知和郭沫若、邓初民、马寅初等社论委员会委员,他们发表了大量的抨击国民党政权独裁统治的文章,他还主编《民主教育》。他接连发表了许多篇论民主、民主教育的文章,还写了许多首呼吁全国人民一齐起来制止内战、争取和平民主的诗歌,发表在重庆的《新华日报》等报刊上。

三、支持进步报刊,积极拥护民主事业

从20世纪30年代初到40年代中期,陶行知的报刊活动进入了一个崭新的阶段。这个时期,他的思想发生了根本的转变,陆续发表政论、诗歌乃至小说等进步作品,表现出对中国前途命运的关心,对和平民主的向往,对共产党领导的民族革命斗争的拥护。

1936年9月21日,陶行知在巴黎出席中国共产党的机关报《救国时报》巴黎发行部举行的招待会上,公开表示支持中国共产党的政治主张,并即席朗诵了一首颂扬《救国时报》的诗歌,其中有"大报不像大报,小报不像小报,主张国共合作,乃是救国之道。大家要想救国,人人须看好报,什么好报可看,请看《救国时报》"②的诗句。他还为《救国时报》捐款,支援这份共产党当时唯一在海外公开发行的报纸。《救国时报》则连续追踪报道陶行知在海外的政治活动,及时刊登和转载他关于建立全民族联合战

---

①《陶行知全集》第4卷,湖南教育出版社1985年版,第687页。

②《赞〈救国时报〉》,《陶行知全集》第4卷,湖南教育出版社1985年版,第406页。

线的诗文、谈话和演讲。

1938 年 5 月 12 日，陶行知又为纪念进步刊物《先锋》创刊八周年而作了颂歌，他在诗歌中写道："同胞们，大家瞧！八周年《先锋》报，访的是真事，说的是公道。认真来分析，认真思考，描写得正确，描写得妙。别笑我们篇幅小，我们要把大事来探讨，来探讨。"[①]第二天又补充了一首纪念诗："见了看不厌，不见令人念。但愿你三家村，五里店，处处都走遍。"高度评价《先锋》通过发表短小精悍的小文章来宣传抗日民主的巨大功效，盛赞该刊深入民间发动群众的重大作用。同年，还赋诗祝贺《鲁迅全集》的出版："满地荆棘满天云，前路先生认得清。点起火把六百万，照人创造到天明。"[②]对伟大的人民文学家鲁迅的作品予以高度评价，以此来体现自己对民主的追求与向往。

《新华日报》是中国共产党于 1938 年 1 月 11 日创办的机关报，是宣传民主与抗日的重要阵地。陶行知对《新华日报》甚为赞赏，称之为"有功抗战，无任敬佩"，经常冒着生命危险为《新华日报》撰写稿件。1940 年 1 月 11 日《新华日报》创刊二周年之际，他专门撰写了纪念诗作："炮里闻呱呱，今天两岁了，生来为真理，岗位在报晓。笔杆如枪杆，挥墨亦挥汗。粉碎敌人谋，一字一炸弹。指点光明路，同向光明去。"[③]1942 年《新华日报》四周年之际，他又赋诗云："以火点火火愈明，以知与人己愈知。思想贯通生力量，惊破卍字太阳旗。"[④]盛赞该报在抗日战争中所发挥的重要宣传作用。1943 年为庆祝五周年又作了献词："报道正确消息，粉碎歪曲理论。写得大众能懂，充当万有课本。自己每天必读，随时还教别人。这是抗建武器，共灭纳粹瘟神。"[⑤]高度评价该报讲老百姓心头话，写老百姓能看懂的文章，在动员民众抗日方面起到了伟大的动员作用。诗后还附言："报

① 《〈先锋〉八周年》，《陶行知全集》第 4 卷，湖南教育出版社 1985 年版，第 458 页。

② 《〈鲁迅全集〉出版祝》，《陶行知全集》第 4 卷，湖南教育出版社 1985 年版，第 484 页。

③ 《〈新华日报〉二周纪念》，《陶行知全集》第 4 卷，湖南教育出版社 1985 年版，第 516 页。

④ 《〈新华日报〉四周纪念》，《陶行知全集》第 4 卷，湖南教育出版社 1985 年版，第 552 页。

⑤ 《贺〈新华日报〉五周年》，《陶行知全集》第 4 卷，湖南教育出版社 1985 年版，第 582 页。

章最大责任是说老百姓心头要说的话语，写老百姓眼睛看得懂的文章，便利读者，即知即传，帮助国家动员最大多数人的最大力量，来打倒日本帝国主义，并和世界民主国共同扑灭法西斯强盗。”抗日战争胜利不久，在美蒋反动派妄图抢夺人民胜利果实、阴谋发动反革命内战的时候，他在《新华日报》上发表《民主进行曲》，喊出人民的心声：“把我们的生命，争取我们新的自由，民主、团结，到了最需要的时候，每个人被迫着发出最大的吼声！……我们万众一心，要做中国的主人！”1946 年他在《新华日报》诞生八周年之际，又撰稿祝贺：“你是人民的报，向人民报告，对人民呼号。你喊抵抗日本，日本被打倒。……你喊政治要民主，民主会来到。”[①]总之，他对宣传民主的进步报刊表现出特别的兴趣，并予以高度关注。

他还对其他进步的报刊予以热情的支持和关注，1946 年《午报》创刊，陶行知亲自赋诗一首表示祝贺：“出版日当午，报道民间苦，天下来为公，主人应做主。”[②]对该刊宣传民主、团结民众、为民做主的办刊思路予以高度评价。同年还写《贺〈消息〉周刊》：“说是人民第一，弄得没有饭吃。指望内战快停，愿您传此消息。我从首都经过，自由尚无一滴。自从到了上海，喜见民主消息。”[③]西安《老百姓报》为一民众刊物，宣传战时教育，文字通俗，为大众喜闻乐见。陶行知亲自写信给邹韬奋，介绍该报主持人李敷仁先生为人可靠，要求帮助代销《时胜教育》，以资推广。他还十分关心成年累月在街头卖报的小报童，询问他们的冷暖，帮他们解决困难，教他们读书识字，讲怎样做人的道理，甚是难能可贵。

陶行知办报纸、刊物和做出版工作，不仅政治立场鲜明，处处站在人民大众的立场上，而且注意教育他的学生，要努力做到为人民说话，帮人民办事，替人民呼号。他在社会大学新闻系开学时，讲到如果要办一张老百姓的报纸，每个新闻从业人员就得“跟人民学习”，“代人民呼号”；报纸的内容，就必须做到反映大众心声，创作大众诗文，讲说大众话语，研讨大众学问，关心大众生活。陶行知一生的新闻出版生涯，充分展示了他为民

---

①《贺〈新华日报〉八周岁》，《陶行知全集》第 4 卷，湖南教育出版社 1985 年版，第 704 页。

②《〈午报〉出版祝》，《陶行知全集》第 4 卷，湖南教育出版社 1985 年版，第 722 页。

③《陶行知全集》第 4 卷，湖南教育出版社 1985 年版，第 726 页。

主而呼号的办报刊思路。

第二节　主编教育期刊　指导教育实践

陶行知是近现代中国伟大的人民教育家，他将自己毕生的精力都献给了中国的教育事业，他在自己的教育实践中为了探索适合于中国教育发展的新教育理论，一方面潜心于教育理论的研究，另一方面积极创办教育期刊，反映众多教育界人士的教育观点，同时也广泛宣传自己的教育理论。陶行知创办教育期刊的实践活动，为中国教育事业和新闻出版事业做出了突出的贡献。

一、主编《金陵光》为同学指点迷津

《金陵光》是我国最早的大学学报之一，起初为英文版，由学生主办，创刊于 1909 年 12 月。从 1913 年的第 4 卷第 1 期开始，接受陶行知的建议，增设中文报，陶行知从此担任编辑。从 1914 年的第 5 卷第 5 期开始，陶行知担任主笔。1913 年至 1914 年间，他在《金陵光》上发表文章多达 18 篇之多，大都以"陶文濬"、"陶知行"署名，文章的内容广泛，涉及政治、社会、教育、医学等多个方面，大多切中时弊，令人深思。[①] 尤其是《金陵光》中文报第 4 卷第 1 期上发表的由陶行知撰写的《〈金陵光〉出版之宣言》，文笔流畅，思想深邃，涉猎广博，论述精到。

《〈金陵光〉出版之宣言》主要从刊名内涵、办刊宗旨、刊物性质、刊物功能等方面向读者作了解读。陶行知在解释刊物名称"《金陵光》中文报"时，重点阐释了两个字——"光"和"报"：

> 学报奚以光名乎？曰：天地之大，万物之繁，吾人所恃以别上下、高低、大小、方圆、正斜、黑白、动静、美恶者，光而已矣！无光，则虽有天地万物，奚由辨别乎？学校之宏，学生之众，吾人所赖以知兴衰、进退、勇怯、智愚、贤不肖者，报而已矣！无报，则虽有学生学校，奚由表见

---

① 《陶行知全集》第 1 卷，湖南教育出版社 1984 年版，第 1 页。

乎？故光所以别天地万物之形，报所以彰学生学校之迹。报与光之功用既同，则名报为光，不亦宜乎？且吾人学业，必求进步；吾人进步，必期速捷。万物流行之速，孰有过于光者乎？……吾愿以光流行之速率，为吾同学进步之速率；复以同学进步之速率，而为金陵大学进步之速率。光乎？进步乎？吾愿一言以祝之曰：学校与学生进步如流光。[①]

可见，陶行知心目中"《金陵光》中文报"的"光"借喻学生和学校的进步之速率犹如光速，"报"是宣传和彰显学生与学校成绩的载体与媒介。

至于办刊宗旨，陶行知认为主要是利用"金陵光"之光及其所发出的热，来驱逐那些悲观厌世学生的消极心态，去温暖那些心寒血凉同学的心，从而激发广大青年的青春活力和进取心。他讲道：

光由热生，热随光至，可以御寒振衰。世有厌世之流，悲观之派，昧爱人之宗旨，忘牺牲之大道，谓热心为好事，谓力行为有求。彼既寒心而凉血，吾《金陵光》则以随来之热力，曝其心，温其血，祛其寒，振其衰，使共跻于热忱乐为之学子。[②]

《金陵光》中文报的性质，说到底是"吾同学之公共日记也。同学既有公共之日记，则固有之精神可以保存，已具之精华有所托属。其中之一举一止，一言一行，咸足以备他年之考据，以作来者之前鉴"。该刊是为同学们共同的发表园地，可以刊载思想、言论，也可以刊载心得、日记等。既是学生学习生活的园地，又是反映当时大学生生活与心态的历史见证。

陶行知认为，《金陵光》中文报的新闻价值和教育功能主要体现在：

第一，为学子指明奋斗方向。"吾辈青年为学，正如日暮浮舟险峡，邪说淆听，瓦裂之怪石也；跛行冒善，云翻之豪湍也。是非莫别，安危一发。吾《金陵光》则作船工之塔灯，明其径途，所以佐迷津者之造业焉！"[③]他认为，该刊可以为同学充当导航灯塔、前进路标，真正起到指点迷津的作用。

第二，为落后同学查症疗伤。在民国初年，社会动荡，人心不稳，当时的学生虽身在学校，但有的心神不宁，有的情绪低落，有的消极厌世。针

---

① 《〈金陵光〉出版之宣言》，《陶行知全集》第 1 卷，湖南教育出版社 1984 年版，第 1 页。

② 同上，第 1～2 页。

③ 同上，第 2 页。

对这种情况，陶行知创办该刊。《金陵光》中文报可以起到为有问题学生查实病源、治病疗伤的作用。“世之金玉其外而败絮其内者，岂鲜也哉？心疾不治，大丧随之。《金陵光》于此则射其爱斯光，察其肺腑，烛其心肝，病原既得，而后可施针砭也。”

第三，为进取学生加油鼓劲。陶行知办《金陵光》中文报并不完全是为了帮助后进学生明确方向，而且也为大部分普通的学生或进取的学生加油鼓劲，以激励其加倍努力，奋力拼搏，力争在文化的道路上走得更坚定，在知识的海洋中遨游得更自如，从而最终起到激励全体学生潜心学业，为国效力。

> 是故囊萤，借萤之光也；映雪，借雪之光也；凿壁，借燐之光也。人之习业，至于囊萤、映雪、凿壁，亦可谓无奈之至矣。然三贤必出于囊萤、映雪、凿壁之计者，何哉？无光即无以造其业耳！吾《金陵光》既以佐同学造业自任，则谓之为萤、为雪、为燐，皆无所不可也。[①]

陶行知还用一句话概括了刊物在该方面的功能：“《金陵光》，用以勉励同学及时努力，勿使徒伤老大也。”这就明确展示了办刊的这一功能。

第四，为青年学子励志养德。养炼品性、完善道德，是中国教育一贯的重点。无论古代传统教育，还是近代新式教育，均十分注重对学生品德的教育和养成。陶行知在南京金陵大学读书期间，对培养学生的良好品德尤为关注。为此，他将《金陵光》中文报的功能和价值之一定位于“警醒同学”、砥砺德行。“‘利剑光耿耿，佩之[使]我无邪心。’此光字，《金陵光》用以警醒同学，避不善如蛇蝎，勿以恶小而为之也。一勉一警，莫非欲吾同学就早已切磋，蔚为国器。”[②]以期中华学子能够成为德才齐备的、能“使中华放大光明于世界”的有用人才。

陶行知从担任《金陵光》中文报主笔发表《〈金陵光〉出版之宣言》，到毕业时发表论文《共和精义》，共在该刊发表文章12篇。陶行知担任主笔期间，“中文版《金陵光》为金大带来了一股春风”[③]。

---

① 《〈金陵光〉出版之宣言》，《陶行知全集》第1卷，湖南教育出版社1984年版，第3页。

② 同上。

③ 许宗元：《陶行知》，人民出版社1988年版，第18页。

二、创办《生活教育》,宣传新教育理念

《生活教育》创刊于1934年2月16日,陶行知之所以创办该刊物主要是为了在中国教育界广泛地宣传他的生活教育理论,希望将该理论作为中国教育发展的指导性理论。该刊每期封面都有他的亲笔题诗,正文有时事言论、世界大势、科学新知、教学做报告等栏目,内容丰富,图文并茂,是一个颇具特色、深受时人欢迎的刊物。他在创刊号上发表了题为《生活教育》的文章,首先澄清了"生活教育"的概念,即"生活教育是生活所原有,生活所自营,生活所必需的教育",然后较为系统地阐明了他的生活教育理论,他认为,处处有生活,处处是教育。"过什么生活,便是受什么教育";"我们要想受什么教育,便须过什么生活";"生活教育与生俱来,与生同去"。[①] 而且还特别说明生活教育是面向下层民众的真正普及教育,"不是摩登女郎之金刚钻戒指,而是冰天雪地的穷人的窝窝头和破棉袄"[②]。陶行知在《生活教育》上发表的这篇文章可以说是该刊物的发刊词,也为该刊物规定了基调和方向。同时,他还在同期上发表了《普及什么教育》、《小先生》两篇文章,向读者介绍了"工学团"的内涵和组织形式,宣传了"小先生制"的具体做法和本旨。他又在1934年3月1日的《生活教育》第二期上发表了四篇文章:《从穷人教育想到穷国教育》、《从救水想到小孩的力量》、《怎样培养普及教育的人才》、《创立山海工学团的呈文》,力求为中国教育寻觅新的出路,并提出了创办师范教育的必要性以及普及教育的具体措施。1934年3月16日在第三期上发表了《从守财奴想到守知奴》,建议人们要"自取知识",要"学做教人",而不能做"守知奴"[③]。第四期上又发表了《怎样指导小先生》,提出了具体指导小先生的一些方法。从1934年2月16日创刊到1935年底,陶行知共在《生活教育》上发表教育文章80余篇,生活教育、普及教育、女子教育、民众教育、强迫教育、小先生制、工学团、大众语文等内容,真正起到了指导生活教育实践的作用。

---

①《生活教育》,《陶行知全集》第2卷,湖南教育出版社1985年版,第634页。

② 同上,第635页。

③《从守财奴想到守知奴》,《陶行知全集》第2卷,湖南教育出版社1985年版,第654页。

总之，陶行知主办的《生活教育》杂志，成功地宣传了生活教育的相关理论，并对30年代中国教育的普及与发展起到了积极的指导作用。

三、主编《新教育》、《大众教育》，倡导普及教育

在"五四"时期，陶行知就在文章中提出改革旧教育、发展新教育的思想。其中，最富有创造性的，是既反对"沿袭陈法"，又反对"仪型他国"。他既敢于反对教育的保守复古，又主张对外国教育中的"新"事物采取分析批判的态度，选择适合中国国情的东西以作"借镜"。在教育实践中，他为了多方进行比较和借鉴，在报纸杂志上宣传和介绍西方教育改革特别是美国杜威的教育思想，为此他于1919年在《新教育》杂志第1卷第2期上发表了《普鲁士教育之基本改革》一文，对其教育宗旨、教育行政、学校组织、教员、课程的改革作了系统的介绍。他认为，办教育不仅要学习借鉴他国的好经验，更要重视培养人才，特别是重视培养教育人才的人，并向中国教育界、思想界介绍马克思和社会主义。1921年，他担任《新教育》的编辑、主干(主编)。该杂志曾载文介绍社会主义苏联的政治、经济、军事、教育、宗教等各方面的情况，并刊登过列宁的照片。1922年，任中华教育改进社主任干事的陶行知，在《新教育》第4卷第3期上发表文章，强调女子教育的重要，指出普及女子教育，是全国人民应担负的责任。同年8月，他主编的《新教育》第5卷第1期发表了蔡元培为毛泽东所举办的湖南自修大学写的《湖南自修大学的介绍和说明》一文，此文随后由湖南自修大学出版的《新时代》第1卷第1期转载。

为了广泛宣传大众教育，让更多的人了解大众教育在民主建设中的重要意义，由陶行知和大夏大学教授郭一岑共同主编的《大众教育》于1936年5月10日正式创刊。在创刊号上，陶行知阐述了新文字在大众教育中的功能与作用，从普及大众教育和实现民族解放的角度，对新文字的推广和大众教育的实施作了专门论述。他强调，"依据社会即学校、即知即传两条原则，拿了新文字及其他有效工具，引导大众，组织起来，争取中华民族大众之解放"[①]，这才是我国所需要的大众教育。

①《大众教育与民族解放运动》，《陶行知全集》第3卷，湖南教育出版社1985年版，第63页。

此前，1930 年 2 月 1 日，他还曾创办《乡村教师》，办刊的宗旨是为了促进乡村教师之间的交流与沟通，以实现"小的村庄愿与大的世界沟通"的目的，创办这份刊物就是为乡村教师筑起交流与沟通的平台，为全世界乡村教师创造谈心的机会。"乡村教育运动只是一出历史剧，全世界的乡村教师都同是这一出戏中的演员。这周刊里有我们的剧本，有我们的导演。"该刊主要为乡村教师提供发表园地与交流平台，"我们应当把各人心灵里的力量流到这里来，构成乡村教育的大瀑布"①。该刊着实为促进乡村教师相互交流与学习提供了很好的平台与桥梁，从而间接地推动了中国乡村的平民教育运动向纵深方向发展。

四、主编《新教育评论》，关注教育问题

为了正确引导教育评论，深入思考教育发展过程中所存在的问题，进一步介绍新教育主张，引起广大民众对教育问题的关注与兴趣，陶行知联合赵乃传、高仁山、查良钊、孟宪承、汪懋祖、王希曾等人于 1925 年 9 月筹划创办《新教育评论》周刊，并在《新教育》上发表了《〈新教育评论〉创刊缘起》一文，文中重点声明了办刊的宗旨和任务：第一，"批评本国现时教育上之政策、主张与实施"，直接指出当时教育所存在的主要问题与不足，为教育决策提供参考依据；第二，"建议今后本国教育上各种革新的计划"，为改进教育工作提出合理的建议，为教育革新出谋划策；第三，"介绍和批评外国最近的教育制度和学说"，开设评介国外教育动态的栏目，及时介绍欧美新教育制度与实践的新进展，为本国教育发展提供借鉴与启示；第四，"报告各地教育调查的结果"，架起全国各地教育交流与信息互通的平台，为促进各地教育平衡发展提供信息保障。陶行知在创刊词中一再强调，该刊并不是任何党派的宣传刊物，尽量避免政党对教育评论的影响与干扰，努力运用客观事实来说话，力争做到"根据着证明的事实和公认的原则，来作我们的批评和主张。人们大胆地说老实话；说错了，希望大家也一样对我们说老实话，加以订正。这样往复讨论，自会有比较的真理发

① 《〈乡村教师〉宣言》，《陶行知全集》第 2 卷，湖南教育出版社 1985 年版，第 196 页。

现出来的”[①]。陶行知提出该刊在刊载评论文章时，应当着眼于介绍西方最新的教育发展趋势和动态，他反对照搬他国的教育制度，但倡导借鉴与学习发达国家的先进教育经验。他希望通过创办这份刊物来推动中国教育的发展，旨在引导中国教育“本着民治的精神、科学的态度”去设计其教育制度，评估其教育内容，探索其教育方法，考核其教育实绩，从而最终实现促进中国朝着新教育发展方向迈进。

经过认真筹备，《新教育评论》于 1925 年 12 月 4 日正式创刊，主编陶行知在创刊号上发表了《本刊之使命》的发刊词，进一步指明了创刊的缘起是因为当时国内教育界缺乏必要的教育交流媒介，教育界内部也是壁垒丛生，“隔阂很深，并无充分联络的机会。往往大学不知中学，中学不知小学，小学不知蒙养园”；还有“办学的不知教学的，教此一科的不知彼一科的，甚至同在一地、同教一科的人亦复不相闻问，这种闷起头来各干各的情形确有联络之必要”。[②] 有鉴于此，《新教育评论》创办的主要目的就是为了“交流经验，沟通思想”，将该刊办成全国教育界人士通力合作、广泛交流的园地。同时，他还强调该刊是教育界人士评论与辨理的园地，“因为种种关系，不免发生不同之见解，不得已而出于辩论。理愈辩而愈明，本刊即当做讲理的地方看也可”[③]。为了正确引导该刊的舆论导向，他还向撰稿的作者提出了一些建议和要求：首先，不能将该刊作为党派之争的阵地，在发表言论时不能“党同伐异，逞意气之争”，尤其不能颠倒是非、混淆黑白，把读者往邪路上引导；其次，在辩论教育问题时，不能使用诽谤他人之词。“骂人虽可取快一时，但是设身处地一想，叫对方见了气得脸上发青或胀得满脸通红，又有什么趣味呢？”再次，发表评论文章，应当以事实为依据，做到“毋意，毋必，毋固，毋我”，尽量将评论建立在研究的基础之上。办刊的使命“就在为教育界通通血脉，使大家呼吸些清新温润的

① 《〈新教育评论〉创刊缘起》，《陶行知全集》第 1 卷，湖南教育出版社 1984 年版，第 567～568 页。

② 《〈新教育评论〉之使命》，《陶行知全集》第 1 卷，湖南教育出版社 1984 年版，第 572 页。

③ 同上，第 573 页。

空气,并给同志们一个努力切磋的机会"[①]。他在这个刊物上发表了《师范教育下乡运动》、《整个的校长》、《中国师范教育建设论》等多篇教育论文,这些文章在当时教育界产生了强烈反响。尤其是《中国师范教育建设》一文,强调师范学校的使命,是要运用中心学校之精神及方法培养师资。指明了师范学校的任务,又揭示了办好师范培养师资必须遵循的一条客观规律。

为了扩大《新教育评论》在全国的影响,在创刊后不久,陶行知就想方设法在其他报刊上登载介绍该刊目录,以引起全国教育界人士对该刊的关注。譬如,他于 1926 年 11 月 23 日和 30 日先后两次给该刊的编辑王希曾(西灉)写信,要求尽快将《新教育评论》的要目和重要文章内容打印出来寄往《新闻报》,因为《新闻报》当时发行量高达 7 万余份,"吾辈自宜充分用其所长,以宏推广之效"[②]。11 月 30 日,在他给王希曾(西灉)的信中还较为具体地讲明了当时正在编排的《新教育评论》待发表文章的篇目编排次序,再次强调要每期要目及时寄《新闻报》登载,可见他对该刊的亲自指导与高度重视。

1927 年 1 月,陶行知主编、赵淑愚任责任编辑的《乡教丛书》创刊。该刊每年出 24 期。4 月 20 日,中国共产党创始人李大钊等 20 人被反动军阀张作霖杀害。《新教育评论》的主要编辑、北京大学教授、北京师范大学教授、北京艺文中学校长高仁山亦同案被捕,同时壮烈牺牲。陶行知在《新教育评论》第 4 卷第 22 期一连刊出两则重要启事,讣告天下,以悼念这位同事和战友——为革命而牺牲的烈士。该刊不久亦被迫停刊。

五、创办《战时教育》,宣传抗日主张

抗日战争全面爆发后,陶行知为了将教育与抗日结合起来,以展开反侵略救亡运动而在汉口发起成立了抗战教育研究会,并于 1937 年 9 月 25 日创刊《战时教育》半月刊,由生活教育社主办,该刊的任务是"充实战斗

① 《〈新教育评论〉之使命》,《陶行知全集》第 1 卷,湖南教育出版社 1984 年版,第 574 页。

② 《披露每期〈新教育评论〉要目——致王西灉》,《陶行知全集》第 5 卷,湖南教育出版社 1984 年版,第 140 页。

知能，健全集体精神，提炼战时经验，创造新的文化”。《战时教育》的根本路线是“集体主义的自我教育”，刊物的主要工作有“研究战时教育，号召战时教育；规划战时教育，执行战时教育”[①]。战时教育的总路线是在战时工作的组织中进行教育；将民众组织起来进行教育。战时教育的工作原则为如在有组织的行动中执行全国抗战的自我教育，以补助他人计划学习为主要任务，在各个不同的对象中运用各种形式，但以抗战为主旨。教育民众之组织应从政治的、经济的、文化的，发展到战时工作团体，在每一个进程中引起其自觉。文字符号为大众取得抗战救亡知识的必要工具，因此要着重注意文字教育之普及的工作。全面抗战越发展，都市越缩小，因此我们应特别注意乡村。陶行知在创刊号发表了《海外通讯——我在西美的工作》，在第6期上还发表了《美国的铁山》。他还为销售该刊而到处找关系和门路，以期扩大该刊的影响力，1939年他为了推销《战时教育》特意给邹韬奋写信，说明了西安的《老百姓报》的主编李敷仁愿为其推销50份《战时教育》，让邹韬奋具体办理邮寄手续。为了推销《战时教育》，他还于1940年2月20日分别给刘琼瑶和殷金陵写信《关于订阅〈战时教育〉事宜》和《请送〈战时教育〉给妇女干部训练班》，具体指导了订阅事宜，就连订阅名单、份数、价格、通讯地址都写得一清二楚。

为了进一步提高《战时教育》的办刊质量，使之办出特色，陶行知可谓绞尽脑汁，他于1939年12月专门给他的学生戴伯韬写信指明了办刊的方针和宗旨：

> 《战时教育》应该采取这样的方针：一般的特殊，特殊的一般。在一般的生活里，找出教育的特殊意义，发挥出教育的特殊力量。同时要在特殊的教育里，找出一般的生活联系，展开对一般生活的普遍而深刻的影响。把教育推广到生活所包括的领域，使生活提高到教育所瞄准的水平。[②]

这是陶行知对《战时教育》编辑部在办刊方向上的明确指导，同时还向编辑强调了该刊的基本读者为：一是生活教育社的同志，要运用该刊物

---

① 《战时教育的任务》，《陶行知研究》，湖南教育出版社1987年版，第280页。

② 《〈战时教育〉半月刊方针——致戴伯韬》，《陶行知全集》第5卷，湖南教育出版社1985年版，第472页。

来互教互学；二是全国各级教师，既是读者又是指导者，因为他们在阅读时能够提出不少建议和意见；三是广大的知识分子和社会团体。针对这些读者，他建议编辑不能总是登载一些长篇大论的文章，而要“写一些杂感或笔记诗歌”，以丰富读者的阅读生活和精神需要，还可提高其对教育的认识水平。

第三节　编辑出版大众教材

陶行知在新闻出版方面的另一大贡献是编辑出版大众教育教材。他特别重视大众教育课本的编写与出版，他说：“没有课本是不易维持继续求进的兴趣。这是当然的啰，你请客吃饭是必须用碗盛呀，课本便是用碗端来的饭，吃起来很便当，否则一粒粒的散在桌上，是多么的难吃呵。”[①]还说：“盖课程为学校教育之中心，假使课程得有圆满解决，则其他问题即可迎刃而解。”[②]在他看来，教材对于学习者来讲具有十分重要的作用，没有课本的学生就好像是没饭的碗，无米之炊。为此，为了促进中国平民教育的发展，他一生都非常重视大众教育读本的编辑与出版。不仅编辑出版了不少质优价廉的教材，而且提出了许多很有见地的教材出版思想。

一、编辑出版大众教材的原则

陶行知为了编辑出版一批适合民众口味的大众教材，从文字的使用、内容的挑选、教材的编排与出版等方面，提出了具有指导性的原则。根据他对中国民众教育的了解，他提出编写与出版大众教材应当遵循以下几个原则：

第一，大众教材要运用大众语言，力求通俗易懂。

中国人口中占绝大多数的是农民，而且这些农民中大都是文盲，如何使这些贫苦大众能够走出愚昧，成为能识字会读报的有文化公民？这是

① 《怎样做小先生》，《陶行知教育论著选》，人民教育出版社 1991 年版，第 448 页。

② 《〈小学课程概论〉序》，《陶行知教育论著选》，人民教育出版社 1991 年版，第 600 页。

摆在当时教育界人士面前的一个重大课题，而要想解决这一难题，开展平民教育，就必须首先编写出适合民众口味的通俗教材。要编写出高质量的适合大众口味的教育读本，这就要求“知识分子参加大众生活，在大众语演进的基础上努力写作语文合一的大众文”①。知识分子只有深入到大众生活中去，与大众共同生活、共同生产、体察民情，“等他自己的生活与大众的生活打成一片，然后他才能领略大众生活之酸甜苦辣，然后他写大众便是写自己，写自己便是写大众”。只有与大众为伍，与大众共同生活，才能真正领悟到大众语言文字的真谛，也才能创作出适合大众口味的大众文。只有了解了大众的文化程度和兴趣爱好，才能编写出适合大众阅读的教材，这样才能“将生活符号普及于大众，使大众自己创造出语文合一的大众文”②。要想让大众自己能够创作出属于自己的大众文，就必须首先在大众中普及大众语言文字，让大众学会使用这些符号。陶行知针对有人反对教材使用白话文的观点，他主张“一切公立学校，都应该教白话文，不应该教文言文”，因为白话文容易学、容易教，这种教材适合“小先生”在普及大众教育中起作用。“如果改成文言文，小先生失去了效用，中国教育再等一百年也不得普及。”③文言文教材是培养少爷、小姐和蛀书虫的教学内容，而大众的普及教育只能采用白话文教材，因为它是大众真正所需要的并能够真正推动大众教育发展的教育内容，因此，“大众的要求，儿童的要求，新人才的要求，都是逼着白话文进展，而不让文言文复辟”④。只有运用大众自己的语言去编写教材，才能真正调动大众的接受教育的积极性，从而达到教育普及的目的。1936 年 5 月，为了推行拼音的新文字和大众语文，他建议尽快编写新教材，“为着要使学过新文字的人继续学习起见，我们要出高级课本、报纸、杂志、小说、诗歌、各科小丛书、新文字连环画、新文字字典、北方话与其他对照读物”。还倡导用新文字编印书

① 《民国丛书》第一编 · 52 · “语言文字类”，上海书店 1934 年影印版，第 92～93 页。

② 《大众语文运动之路》，《陶行知全集》第 3 卷，四川教育出版社 1991 年版，第 169 页。

③ 《文言白话又一战》，《生活教育》第 1 卷第 9 期，1934 年 6 月 16 日。

④ 《文言白话又一战》，《陶行知全集》第 3 卷，四川教育出版社 1991 年版，第 166 页。

报，具体要求："甲、文字大众化。乙、横排。丙、采用新文字报头。丁、新文字汉字对照的读物另辟一栏。"因为他认定"大众得了新文字的培养，也必然地会在自己的队伍里产生出知识分子，并且运用各区新文字的对照的读物，也可以把自己造成沟通各区文化的铁桥。"①

第二，大众教材要力求思想性与科学性相结合。

陶行知主张编写大众教材要充分体现思想性与科学性相结合的原则，他主编的《平民千字课》就是按照这一原则去编写的。20世纪20年代陶行知为了把平民教育真正落到实处，并将教平民读书写字作为平民教育的首要任务，即"欲于4个月内每日1小时使不识字者能了解1 000字，可同时输入国民必不可少之精神"②。陶行知在这个报告中就提出了教材编写的基本原则，一要有思想性，"可同时输入国民必不可少之精神"；二要有科学性，能够使原本不识字的人每天只需1小时就可在4个月内掌握最常用的1 000个字。陶行知依照这一原则，制定了《平民千字课》的编辑宗旨："培养人生与共和国民必不可少之精神态度；训练处理家常信札、账目和别的应用文件能力；培养继续读书看报领受良好教育之态度和基本能力。"这1 000常用字的挑选就体现出科学性，因为这是经过认真选择而确定的日常使用频率最高的字。为了选定常用字，陶行知委托南京高等师范的同事陈鹤琴专门负责此事，陈鹤琴用了一年半的时间汇编了一本《字汇》。陶行知正是在陈鹤琴所编《字汇》的基础上，与朱经农合编了的《平民千字课》四册教材。为了便于复习，将生字列进课文后，每课中出现的生字为10～13个，课本中文章大都选用《平民文学》中的文章以及日常书信、账目、契据、字条等，这些均是平民日常用得着的内容。就思想性而言，这套教材是宣传民主、弘扬爱国、崇尚科学的好教材，如《尽力中华歌》是进行爱国主义教育的好篇章，《读书好》是倡导读书、开启民智的教育篇，《穷小姐》是培养自主自立精神的好文章。综观全书，这本小册子完全体现了陶行知教材编辑中注重思想性与科学性的原则与思想。1923

---

①《我们对于推行新文字的意见》，《陶行知全集》第3卷，湖南教育出版社1985年版，第48页。

②《中华教育改进社第二届年会社务报告》，《陶行知全集》第1卷，湖南教育出版社1984年版，第383页。

年，陶行知再次强调："我们所教的字是不是学生需要的，究竟何者为最需要？何者为次要？何者为不需要？我们应来解决。现在有些需要的未有放到教科书里，有些不需要的反倒放入了。我们可以拿几百万字的书来测验，看哪一个字发现次数最多？其最多者为需要，其次多数发现者乃是次要。将发现多的给学生，而次多的暂不授予。"[①]这里陶行知重点强调了教材编写过程中如何贯彻科学性的问题，主要应当采取实验的办法来实施。陶行知编成了《平民千字课》之后，还及时倾听了一些专家的意见，并在一些平民学校试用，看效果如何，是否真正适合大众的口味。他根据使用中所存在的问题，在再版时作了认真修改。

第三，编写大众教材要高标准、严要求。

陶行知在编写教材时，强调要高标准严要求，力争编写出具有权威性的教材，为此应当邀请学有专长的名家来编写，只有这样才能编写出权威的教材。在他任南京安徽公学校长时，就指定使用著名学者编写的教材，梁启超、张伯苓、孟宪承主编的《国文》，孙洪芬编的《化学》，查谦主编的《物理》，秉农山、方炳文和姚文采编的《生物》等教材均受到师生的欢迎。在编写《平民千字课》时，陶行知就在全国范围内广泛招聘各界有识之士前来参编。最后由陶行知、朱经农、陈鹤琴等人组成了编写小组，编写过程中一直注重高标准、严要求，始终以适合大众的口味和程度为标准。他们为了编好《平民千字课》花费了大量的心血，从而保证了这部教材成为当时大众教育中水平最高的权威教材，1923 年 11 月由上海商务印书馆正式出版，颇受民众欢迎，初版很快告罄，一个月之后又加印 30 万部。正因为有了这部好教材，一年之后平民教育便在全国范围内普遍展开。20 世纪 20 年代《平民千字课》的读者已达 50 多万人，这些均是在他高标准、严要求的编写原则指导下完成的优秀教材在民众中产生良好影响的结果。

第四，编写大众教材要遵循"教学做"合一的原则。

"教学做合一"是陶行知在晓庄师范时提出的教育理论，旨在强调培养学生的动手和动脑能力。这一理论也是陶行知生活教育理论的重要组成部分，他不仅提倡将之贯穿于教学过程中，而且要求将其贯穿于教材的

---

①《教育与科学方法》，董宝良：《陶行知教育论著选》，人民教育出版社 1991 年版，第 119 页。

编写过程中。他坚决反对当时编写教材时相互抄袭的现象，他说："甲家书馆是小小猫，快快跑，小小猫，快快跑；乙家书馆却是小小猫，小小猫，快快跑，快快跑"，"教科书的根本意义毫未改变"，"这些书使您觉得读到胡子白也不能叫您得着丝毫驾驭自然的力量"。此外，"中国教科书虽以文字为中心，却没有把最好的文字收进去。这是编书人之过，不是文字中心之过"。"以文字为中心而忽略生活的教科书，好比是有纤维而无维他命之菜蔬，吃了不能滋养体力。中国的教科书，是没有维他命的书。"[①]他要求编写大众教材应当根据"教学做合一"的基本原则，力求编写出适合大众教学需要的好教材、好读物。他在《教学做合一下之教科书》一文中重点强调了好的教科书的标准：第一，看它有没有引导人动作的力量；第二，看它有没有引导人思想的力量；第三，看它有没有引导人产生新价值的力量。为了能够编写出高质量的"教学做合一的教科书"，陶行知又提出了一些具体的编写要求：

> （一）各门专家中须有几位去接近小孩子，或竟毅然去当几年中小学教员，一面实验，一面编辑几部教学做指导。（二）现在接近小孩子的中小学教师，须有许多位，各人开始研究一门科学，待研究有得，可以编辑几部教学做指导。（三）现在教科书的编辑者有志编辑生活用书，或缺少某种准备、专科学术或儿童经验，亦宜设法补足，然后动手编辑。（四）现在商务印书馆、中华书局、世界书局每年大部分收入是从小朋友那里来的，应该多下点本钱，搜罗各国儿童、成人用书（不是教科书）和工具，聘请上列三种人才，为小朋友多编几部可用的书。[②]

陶行知一直设想按照这一想法去组织编写出适合大众阅读与学习的大众教材，尽管由于种种原因未能如愿以偿，但从中足以看出其教材建设的成熟思路。

---

①《教学做合一之教科书》，董宝良：《陶行知教育论著选》，人民教育出版社 1991 年版，第 351 页。

② 同上，第 361 页。

二、编辑、出版与发行专著教材的实践

陶行知从1921年就开始了书籍与专著的撰写工作，他曾与凌冰等人一起编辑《孟禄的中国教育讨论》一书，系统介绍美国教育家孟禄对中国教育的看法与思考，从而为中国教育的改革提供借鉴与建议。1922年底，他被聘为《教育大辞书》特约编辑，负责编辑该套教育工具书，这是他在编辑出版界初露头角。1936年3月，陶行知等发起成立中国新文字研究会，他被推为理事，亲自参加《上海话新方案》的起草及《上海话新文字课本》的编辑工作，为当时的新文字改革提供了很好的范例，也有力地推动了中国新文字改革运动的推进。

陶行知不仅自己撰写文章、主办报纸、创办期刊，而且积极参加和支持书籍、报刊的出版发行工作。1923年，他与朱其慧等人组织中华平民教育促进总会，又与朱经农一起依据国情和平民的需要，在陈鹤琴作的《字汇》的基础上，选择了一千多个常用字，编成了《平民千字课》(简称《千字课》)，由商务印书馆出版，供当时平民读书识字需要。6月，他又编辑了《南京平民教育概况》及《平民教育周刊》，并发行《平民旬报》，根据《千字课》生字编辑辅导材料，供平民巩固与学习使用。他还组织编写并出版了《平民千字课教案》，全国各地竞相购买使用。1924年，他还与程其保合编了作为中华教育改进社丛书之一的《民国十三年中国教育状况》，及时出版，成为教育界的畅销书。此外，由陶行知倡议翻译或主编，并作为中华教育改进社出版丛书的书籍还有:《中国教育一瞥录》、《中国全国小学概论》、《中国之科学教育》、《中国最近教育状况》、《京师教育概况》、《燕子矶小学》、《中国教育统计概览》等。1929年，陶行知收集了自己从1923年到1928年的书稿共97篇，将其编辑成册，将书名定为《知行书信》，当年由上海亚东图书馆出版。

20世纪30年代，他在新闻界名流史量才的资助下，组织并带领丁柱中、高士其、董纯才、陶宏、戴伯韬、方与严等人编辑出版了《儿童科学丛书》、《儿童科学活页指导》。他亲手编写了《儿童科学指导》、《儿童天文》、《儿童卫生》、《儿童数学》等多种书籍，先后由儿童书局出版。1931年春，他从日本流亡归国，秘密回到上海，为商务印书馆翻译了不少世界名著。

遗憾的是后来日本人将上海东方图书馆放火烧掉，内存陶行知的手译稿全部被烧毁，因此，连一本都没有出版，这是出版界的遗憾，但并不能抹杀陶行知在这方面的翻译成就。30 年代，陶行知还参与筹备编辑出版《申报》丛书，邀请了文化界与学术界的不少进步人士撰稿。他自己亲自创作了长篇教育小说《古庙敲钟录》，通过通俗的文学语言，描写和塑造了一位敲钟工人钟儿的形象，通过这位普通民众的思想转变过程和创办学校的经历，反映了当时民众的迫切意愿：改造中国传统教育为中国现代新教育，发动民众开展广泛的抗日活动，以挽救中华民族危机，进而实现振兴中华的伟大夙愿。这部小说，以其通俗易懂的风格，朴实无华的语言，贴近生活的情节，深深打动了广大读者，受到当时民众的普遍欢迎。1934 年 10 月，他又搜集自己在《生活教育》上所发表的有关教育方面的文章，主要用来指导小先生制和宣传生活教育，体裁各异，有散文、诗歌，也有论文、宣言，最后将其编辑成册并予以出版，将书名定为《普及教育》。1935 年至 1936 年，他接着又出版了《普及教育续编》、《普及教育三编》，作为《普及教育》的姊妹篇，以便系统地向全国教育界人士介绍他的生活教育理论和普及教育的主张，旨在唤起广大民众积极参与办学活动，主动接受教育。经过多年的精心编写，最终于 1935 年 12 月由商务印书馆出版了大众教育的成熟教材——《老少通千字课》全四册。这套书的课文内容大都是取材于人民熟悉的生活和生产，运用平民熟悉的大众语言来编写，使民众容易接受，能够理解。这套书还注重思想性与科学性的统一，全书贯穿了爱国主义思想，对中国广大民众深表同情，有的课文为劳动人民鸣不平，有的内容对读者进行爱国主义教育和反帝反封建教育。既是帮助平民扫除文盲，进行识字、学文化的良师益友，又是帮助民众提高思想认识水平和培育高尚品德的指路明灯。由于内容健康，思想丰富，语言通俗，经济实用，因此，很快就流传全国，为群众所欢迎，成为老百姓所喜欢的最佳教材。这套书与 20 年代出版的《平民千字课》前后呼应，相得益彰，均成为陶行知亲自主编的优秀大众教育读本，也是陶行知为中国近现代教育事业和中国近现代出版事业所作出的突出贡献。

第十章

陶行知教育思想在海外及港台地区的传播

陶行知是近代以来中华民族向人类贡献的一位具有广泛的世界影响的伟大教育家。他所倡导的生活教育理论和实践对中国以及世界上其他国家(特别是发展中国家)的教育改革与发展,曾经产生并且还在继续产生程度不同的影响。长期以来,他的生平事迹和思想遗产,不仅得到我国大陆学术界的重视和研究,而且也吸引了不少海外及港台地区学者的注目。这里,笔者根据收集到的有关资料,分日韩、欧美以及中国港台地区三大部分,概要地介绍一下海外及港台地区学者研究陶行知的历史和现状,旨在帮助人们了解海外及港台地区陶行知研究的有关情况,加强海内外学术界的交流,促进陶行知研究的深入发展,使人们真正认识到陶行知在国际上享有的崇高声誉和占有的重要地位,从而增强民族的自豪感和凝聚力,坚定弘扬民族文化优秀传统、创立具有中国特色的社会主义教育理论体系的信心和决心。

第一节 陶行知教育思想在日本的传播

如同其他中国学研究一样，日本学者在陶行知研究方面，其起步之早、发展之快、研究之深广、成果之丰硕，均居各国学者之首，给人以突出的印象。这固然是由于日本学者在地理、历史、文化等方面享有天然的优势，但更重要的是因为陶行知与日本有着密切的关系。1930 年 4 月，国民党政权以“勾结叛逆、阴谋不轨”等罪名，强行封闭南京晓庄学校，并下令通缉陶行知。是年秋至次年春，陶行知一度避难于日本。此后，他始终和日本教育界直接或间接地保持着联系。他的生活教育理论和实践引起了日本有关人士的极大关注，并对日本的教育产生了有形或无形的影响。综观 80 年来日本学者研究陶行知的历史，大体上可以分为第二次世界大战结束以前、结束以后和 20 世纪 80 年代以来这样三个阶段。

一、陶行知思想对 20 世纪三四十年代日本的影响

20 世纪 30 年代初至 40 年代中叶（第二次世界大战结束前）是第一阶段。这一时期，日本资本主义已发展到帝国主义阶段，一小撮军国主义者对内采取高压政策，严厉镇压工农大众的反抗运动，对外发动侵略者战争，把战火烧到周边的亚洲国家，给这些国家的人民带来痛苦和灾难。但是，无论是在国内还是在国外，日本军国主义者的日子都并不好过。在国内，工农阶级日益觉醒，以各种形式（包括教育革新运动）与统治集团进行着激烈的斗争；在国外，侵略者遭到中国等亚洲各国人民的殊死抵抗。教育成为这些国家人民争取民族解放的战斗武器。陶行知及其教育理论和实践就是在这种历史背景下开始被日本有关人士介绍给国内教育界和人民大众的。

最早把陶行知的生活教育理论和实践介绍给日本教育界的，是一位曾在东京池袋“儿童之村”小学执教、名叫牧泽伊平的进步人士。“儿童之村”小学是以杜威实用主义教育思想为基础、以世界教育革新思潮为背景的日本大正自由主义教育运动的产物，由野口援太郎等人创办于 1924 年

4月。这所学校一反赫尔巴特教育思想的形式主义，重视课程计划、教师的指导以及尊重学生的自主性和能动性，成为当时日本自由主义教育运动的中心。1934年4月10日，几位自称陶行知学生的中国留学生叶维奏等人访问了这所小学。他们向该校的教师户塚廉以及牧泽伊平等人介绍了陶行知领导的小先生运动等有关情况，引起了牧泽伊平、户塚廉等人的浓厚兴趣，认为陶行知小先生的教育主张和实践，与他们正在从事的教育革新运动有某种相似之处，遂在思想上产生了强烈的共鸣。1935年，以户塚廉、牧泽伊平等人为中心，创办了《生活学校》杂志。牧泽伊平于此年1月在《生活学校》杂志创刊号上，以"岸本辰三"的笔名撰写了"中华民国的新教育——世界新教育的动向(一)"一文，向日本教育界介绍了陶行知的"小先生"运动。这是日本教育界第一篇评价陶行知教育理论和实践的文章，也是日本教育界传播和研究陶行知教育思想的开始。同年6月，牧泽伊平又在《教育》杂志上发表了题为"中华民国的'小先生'普及教育运动"一文，署名"陶行知述，牧泽伊平译"。该文是他把陶行知在新加坡《星洲日报》和厦门《华侨日报》上发表的有关文章，在叶维奏、林承志等人的帮助下翻译成日文的。此后，他于1939年5月，在《青年教师》杂志上发表了他与当时南京汪伪政权"教育部长"赵正平的侄子赵如珩关于小先生运动的谈话纪要。接着，他又在《训导生活》杂志1940年2月号上，撰写了"中国的生活教育运动"一文，介绍陶行知的"工学团"运动。1945年夏，这位介绍陶行知教育理论和实践的有识之士，还没有来得及亲眼看见新日本的诞生，就因病溘然长逝了。

然而，先驱者的努力并不是徒劳的。牧泽伊平关于陶行知的小先生运动的介绍，引起了日本教育界有关人士的高度重视。著名教育家留冈清男曾就此发表感想说："我国教育界或者吃腻了德国和美国的教育理论，或者追随着时髦来鲁莽地宣传不知所以然的日本精神。与其如此，倒不如应该用同程度的关心来注视邻邦中国的动向，应该不惜在教育运动方面相互协力。"此后，日本教育界越来越多的人开始了解和学习陶行知的教育理论和实践，作为其教育革新运动的借鉴。

与牧泽伊平同时，另一位"儿童之村"小学教师、《生活学校》杂志的负责人户塚廉也开始向日本人民介绍陶行知的教育理论和实践。他在1935

年1月《生活学校》创刊号上牧泽伊平“中华民国的新教育”一文后，写了一篇颇有感触的“编后记”，指出：“世界新教育运动的一项，的确是应该登载介绍世界新教育联盟及其加盟各国的生气勃勃的活动。从正在编辑中的岸本先生处我看到了4月份参观儿童之村的中国新教育运动家们主办的杂志，了解到在某些文明国家，该运动的出发点是观念主义、理想主义和精神主义的。与此相比，陶行知的教育运动却是从整个人民生活的需要来出发的。我随即向岸本先生要了那篇稿件。我真希望去看看在中国这个特殊的、被欺虐的国家里先知先觉者是怎样活动的。”

不仅如此，户塚廉等人还积极开展与陶行知领导的山海工学团进行资料交换为主的经验交流。他们把《生活学校》杂志寄给山海工学团，陶行知也把他撰写的寓言童话《乌鸦》和论著《中国教育改造》回赠给他们。“儿童之村”小学与山海工学团还彼此互通书信。中日战争爆发前夕，由于日本法西斯的镇压和财政困难，“儿童之村”小学于1936年7月被迫解散。此后，户塚廉自力坚持发行《生活学校》杂志。但是，在日本军国主义分子全面发动侵华战争之后不久，《生活学校》杂志也于1938年8月被迫停刊了。两国教育革新者之间的友好交流由此而中断。

这一时期，除了牧泽伊平、户塚廉等人的介绍和宣传外，日本新闻界也对陶行知的有关情况作了报道。“九一八”事变，尤其是“七七”事变后，陶行知的政治倾向越来越明显，坚决反对蒋介石“攘外必先安内”的政策，支持中国共产党建立“抗日民族统一战线”的主张，与沈钧儒、邹韬奋等人共同创建全国各界救国联合会，以教育改造配合政治救亡，成为战时中国政治舞台上一位重要的社会活动家。敏锐的日本新闻界很快便发现了这一点。他们分析了中国现存的各派抗战力量，将陶行知视为抗日人民战线派的主要领袖之一。

村田孜郎在一篇题为《抗日中国的背景》的文章中，首先介绍了《团结御侮的几个基本条件与最低要求》，指出：“这声明书就是中国人民战线派的领袖章乃器（原浙江实业银行副经理）、沈钧儒（上海律师公会会长）、陶行知（国难教育社代表）、邹韬奋（生活日报社经理）等四个人在民国二十五年七月十五日联名签署的。它给了支那各个方面很大的影响和冲击。它是了解人民战线派的主张和政策，具有丰富参考价值的文献。”文中还介绍说："国难教育社——以教育界的泰斗、理论方面的领袖陶行知为代表的组织，其目的在于实施国难教育方案和完成民族解放斗争的任务。目前，在有组织有理论地进行抗日宣传，并发行其机关刊物《国难教育》周刊。"

另一位记者中保与作的文章《抗日人民战线派的背后》也作了类似的分析和介绍。他在介绍了沈钧儒、章乃器、王造时、史良、宋庆龄等人后，说另外还有很多重要人物，其中"特别引人注目的就是国难教育社的陶行知"。"陶行知是中华教育界的泰斗。他领导的国难教育社是站在'我们除了流血以外没有获得民族自由的方法'这种立场上，'教育大众团结起来，解决困难，并且教知识分子去给广大民众传播关于民族危机的知识'，以'争取中华民族的自由平等，保卫中华民国完整的领土和完整的主权为宗旨'的。此外，陶行知一边创办《生活教育》杂志半月刊，一边创办'儿童工学团'，教育卖报儿童。"

由于日本新闻界对于陶行知有关情况的报道，使陶行知的名字开始为日本教育界之外更多的民众所知晓。日本新闻界成为当时教育界之外介绍和宣传陶行知教育理论和实践的又一条重要渠道。

此外，日本著名教育家国分一太郎、海后宗臣等人在他们的论著《中国的孩子——以其为主体的文化生活基础》、《中国旧秩序下的儿童文化性格》和《近代中国教育的特点》中，也对陶行知的教育理论和实践作了不少评价。尤其值得注意的是，日本这时有两部重要的人物辞典均不约而同地在1940年将陶行知作为重要人物列入。一部是创元社的《亚洲人名事典》，另一部是由桥川时雄编纂、日本中华法令编译馆出版的《中国文化界人物总鉴》。这些论著和辞典连同上述文章与报道的发表、出版，使陶行知及其教育理论和实践为当时日本许多人(特别是教师)所共知。

从总体上看，虽然这一时期日本教育界、新闻界乃至出版界对于陶行知及其教育理论和实践作了不少介绍和宣传，但这些文字大多属于一般性的叙述，尚未出现具有理论深度的研究成果，离真正的学术研究相距甚远。从某种意义上说，这一时期是日本陶行知研究的前阶段，或者说准备期。当然，我们也应看到，没有这一时期日本教育界、新闻界乃至出版界许多有识之士的积极介绍和宣传，为后来的研究工作铺平了道路，奠定了坚实的基础，战后日本陶行知研究的迅速发展是不可能的。

二、二战后日本对陶行知研究的重视

20世纪40年代中叶(第二次世界大战東后)至20世纪80年代初是第二阶段。战后，日本一度处于美军占领之下，美国出于其长远利益的考虑，宣布实行五大改革：解放妇女、工人有团体权、教育自由主义化、废除专制政治和经济民主化。1947年，正式公布教育基本法，开始实施教育民主化。但是，什么是教育民主化？为什么要实施教育民主化？如何实施教育民主化？对于这一系列问题，当时日本社会各界的看法是不同的。一方面，各种反动势力正重新抬头，竭力把教育民主化纳入他们的轨道；另一方面，进步力量也试图把包括战后教育民主化在内的各种民主改革作为日本人民的自主改革来进行，以争取战后日本沿着真正民主的轨道行进。正是在这种背景下，被誉为“中国民主教育之父”的陶行知及其教育理论和实践又再次引起日本教育界有关人士的重视。他们一边继续介绍陶行知的教育理论和实践，一边开始对其作理论研究。

前文述及的户塚廉，战后回到家乡静冈县挂川市。户塚廉对早年“儿童之村”小学、《生活学校》杂志与山海工学团的交流留下了很深的印象。所以，他在自己发行的《乡土报》和《父母子女报》上，一直坚持向日本读者介绍和宣传陶行知。

与此同时，陶行知研究也在日本学术界正式开展起来，涌现出一批像斋藤秋男、新岛淳良等颇有影响的研究者。他们大多接受过良好的高等教育，学养丰厚，思想进步，对中国人民素持友好态度，怀抱改造旧教育、重建新日本的理想，又长期在高等院校或研究机构工作，专门研究中国教育问题，故一旦着手陶行知研究，很快就发表和出版了一批研究成果，引起了国际学术界的关注。其中，研究时间最早、最长、成果最多的，当推斋藤秋男。

斋藤秋男是日本东京专修大学教授，前中国研究所理事长。他早年毕业于东洋大学中国哲学文学科。后专攻教育学，尤以中国教育史研究见长，是日本著名的老一代教育史学家，先后出版过《中国的近代教育》、《新中国的教育建设》、《中国现代教育史》、《中国教育史》等著作。早在

1945年“八一五”日本侵华战争结束时，他和另外几个日本军人一起，在湖南省洞庭湖附近农村“就地解散”，经过岳州到汉口，在汉口某书店里偶然看到中国民主同盟在重庆发行的机关刊物《民主星期刊》，读到陶行知为实现儿童解放和民主政治而写的富有特色的诗篇和讽刺时政的文章，深为陶行知那种斗争精神和相信群众的精神所感动。从那时起，他就开始研究陶行知。60多年来，无论中日两国的政治风云如何变幻莫测，无论陶行知在新中国建国之后的声名是毁是誉，无论自己的教学、科研和社会活动多么繁重，他都始终如一、坚持不懈地研究陶行知，表现出顽强的毅力和精神，并取得了丰硕的成果，出版和发表了《新中国教师之父——陶行知》(1951年，刀江书院)、《民族解放的教育》(编译)(1961年，明治图书出版公司)、《陶行知评传》(1968年，劲草书房)、《陶行知生活教育理论的形成》(1983年，明治图书出版公司)等四部专著以及许多专题论文，博得国际学术界和中日两国人民的好评。下面，重点介绍斋藤秋男教授这四部专著的有关情况。

从1946年7月陶行知逝世，到1949年中国解放为止，中国陆续发表了一批有关陶行知的文章，介绍他的生平事迹和教育事业。《人民教育》杂志第4期(1950年8月号)的社论，特别是该社论引用的中共中央宣传部长陆定一写的悼词，给当时的斋藤秋男以很大启发，由此认识到，陶行知生前虽然没有到过解放区，但是他的教育思想曾经给予解放区的教师以很大的影响。而且，在他逝世后，中国教育界的进步人士纷纷表示要继承陶行知的精神。同时，斋藤秋男还考虑到，战后的日本教育界，进步教师正在热切盼望实行一种符合日本民族特点的民主教育，故极有必要把陶行知推行的民主教育介绍给他们。特别是在战后日本的学校教育，浸透着美国教育家杜威的教育理论。可是在中国，陶行知结合中国的实际情况，早已把杜威的教育理论加以改造，使之中国化了。陶行知的这一实践，对日本的教师肯定会有帮助。于是他就收集有关资料，撰写了题为《新中国教师之父——陶行知》的专著。在这本书里，斋藤秋男把对陶行知的研究与他自己所提出的问题，即他作为一个知识分子和一个教师应有的人生态度是什么，紧密地结合在一起。他后来在谈及这本书时曾说：“第一本书反映并刻画了我跟朋友和长辈们一起亲自经历过的日本‘战后'。因此,这本书对笔者来讲是一个纪念,但是作为陶行知研究未超出习作的范围。"作者的自谦固然反映出这本书是一部不够成熟的作品,但也表现出作者永不满足、继续追求的精神。正是以此为起点,作者又编译出版了他的第二本书《民族解放的教育》。

1957 年秋,斋藤秋男获得了随北海道和平委员会访华团来华作短期旅行的机会,第一次访问了解放后的新中国。当时,他在上海得到《陶行知教育论文选编》(方与严编)、《陶行知先生纪念集》(陶行知先生纪念委员会编)等资料。以后,他又从戴伯韬、严文井、彭飞、毛礼锐等人那里得到有关陶行知评价的一些论文和资料。这样,依据这些资料,他翻译了陶行知的 31 篇论文,并附以详细的解说和注释,出版了译著《民族解放的教育》。该书被收入明治图书出版发行的《世界教育学选集》丛书,主要供专攻教育学的学生阅读。这套丛书共有 60 卷,而《民族解放的教育》是唯一有关中国教育家的一本书。

虽然这本《民族解放的教育》只是一部译著,但是斋藤秋男在解说中却明确提出了今后需要深入研究的三个课题,即:第一,对陶行知从"改良主义者"转变成"革命民主主义者"这一发展过程的分析。包括按照蒋管区与解放区之间的合作、抗日民族统一战线的形成、蒋管区与解放区的分裂和对立等各个历史阶段的时间推移,分析陶行知与师生和朋友等的人与人之间的关系。第二,阐明陶行知生活教育理论从晓庄师范时代到他晚年的大约 20 年时间中的发展和停滞,及其对解放区教育事业的影响。第三,描述陶行知作为"大众诗人"的一面。这三个课题的提出,反映出斋藤秋男此时对陶行知研究认识的深化,显示出他已力图从整体上去把握和理解陶行知,这就为他下一步的研究确定了主攻方向。事实上,斋藤秋男后来的所有研究大致上就是围绕着这样三个课题而展开的。

基于上述认识,斋藤秋男首先把课题三作为突破口,撰写研究陶行知的第三部专著,描述陶行知作为"大众诗人"的一面。斋藤秋男很早就读过《行知诗歌集》(郭沫若编校,1947 年版),以后又读了萧三的《中国的大众诗人——陶行知》一文(《人物与纪念》,1951 年 12 月)。萧三称陶行知是"政治的抒情诗人",斋藤秋男非常欣赏这个提法,曾在《东洋文化》1954 年 11 月上发表过一篇题为《陶行知——中国的政治抒情诗人》的文章。

1966年春到1966年夏，他大体完成了这部书的构思，并反复阅读《行知诗歌集》，写些片段性的札记。1967年夏，开始集中精力起稿，仿效日本评论家高杉一郎的《盲诗人爱罗先珂》的写法，终于写出这部《陶行知评传》，并把"政治的抒情诗人"作为该书的副标题。全书共分十章，从与陶行知"邂逅"（实际上他从未见过陶，只是在报上认识陶）写到陶逝世为止。写作方式上别具一格，每章都引用陶行知的诗篇来阐述主题思想。书中较为详细地叙述了陶行知的生平及其教育实践和学说，介绍了东京池袋"儿童之村"小学与陶领导的山海工学团之间的友好交流，描写了陶行知与家人的骨肉深情。斋藤秋男认为，陶行知在他的30年教育实践中，善于从中国的国情出发，遵循"行是知之始，知是行之成"的辩证法则，在批判继承中外优秀教育遗产（特别是杜威教育学说）的基础上，总结和形成了一套具有中国特色、为中国所用的教育思想。这无疑是值得日本教育界借鉴的。尤其是他深入人民大众生活之中，并站在人民大众的立场上，为实现民族的独立、平等和自由，提倡民主教育，以教育改革配合政治斗争，坚决反对帝国主义和封建主义，这值得战后日本每一个知识分子特别是教育工作者学习。

在完成课题三的研究之后，斋藤秋男便全力以赴投入对课题一和课题二的探讨。1979年秋，斋藤秋男应中国社会科学院的邀请，来华三个月，专门考察陶行知教育事业和教育思想，重点是他的教育思想对解放区的影响和他的教育事业同中国共产党的关系问题。在华期间，斋藤秋男到北京、合肥、歙县、南京、上海、重庆等地参观、调查和座谈，并阅读了《乡村教师》、《生活教育》等许多珍贵资料，对陶行知有了更具体的了解，丰富了感性认识。在此基础上，斋藤秋男开始撰写其第四部专著。历经三度春秋，终于写成《陶行知生活教育理论的形成》。这部书比较深入系统地论述了陶行知的生平及其教育理论，是集其多年研究成果之大成的力作。

全书共分四章。第一章"陶行知的生涯"，作为全书的背景部分，概述了陶行知的生平事迹，并附带提及了当时中国共产党对国民党政权的斗争、解放区和蒋管区人民斗争的重要史实和历史人物，以便于读者更加清楚地了解陶行知以及当时的人民解放斗争。第二章"'生活教育'理论形成的过程"，是全书的重点所在。如前所述，斋藤秋男早在《民族解放的教育》一书中，就把阐明陶行知生活教育理论的形成、发展及其对解放区教育事业的影响，作为今后研究课题之一提了出来。在本章中，斋藤秋男对此课题作了更为深入系统的论述。他阐述了陶行知把王阳明“知是行之始，行是知之成”的唯心论改为“行是知之始，知是行之成”的唯物论，并认为陶行知由原来服膺王阳明的学说而取名“知行”改为“行知”的过程，表明了陶行知思想已产生重大转变。他还论述了陶行知把杜威的“教育即生活”、“学校即社会”的理论改为“生活即教育”、“社会即学校”的理论的过程，提出了陶行知回归“民族土壤”这一颇有理论深度的命题，认为陶虽是杜的学生，但陶对杜的理论不是全盘照搬，而是以回归“民族土壤”的愿望为媒介来接受和克服杜威的理论的。陶回国后，根据中国的实际情况，把杜威的理论改造成适合于中国的新学说，创立了独具特色的生活教育理论，学生超过了先生。此外，本章还探讨了生活教育理论以及“小先生”运动与解放区教育的关系。第三章“陶行知与日本”，介绍了陶行知 30 年代初流亡日本的过程、日本教育界对陶行知的认识和宣传以及围绕陶行知的日中两国民间教育运动的交流情况。第四章是文献部分，介绍了陶行知的 10 篇教育论文等有关研究资料。

概括起来，斋藤秋男的研究思路是：以陶行知教育理论和实践为研究中心，以三个相互关联的研究课题为主攻方向，以“民族土壤的回归”为核心命题，将陶行知视为“杜威的学生”，把他的思想发展作为“跟老师杜威的学说、理论的格斗过程”来把握，认为在陶行知的思想里，杜威理论的接受与克服不是毫无媒介地直接相连起来的，而是以“民族土壤”这种中国性质的东西为媒介相连起来的。换句话说，陶行知教育思想的发展过程，也就是“内在地克服杜威理论的过程”。可以看出，斋藤秋男的陶行知研究，思路新颖，见解独特，具有比较浓厚的理论色彩，确已形成一个“斋藤模式”。尤为令人钦佩的是，他并非为研究而研究，而是始终以重建战后日本新教育为旨归，这就对从大正时代尤其是第二次世界大战以来只停留在全面地接受杜威理论还是完全否定它的程度上，并没有在日本的“民族土壤”里克服杜威理论的日本教育界，提出了尖锐的问题。因此，无论是从理论上看，还是从现实上看，斋藤秋男的陶行知研究，都是颇有意义的，代表着这一时期日本陶行知研究的最高水平。

在此期间，除了斋藤秋男之外，比较著名的陶行知研究者还有新岛淳良、市川博等人。新岛淳良是中国研究所研究员，中国近现代思想史和毛泽东思想研究的专家。曾出版《毛泽东的哲学》、《毛泽东的思想》、《我的毛泽东研究》和《历史中的毛泽东》等多种论著。在日本学术界乃至国际学术界都享有盛名。有意思的是，这位毛泽东研究专家，也对陶行知颇感兴趣，与斋藤秋男合著《中国现代教育史》(国土社，1962 年版)，又为《世界大百科事典》(平凡社，1975 年版)撰写"陶行知"辞条，对陶行知及其教育理论与实践评价很高。市川博系横滨国立大学教授，中国现代教育史专家，曾与斋藤秋男合著《中国教育史》(讲谈社，1975 年版)。他在该书"特殊研究一——实用主义教育思想导入期的公民教育观"中撰有"中国实用主义者的自我批判"一节，专门探讨了陶行知、胡适和舒新城三人的教育思想和实践，称陶是 20 世纪 20 年代"新教育运动有力的推进者"。上述几位学者，尽管研究重点不同，观点不尽一致，但都推动了日本陶行知研究向纵深拓展。

三、当今日本、韩国陶行知研究的蓬勃发展

20 世纪 80 年代初至今是第三阶段。这一时期的日本社会与战后那种满目疮痍、百废待兴的情形相比，显然已发生了天翻地覆的巨变。在这方面，日本教育界仍然面临着不少问题，其中最为突出者，一是日本政府围绕《日本国宪法》、《教育基本法》，加强右倾化，准备复活军国主义的问题。战前、战中的日本教育界赞扬日本军国主义发动战争。教师们把学生培养成许多战士，使他们愿意参加这次战争。战后日本教育界在深刻反思这次战争的基础上，许多教师从亲身经历出发，决心以后绝对不再为侵略战争培养战士。但政府却不愿意教师给学生讲过去的历史事实，教师们在教学实践上受到限制和压力。因此，怎么去阻止军国主义者的复活，是目前日本教育界的一个问题。二是日本教育界内正在造成的比较严重的人的异化问题。日本的升学竞争比较厉害，同时社会上又有学校的暴力、家庭内暴力、自杀等情况出现，而且还相当普遍。学生们的心理状态，一般来说很不稳定，即使所谓的好学生，也会由很小的原因突然挑起暴力冲突。面临着这些情况，怎样在理论上提出解决办法，以保证学生

的全面发展，成了一个棘手的问题。三是日本青少年的世界观非常狭隘的问题。他们愿意关心自己和周围的利害问题，但对于有关政治、经济问题，即使是日本国内的，也漠不关心，更不用说世界的问题了。在这种情况下，日本教育学在理论上研究日本国民对世界的发展应该有什么贡献，应该培养什么样的国民，这也是一个大问题。为了解决这些问题，日本学者期冀从陶行知的教育理论和实践中寻求启示，从而进一步推动了日本学术界陶行知研究的开展，使之进入深化期。在此期间，一批优秀的中青年研究者脱颖而出，崭露头角。牧野笃便是其中的佼佼者之一。

毕业于名古屋大学的牧野笃博士，曾任日本国民教育研究所研究员，现任名古屋大学教育学院教授。他从 20 世纪 80 年代初开始研究陶行知，迄今已有 30 年。1985 年曾来我国南京大学从事陶行知教育思想研究。像绝大多数新一代学者那样，他具有开阔的学术视野，全新的知识结构，并能娴熟地运用中文交谈和写作。凭借这些有利条件，他试图在前辈学者的基础上有所创新和发展。他是第一个对“斋藤模式”提出异议的人。在他看来，斋藤秋男分析陶行知教育思想发展过程的理论框架基本上是有效的，因为，陶行知留学美国，师事杜威，深受杜威理论的熏陶，而且自美返国后他的思想发展确实是克服杜威理论的过程。但将陶行知视为“杜威的学生”并以此作为陶行知教育思想发展的起点，却是值得推敲的。其实，斋藤秋男所论述的只是杜威理论对于中国教育的有效性，而不是陶行知教育思想的主体性。在“斋藤模式”里，陶行知接受杜威理论的必然性不是分析的对象，而是研究的前提条件。正因如此，斋藤秋男忽略了贯穿所谓“改良主义者”和“革命民主主义者”双方的陶行知的一贯态度和立场。换言之，他忽略了贯穿陶行知接受杜威理论之前与之后的，陶克服杜威理论界限的必然契机。因此，他不会不说陶行知克服杜威理论尽管是必要的，但不是必然的。这一点正是“斋藤模式”的不足之处。牧野笃认为，陶行知不是回归到“民族土壤”里去，“民族土壤”始终在陶行知内部。陶接受杜威理论，辞退官职，深入人民大众的生活里，克服杜威理论，对于民族解放斗争起了积极的作用，形成了民族解放的教育思想。这一过程不是一次又一次偶然的过程，而是由陶行知跟自己内部的“民族土壤”交感而造成的必然的过程。这个必然正是使陶行知与当时其他教育家区别开来,使陶行知成为其自身的根本所在。

由此认识出发,牧野笃先后发表了《陶行知"生活教育"思想的产生与构成》、《试论陶行知"生活教育"论的基本构造》、《关于陶行知"工学团"运动中共同体的考察》、《陶行知"生活教育"小考》、《陶行知"平民教育"运动的思想结构和行动》、《陶行知"工学团"的集团论》、《陶行知"乡村师范"的集团论》、《陶行知教育思想之根基——金陵大学时代对王阳明思想的解释与吸收》、《陶行知少年时期的活动与教育》、《杜威·陶行知·毛泽东》、《陶行知与日本》、《关于陶行知在美国留学期间学习与生活的若干考察》、《陶行知争论》等论文,从陶行知教育思想主体性的审视角度对陶行知的生平家世、思想演变等问题,作了许多饶有新意的探讨,引起了学术界的广泛注意。牧野笃作为一个有强烈史学主体意识的日本学者,他能站在中国之外从国际视角、以局外身份来审视与思考陶行知思想的生成机理、演变轨迹及其横纵影响,极大地开阔了陶行知研究的理论视野与思维路径。首先,他在广泛考察与体验陶行知故乡的风土人情、风俗文化,并深入思考徽商重视文化、热衷教育的历史传统以及中国的传统教育对青少年时期陶行知的成长所产生的基础性影响。通过两年多对安徽、江苏、四川、上海等陶行知生平活动过的地方的实地考察和对陶行知夫人、儿子、亲属、学生的走访,以及在此基础上所作的深入研究,他认为,陶行知"接受科学的态度,一边以自己成长的土壤为基础,即以现实生活为基础,一边以自己是一个中国人的强烈意识规范着自己的行为方向"。正是这样的生活环境与文化氛围,才导致陶行知产生了"作为一个中国人,要为中国作贡献"的思想。其次,他以丰厚的学养,从中国的主流文化——儒学以及以其为核心形成的宋明理学对青年陶行知的基础影响以及后来以此为基本土壤接纳西方思想文化的视角,去深刻体认了陶行知富有创造性的"行—知—行"思想的深厚根基。明显地将海外陶行知研究引向了纵深,突破了就事论事、以现象求结论的浅层次研究模式。特别是他对陶行知在金陵大学期间,学习与吸纳王阳明思想和在美国哥伦比亚大学留学期间的生活与学习细节作了细致入微的考察与研究,为深入探究陶行知生活教育思想的生成机理与构建动因提供了真实、具体的依据。再次,牧野笃还较为系统地研究了陶行知的生活教育思想、平民教育思想和重视人的个性发展的思想。他在深入钻研近现代中国的社会环境、陶行知的受教育历程以及世界教育思潮的基础上，探究了这位近现代中国伟大教育家的教育思想体系。他认为，“生活”是连接以救亡为旨归的政治课题和以发展为目的的教育课题的媒介与桥梁，为了更好地实现通过教育课题去“培养能够担负政治课题的主体”的目的，陶行知将“生活教育”作为其教育思想的核心与关键是必然的。牧野笃本着了解陶行知“平民教育”思想是“全面把握、了解并评估他的‘生活教育’思想”的钥匙的研究旨趣，去接触和分析陶行知的“平民教育”思想。通过深入挖掘，牧野笃认为，陶行知平民教育思想的核心内容是“活的机制”、“国家的观念”和“到民间去的运动”，只有领悟这些理念，方可“阐明陶行知生活教育思想全体结构”。同时，牧野笃还从“个体与人类”、“民族与爱”相统一的高度去探讨与分析陶行知关于人的个性发展的思想。他认为，陶行知的将培养人的个性巧妙地纳入到民族解放乃至人类发展的宏观体系中去思考与体认，实现了一种高层次上教育理论的飞跃。复次，牧野笃从陶行知创办晓庄师范学校、山海工学团等教育实践中，提升出了“集团论”思想。在他看来，陶行知的“集团论”思想体现在各个层次、诸多方面：在教学上，以“教学做合一”为纽带构成师生协作的“集团”；在管理中，以“生活教育”为轴心形成了社会与学校融通的“集团”；在个人发展方面，以增强能力为旨归将个体置于“自立、自卫”的乡村“集团”；在实践活动中，建成“工以养生，学以明生，团以保生”的“集团”；最终上升到民族前途的高度，以实现人民解放、民族独立为目标，努力建成“以人民为主体的共和国”这个大“集团”。牧野笃创造性地将“集团论”视作陶行知思想与实践的一个闪光点，并作了建构性的理论探讨，为海内外研究陶行知思想提供了新的思路。此外，牧野笃还对陶行知思想对新中国及日本的影响作了专题研究。以毛泽东论“书呆子”为话题，纵向钩沉，深入探讨了陶行知反对“死读书，读死书，读书死”，力戒成为“书架子、纸篓子”的思想直接影响到了毛泽东后期的思想；陶行知讲过的“向老妈子学习”与毛泽东后期提出的“向人民群众学习”具有相同的论理。他还论及陶行知创造性地吸收西方文化，善于将西方思想本土化的做法，对日本 20 世纪 30 年代一味照搬美国教育模式具有冲击作用，同时也给日本批判地吸收西方文化提供了新的启示。

在这些研究成果的基础之上，牧野笃完成了他的博士论文《中国近代教育思想的展开和特质——陶行知“生活教育”思想研究》，并于1993年由日本图书中心出版社发行。这部研究陶行知教育思想的专著，是牧野笃十多年来致力于陶行知研究，精心构思、潜心研究的结果，是代表20世纪90年代日本陶行知研究最高水平的一部力作。为了完成这部专著，他倾注了大量的精力，花费了许多的时间，作了充分的语言准备和资料收集工作。作为研究陶行知的外国学者首先遇到的最大问题是语言，为了扫除语言方面的障碍，牧野笃在考名古屋大学之前就开始学习汉语，后来又专门来中国南京大学留学。在中国留学的两年当中，一方面他的汉语水平取得了长足的进步，另一方面他在陶行知曾办学与活动最早的南京读书，更便于他了解和体悟陶行知的教育理论与实践，同时在这所学术气氛浓厚的中国名校也培养了他研究中国思想文化的基本素养。再加上他本人对陶行知研究有着浓厚的兴趣和执著的追求，利用在中国留学之际他几乎跑遍了陶行知在中国生前活动过的主要地方，采访了大部分在世的陶行知的亲属、朋友、同学和学生，收集到了不少鲜为人知的第一手资料，其中有书面资料，也有口碑资料。这些均为他完成这部代表性著作奠定了坚实的基础。《中国近代教育思想的展开和特质——陶行知“生活教育”思想研究》有这样几个特点：第一，他纠正了斋藤秋男对陶行知思想来源的偏颇认识，提出了自己的新见解。斋藤秋男把美国杜威、孟禄的学说对陶行知的影响视为陶行知思想的起点，牧野笃经过深入中国实地考察、了解和分析，他认为这样的结论不太全面，实际上在其留学美国之前已经比较全面地接受了中国固有文化的熏陶，中国传统文化为陶行知教育思想的形成提供了丰厚的沃土。陶行知教育思想不是单纯地对杜威理论的移植和接受，也不是后来对“民族土壤的回归”（斋藤秋男语），而是陶行知立足中国固有的土壤，批判地吸收和借鉴美国杜威和孟禄等人的思想，而且陶行知还善于将其加以改造，可以说陶行知是带着创造性思维去接纳西方文化的。第二，他将生活教育理论与陶行知的自身主体形成历程有机地结合起来，进而建构了一个陶行知研究的新框架。牧野笃认为，虽然陶行知把自己的教育思想自称是“生活教育”，但实际上他极力倡导这一思想和实践，主要是为了解放被西方侵略的东方民族，进而实现全体民众的解放，最后建设一个民主的“共和国”，这就是陶行知心目中的东方主体形成思想。他的“生活”不过是一个表达主体形成的概念而已。陶行知作为一个被社会历史规定的个体，既规定了他的历史性积极参与方式，又决定了他主体性地选择自己的存在的方式。他自身主体的存在方式以及社会因素的综合作用，决定了生活教育思想与陶行知自身主体形成具有历史必然性。在其构建的陶行知生活教育思想与其自身主体形成相结合的理论体系中，牧野笃将两者均分为三个时期。他将陶行知的生活教育思想的发展历程分为：第一部分共和国实现的国民论——生活教育思想的根基；第二部分民族解放的大众论——生活教育思想的形成；第三部分抗战建国的人才论——生活教育思想的展开。将陶行知自身主体形成也分为三部分：第一部分包括童幼年时期，金陵大学时期，赴美留学时期，南高师时期，平民教育时期；第二部分包括创办晓庄师范时期，工学团运动时期，推行小先生制时期等；第三部分包括周游各国宣传抗日时期，创办育才学校时期，开办社会大学时期等。这样就将陶行知的思想与实践自然地有机地结合在了一起。第三，资料翔实，主体意识强。由于牧野笃前期作了大量的资料收集工作，获取了许多有价值的第一手材料，因此比其他关于陶行知研究体现出的鲜明特征是新资料多。同时，他比日本以往学者的研究成果带有明显的主体性色彩，他比斋藤秋男更重视中国传统价值对陶行知教育思想形成的作用，比斋藤秋男更重视陶行知教育思想的主体性，更重视陶在接受杜威理论之前特别是他青少年时期的生活和教育经历，以及中国传统文化对他的潜在制约和影响。旨在深入领悟陶行知教育思想的内在本质，打破了以往日本学者将东西方文化对陶行知教育思想的影响割裂开来的固有思维模式（特别是“斋藤模式”），解除了东方与西方价值体系的人为壁垒，将东方固有的价值与西方介入的价值理解为互通互融的大文化气氛，从而创造出了一种适用于全人类的新价值体系；而且牧野笃能够在全面分析把握研究资料的基础上，高度概括陶行知思想的形成、内核及影响，将教育史学研究人员的主体意识贯穿其中。总之，牧野笃是20世纪80年代以来，特别是90年代之后日本研究陶行知的中坚和骨干。

在后起之秀崛起于学界之际，老一辈的学者仍在陶行知研究的园地上辛勤耕耘，孜孜以求。斋藤秋男继续发挥着日本陶研界指导者的作用。他虽已届花甲之年，但壮心不已，老当益壮，20世纪80年代以后特别是90年代以来又接连发表了若干有分量的新作，如《陶行知、晏阳初与"平民教育"运动》、《四十年代解放区与"生活教育"——〈中国革命与"生活教育"运动〉续》、《大众诗人陶行知的生与死——兼对旧著〈陶行知评传〉的补充》和《陶行知与他的三个战友(陈鹤琴、董纯才、张文郁)》、《迈向陶行知整体形象的研究——"人民教育家"和"大众诗人"的共存和内在冲突》等。他倡导陶行知研究工作应当迈向陶行知整体人格形象的研究而塑造他的整体形象，"而要想把握好陶行知的整体人格形象，必须透视到陶的人格内部所共存的'教育家'和'诗人'这两种性质的内在冲突和革新，并创造新的人格的过程和机制"。而且，他频频来华参观访问，进行教育交流，1995年和1996年先后应邀参加了在上海和武汉召开的陶行知学术研讨会。他还大力奖掖提携年轻的研究者，甘当他们的铺路石，表现了一位前辈学者的宽广胸襟，赢得了年轻学者的尊敬。此外，另一位老一辈教育史专家、国立教育研究所亚洲教育研究室室长阿部洋研究员也很重视陶行知研究。他根据自己的调查结果，于1988年发表了《哥伦比亚大学留学时代的陶行知——资料调查》一文，对陶行知早年留学哥伦比亚大学期间的学习和生活等有关情况作了翔实的考证。其中最有价值的是阿部洋博士1984年在哥伦比亚大学师范学院米尔巴科图书馆特藏室主任戴维·门特博士(Dr. David Ment)的帮助下，在米尔巴科图书馆特藏室收集到了一份十分珍贵的资料，那就是陶行知于1916年2月16日写给当时哥伦比亚大学师范学院院长迪安·罗素(J. E. Rurssel)的一封书信，信中表达了青年陶行知的理想和抱负。他在信中讲道："我生活的唯一目的，不是通过革命，而是依靠教育来进行民主主义建设。当看到共和国突然诞生所引起的各种弊端之后，我深信如果没有真正的公共教育，真正的共和国就不能存在。作为我终生的事业——从事教育行政的想法是去年夏天在日内瓦湖举行的Y. M. C. A的夏季大会上才明朗起来的。"文中所披露的有关史料，澄清了陶行知留美学习期间过去一直没有弄清楚的若干史实，具有重要的学术价值。

此外，20世纪90年代以来在日本学术界相当活跃的还有中野光、世良正浩和华人学者张国生、李燕等人，他们在陶行知研究方面也取得了不少成果。中野光是日本中央大学教育学教授、著名教育家，曾任日本教师教育学会会长、日本生活教育联盟副委员长。1996 年他应邀来华参加了在华中师范大学召开的“陶行知研究国际学术研讨会”，提交会议的论文是《日本的生活教育历史及其现状——与陶行知的邂逅以及日本生活教育运动的轨迹》，该文系统地介绍了日本生活教育运动的发展概况，分别从战争前、战争中与战争后三个时期来介绍日本生活教育运动的曲折发展历程。首先，介绍战前的生活教育运动，以日本成立于 1924 年、撤销于 1936 年的池袋儿童村小学校为倒，介绍了这所陶行知曾访问过的“生活学校”的办学风格、教学特色，该校有三个特点：学校教育是以孩子们的生活基础而展开的；注重孩子们的自治与互助精神；儿童非常重视对自然与社会的学习和艺术方面的教育。而且该校还办有《生活学校》杂志，本着“依赖于生活，运用于生活”的宗旨，开展研究。其次，介绍了战时日本军国主义残酷迫害从事“生活教育”的教学与研究人员，《生活学校》的编辑乃至读者相继被捕入狱，被判刑者多达 116 人，使日本的“生活教育”转入低潮。最后，介绍了战后日本《生活学校》复刊，“杂志的中心内容是如何给在荒败的日本社会中生活的孩子们提供品质精良的文化”。20 世纪 50 年代，日本还诞生了一个新的研究团体——“日本生活教育联盟”。通过中野光的论述，印证了斋藤秋男的结论：“生活教育没有国境。”世良正浩是日本陶行知研究队伍中的重要成员。他是明治学院文学部教授，也是中国现代教育史研究专家。80 年代，他先后发表了《对晚年陶行知的考察》、《在晓庄实验学校陶行知生活教育论的形成及其实验的研讨》等文章。90 年代初，他又发表《关于中国近代平等和自由思想的考察——对陶行知所述“平等和自由”的分析》等文章，对陶行知 20 世纪 30 年代有关平等与自由的论述作了细致入微的分析，从中可以看出陶行知政治信仰的微妙变化。

华人学者张国生是 20 世纪 90 年代日本涌现出来的研究陶行知的一位新秀，他获有东京都立大学博士学位。他的陶行知研究是从研究日本著名教育家柳田国男与陶行知的比较当中介入陶行知研究领域的。1996 年 3 月，他在东京都立大学人文学部《人文学报(年刊)》(270 号)上发表了题为《中日两国近代教育思潮的考察——陶行知与柳田国男的比较分析》一文，将同时代有类似命运的两位中日教育家作了深层次的分析比较。他认为，二人都是积极倡导教育改革并亲自投身教育实践，对近代教育作出了重大贡献，成为世界教育史上著名的两位教育家。陶行知以教育为专业，一生扑在教育上，而柳田国男先为农政官，后来把学问与教育结合起来，开始关注教育。第二次世界大战前他的有关教育的言论对日本教育界产生了较大影响，战后他又投身教育实践；陶行知也是在20世纪三四十年代一边从事教育理论研究，一边参加教育实践活动。两人学说的命运也有相近之处，陶行知的教育思想与实践对中国新民主主义革命时期的教育发展作出了很大贡献，但在新中国建立后不久，就遭到了长期的批判，到20世纪80年代“伟大的人民教育家”的荣誉才得以恢复。柳田国男的教育学说也曾一度被看做无效，但后来受到日本教育界的重视，现在已成为日本教育学者研究的重点对象。张国生认为，对这两位不同国籍的教育家进行比较，是一件很有意义的事情，对考察现实教育也有启迪。他集中从三方面对陶行知和柳田国男作了比较：(1) 晓庄学校教育实验与社会科教育实践。陶行知在学习与借鉴美国进步主义教育运动经验的基础上，在中国创办了晓庄学校作为其生活教育的实验基地；柳田国男也是在国外社会科实验潮流的涌动下利用民俗学的研究成果来帮助建立社会科，把教育方针、教育内容、教育方法贯穿在一起，对孩子们进行“田间教育”(社会生活教育)。(2) 近代教育批判与传统教育批判。在日本实施教育近代化、统一建立学校教育的过程中，柳田国男发现这种整齐划一的学校教育，抹杀了根植于民间生活、在民间自然形成、对生活有用的“民众教育”或“前代教育”，他认为近代教育脱离了生活实际，妨碍了孩子们的成长；陶行知更是极力批判中国的八股取士制度和空疏无用的传统教育扼杀了人的个性，主张创立以生活教育理论为指导的教育与生活相结合的大众教育。(3) 唤起疑问、发现并解决问题与教学做合一。柳田国男反对死记硬背式的学习方法，倡导“解决问题的学习方法”：唤起疑问、发现问题、解决问题。因为疑问通过一定的综合，就会抽象出问题，为了解决问题，就促使儿童去自己做。陶行知的教育指导方法论是“教学做合一”，“用教育、学习、实践密切联系”的方法，去反对传统的填鸭式教学模式。他们二人的目的均是为了培养学生的自主学习、独立思考、动手操作等能力。张国生博士的论文朴实无华、客观公平、立论新颖、视野开阔,通过将陶行知与日本人熟知的柳田国男作比较,进而更有助于日本人接受中国教育家陶行知的教育思想,为陶行知教育思想在日本更广泛的传播奠定了重要基础。华人学者李燕女士现为日本创价大学文学部教授,她的陶研经历是从 20 世纪 80 年代中期在东京学艺大学教育学研究科读硕士时开始的,成果发表始于 80 年代末 90 年代初。先后发表了《陶行知教育思想中的"生活即教育""社会即学校"》、《陶行知"教学做合一"中"做"的概念——晓庄试验乡村师范学校草创时期"做"的实践》、《陶行知的"真知识"论——以批判伪知识阶级为中心的实践和理论》、《陶行知生活教育的"艺术"——通过歌、童话、剧的代表作来分析》、《陶行知生活教育中的"艺术"——陶行知的艺术教育在新教育运动中的位置》等论文。李燕前期重点对陶行知教育思想的三个核心内容进行了研究,后来她将研究的视线转向了陶行知的知识论与艺术论。她认为,陶行知生活教育理论的根本目的就是教人们探求"真知识",即掌握能为现实服务、能解决人生困难的有用知识,而不是要学那些与人民大众的生活毫无关系的"伪知识",因此,陶行知提出要批判"老八股",反对"洋八股",打倒"伪知识"。同时,她还认为陶行知主张在知识上人人平等,人人皆有受教育权,尤其是贫苦大众更需要接受教育,只许少数人受教育的文化,是引导人类走向灭亡的文化。所以作者得出结论,陶行知所倡导的真知识,是引导人类步入兴盛繁荣的知识,是培养真善美和谐统一的新人的文化。李燕还挖掘了陶行知的艺术教育思想,她认为,艺术教育在陶行知生活教育理论与实践中占据重要的地位,而且其艺术教育思想颇有自身的风格与特色。所以,她通过丰富、翔实的材料,认真分析了陶行知如何采用歌、童话和剧等喜闻乐见的形式对儿童和大众进行艺术教育的;同时,还通过与同时期其他教育家、文学家的艺术教育思想作比较,来展示陶行知风格的艺术教育个性。

在东亚除了日本之外,韩国的学者在陶行知研究领域也取得了一定的成绩。20 世纪 50 年代初,韩国落入美国的军政控制下,这样教育也就相应地置于美国的进步主义教育思潮的影响之中。其间,杜威的教育理论以及在其影响下产生的陶行知的教育思想也就开始被介绍到韩国。当韩国人了解并熟悉了陶行知教育思想之后，便开始有人着手研究他的思想，就在这个期间，韩国的陶行知研究悄然兴起。韩国的陶行知研究最早开始于1975年，在当时中国尚处于对陶行知教育思想的批判之际，可贵的是韩国学者李炳柱首次在韩国发表了《陶行知博士与中共的教育理念》，这是中韩关系正常之前韩国人研究陶行知的第一篇论文。他客观地论述了陶行知的社会观、教育观、知识观及其与以毛泽东思想为基础的中国教育理念之间的相似之处。

中国改革开放之后，中韩关系逐步好转，特别是90年代以来，两国步入了全面交流的新阶段。从此，韩国也开始进入了陶行知研究的新时期。这一期间研究成果突出者当数金贵声为最。1992年金贵声在《圆光大教育研究》上发表了《陶行知的儿童教育论》，1994年他又在《韩国教育史学》上发表了《陶行知的劳作教育思想》，《中国近代教育中实用主义的影响：以陶行知为中心》一文也被收入《圆光大论文集》。1996年他还翻译了陶行知的《生活即教育》，2000年他在《教育开发》上发表了论文《陶行知：行是知之始，知是行之成》，2001年在《教育哲学》上发表了《陶行知的生活教育论思想的背景》。金贵声先后对陶行知的"儿童教育"、"劳作教育"、知行观以及陶行知"生活教育"的思想来源与时代背景进行了专门研究，其中他对陶行知的儿童教育思想挖掘比较深入。他认为，陶行知是中国现代儿童教育的开拓者之一，他的儿童教育思想在整个生活教育理论体系中占有重要地位，是生活教育思想体系的有机组成部分。

这一时期另一位韩国从事陶行知研究有影响的学者是金玟志。他的陶行知研究是从在庆北大学读研期间开始的，经过几年的潜心研究，1997年他拿出了题为《陶行知的生活教育思想》的研究生学位论文，该文于翌年在韩国的《中国史研究》上发表。他主要探讨了陶行知生活教育思想的形成、内涵及其影响，为韩国人全面、准确地了解中国的伟大教育家陶行知提供了重要的资料。还有一位研究陶行知的新锐李庚子小姐，她在北京师范大学教育学院攻读博士学位，主要从事中国教育史研究，她曾撰写《陶行知研究在韩国》一文，简要介绍了韩国的陶行知研究概况，并对韩国陶行知研究的现状作了分析，为我们了解韩国的陶研情况提供了宝贵的资料。

总之，在日韩的陶研界，无论是老一代的学者，还是年轻学者，大家都齐心协力，相互合作，共同为开拓陶行知研究的新局面、建立民族和民主的新教育而努力。

第二节　陶行知教育思想在欧美的影响

欧美是海外陶行知研究的又一重要地区。由于陶行知的生活教育理论和实践对中国以及世界上其他国家（尤其是第三世界国家）的教育改革与发展，已经产生并且还在继续产生程度不同的影响，由于陶行知抗战期间曾遍游欧美等28个国家和地区，宣传中国人民的抗日主张，介绍其独创的“小先生制”，特别是由于陶行知早年曾留学美国哥伦比亚大学，师事杜威、孟禄和克伯屈等人，与进步主义教育结下不解之缘，回国后又曾大力引进和传播杜威的实用主义教育学说，成为20世纪20年代新教育运动的主要领导人之一，因此，陶行知研究在欧美（尤其是美国）学术界历来颇受学人重视，其中不乏蜚声世界的知名学者，如克伯屈、文幼章、费正清、孔斐力等人。知名学者的积极参与，无疑在客观上为陶行知研究跻身于欧美中国学者研究领域创造了有利条件，同时也为其今后的发展展示了良好前景。下面，就让我们追溯一下80年来欧美陶行知研究的演进历程。

一、陶行知思想在美国的传播

早在1929年，即陶行知创办南京晓庄学校的两年后，世界著名教育家、美国哥伦比亚大学师范学院教授克伯屈（William Heard Kilpatrick）就对陶行知的教育理论有所论评。是年10月中旬，他曾去晓庄学校实地考察，并发表感想说：“在这学校，不读死书本，是在生活上直接接触，办教育用这种生活，可负引导农民的使命，使合乎现代的思潮。这里的小朋友也是很有幸福的，因为他们不是过那呆板的固定的生活，而是顺应世界变化的生活。这个运动，这个学校，不是一人，或少数人所能创造出来的。这里的指导员、同学、小朋友都作了运动的一分子。如大家肯努力，过一百年以后，大家再回过头来，纪念晓庄！欣赏晓庄！这就是教育革命的策源地。”还说：“我曾到各处找这一种运动，找这一种试验的方针和办法，以及发动的理想，进步的过程，都合乎我的标准。这也可以代表中国整个民族精神。”并表示：“我现在无论到什么地方，都要宣传在中国的晓庄有一个试验学校，把这里的理想和设施宣传出去，使全世界的人知道！”因克伯屈是闻名世界的教育家，他的话在国际教育界是很有影响的，所以，从20世纪30年代起，陶行知及其晓庄学校就开始逐渐引起欧美学者的注目。

20世纪40年代中期，一些在华工作或访问的欧美学者，曾对陶行知的人格、思想和事业留下了深刻印象，并评价甚高。比如，英国著名学者、《中国科学技术史》著者李约瑟(Joseph Needham)博士的夫人陶露西・尼达姆(Dorothy Needham)在一篇题为《育才学校》的文章中，对陶行知创办的育才学校大为赞赏，认为“这是一所中国式的运用现代的教学方法的实验学校”。并指出：“尽管学校生活是非常艰苦的，但教师们和孩子们都是愉快的，并且是充满信心的。教师们尽管工资异常低，但他们感到学校的气氛十分良好，在教学过程中，他们可以完成一些创造，因为他们能获得充分的自由来自己钻研。”又如，加拿大学者、世界和平理事会副主席文幼章(James G. Endicott)博士格外推崇陶行知的伟大人格，说：“陶行知博士具有强大的感召力，使得随便哪一个善良的人，都愿意贡献出他的所能为社会作最大的服务，在实际的工作上教育他们，鼓舞他们。他目标纯洁，行动笃实，生活刻苦自励。没有一个人比他更知道中国的真正需要，没有一个人像他那样需要勇敢果决的大众教育、为民主的组织和实践奋斗终生。”他称赞陶行知是“一个别有见地的、创造性的教育天才”。再如，美国援华会总干事毕莱士(Mildred Price)女士在1946年7月陶行知去世后曾撰文说：“在美国，大家都知道陶博士是一个伟大的教育家。从太平洋的加利福尼亚州到大西洋滨的美国人都认为他是中国一个了不起的教师，并且还用他那‘即知即传人’的名言象征中国今天最需要的一种教育。”并富有洞察力地断言：“我觉得陶博士不仅仅是属于中国的，而且是属于全世界的。”这表明早在20世纪40年代中期欧美有识之士已经看出陶行知是一位具有世界影响的大教育家。

这里特别值得一提的是1946年印行的《为了民主中国的教育》，这是早年曾在南京高等师范学校教育系师从过陶行知的赵冕在美国哥伦比亚大学师范学院毕业时撰写的教育学博士学位论文。他在这篇教育学博士学位中比较研究了陶行知、晏阳初、梁漱溟等人的教育思想与实践,用较大篇幅论述了陶行知为了中国教育的民主化、现代化,刻苦求学,远涉重洋,不畏艰辛,甘于清贫,在中国农村开展教育实验,并创造性地提出了"具有中国化、大众化"性质的生活教育理论,称赞陶行知为"中国现代教育作出了很大贡献"。

当然,严格地说,赵冕的教育学博士论文《为了民主中国的教育》还谈不上是一部专门研究陶行知的著作。这一时期美国大部分有关陶行知的评介还不能视为真正的学术研究,至多只能看成研究的初级阶段。直到20世纪50年代初,欧美学者才真正把陶行知作为一个特定的研究对象来加以考察。

首先开始对陶行知其人其说作系统研究的,是一位美籍华裔学者朱宕潜。据朱自述,陶行知对他的一生影响极大。早在1925年,他还在一所师范学校读书时就首次聆听了陶行知关于民众教育的演讲。从那时起,他就开始阅读陶行知有关民众教育的论著。在1929年至1930年期间,他作为大学生在南京中央大学教育学院做研究时,常去参观陶行知创办的晓庄试验乡村师范学校。这所学校的情形使他明确意识到中国教育应该如何改革。从这时起直到1946年,他钻研陶行知的教育理论并且得以与陶本人经常保持着联系。在中日战争期间,他任河南信阳师范学校校长时,曾组织他的同事和学生同军队和民兵一起工作,教民众如何更进步地生活和战斗。他还在战区实施"生产教育计划"、"师范教育计划"和"乡村教育试验"等特殊计划,而从事这类实践的观念就是根源于陶行知的教育哲学。陶行知的教育理论给他的教育实践以巨大的鼓舞和启迪。由于上述原因,朱宕潜在50年代初赴美攻读哥伦比亚大学师范学院教育学博士学位时,就选择了以陶行知的教育理论和实践作为其研究对象,并在1953年向校方提交了题为《陶行知与中国现代教育》的博士学位论文。

这篇博士论文由绪论和八章构成。在绪论中,朱宕潜首先对陶行知的历史地位和作用予以充分肯定,指出:"陶行知是中国现代教育最有影响的代表者,也是中国历史上最伟大的教育家之一。他批判地分析了中国传统教育。他发起和领导了许多教育改革运动。他的教育理论创立于现实的教育试验基础之上。他根据对中国人生活和社会的直接研究,创立了一种独特的教育模式。虽然他是一位知识分子,但却成为民众的导师和朋友。他对中国教育界和政府教育政策的影响是非常大的。历史将表明他所占有的地位类似于美国的贺拉斯·曼(Horace Mann)和智利的多明戈·福斯狄罗·萨明托(Domingo Faustino Sarmiento)。"接着,他阐明了陶行知教育思想与外来文化思想的关系,指出:"美国文化和教育对于陶行知发展他的教育理论甚有启迪。当然,其他国家的影响也不可忽略。但陶行知既不是完全拒绝外国的教育理论,又不是毫无保留地接受过来服务于中国人民,他仅仅是利用这些理论以适合中国社会的需要。"因此,他认为从事陶行知研究,不仅有助于了解中国教育,也可为其他国家(特别是第三世界国家)的教育改革与发展提供有益的经验。

基于以上认识,他为自己这篇论文确定了三个任务:(1) 阐明什么是陶行知的教育理论和实践;(2) 找出其产生原因;(3) 评估陶行知其人其说对中国现代教育所产生的影响。围绕这三点,他撰写了八章内容。第一章探讨了陶从 1917 年到 1946 年主要的教育实践和理论,介绍其生活和工作;第二章叙述了 1917 年至 1927 年期间,陶任南京教育界领袖和在平民教育运动中的表现;第三、四、五章则分别论述了 1927 年至 1930 年期间,陶在南京郊外晓庄提倡和从事的有意义的教育试验;第六、七两章介绍了陶 1930 年至 1936 年在上海的教育试验,以及 1938 年至 1946 年在重庆的教育试验;第八章是全书的总结。由于作者本人的特殊经历,因而这篇博士论文相当准确地阐述了陶行知的教育理论和实践,比较客观地评价了陶行知在中国历史上的地位和作用。尽管由于种种原因,这篇博士论文在某些史实的记述和思想的解说上尚有不周之处,但对当时欧美陶行知研究的开展是起了一定的推动作用的。

就在朱文提交校方的几年后,知名学者、哈佛大学的孔斐力(Philip A. Kuhn)教授也在哈佛大学东亚研究中心 1959 年出版的《中国论文》第 13 卷上发表了一篇题为《陶行知,一位教育改革家,1891—1946 年》的专题论文,介绍了陶行知其人其说,辨析了陶行知与杜威以及进步主义教育的关系,并提出了晓庄是陶行知事业上的巅峰的论断。该文所提出的若干论点后为不少学者所赞同，并作了进一步发挥。

1966 年，朱宕潜将其博士论文以《新兴国家的教育型：陶行知在中国的工作，1917—1946》为题，由台湾台南高昌印刷公司正式出版。在该书的正文前面，有哥伦比亚大学师范学院荣誉教授克拉伦斯·林顿(Clarence Linton)所作的一篇序言。林顿在序言中称陶行知是“近代中国最伟大的教育改革家之一”，认为他所置身的那个时代——20 世纪上半叶——中国所面临的教育问题与今天其他发展中国家所面临的教育问题在许多方面有相似之处。因此，他的教育理论和实践对于今天这些发展中国家的教育改革和发展来说，富有借鉴意义。

进入 20 世纪 70 年代以后，欧美陶行知研究的发展速度明显加快了。突出表现为越往后研究成果或出版的间隔时间越短，这从一个侧面反映出陶行知研究在欧美学术界日益受到重视。

1970 年，陶行知被作为 重要条日收入在国际学术界影响极大的《民国名人传记辞典》(Biographical Dictionary of Republican China)第 3 册，由哥伦比亚大学出版社出版。该辞典主编包华德(Howard L. Boorman)曾于 1947—1950 年和 1951—1954 年间先后在美国设于北京、香港的外事机构任中文秘书。这部大型传记辞典是 1955 年包华德提出建议，由福特基金会提供经费，在哥伦比亚大学国际关系学院主持下编写的。它收入我国辛亥革命以后各方面有名人物的传记 595 篇，约 140 万字。除主编包华德外，参加编辑工作的先后有 15 人。不少传记除根据文献资料外，还采用了一些当事人或知情人的口述资料。在“陶行知”条目中，撰者称陶行知是“教育理论家、改革家”，认为“他的理论依据杜威和王阳明的思想”。他在金陵大学读书期间接受了王阳明的哲学观点和教育理论，在哥伦比亚大学留学时代又潜心研究了杜威的实用主义。“他从王阳明的学说中认识到真知必然具有实际效果，而知和行则是一致的。从杜威那里他获得了真理进化的学说，以及人类一切形式的活动都是解决问题的工具的观念，他又从杜威那里懂得了民主是伦理价值的初始源泉。”陶行知抱着这些观念，开始了他改造中国教育的伟大实践。上述关于陶行知与杜威理论、与王阳明学说相互关系的分析，以后常被研究者作为权威性观点加以引述。

1974年,蒙特·霍约克学院的巴雷·基南(Barry C. Keenan)教授在他那篇著名的论文《中华民国早期的教育改革与政治》(载《亚洲研究杂志》第33卷,1974年2月)中,对杜威以及美国进步主义教育在中国的命运作了简洁而精彩的论述。他的文章《陶行知与教育改革》比较系统地阐述了陶行知的生活教育思想与非正式教育实验运动。巴雷·基南认为,在这个过程中陶行知努力克服中国教育西方化的倾向,通过自己创造出来的教育理念才能真正促进中国教育的进步。他引用了陶行知的原话来阐述这一道理:"我曾下了一个决心,凡是为外国教育制度拉东洋车的文字一概删除不留,所留下的都是我所体验出来的。"陶行知正是本着这样的宗旨,力求走出一条具有本民族和本国特色的教育发展之路。《郭秉文、蒋梦麟、陶行知与新教育改革运动》是他的又一篇文章,他将中国现代教育改革的亲身实践者陶行知,与几乎同期留美的郭秉文、蒋梦麟作了比较研究,曾分别任北京大学和东南大学校长的蒋梦麟、郭秉文尽管曾活跃于政界,也力图照搬杜威的教育模式,但相继都陷入困境、宣告失败,而陶行知却与他们走了不同的道路,他步入向来不被人重视的中国贫穷落后的农村,"他在乡村建设教育实践中,对杜威的教育原则作了大幅度的修改",为中国这个农业大国的教育发展找到了一条某种程度上具有一定可行性的发展道路。后来巴雷·基南在这些研究成果的基础上写成一本专著《杜威实验在中国:民国早期的教育改革与政治势力》,由哈佛大学出版社于1977年出版,书中介绍了中国新教育改革运动领袖们的主张和活动,揭示了他们在各种政治势力的夹缝中从事文化改革时所必然遭遇的悲剧性结局。

在研究陶行知的欧美学者中,特别值得一提的是在国际学术界享有盛誉的著名历史学家、美国现代中国学奠基者、哈佛大学教授费正清(John King Fairbank)。费正清20世纪30年代曾在北京学习中国语言、历史和文学,并在清华大学讲授历史课。后自1936年至1977年在哈佛大学讲授中国历史,培养了大批美国研究中国问题的学者,成为美国现代中国学的鼻祖。他还是50年代以来美国政府对华政策的高级顾问。第二次世界大战爆发后,他以事假供职于美国政府,有时在华盛顿,有时在美国驻华使馆。在华期间,他曾与陶行知多有接触,对陶的人格、思想和事业均极钦佩。1946年7月陶病逝。同年12月9日，美国教育界在纽约隆重集会追悼陶行知，到会的有美国教育界名流及中国留美人士300余人。由杜威博士和冯玉祥将军担任名誉主席。费正清曾代表罗格博士讲述陶行知1914—1915年间在伊利诺大学学习时的生活。从某种意义上说，费正清是欧美陶行知研究的先驱者之一。正是受他的影响，一些中国学专家(如前文提及的他的高足孔斐力教授等)50年代便开始研究陶行知。至于他自己，对于陶行知也多有论评。比如，在那本被人们誉为"经典之作"的名著《美国与中国》(哈佛大学出版社1978年第4版)里，他指出："陶行知博士的经验就是一个例子。陶在伊利诺大学就读和随后在哥伦比亚大学得到杜威的教导后，回中国从事乡村教育，并帮助开展'小先生'运动，使学童成为其他文盲的先生。这种识字运动形成连锁反应，特别是在1937—1938年政府迁到武汉时的统一战线时期。这项工作显然有点像政治炸药，国民党下令禁止了。"又如，在1986年出版的新作《伟大的中国革命，1800—1985》(纽约哈珀与罗出版股份有限公司版)中，他对陶行知作了更为精辟的论述："虽然晏阳初和定县在美国一直很有名，然而，杜威博士的最有创造力的学生却是陶行知(1891—1946)。他是一个穷学生出身，在受到王阳明学说启发之后很多年，才于1915—1917年上师范学院(指哥伦比亚大学师范学院——编者注)念书。他于1921年任南京东南大学教育学系主任。翌年继蒋梦麟之后任《新教育》杂志编辑。他在民众教育运动方面非常积极，为工人和贫苦人民办夜校和各种中心。他展开'小先生'运动，让文盲学会后再以他们的新知识教育其他文盲，这样连锁下去。对于1927年的反共产主义分子来说，这就好像一个政治炸弹一样。在城市里搞民众教育，被视为叛逆而遭禁，陶行知就到农村进行教育和农村恢复计划。美国的进步教育用的现成的学校制，陶行知发现中国普通群众只能就他们的生活、工作、农村、家庭和车间所在地受教育；在哪里聚居，就在哪里学习。在所有美国训练出来的教育者中间，陶作为一个穷人出身的人，使他成为极不寻常地同情于普通人民的需要，而这终于使他比别人更接近共产党。最后他于1946年，在国民党未能下手暗杀他之前，患中风逝世。"毋庸置疑，费正清的上述精辟论述对欧美学者的陶行知研究产生了重要影响。

除了孔斐力外，哈佛大学博士、现为芝加哥大学教授的艾恺（Guy S. Alitto）也是深受费正清学术观点影响的一人。他在曾获“美国东方学奖”的《最后的儒家——梁漱溟与现代中国的困境》（加利福尼亚大学出版社1979年版）的前言中，称“我在哈佛受导师本杰明·史华茨（Benjamin I. Schwartz）和费正清的影响明显地体现在该书的每一页里”。尽管这是一本关于梁漱溟的人物传记，但在全书的十三章中，有三章都提到了陶行知的教育理论和实践，特别是第七章中，专门列有“陶行知和晓庄实验乡村师范学校”一节，论述陶行知及其晓庄师范对于梁漱溟教育思想和实践的影响。值得注意的是，另一位著名的中国近代史专家、加利福尼亚大学教授、曾任美国史学会会长的魏斐德（Frederic Wakeman）在为该书所写的序言中，也将陶行知的乡建模式与梁漱溟的乡建模式作了比较，指出了两者的差异。显而易见，艾恺和魏斐德有关陶行知与梁漱溟关系的论析，拓宽了陶行知的研究范围，提出了陶行知研究的新课题。

二、陶行知思想在欧洲的传播

20世纪80年代以来，欧美的陶行知研究出现了新的动向，以往美国学者在这一领域一枝独秀的局面开始被打破，越来越多西方国家的学者对陶行知产生了浓厚的兴趣，陶行知研究日趋国际化。

早在20世纪50年代，就有一位奥地利籍的詹生博士（Fritz Jensen）曾作为联合国善后救济总署的工作人员来中国，他分别到过国统区和解放区，对中国创办的育才学校有所了解；1953年他作为民主德国《新德国》报纸的特派记者再度来华。在对陶行知有了比较多的了解之后，他在德国出版了《中国腾空而起》一书，向德国人民介绍了“中国最伟大的教育家陶博士”的业绩，如“育才学校”和“小先生运动”等，为德国人了解陶行知奠定了良好基础。1975年刚从西柏林自由大学毕业的艾哈德·内克曼（Erhard Neckermann）就开始了陶行知教育思想的研究，1975—1976年冬季他主办了一期以研究陶行知的生平与著作为重点研讨班，并与参加研讨的四名大学生和另两名同事共同翻译了一本文献《生活即教育——中国改革教育学家陶行知之生平》，在西柏林自由大学校内发行。1978—1980年，他在中国西安外国语学院担任外籍教师，内克曼利用在华之际，收集了大量关于陶行知的资料，并实地考察了南京晓庄师范学校和陶行知纪念馆，采访了在西安的陶行知的学生和同事；还利用回国路经日本之际，专门拜访了日本著名的陶研专家斋藤秋男先生。1981年在陶行知诞辰九十周年之际，他撰写了一篇《陶行知——被中国重新认识的人民教育家》的纪念文章，分别在自由柏林广播电台播出和在德文版的《新中国》上发表，对帮助德国人民了解陶行知这位近代中国伟大的人民教育家产生了积极作用。1993年克尔斯滕·赖希教授将他的博士生丁伟祥翻译与整理的有关陶行知的一些资料编辑出版了《陶行知——中国二十世纪的改革教育学家》一书，介绍了陶行知教育思想是在批判传统教育的基础上逐步形成的一个新的教育理论体系，并叙述了陶领导下的教育实验运动。德国新起的另一位陶研界学者是华人黄冬，他曾于1978—1982年就读于西安外国语学院德国语系，协助内克曼教授收集和整理过关于陶行知的资料，从此他便产生了对陶行知研究的浓厚兴趣。1988年他到德国马堡大学留学，1993年获硕士学位，1997年获联邦德国马堡大学博士学位。他的博士学位论文是《陶行知（1891—1946）与阿道尔夫·莱希维恩（1898—1944）——两个改革教育家之比较》，1999年由德国汉堡考瓦克博士出版社正式出版。黄冬将20世纪世界两位著名教育家作了比较研究，从文化、政治和教育三个方面将两位教育家进行了比较，两人都是中西文化的使者，为世界文化交流与发展作出了杰出的贡献；两人“同作为反对独裁专制、崇尚民主的进步教育家，有着类似的经历、遭遇、政治理想和追求”；两人拥有大致相同的教育理念：他们都主张让广大贫苦大众受到教育的民主教育观，他们都倡导学校应该是学习民主规则的“训练场”、培养生活能力与社会能力的“共同体”和带动乡村文化生活的“火车头”，莱希维恩创立的“帮手制”与陶行知发明的“小先生制”亦有类似之处，还有莱希维恩所推崇的“意图教学法”与陶行知的“教学做合一”教学观也有共同之处。作为中国籍的德国博士，黄冬对中德两国文化都比较了解，所以他的论文可以说在德国陶研界是最具权威性的成果之一。

1987年，法国杰出的汉学家、巴黎国立科学研究中心主任研究员玛丽安·巴斯蒂女士（Marianne Bastid）在她与加拿大中国教育问题专家露丝·海霍博士（Ruth Hayhoe）共同主编的《中国的教育和工业化的世界：

文化传递研究》(中译版更名《中外比较教育史》,上海人民出版社1989年版)中,发表了《是奴役还是解放?——记1840年以来外国教育实践及制度引入中国的进程》一文,论述了20世纪初随着民族主义的日趋高涨,非宗教大同盟运动和收回教育权运动的相继兴起,中国的教育政策开始放弃只用一个外国教育模式的做法,转而采用折衷式的借鉴,指出“到这时受到批评的就是美国的教育制度了,这与以前的日本制度一样,而批评它的正是那些最了解它、也曾帮助它在中国得到广泛承认的人,陶行知就是一例”,并认为“陶行知、梁漱溟、晏阳初在农村地区的教育活动则是中国教育家在根据教育需要活动时能够独立自主的又一明证”。运用文化传播学理论来探讨陶行知以及中国教育与西方教育的关系,无疑有助于包括陶行知研究在内的整个中国近代教育史研究的深入。

加拿大学术界也一直对陶行知研究比较感兴趣,这与陶行知生前多次访问加拿大有关。陶行知曾于1937—1938年先后四次访加,积极宣传抗战,号召全世界爱好和平的人们起来反对日本法西斯,在当地引起强烈反响,也使加拿大人民深深记住了这位热爱和平的中国教育家。在近半个世纪后,加拿大约克大学格兰登学院社会学教授唐纳德·E·维尔默特追忆了他于1944年在重庆育才学校与陶行知的交往以及所见所闻,并写成了《陶行知是个了不起的人》(1994年8月25日载上海陶研会编的《行知行》),文章以平实的语言、真挚的情感再现了他所了解到的陶行知的朴实、谦逊、真诚、热情的性格和“始终如一的为人民服务的精神”,使读者感到真实、亲切,为加拿大人民了解陶行知提供了一份珍贵的资料。他还在其有关社会学著作中提到了陶行知的教育社会学思想。约克大学历史系教授玛戈·格瓦茨(Margo S. Gewurtz)则在一篇关于中华职业教育社的论文《社会现实与教育改革:中华职业教育社的个案考察,1917—1927》(《现代中国》第4卷第2期,1978年)中涉及了陶行知的职业教育思想。这种多角度、多层次的考察,意味着欧美的陶行知研究者已较此前眼界更为开阔,研究愈发具体。

20世纪90年代以来,比利时学术界也出现了关注陶行知研究的趋势。代表性人物是波西凯女士,她毕生以陶行知为榜样,力求做陶行知式的教育工作者,她曾先后被中国授予“友谊奖”、“首届行知奖”、“优秀教师"、"外籍专家先进工作者"等荣誉称号。在其学做陶行知式教育家的实践之余，她也撰写了有关陶行知研究方面的文章，1992 年她写的《我为友谊和献身而来》发表在《人民日报》(5 月 22 日)海外版第六版，文中满怀深情地赞扬了陶行知的伟大人格，并以陶行知的"捧着一颗心来，不带半根草去"，"以社会为学校，奉万物为宗师"等原话为座右铭，决心学习陶行知的人格风范和献身精神，视教育为天职。1994 年她又在《金陵陶研》上发表了题为《陶行知教育思想对我的帮助》一文，她回顾了自己在中国香港度过的 23 年和中国大陆 8 年的教学生涯，认为在此期间她之所以能"以充沛的精力、昂扬的斗志，并带着新的美好希望"去教学和工作，就是因为陶行知的伟大精神激励着她。她认为："陶行知先生是我们的先驱，他的献身普及教育给我们树立了榜样。"在南京任教期间，她先后三次去晓庄学校旧址参观，平时经常向曾是陶行知学生的张一之先生请教，并大量阅读了陶行知全集中的文章。她深深地被陶行知的教育思想所打动，"我觉得陶先生很多的观点和自己的想法是相吻合的"。波西凯的这两篇文章严格来讲，还谈不上是陶行知研究的学术成果，但毕竟体现了陶行知及其教育思想对比利时人的影响。

俄罗斯在 20 世纪 90 年代以来也开始了对陶行知的研究，集中体现在曾来南京师范大学做过访问学者的尼·叶·鲍列夫斯卡亚女士的研究成果上。尼·叶·鲍列夫斯卡亚是前苏联科学院研究员，1991 年来华访学并参加了在北京召开的中国陶行知诞辰 100 周年纪念大会。她提交给大会的论文是《如何评价陶行知对现代教育的贡献》，该文于 1992 年在《行知研究》第 2 期上发表。她在深入分析与思考陶行知在现代中国教育史上地位的基础上，对陶行知生活教育理论中的一些主要观点，如"教学做合一"、"六个自由"、"在劳心上劳力"、"创造的教育"等，做了理论上的分析。经过研究，她认为："陶行知是一个倡导包括德、智、体、美、劳五育在内的个性和谐发展的教育理论家和实践家。"文中总结了陶行知"生活教育"的基本特点是"民主的，科学的，群众性的，创造性的"。还强调，陶行知提出的培养"能够独立思考的人"、"培养新的自由人"的思想对当今中国乃至世界教育改革仍具有现实指导意义。总之，尼·叶·鲍列夫斯卡亚的观点颇有新意，成为俄罗斯研究陶行知教育思想的开山之作。

在德、法、加等国学者异军突起之际，美国学者丝毫没有放慢他们的研究步伐。获有哥伦比亚大学、芝加哥大学和斯坦福大学三校哲学博士学位的中国教育思想史专家、香港大学教育学高级讲师的美国学者休伯特·布朗(Hubert O. Brown)于1987年在前述《中国的教育和工业化的世界：文化传递研究》一书中发表了《中国教育中的美国进步主义：陶行知个案》的长篇论文。与巴斯蒂一样，布朗也是运用文化传播学理论来探讨陶行知与西方教育关系的。但两人的着眼点却不同：巴斯蒂主要是宏观透视，布朗则侧重于微观考察。比较起来，布朗的研究更为细致缜密。布朗在剖析了陶行知与杜威以及美国进步主义教育的关系后，断定："可以毫不含糊地把确切存在他(指陶行知——编者注)思想和行动中的事物归诸进步主义的影响，是很成问题的。从其作品来看，陶显然使用了进步主义的修辞，然而，若就任何具体事物作较仔细的检查，那么他所依仗的实质，至多只是部分的，而且有时整个都可怀疑。许多中国进步主义者都是这种情况，但陶行知尤其如此：他可能接受了进步主义的见解和朝气，在有些事情上接受了杜威所提倡的专门实践。尽管如此，他观念和行为的源泉、延伸和远景，极显然是扎根于陶的个性，他使中国适应社会上存在的文化类型和使西方文化移入的模棱两可性，以及中华民国发展中的历史形势。毫无疑问，陶受到了进步主义的影响，但却是略似太阳的引力使掠过它的星光偏移的方式，而星光的源头和归宿是在别的地方。"不管布朗的结论是否符合历史实际，但他注重探讨文化传播过程中传播者、传播物、传播渠道和被传播者诸种因素之间的复杂关系，却为人们提供了一条新思路，反映出欧美陶行知研究的新动向。

20世纪90年代以来，还有两位美籍华人学者在美国陶研界比较活跃，一位是现任美国加州大学(洛杉矶)教育学院博士生导师、加州州立大学北岭分校教育学院教授、中国研究所所长的苏智欣女士，她于1989年撰写了《杜威与陶行知的哲学观及教育观》一文，后来将文章分成两部分，前一部分以《杜威和陶行知：关于他们教育哲学的初步比较》为题，作为提交给1989年在加拿大召开的"世界比较教育大会"的学术论文；后一部分以《杜威和陶行知：关于他们的教育观》为题，提交给1990年在美国加州举行的"比较与国际教育协会年会"。苏智欣教授运用翔实的资料，先评价了杜威的教育哲学观，接着凭借其深厚的理论学养对陶行知在改造杜威教育哲学思想基础上形成的生活教育理论作了论析，最后又将陶行知与杜威的教育观作了哲学层面上的比较。她的结论是："杜威的思想对于中国的教育产生了巨大的影响，其中也因为陶行知在传播与检验杜威的教育思想中起了如此重要的作用。从大的方面讲，陶行知被誉为中国普及教育的核心人物。他的各种努力在为人民共和国的建立准备更有知识的公民方面作出了贡献。"在她眼中，陶行知在创立其生活教育理论的过程中实现了对杜威教育观在中国的扎根与传播。然而，陶行知并未完全将杜威教育观照搬回中国搞试点，而创造性地走出了一条适合中国农村的有利于民众解放的教育发展之路，"当杜威正在为政治民主中的个体发展一种生气蓬勃的教育理论的时候，陶行知则富有创见地计划着通过一种根植于生活的教育使他的人民获得解放"。1996 年苏智欣教授又在哥伦比亚大学师范学院学报上发表了《教学做合一:中国师范教育中的杜威实验》，论文从"陶行知与杜威教育思想的异同"、"教育是社会改革的工具"、"学校即社会"和"社会即学校"、"教育即生活"和"生活即教育"、"进步教育、儿童中心教育和基于经验的教育"、"兴起、跌落:陶行知和杜威思想在中国的复兴"、"杜威思想在晓庄师范学校的实验"、"今日的晓庄师范学校——相同点与差异处"等方面研究了杜威与陶行知的教育思想与实践。在她看来，"陶行知的教育思想主要派生于杜威思想前提的学校和社会、教育与生活以及进步教学法。然而，为使这些思想符合中国现实实际，陶行知对其加以改革，以适应中国的挑战和需要。因此，这些思想与美国的不一样。"这是作者经过精心研究和深思熟虑后得出的比较客观的结论。另一位是毕业于芝加哥大学历史系、由艾恺教授指导的蔡崇平博士，他于 1996 年参加了在华中师范大学召开的"陶行知研究国际学术研讨会"，提交会议的论文是《从教育到政治:陶行知与大众思想》。他从中国现代社会的大众思想、知识分子心态谈到了陶行知的知识分子观、生活教育观及其办学实践活动，以宽阔的视野、凝练的语言、哲学的思维和严谨的态度，认真思考与审视了陶行知在现代中国的教育战线与政治领域中所占据的显著地位和所发挥的积极作用。蔡崇平以其清新的文风、丰厚的学养、坚实的功底，受到学界赞誉，被人们视为未来美国陶研界的中坚与骨干。

综上所述，不难发现，欧美学者对陶行知的研究，尽管涉猎的范围很广，但早期主要集中在两个相互联系的问题上，即陶行知与杜威以及进步主义教育的关系，陶行知与王阳明以及中国传统文化的关系，近期已开始注意将陶行知与本国教育家进行比较研究，这显示出欧美学者的研究重点有所不同，但在研究难度上，两者实在难分轩轾，各有千秋。特别是20世纪90年代以来美国也不乏从新视角去研究陶行知的学术性较强的研究成果。由此，我们可以预料，随着各种主客观条件的改变，欧美陶行知研究的队伍还将继续扩大，成果还将不断增多，陶行知研究将在欧美中国学领域占有重要的一席之地。

第三节　陶行知教育思想对港台地区的影响

尽管港台地区都是中国的一部分，尽管两地的学者在研究陶行知的主观条件方面不存在任何阻碍，但无论是就研究队伍，还是就研究成果来说，均不及日本和欧美学者，这里面的原因颇为复杂，不是三言两语说得清楚的。但有一点可以肯定，即都深受政治气候的影响。当然，平心而论，60年来陶行知研究在港台地区还是取得了一定成绩的。

一、香港对陶行知思想的研究

应该指出，陶行知的教育理论和实践很早就为香港的广大教师和民众所熟悉。早在20世纪30年代中叶，陶行知曾于1936年夏天经香港去英国伦敦参加“世界和平大会”的第一次会议。会议结束后，他受“全国各界救国联合会”的委托，担任国民外交使节，赴欧美等28个国家和地区，宣传中国人民的抗日主张。两年后，因国难严重，他又于1938年8月30日经香港回到祖国。在港期间，他积极宣传抗战，推行业余教育活动，并发表声明：回国后要做三件大事。特别值得一提的是，他在香港创办了“中华业余学校”，任该校董事长。这是他生活教育理论的一次光辉实践。从此，他的教育思想就在香港广泛传播开来。

陶行知去世之后，香港的若干报刊上曾刊登他的一些当时留在香港的学生们所写的回忆文章，如方与严的《晓庄学校回忆片录》(《文汇报》，1948 年 9 月 14 日)，怀远的《陶行知募捐如打仗》(《大公报》，1948 年 10 月 4 日)、白桃(即戴伯韬)的《陶行知的艺术家的生活》(《大公报》，1949 年 3 月 13 日)和《向老妈子学习——回忆陶行知先生》(《大公报》，1949 年 3 月 31 日)、克炎的《回忆育才生活——纪念陶行知校长》(《大公报》，1949 年 7 月 25 日)，等等。当然，这些回忆性文字只能算作研究工作的素材，还不是真正的学术探讨。

1951 年，大陆发起对电影《武训传》的批判，涉及曾经称道过武训的陶行知和他的教育思想。1957 年，在"反右"运动中，不少陶门弟子和陶行知研究者被打成"右派"，陶行知研究从此成为"禁区"。这种情况也不能不影响到与大陆毗邻的香港的教育界。因此，从 20 世纪 50 年代至 70 年代的整整 30 年间，香港的陶行知研究成果甚微。其间，仅有为数不多的论文和著作。龙文书店曾于 1966 年出版了一本《陶行知 · 行知文献：手脑并用，生活教育倡导人》，只是资料介绍的一般性的著作。同年，原香港罗富国师范学院(为现在香港教育学院前身之一)教师的阮雁鸣，在香港文教图书社出版了《杜威学说与中国教育》一书，其中有一部分内容谈到了陶行知及其教育思想，比较了陶行知与杜威的社会观和教育观，旨在用陶行知作铺垫来阐明杜威教育思想对中国教育的重要影响。作者的结论是："陶行知几乎全部接受杜威之社会论、知识论和生长论，陶氏的事业，处处依著杜威哲学之基本假设而行。"显而易见，这种观点是很不全面的。

1978 年中共中央十一届三中全会以后，经过拨乱反正，大陆地区的陶行知研究也随之恢复。在这一新形势的推动下，香港教育界的有识之士开始着手探讨陶行知的生平事迹和思想遗产。1980 年，香港中文大学教师、知名作家卢玮銮女士在《开卷》杂志 8 月号上发表了《陶行知先生在香港》一文，叙述了 1938 年 9 月和 1939 年 1 月这两个月期间陶行知在香港的社会活动和教育实践，还介绍了新发现的他在香港所写的六首诗。翌年 10 月 19 日，卢玮銮又以"小思"的笔名在《明报》上发表《敲钟者》一文，称赞陶行知是近代中国伟大的"敲钟者"。次日，张增泰在《大公报》上发表《陶行知二三事》，一般性地向香港民众介绍中国现代著名教育家陶行知的一些事例。值得一提的是，现为香港中文大学教育学院教授的蔡宝琼博士，在英国牛津大学读博士期间撰写的毕业论文《近代中国教育与政治》中有一章是《陶行知、晏阳初、梁漱溟之比较》，对 20 世纪二三十年代曾对中国文化、教育产生过重要影响的三位著名学者、教育家作了简要的比较研究。该文认为，晏阳初从对中国的“社会病”是“愚、穷、弱、私”、“无知孕育贫穷”的认知出发，倡导乡村建设的重心在文化改革；梁漱溟从社会道德沦陷角度提出了“儒家理想的文化重建”计划；陶行知作为“坚定的唯物主义者”，他认为乡村的主要问题是发展不平衡的结果，主张开展农村教育运动，“以解决人民的实际生活问题为首要任务”。陶行知为中国指明了依靠科技进步改变中国命运的光明大道。从总体上看，目前陶行知研究在香港尚处于研究初期，还需要香港的有识之士真正地将它开展起来。

二、台湾对陶行知思想的研究

与香港相比较，台湾学者对陶行知及其教育理论和实践的研究显然要重视得多。需要指出的是，这除了与陶行知生活教育理论和实践自身具有重要的理论价值有关外，还多少与蒋介石在退守台湾一隅后出于其多方面需要而提倡“新生活教育”有关。早在 1934 年，为了配合“剿共”，加强对国民和青年的思想控制，蒋介石曾经提倡过所谓的“新生活运动”，要求国民和青年的生活与行动合乎整洁、简单、朴素等要求，而且能够“明礼义”，“知廉耻”，“守纪律”，“重秩序”，“俾达生产化、军事化、合理化的理想生活境地”。1949 年，蒋介石败走台湾，基于其“戡乱建国的环境和需要”，又重弹昔日“新生活运动”旧调，并提出所谓“新生活教育思想”。1951 年 11 月 19 日，他在“改造教育与变化气质”的演讲中说：“我以为今日教育，要使他发生反共救国的效用，无论是学校教育或社会教育，最要紧的是注重生活教育，必须使生活与教育打成一片。”1953 年 11 月 14 日，他又发表《民生主义育乐两篇补述》一文，对其“新生活教育”予以进一步阐发。为了贯彻蒋介石讲话和文章的精神，台湾“教育部”还于 1962 年 6 月 16 日第 8176 号令颁布了一个“生活教育方案”，训令各级各类学校一律照此执行。其实，蒋介石的所谓“新生活教育”不过是把儒家的那套封建伦理道德与西方现代教育的某些因素糅合在一起，旨在以儒家学说来收拾人心，整饬教育，巩固其统治，与陶行知倡导的充满时代气息的、进步的"生活教育"完全是两码事。不过，如此一来却在客观上为台湾陶行知研究的开展创造了某些条件。这倒是提倡"新生活教育"者所始料未及的。由于这些缘故，一些在高等院校和研究机构工作的专家、教授，以及因种种原因去了台湾的陶行知的故旧门生，也相继开始介绍和研究起陶行知来。

1969 年，早年在东南大学研究过教育、后来积极鼓吹"国家主义教育"的陈启天将旧作《最近卅年中国教育史》略作修改后易名《近代中国教育史》，交付台湾中华书局出版。新版对旧作中论及陶行知"教学做合一"思想部分未作任何改动，照原样付排，竟也相安无事。这表明只要不涉及政治方面比较敏感的问题，"纯学术性"的陶行知研究在台湾还是可以展开的。

1977 年 6 月，由在野人士创办的、素有台湾"野史馆"之称的传记文学出版社出版了刘绍唐主编的《民国人物小传》第 2 册。该册有秦贤次撰写的一篇陶行知传略，介绍简明扼要，评价尚属公道。称陶行知"提出'生活即教育'、'社会即学校'、'教学做合一'等口号，为中国教育辟一新蹊径"，又认为陶"创办山海工学团，并发明'小先生制'，在普及教育史上为划时代的创举"。

次年，陶行知的学生程本海在《艺文志》杂志第 152 期（1978 年 5 月号）上发表了《陶行知先生与我》一文，满怀深情地回忆了他早年在陶行知指导下从事教育活动的往事，表达了对恩师的一片怀念之情。

同年，中国教育史专家、台湾师范大学教授郑世兴在《教育发展与文化建设》（幼狮文化事业出版公司，1978 年版）一书中，发表论文《我国近代乡村教育与文化建设》，对陶行知生活教育派的主张和实践作了具体评述，指出了他们与梁漱溟乡村建设派和晏阳初平民教育派的不同之处，倒还颇有见地。1981 年，郑世兴又在新作《中国现代教育史》（台湾三民书局出版）里，对陶行知的生活教育理论与近代乡村教育思潮作了更为系统的论析，不过他为抬高蒋介石的"新生活教育"思想而故意贬低陶行知等人生活教育理论，说什么"一般生活教育所强调的生活，它包含有严肃的和轻松的生活，过去的和现在的生活，落后的和进步的生活，平时的和战时的生活，而新生活教育思想所强调的生活，则专指新的、严肃的、现代的、进步的及战时的生活……此实较一般的生活教育思想更进一步，更具卓见”，这就有些不够实事求是了。郑世兴在《我国乡村教育运动及研究》中也提到对陶行知的看法。还有陈重光所著的《我国乡村建设实验工作之比较》也提到了陶行知的乡村教育实践活动。

1981年，早年毕业于南京高等师范学校、后为国民党政府“考选部”政务次长的周邦道出版了《近代教育先进传略初集》(中国文化大学出版)。早在1933年，他就在其主编的《第一次中国教育年鉴》中专辟有“教育先进传略”一章，“冀于以发潜德之幽光，示后人以楷模焉”，颇获士林赞誉。自那以后，继续搜罗询访，集得更多资料。到台湾后，经过多年精心编写，撰成260篇人物传略。由于上述特殊经历，书中的陶行知传略写得远较他人翔实可信，评价也颇允当，如他称执掌南京高师时代的陶行知“资学明敏，踔厉风发，与刘伯明、陈容、柳诒徵、郑宗海、廖世承、张谔、秉志、胡先骕、朱进、张准、朱君毅、孟宪承、梅光迪、陆志韦诸教授，同寅协恭，施展恢张；故南雍教育，遂树新帜，蜚声海内焉”。又说：“行依杜威‘教育即生活’、‘适应社会环境’，‘学由于行’之教育哲学，而更迈进一步，以‘生活即教育’，‘社会即学校’为目标。榜书联曰：‘以社会为学校，奉万物作宗师’；‘以教人者教己，在劳力上劳心’。另定‘教学做’为校训，‘我们的信条’十八则，由董事长蔡元培书写，悬于锡名犁宫之礼堂。筚路蓝缕，以启山林，为中华教育开辟得未曾有之崭新途径。从事新教育者，靡然宗之。”结尾更是不无感慨地写道：“行知蕴新知，善思维，每倡通俗世之主张，而勇于躬行实践，遗大投艰；可谓瑰琦卓荦，人如其名矣！当代乡村师范学校，中心小学、社会教育馆，多率循其生活教育理论，而变化实施；‘教学做’一原则，尤不胫而走，已应用于一般教育方法，且及于‘教育、考试、任用，合一焉。倘天假之年，处以安定环境，以彼其才，行彼其志，其所建树，讵可量度乎?”不是对陶行知其人其说有深切了解者，是不会作如是说的。

1985年，教育学家吴鼎在《七十年来我国国民教育实验之演变》(原载蔡保田等著《国民教育研究》，汉苑图书出版社出版)一文中，对陶行知主持的南京晓庄乡村教育实验作了全面评介，指出：“当时的晓庄师范是陶氏实验他的教育理想的场所，他的理想和方法，颇能引起当时社会人士的注意，吸引了各地教育人士前来参观，而许多青年教师，自动地前来晓庄师范学习的为数甚多。”并认为：“陶氏对于教育上的贡献，是他的‘教学做合一’的理论。这个理论，是根据他的‘生活即教育’‘社会即学校’理论而来的。此外，还有晓庄师范先后订立的两种信条，是代表乡村教育的精神，予乡村教师以伟大使命的。”以上所言虽然不够全面，倒也自成一家之言。

同年，著名学者、教育学家吴俊升在他与罗伯特·克劳普顿、吕聪明三人合编的《杜威在华讲演录》（英文版，中国文化大学出版部出版）中有一长文评述杜威在中国的活动及其影响，文中专门谈到了陶行知与杜威的关系，认为“陶行知的理论和实践可以说是把杜威的主张推向了极端。陶行知的贡献在于扩大了杜威的影响。这一点可以比之于威廉·克伯屈。从他在南京的最初岁月直到1946年逝世，陶氏把他的一生都献给了中国教育改造事业。他是杜威的中国信徒中第一个发展出自己的教育理论和实践的体系，并且第一个探索着把杜威的影响从城市里的大学扩大到乡村学校的人。”尽管吴文的观点过于绝对化、片面化，但毕竟包孕着某种极有价值的思想因素，值得人们深思。

1987年台湾学者简淮勤在《历史学报》第5期上发表了《陶行知生活教育的理论与实际》一文，论文长达3万多字，以严谨规范的学术论文形式，比较系统地论述了陶行知生平、生活教育理论的内涵、生活教育实践活动，并对陶行知作出全面评价。简淮勤对生活教育理论的内涵和特质作了详细的论述，认为“陶行知曾受教于美国实用主义教育家杜威，但是，他不是简单地抄袭杜威的教育思想，而是有分析、有批判地吸收其合理部分，做到洋为中用。并且在他自己的教育实践中，逐步形成自己的教育思想。”文章还从陶行知的原话中提升出了“生活教育之特质”：“生活的、行动的、大众的、前进的、世界的、有历史联系的”等六个方面。简淮勤对陶行知生活教育实践的论述颇有创意，将陶行知的生活教育实践概括为“六大运动”：一是乡村教育运动，包括师范教育、国民教育、基本教育、社会教育四部分；二是普及教育运动，包括“科学下嫁运动”、山海工学团的普及教育运动、小先生制的实行；三是国难教育运动；四是战时教育运动；五是全面教育运动，主要是育才学校的教育活动；六是民主教育运动。作者还引用陶行知的观点对生活教育作了准确的定位："生活教育是穷国家穷社会的穷办法，是经济实用的教育理论"；"陶行知的'生活教育'，对当时的社会来说，不啻为一股清流……陶行知一生努力不懈地致力于普及教育事业，追求'民主、科学'的理想，绝对是值得我们加以尊重和珍惜的情操"。

1997年，台湾花莲师范学院初等教育学系讲师周永珍也在《花莲师院学报》第7期上发表了题为《陶行知的教育思想与教育改革运动对当前教育之启示》一文。文章重点介绍了陶行知生活教育的内涵以及相关的教育主张如普及教育、终身教育、女子教育、民主教育、爱心教育、乡村教育等，还从陶行知的教育理论和实践中总结出一些可资借鉴的办学经验，认为对当今台湾的教育改革具有直接指导意义。

值得特别注意的是，20世纪90年代以来曾获台湾师范大学教育学院博士学位、现为台东师范学院初等教育系教授的曹常仁在台湾陶研界脱颖而出，后来居上。曹常仁是台湾教育界第一位专题研究陶行知教育思想的学者，师从于台湾知名教育学家黄光雄先生。他在台湾师范大学教育学院攻读博士学位期间，根据导师的指点，选定将陶行知研究作为他的博士学位论文选题。经过几年的艰苦笔耕，终于在1998年完成了他的博士论文《陶行知师范教育思想之研究》，他从陶行知师范教育思想的渊源与基础，陶氏师范教育观形成与特性，陶氏师范教育制度、教学做与实践，陶氏师范教育思想之贡献，陶氏师范教育思想之启示等几个方面，深入挖掘了陶行知全集、文集中有关师范教育方面的论述。他在研究中发现，陶行知师范教育思想的渊源有两个方面：一是"接受先秦儒家人文精神，注重人性尊严，与道德修持及求知、学习等观念"；二是"受到杜威的知识之继续性、实验性、工具性、活动性及反省思考"等理念的影响。其基础主要有"人性要素、真善美要素、行与知的要素、民主的要素、生活的要素"。陶氏师范教育观的特别关注两点："一是广义地师范教育，不仅以培养教师为限"，"二是具有人才教育、教师进修与辅导、社会服务、符合国情的生活的特质"。他认为，陶行知师范教育思想的贡献表现在：一是促成1922年乡村师范学校普设与法令的出台，二是为中国师范教育树立了楷模，三是成为杜威"反省思考"应用到师范教育之先驱。最后还从借鉴陶行知师范教育思想的精华,促进当今师范教育的发展谈了一些看法。从曹常仁的论文可以看出,台湾对陶行知的研究正在一步步趋向专题、走向深入。

由此可见,港台地区(尤其是后者)的陶行知研究已达到相当水准,且形成自己的特色和优长。随着香港与内地关系的进一步加强,海峡两岸关系的逐渐改善,两地与大陆文教界的交往日益增多,港台地区陶行知研究的特色和优长必将更加充分地发挥出来,成为陶行知研究的一支重要力量。

综观海外及港台地区的陶行知研究,我们可以发现有这样几个特点:第一,陶行知研究的发展情况是很不平衡的。有的早已开展,有的刚刚起步,有的尚未着手;即使是在那些已有开展的国家和地区,进展有快有慢,不尽一致。但总的趋势是,研究陶行知的国家和地区越来越多,研究队伍越来越大,研究成果越来越丰硕,这表明陶行知研究正日益受到国际学术界的重视。第二,研究的重心正逐渐移向对象主体,移向主体赖以生存和发展的文化土壤,移向主体深层的文化心理结构,这与近年来国际学术思潮的走向是大体一致的。第三,研究的问题更为具体深入,研究者不再满足于过去那种一般性的介绍,而是试图从理论的高度来加以阐发。第四,研究方法日趋多元化,不仅采用常见的历史方法和比较方法,还运用了系统方法、结构方法、传播学方法和解释学方法等新方法,力求根据不同的研究需要选择不同的研究方法。所有这些都对中国大陆的陶行知研究富有参考意义和借鉴价值。当然,对于海外及港台地区陶行知研究者的各种学术观点,我们也应善加甄别,不可盲目赞同。

总之,我们有充分的理由相信,随着时间的推移,海外及港台地区的陶行知研究今后还将获得更大的发展和突破。正如毕莱士、斋藤秋男等许多外国友人所说:

"陶行知不仅是属于中国的,而且是属于全世界的!"

结 语

陶行知是20世纪综合性的文化伟人

陶行知，不仅是近现代中国伟大的人民教育家，而且是20世纪综合性的文化伟人。他博古通今，学贯中西，广采博览，自成一家，以高度的民族责任感和炽热的爱国之心，胸怀振兴中华文化大业的理想，为中华民族和中华文化的发展新路进行了艰难的探索，作出了巨大贡献，其人格精神和思想遗产，永远激励与鞭策着一代又一代后继者为繁荣中华民族和中华文化而不懈努力。

一、陶行知是20世纪综合性的文化伟人

学术界以往的研究，主要是从教育的角度来探讨陶行知其人其事其说，将他界定为一个近现代中国伟大的教育家，这当然是完全必要的，但又是远远不够的。如果换个视角，从文化的角度来考察陶行知，可以更加全面地作出判断，陶行知是20世纪综合性的文化伟人。

这里所说的“综合性”，主要是指陶行知在广义文化的诸多方面均为中国乃至世界作出过巨大贡献，不仅是在教育方面创立了生活教育理论，广泛开展平民教育、乡村教育、普及教育、国难教育、战时教育、全面教育、

民主教育等实践活动，为推动中国新教育的改革和发展发挥了重要作用，同时，他还在语言文字、文学创作、大众艺术、科学普及、新闻出版等诸多方面均作出了突出的贡献，为现代中国文化事业的繁荣奠定了坚实基础。正是因为他在文化的众多领域均有深度涉猎，而且贡献卓著，成为文化领域具有影响力的核心人物，因此，谓之为“文化伟人”。文化伟人的历史作用就在于能够站在时代发展的前沿，独立于文化思潮的浪尖峰顶，开时代之新风。陶行知正是这样一位在20世纪文化诸多方面能够独领风骚的文化伟人。

20世纪上半叶之所以能够产生像陶行知这样的文化伟人，是当时特定时代条件、社会背景和个人因素共同作用的结果。

从时代条件来看，近代以来，中国就开始被动地接触西方文化，在中西文化的碰撞与交融中，曾产生过不同的文化思潮与流派：有东方文明优越论者，有西方文明先进论者，也有东西文化调和论者等。如果说清末的顽固派对西方文化的深闭固拒，是由于他们对资本主义文明的无知，如果说“五四”前的守旧派对西方文明的抵制是由于他们对资本主义文明知之甚少，那么，20世纪20年代初的西方文明先进论者，却几乎都是对西方资本主义社会的种种弊端了解相当清楚的人。如果说以前的封建顽固派和文化守旧派在东西文化问题的论战中基本上处于守势的话，那么，这时的东方文明优越论者却差不多都以一种进攻的姿态，对宣扬西方文明的人们发起咄咄逼人的攻击。因为通过第一次世界大战和十月革命，资本主义的内在矛盾像火山爆发一样，一发不可收拾。此时的中国人，特别是中国的知识分子，对资本主义文明的认识也发生了相当深刻的变化。资本主义世界已陷入全面危机，而社会主义则为人类带来新的曙光。这样，“资本主义文明破产了”的观念便普遍深入中国人的心中。正是在这种时代背景下，陶行知作为接受过西方文明的知识分子，却能够挣脱西方文明的束缚，站在振兴民族文化的高度，大声疾呼焕发民族文化的生机与活力，如倡导推广国画、使用大众文字、发展民族艺术等；同时，他也倡导借鉴西方的先进文明来充实中华民族文化，如大力传播科学、发展话剧事业等，这些均是对中国现代文化所作出的杰出贡献。

从社会背景来看，20世纪上半叶是中国社会发展的一个重要转型期。

这一期间，传统的政治秩序和权威崩溃之后，新的政治秩序和权威一时尚未建立起来。南北对峙，军阀割据，忙于争夺，无暇他顾，意识形态的控制相对放松。西学纷至沓来，异彩纷呈，思潮迭起，学派林立，形成了春秋战国时期之后又一个"百花齐放，百家争鸣"的高潮。但是，新文化的孕育生长并非一帆风顺。"五四"前夜，伴随着封建势力政治上复辟活动的卷土重来，文化上也掀起一股尊孔复古逆流。封建与反封建、复辟与反复辟的斗争空前尖锐激烈。先进的知识分子们开始认识到思想文化领域里的斗争是和政治斗争紧密相关的，他们试图从思想文化的高度去寻求救国救民的出路，于是积极开展思想启蒙运动，与文化保守主义者展开文化大论战，探寻中国文化发展的方向与道路。1915 年兴起的新文化运动，吹响了向陈旧老朽的封建主义思想堡垒进攻的战斗号角，高举科学与民主两面大旗。民主与科学的提出，反映了中国政治经济发展的要求和人民的迫切需要，遂成为"五四"时期文化思想战线上的两面旗帜，召唤着人们投身于反对封建主义旧文化旧思想的伟大斗争。高擎民主的大旗，新文化运动的倡导者们宣传民主思想，反对封建专制。高擎科学的大旗，新文化运动倡导者们宣传科学思想，反对封建迷信和愚昧盲从。再加上这一时期西方的各种新的思潮陆续传入中国，中西文化正在激烈地冲突与碰撞，中国文化向何处去？成为众多有责任心的中国知识分子所关心与思考的问题，陶行知就是在这个特殊的历史时期，应时代之需要而脱颖而出的文化伟人。

从个人因素来看，徽商拥有的雄厚经济实力与徽州甚为发达的教育事业，导致徽州地区的文化学术在明清时期出现了空前繁荣的景象。地域性哲学、经学、医学、绘画、戏剧、建筑、雕刻、盆景等专业性文化得到了长足发展，相继衍化为自成一体、具有鲜明地方特色的派别。诞生在这种文化地理环境中的陶行知，自然要受到地域文化的影响。其实事求是、大胆怀疑、敢于批判的精神，无疑是徽派朴学基本治学精神的继承与弘扬。从孩提时代起，陶行知就在这样一个学风朴实、名人辈出的文化之乡，饱受中华传统文化的熏陶。源远流长的徽州文化，给他以耳濡目染、潜移默化的影响。他从 6 岁起开始启蒙，接受儒家教育。他曾先后拜教县、休宁的几位名儒为师，研习"四书""五经"，在传统文化方面奠定了比较厚实的根柢，这为他后来事业的发展打下了良好的基础。[①] 少年时代，陶行知对唐诗产生了浓厚兴趣，其中尤其酷爱白居易、杜甫两人的作品。从这些祖国的优秀文化遗产中，陶行知吸取了丰富的人民性的思想力量和爱国主义的精神。不仅如此，他还学习了白居易用大众语言写大众诗的艺术风格。陶行知自幼受中华传统文化的熏陶，儒学造诣颇深，读中学时开始接触西学，后负笈游美。在哥伦比亚大学师从杜威、孟禄、克伯屈等教育大师，接受了西方先进的教育思想。这种博采古今、融会中西的知识结构，使他能高瞻远瞩，对当时中国文化教育的弊端有着深刻的了解和独到的见解。回国后他站在文化教育改革的前沿，以扎实渊博的理论素养和无所畏惧的开拓精神，为建立中国的新文化和新教育另辟蹊径，创立了独树一帜的生活教育理论体系，并提出了许多很有见地的有关改革和发展中国文化的见解，对指导中国现代文化事业朝着健康方向发展提供了有益借鉴。

陶行知在中国现代文化方面的开拓与创建集中体现在：第一，正确对待中西文化教育，以科学态度批判继承中国传统文化教育中的合理成分，批判地吸收了西方文化教育中有利于我国的积极因素，并充当了中外文化交流使者的角色，为中西文化教育交流作出了突出贡献。第二，在批判与借鉴美国杜威实用主义教育理论的基础上，创造性地提出了以"生活即教育"、"社会即学校"、"教学做合一"为核心的生活教育理论，并在民主教育、科学教育、乡村教育、师范教育、终生教育、创造教育等方面提出了许多具体主张。这些具体主张，是他的"生活教育"命题原理的进一步发挥和展开，丰富和完善了他的生活教育理论，使之达到了半殖民地半封建社会中国教育理论所能达到的最高的理论高度，不仅有力地推动了当时的教育改革和发展，而且成为新中国重要的教育思想资源，对当代中国的教育改革和发展产生积极的影响作用。第三，在生活教育理论的指导下，他亲自领导开展了一系列教育实验，取得了令人瞩目的成绩。他创办的南京晓庄师范、上海山海工学团是在抗战全国爆发之前从事生活教育实验的主要场所，是当时进步的教育工作者为中国教育寻觅曙光、探索中国化

① 张国良：《再记我所知道的陶行知》，载《行知研究》1984 年第 5 期。

教育发展道路的宝贵实践。他们在乡村师范教育和普及教育方面的探索，对当时中国教育的改革起了积极的推动作用，成为抗日战争前国内最有影响的教育实验之一。同时，他主持开展了乡村教育运动、普及教育运动、国难教育运动、战时教育运动、全面教育运动、民主教育运动等六大教育运动，促进了中国现代教育朝着普及化、民主化、科学化、本土化方向发展，成为中国现代新教育的重要开拓者和奠基人之一。第四，提出了自己的语言文字改革的理论和观点，并将新文字改革直接落实到教育实践中去，倡导语言文字改革，发起大众语文运动，身先士卒，以身垂范，在语言文字改革的理论与实践方面作了有益且成功的尝试，为中国语言文字改革作出了贡献。第五，在文学方面，他创作了大量的通俗易懂、脍炙人口为大众所喜闻乐见的政治诗、教育诗、儿童诗和革命诗，还从教育家的视角去观察人与社会，凭借其睿智的思维和敏锐的眼光，去认真审视与思考了当时中国社会与教育中所存在的问题，并及时地通过杂文、散文、小说等文学作品形式反映出来，成为大众享之不尽的精神食粮，开创了现代大众文学的先河。第六，他还酷爱艺术，并且以毕业的精力去追寻大众艺术。他从一个教育家的角度思考并提出了大众艺术理论，并以生活教育为载体去亲自从事艺术创作和组织师生进行艺术实践。尤其在戏剧、音乐和美术方面，提出了独到的见解，取得了突出的成绩，为繁荣中国现代艺术事业作出了突出贡献。第七，陶行知是近现代中国教育史上倡导科学教育的先驱。一方面，他极力提倡在中国开展科学教育，使广大民众意识到科学技术对中国发展的重要意义；另一方面，他倡导开展“科学下嫁”运动，创办科学教育机构，开展科学实验，为中国科学教育事业的发展奠定了坚实的基础。第八，他毕生热衷于新闻出版事业，利用《申报》宣传抗日主张，创办《平民周刊》宣传民主思想，创办《新教育评论》、《生活教育》、《大众教育》、《乡村教师》、《战时教育》等教育期刊，积极宣传新教育与生活教育理论，开创了中国现代教育报刊事业发展的新局面。同时，亲自编写和组织编写了大量的大众教育教材，如《平民千字课》、《老少通千字课》；还编辑出版了《儿童科学丛书》、《儿童科学活页指导》等儿童科学读物，直接推动了中国现代教材编辑出版业的发展。总之，陶行知不仅是近现代中国伟大的人民教育家，而且是 20 世纪综合性的文化伟人。

二、新世纪陶行知研究的方法论思考

在研究陶行知与中国现代文化的过程中，笔者深切感受到对像陶行知这样著名的历史人物的研究，不能仅从史料上下功夫，更重要的是要在尊重史实的基础上，特别注重研究视角的切换和研究方法的突破。

第二次世界大战以后，特别是20世纪七八十年代以来，随着社会政治、经济和文化思潮的迅速变化，国际史学界也出现了新的研究动向，历史研究者的视野更加开阔，力求研究内容多元化，研究形式多样化，研究范围扩大化，研究层次复杂化。受其影响，当今教育史学学科也正朝着多元化、综合化、理论化、大众化方向发展。法国学者安多旺·莱昂指出："历史学家通常不仅关心再现真正发生的事件，而且也关注方法的重新创造。"①教育史学研究也同样要注重研究视角的调整和研究方法的创新。就人物研究特别是陶行知研究而言，要想有所突破，就必须从传统的教育史研究格局中走出来，进入到更为广阔的文化史研究新格局中去，开辟新的研究路径，走学术创新之路。而要在这条学术创新之路上走得更稳更好，就需要在研究方法上取得新的突破。具体说来，即是在坚持唯物史观指导思想的前提下，更加全面、科学地运用历史分析法、比较分析法、系统分析法和心理分析法等研究方法，形成具有一定普适性的人物研究方法论模式。

1. *历史分析法*。该研究法主要是指通过分析史料，力求真实地再现陶行知在中西不同文化环境下成长历程和内在特质，再现陶行知在思想、制度和实践方面为中国现代文化事业所做出的贡献。陶行知研究本质上属于历史研究范畴。而史学研究最基础的工作是史料的挖掘与梳理，因为史料犹如盖楼房的建筑材料，没有史料的教育史学研究好似无米之饮。正像史学大师梁启超所言："史料为史之组织细胞，史料不具或不确，则无复史之可言。"②然而要在成堆的史料中寻找出自己研究所需要的东西，是史学研究者所必须具备的至关重要的功夫，正像法国年鉴学派杰出代表

---

① [法]安多旺·莱昂著，樊慧英、张斌贤译：《当代教育史》，光明日报出版社1989年版，第49页。

② 梁启超著：《中国历史研究法》，上海古籍出版社1998年版，第40页。

布罗代尔所说："历史学家走进了档案馆却往往找不到所需要的那类现成的文件，他还需要着手进行大量工作，即把能解答他所提出的新问题的档案文件进行分类排队。"[①]在搜集到资料后，就应当学会对各种史料进行有效甄别，要经过一个去伪存真、去粗取精的分析综合过程。在此基础上对史料归类分析，从中提升出一定的思想和理论，经过综合分析与研究，从而得出客观可信的结论。

2. 比较分析法。该研究法是指通过中西文化的比较研究，力求深入挖掘陶行知思想形成过程中来自不同文化因素的影响，同时也通过将陶行知与同期具有相同经历的教育家进行比较，从中找出陶行知的非凡与独特之处。当代美国史学家雷蒙德·格鲁认为，比较史学包括宏观比较、文化比较、机构比较、思想比较等。研究陶行知这个文化伟人，除了研究陶行知的生成环境、个人因素、成长经历、文化贡献等，还必须与同时期其他文化教育界名人作横向比较；研究影响陶行知思想因素时，不仅要研究西方文化的影响，还要通过比较的方法研究中国传统文化对其成长的影响，经过中西对比研究才能找到其思想的真正渊源；还要比较与陶行知同时代的文化名人在中国现代文化建构中的不同作用，在比较中显示出陶行知超出他人的伟大之处，因为"从单个的具体事件中不可能得出社会学的结论，如果要保证结论的可靠性，就必须以比较的方法为基础"[②]。若将陶行知与胡适相比，两人有许多相类似的地方，也有许多可以比较的地方：两人都是安徽人，受到了相同的乡土文化影响；两人都是经过中国传统教育，之后又到美国留学；两人同是中国文化教育界的名人，为中国文化教育作出了突出贡献。不同的是：胡适的学术成就主要在文学与哲学史，陶行知的学术成就主要在教育理论，陶行知一生致力于进步文化教育事业，为中国现代文化教育的改革和发展作出了突出贡献，而胡适却热衷于文化学术研究；陶行知政治上成熟，力倡反帝反封反独裁，胡适政治上幼稚，只是反封，不反帝反独裁。关于两人的立场与观点，前期同大于异，

① [法]布罗代尔：《历史著作》，1969年巴黎版，第25页。转引自杰费里·巴勒克拉夫著《当代史学主要趋势》，上海译文教育出版社1987年版，第294页。

② K. R. Postan, Fact and Relevance. Essays on Historical Method, London: Cambridge University Press, 1971. p. 20.

后期异大于同，1927 年之前陶行知对胡适主要持认同态度，1927 年后陶行知对胡适主要持批判态度。只有通过深入比较，才能更加全面了解陶行知这位综合性文化伟人在中国现代文化建构中所发挥的巨大作用。

3. 系统分析法。该研究法是从系统观点出发，把对象放在系统的形式中，从系统与要素、要素与要素、系统与环境之间相互联系和相互作用的关系中，综合地考察对象、处理问题的一种方法。依据这种方法，可以将陶行知的生活教育理论作为一个整体来看待，并对构成生活教育理论的诸要素进行具体分析。具体来看，可以将生活教育理论看做一个由"生活即教育"、"社会即学校"、"教学做合一"这三大要素构成的系统，研究生活教育理论三大要素之间的相互关系，研究生活教育理论这个系统与近现代中国社会之间的关系，研究生活教育理论与中国传统教育以及与西方教育理论特别是杜威实用主义教育理论之间的关系。通过具体分析，进行综合概括，实现对生活教育理论的总体把握和认识。

4. 心理分析法。用美国知名心理学家埃里克森的话说，"心理历史学就是用精神分析理论和历史学相结合的方法来研究个人和群体的生活。"①心理史学是历史学与心理学相融合而产生的一门新学科，借助心理学的理论和方法，来探究人类过去的行为动因。运用心理学的理论和方法，去思考和审视一个历史人物在特定历史时期的内心世界和思想情感，以期把握研究对象的真实心理活动和思想动机。譬如，陶行知从小生活的家庭和社会环境对少年时代陶行知的影响是至关重要的，可以将其视为陶氏一生心理和文化结构的最早积淀。正是由于贫穷、俭朴的少年生活，才锻炼了陶行知早熟老成、坚韧处世的品格，初铸了他以外圆内方为特色的处世风格。陶行知自幼家境贫寒、饱经沧桑，深知农家疾苦，少年就成为家中的半个劳动力，每天随祖母织麻，跟母亲种菜，随父亲砍柴，一直生活在贫困的社会环境中，对劳苦大众无比挚爱，对有钱有势者则极为鄙视，自幼便形成了亲民、爱民、为民、救民的思想。运用心理分析法，可以深入探究陶行知的内心世界，从而生动鲜活地再现其思想与实践的原初生成动因。

---

① [美]埃里克森著：《新同一性的范围》，转引自张广智、张广勇：《现代西方史学》，复旦大学出版社 1996 年版，第 288 页。

最后需要说明，笔者此处以陶行知研究为例提出的人物研究方法论模式，只是个人在历史人物研究方法论上的一种初步探讨，是否科学可行，还有待未来更多史学研究实践来证明。不管未来的结论如何，至少有一点我们可以相信，那就是只要历史研究还存在，对历史研究方法论（包括历史人物研究方法论）的探讨就不会停止。正如知名历史学家章开沅所说，"历史是划上句号的过去，而史学是永无止境的远航"。

参考文献

一、资料

1 董宝良主编,喻本伐、周洪宇编辑. 陶行知教育论著选. 北京:人民教育出版社,1991

2 高平叔编. 蔡元培教育文选. 北京:人民教育出版社,1988

3 顾明远主编. 教育大辞典第10册. 上海:上海教育出版社,1991

4 胡适. 胡适文存. 上海:上海亚东图书馆,1924

5 胡适. 留学日记. 上海:商务印书馆,1937

6 胡晓风主编. 工学团史料. 成都:四川教育出版社,1992

7 胡晓风等编. 生活教育文选. 成都:四川教育出版社,1988

8 华东师范大学教育系主编. 中国现代教育文选. 北京:人民教育出版社,1989

9 华中师范大学教育科学研究所编. 陶行知全集(第1～6卷). 长沙:湖南教育出版社,1984—1985

10 华中师范大学教育科学研究所编. 陶行知全集(第7,8卷). 长沙:湖南教育出版社,1991

11 江苏省陶行知研究会等编.陶行知日志.南京:江苏教育出版社,1991
12 江苏省陶行知教育思想研究会等编.陶行知文集.南京:江苏人民出版社,1981
13 昆明社会大学教育处主编.社会大学纪念.昆明:北门出版社,1984
14 李大钊.李大钊选集.北京:人民出版社,1959
15 柳芳主编.胡适教育文选.上海:开明出版社,1992
16 鲁迅.鲁迅全集(第1～4卷).北京:人民文学出版社,1973
17 马克思,恩格斯.马克思恩格斯选集.北京:人民出版社,1972
18 南京大学高教研究所编.金陵大学史料集.南京大学出版社,1989
19 璩鑫圭,唐良炎编.中国近代教育史资料汇编·学制演变.上海:上海教育出版社,1991
20 上海陶行知研究会等编.陶行知佚文集.成都:四川教育出版社,1989
21 舒新城主编.近代中国教育史料.上海:上海中华书局,1933
22 舒新城.中国近代教育史资料.北京:人民教育出版社,1961
23 四川省纪念陶行知先生诞生九十周年大会筹备组.陶行知纪念文集.成都:四川人民出版社,1982
24 宋恩荣编.梁漱溟教育文集.南京:江苏教育出版社,1987
25 陶行知主编.生活教育.上海:上海书店,1981(影印版)
26 陶行知.中国教育改造.合肥:安徽人民出版社,1981(影印版)
27 吴一葆编.陶行知诗歌选.上海:上海教育出版社,1985
28 王承绪,赵端瑛编.郑晓沧教育论著选.北京:人民教育出版社,1993
29 中国第二历史档案馆编.中华民国史档案资料汇编第3辑.南京:江苏古籍出版社,1991
30 中国第二历史档案馆编.中华民国史档案资料汇编第5辑.南京:江苏古籍出版社,1994
31 中国陶行知研究会组编.陶行知全集(第1～10卷).成都:四川教育出版社,1991
32 中央教育科学研究所教育理论研究室编.陶行知年谱稿.北京:教育科学出版社,1982
33 中央教育科学研究所编.陶行知教育文选.北京:教育科学出版社,

1981
34 朱有瓛主编.中国近代学制史料第三辑.上海:华东师范大学出版社,1992

二、著作

1 安徽省陶行知教育思想研究会.陶行知一生.长沙:湖南教育出版社,1984
2 白桃(戴伯韬)著.陶行知的生平及其学说.北京:人民教育出版社,1982
3 北京陶行知教育思想研究会.陶行知研究.长沙:湖南教育出版社,1987
4 陈景磐著.中国近代教育史.北京:人民教育出版社,1983
5 戴伯韬.陶行知的生平及其学说.北京:人民教育出版社,1982
6 董宝良,周洪宇主编.中国近现代教育思潮与流派.北京:人民教育出版社,1998
7 董宝良主编,周洪宇副主编.陶行知教育学说.武汉:湖北教育出版社,1993
8 方与严.生活教育简述.江苏省陶行知研究会编印,1987
9 何兆武,陈启能著.当代西方史学理论.上海:上海社会科学出版社,2003
10 胡国枢著.生活教育理论——陶行知教育思想研究.杭州:浙江教育出版社,1991
11 江苏省陶行知教育思想研究会.纪念陶行知.长沙:湖南教育出版社,1984
12 江苏省陶行知教育思想研究会,南京晓庄师范陶行知研究室合编.陶行知文集.南京:江苏人民出版社,1981
13 李国钧,王炳照主编.中国教育制度通史.济南:山东教育出版社,2000
14 李泽厚著.中国古代思想史论.北京:人民出版社,1985
15 李泽厚著.中国现代思想史论.北京:人民出版社,1885

16 梁启超著.中国历史研究法.上海:上海古籍出版社,1998
17 梁漱溟.东西文化及其哲学.上海:上海商务印馆,1922
18 陆维特著.陶行知研究论文集.福州:福建教育出版社,1991
19 毛礼锐,沈灌群.中国教育通史(第5卷).济南:山东教育出版社,1988
20 苗春德主编.中国近代乡村教育史.北京:人民教育出版社,2003
21 南京大学高教研究所编.金陵大学建校100周年纪念册.南京:南京大学出版社,1988
22 潘开沛.陶行知教育思想的批判.上海:大众书店,1952
23 陕西省陶行知研究会编.陶行知论乡村教育改造.西安:陕西师范大学出版社,1989
24 舒新城著.近代中国留学史.上海:中华书局,1933
25 汤翠英,吴梦进编著.陶行知与当代中国名人.南京:南京大学出版社,1991
26 滕大春主编.外国教育通史.济南:山东教育出版社,1992
27 童富勇,胡国枢.陶行知传.北京:教育科学出版社,1991
28 王炳照,阎国华主编.中国教育思想通史.长沙:湖南教育出版社,1994
29 王鹤鸣著.安徽近代经济探讨.北京:中国展望出版社,1987
30 吴俊升.文教论评存稿.台北:台湾正中书局,1983
31 吴式颖,任钟印主编.外国教育思想通史.长沙:湖南教育出版社,2002
32 熊明安,周洪宇主编.中国近现代教育实验史.济南:山东教育出版社,2001
33 辛元,谢元.陶行知与晓庄师范.南京:江苏教育出版社,1986
34 徐大文,刘大康著.陶行知.南京:江苏古籍出版社,1985
35 许宗元.陶行知.北京:人民出版社,1988
36 叶上雄主编.生活教育十讲.成都:四川教育出版社,1989
37 余子侠.山乡社会走出的人民教育家:陶行知.武汉:湖北教育出版社,1999

38 喻本伐，熊贤君著. 中国教育发展史. 武汉：华中师范大学出版社，2000

39 张劲夫. 思陶集. 北京：华夏出版社，1994

40 章开沅主编. 文化转型与教会大学. 武汉：湖北教育出版社，1996

41 章开沅，唐文权著. 平凡的神圣——陶行知. 武汉：湖北教育出版社，1992

42 章开沅，林蔚主编. 中西文化与教会大学. 武汉：湖北教育出版社，1991

43 张卓民，康荣平. 系统方法. 辽宁人民出版社，1987

44 赵祥麟主编. 外国教育家评传. 上海：上海教育出版社，1992

45 赵祥麟，王承绪编译. 杜威教育论著选. 上海：华东师范大学出版社，1981

46 中央教育科学研究所编. 中国现代教育大事记. 北京：教育科学出版社，1988

47 周洪宇编. 陶行知研究在海外. 北京：人民教育出版社，1994

48 周洪宇，刘居富主编. 迈向21世纪的中国教育科学. 武汉：华中师范大学出版社，1998

49 周洪宇，余子侠，熊贤君主编. 陶行知与中外文化教育. 北京：人民教育出版社，1999

50 周予同著. 中国现代教育史. 上海：良友图书印刷公司，1934

51 朱国华著. 权力的文化逻辑. 上海：三联书店，2004

52 [法]安多旺·莱昂著，张斌贤等译. 当代教育史. 北京：光明日报出版社，1989.

53 [加]许美德，巴斯蒂主编. 中外比较教育史. 上海：上海人民出版社，1990

54 [美]杜威著，赵祥鳞，任钟印，吴志宏译. 学校与社会·明日之学校. 北京：人民教育出版社，1994

55 [美]杜威著，傅统先译. 经验与自然. 北京：商务印书馆，1966

56 [美]杜威著，王承绪译. 民主主义与教育. 北京：人民教育出版社，1990

57 [美]费正清著.美国与中国.北京:世界知识出版社,2002
58 [美]费正清主编.费正清对华回忆录.北京:知识出版社,1991
59 [美]费正清主编.剑桥中华民国史(1912—1949).北京:中国社会科学出版社,1993
60 [美]郭颖颐著.雷颐译.中国现代思想中的唯科学主义(1900—1950).南京:江苏人民出版社,2005
61 [美]吉尔伯特·罗兹曼著.中国的现代化.南京:江苏人民出版社,1988
62 [美]杰西·格·卢茨著.中国教会大学史.杭州:浙江教育出版社,1987
63 [美]利克著.王长平译.实业教育.上海:商务印书馆,1926
64 [美]约翰·罗尔斯著,何怀宏等译.正义论.北京:中国社会科学出版社,2003
65 [美]朱宕潜.新兴国家的教育型:陶行知在中国的工作 1917—1946年.台北:台湾台南高昌印刷公司,1966
66 [美]克雷明著.学校的变革.上海:上海教育出版社,1994
67 [日]斋藤秋男.陶行知生活教育理论的形成.东京:明治图书出版公司,1983
68 [英]爱德华·霍列特·卡尔著.历史是什么.北京:商务印书馆,1981
69 [英]杰弗里·巴勒克拉夫著.当代史学主要趋势.上海:上海译文出版社,1987
70 [英]柯林武德著.历史的观念.北京:商务印书馆,1997
71 Dennis H. Wrong. Power. Its Forms, Bases, and Uses. Rutgers University, New Brunswik, 1994
72 Geoffrey Gerer, Escape form Freedom. New York. Farrar and Rinehart, 1998
73 K. R. Postan, Fact and Relevance. Essays on Historical Method, London. Cambridge University Press, 1971
74 K. R. Postan, Fact and Relevance. Essays on Historical Method, London: Cambridge University Press, 1971

75 Tao wen Tsing：To J. E. Russell，Februar，16. 1916

三、报刊

1 《大众教育》,1935 年创刊
2 《东方杂志》,1904 年创刊
3 《改造》,1913 年创刊
4 《国民》,1919 年创刊
5 《教育杂志》,1909 年创刊
6 《教育与职业》,1917 年创刊
7 《每周评论》,1919 年创刊
8 《民铎》,1915 年创刊
9 《平民》,1924 年创刊
10 《少年中国》,1920 年创刊
11 《申报》,1872 年创刊
12 《生活教育》,1934 年创刊
13 《乡教丛讯》,1927 年创刊
14 《新潮》,1919 年创刊
15 《新教育》,1919 年创刊
16 《新青年》,1915 年创刊
17 《行知研究》,1980 年创刊
18 《中国青年》,1939 年创刊
19 《中华教育界》,1912 年创刊
20 《中央日报》,1928 年创刊

后　记

我从20世纪80年代初就开始研究陶行知，之所以选择将陶行知研究作为自己的主要研究方向，一方面是由于我们华中师范大学教育科学研究所的同仁们曾于20世纪80年代负责搜集、编辑和出版《陶行知全集》，积累了不少陶研方面的研究资料，也培养起了我对陶行知研究的兴趣；另一方面是由于陶行知的伟大人格深深地感染和打动了我，他那赤诚真挚的爱国精神、吃苦实干的奋斗精神、"捧着一颗心来，不带半根草去"的奉献精神、"千教万教教人求真，千学万学学做真人"的求真精神、"敢探未发明的新理，敢入未开化的边疆"的创造精神时刻激励与鞭策着我。陶行知的师表与楷模形象在我的心间永存，时刻都激励着我将教育事业作为自己毕生的追求，将教育研究作为自己永久的根据地，并为促进我国的教育公平而建言献策，努力推动我国义务教育免费政策的出台，努力推动高考制度的改革，努力推动教师队伍的建设等等。这些均是在研究陶行知过程中所受到的启发与教益，也是陶行知伟大人格精神对我激励与鞭策的结果。

以往学术界对陶行知的研究大都停留在对其教育思想的研究上，也有少量关于政治思想和哲学思想的研究成果，但对陶行知的文化思想和实践的研究尚属空白领域，几乎无人涉猎。我在整理陶行知文稿和研究陶行知教育思想的过程中，无意间发现陶行知在文化方面的论述丰富、实践活动频繁，这些资料于20世纪80年代中期就引起了我的研究兴趣，于是便在1988年博士学位论文选题时，在征得导师章开沅先生的同意后，我就毅然决然地确定了这一选题。本书正是在我的博士学位论文基础上进行修改和补充而形成的一部专著，其重点是从人们忽略的文化视野对陶行知与新文化的关系进行全面、系统的研究。不是仅仅把陶行知作为教育家来研究，而是把他放在20世纪中西文化撞击与交融的背景之中来考察，分析他在文化冲突中的抉择，论述他在介绍外国文化和批判传统文化等方面所做的工作，特别是评述他对中国现代文化诸多领域如文化思想、现代教育、语言文字、大众文学、大众音乐、大众戏剧、现代科学、新闻出版的开拓与创建。本书首次明确提出“陶行知是20世纪综合性的文化伟人”的结论，这一结论不仅对陶行知，对“五四”时期那一代众多的新文化开拓者与创建者，也具有普适性，将带来对“五四”时期人物评价的全新视角与结论。

全书共分十章，分为：导论；第一章，中西文化撞击与交融的产物；第二章，文化冲突中的抉择；第三章，输入新知与批判传统；第四章，现代教育事业的开创（如平民教育、乡村教育、师范教育、幼儿教育、普及教育、创造教育、科学教育、民主教育、成人教育等）；第五章，现代教育理论的建设（如生活教育的三大基本原理、生活教育的重要主张）；第六章，现代语言文学的奠基；第七章，大众艺术的开拓；第八章，现代科学的传播；第九章，现代新闻出版的推动；第十章，教育思想在海外及港台地区的传播；结论。本书对陶行知与中国现代文化的研究属首次尝试，尚有许多不够完善之处，敬请学界同仁批评指正！

在本书出版之际，我要感谢我的博士生导师、我国著名历史学家、华中师范大学原校长章开沅教授，感谢当年主持我的博士论文答辩、现已去世的知名历史学家林增平教授和唐文权教授等人，感谢华中师范大学教育学院教育史与比较教育研究所的董宝良教授、任钟印教授、余子侠教授、喻本伐教授、杨汉麟教授以及现已调至深圳大学师范学院任教的熊贤君教授等人，为本书的写作和修改提出了宝贵意见；感谢我的学生申国昌教授在定稿过程中的全力协助。还要感谢山东教育出版社教育理论室主任蒋伟编审和王慧编辑为本套丛书出版所作出的不懈努力。

周洪宇

2010 年 10 月 26 日

于武昌桂子山华中师范大学教育学院